世紀心理學叢書

台灣東華書局（繁體字版）
浙江教育出版社（簡體字版）

台灣東華書局出版之《世紀心理學叢書》，除在台灣發行繁體字版外，並已授權浙江教育出版社以簡體字版在大陸地區發行。本叢書有版權（著作權），非經出版者或著作人之同意，本叢書之任何部分或全部，不得以任何方式抄錄發表或複印。

台灣東華書局 謹識
法律顧問蕭雄淋律師

願為兩岸心理科學發展盡點心力
―― 世紀心理學叢書總序 ――

五年前一個虛幻的夢想，五年後竟然成為具體的事實；此一由海峽兩岸合作出版一套心理學叢書以促進兩岸心理科學發展的心願，如今竟然得以初步實現。當此叢書問世之際，除與參與其事的朋友們分享辛苦耕耘終獲成果的喜悅之外，在回憶五年來所思所歷的一切時，我個人更是多著一份感激心情。

本於一九八九年三月，應聯合國文教組織世界師範教育協會之邀，決定出席該年度七月十七至二十二日在北京舉行的世界年會，後因故年會延期並易地舉辦而未曾成行。迄於次年六月，復應北京師範大學之邀，我與內子周慧強教授，專程赴北京與上海濟南等地訪問。在此訪問期間，除會晤多位心理學界學者先進之外，也參觀了多所著名學術機構的心理學藏書及研究教學設備。綜合訪問期間所聞所見，有兩件事令我感觸深刻：其一，當時的心理學界，經過了撥亂反正，終於跨越了禁忌，衝出了谷底，但仍處於劫後餘生的局面。在各大學從事心理科學研究與教學的學者們，雖仍舊過著清苦的生活，然卻在摧殘殆盡的心理科學廢墟上，孜孜不息地奮力重建。他們在專業精神上所表現的學術衷誠與歷史使命感，令人感佩不已。其二，當時心理科學的書籍資料甚爲貧乏，高水平學術性著作之取得尤爲不易；因而教師缺乏新資訊，學生難以求得新知識。在學術困境中，一心爲心理科學發展竭盡心力的學者先生們，無不深具無力感與無奈感。特別是有些畢生努力，研究有成的著名心理學家，他們多年來的心血結晶若無法得以著述保存，勢將大不利於學術文化的薪火相傳。

返台後，心中感觸久久不得或釋。反覆思考，終於萌生如下心願：何不結合兩岸人力物力資源，由兩岸學者執筆撰寫，兩岸出版家投資合作，出版一套包括心理科學領域中各科新知且具學術水平的叢書。如此一方面可使大陸著名心理學家的心血結晶得以流傳，促使中國心理科學在承先啓後的路上繼續發展，另方面經由繁簡兩種字體印刷，在海峽兩岸同步發行，以便雙邊心理學界人士閱讀，而利於學術文化之交流。

顯然，此一心願近似癡人說夢；僅在一岸本已推行不易，事關兩岸必將更形困難。在計畫尚未具體化之前，我曾假訪問之便與大陸出版社負責人提及兩岸合作出版的可能。當時得到的回應是，原則可行，但先決條件是台灣方面須先向大陸出版社投資。在此情形下，只得將大陸方面合作出版事宜暫且擱置，而全心思考如何解決兩個先決問題。問題之一是如何取得台灣方面出版社的信任與支持。按初步構想，整套叢書所涵蓋的範圍，計畫包括現代心理科學領域內理論、應用、方法等各種科目。在叢書的內容與形式上力求臻於學術水平，符合國際體例，不採普通教科用書形式。在市場取向的現實情況下，一般出版社往往對純學術性書籍素缺意願，全套叢書所需百萬美元以上的投資，誰人肯做不賺錢的生意？另一問題是如何邀請大陸學者參與撰寫。按我的構想，台灣出版事業發達，也較易引進新的資訊。將來本叢書的使用對象將以大陸爲主，是以叢書的作者原則也以大陸學者爲優先考慮。問題是大陸的著名心理學者分散各地，他們在不同的生活環境與工作條件之下，是否對此計畫具有共識而樂於參與？

對第一個問題的解決，我必須感謝多年好友台灣東華書局負責人卓鑫淼先生。卓先生對叢書細節及經濟效益並未深切考量，只就學術價值與朋友道義的角度，欣然同意全力支持。至於尋求大陸合作出版對象一事，迨至叢書撰寫工作開始後，始由北京師範大學教授林崇德先生與杭州大學教授朱祖祥先生介紹浙江教育出版社社長曹成章先生。經聯繫後，曹先生幾乎與卓先生持同樣態度，僅憑促進中國心理科學發展和加強兩岸學術交流之理念，迅即慨允合作。這兩位出版界先進所表現的重視文化事業而不計投資報酬的出版家風範，令人敬佩之至。

至於邀請大陸作者執筆撰寫一事，正式開始是我與內子一九九一年清明節第二次北京之行。提及此事之開始，我必須感謝北京師範大學教授章志光先生。章教授在四十多年前曾在台灣師範大學求學，是高我兩屆的學長。由章教授推薦北京師範大學教授張必隱先生負責聯繫，邀請了中國科學院、北京大學及北京師範大學多位心理學界知名教授晤談；初步研議兩岸合作出版叢書之事的應行性與可行性。令人鼓舞的是，與會學者咸認此事非僅為學術界創舉，對將來全中國心理科學的發展意義深遠，而且對我所提高水平學術著作的理念，皆表贊同。當時我所提的理念，係指高水平的心理學著作應具備五個條件：(1) 在撰寫體例上必須符合心理學國際通用規範；(2) 在組織架構上必須涵蓋所屬學科最新的理論和方法；(3) 在資料選取上必須注重其權威性和時近性，且須翔實註明其來源；(4) 在撰寫取向上必須兼顧學理和實用；(5) 在內容的廣度、深度、新度三方面必須超越到目前為止國內已出版的所有同科目專書。至於執筆撰寫工作，與會學者均表示願排除困難,全力以赴。此事開始後,復承張必隱教授、林崇德教授、吉林大學車文博教授暨西南師範大學黃希庭教授等諸位先生費心多方聯繫,我與內子九次往返大陸,分赴各地著名學府訪問講學之外特專誠拜訪知名學者,邀請參與為叢書撰稿。惟在此期間,一則因行程匆促,聯繫困難,二則因叢書學科所限,以致尚有多位傑出學者未能訪晤周遍,深有遺珠之憾。但願將來叢書範圍擴大時,能邀請更多學者參與。

　　心理科學是西方的產物,自十九世紀脫離哲學成為一門獨立科學以來,其目的在採用科學方法研究人性並發揚人性中的優良品質,俾為人類社會創造福祉。中國的傳統文化中,雖也蘊涵著豐富的哲學心理學思想,惟惜未能隨時代演變轉化為現代的科學心理學理念;而二十世紀初西方心理學傳入中國之後,卻又未能受到應有的重視。在西方,包括心理學在內的社會及行為科學是伴隨著自然科學一起發展的。從近代西方現代化發展過程的整體看,自然科學的亮麗花果,事實上是在社會及行為科學思想的土壤中成長茁壯的;先由社會及行為科學的發展提升了人的素質,使人的潛能與智慧得以發揮,而後才創造了現代的科學文明。回顧百餘年來中國現代化的過程,非但自始即狹隘地將"西學"之理念囿於自然科學;而且在科學教育之發展上也僅祇但求科學知識之"為用",從未強調科學精神之培養。因此,對自然科學發展具有滋養作用的社會科學,始終未能受到應有的重視。從清末新學制以後的近百年間,雖然心理學中若干有關科目被列入師範院校課程,且在大學中成立系所,而心理學的知識既未在國民生活中產生積極影響,心理學的功能更未在社會建設及經濟發展中發揮催化作用。國家能否現代化,人口素質因素重於物質條件;中國徒有眾多人口而欠缺優越素質,未能形成現代化動力,卻已構成社會沈重負擔。近年來兩岸不斷喊出同一口號，謂廿一世紀是中國人的世紀。中國人能否做為未來世界文化的領導者，則端視中國人能否培養出具有優秀素質的下一代而定。

　　現代的心理科學已不再純屬虛玄學理的探討，而已發展到了理論、方法、實踐三者統合的地步。在國家現代化過程中，諸如教育建設中的培育優良師資與改進學校教學、社會建設中的改良社會風氣與建立社會秩序、經濟建設中的推行科學管理與增進生產效率、政治建設中的配合民意施政與提升行政績效、生活建設中的培養良好習慣與增進身心健康等，在在均與人口素質具有密切關係，而且也都是現代心理科學中各個不同專業學科研究的主題。基於此義，本叢書的出版除促進兩岸學術交流的近程目的之外，更希望達到兩個遠程目的：其一是促進中國心理科學教育的發展，從而提升心理科學研究的水平，並普及心理科學的知識。其二是推廣心理學的應用研究，期能在中國現代化的過程中，發揮其提升人口素質進而助益各方面建設的功能。

　　出版前幾經研議，最後決定以《世紀心理學叢書》作為本叢書之名稱，用以表示其跨世紀的特殊意義。值茲叢書發行問世之際，特此謹向兩位出版社負責人、全體作者、對叢書工作曾直接或間接提供協助的人士以及台灣東華書局編審部工作同仁等，敬表謝忱。叢書之編輯印製雖力求完美，然出版之後，疏漏缺失之處仍恐難以避免，至祈學者先進不吝賜教，以匡正之。

張春興　謹識
一九九六年五月於台灣師範大學

世紀心理學叢書目錄

主編　張春興
台灣師範大學教授

心理學原理
張春興
台灣師範大學教授

中國心理學史
燕國材
上海師範大學教授

西方心理學史
車文博
吉林大學教授

精神分析心理學
沈德燦
北京大學教授

行為主義心理學
張厚粲
北京師範大學教授

人本主義心理學
車文博
吉林大學教授

認知心理學
彭聃齡
北京師範大學教授

張必隱
北京師範大學教授

發展心理學
林崇德
北京師範大學教授

人格心理學
黃希庭
西南師範大學教授

社會心理學
時蓉華
華東師範大學教授

學習心理學
張必隱
北京師範大學教授

教育心理學
張春興
台灣師範大學教授

輔導與諮商心理學
鄔佩麗
台灣師範大學教授

體育運動心理學
馬啟偉
北京體育大學教授
張力為
北京體育大學教授

犯罪心理學
羅大華
中國政法大學教授
何為民
中央司法警官學院教授

應用心理學
孟慶茂
北京師範大學教授

工業心理學
朱祖祥
浙江大學教授

管理心理學
徐聯倉
中國科學院研究員
陳　龍
中國科學院研究員

消費者心理學
徐達光
輔仁大學教授

實驗心理學
楊治良
華東師範大學教授

心理與教育測量學
張厚粲
北京師範大學教授
龔耀先
湖南醫科大學教授

心理與教育研究法
董　奇
北京師範大學教授
申繼亮
北京師範大學教授

心理學原理

張春興

台灣師範大學教授

東華書局印行

心理學的教與學 知難行亦難
―― 自　序 ――

近年來在兩岸三地各大學訪問講學時，屢與任教心理學科教師座談，交換研究與教學心得。席間每每有人提到心理學教學效果不易彰顯的問題；甚至有人指出有些學生表示"未學前對心理學渴望，學習後對心理學失望"的反應。這現象顯示心理學教學面臨"叫好不叫座"的困境。

　　從知與行的觀點看不同學科教學的難易，大致分為三類：第一類為知易行難；理論方法易知，但學到精良程度卻極為困難，藝文學科屬之。第二類為知難行易；理論方法難學，但一旦通曉之後，即可按固定程序得到正確答案，數理科技學科屬之。第三類為知難行難；理論眾多，方法各異，教師不易教，學生很難學，心理學與哲學屬之。由此可見，心理學教學原本就受學科性質的侷限。

　　近 20 年來兩岸三地心理科學蓬勃發展，大學增設心理學相關系所，並廣開心理學相關課程。這顯示現社會對心理學的需要與重視，也為心理科學發展帶來契機。不過，若心理學教學效果不彰，僅只形式上的擴增，仍難達到心理科學在國內生根發展的理想。因此，如何提升心理學教學品質，自然是心理學界關心的問題。提升心理學教學品質，事涉任課教師專業素養與教學用書兩方面問題。40 多年來著者一直身兼教學與撰著兩種角色，故而對此問題體驗甚深。兹值拙著《心理學原理》問世之際,願就個人對此問題思考的一得之愚,提供關心此問題的學者先進參考指教。

談到心理學教師的素養,宜先了解心理學科本身的特徵。現代心理學雖一般稱為心理科學,且自百多年前開始即企圖循自然科學取向研究心理現象。惟就心理科學多年來發展的實際經驗看,已證明循自然科學取向並不能獲得心理科學所需要的知識。原因是心理科學在性質上有兩方面異於自然科學:第一,自然科學研究物性,物性變化表相與其背後真相間的關係是直接的,是客觀而真實的,故而易於達到根據表相探求真相的目的。心理科學研究人性,人性變化表相與其背後真相間關係並非直接,其間存有隱而不顯的內在複雜心理歷程,故而難於達到根據表相探求真相的目的。第二,從科學理論的演變與科學知識的效用看,心理科學不同於自然科學。自然科學理論的演變是滙聚躍進式,歷來對自然現象的解釋,都是由爭議而共識,終而在共識基礎上建構統一理論,從而引導科學界在同一取向下研究同類問題。如因時代變化產生新問題而既有理論不足時,將再由爭議而共識的歷程,建構新的統一理論。如此滙聚跳躍前進,後浪推前浪,新舊理論交替,就形成自然科學思想的進步。心理科學理論的演變是分進迴旋式,始自古代的哲學心理學即思想紛歧,直到科學心理學誕生後一百多年的現在,迄未出現衆所共識的統一理論。在科學心理學發展過程中,各家理論的勢力隨時光流轉而互有消長;20 世紀初的行為革命是思想創新;60 年代的認知革命與人本主義運動,卻代表復古思潮。像此種心理科學思想既紛歧而又交替當勢的現象,在自然科學發展史上是沒有的。

再就科學知識的效用看,心理科學知識不能與自然科學相比,自然科學的知識,概念明確,方法定程,只要學會多半可以應用。心理科學的知識則不然,在一般心理學書籍中所列的主題,幾乎均無統一理論和固定方法。以現代心理科學中發展最早且最受重視的智力主題為例，解釋智力的理論雖眾多，但具共識性的定義，尚付闕如。智力測驗雖有近百年的歷史，而對智力究竟代表人類那些心理特質與智力究竟如何測量的問題，卻仍無肯定答案。惟其如此，雖公認智力是個人學業與事業成功的要素，但因心理科學的權威尚未建立，致使學校選學生與社會選人才，尚未將智力測驗當做可靠的工具。因此，心理科學雖已是現代人需要的知識，但因其知識本質與自然科學迥異，且發展未臻成熟地步，自無法相與類比。為教師者如能在教學時對學生闡明此義，當可使之對心理科學的真諦有所認識。

綜上所論可知，心理學教師應具備的素養與自然科教師不同。任自然科學的教師如獨具單科專長，或只有新知識而缺舊理論，仍不失為適任教師。任教心理科學的教師如只長於心理學領域中某方面知識，就是見樹而不見林，如只知新而不諳舊，就是孤陋寡聞。以故，博古通今且見樹見林是為心理學教師的理想素養。具理想素養的教師難求，這是心理學教學效果不易彰顯的根本原因。

談到心理學教學用書問題，任課教師總希望選一本好書。"好書"沒有絕對標準，要看使用目的與讀者對象而定。如屬專門科學書籍，時近性與權威性是基本條件；如屬心理學教學用書，除此基本條件外，復有二項更重要的要求：一為易讀性，指教師易教學生易讀的書。一般人用深入淺出形容易讀性。"深入"是對學理原義的澈底理解，"淺出"是用讀者能理解的文字表述意涵。深入不易，淺出更難，只有二者兼具才是易讀性高的好書。二為精確性，指用文字表述抽象意涵時能做到信與達的地步。寫出易讀而又精確的心理學專書是難上加難，蓋以心理學中文書內容多譯自外文，翻譯時如稍有疏忽就難免使其易讀性與精確性受損。近來有多本國內出版的心理學中文書籍中，對專門術語的翻譯就有不少值得商榷之處：有的將哲學心理學時代的 idealism 譯為"理想主義"；有的將 19

世紀的 psychophysics 譯爲"物理心理學";也有的將弗洛伊德人格發展理論中的 phallic stage 譯爲"陰莖時期"。如以求備觀點看此類譯文之所以有失允當,關鍵繫於譯者博古通今見樹見林素養之不足。

本書《心理學原理》是著者第三次撰寫心理學基礎專書。第一次是 1976 年由東華出版的《心理學》,翌年獲最佳圖書金鼎獎,1978 年由大陸新華書店影印發行全國通用達 10 年之久,在台也已連續印行 56 刷。第二次是 1991 年由東華出版的《現代心理學》,同年獲最佳圖書及最佳著作兩項金鼎獎,1994 年授權上海人民出版社發行簡體字版。到目前爲止,繁體字版在台已印行 39 刷,簡體字版在大陸已印行 17 刷。此二書的發行盛況使著者深感責任沈重。因此在考慮改以"心理學是研究人性的科學"取向撰寫本書時,遲遲不敢動筆。在戒慎恐懼心情之下,直到參閱上百本相關書籍後,才於兩年前著手。撰寫期間除兼顧前述時近性與權威性兩基本條件外,並且特別重視易讀性與精確性。精確性由著者自行負責,易讀性則由擔任師範院校國語文教學 40 餘年的內子周慧強教授協助;在排印期間她不厭其煩地逐字逐句校閱文稿,務求在義理陳述及用字遣詞方面,均能達到適切允當地步。在排印、校對、製圖及裝釘等方面,東華書局編審部徐萬善先生、徐憶小姐、李森奕先生及沈琼英小姐通力合作,力求使本書在外觀上做到完美的地步。值此書成付印之際,謹向爲本書盡心盡力的友人與親人,深致謝忱。

本書排印期間,著者雖親自校閱八次,脫稿後自認仍難免有疏漏之處,尚祈學界先進匡正爲禱。

張春興 謹識
二〇〇三年二月於台灣師範大學

目　　次

世紀心理學叢書總序 ································· iii
世紀心理學叢書目錄 ································· viii
自　　序 ·· xiii
目　　次 ·· xvii

第一章　對心理學的基本認識
　第一節　心理學的性質與研究目的 ···················· 3
　第二節　心理學的起源與發展 ························ 10
　第三節　心理學的研究方法 ·························· 33
　本章摘要 ··· 42
　建議參考資料 ····································· 44

第二章　行為與心理的生物基礎
　第一節　生命的開始與遺傳過程 ······················ 47
　第二節　神經系統與神經元 ·························· 51
　第三節　大腦半球的構造與功能 ······················ 61
　第四節　內分泌系統的構造與功能 ···················· 67
　本章摘要 ··· 70
　建議參考資料 ····································· 72

第三章　感覺與知覺
　第一節　感覺與知覺的關係 ·························· 75
　第二節　心理物理學的感覺研究 ······················ 77
　第三節　感覺歷程 ·································· 82

第四節　知覺歷程 ……………………………………… 105
　　第五節　超感知覺 ……………………………………… 119
　　本章摘要 ………………………………………………… 122
　　建議參考資料 …………………………………………… 123

第四章　意識狀態

　　第一節　意識的性質與特徵 …………………………… 127
　　第二節　不同意識狀態的自然變化 …………………… 132
　　第三節　意識狀態的有效控制 ………………………… 143
　　第四節　改變意識狀態的藥物效應 …………………… 156
　　本章摘要 ………………………………………………… 162
　　建議參考資料 …………………………………………… 163

第五章　學習原理

　　第一節　學習的性質 …………………………………… 167
　　第二節　經典條件作用 ………………………………… 169
　　第三節　操作條件作用 ………………………………… 178
　　第四節　認知學習 ……………………………………… 189
　　本章摘要 ………………………………………………… 203
　　建議參考資料 …………………………………………… 204

第六章　記憶與遺忘

　　第一節　記憶是學習心理問題的核心 ………………… 207
　　第二節　記憶研究的訊息處理取向 …………………… 213
　　第三節　感覺記憶與短期記憶 ………………………… 220
　　第四節　長期記憶 ……………………………………… 227
　　本章摘要 ………………………………………………… 244
　　建議參考資料 …………………………………………… 246

第七章　思維與問題索解

- 第一節　思維的性質及其構成要素 ············ 249
- 第二節　推理歷程 ············ 257
- 第三節　問題索解 ············ 265
- 第四節　判斷與決策 ············ 276
- 第五節　創造思維 ············ 282
- 本章摘要 ············ 288
- 建議參考資料 ············ 289

第八章　生命全程的身心發展

- 第一節　身心發展研究的基本概念 ············ 293
- 第二節　胎兒期與嬰兒期的身心發展 ············ 305
- 第三節　兒童期的身心發展 ············ 316
- 第四節　青年期與成年期的身心發展 ············ 324
- 本章摘要 ············ 337
- 建議參考資料 ············ 339

第九章　動機與情緒

- 第一節　動機的性質 ············ 343
- 第二節　生理性動機與心理性動機 ············ 347
- 第三節　動機理論 ············ 359
- 第四節　情緒的性質 ············ 363
- 第五節　情緒理論 ············ 371
- 本章摘要 ············ 375
- 建議參考資料 ············ 376

第十章　智力與智力測驗

- 第一節　智力與智力測驗的基本概念 ············ 379
- 第二節　智力測驗的發展 ············ 388

第三節　智力理論 …………………………………… 396
　第四節　天性與教養對智力的影響 …………………… 406
　本章摘要 ………………………………………………… 416
　建議參考資料 …………………………………………… 418

第十一章　人格與人格測驗

　第一節　精神分析取向的人格理論 …………………… 421
　第二節　特質取向的人格理論 ………………………… 437
　第三節　人本主義取向的人格理論 …………………… 443
　第四節　行為主義取向的人格理論 …………………… 451
　第五節　人格測驗 ……………………………………… 456
　本章摘要 ………………………………………………… 461
　建議參考資料 …………………………………………… 463

第十二章　社會心理

　第一節　社會認知 ……………………………………… 467
　第二節　態度的形成與改變 …………………………… 475
　第三節　社會互動 ……………………………………… 485
　第四節　團體行為 ……………………………………… 498
　本章摘要 ………………………………………………… 508
　建議參考資料 …………………………………………… 509

第十三章　心理異常及其成因

　第一節　心理異常的定義與類別 ……………………… 513
　第二節　情緒異常 ……………………………………… 516
　第三節　社會異常 ……………………………………… 532
　第四節　精神異常 ……………………………………… 541
　本章摘要 ………………………………………………… 547
　建議參考資料 …………………………………………… 549

第十四章　心理治療

　　第一節　領悟治療 …………………………………… 553
　　第二節　行動治療 …………………………………… 564
　　第三節　團體治療 …………………………………… 574
　　第四節　心理治療的評價 …………………………… 580
　　本章摘要 ……………………………………………… 585
　　建議參考資料 ………………………………………… 587

參考文獻 ……………………………………………… 589

索　引

　　㈠漢英對照 …………………………………………… 613
　　㈡英漢對照 …………………………………………… 642

第一章

對心理學的基本認識

本章內容細目

第一節　心理學的性質與研究目的
一、心理學的定義缺乏共識 3
　㈠ 哲學心理學時期定義的演變
　㈡ 科學心理學誕生後仍無統一定義
二、科學心理學研究的目的 5
　㈠ 科學的基本特徵
　㈡ 科學研究目的的共同性
　㈢ 心理學研究目的的特殊性
三、心理學是不一樣的科學 7
　㈠ 心理學自然科學化取向的難題
　㈡ 心理學是超科學的科學

第二節　心理學的起源與發展
一、始自古代哲學心理學的六大爭議 10
　㈠ 心身關係問題
　㈡ 天性與教養問題
　㈢ 自由意志與決定論問題
　㈣ 知識來源問題
　㈤ 個人與團體問題
　㈥ 恆常與變異問題
二、心理物理學開啟科學心理學之門 15
三、科學心理學初期五大學派對立 16
　㈠ 結構學派
　㈡ 功能學派
　㈢ 行為學派
　㈣ 完形學派
　㈤ 精神分析學派

四、現代科學心理學五大理論取向並存 24
　㈠ 行為論取向
　㈡ 精神分析取向
　㈢ 人本論取向
　㈣ 認知論取向
　㈤ 心理生物學取向
　㈥ 心理學的人性研究仍在盲人摸象
五、現代心理學研究主題及科目分化 30
　㈠ 現代心理學研究的八大主題
　㈡ 現代心理學科目分化舉例

第三節　心理學的研究方法
一、科學方法的基本概念 33
　㈠ 針對問題性質提出合理假設
　㈡ 配合研究目的選用適當方法
二、描述研究 35
　㈠ 自然觀察法
　㈡ 個案史法
三、相關研究 37
　㈠ 調查法
　㈡ 測驗法
四、實驗研究 39
　㈠ 實驗設計
　㈡ 實驗控制
五、心理學研究方法的侷限 41

本章摘要

建議參考資料

從歷史發展看，人類自始即特別關心兩方面問題：一是周圍自然環境方面，注意地形地物的特徵與天候變化，從而獲得衣食住行的資源，以滿足物質生活之所需。二是人類自己本身方面，重視身心健康、後代教養、人際關係及群居規範，從而獲得社會安全，以滿足精神生活之所需。人類對這兩方面問題長期關心探索累積的經驗，即形成解釋自然現象物性變化與解釋社會現象人性變化的兩大類知識。心理學的原始概念即蘊涵在解釋人性變化的知識之中。惟古代有關物性與人性變化的知識，均出自當時的智者根據相傳神話及觀察所見而作的主觀性推理思辯，在性質上同屬哲學範疇。以後這兩大類知識隨人類思想的進步與科學方法的精進，各自脫離哲學而獨立，分別演變成研究物性變化的自然科學與研究人性變化的心理科學。惟在脫離哲學而獨立過程中，自然科學與心理科學的發展有兩點不同：其一是自然科學發展在前，心理科學發展在後；前者開始於文藝復興後的 16 世紀，而後者則迄至 19 世紀末因受自然科學成就的影響，方始脫離哲學範疇而獨立。其二是自然科學的發展為匯聚躍進式，其思想之演變有如百川歸海，永不回流；1543 年波蘭天文學家哥白尼 (Nicolaus Copernicus, 1473～1543) 提出太陽中心說之後，天文學界即不再爭議地球為宇宙中心的問題。心理科學的發展則為分進迴旋式，在一百多年發展過程中，曾出現過數次革命性的維新運動，也出現過數次反革命性的復古思潮；先有互不相讓的學派對立局面，後來又演變成不同理論並存的情勢。惟其如此，在此開宗明義第一章，我們將以〈對心理學的基本認識〉為題，向讀者介紹心理學的性質、起源、發展及現況。希望讀者在研習本章之後，能對以下各點獲得明確的認識。

1. 心理學定義的演變與現行定義的意涵。
2. 自古以來心理學家對人性特質探討時，在思想上有那些爭議與共識。
3. 現代科學心理學興起的歷史背景。
4. 現代科學心理學興起之初學派對立局面始末。
5. 現代科學心理學多種理論取向並存的現象及成因。
6. 現代科學心理學在人性變化研究上有那些重要主題。
7. 現代科學心理學研究方法的獨特性與侷限性。

第一節　心理學的性質與研究目的

　　要了解一門學科的性質，最直接的方式是先了解其定義和研究目的。基於此義，本節即先行說明心理學的定義和研究目的，以後再分別介紹心理學的起源、發展及研究方法。如此即可使讀者對心理學的概貌有所認識。

一、心理學的定義缺乏共識

　　心理學雖是人盡皆知的學科，但對"什麼是心理學？"的問題，卻一直沒有肯定答案。原因是心理學性質特殊，以致迄今未能獲得具共識的定義。

(一)　哲學心理學時期定義的演變

　　現代科學心理學源於西方古代哲學。**心理學** (psychology) 一詞係由希臘文 psyche 與 logos 二詞合成，前者意指"靈魂"，後者意指"研究"；二者合之即構成哲學心理學時期的第一個定義——心理學是研究靈魂之學。此一帶有宗教意涵的心理學定義，直到 16 世紀文藝復興後近代哲學心理學興起，才改以"心理學是對人心的研究"為定義。"**心**"(mind) 是指人的"精神"，較少宗教意涵，是為現代科學心理學思想的前奏。

(二)　科學心理學誕生後仍無統一定義

　　科學心理學的正式誕生是在 19 世紀之末，惟科學心理學誕生後的一百多年來，心理學的定義雖有多次改變，但仍無共識。

　　德國心理學家馮特 (圖 1-1) 於 1879 年在萊比錫大學設立第一所心理實驗室，公認是現代科學心理學之始。馮特創始的科學心理學，一方面採用較易掌握的"意識"代替哲學心理學時代抽象的"靈魂"或"心"，另方面比照自然科學研究物性變化時採用的客觀觀察測量與控制實驗取向，研究人的心理現象，企圖使心理學成為一門獨立的實驗科學。於是"心理學是研究意識的科學"就成了科學心理學的第一個定義。

馮特的意識心理學，傳入美國後不久即受到**行為主義**的抨擊，認為以意識為主題的心理學研究，在理論與方法上均不符合科學的要求；要想使心理學成為一門獨立的實驗科學，必須採純自然科學取向。自然科學的首要條件是客觀，而客觀的標準在於能夠對研究對象的特徵直接觀察與測量。意識屬於主觀經驗，自然不能用來做為科學心理學研究的主題。因而，他們主張以能夠觀察與測量的外顯行為，代替無法直接觀察的內在意識；於是"心理學是研究行為的科學"就成了 20 世紀中期科學心理學的定義。

迨至 60 年代，只重外顯行為而忽視內在心理活動的心理學思想，受到**認知主義**的批判，認為捨棄內在心理活動的主張有失心理學本義，因此心理學定義又改變為"心理學是研究行為與心理歷程的科學"。此一內外兼顧的定義雖為心理學界所接受，但其中"心理歷程"的意涵卻仍欠明確。心理歷程泛指一切內在心理活動，諸如感覺、知覺、記憶、想像、思維、推理、判斷等心理活動，可視為心理歷程的理性層面，而喜、怒、哀、懼、愛、惡、欲等心理活動，則可視為心理歷程的情感層面。心理歷程的研究既經列入心理學定義，上述兩層面心理活動，自然均應包括在心理學研究範圍之內。然而，在實際從事研究時卻很難符合科學心理學所要求的觀察、測量、客觀、驗證等科學條件。原因是多數心理活動無法直接觀察測量，根據外顯行為間接觀察測量結果，仍然是受試者的主觀經驗，不能真正代表其內在心理活動的全部真相。主觀經驗本不符合實驗科學的要求，然而在心理學領域日漸擴大的今天，由於事實的需要，幾乎所有內在心理活動都成為心理學研究的主題。在此研究主題多元化導致研究方法也必須多元化的情況下，心理學的發展就陷入了"科學"與"非科學"強迫選擇的兩難困境：如選擇"科學"取向，就必須放棄所有涉及主觀經驗的研究；如選擇包括主觀經驗的研究，就必須承擔"心理學不是科學"的非議。在此兩難困境下，出現了新近流行的各類主題兼容與"科學"及"非科學"並蓄的**折衷主義** (eclecticism)。折衷主義的取向是，既承認心理學是以客觀事實為基礎的實驗科學，也承認心理學是以主觀經驗為基礎的經驗科學。就在此種"心理科學"的理念之下，心理學的定義應與"自然科學是研究物性的科學"有所區隔，而界定為"心理學是研究人性的科學"（張春興，2002b）。如此既可包括內在心理及外在行為的研究，也可擺脫兩難困境。至於"人性"的意涵，著者認為宜包括：(1) 人性指人之所以為人的全部身心特質；(2) 人性異於天性，人性是天性與教養的融合；(3) 人性異於物性，物性變化只須根據自然法則做客觀合理解釋即可，對人性的解釋則必須兼顧客觀、理性、主觀、感情等多方面；(4) 人性的異質性大於同質性，物性同類者外在表相變化雷同，且與其內在真相變化相對應；人性則既是"人心不同各如其面"，又是"知人知面不知心"，且個別差異外尚有團體差異，其所以然者，乃遺傳與環境交互作用致之。因此，從現代科學心理學發展日趨多元化的現象看，將心理學視為研究人性的科學，既可涵蓋心理學領域的全部，也能符合心理學發展的趨勢。

二、科學心理學研究的目的

綜上討論可知，多年來心理學的定義雖有多次改變，但將心理學視為科學的共識卻一直保持。原因是心理科學研究的人性雖異於自然科學研究的物性，但從科學研究的目的看，在基本上兩者間仍有相似之處。

(一) 科學的基本特徵

凡是屬於科學的學科，在確定研究主題、選擇研究方法、處理研究資料以及提報研究結果等一系列的過程中，均顯示以下三個共同特徵：

1. 客觀性 (objectivity)　指處理資料或解釋問題時，所根據者完全是客觀的事實，而不根據研究者個人主觀的好惡或成見。

2. 驗證性 (verification)　指研究結果或根據研究所建構的理論，其真實性是禁得起考驗的，後人循其研究步驟重複研究時，可能得到相似結果。

3. 系統性 (systematization)　指科學研究必須遵循一定的程序；此程序可按時間，也可按空間。此外，研究結果為文發表時，也須符合系統性原則，全篇論文內容必須條理分明，有組織有系統。

(二) 科學研究目的的共同性

科學家針對問題從事研究時，其研究目的均含有終極與分級兩個層次。

1. 科學研究的終極目的 任何科學研究都是針對問題，而研究的終極目的均為根據問題的表相，探求表相背後的真相，從而建構系統理論 (理論科學) 或解決實際問題 (應用科學)。表相可能指的是具體的事實 (如身體發燒)，也可能指的是抽象概念 (如精神痛苦)；無論如何，表相並不等於真相。因此，根據表相探求真相，既可視為一切科學研究的終極目的，也可視為一切科學研究的基本歷程。惟從人類的歷史看，科學家們根據表相探求真相所經過的歷程，是相當遙遠而艱辛的。甚至直到現在，科學家們對某些問題的表相雖已了解，但對表相背後的真相卻仍有很多尚未確知 (如癌症的病因)。因此在科學研究上乃有分級目的的概念。

2. 科學研究的分級目的 分級目的是指科學家在從事科學研究時，其所追求的目的可分級達成；達成的層級愈高，即表示愈接近終極目的；愈接近終極目的，即表示該門科學發展的成熟度愈高。科學研究有五個分級目的：(1) **描述** (description)，指對問題表相能做出翔實的說明；(2) **解釋** (explanation)，指對形成問題表相的相關因素或因果關係的解析；(3) **預測** (prediction)，指根據累積的經驗對同類問題預測其未來發生的可能性；(4) **控制** (control)，指了解問題的因果關係後，能經由人為運作以避免同類問題之發生；(5) **應用** (application)，指將研究結果或研究方法推廣應用在其他方面，或用以解決生活中實際問題。任何一門科學，如在研究上完全臻於描述、解釋、預測、控制、應用五層目的，就等於達到了根據表相探求真相的終極目的。至此地步，即可根據問題的前因後果得到自然科學上所探求的**因果法則** (law of causality)。如將此五個分級目的與終極目的及因果關係連結起來，建構成有組織的語言文字，那就形成該門科學的系統理論。

(三) 心理學研究目的的特殊性

心理學既稱為科學，在研究目的上自然會比照一般自然科學，根據問題的表相，探求表相背後的真相。而且也與自然科學一樣，在問題表相與問題真相之間，列有五層分級目的。惟從心理學研究的實際經驗看，如將了解問題真相的程度做為科學成熟的標準，研究人性的心理科學，顯然遠遜於研究物性的自然科學。因此，自然科學研究的終極目的與分級目的，用於心理學研究時只能用做研究設計的參考，不能用做對研究結果價值的判斷。以大學生"蹺課"（曠課）現象做為心理學專題研究為例，可抽樣觀察學生蹺課情形，對觀察後分析可能發現，學生蹺課與上課時間、學科性質、任課教師及學生成績等因素有關。惟從科學研究目的看，以上發現可以做為對學生蹺課行為表相的"描述"，也可做為蹺課相關因素的"解釋"，但無法據以了解學生蹺課的真正原因。即使進一步實地調查蹺課學生，他們也不可能客觀道出事實真相。由此可見，心理學的研究不易達到預期的終極目的。

三、心理學是不一樣的科學

討論至此，對"心理學是不是科學"的問題，理當獲得如下的認識：如單從研究目的觀點言，心理學與自然科學一樣；兩者都是根據問題表相去探求表相背後的真相；而在探求真相的目的之下，心理學同樣採用自然科學慣用的一般方法進行研究。但如進一步對心理現象從事實際研究時即可發現，採自然科學化取向研究心理現象的結果，不易達到與自然科學同樣的目的。因此，心理學雖然公認是科學，但卻是不一樣的科學。

（一）心理學自然科學化取向的難題

採自然科學化取向研究人的心理現象時，之所以達不到自然科學同樣的終極目的的原因，主要是心理科學研究人性變化時，與自然科學所研究的物性變化相比，有三個不易克服的難題：

1. 研究對象的問題　自然科學研究的對象是物，其研究目的旨在根據物性變化的表相，探求表相變化背後的真相。物的表相變化類似，支配其表相變化背後的真相也雷同。一旦發現真相與表相之間的因果法則，即可對問題的性質肯定。水的表相有三態變化,三態變化可觀察測量,溫度是支配變化的原因,而溫度變化亦可精確測量。根據因果關係,即可確知水性變化的真相。心理學研究的對象是人,在實際研究時,主要是根據個體的行為。行為是外顯的表相,行為表相背後的真相,卻永遠是"人心叵測"的。

2. 觀察測量的問題 物性與物性變化,多半是外顯的,是可以直接觀察測量的,而且測量的結果容易轉化為數量來處理。人性與人性變化,除少數外顯行為可勉強觀察測量外,其內在心理歷程的性質與變化多隱而不顯,無法直接觀察測量。對研究對象無法觀察測量,基本上違反科學原則。德國哲學家康德 (Immanuel Kant, 1724～1804),即持此理由不承認心理學為科學。他曾舉認識黑暗為例,如某人不知黑暗為何物企圖打燈籠到暗室去觀察黑暗的樣子,他就不可能了解黑暗的真相 (Macleod, 1975)。現在心理學家從事研究時,只能根據外顯行為做推論性解釋。在推論解釋時雖也嘗試採用量化方式來表示 (如 IQ 代表智力),但精確程度遠較自然科學為低。

3. 樣本代表性問題 物性變異度小,動物行為主要決定於種族遺傳,故而天下烏鴉一般黑,且叫聲相似。人性變異度大,個體之間非但先天遺傳不同,且後天社會文化的影響更加大其差異;同屬人類而不同語言則多達千種。因此,自然科學研究物性時,根據少數**樣本**特徵推論**總體**特徵的準確度頗高。同樣做法用於心理科學對人性研究時,推論的準確度則較低。準此而論,**行為主義**時代根據動物研究結果推論解釋人類行為的做法,顯屬失當。

(二) 心理學是超科學的科學

綜合以上對心理學定義與心理學研究目的的討論,可以進一步對心理學的性質得到如下的認識:如墨守當年純自然科學取向,將人性物化,從而探求心理現象背後的真相,是無法達到目的的。但如換個取向,從人性本就不同於物性的觀點,只採取自然科學根據問題表相探求表相背後真相的精神,放棄自然科學研究物性變化時旨在探求簡單因果法則的構想,改而在人性變化中探求心理法則,則可能對複雜的心理現象獲得較多的了解。

採用心理法則解釋心理現象,自然要比根據因果法則解釋自然現象為困難,因為自然現象的因果關係遠較心理現象簡單。鴻雁南飛現象,季節變化是唯一原因。按因果法則，即可根據季節變化預測鴻雁何時南飛。人類也有遷徙移民現象，但卻無法確定其唯一原因。要解釋人類遷徙移民現象，就必須放棄簡單因果法則取向，除氣候因素外，增加政治、經濟、社會、文化、種族、宗教等因素的考量，才有可能接近了解現象背後的真相。

　　心理科學研究的人性，與自然科學研究的物性之間最大的差別是，人在某刺激情境下所表現的行為，總帶有相當的自主性。而自主性行為背後，除客觀理性認知之外，也隱含著人的主觀感情和自由意志。以前述大學生曉課問題的研究為例，在進一步調查學生曉課理由時，縱使問卷題目能做到客觀理性，而受試者的反應也總帶有主觀感情成份。人的主觀感情反應，並非只限於社會性刺激，對自然物理性刺激也是如此。佛寺的暮鼓晨鐘，雖在性質上屬客觀物理性刺激，但在一般人與佛門弟子之間，就可能會引起不同的主觀感情反應。如此看來，心理學不僅是不一樣的科學，而且是"超科學的科學"。心理學以人為對象研究的結果，多半是在"客觀而主觀"情況下得到的。"客觀而主觀"正是心理學成為"超科學的科學"的特徵之一。

　　心理學家以人為對象從事研究搜集資料時，即使秉持科學上客觀原則，但對受試者反應時"客觀而主觀"的特徵是無法控制的，只能在分析資料時遵循"主觀而客觀"的原則。研究者只能尊重受試的主觀反應，在不失其原意的原則之下，按一定的客觀程序予以分析處理。再以前述大學生曉課調查為例，研究者在整理調查結果時，必須擺脫個人對問題的好惡，純以客觀的態度，按大學生回答曉課的理由，據實統計分析。心理學研究的對象無論是個體或團體，在研究結果處理上均須遵守上述原則。因此，"主觀而客觀"的研究態度，則是心理學成為"超科學的科學"的另一特徵。

　　基於以上討論可知，客觀條件用於自然科學時，只須採"客觀而客觀"取向即可，但用於心理科學時，就必須改持"客觀而主觀，主觀而客觀"的觀點。如果心理學家只強調客觀理性，那就忽略了心理學研究的乃是人性。評判人的行為是否適當時，常說"合情合理"。合理又合情，雖不合於自然科學精神，但卻合於心理科學原則。有所謂"情人眼裏出西施"，此語雖不合於客觀理性，但卻合於主觀感情。又所謂"久賭無贏家"，則是雖合於客觀理性（合於數學機率），但未必合於主觀感情。由此可見，情重於理是人性，理重於情也是人性。心理學既是研究人性的科學，從事心理學研究時，只有採客觀理性與主觀感情兼籌並顧取向，方始可以對複雜的人性變化得到較為完整的解釋，進而達到接近了解行為表相背後心理歷程真相的目的。

第二節　心理學的起源與發展

談到心理學的起源與發展，德國心理學家艾賓浩斯 (Hermann Ebbinghaus, 1850～1909) 有句名言："心理學有源遠流長的過去，但卻只有短暫的歷史" (Ebbinghaus, 1908)。如此論斷心理學的起源與發展，乃是將心理學的兩個源頭分開來看的。如將心理學的起源溯自古代哲學心理學，心理學的第一個源頭自然就是古代的哲學。從古代希臘蘇格拉底 (Socrates, ca. 470～399 B.C.) 的哲學心理學思想為始，迄今已有兩千四百多年的歷史。心理學的另一個源頭，是從 19 世紀末心理學脫離哲學後獨立為科學心理學起算，如此則心理學只有短短的一百多年歷史。本文以下的討論，就是從心理學兩個源頭流傳下來的思想演變做簡要的說明，藉以讓研究心理學的人了解，歷代心理學家對"人性"這個主題是如何解釋和研究的。

一、始自古代哲學心理學的六大爭議

自古代希臘開始，哲學心理學家在對人性特質問題的解釋上，就一直存在著六個爭議未決的大問題。即使心理學獨立成為一門科學之後，這六大爭議仍然是現代心理學家一直關心和研究的主題。

(一) 心身關係問題

心身關係之所以成為問題，主要是因為人的行為由身體活動來表現，然支配身體活動表現行為的原因，究竟是身體本身的功能，抑或是身體之外另有一種心或精神作用所致，就成了**心身關係問題** (mind-body problem) 的爭議。綜觀古代哲學心理學家對此爭議問題的論點，可歸納為一元論與二元論兩派理論。

所謂**一元論** (monism)，指人的心與身或精神與身體是不可分的單一實體；心身二者之間沒有因果關係，二者係由單一原理所支配。惟因對單一原理解釋的不同，而又有兩派理論：(1) **唯物論** (materialism)，謂身體就是唯一存在的實體，身體之外不承認另有精神作用之存在。從現代科學心理學的觀點言，唯物論者無異於將心的精神作用視同腦的生理功能；腦是身體的一部分，亦屬物質實體，故而主張心即是物。(2) **唯心論** (idealism)，謂心或精神為人性唯一的終極實體，身體活動的一切行為表現，均由心之實體所創造；身體活動只是心理功能的顯現而已。唯物論與唯心論是心身關係問題的兩種極端主張，如兩種極端主張中任何一種主張成立，心身關係問題即不復存在。惟其如此乃有二元論主張。

二元論 (dualism) 指人的心與身或精神與身體是兩個分立的實體；心理與身體的活動各自受不同原理所支配。惟以對心與身兩個實體間的關係解釋不同，而有兩種理論：(1) **心身交感論** (psychophysical interactionism)，謂心與身交互影響，心理影響身體，身體也影響心理；(2) **心身平行論** (psychophysical parallelism)，謂人在表現行為時，其心理活動與身體活動，是同時產生的，而且各自獨立運作，彼此互不影響。在現代心理學思想中，心身交感論具有較大的影響。

（二） 天性與教養問題

天性與教養問題 (nature-nurture controversy) 所爭者指決定人性特質中先天與後天何者為重的問題。在古代哲學心理學時代，先天指神賦予人類的本性，科學心理學時代，天性是指人性中先天遺傳的本能，教養是指後天環境中學得的經驗。天性與教養之爭不是二者選一問題，而是二者孰輕孰重問題。以智力為例，自古代哲學心理學起到現代科學心理學初期，心理學家多半認為智力的高低主要決定於遺傳。直到 20 世紀中期才開始重視智力的環境因素。天性與教養問題迄今仍然是發展心理學討論的主題之一。

(三) 自由意志與決定論問題

自由意志與決定論問題 (free will versus determinism) 是指個體行為產生原因的問題。從自然科學的觀點言,任何事件之產生必有其原因,如將人的行為看成是一種事件,此行為事件的產生是何原因？自古代哲學心理學以迄現代科學心理學,對此問題始終爭議未決,因此乃有持相對主張的決定論與非決定論。

所謂**決定論** (determinism),指人性表現於外的一切行為,在性質上與物性的變化沒有兩樣;都是由於某種或某些原因所導致的結果。因此自古以來就有些心理學家主張,以人性為研究對象的心理學,應與研究物性的自然科學採同樣取向,研究行為產生的原因與其表現的後果,從而根據**因果法則**預測或控制人的行為。惟在分析影響行為因素時,主張決定論的心理學家因意見不同而又有兩種理論：(1) **物質決定論** (physical determinism),謂人的行為與動植物生長變化類似,都是受外在原因 (環境) 與內在原因 (生理與遺傳) 兩類因素所決定。強調環境因素決定個體行為的主張,稱為**環境決定論** (environmental determinism)。前文心身關係問題中的唯物論,即持物質決定論的觀點;現代科學心理學家仍有人持此觀點者。(2) **精神決定論** (psychical determinism),謂人的行為變化除環境與生理因素外,某些心理因素更具決定性影響。心理因素所指者是個人的知覺、意識 (含潛意識)、習慣、信仰 (如相信宗教、命運、星相、風水) 等。在此等因素影響下,一旦生活中遇到逆境時,當即不由自主地表現出某種行為 (如動輒燒香拜佛)。

所謂**非決定論** (indeterminism),指與決定論相對立的一種解釋人類行為原因的理論。持此理論的心理學家認為,人之所以在某種情境下表現某種行為,並非由於某些物質或精神因素所支配,而是出自個人在**自由意志** (free will) 下所做的自由選擇。而且,個人在自由意志下選擇他的行為表現時,具有很大的個別差異。面臨財帛當前情境時,有人"見錢眼開",有人"路不拾遺",同樣情境下而有截然不同的行為表現,這是人與動物最大不同之處。因此非決定論者認為,採決定論觀點解釋人性,不但曲解了人性,而且也貶低了人性。在哲學心理學時代，自由意志的觀念，主要起於 18 世紀法國盧梭 (Jean Jacques Rousseau, 1712～1778) 等人所持的重感情尚自由的**浪漫主義** (romanticism) 思想。在現代科學心理學中，**人本心理學**家承傳了此種思想。

(四) 知識來源問題

知識來源問題 (origins of knowledge) 是源自古代哲學心理學中的知識論。**知識論** (或**認識論**) (epistemology) 所探討者是人類如何獲得有關自身與宇宙間的知識的問題。在知識論中對知識來源問題的探討，自古就有不同理論；到 17 世紀近代哲學心理學時期，有理性主義與經驗主義兩派哲學心理學思想，對以後心理學思想的發展產生了重大影響。**理性主義** (rationalism) 哲學心理學思想，以 17 世紀法國笛卡爾 (René Descartes, 1596～1650) 為代表，對知識來源問題的解釋有三點要義：(1) 知識之獲得代表真理的追求，真理得自理性，人的理性是神賜予的**天賦觀念** (innate idea)；(2) 理性存在於人心之內，而使心具有主動求知功能，知識是由心主動吸取的，故而反對經驗主義知識得自感官經驗之說；(3) 在知識吸取過程中，感官只有接受外界訊息的作用，只憑感官則不可能獲得真正的知識。**經驗主義** (empiricism) 哲學心理學思想，以 17 世紀英國洛克 (John Locke, 1632～1704) 為代表，對知識來源問題的解釋也有三點要義：(1) 人類知識之獲得乃經驗之累積，而經驗得自感官；(2) 人類初生時其心有如一張白紙，紙上原本一無所有，故而反對理性主義者天賦觀念之說；(3) 由感官獲得的經驗匯集於腦而成知識，故而在知識獲得過程中，心的作用是被動的。理性主義與經驗主義的不同的知識論思想，對現代科學心理學中有關學習、記憶、思維等問題的研究影響甚深。

(五) 個人與團體問題

個人與團體問題 (individual and group problem) 是指個人與團體之間何者為輕何者為重的問題。個人自出生起即離不開社會團體固然是不爭的事實，但如對此一事實進一步思考時，就會產生如下的兩個問題：其一，就人性特質與人類幸福觀點言,人需不需要團體?其二,如果問題的答案是肯定的,個人與團體間宜於建立何種關係才會保障人類的幸福?對這兩個問題的思考與辯論,也正是自古代哲學心理學家到現代科學心理學家爭議不斷的個人與團體關係的問題。

在西方哲學心理學史上,17 世紀英國哲學家霍布斯 (Thomas Hobbes, 1588~1679) 主張團體重於個人。他認為,如單從生理條件與生存權利的觀點看,每個人都應受到平等看待,但除此之外人類所追求的滿足,卻不能以均等原則視之。如果兩人追求同一目標而無法雙方同時獲得滿足時,他們就會變成敵人,彼此攻擊;結果不是一方失利,就是兩敗俱傷。基於此義,霍布斯認為,自古以來人類的一切戰爭,在基本上都是由於人的欲望不能滿足所演變成的後果。因此,霍布斯提倡社會控制的理念。所謂**社會控制** (social control),是指賦予社會團體或社會組織一種權力,使團體中的個人在欲望上受些限制,藉以消減人際間的衝突,從而保障個人應有的權益,免受他人的侵害。此種構想演變的後果,即產生了現代社會心理學上以互惠為基礎的**社會交換論** (social-exchange theory)。

霍布斯社會控制的理念,說明了團體組織是有益於個人生存發展的。18 世紀法國哲學心理學家盧梭持相反的理念。盧梭認為,有組織的社會團體,對個人的生存發展有害無益。固然,人在幼稚期需依賴父母養育,但成長後即應與其他動物一樣獨立謀生。最原始的人類社會,其範圍只限於家庭,如家庭之上再有團體組織,非但個人自由受到限制,而且團體與團體之間難免衝突。歷來人類的戰爭無不因團體衝突所引起;團體戰爭的結果,無論誰勝誰負,受害的總是個人。因此,盧梭認為團體並非人性所必須。即使現實社會中已有團體存在的事實,而團體也不宜加諸個人太多的限制。

現代人的生活離不開團體。現代心理學中對人類社會心理的研究,已不再爭議個人之外團體應否存在的問題,而是在人類生活幸福的前提之下,探討個人與個人之間、個人與團體之間以及團體與團體之間,應如何建立並維持互惠的和諧關係。

(六) 恆常與變異問題

在西方哲學心理學史上，對人性中**恆常與變異問題** (stability versus change problem) 的探討，始自古代哲學心理學。古代哲學家相信靈魂，認為靈魂是永恆不變的，改變的只是身體。現代科學心理學研究人性恆常與變異問題，不再討論身體或靈魂之改變與否，而是探討在研究人性時，能否根據其心理或行為變化的方式找到規律，從而預測人的心理或行為。

現代科學心理學研究人性變化時，基本取向是採取自然科學研究物性變化的模式。物性的恆常性大於變異性，即使變異，通常也是循一定規律而改變：日中則昃，月盈則食，春桃夏荷秋菊冬梅，皆是恆中有變，變中有恆。惟其如此，自然科學才有預測物性變化的定理定律。心理學家研究人性時，因人性的變異性大於恆常性，人性變化中雖不易找到預測變化的定理定律，但心理學研究卻仍以此為目的。現代心理學對心理與行為恆常與變異問題的研究，主要集中在身心發展、智力、人格以及心理異常等方面。

二、心理物理學開啟科學心理學之門

心理學源於哲學，從哲學心理學演變成科學心理學，其間尚經過一段過渡期，而此過渡期則是從文藝復興運動所激起的自然科學發展開始的。在 19 世紀開始之前，自然科學中的物理學、化學和生理學的研究，已經有了巨大的成就。自然科學的實驗方法以及對物性研究時所採取的定性定量等分析研究，對研究人性的心理學家產生了很大的啟示；使他們認識到傳統的哲學思辨取向，無法得到客觀的知識。於是心理學乃轉向自然科學尋求可資運用的資源。當時在自然科學中生理學的研究已經有相當成就，德國生理學家赫爾姆霍茨 (Hermann von Helmholtz, 1821~1894)，在 1850 年根據電流傳導原理，精確地測出神經傳導的速度，證明了感官接受刺激後，經神經細胞傳至脊髓，而後再經脊髓入腦而產生感覺反應。此後，他又先後提出了聽覺與視覺理論 (見第三章第三節)，奠定了心理學的科學基礎。

赫爾姆霍茨在研究中所發現的刺激引起神經傳導而後產生感覺的原理，

從傳統哲學上六大爭議的問題看，事實上也就是**心身關係問題**。惟其如此，與赫爾姆霍茨同時代的另一德國生理學家費希納（見第三章第二節），採用刺激引起神經傳導的原理，從事更複雜的感覺心理變化的實驗研究。費希納當時採用的科學實驗方法，稱為**心理物理學**（psychophysics）。心理物理學的研究，旨在探討刺激的變化與感覺經驗變化的關係。

心理物理學的出現，雖不能視為科學心理學的正式誕生，但它確是促成科學心理學誕生的最大助力。如將哲學和生理學視為現代科學心理學的兩個源頭，這兩個源頭匯聚一起從而促成科學心理學誕生者，則是心理物理學。本書第三章討論感覺與知覺時，對心理物理學的研究與貢獻將有所說明。

三、科學心理學初期五大學派對立

自從心理物理學採用科學實驗方法研究感覺心理之後，到了 19 世紀末葉，心理學家們開始嘗試用心理物理學的方法，研究比感覺更複雜的心理現象。惟以各家對"心理"一詞意涵解釋的不同，研究的目的不一，結果開始不久即形成心理學派（註 1-1）彼此對立的局面。

（一） 結構學派

科學心理學的第一個學派是結構學派。結構學派是在德國萊比錫大學教授馮特（圖 1-1）影響之下產生的。在現代心理學史上，馮特有兩大貢獻：其一是 1873～1874 年出版的《生理心理學原理》一書，被譽為生理學與實驗心理學的經典。其二是 1879 年在萊比錫大學設立心理實驗室，從事心理現象的實驗研究，使心理學正式脫離哲學範疇成為一門獨立科學。

馮特的心理學實驗研究，在方法上採心理物理學取向；在理論上採知識

註 1-1：所謂**心理學派**（schools of psychology），係指由某一個（或少數幾個）著名心理學家的思想為中心所形成的學術性團體。學派的功能，在積極方面，學派成員們大力宣導他們的主張，使其學術思想得以流傳；在消極方面，他們強烈排斥其他學派的主張，因而心理學的思想形成紛歧現象。此處所指的心理學派，是指 20 世紀初近代科學心理學發展初期對心理學研究主題、目的、方法等持對立理念的數個學術團體。在此之前的古代哲學心理學時代雖也有不少學派，在此之後的現代科學心理學中雖也有不同理論，但均不包括在此處所指五大學派之內。

圖 1-1 馮 特
(Wilhelm Wundt, 1832~1920)
是 19 世紀末德國心理學家，是科學心理學的開創者，是結構學派的先驅，也是首創以科學實驗方法研究人類心理現象的人。

論中理性主義觀點；在目的上企圖研究心的內容，從而分析了解心的結構。為了使"心"的概念易於掌握，馮特將"心"界定為意識。所謂**意識** (consciousness)，是指個人對自己心理狀態的覺知，亦即在某種刺激情境下受試者所得到的直接經驗。根據刺激引起的直接經驗，進而分析了解意識內容是由那些元素構成的。意識內容即代表心之內容，根據對意識的分析，即可推知心之結構。

馮特的科學心理學旨在根據意識去分析心之結構。為求達到此目的，他創用了一種由受試者憑感官接受刺激時自陳其心理經驗的方法，稱為內省。**內省** (introspection) 指受試者自行觀察感官接受刺激時的直接經驗 (不對之加以解釋)。馮特認為，任何複雜的心理經驗，經內省後均可分析為三種元素，即**意象** (image)、**感覺** (sensation) 與**感情** (feeling)。顯然，馮特的實驗方法，在取向上深受物理化學元素中分子、原子等研究成功的影響。

由馮特創始的實驗心理學思想，1892 年經其弟子鐵欽納 (Edward Bradford Titchener, 1867~1927) 在美國康乃爾大學宣揚推廣，並著書立說，於 1898 年發表〈結構心理學的主張〉一文，正式宣示創立了結構學派。由於結構學派係以分析意識結構為目的，故而此一學派的思想稱為**結構**

主義(或構造主義)(structuralism)。結構學派以意識分析為目的與以內省為方法的科學心理學取向,並未獲得當時心理學界的共識。於是產生了反結構主義運動,而形成 20 世紀初期學派對立的局面。

(二) 功能學派

結構主義在德國興起不久,不但招致歐洲一些心理學家異議(張春興,2002a),更引起美國哈佛大學教授詹姆斯(圖 1-2)的反對。在科學心理學發展初期,詹姆斯在心理學思想上的貢獻,主要在於兩方面:其一是他 1890 年出版的《心理學原理》一書,被譽為是科學心理學史上的里程碑;其二是他反對結構學派的心理學思想,另創功能學派。詹姆斯認為,雖可採用意識經驗代表心之內容,但意識是隨時流動的心理歷程,絕不可採用分段切割的方式去分析意識的構成元素。此即詹姆斯所提出的**意識流**(stream of consciousness) 的理論。詹姆斯主張,心理學不應只限於在實驗室內從事"心之分析"的研究,而應擴展到實驗室以外的生活環境中去從事"心之功能"的研究,藉由了解人的心理如何影響其行為,進而了解其如何對生活環境的適應。因此,詹姆斯心理學思想,被稱為**功能主義**(或**機能主義**)(function-

圖 1-2 詹姆斯
(William James, 1842～1910)是 19 世紀末美國元老心理學家和哲學家,是功能學派的創始人之一,也是 20 世紀影響美國心理學與教育學發展最大的人。

alism)。顯然，功能主義心理學思想是受了 19 世紀英國生物學家達爾文 (Charles Robert Darwin, 1809～1882) 進化論的影響。"物競天擇，適者生存"是達爾文進化論的中心觀念。人為生物之一，人之所以超過其他生物者，主要是他能對刺激產生意識 (或思想)。因此，功能學派認為，了解人如何憑意識經驗對其生活環境做出有效的適應，才是心理學應採的研究取向。

功能學派的主張，不僅強調心理學應該研究人的心理功能，而且對象與方法上也多所改變；對象不限於實驗室內少數的受試者，兒童、成人乃至動物都可以當做研究對象；方法不限於內省，觀察、測驗、調查等方法均可使用。因此，功能學派的主張，雖因內容涉及範圍太廣，興起後不久其理念即為其他後起理論取代，名稱亦不復存在，而實質上，功能學派對以後科學心理學的發展，卻產生了很大影響。諸如身心發展、個別差異、教育心理與輔導以及應用心理學等多方面的研究，功能學派的思想均發揮了先導作用。

(三) 行為學派

前述兩大學派雖理念不同，但基本上均未脫離研究內在心理歷程的心理學傳統。接下來介紹的 20 世紀 20 年代興起於美國的行為學派，其立場除反對結構學派的內省法之外，在研究取向上則根本否定內在心理歷程是心理學的主題。行為學派主張，心理學研究只限於可觀察測量的外顯行為；對心理學上常用的"心"與"意識"等術語，則一概排除在研究主題之外，故而行為學派的心理學思想被稱為**行為主義** (behaviorism)。

行為主義的創始人是美國約翰霍布金斯大學教授華生 (圖 1-3)。華生在 1913 年發表〈行為主義者對心理學的看法〉一文，強烈地宣示了行為學派反傳統的理念。以下是該文的要義部分：

> 在行為主義者看來，心理學是自然科學中一個純屬客觀實驗研究的分支。在理論上，心理學的研究旨在了解、預測和控制行為。內省不是心理學研究的必要方法；而且心理學資料的科學價值，也不需要靠抽象的意識概念來解釋。行為主義心理學者之所以根據動物反應的研究去推論解釋人的行為，乃是認為在行為的基本成分上，人與動物是沒有區別的。(Watson, 1913)

圖 1-3 華 生
(John Broadus Watson, 1878~1958) 是 20 世紀初美國心理學家，是行為學派創始人，是倡導心理學視同自然科學的人，因其反結構學派而掀起的行為革命，致使心理學失去了對"心"的研究長達 40 年之久。

由上述引文看，可知華生主張，心理學應該像自然科學研究物性一樣，只能以客觀的方法研究個體（人與動物）外顯的行為反應，否定個體主觀反應（意識）在心理學上的研究價值。因為華生不承認內在心理歷程可能影響或決定外顯行為，所以除反對結構學派以內省法研究心之內容之外，也反對功能學派以心理歷程當做心理學研究的主題。因此華生 1913 年所宣示的心理學主張被視為心理學史上**行爲革命** (behavioral revolution) 的宣言。

華生將**行爲** (behavior) 界定為"反應的組合"，心理學家只須研究個別的**反應** (response)，而後將反應組合在一起，即可解釋個體的行為。行為既為客觀因素所決定，反應自然也是客觀因素所決定。行為主義者稱決定反應的客觀因素為**刺激** (stimulus)；心理學的研究，就是在控制刺激的實驗情境下觀察個體反應，然後根據發現的刺激與反應間的因果關係，進而預測或控制個體的行為。因此，行為學派的主張就稱為**刺激-反應心理學** (stimulus-response psychology)，或簡稱 **S-R 心理學** (S-R psychology)。

從前文所述人性特質的六大爭議看，行為主義的心理學思想，在**心身關係問題**上重身而輕心，在**天性與教養問題**上重環境輕遺傳，在**自由意志與決定論問題**上屬環境決定論，在**知識來源問題**上承傳**經驗主義**思想。在五大學派中,行為主義思想對現代心理學影響最大。本書第五,九,十一,十三,十四各章內將分別討論行為主義的心理學思想。

(四) 完形學派

在 20 世紀初葉美國行為學派興起之同時,德國出現了一個異於上述三大學派的另一個學派,是為完形學派。完形學派的思想稱為**完形心理學**(或**格式塔心理學**) (Gestalt psychology)。完形學派係由德國心理學家韋特海默(圖 1-4) 在 1912 年所創立。

完形學派的立場是,既反對結構學派的意識分析,也反對行為學派採取刺激-反應聯結的理念來解釋行為。在基本上,完形學派同意功能學派的看法,認為心之功能絕非只是被動地接受刺激而產生孤立的感覺反應,而是主動地將多種不同感覺加以組織處理而產生具有統合意義的知覺意識經驗。客觀的不同刺激雖能引起不同感覺,但在個體由感覺變為知覺去解釋刺激的性質時,卻是主觀地將不同刺激視為一個有組織有意義的整體。因此完形學派的主張屬於**整體論** (holism)。相對的,他們反對結構主義和行為主義所持的**元素論** (elementarism)。完形學派有一個基本信條,"整體不等於部分之和";觀察一座建築時,不可能只分析其構成的磚石木料,即了解其建築

圖 1-4 韋特海默
(Max Wertheimer, 1880~1943) 是 20 世紀在德國出生的美國心理學家,是完形學派的創始人,是似動現象的發現者,也是現代卡通動畫與電影原理的創始人。

的風格 (指結構學派)；同理，也不能只憑將各種建材堆積起來就形成一座建築 (指行為學派)。因此，完形學派雖也採意識經驗為研究主題，但研究目的則旨在探討意識的整體性與組織功能。故而此一學派思想被稱為**完形主義** (Gestaltism)。

韋特海默完形主義的心理學思想，其靈感乃是起於 1910 年乘火車的旅途中，突然想到人所知覺到的物體運動，未必全由物體本身移動所引起，很可能是一種心理作用。下車後他以**動景器** (stroboscope) 為工具，將多張相似的靜止圖片，在每隔 1/10 到 1/30 秒之間連續出現，結果發現所看到的不是多圖交換，而是一圖連續運動。此即韋特海默所發現**似動**的現象 (見第三章第四節)。自韋特海默開始，經過多位興趣相同的心理學家的實驗研究，終於影響心理學在知覺心理、概念形成、思維、問題解決以及心理治療等主題上，開拓了新的研究方向。這些留待以後相關章節再行討論。

(五) 精神分析學派

前述科學心理學初期的四大學派，有兩點相似之處：其一是均出自著名的大學，其二是均沿用始自馮特的實驗室研究取向，以正常人為研究對象。接下去要介紹的精神分析學派則大不相同。精神分析學派的心理學思想，稱為**精神分析** (或**精神分析論**) (psychoanalysis) (註 1-2)。精神分析的理論與方法，迥異於其他各心理學派的思想。

註 1-2：精神分析是奧地利精神病學創始人**弗洛伊德**，根據他多年對精神病患診斷、治療及病理研究的長期經驗，在 20 世紀初提出的心理治療方法及解釋人性的系統理論。精神分析一詞有廣狹二義；狹義言之，本詞指弗洛伊德本人正統精神分析思想中的心理治療方法及人格心理學思想兩個方面。心理治療方法代表弗洛伊德精神病學的實際運作，在這方面他創用了免用藥物的四種治療方法：(1) **自由聯想**；(2) **夢的解釋**；(3) **移情分析**；(4) **闡釋**；其目的旨在藉由對患者心理問題的分析，使其自行領悟，從而重新建構人格，恢復正常生活。人格心理學思想代表弗洛伊德對人性的解釋，在這方面他用兩個主題來說明：(1) 人格的結構，他將人格解釋為由**本我、自我、超我**三個層面所形成的人格整體結構，並用**潛意識、慾力、生之本能、死之本能、快樂原則、現實原則、完美原則**等概念解釋三層之間的互動關係。(2) 人格的發展，在這方面弗洛伊德採童年生活經驗影響一生的看法，並以性為人格發展動力的觀點，將人格發展分為**口唇期、肛門期、性器期、潛伏期、兩性期**五個時期，並用**口唇性格、肛門性格、戀母情結、閹割情結**等概念，解釋各時期的心理特徵。精神分析一詞的廣義解釋，除弗洛伊德本人正統精神分析思想之外，也包括後繼者**阿德勒**的**個體心理學**、**榮格**的**分析心理學**以及**新弗洛伊德主義**中各家的心理學思想 (見註 11-2)。

圖 1-5 弗洛伊德
(Sigmund Freud, 1856～1939) 是 19 世紀末 20 世紀初奧地利精神病學家，是精神分析學派的創始人，是精神病學的開山始祖，更是正統心理學之外對心理學思想影響最大的人。

弗洛伊德(圖1-5)的精神分析，既非源於古代哲學心理學的舊傳統，也非起自科學心理學興起後反結構學派的新思潮，而是根據他多年精神病治療經驗歸納後而成的兼顧心理、病理、治療各方面的一種理論體系。弗洛伊德的精神分析思想，起始於 19 世紀末對癔症患者嘗試新法治療後的心得。**癔症(或歇斯底里)**(hysteria) 最初被認為是屬女性獨有的疾病；其特徵是雖有身體症狀，但缺乏生理病因。弗洛伊德對癔症提出了一種前所未有的新理論，認為癔症的症狀並非由生理病因所導致，而是由於其他心理因素轉化而成。根據弗洛伊德的說法，心理因素之所以會轉化為身體疾病，乃是由於患者在心理上有些本能性的衝動（主要為性慾與攻擊)，因違反社會文化禁忌不得隨意宣洩獲得滿足，只好壓抑在內心深處，結果使衝動與壓抑兩者間形成一種個人不自知的潛意識心理衝突。如衝突累積而不得化解，即可能導致精神疾病。因此，**潛意識**是精神分析的中心理念。此一理念不但是精神分析治療的基礎，而且弗洛伊德更以之建構了他的人格結構與人格發展理論。這些留待本書第十一、十三、十四各章再行討論。從前文所述人性特質六大爭議看，弗洛伊德的精神分析思想，在**心身關係問題**上重心而輕身，在**天性與教養問題**上強調本能的重要性，在**自由意志與決定論問題**上屬於**精神決定論**。

綜合科學心理學誕生後 20 世紀初期五大學派的要義，列表如下，以資比較。

表 1-1　科學心理學初期五大學派之比較

學派別	研究主題	研究目的	研究方法
結構學派	意識經驗	分析心之結構	內省（元素分析）
功能學派	意識經驗	探討心之功能	內省與行為測量
行為學派	外顯行為	控制行為反應	觀察與實驗
完形學派	意識經驗	了解心之整體	內省（組織統合）
精神分析學派	潛意識	了解人性和治療精神疾病	個案研究

四、現代科學心理學五大理論取向並存

科學心理學發展到 20 世紀 30 年代後，心理學的五大學派，隨各學派內意見的紛歧與各學派間思想的衝激，使原來學派對立的局面逐漸消失。學派對立現象的消失，並不代表心理學思想的統一。相反地，學派消失後心理學的發展隨研究主題的益形分化，心理學的理論取向也愈發紛歧。惟就現代心理學理論取向的整體看，在眾多理論取向中，仍有派系趨勢走向；早期的五大學派思想，到 30 年代以後演變成相對應的五大理論取向（註 1-3）。惟五大學派思想與五大理論取向相比，其間有三點不同之處：(1) 早期的學派思想係由少數魅力人物領導，同學派內思想理念相同，晚近的不同理論取向則是雖有魅力人物，但無統一領導，而且在同一理論取向下各家理念未盡相同；(2) 早期的學派思想是對立的，堅持本身的立場，否定其他學派的價值，晚近的各理論取向則是理念並存的，甚至是互補的，信守某一理論取向者，並不排斥其他理論取向；(3) 早期學派對立時代，學派思想支持者多

註 1-3：晚近心理學家討論心理學學派消失後心理學派系類別時，多採用不同取向或不同觀點來表示各家所持的不同心理學思想。所謂**取向** (approach)，是指心理學家在研究心理現象時在理論和方法上所遵循的方向。所謂**觀點** (perspective)，是指心理學家在研究心理現象時在理論和方法上所持的論點。兩者名詞不同，實則意涵相似。基於此義，早期稱五大學派，晚近稱五大理論取向。

向其學派認同，自認他是某學派的成員，晚近持不同理論取向者則多自認是臨床心理學家或教育心理學家，而不再自稱是屬於那一個學派。

（一） 行為論取向

行為論取向是由早期行為學派演變而來的新理論取向。**行為論取向** (behavioral approach) 一詞有兩種含義：其一，在基本理念上仍遵循早期行為學派的傳統，以行為做為心理學研究的主題，仍然像早期的行為學派一般，企圖在控制的情況下觀察刺激-反應之間關係的變化。其二，在"行為"一詞概念上，較之行為學派時為廣泛，也較有彈性，對刺激-反應之間如何聯結的問題，不再只限於華生所持**經典條件作用**的唯一解釋。除增加了**操作條件作用**的理論之外，也不排斥在刺激-反應之間存有內在心理歷程的解釋。此一異於早期行為學派思想的新理論取向，一般稱之為**新行為主義**。正因為晚近行為論的含義擴大，故而現代心理學研究有很多主題中，諸如學習、動機、人格、心理異常以及心理治療等，行為論仍然是重要理論之一。

（二） 精神分析取向

精神分析取向 (psychoanalytic approach) 是由早期以弗洛伊德為主的精神分析學派演變而來的新理論取向。精神分析取向理論的基本要義是，在對人性解釋和心理治療的基本理念上，仍遵循早期精神學派所強調的潛意識和採用分析方法治療心理疾病的理念；而在另一方面，將原來弗洛伊德理論中所強調的生物性需求和性心理需求是決定人格發展重要因素的理念，加以修正，且在對人性和精神病病因解釋時，增添了社會文化因素的考量。由精神分析學派思想修正而來的精神分析取向，自 20 世紀 30 年代以來在美國獲得快速的發展。此一新興精神分析理論取向，稱為**新弗洛伊德主義** (見註 11-2)。不過，精神分析取向只是在時間上繼承了精神分析學派的思想，在實質上並未取代弗洛伊德思想對以後心理學發展的影響。弗洛伊德的思想不僅繼續影響心理學的發展，而且對現代文學、藝術、史學、人類學等，均具有極大的影響。在現代心理學的八大主題中，有關身心發展、動機、人格、心理異常和心理治療等各主題中，亦仍然隨處可見弗洛伊德的思想。

(三) 人本論取向

人本論取向(humanistic approach)興起於 20 世紀 60 年代。從歷史淵源看，人本論取向所探討的是自古爭議未決的**自由意志與決定論問題**。由於人本論取向承傳了 18 世紀**浪漫主義**的哲學心理學思想，強調人性的主觀感情和自由意志，而且主張人性本善。人本論取向既反對行為學派根據對動物控制實驗結果推論解釋人的行為，也反對精神分析學派根據對病患的觀察結果推論解釋正常人。人本論取向主張以正常人生活中的需求、欲望、感情、意志、價值等為心理學研究的主題，故而稱之為**人本心理學**(humanistic psychology)或**人本主義**(humanism)。人本心理學的主要創始人是美國心理學家馬斯洛 (圖 1-6)。正因為人本論取向的興起在精神分析與行為兩大學派之後，且不同於該兩學派思想的決定論觀點，故而自稱為心理學的**第三勢力** (third force)。人本心理學的研究，不僅限於從"全人"的觀點去探討人性，而且強調心理學應幫助人按其自由意志做正確選擇，從而發展自我潛力，臻於**自我實現**的境界 (見第十一章第三節)。從科學心理學自始即強調的心理學研究自然科學化的傳統看，人本心理學缺少嚴密的方法和系統

圖 1-6 馬斯洛
(Abraham Harold Maslow, 1908~1970) 是 20 世紀美國心理學家，是人本主義心理學的創始人之一，是心理學第三勢力的領導人，也是改變科學心理學傳統，將心理學領域擴大到人類生活全部的人。

理論，其主張也未必符合傳統科學心理學所強調的**客觀性**、**驗證性**及**系統性**等特徵。惟人本論取向認為，單憑客觀的科學方法不足以了解人性，人的主觀經驗、感情及意志等更是心理學應該研究的主題。因此人本論取向重視人性尊嚴與自由意志，強調全人格發展，其主張以正常人為研究對象的心理學思想，確實值得心理學界反省。在現代心理學研究的主題中，諸如動機、人格、心理異常以及心理治療等，人本論取向均占有相當重要的地位。

(四) 認知論取向

認知論取向 (cognitive approach) 是從六大爭議中的**知識來源問題**演變而來的。惟從近代心理學學派對立的觀點看，認知論取向則是將行為學派與完形學派的思想合而為一所形成的一種新思想。行為學派以刺激-反應的關係解釋一切行為，以 S 代表刺激、R 代表反應，S→R 即成了解釋一切行為的公式；刺激能引起行為，行為由刺激而決定。完形學派則認為，行為反應雖與外在刺激有關，但刺激本身的特徵，卻不能決定反應的方式；在客觀刺激情境下，個體憑其主觀意識將刺激加以組織之後才表現出反應。因此，在 S→R 公式中，在刺激與反應之間有一段心理歷程；此段歷程，完形心理學家稱之為**組織** (organization)，而認知論取向者則稱之為**認知** (cognition)。基於此義，從廣義的觀點言，20 世紀之初興起的完形心理學的思想就是認知論取向。惟從狹義的觀點言，到 20 世紀 60 年代**認知心理學** (cognitive psychology) 興起產生**認知革命** (cognitive revolution) 之後，才被視為認知論取向。認知心理學不能算是一個思想流派：既無核心人物，也無統一主張；只能算是一股順應時代而有共識的復古思潮。此一思潮的共識是：心理學必先研究了解人如何認識世界，始能了解人的行為；而認知一詞則係指感覺、注意、知覺、意識、學習、記憶、思維等內在心理歷程。此一共識是為**認知主義** (cognitivism)。近年來認知論取向在心理學界廣受重視，舉凡學習、智力、人格、社會心理及心理異常與心理治療等各方面，無不涉及認知論。

(五) 心理生物學取向

心理生物學取向 (psychobiological approach) 所探討者是六大爭議中

心身關係問題。綜合前文所述現代心理學的各大理論取向，並核對現代心理學定義中兼顧的"行為"與"心理歷程"，我們可以發現，行為論取向所解釋者是定義中的行為層面，精神分析取向所解釋者是定義中心理歷程的感情層面，人本論取向所解釋者是定義中心理歷程的感情與意志層面，認知論取向所解釋者是定義中心理歷程的認知層面。四大理論的觀點雖仍然紛歧，但彼此間卻有互補作用，將心理學所要研究的"行為與心理歷程"全部予以解釋。由此可見，心理學的理論已發展到了多元并存的地步。然而，在上述四大理論分別研究知(認知)、情(感情)、意(意志)、行(行為)四大層面時，卻不能忽略行為與心理歷程的運作，均需有賴以生物為基礎的身體生理功能。此即四大理論之外再加上心理生物學取向的原因。從心理學的觀點看心理生物學取向包括探討三方面的主題：(1) 探討神經系統與腦的組織與功能，從而了解行為及心理歷程與生理運作的關係；(2) 探討內分泌系統的組織與功能，從而了解不同腺體分別與行為與心理變化的關係；(3) 探討遺傳學的基本原理，從而了解個體行為和心理特徵與其遺傳因素的關係。本書第二章將概略介紹心理生物學取向的重要內容。

綜合現代心理學五大理論取向的要義，列表如下，以資比較。

表 1-2　現代心理學五大理論取向之比較

理論取向	研究主題	研究目的	研究方法
行為論取向	個體行為	在控制情境下觀察行為的變化	觀察實驗
精神分析取向	潛意識動機	了解人性並治療精神疾病	個案研究
人本論取向	主觀經驗	助人發展自我潛力從而充分自我實現	個案研究
認知論取向	認知歷程	探討知識學習記憶和運用的心理歷程	觀察實驗
心理生物學取向	心理的生理基礎	研究生理機制和行為變化的關係	觀察實驗

(六) 心理學的人性研究仍在盲人摸象

綜上所論，對心理學的起源與發展可得到如下的認識：在漫長的哲學心理學時代，心理學思想雖多爭議，但所爭議者一直未脫離人性的範圍。19

世紀末科學心理學興起後,因受自然科學成就的影響,導致心理學思想走上自然科學化取向,而在理論與方法上偏離了人性主題。直到 20 世紀中期以後,現代心理學思想才又逐漸擺回人性探討的傳統。惟從科學研究旨在根據問題表相探求表相背後真相的觀點看,科學心理學迄今仍然理論紛歧;對人性的研究似仍停留在"盲人摸象"(圖 1-7) 階段。這現象說明了心理學以科學方法研究人性的取向雖屬正確,但對複雜人性的真正了解尚有一段距離。

美國科學哲學家庫恩 (Thomas Samuel Kuhn, 1922～1996),在其 1962 年出版的《科學革命的結構》一書中,提出了**範式** (paradigm) 的概念,用來做為評判一門科學發展程度是否臻於成熟的標準。根據庫恩的解釋,一門科學發展到一定程度時,在研究主題、研究目的、研究方法以及理論建構等方面,將出現頗為統合一致的趨勢。一門科學在這些方面的統合趨勢愈高,即可表示該門科學發展的成熟程度也愈高 (Kuhn, 1962)。心理學一百多年前脫離哲學而獨立以來,心理學家雖自詡心理學是一門科學,惟在科學心理學發展過程中所顯示的主題不定、理論紛歧、方法不一現象,衡諸庫恩的範式標準,心理科學尚未成為成熟的科學。

圖 1-7　盲人摸象

心理科學發展的成熟程度落於其他自然科學之後是事實，但僅只根據此一事實，卻不能否定心理學對人性研究的價值。理由是心理科學研究的人性和自然科學研究的物性，在本質上是不能類比的。物性變化遵循自然法則，物性中之同類者，其變化具有高度的客觀性和一致性；人性變化遵循心理法則，其變化具有高度的主觀性和差異性。世界各地測量物性的標準（如度量衡）可以化為一致，但各地人類的風俗習慣、宗教信仰等，卻無法相同。基於此義，心理學者面對心理學思想紛歧現象時，理應持有如下的觀點：心理學未來的發展，不可能達到像自然科學那樣用一個公式即代表人類心理變化的地步。此種將心理變化簡化為公式的嘗試已成過去，代之而起的應該是心理現象的多元觀；對不同心理現象固然可採不同理論來解釋，對同一心理現象也可採不同理論來解釋。採取兼容並蓄的多元觀持續研究下去，最後對這個巨象一樣的人性，總會有一天達到接近了解其真相的地步。讀者在閱讀本書各章主題討論時，就會發現現代心理學正是採取了此一觀點。

五、現代心理學研究主題及科目分化

　　自從心理學成為一門獨立科學以來，一方面由於心理學性質的複雜，另方面由於人類生活的需要，使心理學在研究主題與科目名稱上，都顯示出迅速的發展與分化。為篇幅所限，以下只就兩方面做簡要說明。

(一) 現代心理學研究的八大主題

　　如果將普通心理學當做現代心理學的縮影看，現在的一般普通心理學，在章節數量上雖有不同，但內容上不外包括以下八大主題：

　　1. 行為與心理的生物基礎　此一主題原係由六大爭議之一的**心身關係問題**演變而來。目前研究的重點在於探討個體生命起源與遺傳機制、神經系統、內分泌系統等，從而了解心理與行為和生理功能的關係。本書第二章即以此主題為中心。

　　2. 感覺、知覺與意識　此一主題係對**心身關係問題**的進一步探討；

藉由現代化的科學方法與工具，研究個體如何經感官獲得感覺，進而對其周圍環境有所了解與認識。本書第三、四兩章將對此主題進行討論。

3. 學習、記憶與思維 此一主題係由六大爭議中**知識來源**問題演變而來；其目的在於探討個體對外在訊息如何學習、記憶、思維，從而學到知識，並運用知識解決問題。本書第五、六、七各章將詳細討論此一主題。

4. 生命全程的身心發展 此一主題係由六大爭議中**天性與教養**問題演變而來；其目的在探討自生命開始後，個體在身體、行為、心理三方面隨年齡增長而變化的歷程，並研究在發展歷程中的一切身心變化與遺傳和環境因素的關係。本書第八章將詳細討論此一主題。

5. 動機與情緒 此一主題係由六大爭議中**自由意志與決定論**問題演變而來；目的在研究個體行為發生的原因，探討個體行為的自主性與選擇性，從而解答個體在決定其行為表現時係出於被動或自主的問題。本書第九章將對此一主題詳為討論。

6. 個別差異 此一主題係由六大爭議中**恆常與變異**問題演變而來；目的在探討個體在團體的共性之外個別差異的問題。心理學研究個別差異主要集中在兩方面；一方面為能力差異，另方面為性格差異。研究個別差異的目的，除了探討形成差異之原因與其理論解釋之外，且兼有為學校因材施教與為社會適材適用的目的。本書第十、十一兩章將討論此一主題。

7. 社會心理 此一主題係由六大爭議中**個人與團體**問題演變而來；其目的在探討社會生活中個人與團體間如何彼此影響，藉以發現維護社會互動的原則與規範，從而促進人際關係的和諧。本書第十二章將討論此一主題。

8. 心理異常與心理治療 此一主題亦係由六大爭議中**恆常與變異**問題演變而來；其目的在探討心理異常的症狀與原因，進而實施心理治療，藉以維護心理健康。本書最後兩章將對此一問題做簡略討論。

（二） 現代心理學科目分化舉例

　　心理學成為獨立科學之後，一方面由於心理學本身知識的迅速擴增，另方面由於學校教學與社會生活的需要，心理學領域內已分化出上百種的不同學科。為篇幅所限，以下僅就心理學領域內理論與應用兩類學科，各舉種列入表 1-3 內，做為代表性的說明。

表 1-3　心理學領域內理論與應用學科舉例

理論心理學類		應用心理學類	
學科名稱	研究目的	學科名稱	研究目的
生理心理學 (physiological psychology)	探討心身關係的基本規律與法則	教育心理學 (educational psychology)	如何達成教育預訂目的之心理科學研究
實驗心理學 (experimental psychology)	對行為與心理歷程的科學驗證研究	學校心理學 (school psychology)	研究如何配合學生心理施教提升教育效果
發展心理學 (developmental psychology)	探討一生中隨年齡增長的身心變化	工業心理學 (industrial psychology)	了解人與工作關係藉以提升工作效率
人格心理學 (personality psychology)	研究人格的形成、發展與個別差異	工程心理學 (engineering psychology)	研究人與機器關係達成人機合一理想
社會心理學 (social psychology)	探討人與人及人與團體間互動關係	管理心理學 (managerial psychology)	了解工作意願振奮工作士氣提升生產績效
學習心理學 (psychology of learning)	探討因經驗獲得知識與行為的歷程	諮商心理學 (counseling psychology)	研究心理適應困難者並協助其解決問題
認知心理學 (cognitive psychology)	探討知識獲得與理解運用的歷程	臨床心理學 (clinical psychology)	對心理異常者的診斷、治療及預防等研究
差異心理學 (differential psychology)	研究個別或團體差異的現象及原因	運動心理學 (sport psychology)	培養運動精神增進全民健康的心理學研究
變態心理學 (abnormal psychology)	探討心理與行為異常的現象及成因	消費者心理學 (consumer psychology)	研究消費者的生活習慣及購買心理
比較心理學 (comparative psychology)	比較研究各種不同動物行為的異同	心理測量學 (psychometrics)	個別或團體心理差異評鑑的理論與方法

第三節　心理學的研究方法

前文數度提到，現代心理學之所以被認為是一門科學，主要是因為心理學的研究，原則上採用了類似自然科學的方法。惟以心理學與自然科學在性質與目的上並不相同，故而在討論心理學研究方法時，也須在說明研究方法的一般性之外，兼而顧到心理學研究方法的特殊性。

一、科學方法的基本概念

據傳聞著名科學家愛因斯坦 (Albert Einstein, 1879～1955) 常說："上帝不跟宇宙玩骰子"。此話的意涵是謂，上帝創造宇宙萬物時，並不是像玩骰子那樣按機率安排的，而是使萬物各自遵循一定規律和法則而變化。科學家所從事的一切研究，其目的就是為了探求事態變化的規律和法則。科學研究的終極目的是根據問題的表相去探求真相；所謂"真相"，也就是形成表相的原因與其變化法則。基於此義，試從以下兩點說明科學方法的一般性。

(一)　針對問題性質提出合理假設

任何科學研究都是起於對問題的了解或謀求解決之道。在研究之初必須先有研究方向，做為研究進行的指引。採用科學術語來說，此一研究指引即稱為**假設** (hypothesis)。假設是根據經驗或前人研究，對問題的可能變化所做的推估性答案。按問題的性質，有三種方式陳述假設：

1. 條件式假設　條件式假設是假設兩個變項之間具有條件關係；如果 A 成立，則 B 也會成立。此即"如果……發生，那麼就會有……結果"的說法。例如，如兩條路中有一條較遠，那麼走遠路就得花較長時間。根據此一假設，採同樣速度循兩路各走一趟，即可驗證假設是否正確。

2. 差異式假設 差異式假設是，假設 A B 兩個變項之間存有有差異或無差異的關係；可假設 A＞B，可假設 A＜B，也可假設 A＝B。前兩種假設的驗證方式簡單，只需搜集實際資料加以比較即可。若是採第三種假設，則是採取反證的方式，推翻與經驗不符的假設，而接受另一對立假設的方法。例如，根據一般人的經驗，成人平均身高男性高於女性。如採 A＝B 方式提出假設，A 與 B 分別代表男女平均身高。經調查分析結果，如發現女性平均身高低於男性，即表示 A＝B 假設不能成立；於是即接受另一對立假設 A＞B。因原提男女兩性身高相等是不合於經驗事實的，故而此種假設稱為**虛無假設** (null hypothesis)。

3. 函數式假設 函數式假設是假設兩個變項之間存有因果關係；以 X 代表因，Y 代表果，其函數式假設即為 Y＝f (X)。亦即：Y 隨 X 的變化而變化。例如，如以 100 個英文單字為學習記憶的材料，學習後記得的單字數量 (Y)，將隨學習時練習的次數 (X) 增加而增加。根據此一假設，即可一方面控制練習次數，另方面在每次練習後測量記得的單字數量，據以驗證假設。

上述三種假設方式有一共同之點，就是任何假設都是旨在探求兩個變項間的關係。所謂**變項** (或**變量**) (variable)，是指任何事項或因素在質或量上的變化可用數值表示其變化情形以顯示其特徵者。諸如性別、年齡、智力、學業成績等，均可視為變項。所有科學研究均以探求兩個 (或多個) 變項間的關係為目的。在上述三種假設方式中，變項之間的關係有兩種類型：(1) 條件式與差異式假設中的變項，彼此間存有連帶關係或相關關係；(2) 函數式假設中的兩個變項，彼此間存有因果關係 (X 為因，Y 為果)；屬於原因的變項稱為**自變項** (或**自變量**) (independent variable)，屬於結果的變項稱為**依變項** (或**因變量**) (dependent variable)。在心理學研究中，自變項一般指研究者可以操作處理的因素 (如受試者的條件或刺激情境)；依變項則指受試者在刺激情境下的行為反應 (註 1-4)。

註 1-4：上述自變項為因依變項為果的說法，原則上適用於自然科學解釋物性變化。採實驗法研究人性的心理現象時，因人有自主性，此一說法未必十分合用。因此晚近心理學家在自變項與依變項之間加上另一變項，稱為**中介變項** (intervening variable)。中介變項所指者，可能是個體的動機情緒，也可能是認知理解。讀者參閱本章第一節提到的"客觀而主觀，主觀而客觀"的心理科學特徵，即可了解中介變項的意義。

(二) 配合研究目的選用適當方法

在科學研究上，沒有"最好的方法"，只有"最適當的方法"。至於方法是否適當，則看它是否配合問題的性質與研究目的。在本章第一節內討論科學研究目的時曾經指出，科學的終極目的是根據問題表相探求表相背後的真相，在終極目的之下，又分四層分級目的。基於此義，所謂"最適當的方法"，其選擇標準就是看在分級目的中企圖達成那一層級的目的而定。如果研究目的只求對問題的性質有所了解，那就配合**描述**目的去選擇方法。如果研究目的在求進一步探求影響問題發生的相關因素，那就配合**解釋**或**預測**目的去選擇方法。如果研究的目的在更進一步探求問題發生的原因，或旨在了解原因後謀求解決問題的對策，那就配合**控制**與應用的目的去選擇方法。

以上討論的科學方法基本概念只是泛指一般科學研究。本章第一節內曾特別指出，心理學的研究雖也採用自然科學慣用的方法，但心理科學的特徵與研究目的，畢竟不同於一般自然科學。基於此義，以下的討論將在合於科學研究的基本原則之下，進而說明適用於心理學研究的三類研究方法。

二、描述研究

描述研究 (descriptive research) 是在科學研究分級目的之下，旨在達到翔實**描述**目的的一類研究。在此類研究中，有以下兩種具體的研究法。

(一) 自然觀察法

自然觀察法 (naturalistic-observation method)，或簡稱**觀察法** (observational method)，是指心理學家在自然情境下，觀察受試者的活動，並做成記錄，俾能對問題性質予以翔實描述的一種方法。自然觀察法之所以特別強調"自然"是指觀察所見確實代表受試者的自然行為表現。根據現代心理學的定義，觀察所見者只是受試的外顯行為，觀察不到內在心理活動。觀察法可用於教室、運動場、證券市場等不同場所；除用於成人行為研究外，觀察法特別適用於對嬰幼兒和動物行為的研究。

觀察法在使用時，因觀察者與受試者之間關係的不同而有兩種方式：一種是**非參與觀察** (non-participant observation)；在不干擾受試的原則下，觀察者純以客觀的立場觀察記錄受試者的行為活動。這是一般最常用的觀察法。另一種是**參與觀察** (participant observation)；觀察者在不暴露其身分的原則下，參與受試者的活動。以觀察球場上學生團隊合作行為為例，教師如純以旁觀者身分對學生行為表現進行觀察，就是非參與觀察。教師如親身下場跟學生一起打球，隨時觀察學生的合作行為，即為參與觀察。

由觀察法所得的研究資料，最重要的條件是此等資料必須具有真實性與代表性。因此，如何避免因觀察者主觀所造成的偏差，是觀察法必須考慮的問題。基於此種考慮，一般認為使用觀察法時，宜遵守以下四項原則：

1. 每次只觀察一種行為。如觀察球員的合作行為，每次打球時所觀察者就只限於合作行為；球員投球得分多少等行為，則不在觀察之內。

2. 要觀察的行為特徵，必須事先界定，並事先備妥記錄表格，以便隨時記下觀察到的具體事實。

3. 觀察記錄時，除筆記之外，應盡量利用精密工具；如照相機、錄音機、錄影機等，以便獲得更客觀的資料。

4. 為避免時間因素的影響，宜採**時間抽樣** (time sampling) 的方式，在一天或一週內，在不同時間內抽取等距的數個時段，做同一方式的重複觀察，而後綜合觀察所見，其所得結果將具有較大代表性。

（二） 個案史法

個案史法 (case history method)，簡稱**個案研究** (case study)，是指對於某個體或團體 (例如某家庭或某工廠) 為研究對象的一種方法。個案史法原為醫師用以了解病人病情及其生活史的一種方法。醫師為求診斷正確，檢查患者病歷，詢問患者以往求診經過，以及生活起居習慣等，在性質上即屬個案研究。後來個案研究使用範圍擴大，在心理學上普遍作為研究問題與解決問題之用；除臨床心理學上一直應用之外，教育心理學上對學生個案輔導，法律心理學上的個案調查，工業心理學上的個案 (如以工廠為單位) 分析，原則上都是採用個案研究。

個案研究必須具備足夠的個案資料，否則無從研究起，也難以解決個案問題。以法律心理學上的少年犯罪者個案為例，要想研究個案的整個犯罪行為及犯罪的心理因素，在資料收集上必須涵蓋：(1) 個人基本資料，包括姓名、性別、年齡、住址、出生日期、出生地點、教育程度、宗教信仰等；(2) 家庭背景，包括父母年齡及存歿狀況、家庭經濟狀況、家庭居住環境、父母對子女管教態度及親子感情等；(3) 學校生活，包括曾受教育年限及學校名稱、在校成績、課外活動興趣、學科興趣、師生關係、同學關係、學習有無困難、有無獎懲記錄、學校周圍環境等；(4) 社會生活，包括社區環境、鄰居關係、交友情形、親友關係、上下學路徑等；(5) 身體特徵，包括體形特徵、健康狀況、生理成熟程度、有無生理缺陷、曾患何種疾病等；(6) 心理特徵，在性格特徵方面包括情緒穩定性、性格內外傾向、社會態度傾向、自我觀念與價值取向等；在能力特徵方面包括智力、性向、工作能力、社交能力等。

三、相關研究

相關研究 (correlational research) 是指對問題中相關變項間相關程度的了解，從而達到科學研究分級目的中**解釋**和**預測**目的的一種研究方法。在心理學上從事相關研究時，通常是將同一組人的兩種特徵做為研究的變項；經由測量將兩變項化為數值，然後按統計方法計算出**相關係數** (correlation coefficient) 用以表達兩變項的相關程度。相關係數通常以小寫英文字母 r 表示之，其值可正可負，其大小介於＋1～－1 之間（如 r＝0.55）。相關係數為正值時，稱為**正相關** (positive correlation)；意謂兩變項間存有正相關關係，智力和學業成績兩個變項就是如此。相關係數為負值時，稱為**負相關** (negative correlation)；意謂兩變項間存有負相關關係，例如在設定之距離中運動，速度與時間兩變項就是如此。相關研究的目的在於解釋和預測，根據兩變項間之相關程度以解釋兩變項間變化之關連關係，且可根據變項之一以預測另一變項之變化。相關研究常用的方法有二，如下文所述。

(一) 調查法

調查法 (survey method) 是以眾所了解或眾皆關心的事項為範圍，預先擬就問題，讓受調查者自由反應出他的態度或意見的一種方法。調查法可採兩種不同方式進行：一種是**問卷調查** (questionnaire survey)，也稱**問卷法** (questionnaire method)；另一種是**訪問調查** (interview survey)，也稱**訪問法** (interview method)。問卷調查可在教室或會場進行，也可經由郵寄的方式進行，同時間可以調查很多人；訪問調查只能在面對面的方式下進行。兩種調查的相同之處是，兩者都是預先擬就問題範圍；兩者相異之處是，問卷調查時，被調查者均在問卷上按題回答；訪問調查時，則是由訪問員按受訪者對問題的反應代為填答或記錄。因此，無論是問卷或訪問，都是以預先擬就的問題為調查範圍，所以兩者都可視為問卷調查，只是訪問時問卷填答方式稍有不同而已。

從科學研究分級目的看，調查法只能達到**描述**和**解釋**的目的，在此目的之下，調查法的最大優點是同時調查很多人，不像觀察法與個案法那樣受時空限制。惟受財力人力影響，調查對象一般只能從理想對象群體中抽取一部分人為代表進行調查。理想對象群稱為**總體**(或**母體**) (population)，抽取的部分代表稱為**樣本** (sample)。針對樣本調查結果去推估總體，才是調查法的真正目的。以議員選舉前民意調查為例，候選人可能有幾個，而選舉人卻是數以萬計的。調查實施時，只能從全部選舉人中抽取部分人為樣本，做為調查對象。全體選舉人就是總體，調查的部分人就是樣本。因此，一般調查也稱為**抽樣調查** (sampling survey)。

顯然，採用調查法時，除考慮問卷的設計之外，也應考慮由部分人構成的樣本，對總體而言是否具有代表性。因此，**抽樣** (sampling) 就成為調查法中研究的主題之一。關於如何抽樣，有很多不同理論與方法。其中最基本的原則為**隨機抽樣** (random sampling)；即按數學上的機率原理，在總體中每一個體被抽到機會相等的原則下，抽出一部分人為樣本。以某城市 30 萬小學生做總體為例，如抽取百分之一為樣本調查其罹患沙眼的情形。這 3000 人就不能只從一所或少數幾所小學中抽取。最理想的辦法是，將 30

萬學生的學號混合在一起，按機率原則抽取百分之一做調查對象。否則如樣本只來自一、兩所學校，調查結果就缺乏全市學童罹患率的代表性。樣本缺乏代表性的缺點，稱為**抽樣偏差**(或**抽樣偏向**) (sampling bias)。

（二） 測驗法

測驗法 (test method) 是採用**心理測驗** (詳見第十章) 收集研究資料的一種方法。因使用目的的不同，心理測驗有多種不同的形式；有的用來測量智力，有的用來測量學業成就，也有的用來測量性格。測驗法用於心理學研究，按問題的性質而有三種方式：(1) 用於團體中個別差異的研究，在此種情形下，只用一種測驗 (如智力測驗)，而且只需施測一次，即可獲得所需資料。(2) 用於對團體的單一心理特徵 (如智力) 的追踪研究，在此種情形下，採同一測驗而在不同時間前後施測兩次 (或多次)，比較前後測量結果之不同，並求其相關，從而了解該心理特徵因時間改變所生的變化。(3) 用於對團體的兩種心理特徵 (如智力和性格) 的相關研究，在此種情形下，採兩種測驗，近時間內連續施測，然後求取兩者的相關。

就相關研究的性質而言，測驗法的第一種方式只有單一變項，故而不符合相關研究的原則。第二種方式合於相關研究，由於了解到前後兩次測驗結果間的相關情形，以後用於研究另一團體時，只需施測第一次，即可預測該團體該項心理特徵發展的情形。採用測驗法從事相關研究，在發展心理學上應用最多，像用同一智力測驗，對同組兒童在不同年齡連續施測，從而觀察該組兒童智力發展者即屬之。第三種方式也合於相關研究，由於了解兩種測驗結果間的相關情形，以後用於研究另一團體時，只需根據對一種心理特徵測量結果，即可預測該團體另一心理特徵；像已知高中生數學、物理兩科測驗結果及其相關後，就可根據數學成績預測物理成績者即屬之。從科學研究分級目的看，測驗法可以達到**解釋**和**預測**的目的。

四、實驗研究

前文多次提到，心理學之所以被認為是一門科學，乃是由於心理學採用了一般自然科學使用的研究方法。在一般自然科學研究上，最典型的研究取向是**實驗研究** (experimental research)。從科學研究的分級目的而言，實驗研究除由觀察獲得**描述**資料外，還可以根據實驗研究結果，**解釋**問題表相背後的真相，說明問題的前因後果；並可進一步**控制**相關因素從而**預測**問題的發生 (或不發生)。因此，在科學研究上，一般認為實驗研究是最理想的研究方法。討論如何從事實驗研究，從而達到描述、解釋、預測與控制多重目的的方法，就是**實驗法** (experimental method)。如何運用實驗法做好一項心理實驗工作？以下的兩點討論可用來回答此一問題。

(一) 實驗設計

所謂**實驗設計** (experimental design)，是研究者根據研究主題與研究目的，在實驗前擬訂的一份程序性的實驗計畫。實驗前應先有明確詳細的計畫，實驗時才能依序進行，獲致預期的實驗結果。最簡單的實驗設計，也須包括以下兩點說明：

1. 確定實驗變項 實驗法的基本特點是，在控制的情境下研究自變項與依變項之間的因果關係。因此在實驗之前必先確定自變項與依變項。試以藉運動減肥為主題從事一項實驗研究為例，說明如何確定實驗變項的問題。在此項實驗中，"運動"可視為自變項，可用 "每天游泳一小時" 來界定運動。"減肥" 為依變項，可用 "體重減少的磅數" 來界定減肥效果。如此，實驗者即可按照計畫處理自變項，每天按時游泳，並依計畫定時 (如每月一次) 測量體重。

2. 確定實驗形式 確定變項後進一步必須確定實驗形式。最簡單的實驗，不外兩種形式：一種叫**單組設計** (single group design)，指只採用單一組受試者所做的實驗。按前例，在設計運動減肥實驗時，可只用一組人為受試者。在進行實驗之前，先測量每一受試的體重，並做成記錄，供做以後比較之用。繼而按計畫進行，每天游泳一小時，並按月測量體重隨即做成記錄。然後比較實驗前後測量結果，數月後如確實發現體重下降，即表示游泳的確助人減肥；亦即證明自變項與依變項之間存有因果關係。

另一種實驗設計稱為**配對組設計** (matched-group design)，指採用兩組受試者所做的實驗。仍以運動減肥實驗為例，可採條件接近的兩組人為受試者。在實驗之前兩組均接受體重測量，並做成記錄。繼而選取其中一組，按計畫進行，每天游泳一小時，並按月測量體重。另外一組第一次測量體重後，生活方式不做任何改變。過一段時間後也和第一組同樣接受體重測量，並做成記錄。如此安排等於是只對第一組加入自變項，而第二組則否。第一組稱為**實驗組** (experimental group，簡稱 EG)，第二組稱為**控制組** (control group，簡稱 CG)。最後比較兩組體重測量結果，如發現實驗組體重下降，而控制組的體重沒有改變，即表示實驗成功，游泳對減肥確實有效。

(二) **實驗控制**

所謂**實驗控制** (experimental control)，是指除自變項與依變項之外，控制其他相關因素，以免影響實驗結果。前文所指的配對組即為達到實驗控制目的的一種措施。所謂"配對"，是指兩組人數、性別、年齡、身心狀態及生活習慣等大致相等。多種條件——配對不易做到，比較合於科學原則的做法是，實驗前將所有受試者混合，然後按機率 (如抽籤決定) 將全部受試者平均分為兩組，並再按機率決定一組為實驗組，另一組為控制組。如此按機率分派受試的做法，稱為**隨機分派** (random assignment)。

除控制兩組對等之外，更須控制其他可能影響實驗結果的因素。在上述游泳減肥實驗一例中，如有人有吸食藥物和吃零食的習慣，或游泳外另做其他運動等，自將影響實驗結果，致使研究者無法肯定體重減輕是否由於游泳使然。像此等自變項之外影響依變項的其他因素，如以變項概念名之，即為**外擾變項**(或**無關變項**) (extraneous variable)。控制外擾變項使實驗結果免於遭受不相干因素影響，是保證實驗成功的重要條件之一。

五、心理學研究方法的侷限

以上介紹的各種心理學研究方法，在基本上是比照自然科學根據對物性變化表相的觀察測量，從而探求表相背後真相的構想。惟在實際從事心理學研究時，由於心理學所研究的人性，遠較自然科學所研究的物性為複雜，自然科學家只須對觀察可見的物性變化表相進行分析，即有可能達到了解真相的目的，心理學家卻不能只將觀察可見的外顯行為反應當做心理現象；心理現象尚包括無法觀察的內在心理歷程。因此，心理學研究方法中的描述研究或相關研究，其所得結果只能視為對問題的概約了解，絕不能解釋為問題表相背後的真相。

實驗法是自然科學研究物性變化的主要而且有效的方法，但實驗法用於心理學研究人性變化時，其有效性則遠遜於用之於自然科學。即使實驗研究結果顯示**依變項**(受試者的行為反應) 與**自變項**(實驗情境) 的變化有關，仍難確定兩者之間存有多少因果關係。原因是心理學的實驗研究，既不能控制自變項與依變項之間的**中介變項**，也無法觀察內在心理歷程的變化。如果受試者意識到實驗的目的，他在行為反應上很可能表現出不同於研究者所假設的效果。因此，在從事心理學實驗研究時，不但在實驗設計上應力求周密，對實驗研究結果解釋時，更須了解實驗法用於研究心理現象的侷限性。

本 章 摘 要

1. 科學心理學誕生以來，在研究究取向上一直企圖走自然科學的路。然而現今在"心理學是研究行為與心理歷程的科學"定義中，"心理歷程"包括內在主觀經驗。主觀經驗是人性異於物性之處，是故以人為研究對象的心理科學，應與以為物為研究對象的自然科學有別。因此本書建議心理學的定義改為"心理學是研究人性的科學"，用以彰顯其獨特性。
2. 一般科學均具有三個共同特徵：(1) **客觀性**；(2) **驗證性**；(3) **系統性**。
3. 科學研究除根據問題表相探求真相的終極目的外，另有五層分級目的：(1) **描述**；(2) **解釋**；(3) **預測**；(4) **控制**；(5) **應用**。
4. 從心理學研究上所具備的"客觀而主觀"與"主觀而客觀"特徵看，心理學是不一樣的科學,是超科學的科學。
5. 自古代的哲學心理學到現代的科學心理學,有六大問題一直爭議不休:(1) **心身關係問題**;(2) **天性與教養問題**;(3) **自由意志與決定論問題**;(4) **知識來源問題**;(5) **個人與團體問題**;(6) **恆常與變異問題**。
6. 在 19 世紀中葉,**心理物理學**對身心關係問題的研究,開啟了現代科學心理學之門。
7. 十九世紀末科學心理學誕生後,因對心理學研究主題與目的等理念的不同,而產生了彼此對立的五大學派:(1) **結構學派**;(2) **功能學派**;(3) **行為學派**;(4) **完形學派**;(5) **精神分析學派**。
8. 二十世紀中葉以來,現代心理學不再學派對立,起而代之者是理念多元並存的五大理論取向:(1) **行為論取向**;(2) **精神分析取向**;(3) **人本論取向**;(4) **認知論取向**;(5) **心理生物學取向**。
9. 普通心理學所探討的行為與心理歷程,其範圍主要包括八大主題:(1) 行為與心理的生物基礎;(2) 感覺、知覺與意識;(3) 學習、記憶與思維;(4) 生命全程的身心發展;(5) 動機與情緒;(6) 個別差異;(7) 社會心理;(8) 心理異常與心理治療。
10. 心理學研究上所採用的方法有三大類:(1) **描述研究**;(2) **相關研究**;(3) **實驗研究**。
11. 採用描述研究旨在達到科學研究分級目的**描述**的目的;採用相關研究旨在達到**解釋**和**預測**的目的;採用實驗研究旨在達到**描述**、**解釋**、**預測**、**控制**的多重目的。
12. 採用**調查法**時之所以採**隨機抽樣**,其目的在使樣本具有代表性。
13. **實驗研究**的最大優點是,根據研究發現可以解釋問題發生的前因後果。惟實驗法用於研究心理現象時仍有侷限,因為在解釋**自變項**與**依變項**之間的因果關係時,仍無法排除兩變項之間**中介變項**所發生的影響。
14. **實驗設計**是研究者在實驗前擬訂的實驗計畫;先有周全計畫,以後按計畫進行,才能獲得預期的結果。
15. **實驗控制**的目的是,除確定**自變項**在實驗過程中發生作用之外,尚須控制其他一切**外擾變項**,以免對實驗結果發生不良影響。

建議參考資料

1. 車文博 (1996)：西方心理學史。台北市：東華書局 (繁體字版)。杭州市：浙江教育出版社 (1998) (簡體字版)。
2. 張春興 (1991)：現代心理學。台北市：東華書局 (繁體字版)。上海市：上海人民出版社 (1994) (簡體字版)。
3. 張春興 (2002a)：心理學思想的流變——心理學名人傳 (修訂版)。台北市：東華書局 (繁體字版)。上海市：世紀出版集團教育出版社 (簡體字版)。
4. 張春興 (2002b)：心理學發展的困境與出路。心理科學，25 卷，5 期，591～596。
5. 楊治良 (1997)：實驗心理學。台北市：東華書局 (繁體字版)。杭州市：浙江教育出版社 (1998) (簡體字版)。
6. 董　奇、申繼亮 (2003)：心理與教育研究法。台北市：東華書局 (繁體字版)。杭州市：浙江教育出版社 (簡體字版)。
7. Glassman, W. E. (2000). *Approaches to psychology* (3rd ed.). Buckingham, UK: Open University Press.
8. Myers, D. J. (1999). *Exploring psychology* (4th ed.). New York: Worth Publishers.
9. Schultz, D. P., & Schultz, S. E. (2000). *A history of modern psychology* (7th ed.). New York: Harcourt Brace.
10. Wertheimer, M. (2000). *A brief history of psychology* (6th ed.). Fort Worth, Tex: Harcourt Brace.
11. Westen, D. (1996). *Psychology: Mind, brain, & culture*. New York: John Wiley & Sons.

第二章

行為與心理的生物基礎

本章內容細目

第一節　生命的開始與遺傳過程
一、染色體與基因　47
二、受孕時的遺傳過程　48
三、受孕時胎兒性別的決定　50

第二節　神經系統與神經元
一、神經系統的構造與功能　51
二、中樞神經系統的構造與功能　53
　㈠ 腦的構造與功能
　㈡ 脊髓的構造與功能
三、外周神經系統的構造與功能　56
　㈠ 軀體神經系統的構造與功能
　㈡ 自主神經系統的構造與功能
四、神經元的構造與功能　58
五、突觸的傳導功能　59

第三節　大腦半球的構造與功能
一、大腦半球的主要構造　61

二、大腦半球的分區運作功能　62
　㈠ 主運動區
　㈡ 主體覺區
　㈢ 主視覺區
　㈣ 主聽覺區
　㈤ 聯合區
　㈥ 語言區

第四節　內分泌系統的構造與功能
一、垂體腺　67
二、甲狀腺　68
三、副甲狀腺　68
四、腎上腺　69
五、胰　腺　69
六、性　腺　70

本章摘要

建議參考資料

心理學是研究行為與心理歷程的科學。行為與心理歷程二者都是動態的，不是靜態的；所不同者只是前者顯於外 (如說話)，後者隱於內 (如思維)，惟二者均與身體的生理功能具有密切關係。因此，身體功能與行為和心理歷程的關係，自始即為心理學研究的一個基本問題。前章所述六大爭議中，**心身關係問題**及**天性與教養問題**二者，都是以人類身體功能為基礎去探討心理作用的。惟古時對身體與心理的解釋，多屬思辯性的概念，因而無法確切掌握天性與教養或身與心彼此之間的關係。由於遺傳學的進步，現代心理學家已普遍認為，先天遺傳決定個體身心特徵的基礎架構，後天環境充實修改架構的內容。由於生理學的進步，心理學家已清楚了解，一切行為反應與心理活動，無不與生理組織中神經系統或腺體組織有密切關係。遺傳學與生理學屬於生物學的範圍，因此，根據生物學中遺傳學和生理學的知識，探討行為與心理歷程，從而發現的原理原則，在基礎心理學上是有必要的。此即本章以〈行為與心理的生物基礎〉為題的理由。

本章內容主要包括四方面的討論：(1) 身心特徵的遺傳基礎，說明人類遺傳的基本原理及其在心理學上的意義；(2) 神經系統的構造與功能，說明人類神經系統的整體結構及各分支系統之間的關係；(3) 腦的構造與功能，說明腦的複雜構造及其分區專司並聯合運作的功能；(4) 內分泌系統的構造與功能，說明人體內各種內分泌腺的構造及功能。讀者閱讀本章時，可能因內容涉及很多生理學名詞而略感枯燥，但須知本章屬心理學的基礎知識，以後將討論的感覺、知覺、發展、動機、情緒及心理異常等，都與本章內容有密切關係。經由本章的討論，希望讀者對以下問題得到概括性的認識。

1. 人類遺傳的基本原理。
2. 受精時胎兒男女性別的決定歷程。
3. 人體神經系統的構造及其功能。
4. 神經元的構造及神經傳遞功能。
5. 腦的構造及分區專司功能。
6. 自主神經系統的構造及其相對功能。
7. 內分泌腺的構造及其功能。

第一節　生命的開始與遺傳過程

遺傳學 (genetics) 是生物學的一支,其研究重點在於探討生物中前後兩代之間在身心特徵上的遺傳現象,從而發現個體身心特徵中決定於遺傳因素的基本法則。基於此義,遺傳學與**遺傳** (heredity) 兩詞,在意涵上稍有不同;前者指一個專門學科,後者指該學科所研究前後兩代間的遺傳過程。心理學家將遺傳學與心理學結合,用以解釋個體的心理與行為,就成了**行為遺傳學** (behavioral genetics)。本節僅就人類生命開始時的遺傳過程做簡略說明行為遺傳學的基本概念。

一、染色體與基因

人類的遺傳主要顯現在兩方面:其一顯現在身體上的特徵;諸如皮膚顏色、頭髮顏色、虹膜顏色以及身高、骨架等,均係得自父母的遺傳。其二是顯現在心理上的特徵;諸如情緒穩定性、智力以及某些心理疾病等,均與父母的遺傳有關。

根據遺傳學的知識,在親子間身心特徵遺傳的過程中,職司基本生物性運作的基本單位是染色體。**染色體** (chromosome) 存在於人體細胞核內,呈棒狀排列成 23 對 (圖 2-1)。染色體的主要成分是由複雜的遺傳物質**脫氧核糖核酸** (deoxyribonucleic acid,簡稱 DNA) 及蛋白質所構成。DNA 是遺傳訊息的保存者和傳遞者,構成 DNA 的單位稱為基因,因此**基因** (gene) 乃是攜帶遺傳訊息的最基本單位 (故而稱為遺傳因子)。

如圖 2-1 所示,人體細胞內的染色體,呈 23 對排列的形式,其中有 22 對男女相同,稱為**常染色體** (autosome),第 23 對 (未標號碼者) 男女各異,稱為**性染色體** (sex chromosome)。性染色體是決定男女性別的遺傳物質,故其形狀與性質,男女有所不同。女性身體細胞內的兩個性染色體,

48 心理學原理

體積相等，性質相同，遺傳學家稱之為 XX。男性身體細胞內的兩個性染色體，體積大小不同，性質各異，遺傳學家稱大者為 X，稱小者為 Y，合而為 XY。受孕時胎兒的性別，即係由男性染色體所決定。

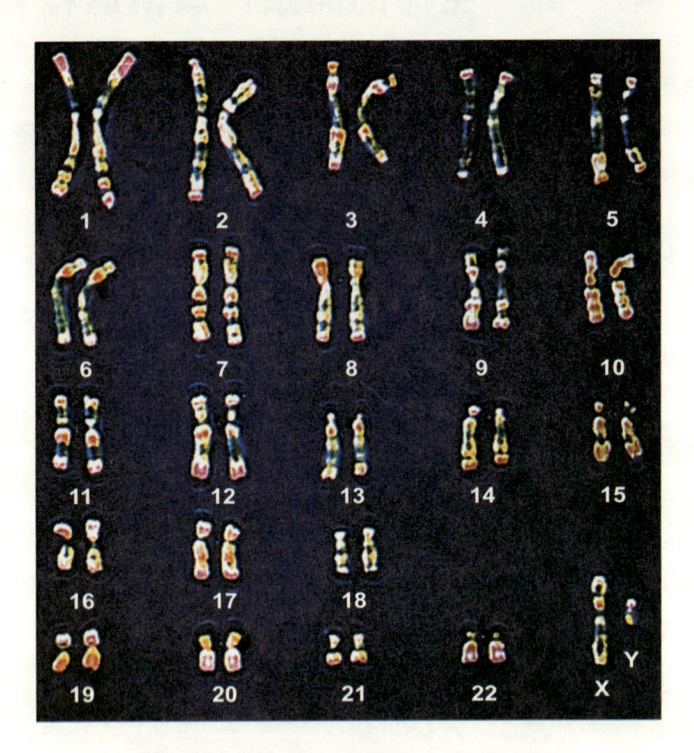

圖 2-1 人體細胞內的 23 對染色體
在 23 對染色體中，有 22 對男女相同，第 23 對男女相異 (未標號者)，為性染色體。

二、受孕時的遺傳過程

人體細胞隨個體生長而快速生長分化。在生長分化過程中，體細胞產生有絲分裂，每一細胞核分裂為二，各自加倍複製染色體，保持新生細胞中仍然是 23 對的形式。惟男性睪丸中與女性卵巢中的性細胞，在性生理成熟後的細胞分化時,卻產生減數分裂;由原來的 23 對減半而成為 23 條。圖 2-2 的中間部分,即說明此種情形。

個體的生命開始於**受孕**(或**受精**)(fertilization)。受孕過程是來自父親睪丸中的**精子** (sperm) 與來自母親卵巢中的**卵子** (ovum) 相結合,構成一個受精卵。**受精卵** (zygote) 雖然只是一個細胞,但卻是一個新生命體的開始。在精子與卵子相結合而成為一個受精卵時,精子與卵子中各自原有的 23 條染色體一并帶來,兩兩相結合而構成 23 對染色體。圖 2-2 所標示者即受精時的遺傳過程。

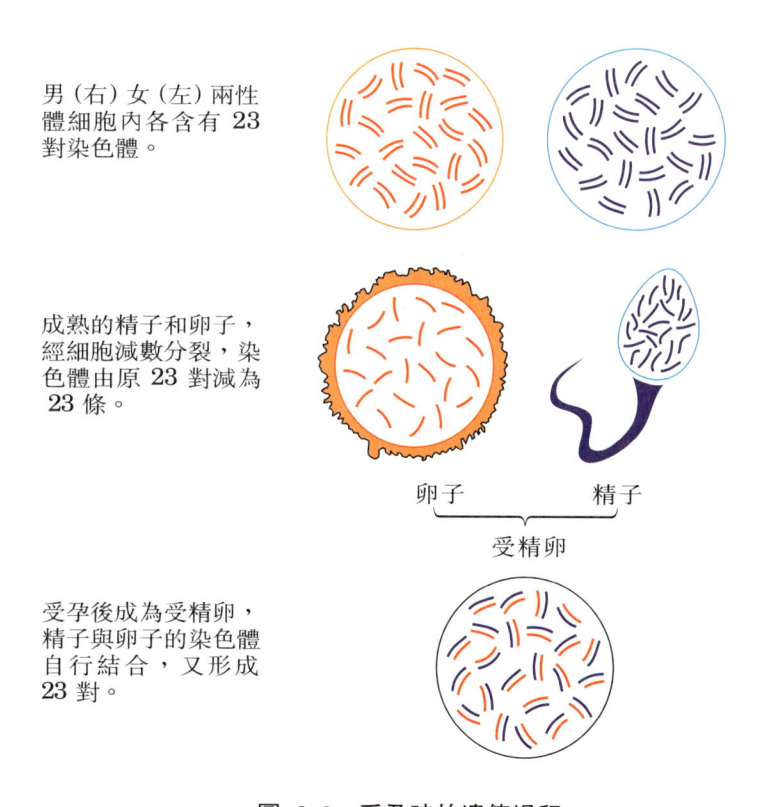

男(右)女(左)兩性體細胞內各含有 23 對染色體。

成熟的精子和卵子,經細胞減數分裂,染色體由原 23 對減為 23 條。

卵子　　精子
受精卵

受孕後成為受精卵,精子與卵子的染色體自行結合,又形成 23 對。

圖 2-2　受孕時的遺傳過程
受精卵即新生命的開始,此後得自父母各半的遺傳特質,將隨之終其一生。

三、受孕時胎兒性別的決定

在新構成受精卵的染色體中,前 22 對是男女相同的,只有最後第 23 對隨機率而定。如果第 23 對的配合是 XX,受孕的胎兒就是女性;如果第 23 對的配合是 XY,受孕的胎兒就是男性。圖 2-3 所示者即受孕時胎兒男女性別決定的歷程。

圖 2-2 所顯示的是親子兩代間的遺傳過程。經受孕作用而形成的受精卵,雖然開始時只是一個單細胞,但此一單細胞內卻含有來自父母雙方(各占一半)染色體所合成的一個新生命。正因為新生命的染色體得自父母者各占一半,所以自受精卵開始的新生命,在以後一生中即承受了父母雙方遺傳給他的身心特徵。

圖 2-3 所顯示的是受孕時胎兒性別的決定。以往民間存有一種迷信,認為夫妻不能生育男孩,是妻子的過失。事實上,受孕時是男是女的機率,妻子毫無責任,百分之百是由丈夫一方決定的。表面看來生男生女的機會各占一半,惟按機率計算,每一配合所形成的新個體,在身心特徵上的遺傳全不相同。按數學組合原理,受精卵中的 23 對染色體有 8,388,608×8,388,608

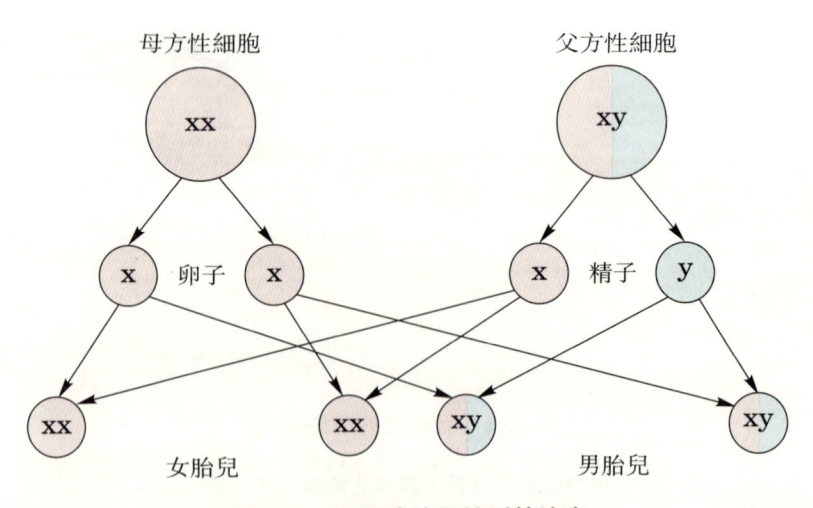

圖 2-3　受孕時胎兒性別的決定

種不同的組合。其結果,所產生的胎兒有 70,368,744,177,664 個不同的可能。由此天文數字來看,即可了解,除**同卵孿生子** (註 2-1) 之外,世界上沒有遺傳相同的人。由此可見,自生命開始個體間即存在著個別差異。

以上討論只是從生物學的觀點簡單說明有關人類遺傳的基本概念。除此之外有關遺傳與身心關係的問題,留待以後相關章節內再行討論。

第二節　神經系統與神經元

從生物學的觀點研究心理學,一般採兩個取向:其一是探求遺傳與環境的關係,從而了解二者分別對個體身心發展的影響。其二是研究人體神經系統與腺體組織及其功能,從而了解個體在環境中如何生存適應。遺傳與環境的問題已於前節討論,本節開始討論神經系統的有關問題。

一、神經系統的構造與功能

神經系統 (nervous system) 是由無數神經細胞形成的神經組織與結構的總名稱。要了解神經系統的構造與功能,必須從以下兩點予以說明:其一是先從整體構造看,說明在整體神經系統中包括那些分支神經系統以及其各自的特殊功能。其二是了解神經系統的一般生理作用,並說明構成神經系統的神經元所發生的特殊功能。接下去先說明神經系統的構造與功能。

註 2-1:**同卵孿生子** (identical twins) 指產婦一胎所生兩個嬰兒係由單一受精卵分裂發育而成的個體。同卵孿生子的基因相同,性別相同,出生後在身心特徵上所顯現的差異,非來自先天遺傳,而是受後天環境因素影響所致。同卵孿生子是**孿生子** (twins) 的一類;除此之外是**異卵孿生子** (fraternal twins),指受孕時由兩個 (或多個) 精子和兩個 (或多個) 卵子結合而成的受精卵分別發育而成的個體,異卵孿生子遺傳基因不同,性別不定,其身心特徵與一般兄弟姊妹的關係相同。在孿生子中,同卵孿生子的出現率約占四分之一。

52 心理學原理

　　在人類的神經系統中，按其部位及功能的不同，分為兩大系統，一為**中樞神經系統**，另一為**外周神經系統**。在這兩大神經系統之內，又各自包括多個性質與功能各異的分支神經系統。圖 2-4 即人體神經系統的概略說明。在整個神經系統中，中樞神經系統中屬於前腦的大腦皮質部分，在有關心身問題的研究上，具有特殊的重要性。因此，本節之內容只限於對中樞神經系統中大腦皮質之外其他神經系統的說明。大腦皮質的構造與功能，留待第三節內再詳加解釋。

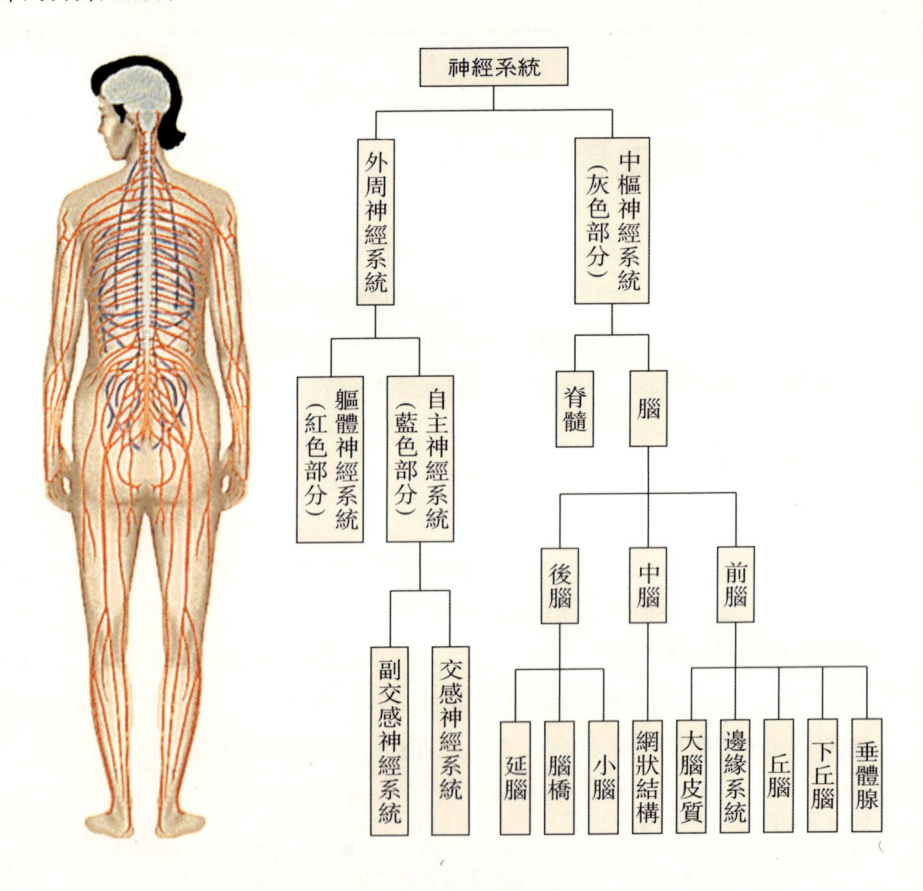

圖 2-4　人體神經系統

二、中樞神經系統的構造與功能

中樞神經系統 (central nervous system，簡稱 CNS) 是人體神經系統的最主體部分，包括腦與脊髓；腦與脊髓的分工與合作，發揮著支配與控制全身活動的功能，以下先對腦的構造與功能略加說明。

(一) 腦的構造與功能

人類的腦是由無數個神經細胞構成的重約三磅的海綿狀神經組織。**腦** (brain) 是中樞神經系統的主要部分，在構造上，按部位的不同分為三大部分，分別具有不同的功能。

1. 後腦 (hindbrain) 按圖 2-5 所示，後腦位居腦的後下部，其中包括三部分：(1) **延腦** (medulla)，位在脊髓的上端與脊髓相連，呈細管狀，大如手指。延腦的主要功能在控制呼吸、心跳、吞嚥及消化；稍受傷害即危及生命。(2) **腦橋** (pons)，位於延腦之上，是由神經纖維構成的較延腦為肥大的管狀體。腦橋連接延腦與中腦，如受到傷害可能影響到睡眠失常。(3) **小腦** (cerebellum)，位於腦橋之後，形似兩個相連的皺紋半球，其功能主要在控制身體的運動與平衡；如小腦受到傷害，即喪失身體自由活動的能力。

2. 中腦 (midbrain) 按圖 2-5 所示，中腦位於腦橋之上，恰好是整個腦的中間，故名。中腦是視覺與聽覺的反射中樞，舉凡瞳孔、眼球、虹彩等反射活動，均受中腦的控制。在中腦的中心有一個網狀的神經組織，稱為**網狀結構** (reticular formation)。網狀結構的主要功能為控制覺醒、注意、睡眠等意識狀態。網狀結構的作用擴及腦橋、中腦與前腦。中腦與後腦的腦橋和延腦合在一起，稱為**腦幹** (brain stem)。腦幹是生命中心，醫師判斷是否腦死，即以腦幹功能是否喪失為根據。

3. 前腦 (forebrain) 前腦是腦的最複雜部分，也是最重要的部分。前腦主要包括五部分：(1) **大腦皮質** (cerebral cortex)，大腦皮質是中樞神經系統中最重要的部分，其構造與功能留待第三節再詳細說明。(2) **邊緣系**

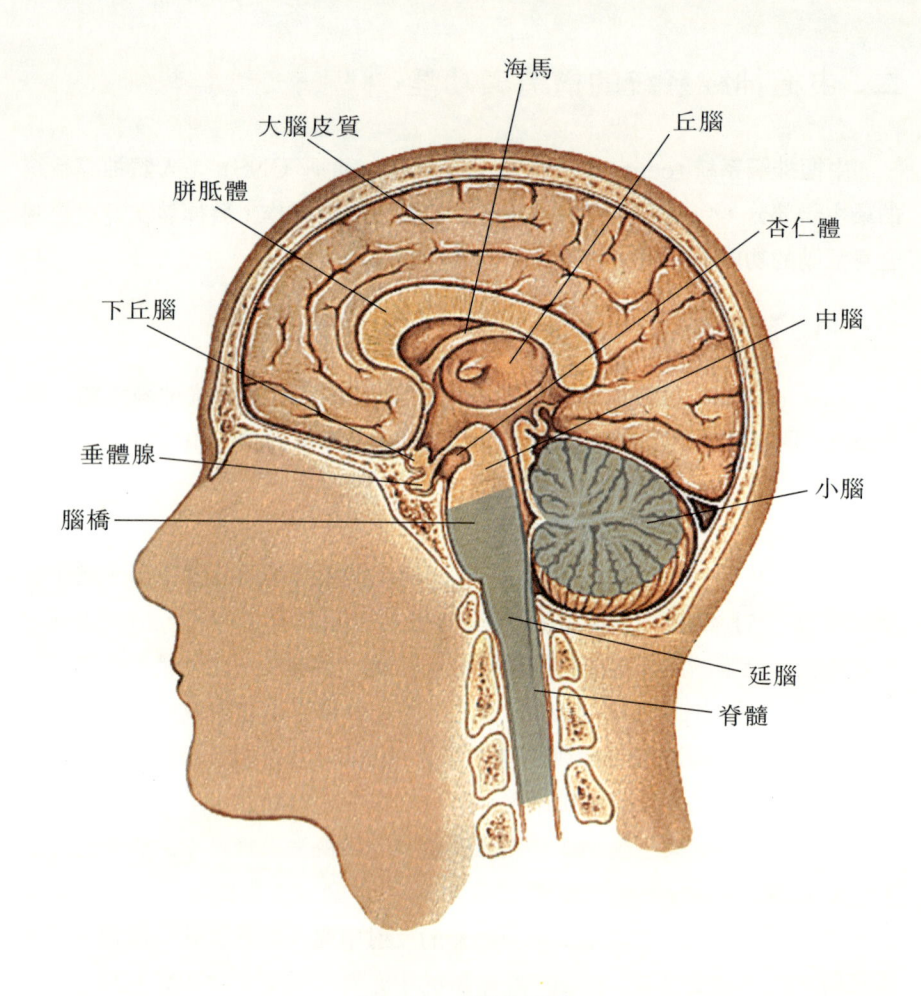

圖 2-5 腦縱面圖

統 (limbic system)，邊緣系統是位於胼胝體之下包括多種神經組織的複雜神經系統。邊緣系統的構造與功能尚不能十分確定，在範圍上除包括部分丘腦與下丘腦之外，另外還包括海馬與杏仁體等；**海馬** (hippocampus) 的功能與學習記憶有關，**杏仁體** (amygdala) 的功能與動機情緒有關。(3) **丘腦** (或**視丘**) (thalamus)，丘腦是卵形的神經組織，其位置在胼胝體的下方，具有轉運站的功能；從脊髓傳來的神經衝動，都先終止於丘腦，然後再由丘腦分別傳送至大腦皮質的相關區域。如丘腦受到傷害，將使感覺扭曲，無法正確了解周圍的世界。(4) **下丘腦 (或下視丘)** (hypothalamus)，下丘腦位於丘腦之下，其體積雖較丘腦為小，而功能卻較丘腦為複雜。下丘腦是自主神經系統的主要控制中樞，它直接與大腦皮質的各區相連，又與主控內分泌系統的**垂體腺**連接。下丘腦的主要功能是控制內分泌系統、維持新陳代謝、調節體溫，並與飢、渴、性等生理性動機以及情緒有關。如下丘腦受到傷害，將使個體的飲食習慣與排泄功能受到影響。(5) **垂體腺**，垂體腺位於下丘腦之下，其大小如豌豆，在部位上雖屬於前腦，但在功能上則屬於**內分泌系統**中最主要的分泌腺之一 (見圖 2-12)。垂體腺的構造與功能留待本章第四節再行討論。

此外，圖 2-5 中位於大腦皮質之下有一大片淡色纖維神經組織是為胼胝體。**胼胝體** (corpus callosum) 連接大腦兩半球，使兩半球的神經網路得以彼此溝通。

(二) 脊髓的構造與功能

脊髓 (spinal cord) 是由無數神經細胞聚集而成的柱狀組織，其位置在脊椎骨連成的脊柱管內。在神經傳導上，脊髓有兩種功能：其一是提供軀體與腦部之間神經雙向傳導的通路，其二是做為脊髓反射的反射中樞。就第一種功能言，**感受器**接受外界刺激產生**神經衝動**後，先傳導至脊髓，而後經脊髓傳至大腦，最後再由大腦傳回經由**效應器**表示出反應。如此，脊髓即發揮神經傳導雙向通路的功能。就脊髓的第二種功能言，神經衝動傳至脊髓後可能不繼續傳至大腦，直接回傳由效應器表現出反應。此種不經過大腦的神經傳導方式，稱為**反射** (reflex)。檢查身體時醫師用鈍器輕擊膝蓋下腿部，小腿部會出現不能自控的動作，就是反射。此種反射稱為**膝反射** (knee-jerk reflex)。醫師檢查膝反射的目的，是藉此簡單檢查了解病人神經系統的健康情形。在日常生活中常會經驗到反射現象，如不經心手指觸及電熱器時，不需經由大腦的支配，手指就會立即自動縮回以免灼傷。由此可見脊髓的反射功能對人體具有應急的保護作用。

三、外周神經系統的構造與功能

中樞神經系統是限於腦與脊髓兩部分的神經組織,除此之外,遍布於全身的神經系統,則稱為**外周神經系統** (peripheral nervous system,簡稱 PNS)。所謂"外周"只是與"中樞"相對的說法,事實上身體內部五臟六腑的一切活動,也都是由外周神經系統所控制的。外周神經系統包括軀體神經系統與自主神經系統兩部分(圖 2-4)。以下是外周神經系統各部構造與功能的簡單說明。

(一) 軀體神經系統的構造與功能

軀體神經系統 (somatic nervous system) (圖 2-4 中紅色部分) 是主管軀體活動的神經系統,它遍布於頭、面、軀幹及四肢的肌肉之內。由軀體神經系統控制的肌肉,均屬骨骼肌。骨骼肌均附著在骨骼之上,其最大特徵是隨個體意志而活動,故而一般稱之為隨意肌。隨意肌之所以能隨個體之意志而活動,即係因軀體神經系統支配使然。

(二) 自主神經系統的構造與功能

自主神經系統 (autonomic nervous system) (圖 2-4 中藍色部分) 分布於身體內的心肌、平滑肌、內臟各器官以及內分泌腺等各部位。由於自主神經系統所控制的活動不受個體意志所支配,故而稱之為"自主"。自主神經系統的功能甚為複雜,最主要的是控制心跳、呼吸、腺體分泌、管制平滑肌器官的收縮與擴張等,從而維持身體內一切生理運作的均衡。

自主神經系統雖在本身運作上是自主的,不受個體意志的支配,但在整個神經系統上卻仍受中樞神經系統的管制,而管制自主神經系統者就是下丘腦。自主神經系統是由兩個功能互異的神經系統所構成:一為**交感神經系統** (sympathetic nervous system),另一為**副交感神經系統** (parasympathetic nervous system)。這兩種神經系統功能互異,兩者之間存在著彼此拮抗作用;交感神經系統通常是個體警覺時發生作用,副交感神經系統則多在個體

第二章 行為與心理的生物基礎 **57**

鬆弛狀態時發生作用。圖 2-6 所示即交感與副交感兩種神經系統對體內外器官所發生的自主與拮抗作用。

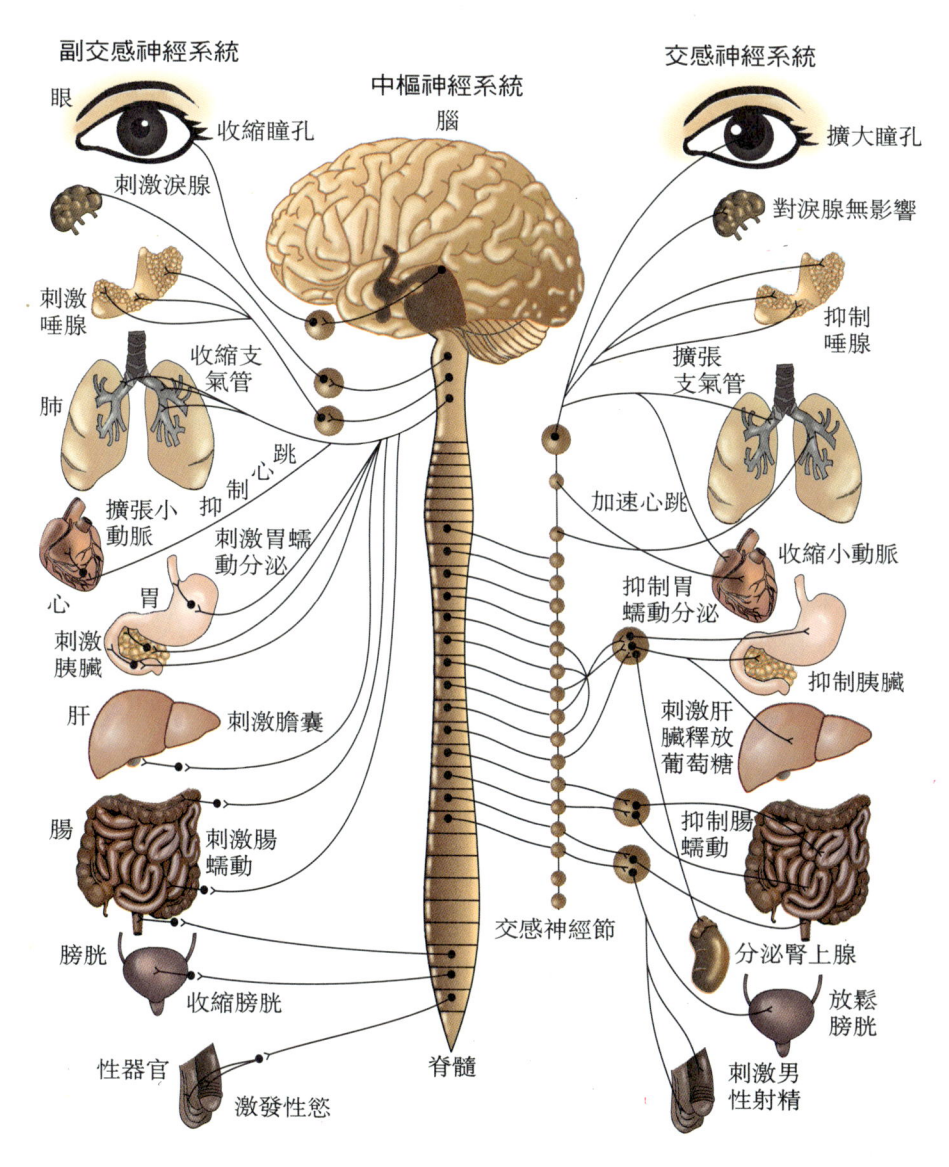

圖 2-6 自主神經系統

四、神經元的構造與功能

　　前文所述是人體神經系統 (除大腦皮質外) 構造與功能的概略說明。無論是中樞神經系統，或是外周神經系統，之所以能夠運作，事實上不在於各種神經系統本身，而在於構成神經系統基本單位的神經細胞所發生的神經傳導作用。人體所有器官，其構成的基本單位都是細胞，惟各種器官的細胞，均各有其獨特的功能。構成神經系統的神經細胞與身體其他組織器官的細胞不同；它不但具有特殊的構造，而且在功能上更具有極度的敏感性。神經細胞的敏感性乃是它之所以能迅速傳導的主要特徵。神經細胞既然在神經系統中如此重要，故而在說明神經系統之後，必須進一步說明神經細胞的構造與功能。

　　神經細胞是構成神經系統的基本單位。為了表示神經細胞的獨特性，故而一般稱神經細胞為**神經元** (neuron)。神經元的主要構造包括**細胞體** (cell body)、樹狀突與軸突三部分 (圖 2-7)。**樹狀突** (dendrite) 是從細胞體周圍發出來的許多分支，多而短，呈樹枝狀。**軸突** (axon) 是從細胞體延伸出來的一根較長的分支。從細胞體發出來的這兩種分支，通常稱為**神經纖維**

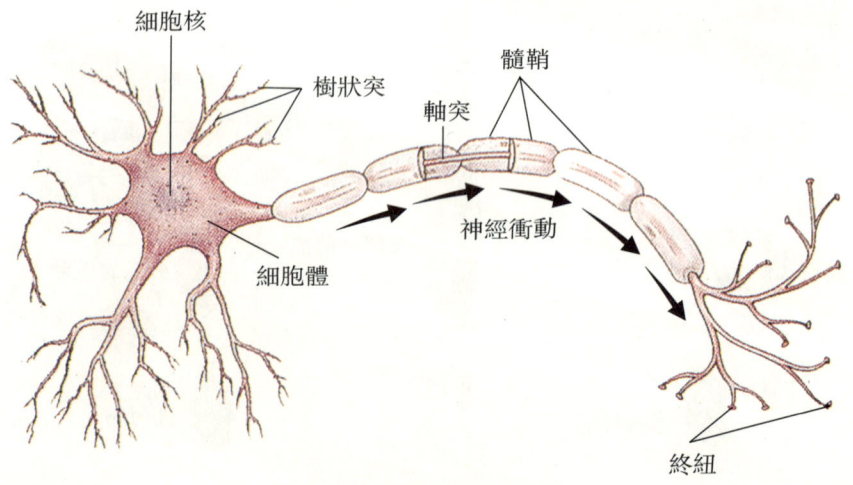

圖 2-7　神經元構造略圖

(nerve fiber)。細胞體與軸突兩者的功能是與其他鄰近神經元合作，發揮接受並傳導神經衝動的生理作用。**神經衝動** (nerve impulse) 是指由外界刺激引起而沿神經系統傳導的電位活動。一切訊息的傳導，均賴神經衝動的電位活動得以達成。軸突的周圍包以髓鞘。**髓鞘** (myelin sheath) 像電線的外皮，具有絕緣作用，以防止神經衝動向周圍擴散消失。軸突的末端有分支狀的小突起稱為**終紐** (terminal button)。終紐的功能是與鄰近其他神經元相接觸，將神經衝動迅速傳至另一神經元。

神經元的神經纖維長短不一，其長短視與鄰近其他神經元的距離而定。腦中的神經元密集，故其神經纖維甚短（短至幾千分之一吋）；下肢部位的神經元稀疏，其纖維之長度可能超過一呎以上。

神經元按性質不同而分為三類：(1)**感覺神經元** (sensory neuron)，其功能是將感受器受到刺激後所引起的神經衝動，傳入中樞神經系統。**感受器** (receptor) 指各種感覺器官（包括視覺、聽覺、溫覺、體覺等，見第三章）接受刺激的神經細胞。(2)**運動神經元** (motor neuron)，其功能是將中樞神經系統發出的神經衝動傳出至效應器，**效應器** (effector) 是運動神經細胞，其功能是激動而產生反應活動，此反應活動藉由肌肉收縮與腺體分泌而表現之。(3)**中間神經元** (interneuron)，是介於感覺神經元與運動神經元之間的神經細胞，其功能是在傳導神經衝動。中間神經元只存在於腦與脊髓中，又稱**聯結神經元** (connect neuron)。

五、突觸的傳導功能

神經元具有兩個最主要的特性，即興奮性與傳導性。前一特性是，由感受器或另一神經元傳來神經衝動之後，立即會引起神經元的興奮；後一特性是，將神經衝動迅速傳至相鄰的另一神經元，以完成其神經傳導功能。神經元之間的傳導功能，在性質上有點像電流的傳導，惟其間所發生的作用，卻與電流不同。電流靠接觸傳導，而相鄰兩神經元之間，事實上並不連接；其間有一小的空隙（圖 2-8），叫做**突觸** (synapse)。在神經衝動的傳導上，突觸的功能是極為重要的。

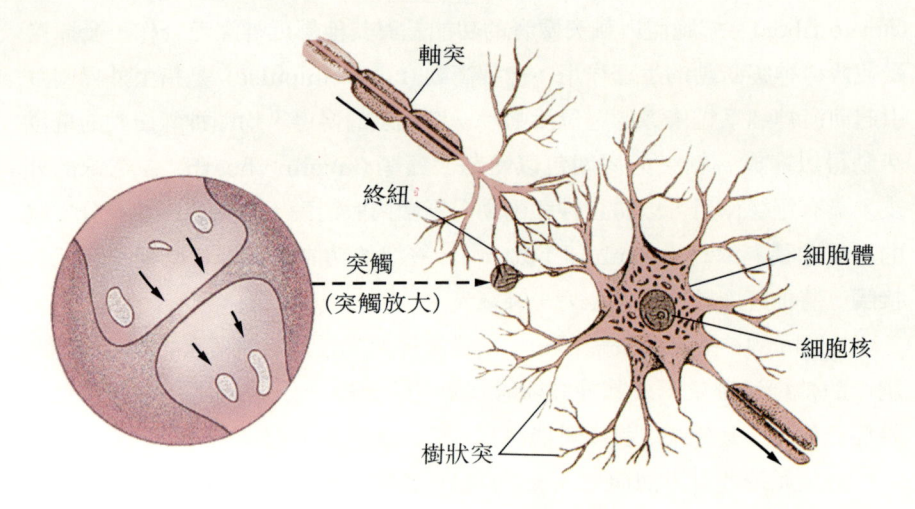

圖 2-8　神經元之間突觸的傳導功能

　　神經元的細胞體與軸突，在傳導神經衝動時，只能將之傳送至終紐，而終紐與另一神經元的傳導，則是靠突觸部分所發生的極為複雜的生理化學作用。對突觸的特殊功能最簡單的解釋是：突觸是介於終紐與另一神經元細胞的樹狀突之間的一個小空隙（圖 2-8 中左圖為突觸的放大）。終紐內的細胞質中含有極複雜的化學物質。當神經衝動傳到終紐時，細胞質中的化學物質即產生變化，導致終紐的外膜移動，最後使其表面的小泡破裂，而將神經傳導的化學物質，注入突觸空隙中，引起一種放電作用，從而激動另一神經元的興奮，立即將神經衝動傳入另一神經元。

　　神經元的興奮性具有一種很特殊現象，當刺激強度未達到某一程度時，不會有神經衝動發生。但當刺激強度達到某種程度而能引起衝動時，該神經衝動立即達到最大強度；此後刺激的強度縱使再繼續加強或減弱，對已引起之衝動強度不再發生影響。此種現象稱為**全有全無律**(all-or-none law)。

第三節　大腦半球的構造與功能

一、大腦半球的主要構造

　　大腦 (cerebrum) 是腦的最大與最主要部分。大腦由中間的一條裂溝，由前到後分為左右兩個半球形狀，稱為**大腦半球** (cerebral hemisphere)。此一裂溝稱為**縱裂** (longitudinal fissure)。兩半球之間由**胼胝體**相連，使兩半球之間的神經傳導，得以互通。兩半球的外側面，各有一條斜向的溝，稱為**側裂** (lateral fissure)。側裂上方約在半球中部有一縱向的溝，稱為**中央裂** (central fissure)（見圖 2-9）。

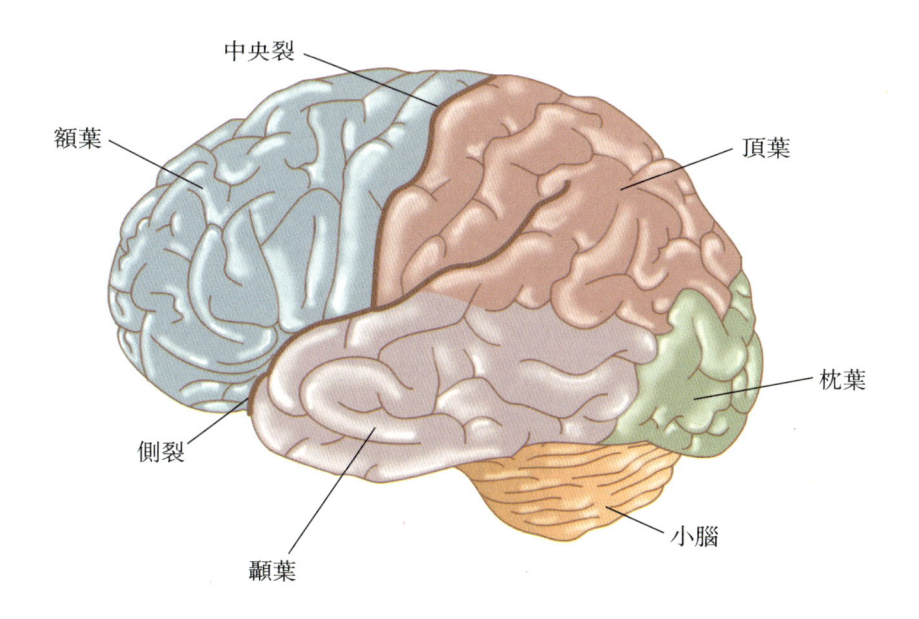

圖 2-9　大腦半球各葉部位略圖

大腦兩半球的外層的縐曲部分，稱為**大腦皮質**(見圖 2-5)。大腦皮質係由密集的神經細胞構成的複雜神經組織，是中樞神經系統中最主要的部分。大腦皮質按部位不同分為四個葉（圖 2-9）：(1) **額葉** (frontal lobe) 位在半球前部中央裂之前，是四葉中最大的部分，約佔大腦半球的三分之一，其功能與學習、記憶、思維等高級心理活動有關；(2) **顳葉** (temporal lobe) 位在半球上側裂下方，其功能與聽覺、語言、情緒等心理作用有關；(3) **頂葉** (parietal lobe) 位在半球後頂部的中央裂之後，其功能與控制軀體的感覺有關；(4) **枕葉** (occipital lobe) 位在半球後下部，其功能主要為職司視覺反應。

二、大腦半球的分區運作功能

人類大腦的兩半球，在功能上的運作，大致是左半球管制右半身，右半球管制左半身。又每一半球的縱面，在功能上則是上層管制下肢，中層管制軀幹，下層管制頭部。在每一半球上又各自區分為數個神經中樞，每一中樞各有其固定的區域，分別發揮不同的功能。惟在區域的分佈上，兩半球並不完全相同；兩個語言中樞都在左半球，其他分區功能，則是兩個半球完全相同。準此推論，人類大腦的左半球比右半球重要。以下是大腦左右兩半球分區運作功能的簡略說明。

(一) 主運動區

主運動區 (primary motor area) 簡稱**運動區** (motor area)，是管制身體活動的神經中樞，其部位在**額葉後部**的**中央裂**之前（見圖 2-10）；身體全部所有隨意肌的運動，均受此一神經中樞的管制。由主運動區發出的神經衝動，呈左右交叉上下倒置的方式進行；即上層管制下肢，中層管制軀幹，下層管制頭部。如左半球運動區某一部分受到傷害或病變，個體右半身的相關部位即喪失隨意運動的能力。

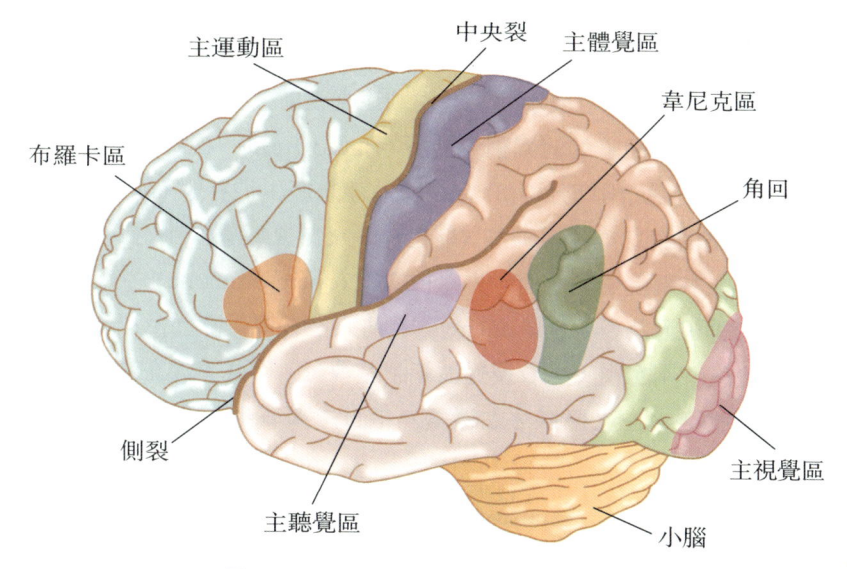

圖 2-10　大腦左半球分區功能略圖

（二）　主體覺區

主體覺區 (primary somatosensory area) 簡稱為**體覺區** (body-sense area)，其部位在中央裂之後的**頂葉**，是管制身體各個部分各種感覺的神經中樞。舉凡冷覺、熱覺、觸覺、痛覺等，均受此一中樞所管制。此一中樞管制身體感覺的方式，與主運動區的功能一樣；也是左右交叉上下倒置的。如左半球的體覺區某一部分受到傷害或病變，該區所管制的右半身的相關部位即喪失體覺的能力。

（三）　主視覺區

主視覺區 (primary visual area) 簡稱**視覺區** (visual area)，是管制視覺的神經中樞。視覺區位於兩個半球的**枕葉**，其功能為交叉管制左右兩隻眼睛。兩視覺區與兩眼之間的管制關係，與運動區和體覺區的功能不同；不是左右交叉，而是左右兩半球的視覺區，同時負責管制左右兩隻眼睛。這是視覺系統的特點。圖 2-11 所示即**視覺系統** (visual system) 的構造與功能。

圖形下部的深色部分為左右兩半球上的視覺區。兩個視覺區與兩隻眼睛之間連接的關係是：(1) 每隻眼球**視網膜**的訊息，均經由**視神經**分別傳送至左右兩個視覺區 (用紅綠二色表示)；(2) 兩眼注視正前方時，兩眼球視網膜在視空間內所能收視到訊息的範圍稱為**視野** (visual field)，視野分為左視野 (藍色) 與右視野 (紅色) 兩部分；(3) 左視野的訊息經由視神經 (藍色) 傳入右視覺區，右視野的訊息經由視神經 (紅色) 傳入左視野區；(4) 在兩視野的訊息分別傳入左右兩視覺區之前，先在**視交叉** (optic chiasma) 交會，交會之後再分別經**神經通路** (neural pathway) 傳入左右視覺區。由以上關係看，可知左視覺區管制右視野，右視覺區管制左視野。因此，如左半球的視覺區受到傷害或病變，左右兩眼之左邊變為半盲；如右半球的視覺區受到傷害

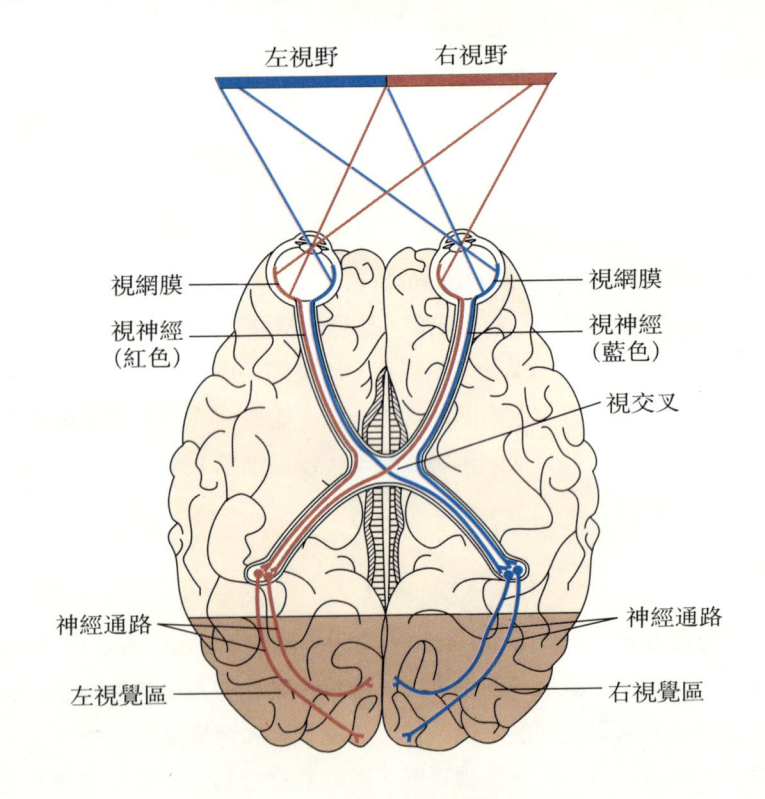

圖 2-11　視覺系統的構造及其功能
(中間縱向黑色部分為胼胝體)

或病變，左右兩眼之右半邊將變為半盲；左右兩半球的視覺區同時受到傷害或病變，左右兩眼將變為全盲。另外有關眼睛的構造與功能，留待第三章第三節再行說明。

(四) 主聽覺區

主聽覺區 (primary auditory area) 簡稱**聽覺區** (auditory area)，是管制兩耳聽覺的神經中樞。聽覺區位於大腦兩半球外側的**顳葉**內。聽覺區的功能與視覺區相似，每一半球的聽覺區，均與兩耳的聽覺神經連接；每耳因聲波刺激所引起的**神經衝動**，同樣地傳入兩半球的聽覺區。換言之，每一半球的聽覺區，均具有管制兩耳聽覺的功能。所不同者，只是在聲波來自左或右一側時，該側的聽覺區接受到較強的聽覺訊息。因此，如其中一半球的聽覺區受到傷害或病變，對聽覺能力只會造成輕微的影響。另外有關聽覺系統的構造與功能，留待第三章第三節再行說明。

(五) 聯合區

聯合區 (association area) 是指多個神經中樞的總名稱。聯合區與大腦兩半球的各神經中樞 (如體覺區、運動區、視覺區等) 無直接關係。在每一半球上均有兩個聯合區：(1) **前聯合區** (frontal association area)，部位是在**額葉**的運動區之前，其功能與思維能力有關，如該區受到傷害或病變，將影響到個體解決問題時的思維能力；(2) **後聯合區** (posterior association area)，位於體覺區附近一直延伸到**顳葉**，其功能與視知覺有關，如該區受到傷害或病變，將影響個體對形狀辨別的能力。

(六) 語言區

顧名思義，**語言區** (speech area) 是管制語言理解與表達的神經中樞。惟語言區與其他各區不同；語言區並不分布在兩半球，只左半球上才有語言區。根據醫學與生理學家的研究發現，人類大腦左半球上有兩個語言區 (見圖 2-10)：**布羅卡區** (Broca's area)，是最早被發現的語言區。1861 年法國神經科醫師布羅卡 (Pierre Paul Broca, 1824～1880)，在其任職的巴黎近郊的一所醫院時，遇一精神失常病患，該病患的主要症狀是發音器官正常而不能言語。不久該病患死亡，經解剖後發現，在大腦左半球**額葉**靠近**側裂**上方的神經組織，業已損壞。經確定該區的損壞就是構成該患者生前喪失語言能力的原因。此即布羅卡區命名的由來。

布羅卡區被發現之後，生理學家一直認為，人類大腦中管制語言的中樞神經組織只有一個語言區。此種認識直到 1874 年德國醫師韋尼克 (Carl Wernicke, 1848～1905) 發現另一語言區之後才為之改變。韋尼克發現的語言區在顳葉的**聽覺區**之後 (見圖 2-10)；經確定之後即正式命名為**韋尼克區** (Wernicke's area)。大腦在左半球的兩個語言區，在部位上既不相同，而且在功能上也不一樣。布羅卡區接近**運動區**，其功能主要在語言發音活動與記憶；韋尼克區介於聽覺區與**視覺區**之間，其功能除語言聲音之外，另具有對語言中字形和字義的理解的功能。在韋尼克區後方稱為**角回** (angular gyrus) 的神經組織 (見圖 2-10)，則具有將字形與字義聯合在一起的功能。

基於兩個語言區全都在大腦左半球的事實，可知左右兩半球的功能就不會完全相同。直到目前為止，關於大腦兩半球功能差異的研究，主要集中在對以下兩個問題的解釋：(1) 除左半球語言區管制語言行為之外，兩個半球之間另有那些差異？根據生理學家研究發現 (Hellige, 1990)，除管制語言能力之外，左半球也是控制數學與邏輯思維能力的神經中樞。而有關空間知覺、音樂能力及藝術能力，則主要是受右半球的管制。此外，有關情緒的活動，也與右半球有較多的關係。(2) 大腦兩半球運動區對身體活動的管制，既然顯示左右交叉的功能，從絕大多數人都屬慣用右手操作的現象看，是否與只有左腦有語言區一事有關？另外也有少數人慣用左手操作，此等被俗稱 "左撇子" 的人，是否他們的語言區位在右半球？根據生理心理學家研究發現，在慣用右手者之中，有 95% 的人其語言區是左半球管制的。而在慣用左手者之中，仍有半數的人受左半球管制；另外有 25% 的慣用左手者受右腦管制，其餘的慣用左手者則是受左右兩半球同時管制的。因此，雖然大腦兩半球各有其獨特的功能，但在對身體的管制上並非單獨運作，而是彼此連接協調的方式進行的；職司連接協調的就是兩半球之間的**胼胝體**。

第四節　內分泌系統的構造與功能

身體的一切活動是由神經系統管制的，除了神經系統之外，另外有一個分泌化學物質的生理運作系統，稱為**內分泌系統** (endocrine system)。內分泌系統是由多種內分泌腺所構成。**內分泌腺** (endocrine gland) 也稱**無管腺** (ductless gland)，不經由任何管道，即將其所分泌的化學物質，直接滲透至血液之中。內分泌腺所分泌的化學物質，稱為**激素** (hormone)。人體內不同的內分泌腺，分泌不同性質的激素，而各種不同激素又各自發揮不同的功能。在整個內分泌系統之內，以下六種是最重要的 (圖 2-12)。

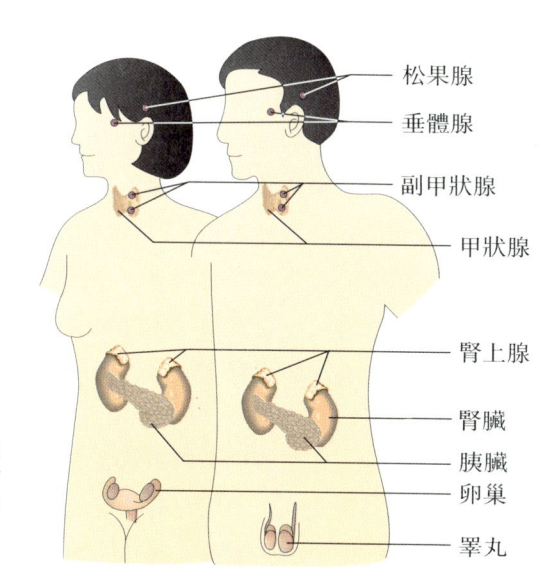

圖 2-12　內分泌系統
在各類分泌腺中，除男性睪丸與女性卵巢外，其餘兩性相同。松果腺對身心影響較少，故解釋從略。

（圖中標示：松果腺、垂體腺、副甲狀腺、甲狀腺、腎上腺、腎臟、胰臟、卵巢、睪丸）

一、垂體腺

垂體腺 (或腦下腺) (pituitary gland)，是人體內最重要的一種內分泌腺。因垂體腺具有管制其他內分泌腺的功能，故而有**主腺** (master gland) 之稱。按圖 2-12 所示，垂體腺位於下丘腦之下，其大小如豌豆。垂體腺所分泌的激素有十種以上，其中最主要者有以下五種：(1) **生長激素** (growth hormone)，其功能為促進身體發育，惟此種激素如分泌過多，可能導致**巨人症** (gigantism)，如分泌不足，則可能導致侏儒症 (dwarfism)；(2) **性腺激素** (sex gland stimulating hormone)，其功能在男性為刺激睪丸內精子的成熟，在女性為刺激卵巢內卵細胞的成熟；(3) **泌乳激素** (lactogenic hormone)，其功能為促進女性乳房之發育及刺激乳腺分泌與母性行為；(4) **促甲狀腺激素** (thyroid-stimulating hormone)，其功能為刺激甲狀腺的分泌與成長；(5) **促腎上腺激素** (adrenocorticotropic hormone)，其功能為刺激腎上腺皮質之分泌與成長。

二、甲狀腺

甲狀腺 (thyroid gland) 位於喉頭下端與氣管的前上方，分為左右兩葉形如肩甲，故名。甲狀腺分泌之激素稱為**甲狀腺激素** (thyroid hormone)。甲狀腺激素是一種碘化物，其功能為促進全身細胞的氧化作用，幫助調節體內脂肪及醣類的新陳代謝作用，以維持身體正常生長及骨骼發育。甲狀腺機能亢進分泌過多時，患者常感悶熱、身體虛弱、顯現突目症狀；此外尚有神經緊張、心跳加速、手足顫抖、情緒敏感等現象。反之，如甲狀腺功能不足時，在成年人會有水腫現象，患者的新陳代謝速率減低，因而導致身體能量不足、體溫下降、無氣力、怕寒冷、身體肥胖（因代謝作用不良）、反應遲緩、性慾減退等；在兒童則會因甲狀腺功能不足而導致智能不足，甚至導致發育不良而成為侏儒症。甲狀腺的功能是受垂體腺管制的，前文曾經指出，垂體腺所分泌的**促甲狀腺激素**，其功能即在控制甲狀腺的分泌。

三、副甲狀腺

副甲狀腺 (parathyroid gland) 位於甲狀腺之旁，分為四個；兩個在甲狀腺的上方,兩個在甲狀腺的下方。副甲狀腺分泌的激素,稱為**副甲狀腺素**(parathyroid hormone),其功能為調節血液中鈣與磷的濃度,以維持神經系統與肌肉的正常興奮性。因此,副甲狀腺是個體維持生命的重要組織。副甲狀腺分泌過多時,將使血液中鈣量增加,磷量減少,因而易於導致骨折或變形,甚至造成腎結石的疾病。副甲狀腺分泌不足時,將會使血液中鈣量減少,磷量增多,因而易於導致神經與肌肉的興奮性增高,甚至引起痙攣;嚴重時可能因喉部肌肉痙攣而窒息死亡。

四、腎上腺

腎上腺 (adrenal gland) 有左右兩個,位於腎臟的頂端,故名。腎上腺的外層,稱為**腎上腺皮質** (adrenal cortex),皮質分泌葡萄糖皮質素、礦物皮質素和性激素,其功能為使體內礦物質與水份保持一定標準。腎上腺的內部,稱為**腎上腺髓質** (adrenal medulla),髓質分泌**腎上腺素** (adrenalin),其功能為興奮交感神經系統,可增高血壓、加速心跳、使胃腸肌肉放鬆、放大瞳孔等。腎上腺與情緒變化有密切的關係。

五、胰　腺

胰腺 (pancreas) 位於胃與十二指腸之間的腸繫膜上,分泌多種激素,而其中最重要者是胰島素與升胰島素,二者對體內醣類、蛋白質及脂肪的代謝有重要作用。**胰島素** (insulin) 是合成代謝性的,它可以增加葡萄糖、脂肪酸及胺基酸的儲量。**升胰島素** (glucagon) 是分解代謝性的,可釋出儲存的葡萄糖、脂肪酸及胺基酸至血液中。因此這兩種激素在功能上是互補的;如胰島素分泌過多,將會引起血糖過低,血糖過低時可能產生昏睡、痙攣甚至休克的現象;胰島素分泌不足時,將會導致糖尿病。糖尿病主要是由於胰島素分泌不足使血液中的糖分不能吸收而隨尿液排出體外所致。

六、性　腺

性腺 (gonad) 的位置與功能因性別差異而有所不同。男性的性腺為睪丸，女性的性腺為卵巢。**睪丸** (testis) 的主要功能有二，其一是產生生殖細胞**精子**，其二是分泌雄性激素。**雄性激素** (androgen) 的功能是使個體雄性化，使個體在青春期開始後在身體上顯示出**主性徵**與**次性徵**（見第八章第四節）。**卵巢** (ovary) 的主要功能有二，其一是產生生殖細胞**卵子**，其二是分泌雌性激素。**雌性激素** (estrogen) 的功能是使個體雌性化，使個體在青春期開始後在身體上顯示出主性徵與次性徵。性腺的分泌是受垂體腺控制的。男女兩性的性腺所分泌的激素並非完全不同；男性睪丸也分泌少量的動情激素，女性卵巢也分泌少量的雄性激素。此外，兩性的性腺在功能上有一明顯差異；即女性性腺分泌具有周期性，而男性的性腺則無周期。

本 章 摘 要

1. 就心理學自古流傳的六大爭議看，本章內容所涉及者與兩大爭議有關：從腦與行為關係的研究，可以了解**心身關係問題**；從行為遺傳因素的探討，可以了解**天性與教養問題**的意義。
2. **行為遺傳學**是一門結合遺傳學與心理學的科學。行為遺傳學旨在研究遺傳與行為和心理的關係，從而解答天性與教養何者重要的爭議。
3. **染色體**與**基因**，是決定個體遺傳特徵的基本物質。人體細胞核內存有 23 對染色體；其中有一對男女不同，稱為**性染色體**。性染色體的不同組合是構成個體性別的原因。
4. 從**受孕**開始，胎兒的男女性別即已決定；而胎兒的性別完全決定於父親一方面，與母親毫無關係。

5. 人體的整個神經系統中，包括兩大系統：一為**中樞神經系統**，包括**腦**與**脊髓**兩部分；二為**外周神經系統**，包括**軀體神經系統**與**自主神經系統**兩部分。
6. 構成神經系統的基本單位是**神經元**，神經元的基本構造包括**細胞體**、**樹狀突**以及**軸突**三部分。
7. 神經元按性質不同分為**感覺神經元**、**運動神經元**與**中間神經元**三類。由三類神經元分工合作，完成**神經衝動**的傳導功能。
8. 各種神經元之間存有小的空隙，稱為**突觸**。在神經衝動的傳導過程中，突觸發生極為複雜的生理化學作用。
9. 大腦是由**胼胝體**連結的兩個半球，每一半球上的**大腦皮質**部分按區位不同而分為四個葉，即**額葉**、**頂葉**、**枕葉**及**顳葉**。
10. 在每一半球的皮質部分，分別各自有**主運動區**、**主體覺區**、**主視覺區**、**主聽覺區**及**聯合區**不同的神經中樞。
11. 兩半球的運動區，在對身體運動管制時，是以左右交叉上下倒置的方式運作的。
12. 大腦兩半球的**視覺區**與兩隻眼睛的關係是，左視覺區管制右視野傳來的訊息，右視覺區管制左視野傳來的訊息。
13. **聯合區**是多個神經中樞的總名稱，因部位與功能的不同又有**前聯合區**與**後聯合區**之分。
14. **自主神經系統**是由**交感神經系統**與**副交感神經系統**所構成；在功能上兩者之間彼此產生拮抗作用。
15. 控制語言行為的**語言區**，並非分布在兩半球，而是只出現在左半球。在左半球上有兩個語言區：一為**布羅卡區**，另一為**韋尼克區**。
16. 人體的**內分泌系統**，由自主神經系統管制。內分泌系統中包括分泌激素的多種腺體；其中主要有**垂體腺**、**甲狀腺**、**副甲狀腺**、**腎上腺**、**胰腺**、**性腺**六種。

建議參考資料

1. 周先樂 (2000)：人體生理學 (上下冊)。台北市：藝軒圖書出版社。
2. 洪敏之等 (2000)：當代生理學 (修訂版)。台北市：華杏出版股份有限公司。
3. 麥麗敏 (2000)：新編生理學 (修訂版)。台北市：永大書局。
4. 賴亮金等 (譯，2000)：蓋統生理學：生理及疾病機轉。台北市：華杏出版股份有限公司。
5. Carlson, N. R. (1998). *Foundations of physiological psychology* (5th ed.). Boston: Allyn and Bacon.
6. Gazzaniga, M. (1985). *The social brain: Discovering the networks of the mind.* New York: Base Books.
7. Pinker, S. (1997). *How the mind works.* New York: Norton.
8. Posner, M. I., & Raichle, M. E. (1994). *Images of mind.* New York: W. H. Freeman.
9. Stam, H. J. (Ed.) (1998). *The body and psychology.* London: SAGE Publications.
10. Sternberg, R. J. (2001). *In search of the human mind* (3rd ed.). New York: Harcourt Brace.

第三章

感覺與知覺

本章內容細目

第一節　感覺與知覺的關係
一、感覺與知覺的定義及其間的關係　75
二、感覺與知覺的心理學研究　76

第二節　心理物理學的感覺研究
一、感覺的敏感性與適應性　78
二、感覺閾限　79
　(一)絕對閾限
　(二)差別閾限

第三節　感覺歷程
一、視　覺　82
　(一)眼睛的構造及其生理功能
　(二)視覺刺激的屬性與視覺適應
　(三)視覺現象
　(四)色覺理論
二、聽　覺　96
　(一)耳的構造與功能
　(二)聽覺刺激的屬性
　(三)聽覺理論
　(四)聽覺定向
三、其他感覺　102
　(一)嗅　覺
　(二)味　覺
　(三)膚　覺
　(四)體　覺

第四節　知覺歷程
一、知覺組織　106
　(一)組織法則
　(二)形象與背景
　(三)知覺常性
二、深度知覺　110
　(一)單眼線索
　(二)雙眼線索
三、運動知覺　113
　(一)真動知覺
　(二)似動知覺
　(三)誘動知覺
四、錯　覺　115
　(一)錯覺現象
　(二)錯覺理論——以月亮錯覺為例

第五節　超感知覺
一、心靈學研究的主題　120
　(一)超感知覺
　(二)心靈致動
二、超感知覺的實驗研究　121

本章摘要

建議參考資料

在人性特質的六大爭議中，第二章所討論者只限於**心身關係問題**中屬於身的一面，對心身之間的關係並未詳加說明。現代心理學研究心身關係時，在內容上包括從身到心具有連續性的四段歷程：(1) 先由以生理為基礎的感官接受外界刺激而生感覺；(2) 繼而由腦的作用將感覺轉為知覺；(3) 根據感覺和知覺，對當時情境所感所知產生統合性的認識而形成意識；(4) 根據知覺和意識而表現出行為反應。汽車司機見路口紅燈而有煞車反應，正可用做心身關係連續變化歷程的說明。研究心身關係問題時，將上述連續性四段歷程一併考慮，才能符合現代心理學定義中所強調的行為和心理歷程兼顧的意義。科學心理學誕生初期的研究取向，並非如此。早期結構學派研究意識時，只將感覺視為意識構成的基本要素；完形學派強調知覺的完整性，反對結構學派的意識分析取向；精神分析學派不重視知覺和意識，只強調潛意識是影響行為的主要因素；行為學派否定知覺和意識內在歷程的重要性，只將外顯行為當做心理學研究的主題。直到 20 世紀 60 年代認知心理學興起後，感覺、知覺、意識三者連續的心理歷程研究，才真正獲得重視。

本書分兩章討論有關感覺、知覺和意識心理的問題；本章專討論感覺與知覺，下一章再討論意識。本章內容主要包括五個主題：(1) 感覺與知覺的關係；(2) 科學心理學誕生前心理物理學的感覺心理研究；(3) 各種感覺器官的生理構造和心理功能；(4) 各種感覺和知覺的心理歷程；(5) 不憑感覺器官的超感知覺的現象。以上五個主題分配在五節內討論，希望讀者在研讀本章之後能對下列問題獲得概括的認識：

1. 從感覺到知覺的心理歷程。
2. 科學心理學誕生前心理物理學研究感覺的方法和貢獻。
3. 人體重要感覺器官的生理構造及其心理功能。
4. 視、聽、味、嗅等重要感覺與知覺的心理歷程。
5. 有關視覺與聽覺理論的基本要義。
6. 知覺中的錯覺心理現象。
7. 超感知覺的科學心理學研究。

第一節　感覺與知覺的關係

在心理學上，一向將感覺與知覺當做兩種心理現象來研究，但在實際生活經驗上，卻很難區別兩者間的差異。以舉頭所見藍天白雲為例，當你舉頭看的時候，你看到的是"藍"與"白"二色還是"藍天"與"白雲"？如果你看到的只是藍白二色，那是你的感覺；如果你看到的是藍天和白雲，那就是感覺中帶有知覺。由此例可知，感覺與知覺兩種心理現象是不易區分的。惟其如此，心理學上在討論感覺與知覺研究之前，必先解答如下的問題：感覺與知覺究竟是一種還是兩種心理現象？如屬兩種心理現象，兩者間又存在何種關係？接下去即從感覺與知覺的定義說明兩者間的關係。

一、感覺與知覺的定義及其間的關係

在日常生活中，一般人很少使用知覺一詞。遇到需要個人描述其所聞所見的事物時，通常都是籠統地只用感覺一詞概括之。例如，形容天氣時可以說："我感覺今天很悶熱"，形容對人的印象時也可以說："我感覺他很聰明"。在心理學上則是分別將兩者給予不同定義。**感覺** (sensation) 是指個體靠身體感覺器官 (耳、目、口、鼻、皮膚等) 與環境中的刺激接觸時所收集到的訊息，進而辨別出該刺激特徵的歷程。感覺器官的運作是以生理變化為基礎的，故而感覺現象的產生，也是以生理現象為基礎的。**知覺** (perception) 是指個體根據感覺器官對環境中刺激所收集到的訊息產生感覺後，經腦的統合作用，將感覺傳來的訊息加以選擇、組織並做出解釋的歷程。知覺的產生不僅靠感官的生理基礎，而是一種心理作用。由上述定義看，感覺與知覺之間存在有如下的關係：(1) 感覺是形成知覺的基礎，先產生立即而簡單的感覺經驗，而後再形成較為複雜的知覺經驗；惟單從行為反應看，兩者間的差異不易區別；(2) 感覺是以單一感官 (如眼睛) 生理作用為基礎所產

生的心理作用,而知覺則是大腦統合運作後所發生的心理功能。由此可見,感覺與知覺是連續性的兩階段心理歷程。以上解釋是指平常感覺與知覺的關係,在特殊情境下有時不以感覺為基礎,也可能產生知覺經驗。此即本章第五節討論的**超感知覺**現象。

二、感覺與知覺的心理學研究

根據前文所舉藍天白雲刺激下引起心理反應的例子,可知感覺與知覺之間的差異是很難區別的。類似現象很多,看報紙或閱讀輕鬆讀物時,在理論上應該是先由白紙黑字產生感覺,而後再對文字識別理解而形成知覺。但在實際閱讀時,感覺和知覺是相繼或同時產生的。電視螢光幕邊出現的活動文字說明,就是運用了感覺和知覺同時產生的原理。儘管如此,心理學研究仍將感覺與知覺視為兩種心理現象,而且在很多情況下可以證明,感覺和知覺

圖 3-1 從感覺到知覺
(採自 Dallenbach, 1951)

之間的確有相當的差別。圖 3-1 可用以說明感覺與知覺差別的情形。此圖乍看之下所得的感覺經驗是漫無組織的黑色斑點，但如注意看下去，就可能得到截然不同的知覺經驗。一旦發現圖中像是一隻達爾馬希亞狗低頭向大樹下走去，就會覺得這張圖畫與初看時大不相同；原因是你對圖畫中的刺激在心理上做了選擇、組織和解釋（見前文知覺定義）。

　　圖 3-1 的情境可用以說明感覺和知覺可以分為前後連續但並不相同的兩段歷程。前段歷程起自感覺器官的感受器，感受器將刺激引起的神經衝動傳入大腦的相關部位（視覺區），從而產生感覺。後段歷程則是大腦根據傳入的神經衝動，發生統合作用，對感覺訊息加以選擇、組織和解釋，從而形成知覺。心理學上所研究者，正是這兩段歷程；前段是採用生理學的知識，探討各種感覺器官的構造和功能，後段是採用實驗心理學的方法，探討由行為表現的知覺心理現象。本章內容即以心理學家在這兩方面的研究為討論範圍。惟在討論各種感覺器官的構造和功能之前，先對早期心理物理學的感覺研究略作說明；因為早期心理物理學的感覺研究方法，迄今仍被採用。

第二節　心理物理學的感覺研究

　　在心理學上，對**心身關係問題**所進行的研究，是在 19 世紀中葉採用物理學的方法研究感覺開始。影響感官的刺激，主要是光與聲，而光與聲本來都是物理學上研究的主題。光與聲的物理屬性均可予以量化（用數值表示之），光與聲的刺激所引起的心理現象由反應表現時，也可以觀察測量予以量化處理。研究處理上述物理與心理兩種量化資料，從而探討心理現象與物理刺激的關係，就是**心理物理學**（見第一章第二節）所要研究的主題。現代心理學對感覺的研究，仍然採用心理物理學的方法。採用心理物理學研究感覺時，主要在於探討以下兩方面的問題。

一、感覺的敏感性與適應性

感覺的**敏感性**(sensitivity) 是指感覺器官對刺激的敏感程度。從刺激之所以影響感官的觀點看，感覺器官是非常敏感的；極為微弱的刺激即可引起感官感受器的生理作用，從而產生感覺經驗。表 3-1 所列資料即顯示在各種極微弱的刺激情境下分別引起個體如何的感覺反應。

表 3-1　人類感覺的敏感性

感覺類別	引起感覺的最低刺激強度 (絕對閾限)
視　覺	晴朗暗夜中可以見到 30 英里外的燭光
聽　覺	靜室內可聽到 20 英尺外鐘錶的滴答聲
味　覺	兩加侖水中加一茶匙糖可辨出甜味
嗅　覺	一滴香水的香味可擴散到六個房間大的公寓
觸　覺	一片蜜蜂翅膀從一公分外落在面頰上可覺知其存在
溫　覺	溫度有攝氏 1～2 度之差皮膚表面即可覺察出來

(採自 Galanter, 1962)

表 3-1 的資料說明的是主要感覺器官的敏感性。不過，某一感官對某一刺激的敏感程度，並非一成不變。當某種刺激持續時間甚久時，感覺敏感性即逐漸減低。所謂"入芝蘭之室久而不聞其香"，正是此種現象。在感覺敏感性降低的情形之下，要想維持其敏感性，就必須提高刺激的強度。感覺敏感性的另一特徵是，當個體長久未接觸某種刺激時，感覺敏感性即因而升高。平常不吸煙的人對"二手煙"特別敏感，正是此種現象。像此種感覺器官因接受刺激久暫而改變其敏感性的現象，稱為**感覺適應**(sensory adaptation)。如前所述，感覺適應現象有兩種：一是因刺激過久而敏感性減低，二是因刺激缺乏而敏感性升高。惟平常所指者多偏於前一種感覺適應而言。

對日常生活功能而言，感覺適應現象具有利害兩面。從利的一面看，個體對刺激敏感性減低的感覺適應，有助於減少身心負擔。有些人在充滿噪音的場所，之所以不因噪音干擾而專心工作，就是他對聲音的長期刺激產生了適應。從害的一面看，對刺激敏感性降低的感覺適應，難免使人喪失警覺性而在不知不覺之間受到傷害。長期在空氣惡劣環境中工作而罹患慢性呼吸器官疾病者，即屬此種情形。感覺適應表現在所有的感覺器官；視覺、聽覺、味覺、嗅覺、溫覺等，均有感覺適應現象。

二、感覺閾限

感覺敏感性是心理物理學最早研究的課題。採用心理物理學的方法研究感覺敏感性時，其主要目的在求了解人類在感覺心理上的兩個問題：其一，引起各種感覺經驗的最低刺激強度如何測定？其二，如將不同強度的兩種刺激，先後或同時出現時，兩刺激強度差異最小到何種程度始能辨別？為求解答此二問題，於是有了感覺閾限的研究。**感覺閾限** (sensory threshold) 或簡稱**閾限** (threshold)，是指在刺激情境下感覺經驗產生與否的界限。刺激達到某種強度時恰可產生感覺經驗；該強度之下即感覺不到刺激的存在。在第二章內我們曾提到過**全有全無律**，"全有"也就是指引起感官上神經衝動的刺激強度。由此觀之，閾限所指者也就是感覺敏感性。心理物理學所研究的閾限分為絕對閾限與差別閾限兩種。

(一) 絕對閾限

絕對閾限 (absolute threshold) 是指引起感覺經驗的最低刺激強度。所謂"絕對"是指受試者在自陳其感覺經驗之有無時，只根據刺激引起的感覺來判斷；除此之外沒有其他刺激可資比較。絕對閾限測定時，不能只根據受試者一次判斷，而是根據多次判斷中 50% 回答正確為測定點。在實驗時先選定一種可以控制其強度變化的刺激（如聲之強度可按分貝計），然後從受試者感覺不到的最微弱程度逐漸上升，並要求他隨時報告感覺的有或無。由於受試者身心狀況時時變化，受試者每次的回答未必完全相同。因此，絕對閾限的測定是以受試者多次回答中接近 50% 為正確者為根據的。

(二) 差別閾限

前述之絕對閾限是指某一刺激引起感覺經驗時所需要的最低強度。如某種刺激先後呈現兩種強度，或兩種強度的刺激同時出現時，可以想見的是，兩種刺激強度之間的差異必須達到某種程度時，始能辨出差異。在實驗設計上，選定性質相同且強度相同的兩個刺激，其中之一的強度保持不變，稱為**標準刺激** (standard stimulus)，另一刺激的強度則使之作有系統的改變，稱為**比較刺激** (comparison stimulus)。在改變比較刺激時，隨時要求受試者回答是否感覺到與標準刺激有所差異。受試者所感覺到的兩個刺激強度的最低差別量，即稱為**差別閾限** (difference threshold)。由於差別閾限所表示者是受試者辨別兩種刺激強度時所需的最小差別量，故而也稱之為**最小可覺差** (just noticeable difference，簡稱 j.n.d.)。

圖 3-2 韋 伯
(Ernst Heinrich Weber, 1795～1878) 是 19 世紀德國著名生理學家，是心理物理學的先驅，也是韋伯定律發明人。

在心理物理學研究上，最小可覺差是最早被研究的問題。1834 年德國生理學家韋伯 (圖 3-2) 從差別閾限實驗研究中，發現感覺變化有一定的規律。韋伯發現，標準刺激的強度愈大時，構成差別閾限所需要的刺激差別值也就愈大。以辨別水的重量為例，如以 100 克水重為標準刺激時其差別閾限是 2 克，辨別 200 克水重的差別閾限，就不再是 2 克，而必須在 2 克以上才會感覺出兩者間的差異。換言之，在同類刺激之下，其差別閾限的大小是隨著標準刺激強弱而呈一定比例關係的。此種定比關係即為**韋伯定律** (Weber's law)。韋伯定律可用以下公式表示之：

$$\frac{\Delta I}{I} = K$$

$$\Delta I = K \times I$$

ΔI：代表差別閾限（即 j.n.d.）
I：代表標準刺激的強度
K：代表常數

上述公式的意義是：差別閾限與標準刺激之間，永遠保持一個不變的常數；亦即兩者之間保持一種固定的比例關係。此一常數稱為**韋伯常數** (Weber's constant)。以辨別重量為例，重量的韋伯常數是 0.02（註 3-1）。如辨別的是 100 克水的重量，根據上列公式，即可求得 $\Delta I = 0.02 \times 100 = 2$。亦即 100 克水重的差別閾限是 2 克。如水重增加為 200 克，其差別覺閾則為：$\Delta I = 0.02 \times 200 = 4$。亦即水重增加一倍後，其差別閾限也增加一倍，兩者間保持一個不變的常數。

韋伯定律發表之後不久，德國另一物理學家費希納 (Gustav Theodor Fechner, 1801～1887) (韋伯的表弟)，在 1860 年對韋伯定律做了修正，是為**費希納定律**(或**費氏定律**) (Fechner's law)。按該定律的要義是，在絕對閾限之上時，主觀的感覺強度與刺激強度的改變，兩者間呈對數的關係。亦即，刺激強度如按幾何級數增加，而引起的感覺強度卻只按算術級數增加。費希納定律可用以下公式表示之：

註 3-1：根據心理學家研究發現，主要刺激強度的韋伯常數是：(1) 電擊為 0.02；(2) 重量為 0.02；(3) 長度為 0.03；(4) 振動為 0.04；(5) 聲音為 0.05；(6) 亮度為 0.08 (見 Teghtsononia, 1971)。

$$S = K \log R$$

S：代表感覺強度

R：代表刺激強度

K：代表常數

費希納定律可用來解釋生活中很多感覺經驗。以照明的電燈泡為例，由 100 支燭光燈泡換成 200 支燭光時（刺激強度增加了一倍），雖能使人感覺到較前明亮些，但卻感覺不到亮度較前增加了一倍。

第三節　感覺歷程

一、視　覺

　　第二章第三節討論**視覺系統**（見圖 2-11）時，曾提到眼睛與大腦半球**視覺區**的關係。**視覺** (vision) 就是眼睛與視覺區之間發生的生理與心理歷程。在此一視覺歷程中，大致分為兩個階段：(1) 憑眼睛的感光功能而產生**視感覺** (visual sensation)；亦即前文所說的物理事件（外在刺激）引起生理事件（神經衝動）而後轉化為心理事件的前一段。視感覺是一個"由感而覺"的簡單心理歷程。(2) 以視感覺為基礎進一步形成**視知覺** (visual perception)；亦即由生理事件轉化為心理事件的後一段。先有視感覺而後始有視知覺。因此平常所說的視覺，事實上是一個包括"目而視"和"視而見"的複雜歷程。接下去先討論視感覺器官眼睛的構造及其生理功能。

(一) 眼睛的構造及其生理功能

1. 眼睛的構造　視覺系統中最重要的部分是**眼睛** (eye)，人類的眼睛

第三章 感覺與知覺 83

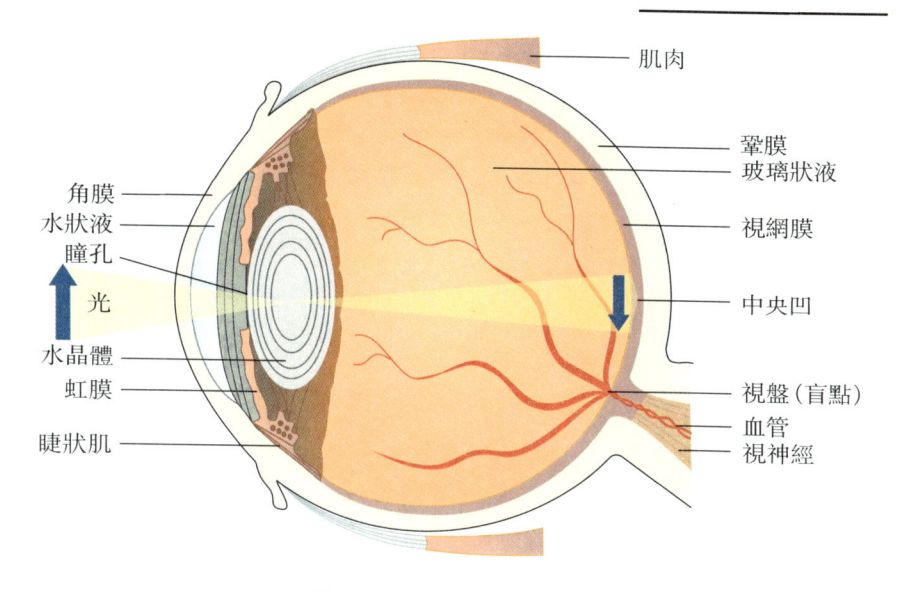

圖 3-3 眼睛構造縱切面

形如圓珠，故而通常稱眼球為眼珠。眼球之構造如圖 3-3 所示，在眼球正前方突出部分稱為**角膜** (cornea)，外界的光線由此進入。角膜之後呈圓環的部分，是為**虹膜** (iris)，虹膜帶有顏色，故亦稱虹彩；虹膜的顏色或黑或藍，決定於先天遺傳，故而各種族未盡相同，中國人的虹膜一般均為黑色。虹膜之中央有一圓孔，稱為**瞳孔** (pupil)。虹膜具有伸縮性，由之可使瞳孔縮小或放大，以便調節光進入眼球的量，以適應外界不同亮度的環境。虹膜之後為**水晶體** (lens)，其功能恰如照像機的鏡頭，為雙凸透鏡。水晶體之前充滿水狀液，**水狀液** (aqueous humor) 具有保持一定眼壓的功能。水晶體的周圍是睫狀肌。**睫狀肌** (ciliary muscle) 具有伸縮特性，由其伸縮作用可隨時使水晶體的凸度改變，以調節水晶體透鏡的焦距；所視物體較遠時，水晶體變為扁平；所視物體較近時，水晶體則變為凸起。眼球中間的廣大部分，充滿玻璃狀液。**玻璃狀液** (vitreous humor) 為透明的膠狀組織，其功能為經常維持足夠的眼壓，以防眼球凹陷，從而保持眼球功能正常。

眼球最內一層為**視網膜** (retina)。視網膜是眼睛最重要的部分。視網膜上有兩種**感光細胞** (photoreceptor cell)；一種狀似長桿，稱為**桿細胞** (rod cell)，另一種狀似圓錐，稱為**錐細胞** (cone cell)。視網膜的中央部分，有一凹陷處，稱為**中央凹** (fovea)，是視覺系統中敏感性最高的地方。桿細胞分布在中央凹四周的整個視網膜上，對光刺激極為敏感。在昏暗的光線下仍能因光的刺激而產生**神經衝動**，而後經視神經將訊息傳導至大腦的**視覺區** (見圖 2-10)。中央凹本身只有錐細胞沒有桿細胞，故而在夜晚或昏暗處看東西時，必須以側視方式，讓光線投到中央凹附近有桿細胞的地方，才會獲得較好的視覺效果。錐細胞對光線的敏感性較低，其數量也較桿細胞為少，主要集中在中央凹部位，是一種職司對顏色感應的神經細胞。視網膜上如缺少錐細胞，即將產生**色盲現象**。

視網膜中央凹附近接近視神經處，是對光線最不敏感的地方，稱為**視盤** (optic disk)。視盤上既無桿細胞，也無錐細胞，光線投射其上時不能產生視覺，故而稱為**盲點** (blind spot)。讀者可按圖 3-4 下說明自行測試。

圖 3-4　盲點測試法

將書頁置於正前方 30 公分處，左眼閉合，只用右眼注視左端 ＋，然後前後移動書頁，將會發現右端之黑圓形消失。由此即可推知，在此一距離的黑圓形，它的影像正投射在視盤的盲點上。如此時將右眼注視著上圖中的 ＋，且保持書頁不動，將會發現上圖中黑線上的缺口部分消失；看起來黑線是連續的。此一現象，可幫助吾人了解，何以平常不會覺得盲點存在的原因。

2. 眼睛的生理功能　眼睛的生理功能主要表現在兩方面：其一為視網膜上各種感光細胞的感光作用，其二是神經細胞間的神經傳導作用。視網膜上大約有十層感光細胞，其中最主要者除前述之桿細胞與錐細胞之外，另有

雙極細胞 (bipolar cell) 與神經節細胞 (ganglion cell) 兩層。

前文已經指出，桿細胞與錐細胞在視網膜上分布的部位及其感光與分辨顏色的功能。在此再對此兩種感光細胞的生理功能，稍做補充說明。桿細胞對弱光較為敏感，但不能感受顏色與物體形象的細節。錐細胞能感受強光和顏色的刺激，但在昏暗情境之下不能發生視覺作用。因此桿細胞所發生的視覺作用稱為**夜視覺** (scotopic vision)，錐細胞所發生的視覺作用則稱為**明視覺** (photopic vision)。人類視網膜上的桿細胞數量（約一億兩千萬），遠比錐細胞（約六百萬）為多，故而從視覺功能看，人類是屬於明視動物。有些動物只能夜間外出覓食，就是因為眼睛構造中只有桿細胞的緣故。桿細胞與錐細胞內，都含有一種化學物質，叫做**感光色素** (photopigment)，由於兩種細胞的感光色素不同，故而在不同的光刺激情形下發生不同的作用。

光刺激經瞳孔投射到網膜之上時，在視網膜上所形成的影象，恰如照像機的原理，與外界的實際物體是上下顛倒的。光刺激通過瞳孔投射在視網膜

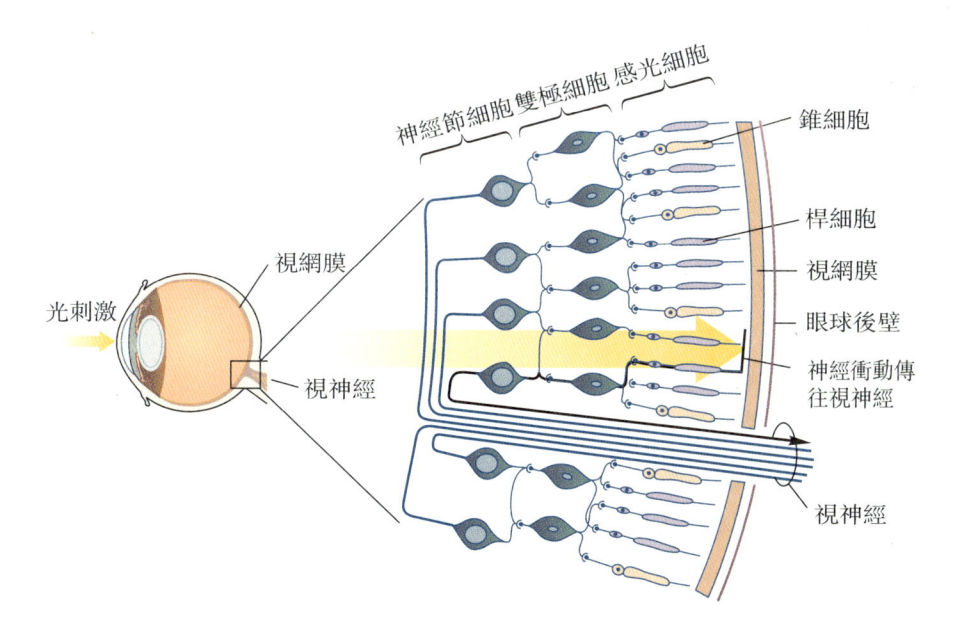

圖 3-5　視網膜橫切面
(左邊為眼球略圖，右邊為視神經附近視網膜部位的放大)

上所引起的**神經衝動**及以後的視神經傳導作用，事實上是從視網膜的最內層開始向回頭方向進行的。圖 3-5 是**中央凹**附近視神經兩側視網膜部位的放大，光線投入的方向是由左向右，而神經傳導卻是由右向左的。按圖 3-5 所示，桿細胞與錐細胞同屬感光細胞，感光細胞是視覺傳導的第一層。對投射在視網膜上的光刺激最先產生感應者，就是這兩種感光細胞。這兩種細胞對光刺激十分敏感，受到光刺激時立即產生神經衝動。

感光細胞因光刺激產生神經衝動後，立即經由細胞末端**突觸**（見圖 2-8）的生化作用，將神經衝動傳至鄰近第二層的雙極細胞。雙極細胞的數量遠比感光細胞為少，但對感光細胞傳來的神經衝動會產生統合作用。經雙極細胞統合匯集之後的神經衝動，再經突觸傳至鄰近第三層的神經節細胞。神經節細胞的數量更少，經其統合匯集之後，再將神經衝動經**軸突**（見圖 2-8）藉**視神經**（visual nervous）傳至大腦**視覺區**而生視覺。

（二）　視覺刺激的屬性與視覺適應

1. 視覺刺激的物理屬性　任何一種感覺，均係由刺激所引起。視覺的刺激是光，光有三個物理屬性，即波長、強度和純度。光的來源有二：其一是由發光體直接發射出來的光，諸如太陽、電燈、火炬等屬之；其二是由物體反射出來的光，諸如月亮、房屋、書本等屬之。平常之所以看到物體存在，而且能辨別該物體的顏色與形狀，主要就是因為該物所反射出來的光刺激到眼睛而生視覺之故。在暗室中之所以看不見東西的存在，或是在昏暗中看不清物體的顏色與形狀，係因該等物體不能反光或反光不足之故。

反光體本身不發光，它只能反光；而在其反光時將因物體性質的不同，而有不同程度的反光。有的物體將發光體對其發射的光全部反射出來，此種反射光刺激眼睛時，所得到的視覺就是白色。有的物體吸了部分的光，反射出來的只有一部分，此時物體看起來就會有不同的顏色。有的物體吸收了所有的光，不反射出來，此時的物體看起來就會有黑色的感覺。

引起視覺的光是由電磁波形成的，惟因電磁波的波長有很多長短不同的變化，人眼可能看到的光只限於電磁波波長的一個小範圍。電磁波波長的單位是 nm（nanometer 的縮寫），指十億分之一公尺。按圖 3-6 所示，人類眼睛所能感受到的電磁波，其波長介於 400 nm 至 700 nm 之間；亦即居於紫外線與紅外線之間。介於 400 nm 與 700nm 波長之間的光，又因波長的不同而使視覺細胞受到刺激時產生不同顏色的感覺經驗；諸如 400 nm 的光波會引起紫色感，480 nm 的光波會引起藍色感，520 nm 的光波會引起綠色感，570 nm 的光波會引起黃色感，700 nm 的光波會引起紅色感。在 400 nm 以下與 700 nm 以上的光波，人的肉眼是看不見的。因此，像紫外線、X 光射線、雷達等雖各有其電磁波存在，而均不能憑肉眼看見。在 400 nm 到 700 nm 之間按波長及其引起顏色感覺排成的光譜 (圖 3-6)，稱為**可見光譜** (visible spectrum)，可見光譜只是整個光譜的一小部分。

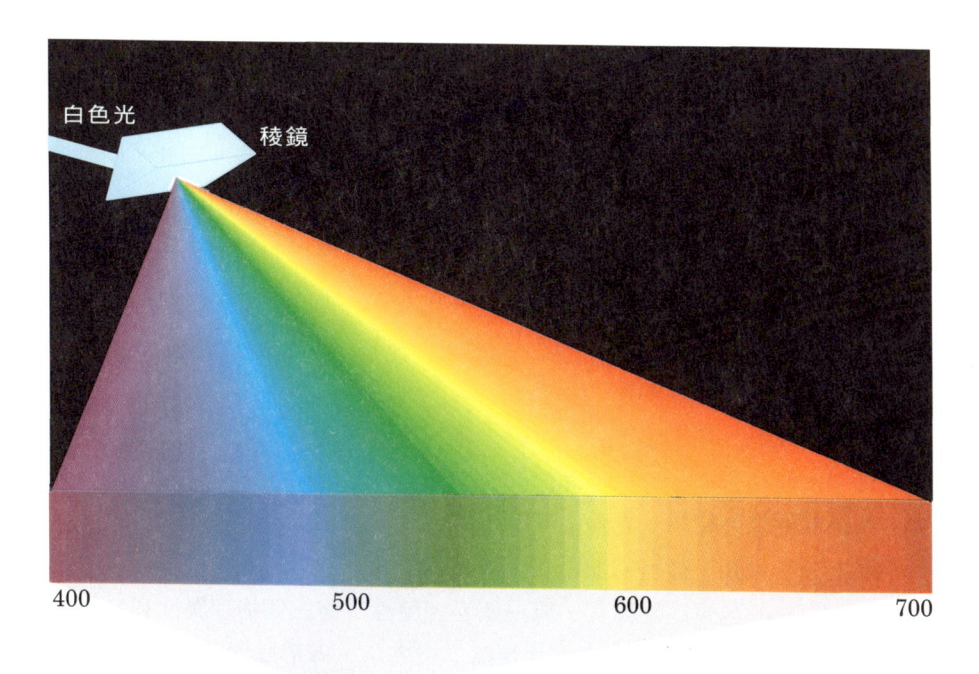

圖 3-6 可見光譜

人類的可見光譜約在 400 nm 到 700 nm 之間；400 nm 以下的短波及 700 nm 以上的長波，均非肉眼所能見。有些動物的眼睛比人類敏感；多數昆蟲的眼睛可看到紫外線的色光，有些魚類的眼睛可看到紅外線的色光。

2. 顏色感覺的心理屬性 基於前文說明，可知各種顏色感覺之產生乃是由於光波長短所決定。不過，這只是一個基本原則，同一波長的光因其性質上的差異，也將引起不同的顏色感覺。因此心理學家研究顏色感覺時乃有顏色感覺心理維度的分析。顏色感覺是個體憑其眼睛所得的色覺經驗，經驗到某種物體是紅色或是綠色。心理學家研究此種顏色經驗時，試圖從引起顏色感覺的光刺激的物理特徵，分析光波的變化與顏色感覺的關係。經多年研究結果發現，人類的顏色感覺有三個心理屬性，稱為**顏色屬性** (color attribute)：(1) **色調** (hue)，指物體所引起的顏色感覺；對不同物體所感覺到的紅、黃、綠、藍等各種顏色，統稱為色調。色調的產生是物理因素所決定；是由於物體所反射光的波長不同所決定的。(2) **明度** (brightness)，指個體對光源或物體表面明暗的感覺。明度決定於光源或物體反射光的強度；強度愈大，感覺愈明亮。此外明度也決定於物體表面對光的反射率；反射率愈高，看起來愈發明亮。此一屬性也決定彩色與非彩色感覺的區別。因此，明度感覺的心理屬性，也是受光的物理屬性所影響的。(3) **飽和度** (saturation)，指個體對色調純度的感覺。顏色飽和度決定於光的純度，而光的純度則決定於光波的成分。單一波長的光，其飽和度最高，所產生的顏色感覺較為鮮艷明亮；不同波長的光混合在一起時，其飽和度較低，所產生的顏色感覺則較暗淡。可見光譜上的七種顏色，均屬飽和度高的顏色。某種顏色中滲入白色、灰色或黑色愈多，其所形成的顏色就不飽和。因此，毫無彩色感的由白到黑的系列中，飽和度全為零。除光波的純度外，顏色的飽和度也受光強度的影響。如果其他條件相等，光強中等時，飽和度最大。

綜上分析可知，從引起顏色感覺的光刺激而言，有三個物理屬性，從光波刺激所引起的色覺經驗而言，有三個心理屬性。將三個物理屬性和三個心理屬性合在一起，用一個三維度立體圖形來表示，即形成如圖 3-7 左圖所示的**顏色錐體** (color pyramid)。顏色錐體的半徑代表飽和度；縱軸代表明度；縱軸上由黑到白的每一點，代表没有飽和度的非彩色。中部的圓環，代表不同的色調；亦即可見光譜上的紅、橙、黃、黃綠、綠、藍綠、藍、紫等各種顏色。顏色錐體之內的每一空間點，均各代表一種顏色，而每一種顏色的特徵，均係由色調、明度、飽和度三個心理屬性組合的結果。錐體的全部

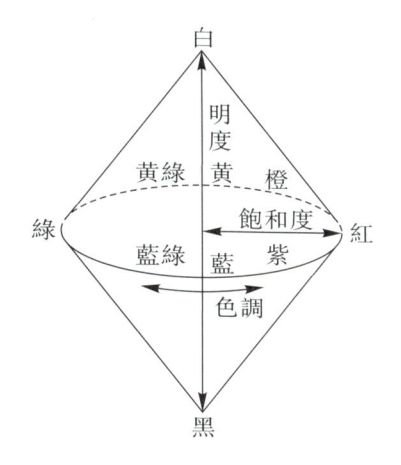

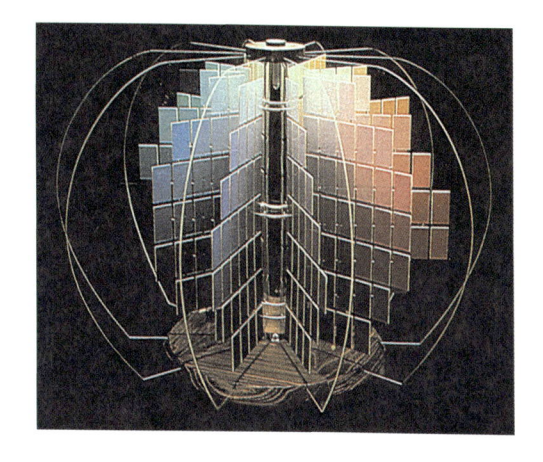

圖 3-7 顏色錐體

顏色錐體表示顏色的明度、飽和度及色調三個心理屬性的三維立體關係。明度適中時飽和度最大，各種色調明顯；明度極高時飽和度極低，各種色調不明顯，而產生白色感；明度極低時飽和度也極低，一切色調消失而有黑色感。

包括了所有不同顏色感覺的組合，圖 3-7 右圖即表示此一特徵。

3. 視覺適應 在第二節討論感覺敏感性時，曾提到感覺具有適應性。此處將進一步說明的是視覺適應。**視覺適應**(visual adaptation) 是指在眼睛接受光刺激的時間較長時其敏感性逐漸減低的現象。視覺適應發生在三種情形：其一為**暗適應**(dark adaptation)，指眼睛在光刺激較弱之暗處所產生的調適現象。由明亮的大街進入黑暗的電影院時，先是看見一片漆黑，繼而慢慢看見座位，其間的經過就是暗適應。暗適應所需的時間與黑暗程度有關，在完全隔光的暗室中，完成暗適應需要四個小時。在一般的情形下像電影院中，約在 10～30 分鐘之內即可完成。在暗適應歷程中，視覺神經產生三種生理作用：(1) 瞳孔放大以吸收較多的光；(2) 網膜上的**桿細胞**迅速增加其**視紫質**(rhodopsin)，以充分發揮其**夜視覺**的功能；(3) 網膜上**錐細胞**的敏感性升高，以增加其對暗處的適應功能。其二為**明適應**(light adaptation)，指持續在明度較高環境中視覺對光刺激敏感性降低的現象。走出電影院時會覺得陽光刺目，需要幾分鐘才能恢復正常就是明適應。明適應歷程中產生兩種生理作用：(1) 瞳孔縮小以減少強光進入，在陽光下或雪地裏常瞇起眼睛看東西，即屬此種情形；(2) 網膜上錐細胞的感光敏感度降低。其三為**顏色適應** (chromatic adaptation)，指持續接受顏色刺激時視覺敏感性降低的現象。顏色適應現象產生的原因，是持久注視某一顏色時，該顏色的飽和度將逐漸降低，久之就會覺得看似有點灰色。

(三) 視覺現象

前文所述視覺問題，主要偏重對物理事件（光刺激）引起生理事件（視覺器官及其功能）的說明。至於生理事件引起心理事件的歷程，前文只提到一部分，接下去將對生理事件過後屬於心理事件的視感覺做進一步說明。

1. 顏色混合與補色 前文指出，顏色感覺決定於光波的長短。由兩種或兩種以上不同的光波同時投射在視網膜上時所引起的顏色感覺，即會產生一種混合效應。此種混合效應下所得到的色覺經驗，稱為**顏色混合** (color mixture)。顏色混合分為色光混合與顏料混合兩種，心理學上所研究者多為色光混合。

由兩種色光相混時所形成的顏色混合原則是：兩種色光所占的比例相同

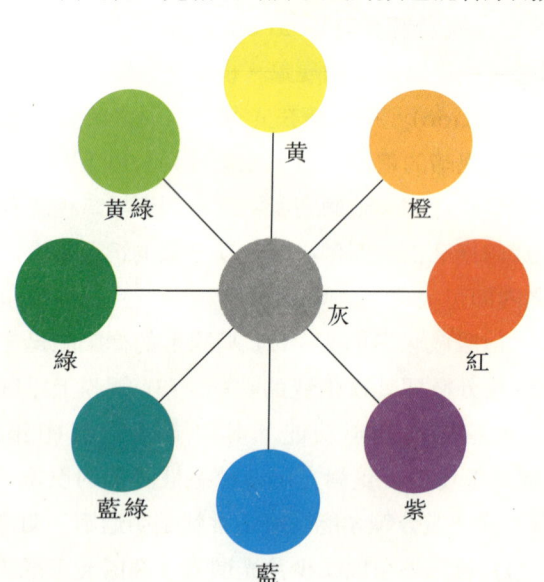

圖 3-8 色 環

色環上色序排列從正右方起逆時針方向，依序為紅、橙、黃、黃綠、綠、藍綠、藍、紫。此八種色調，只是人眼所能辨別 150 種色調的一部分。而人類所能辨別的 150 種色調，則是整個光譜中 350,000 種可能色調的一小部分。

時，所得的顏色混合結果，看起來將介於原來兩種色調之間；顏色的明度隨其飽和度減低而減低。此一原則可用圖 3-8 **色環** (color circle) 表示之。例如，紅與黃兩種色光混合且各占一半時，所得結果即為二者之間的橙色。如以不同比例混合時，則可混合成介於紅黃二色之間各種不同程度的橙色。同理，如將黃綠兩種色光混合，即可得到介於二者之間各種程度的黃綠色。

圖 3-8 色環所表示者，事實上也就是前文所指顏色錐體中間的橫切面。色環圓周代表**可見光譜**上 400 nm 至 700 nm 不同波長光刺激及其形成色調的分配；用色環可以解釋顏色混合的色覺現象。兩種不同波長的色光同時作用於視網膜時所產生的色覺，稱為**加色混合** (additive color mixture)。圖 3-9A 即表示加色混合的基本法則。加色混合的色覺特徵是，兩種色光混合後各自的色調並未完全消失，而是均各保留一部分，這是一種交互作用的結果。在色環上選擇不同位置的兩種色光混合時，若所選正是色環上居於直徑兩端相對位置者，例如，黃色光與藍色光混合時，其結果將完全喪失兩

圖 3-9A 加色混合
當紅綠藍三種色光在暗室內同時作用時，紅綠兩種色光重疊部分會有黃色感，綠藍兩種色光重疊部分會有藍綠色感，紅藍兩種色光重疊部分會有洋紅色感，而三種色光重疊部分則有白色感。

種顏色原來的色調，而產生灰色或白色的色覺。此種現象稱為**補色** (complementary color)。因此，在色環上凡是居於直徑兩端的兩種色光，彼此之間均成互補的顏色。

加色混合現象只會在色光混合的情形下產生，顏料或油漆混合時則不會產生此種現象。顏料或油漆混合時，其波長彼此吸收產生色調相減的效果，稱為**減色混合** (subtractive color mixture)，圖 3-9B 即表示減色混合的基本法則。

圖 3-9B 減色混合
將紅黃藍三片彩色玻璃部分重疊時，黃與藍重疊部分會有綠色感，紅與藍重疊部分會有紫色感，黃與紅重疊部分會有橙色感，而三種顏色的重疊部分則有黑色感。

2. 後象 後象 (afterimage) 指視覺刺激消失後短暫留存在網膜上的影象。電燈熄滅後的瞬間常有後象的感覺。後象有兩種不同形式：一為**正後象** (positive afterimage)，指刺激消失後所留下來的後象，在色彩及明度上與原來的刺激相似。節慶日看煙火時，煙火消失後的片刻在感覺上仍然留存著煙花原來的光與色的感覺，就是正後象。另一種後象稱為**負後象** (negative afterimage)，其特徵是後象的明度與原刺激相反，而後象的顏色則與原刺激互補。例如，注視牆上白色鐘面與黑色鐘框的掛鐘一分鐘以上，然後將視線移到旁邊牆壁上，將會出現一個黑色鐘面與白色鐘框的後象。再如，用紅紙剪個圓圈，持在手中注視一分鐘後，將視線轉往白色的牆上時，將會出現一個綠色的後象（紅與綠二色互補）。在一般情形下，視覺刺激的強度愈高與注視時間愈久時，後象出現的可能性也就愈高；反之，後象不易形成。圖 3-10 是由黑白二色構成的一個八卦圖形，讀者可按圖下的說明自行試驗，將可發現負後象。

圖 3-10　負後象
在亮光下定睛注視左邊太極八卦圖的中心部位，一分鐘後迅將目光移至右邊空白正中的小十字上，此時將會發現一個和原圖黑白相反的負後象。

　　3. 色覺缺陷與色盲　　一般眼睛正常的人，都會對物體反射光波長度的不同而產生不同顏色感覺 (見圖 3-6)。在日常生活中，凡是對紅、綠、黃、藍四種顏色辨別清楚者，就是視覺正常。如對其中兩種或幾種顏色不能明確辨別，那就是**色覺缺陷** (color deficiency)。色覺缺陷一般稱為**色盲** (color blindness)。色盲分為兩類：一類為**全色盲** (achromatism)，指對所有顏色都不能辨別。全色盲極為少見。另一類為局部色盲，局部色盲中有紅綠色盲與藍黃色盲之別。圖 3-11 為檢查紅綠色盲用的圖片 (全套 15 張)。患紅綠色盲的人，在可見光譜上只能辨認黃和藍兩種顏色，亦即將光譜上紅、橙、黃、綠部分全都看成黃色，而將光譜上藍綠、藍、紫部分，全都看成藍色。患藍黃色盲的人，把整個光譜上不同顏色都看成紅和綠兩種顏色。一般色盲者多為紅綠色盲，患藍黃色盲者極少。在整個人口性別比例上，男性患者多於女性；男性約占總人口的百分之八，而女性則只占千分之四。按遺傳學的解釋，男女兩性色盲罹患率差異懸殊現象，與**性染色體**的 X 染色體有關；男性的性染色體是 XY，而女性的性染色體為 XX (見第二章第一節)。

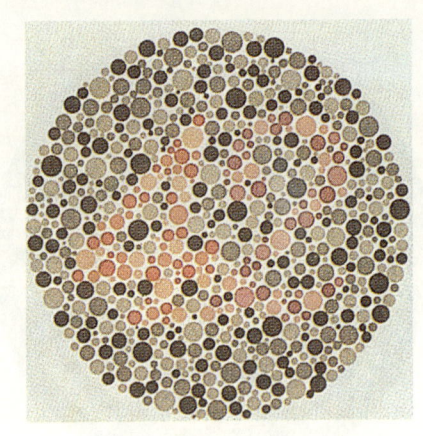

圖 3-11　色盲測驗

一般眼睛正常的人均可看到左圖上的 3，但紅綠色盲患者則看不到任何數字。一般眼睛正常的人，均可看到右圖上的 42，但患紅綠色盲者只能看到 4，患其他色盲者有的看到 2，有的看不到任何數字。

(四) 色覺理論

　　眼睛之所以能夠看見物體的存在，乃是由於物體所發的光或反射的光刺激視網膜上的感光細胞所引起的生理作用。視網膜上的**桿細胞**與**錐細胞**能夠辨別光刺激的強弱與波長，而分別表現不同的感應，因而產生了顏色感覺。前文所述有關顏色感覺中，諸如**顏色混合**、**補色**、**後象**、**色盲**等，均屬心理現象。對此等顏色感覺心理現象的系統理論解釋，即接下去要討論的兩種**色覺理論** (theory of color vision) 問題。

　　1. 揚-赫爾姆霍茨三色論　最早提出色覺理論者，是英國物理學家揚 (Thomas Young, 1773～1829)。在 1802 年揚根據顏色混合時，紅、綠、藍三色光按不同比例混合可得到不同顏色的事實，推論解釋，謂在視覺神經系統中，有三種感受色光的感受器 (即錐細胞)，這三種感受器，分別職司感受紅、綠、藍三種不同波長的光波。如單一色光刺激出現時，即產生單一色光的色感；若三色中有兩種色光刺激出現時，即產生混色現象，結果就得到該二色光相混之後的另一種色感。例如，黃色的感覺，事實上是由紅與綠兩種色光混合而得結果 (見圖 3-9A)。當時揚的理論只能算是一種假說，50多年後到 1857 年，此一假說為德國學者赫爾姆霍茨 (見第一章第二節) 驗證後並加以補充，成為著名的**揚-赫爾姆霍茨三色論** (Young-Helmholtz trichromatic theory)。在色覺的研究上，三色論的貢獻甚大，現在的彩色電視，就是根據三色論的混色原理所設計的。

三色論雖能以混色原理解釋各種色覺構成的原因，但其缺點是對補色與色盲等現象，仍未能給予合理的解釋。何以紅綠二色混合後會有黃色感？又何以紅綠藍三種色光混合後會有白色感？單憑混色原理去解釋，顯然並非最合理的答案。

2. 色覺相對歷程論　上述問題一直存在了一百多年，直到 1878 年，德國生理學家海林 (Ewald Hering, 1834～1918) 提出新的理論，才使此一久懸的問題，得到比較合理的解釋。按海林的理論，色覺現象不能只從混色的觀點去解釋，應進一步從補色的現象去探討。因此，海林認為，**視網膜**上有三種不同功能的**錐細胞**：第一種是職司感受**明度** (從黑到白) 的；第二種是職司感受紅綠二色的；第三種是職司感受黃藍二色的。每一種視錐細胞所能感受到的二種色光刺激，在光波長度上各不相同 (如紅光為 700 nm，綠光為 520 nm)。因此當每種視錐細胞在感受色光刺激時，即產生兩種顏色的互補作用。兩種顏色的互補現象，可由以下簡單實驗加以證明：如凝視紙頁上的紅色圓環半分鐘，然後轉而凝視旁邊的空白紙頁，就會看見一個綠色圓環出現。如凝視牆上黑色鐘框與白色鐘面半分鐘，然後轉而凝視旁邊空白的牆壁，就會看見一個黑色鐘面與白色鐘框的影象出現。此現象即前文所說的**負後象**。負後象之所以產生，不能用混色原理來解釋。按海林的說法，那是由於錐細胞互補作用中所產生的相對歷程。因此，海林的色覺理論，就被稱為**色覺相對歷程論** (opponent-process theory of color vision)。又因海林的理論中，認為錐細胞能感受到紅、綠、黃、藍四種顏色，故而又稱為**四色論** (tetrachromatic theory)。

至於對色盲現象的解釋，按海林的色覺理論，色盲者乃是由於視網膜上缺少一種或兩種錐細胞的緣故。按上述三種錐細胞不同色覺功能的看法，如缺少的是第二種錐細胞，就會構成紅綠色盲；如缺少的是第三種錐細胞，就會構成黃藍色盲。

　　從上述兩百年來色覺理論發展經過看，晚近的四色論與早期的三色論，在基本理念上並沒有衝突；其間的差異只是新的理論能夠解釋較多的視覺現象而已。色覺理論最近十年來的發展，仍然以三色論或四色論為基礎，只是有的學者在解釋上，將色覺的整個歷程分為兩個階段：第一階段由視網膜上三種對不同光波長度敏感度的錐細胞感受各種色光的刺激，從而引起興奮。第二階段由視神經傳到**丘腦**產生相混或互補作用，從而形成顏色感覺。此種新的色覺現象解釋，稱為**二階段色覺論** (two-stage color theory)。

二、聽　覺

　　在人類的所有感覺中，聽覺的重要性僅次於視覺。在光亮處接受刺激時自然是視覺為先，但在黑暗中或視線受限時，則必須有賴聽覺。**聽覺** (audition) 是個體對環境中聲音刺激特性的反映。聽覺以耳為感覺器官，接受外界聲音刺激，從而產生由生理事件(聲音傳導)到心理事件(聽覺)的歷程。在心理學上對聽覺的研究，基本上與研究視覺相似，也同樣包括兩個層面：第一個層面研究聽覺器官的生理結構與功能，藉以了解聽覺器官如何將外界物理性刺激轉化為**神經衝動**的生理歷程。第二個層面研究聽覺器官的運作功能，從而了解聽覺器官如何將生理性的聽覺訊息傳入大腦**聽覺區**產生聽感覺與聽知覺的心理歷程。因此平常所說的聽覺，事實上是一個包括"耳而聽"和"聽而聞"的複雜歷程。接下去先討論耳的構造與功能。

(一) 耳的構造與功能

　　耳 (ear) 的構造主要分為三大部分：(1) **外耳** (outer ear)，職司收集聲音；(2) **中耳** (middle ear)，職司傳導聲音；(3) **內耳** (inner ear)，職司轉化物理性的聲音刺激為生理性的**神經衝動**，而經**聽神經** (auditory nerve) 傳至大腦而生聽覺。包括外耳、中耳、內耳的整個生理結構，如圖 3-12 所示，稱為**聽覺系統** (auditory system)。

　　外耳收集聲音後，經過**聽道** (auditory canal) 達於耳鼓膜。**耳鼓膜**

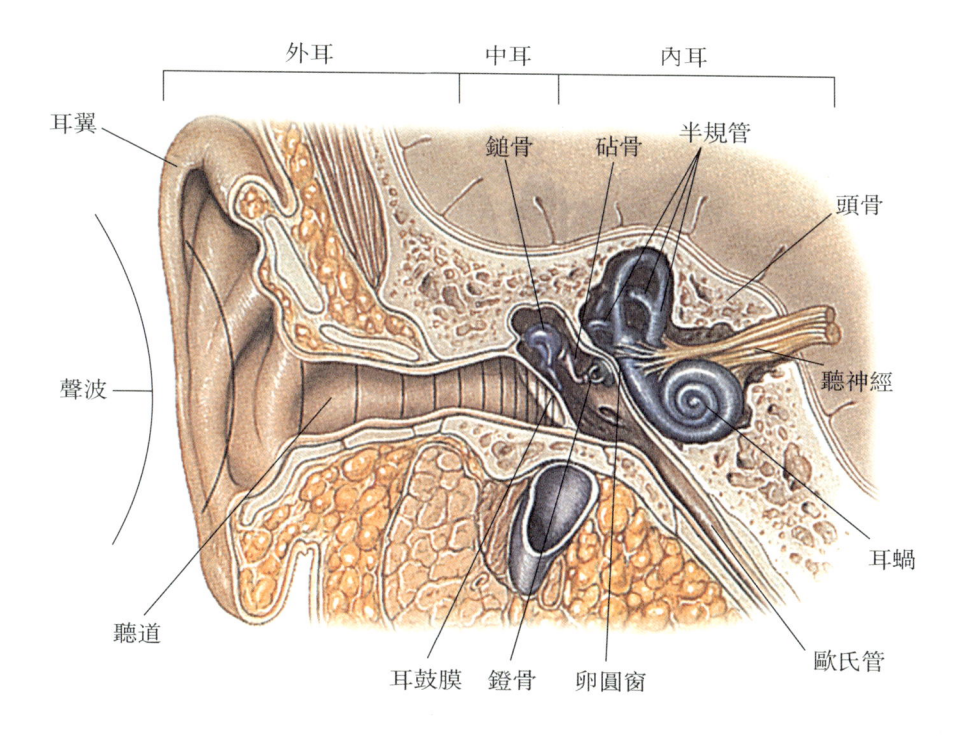

圖 3-12 聽覺系統（耳）的構造及其功能

(eardrum membrane) 位於外耳與中耳交界處，係由一骨質薄膜構成。由於音波壓力之交錯轉變，使得耳鼓膜前後振動；於是，原來經空氣傳導之聲波，經振動而轉變為骨塊之傳導。骨塊傳導聲波，主要由中耳負責，而中耳之構造，則包括**鎚骨** (malleus)、**砧骨** (incus) 與**鐙骨**(stapes) 三塊聽骨，三聽骨均係因形狀而得名。三塊聽骨互相連接，各具其聲音傳導功能。中耳下方的**歐氏管** (或**耳咽管**) (Eustachian tube)，與咽腔相通，平時關閉，只有在咀嚼時或吞嚥時打開，容許空氣進入中耳，以維持鼓膜內外的平衡。

內耳的構造較為複雜；其功能除傳導聲波之外，也兼司身體的**平衡感** (sense of equilibrium)，稱為**前庭器官** (vestibular apparatus)。前庭器官包括**半規管** (semicircular canal) 和**前庭囊** (vestibular sac) 兩部分，職司身體和頭部的平衡。內耳中最重要的器官為耳蝸。**耳蝸** (cochlea) 是一個骨質的蝸牛殼形狀的管道，管道內充滿液體。耳蝸之底部的膜狀構造，稱為**基底膜** (basilar membrane)。基底膜由長短不等的神經纖維所構成；在耳蝸的起始一端，其纖維較短，愈往遠端，其纖維愈長。聲波經中耳之聽骨傳入後，其波動先達於**卵圓窗** (oval window)，卵圓窗與耳蝸管相接。因此，卵圓窗之振動傳入耳蝸後，藉著液體的波動，並沿基底膜繼續進行，從而振動膜上的柯蒂氏器內的**毛狀細胞** (hair cell)。基底膜上的**柯蒂氏器** (organ of Corti) 為主要聽覺感受器。柯蒂氏器內的毛狀細胞，與通往大腦的聽覺神經纖維相連，聲音傳至此處即能引起神經衝動，繼而傳入大腦皮質的**聽覺區**。

(二) 聽覺刺激的屬性

引起聽覺的刺激是聲音。聲音的物理特徵為聲波。惟聲波的傳導與光波不同；光波在空氣中與真空中均能傳遞但不能通過固體物質傳導；而聲波則必須藉介質 (或稱聲媒) 傳導。聲波的介質可為氣體，可為液體，也可為固體。聲波的傳送速度遠較光波為慢，且因介質不同而有所差異。

前文指出，引起視覺的光波有三種物理屬性 (波長、強度及純度)，引起聽覺刺激的聲波，也有三種物理屬性：一為**頻率** (frequency)；二為**振幅** (amplitude)；三為**複雜度** (complexity)。光波有三種心理屬性 (色調、明度與飽和度)，聲波也有三種心理屬性：一為音調；二為音強；三為音色。聲波的三種心理屬性，即分別形成音調知覺、音強知覺及音色知覺。

音調 (或音高) (pitch) 是指個體對聲音高低的感覺。音調的高低主要是受聲波頻率變化的影響；頻率愈高，音調也就愈高。聲波之頻率，以每秒內波幅振動的次數 (稱 CPS，為 cycles per second 之縮寫) 為計算標準，以**赫** (Hz) 表示之。人類聽力所能感受到的頻率，大約介於 20 赫到 20,000 赫之間。頻率不在此界限內的聲波，一般人是聽不到的；但有些動物如狗與蝙蝠等，可以聽得到人類所聽不到的聲音。

音強 (或響度) (loudness) 是指個體對聲音強度的感覺。音強的高低決定於聲波振幅的大小；振幅愈大聲音就愈大。表示音強的單位稱為**分貝** (decibel，簡稱 dB)。人耳所能接受的音強，大約在 16 分貝至 160 分貝之間。平常說話的音強，大約為 60 分貝；音強高於 90 分貝時即感到刺耳。直升機的音強約為 120 分貝；人若長期處於 90～110 分貝的環境中，對聽覺將有不利影響，若長期處於 120～140 分貝的環境中，勢必對聽力造成嚴重傷害。

音色 (或**音質**) (timbre) 是指個體對在感覺上聲音特殊性的辨別。音色決定於聲波的複雜度，而複雜度則是由於基音和倍音的比例關係決定的。一個物體除全部振動而生聲音之外，其部分振動也會發生聲音；全部振動的聲音叫基音，部分振動的聲音叫倍音。一般樂器都有基音和倍音，音色就是由基音與倍音的不同比例的配合而決定的。平常所聽到的聲音，很少是純音，多數含有不同頻率與不同振幅的多種聲波混雜在一起。例如，每一音階如 do, re, mi, fa 等，即使各有其固定頻率，但在不同樂器上發出聲音時，仍不相同；其原因就是由於各種樂器都有其特殊結構，其振動方式不同，因而產生不同的音色所致。如各種不同頻率與不同振幅的聲波組合在一起，成為有規律的振動，其所產生的聲音，即為樂音，否則即構成噪音。

(三) 聽覺理論

在音調、音強、音色三種聽覺的研究中，多年來生理心理學家特別對音調知覺現象，提出了以下兩種不同的理論解釋。

1. 部位論　**部位論** (或**地點說**) (place theory) 是最早對音調知覺提出系統解釋的理論。部位論是由德國生理學家赫爾姆霍茨在 1863 年提出。部位論採共鳴原理來解釋音調知覺，故而又稱**共鳴論** (resonance theory)，也稱**鋼琴論** (piano theory) 或**豎琴論** (harp theory)。

按部位論對聽覺歷程的解釋，職司聽覺的器官主要是由耳中**耳蝸**底部**基底膜**上長短不一的毛狀細胞構成。基底膜之一端較窄，其上之毛狀細胞的纖維較短；另端較寬，其上之毛狀細胞的纖維較長。當聲音引起**耳鼓膜**振動時，中耳的聽骨隨之內外振動，振動所生之壓力，使得基底膜上下波動，因而構成基底膜上毛狀細胞之振動。惟以不同部位的神經纖維長短不等，其所接受聲音高低的頻率，自然也不相同。基底膜上纖維短的一端，由高頻率聲音引起振動，形成高音的感覺；另端纖維長的區位，由低頻率聲音引起振動，形成低音的感覺。

2. 頻率論 頻率論 (frequency theory) 係由英國生理心理學家拉塞福 (William Rutheford, 1839～1899) 在 1886 年提出，是解釋聽覺現象的另一種理論。按頻率論的解釋，**耳蝸**的作用和麥克風相似，而聽覺神經對聲音的傳遞，其原理則與電話相似。根據此一原理，音調的高低，係由傳往聽覺神經的**神經衝動**來決定；聲波頻率愈高，音調也就愈高。在人類的聽覺中，對音調高低的辨別範圍，大約在 20 赫至 20,000 赫之間。音調在 4,000 赫以下時，聽覺神經只須靠聲音本身頻率的高低，即可決定聲音的高低；500 赫的聲音，即形成聽覺神經每秒五百次的反應，2,000 赫的聲音，即形成聽覺神經每秒兩千次的反應。

根據神經生理學家的研究，人類神經系統中**感覺神經元**，在每秒鐘之內只能產生 1000 次神經衝動，聲波頻率超過 1000 赫以上時，聽覺神經將如何傳導？對此一問題，頻率論未能提出合理解釋。直到 1949 年美國心理學家韋佛 (Ernest G. Wever, 1902～) 提出了**排發原理** (volley theory)，才使頻率論臻於完善。排發原理的要義是：神經纖維分成數組，各組以輪班方式發出神經衝動。不同的組分別對聲波壓力產生神經衝動，各組同步齊發，產生對高頻聲波辨別的功能。例如：十組神經纖維，每組負責 1,000 赫的聲波，合之即可集成 10,000 次的衝動。因此一理論的解釋與電話聽筒的原理相似，故而也稱**電話論** (telephone theory)。

(四) 聽覺定向

從個體了解聲音的變化以利其環境適應的觀點看，只了解聲音大小高低的變化是不夠的。除此之外，個體還需了解聲音的遠近與方向，否則就無法做正確判斷以表現適當反應。此即聲源定向的問題。

所謂**聲源定向** (sound localization)，是指個體感覺聲音出現時憑知覺即能判斷聲音的遠近與聲源方向。換言之，聲源定向也就是**聽覺定向** (auditory localization)。辨別聲音的遠近與方向時，個體主要靠兩種線索：

1. 單耳線索　引起聽覺的物理刺激是聲波。按人耳的構造，單靠一個耳朵即可獨立承擔收受聲波，從而獲得聽覺深度知覺的經驗。例如，有的人一耳失聰，也有人因耳病暫時一耳停用，在需要對聲音來源的方向或遠近作判斷時，他仍然能夠正確判斷。像此種只靠單一耳朵即可獲得深度知覺經驗時，單一耳朵所得的聽覺線索，即稱為**單耳線索** (monoaural cue)。由單一耳朵所得的線索，雖不能充分有效判斷聲源之方位，但卻能有效地判斷聲源的遠近。平常我們判斷聲音遠近時，多根據聲音的強弱；強則近，弱則遠。尤其對熟悉的聲音（如教堂的鐘聲），根據其強弱而判斷其遠近時，將更為準確。

2. 雙耳線索　在接收聲音刺激時，如係根據兩耳協調合作，從而構成對聲音之方位及強弱正確判斷時，此由雙耳收到的做為深度聽覺判斷之用的刺激線索，稱為**雙耳線索** (binaural cue)。雙耳線索又分以下三種形式：

(1) **時間差**　聲音來自側方時，兩耳接受到音波刺激的時間稍有差別；聲音如來自左方，左耳就稍早收到聲波。此一短暫時差即可構成判斷聲源方向的主要線索。如果聲音來自正前方或正後方時，對聲源方位的判斷，較之聲源來自單側者為困難。因此，為求聽空間知覺判斷正確，就會有"側耳傾聽"的動作。"側耳"的目的即在改換方式，以便獲得時間差的線索。

(2) **強度差**　聲音之強弱，隨傳導距離的遠近而有所改變；聲音傳導愈遠，其強度將愈低。根據此一線索，對強度較低之聲音，即可判斷其為來自遠方；此種線索之應用，對熟知聲音之判斷，尤為正確。強度差用在兩耳合作上，是判斷聲源方位的主要線索。如聲音來自左方，左耳所接受到的聲波刺激較右耳所接受者為強；原因是時間上的延遲以及頭部的阻礙，均可使聲音變弱。當聲音來自正前方與正後方時，其兩耳間的強度差雖消失，但亦可根據聲音的特徵獲得"不是在前，就是在後"的深度聽覺線索。

(3) **波壓差**　波壓差是指聲波對**外耳**與**中耳**交界處**耳鼓膜**所形成壓力的差別；聲源近，壓力較大，聲源遠，壓力較小。如聲音來自側方，因聲波對左右耳的距離有遠近之差，故而聲波對左右耳所形成的壓力，也有區別。此一些微的聲波壓力之差，即可構成對聲源判斷的知覺線索。

三、其他感覺

本節所要討論的其他感覺,是指除了視覺與聽覺之外的其他感覺。視覺與聽覺都是起於眼睛與耳朵對環境中刺激的物理能的感應,接下所要討論的四類感覺,則有的是起於感覺器官對物理能的感應,也有的是起於對化學能的感應。所舉其他感覺包括以下四大類:

(一) 嗅 覺

嗅覺 (smell) 是辨別空氣中氣味的感覺。引起嗅覺的刺激是氣化的化學物質。氣化物靠空氣擴散,個體不必直接與刺激物接觸,即可產生嗅覺。

接受嗅覺刺激的感受器,是鼻腔內的一些線形體。線形體從腦部之**嗅球** (olfactory bulb) 處下垂,止於鼻腔頂部。在線形體之末端有毛狀皮層,是為**嗅覺皮膜** (olfactory epithelium)。皮膜內的嗅覺神經細胞,即為嗅覺感受器。毛狀皮膜呈黏膜狀,分佈在氣流出入之上方,職司辨別氣體中的不同氣味。個體如何辨別空氣中的不同氣味,在生理學上有種理論,稱為**嗅覺鎖鑰論** (lock and key theory of smell)。按該理論的解釋,嗅覺神經的表面有些不同形狀的坑洞,分別具有辨別不同氣味的功能。氣體通過時,不同氣味將落在不同形狀的坑洞內,繼而引發該處嗅覺細胞產生神經衝動。嗅覺有很大的適應性,"居鮑魚之肆久而不聞其臭",即嗅覺適應的說明。

(二) 味 覺

味覺 (taste) 是以舌面的不同部位對溶化物質予以辨別,從而獲得感覺的歷程。職司味覺的感受器是**味蕾** (taste bud)。味蕾是一種球狀感覺神經細胞;多數集中在舌尖、舌面、舌側,少數分佈在口腔內部。引起味覺的刺激為液體物質,如刺激本身非屬液體,也必須經唾液使之液化後,始能產生味覺。食物有酸、甜、苦、鹹等特徵,相對的,舌面的不同部位分別具有辨別此等不同特徵的功能;甜的辨別在舌尖,鹹的辨別在舌前部兩側,酸的辨別在舌中部兩側,苦的辨別在舌根表面。

(三) 膚　覺

膚覺 (skin sense) 是靠皮膚表面為感受器接受外來刺激，從而獲得觸覺、痛覺、溫覺等感覺的歷程。因此，膚覺是多種感覺的總名稱。

1. 觸覺　　**觸覺** (sense of touch) 也稱**壓覺** (sense of pressure)，是皮膚表面受到觸壓時所產生的一種感覺。身體不同部位的觸覺敏感度不同；在舌尖、口唇、指尖等感覺細胞密集之處，其觸覺敏銳；在背部、臀部、腳部感覺細胞稀疏之處，其觸覺遲鈍。根據心理學家研究 (Ackerman, 1990)，觸覺與健康有關，皮膚經常與別人或動物接觸的人，其身體較為健康；出生後經常在母親懷中的嬰兒，較之放在搖籃中的嬰兒為健康；心臟病患者中，經常與狗貓接觸的人，發病率較之不養狗貓者為低。

2. 痛覺　　**痛覺** (pain) 是皮膚受到物理或化學刺激傷害時所產生的一種感覺。痛覺也與身體部位有關，感覺細胞密集的部位痛覺敏銳。對個體的安全而言，痛覺有警示作用，因痛的感覺而注意到避開具有傷害性的刺激。痛覺具有很大的心理作用，有時皮膚稍受傷害即感到刺痛，有時傷害很重卻未必感到劇痛。如因車禍父親與幼兒同時受傷，父親為急救幼兒，可能不覺自己傷痛。根據**痛覺閘門控制論** (gate control theory of pain) 的解釋，在脊髓上端接近**腦幹**處有一個類似閘門的神經組織。痛覺的神經傳導必須經過閘門才能輸入到大腦 (Melzack, 1973)。閘門可開可閉；像父子車禍受傷父親不覺傷痛的現象，就是因為父母痛覺閘門暫時關閉的緣故。有時皮膚受到撞擊時按摩傷處可使痛覺減低，很可能是因為按摩使得閘門關閉所致。

3. 溫度覺　　**溫度覺** (temperature sense) 是皮膚表面對溫度變化時所產生的一種感覺。溫度覺包括**熱覺** (sense of heat) 與**冷覺** (sense of cold)。熱覺與冷覺只能在外界溫度高於或低於皮膚溫度時才會產生。人體表面的溫度，一般在 32°C 左右；若外在溫度高於皮膚溫度 0.4°C 時，即生熱覺；外界溫度低於皮膚溫度 0.15°C 時，即生冷覺。皮膚下接受溫度刺激者，有分別職司辨別冷熱的兩種**感受器**，冷熱兩種感受器分別將冷與熱的訊息傳至大腦的**體覺區**而產生冷覺或熱覺。但如皮膚同一部位同時接受冷熱兩種刺激時，就會產生只有熱覺的所謂**詭熱覺** (paradoxical heat) 現象 (圖 3-13)。溫覺有適應性，在一定限度內，在高於 (或低於) 皮膚溫度的情境中停留時間較久，熱覺 (或冷覺) 的敏感性將逐漸減低。因此，在一般的情形下，外界溫度高於溫覺適應性的上限時，即產生熱覺；外界溫度低於溫覺適應性的下限時，即產生冷覺。

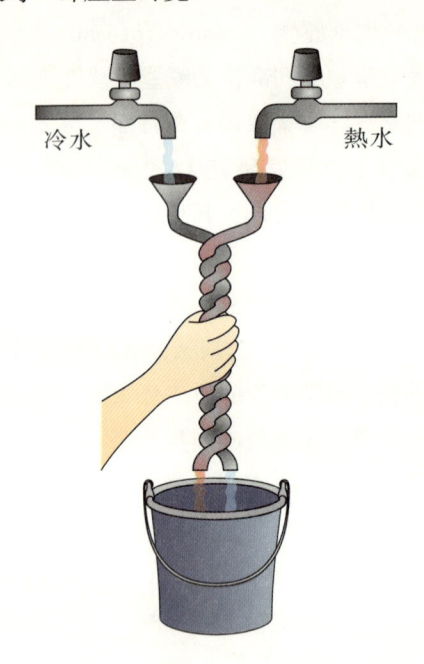

冷水　　熱水

圖 3-13　詭熱覺
左圖是兩條絞在一起的冷熱水管，如兩水管同時放水時手握水管，此時就會覺得水管不是溫的，而是燙手的。詭熱覺產生的原因是，皮膚上同一部位的溫度感受器，在同一時間內受到冷熱兩種刺激時，只能將較強的一種訊息傳入大腦。

(四)　體　覺

體覺 (body sense) 是個體對自己身體活動的一種感覺。體覺包括動覺與平衡覺。

1. 動覺　　動覺 (kinesthetic sense) 是身體活動時所產生的感覺。有動覺才會覺知自己身體各相關部位在做何種活動；有動覺才能支配身體從事有目的的活動。動覺的**感受器**是肌肉、肌腱和關節。在身體活動時，因肌肉與肌腱的擴張、收縮或關節的壓迫，產生刺激，引起神經衝動，傳入大腦的運動區而產生動覺。動覺主要是由**軀體神經系統**所控制，舉凡眼睛、口腔、軀幹、四肢等一切橫紋肌部位的活動，都會因活動而有動覺。動覺與視覺配合，可從事手眼調合的工作 (如打字)；動覺與聽覺配合，可從事手耳調合的工作 (如彈琴)。即使在無聲的暗室中無視聽覺之助，動覺也會發揮其作用；停電時在黑暗中伸手取物，也會知道手的位置和方向。

2. 平衡覺　平衡覺 (equilibratory sense) 也稱作**前庭覺** (vestibular sense)，是保持身體定向的一種感覺。職司平衡覺的**感受器**主要是**內耳**中的**半規管**和**前庭囊**（見圖 3-12）；兩者合作控制頭部與身體的平衡。半規管有三個，彼此連接，互為垂直，分別對應掌理空間之三個維度。管內均充滿液體，液體內浮有叢生的毛狀細胞，其功能即在反應頭部的平衡。當頭部搖動時，管內的液體亦隨之搖動，繼而經神經纖維傳入**小腦**。小腦即為中樞神經系統中主控身體平衡的器官。

前庭囊介於**耳蝸**與半規管之間，內部充滿液體。液內除毛狀細胞外，並有細小石粒，稱為**耳石** (otolith)。耳石為碳酸鈣顆粒，藉耳石的重力作用與慣性作用，對毛狀細胞產生壓力，從而產生神經衝動。在平常的壓力之下，有直立的感覺，若身體活動或上昇下降時，壓力改變，即產生失去平衡的感覺。前庭內的毛狀細胞與神經纖維相連，可將神經衝動傳入中樞神經系統中主控身體平衡的小腦。有時身體急遽搖晃 (如乘船)，前庭感覺可能來不及調適，就會引起暈眩的感覺。

第四節　知覺歷程

在本章之初曾提到感覺與知覺不易區分的問題。像 "藍天"、"白雲" 與 "琴聲"、"狗吠" 等描述感覺的概念中，無不帶有 "知" 的成份。惟在心理學上仍稱此等概念為感覺。理由有二：其一是此等概念係以感覺器官的生理作用為基礎；其二是此等概念所描述者，仍未脫離所見所聞事件本身的客觀特徵。本節所討論的知覺歷程則大不相同。知覺雖與感覺同樣為外在刺激引起的心理反應，但知覺卻是個體對外在客觀刺激加以選擇、組織並賦予其主觀解釋的心理歷程 (見第一節知覺定義)。在知覺歷程中，個體對刺激選擇、組織、解釋時，不但會超過原刺激的客觀特徵，甚至會將原刺激的特徵加以扭曲，賦予其特殊意義。讀者可以發現，在本節內討論知覺組織、深度知覺、運動知覺及錯覺等心理現象時，知覺歷程的複雜度將會遠遠超過前節討論的感覺歷程。

一、知覺組織

由感官收集來的感覺訊息轉化為知覺時，最重要的心理活動是將訊息選擇後加以組織，從而使零碎的訊息變成有意義的知覺經驗。根據心理學家研究發現，人類的知覺組織心理現象發生在各方面的知覺歷程中，而以視知覺的形象組織現象最為明顯。以下介紹形象知覺組織的三方面特徵：

(一) 組織法則

在 20 世紀初各學派中，對知覺心理學研究貢獻最大的是完形學派，完形學派心理學家，經由研究發現，個體在面對刺激情境而獲得感覺訊息時，在心理上不自覺地按不學而能的法則，將之加以組織，從而獲得有意義的知覺經驗。此等心理法則稱為**完形組織法則** (Gestalt laws of organization)。完形心理學所提出的知覺組織法則中，以下五種是最主要的。

1. 接近法則　接近法則 (law of proximity) 是指分散性刺激的位置彼此接近時，在心理上傾向於將之組合在一起形成有意義的知覺經驗。如圖 3-14 所示的 30 個分散的黑圓點，由於其中有些彼此接近，觀察者將不自覺地將之看成是有規則的五橫行。看到分散的黑圓點是感覺經驗，看到五橫行黑圓點，則是經由接近法則組織成的知覺經驗。中國文字排版時，可排成直行，也可排成橫行。無論排成直行或橫行，必須使每行中單字之間彼此接近。否則，如書頁上各字之間間隔距離完全相等，閱讀起來勢必非常吃力。

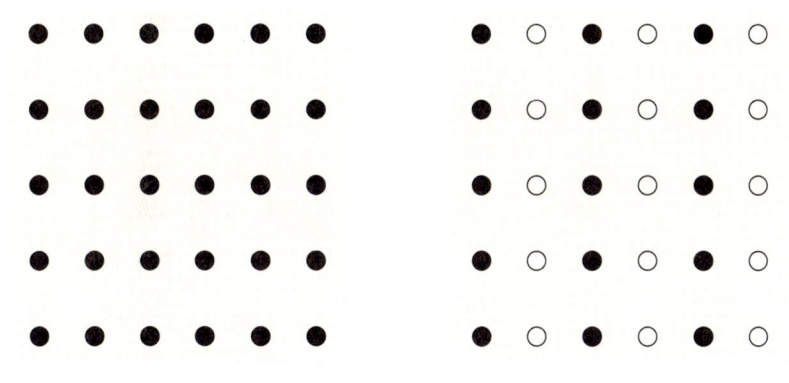

圖 3-14　接近法則示例　　　　　圖 3-15　類似法則示例

原因是不符合知覺的接近法則。

2. **類似法則**　類似法則 (law of similarity) 是指各刺激的特徵彼此類似者，在心理上傾向於不自覺地將之組合在一起形成有意義的知覺經驗。如圖 3-15 所示，30 個黑圓點和圓圈，彼此間的距離關係雖與圖 3-14 相同，但看起由原來的五橫行黑圓點，變成了三直行黑圓點和三直行圓圈。看到分散的黑圓點和圓圈是感覺經驗，看到三直行黑圓點和三直行圓圈，則是經由類似法則組織成的知覺經驗。

3. **連續法則**　連續法則 (law of continuity) 是指刺激與刺激之間具有空間 (或時間) 上連續關係者，在心理上傾向於不自覺地將其看成連續的關係。如圖 3-16 所示，兩個圓弧與一條直線相交，一般人傾向於將之看成是一條曲線和一條直線相交，而不將之看成是兩個半圓。原因是受連續法則的影響。建築和服裝設計上常運用連續法則的知覺原理，使建築物或服裝上的一些原本間斷的線條連接在一起，使人看起來產生連續性整體的知覺。

4. **閉合法則**　閉合法則 (law of closure) 是指刺激間顯示具有閉合成有形象意義者，在心理上傾向於不自覺地將之組合在一起，形成有意義的知覺經驗。圖 3-17 所示，乍看之下只是一些不規則的墨漬，但一般都會毫無困難地將之看成是乘馬的騎士。看到不規則的墨漬是感覺到的刺激的客觀特徵，看見馬上的騎士則是經閉合法則形成的主觀知覺經驗。藝術家經常運用閉合法則作畫，將一些看似不規則的色彩塗抹在一起，使人由之產生有意義形象的知覺。

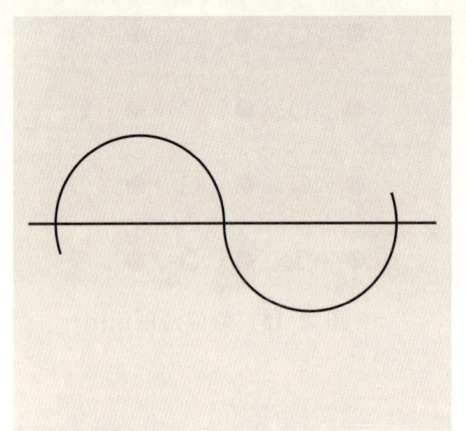

圖 3-16　連續法則示例　　　　圖 3-17　閉合法則示例

5. 整體法則　　整體法則 (law of Prägnanz) 是指面對刺激情境時，個體在心理上傾向於忽略感覺經驗到的零碎部分資料，而從資料形成的整體特徵去組織成完整性知覺。完形心理學家所主張的"整體不等於部分之和"，強調的正是整體法則。如圖 3-18 左圖所示，雖然圖形中各部分刺激各自分散，彼此不相連接，但一般人毫無困難地可以看出是一個白色三角形覆蓋

圖 3-18　整體法則示例（主觀輪廓）

了另一個三角形和三個黑色圓形。右圖有同樣效果,零碎的刺激組織起來被看成是重疊的圓形、十字形和正方形。見到圖形中的零碎片段是感覺到的刺激客觀特徵,看見完整的三角形和圓形,則是經由整體法則組織形成的主觀知覺經驗。在此情境之下,由於圖形中並沒有客觀的明顯輪廓供人產生整體知覺,圖形的輪廓只是個體的主觀心理作用,故而稱此種現象為**主觀輪廓** (subjective contour)。

(二) 形象與背景

形象與背景 (figure-ground) 指由形象與其背景兩部分的相依關係而獲得的知覺經驗。白紙上的黑字或圖畫,字與圖畫是形象,白紙就是背景;紅花綠葉,紅花是形象,綠葉就是背景。在一般情形中,形象與背景兩者都明確肯定時,所得到的知覺也會明確肯定。但有時形象與背景之間雖然界限分明,但得到的知覺卻不明確。如圖 3-19 中的左右兩圖都是著名的例子。左圖中的黑白兩部分,均皆既可看成形象,也可看成背景,惟被看成形象的部

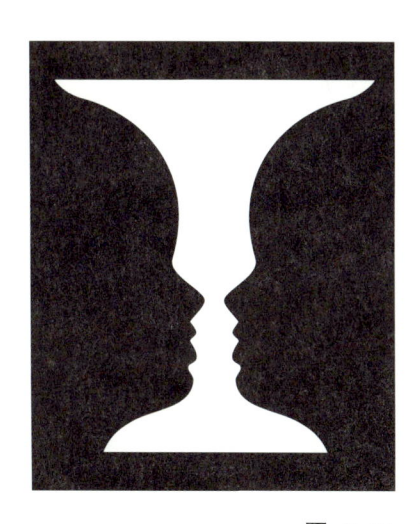

圖 3-19 形象與背景
此二圖是完形心理學家用來解釋知覺完形概念的主要圖形之一。形象雖為知覺之主體,但必須有背景,才能襯托出形象,故而形象與背景是並存的,是整體的。

分（可將白色部分看成花瓶，或將黑色部分看成相對的兩個面孔），形象就顯得向前突出。右圖是由黑白對比的背景襯托出一個灰色圓環圖形。此圖有兩個特徵；其一是整體觀察時圓環的灰色一致；其二是如用一支鉛筆置於黑白背景分界處。就會發現圓環上下兩半的灰色大不相同。這現象說明了知覺組織的整體性。

(三) 知覺常性

知覺常性 (perceptual constancy)，指因環境改變致使刺激的特徵隨之改變時，縱使刺激引起網膜上的映象也隨之改變，而個體對原刺激所得到的知覺仍然保持不變的傾向。由知覺常性現象，足可說明知覺與感覺的不同。知覺常性多表現在視知覺方面，主要有以下幾種：

1. 大小常性 (size constancy) 指憑知覺對物體大小作判斷時，有根據經驗而不根據物體遠近在網膜上映象大小變化的心理傾向。根據網膜映象的原理，物體愈遠，映象愈小；遠處一匹馬的映象雖然比近處一隻狗的映象為小，但個體所知覺到的，卻仍然是馬大於狗。

2. 形狀常性 (shape constancy) 指對物體形狀的知覺，不因觀察角度不同而改變原來形狀的心理傾向。從一扇門的正面看，它是長方形，從門開一半的斜方向看，即使網膜上的映象是梯形，但個體仍然知其為長方形。

3. 顏色常性 (color constancy) 指物體所處環境改變時，不因該物體反光程度的改變而影響顏色知覺的心理傾向。顏色感覺本係由光波長短所決定，但顏色知覺卻有所不同；一張紅色的紙無論置於白色或黃色燈光之下，個體仍然知道它是紅色。

4. 明度常性 (brightness constancy) 指在不因物體明度的改變而影響對該物所得知覺的心理傾向。一支白色粉筆，置於日光下或陰暗處，其所反射的光量雖大不相同，但個體仍然知道兩種情境下的粉筆都是白色。

二、深度知覺

深度知覺 (depth perception) 是指憑眼睛對外在世界所獲得的遠近與

立體感的知覺。深度知覺主要以視感覺為基礎，惟視覺器官眼睛的視網膜是平面的，並沒有職司深度知覺的神經組織。因此憑視感覺而獲得深度知覺，絕不是生理作用，而純粹是心理現象。根據心理學家多年的研究，咸認深度知覺的獲得主要是靠兩種線索：

(一) 單眼線索

所謂**單眼線索** (monocular cue)，是指單靠一隻眼睛即可得到物體遠近或是否立體的知覺線索。構成單眼線索的條件很多，主要有以下幾種：

1. 大小線索　大小線索 (size cue) 指以物體在視網膜上的映象為線索所形成的深度知覺。在目視同類物體時，視網膜映象愈大者，即判斷該物體的位置愈近。同樣的兩個茶杯，看起來較小者，即知其距離較遠。

2. 直線透視　直線透視 (linear perspective) 指視野中物體之形象具有平行線特徵者 (如鐵軌或街道)，看起來兩平行線漸趨接近 (甚至有相交趨勢) 的一端，就知道那是遠的一端。藝術家作畫時常運用透視原理，藉以顯示畫內景物的遠近。

3. 結構級差　結構級差 (texture gradient) 是指視野中物體具有層級結構 (如台階或山坡) 者，層級紋路較明顯和層級間距離較稀疏者，看起來較近。

4. 大氣透視　大氣透視 (atmospheric perspective) 指同一大氣中目視不同物體的距離以比較其遠近時，所見到的物體輪廓愈清晰者，即判斷其距離愈近。

5. 重疊　重疊 (interposition) 指視野中兩種 (或多種) 物體有一部分重疊時，對因重疊而不能見其全貌的物體，即判斷其距離較遠。藝術家作畫時常運用重疊原理，藉以顯出山巒重疊的遠近效果。

6. 高度線索　高度線索 (height cue) 指視野中物體的位置接近視野之下沿者，即判斷其距離較近，較近視野之上沿者，即判斷其距離較遠。藝術家作畫時都是採用此一原理，將遠的景物畫在畫紙的上沿 (如月亮)。

7. 運動視差　運動視差 (motion parallax) 指因視野中物體移動或觀

察者自身移動而產生視覺差異，從而判斷物體遠近的單眼線索。運動視差在兩種情況下發生：(1) 觀察者自身不動而目視物體在視野中橫向移動時，感覺到移動較快物體，即判斷其距離較近，感覺到移動較慢物體，即判斷其距離較遠。低空掠過的飛機感覺速度較快，故判斷其距離較近；高空中的飛機感覺到速度較慢，故而判斷其距離較遠（飛機快慢感覺係因視網膜上映象橫向移動而產生，與飛機實際速度無關）；(2) 物體不動而觀察者移動時，因身體移動（如坐在車上）而看到不同物體時，會感覺到遠處物與自身同方向移動，近處物體與自身反方向移動。根據此一線索，即可判斷物體的遠近。

8. 調節 調節 (accommodation) 指眼球**水晶體**周圍的**睫狀肌**，在注視遠近不同物體時，因調節水晶體凸度以便在視網膜上形成清楚映象，從而獲得深度知覺的生理與心理歷程。因為視遠物時水晶體變為扁平，視近物時變為凸出；平凸的變化即為調節作用（見圖 3-3 眼睛的構造）。水晶體的調節作用，可發生在兩隻眼睛，也可發生在一隻眼睛。

(二) 雙眼線索

雙眼線索 (binocular cue) 是指由兩眼觀看同一物體時，因兩眼的協調運作所獲致的深度知覺。根據兩眼合作判斷物體遠近時，主要是靠雙眼像差作為線索。**雙眼像差**（binocular disparity) 是指兩眼看一立體物體時，因兩眼視線角度稍異而在視網膜上形成兩個稍異映象的現象。個體根據此稍異映象即可判斷所看到的是立體物體。因此，雙眼像差是構成深度知覺的雙眼線索。驗證雙眼像差用的實驗工具稱為**實體鏡** (stereoscope) （圖 3-20）。實體鏡的主要作用是，按兩眼視線角度不同而形成兩個映象的原理，拍製兩張內容近似的照片，然後置於透鏡前的適當距離，兩眼經過透鏡的折光作用，即可看到兩圖合而為一的現象。像此種網膜出現兩個映象而知覺卻是單一完整物體的現象，稱為**雙眼視象融合** (binocular fusion)。立體電影就是根據雙眼視象融合原理拍製的。

圖 3-20　實體鏡
實體鏡係由美國醫師霍姆斯 (Oliver Wendell Holmes, 1809～1894) 1861 年發明。後來成為實驗心理學家用來研究深度知覺的儀器之一。

三、運動知覺

運動知覺 (motion perception)，是指個體對環境中物體位置的移動所產生的一種視知覺。運動知覺是心理現象；運動知覺心理現象的產生，並不完全以視網膜上的映象為根據。運動知覺的心理現象有三種情形：

(一) 真動知覺

真動知覺 (real motion perception)，是指由物體實際移動所產生的運動知覺。真動知覺包括三種現象：

1. 在頭不搖眼不動的情形之下，由物體本身移動而造成視網膜上的映象移動，因而對物體產生運動知覺。這是最普通的現象。

2. 物體移動視線也跟著移動時，雖然視網膜上映象的位置沒有移動，但事實上也會產生對該物體的運動知覺。例如仰頭看飛機時，即使採用"目迎目送"的方式去看，也會覺得飛機在快速地飛行。然而視網膜上映象不動何以會產生運動知覺？生理心理學家的解釋是，在此種情形下，大腦據以判斷物體移動的訊息不是視網膜上的神經細胞，而是從頭部和眼睛的活動所得到的**回饋**所致。

3. 物體本身不動而頭部和眼睛轉動時，雖然視網膜上映象的位置也因之移動，但對該物體所獲得運動知覺，卻仍然是靜止不動。形成此種現象的原因，與上述第二點相同。

(二) 似動知覺

所謂**似動知覺**(apparent motion perception)，是指個體的運動知覺並非因物體實際移動而產生。換言之，似動知覺是在物體靜止時所產生的一種運動知覺心理現象。似動知覺的產生，乃是由於物體本身具有**似動**(apparent motion) 的特徵。似動知覺也是在視網膜位置並不移動的情形下產生的。最典型的似動現象是，在昏暗房間內安裝兩個相隔 10 公分的燈泡，然後控制兩個燈泡，使之以每隔約 20 分之一秒的時間相繼一明一滅，此時將會產生兩燈跳來跳去的運動知覺。像此種物體本身並未移動而只是引起知覺的刺激連續交替出現所形成的運動知覺現象，稱為 ϕ **現象** (phi phenomenon)，也稱**動景現象** (stroboscope phenomenon)。似動現象係由完形學派創始人韋特海默 (見圖 1-4) 在 1910 年發現。後來電視的卡通與電影電視的製作，都是採用了似動知覺的原理。

(三) 誘動知覺

誘動知覺 (induced motion perception)，是指某靜止物體因受其他物體移動而使人對該靜止物體產生運動知覺的心理現象。最典型的誘動知覺現象是，在暗室內的牆壁上出現一個靜止不動的光點，而後在光點之周圍出現由光線形成的方框，並來回移動。此時所得的運動知覺將是，方框靜止而光點則向方框移動的反方向移動。在日常生活中，最常見到的誘動知覺現象是天空浮雲移動時，反而覺得浮雲未動，而浮雲後的月亮卻在向浮雲移動的反方向移動。

四、錯　覺

根據以上知覺組織、深度知覺以及運動知覺的討論可知，個體面對眼前物體憑感官所獲得的視知覺經驗，是相當主觀的，甚至有時是相當失真的。像此種知覺經驗與引起此知覺的刺激本身所具客觀特徵不相符的現象，即稱為**錯覺** (illusion)。前文中所提到的**主觀輪廓** (圖 3-18)、**形象與背景**（圖 3-19) 等，事實上均屬錯覺現象。在日常生活中不乏視錯覺的事例，筷子插入水中看起來像是彎的，水平望月與舉頭望月時兩者面積大不相同。事實上，錯覺現象並不限於視知覺（註 3-2)，只是多年來心理學家們對錯覺的研究多以視錯覺為主題。以下試從兩個方面分析討論有關視錯覺的問題。

（一）　錯覺現象

多年來心理學家們對視錯覺的研究，一般都採用圖形為題材。就圖形所引起的錯覺看，主要有以下三類錯覺現象：

1. 固定圖形錯覺　此類圖形錯覺的特徵是圖形固定，而且從客觀的標準看，圖形中線條所表達的圖意都是合理而正確的。然而觀察者由之所得的主觀知覺經驗，卻肯定認為是錯誤的。圖 3-21 中的四個圖形就是最典型的例子。圖 A 為**橫豎錯覺** (horizontal-vertical illusion)，圖中橫豎兩條直線長度相等，但看起來橫線較短；若將豎線減少 20%～30%，才會使受試者相信兩線相等。圖 B 為**繆勒-萊爾錯覺** (Müller-Lyer illusion)，圖中的兩條橫線等長，但看起來下邊分叉線向外的橫線較之上邊分叉線向內的橫線

註 3-2：除視錯覺之外，在日常生活中常見的錯覺至少有三種：(1) **溫度錯覺** (temperature illusion)：同是一盆溫水，如從冷水中的手放入時覺得熱，如從熱水中的手放入時反而覺得冷。(2) **聽錯覺** (auditory illusion)：在大禮堂聽講時，雖覺得聲音來自演講者口中，事實上聲音來自擴音器。(3) **重量錯覺** (weight illusion)：手提一公斤鐵沙和一公斤棉花時，雖兩者重量相等，但仍然覺得鐵沙較重。

A 橫豎錯覺　　B 繆勒-萊爾錯覺

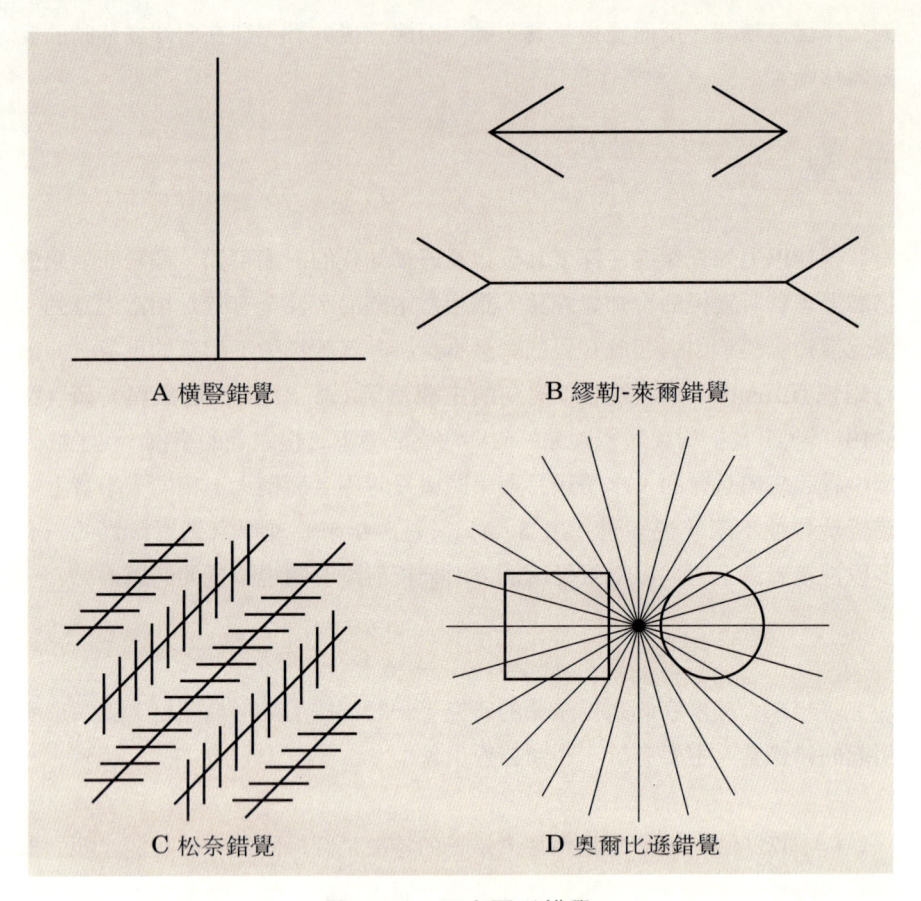

C 松奈錯覺　　D 奧爾比遜錯覺

圖 3-21　固定圖形錯覺

長出很多（一般人肉眼估計長出 25%）。圖 C 為**松奈錯覺** (Zöllner illusion)，圖中是五條長度不等而等距離的平行斜線，當與其他短線交叉後，則顯得既不等距也不平行。圖 D 為**奧爾比遜錯覺** (Orbison illusion)，圖中原本是正方與正圓兩個圖形，但與放射形的線條交錯後，看起來則方者不方，圓者不圓。

2. 曖昧圖形錯覺　曖昧圖形 (ambiguous figure)，指引起知覺經驗的圖形，看起來圖形意義極不穩定。圖形本身線條間的關係雖然固定，但觀察者所得的知覺經驗卻是曖昧不清。曖昧不定的現象是，同一圖形會使人產生兩種不同知覺的可能。惟兩種知覺不能並存，如確認其中之一，另一種知覺就必須予以否定，而且兩種互不相容的知覺經驗是隨時轉換的，故而也稱**可逆圖形** (reversible figure)。圖 3-22 的 A B 兩個圖形就是明顯的例子。圖 A 是一個透明的立方體，稱為**奈克爾立方體** (Necker cube)。方體中 1 與 2 代表方體兩個相對的直角。讀者如注視此圖數秒鐘之後，就會發現有時角 1 的距離近，角 2 的距離遠，但忽然又變為角 2 近，角 1 遠的相反景象。圖 B 看起來像是一個橫放而帶有黑色環紋的圓筒，稱為**曖昧筒** (ambiguous tube)。圓筒開口方向給人的知覺是左右不定；有時覺得它的開口向左，有時覺得它的開口向右。隨開口方向的不定，所以也覺得桶身的內外兩面也隨時轉換；而且在看到桶身內外轉換時，也會覺得它的明度也隨之改變。

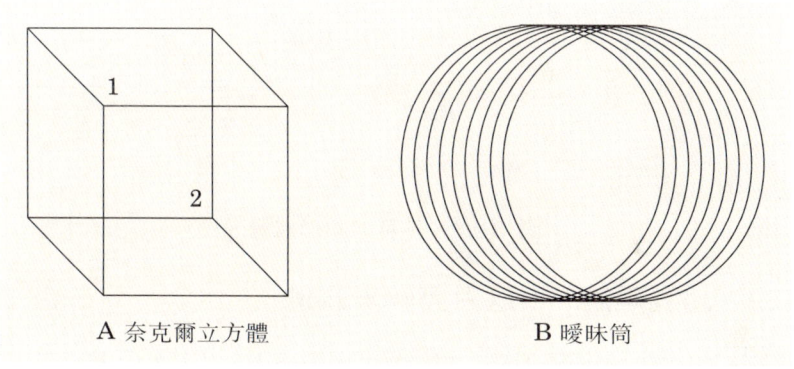

A 奈克爾立方體　　　　　　B 曖昧筒

圖 3-22　可逆圖形錯覺

3. 不可能圖形錯覺　　所謂**不可能圖形** (impossible figure)，是指心理學家和藝術家根據錯覺原理，所繪製的乍看似圖形，但細看則屬不可能存在的圖形。前文討論知覺組織時，曾提到**整體法則**是形象知覺的特徵之一。如果一個圖形的各部分合在一起時看不出它的整體性，該種圖形在乍看之下雖顯示某種意義，但細看之後因與整體法則不符，最後終將發現它是在不合理情形下繪製的一個不可能形成完整知覺的圖形。圖 3-23 中的三圖均屬不合理圖形引起的不可能圖形錯覺的例子。A，B，C 三個圖形的共同特點是用平面圖表達立體圖形的意義。但如將各圖分別作整體觀察，就會發現都是不可能圖形。

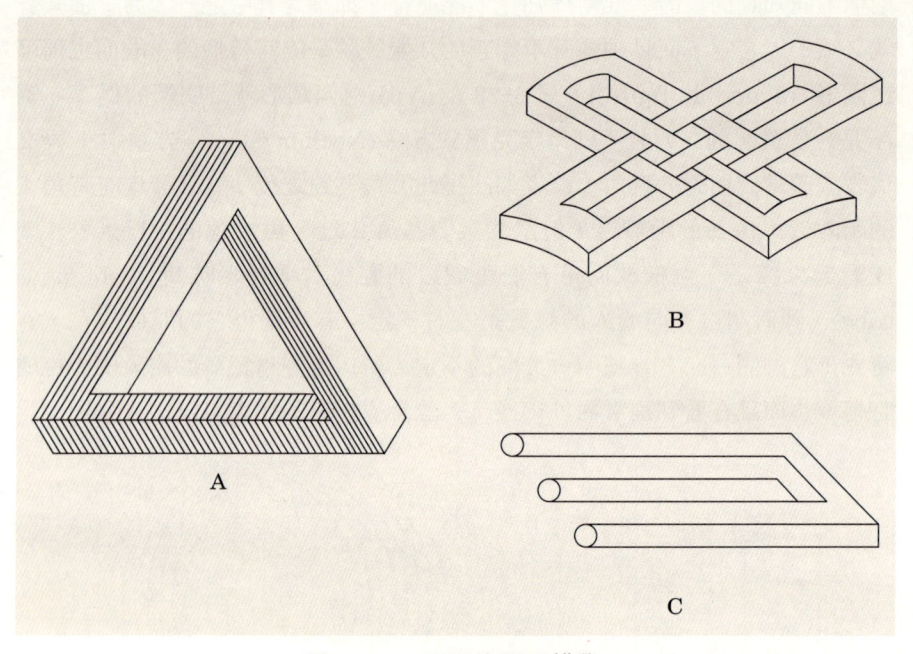

圖 3-23　不可能圖形錯覺

(二) 錯覺理論——以月亮錯覺為例

　　由前文介紹的多種圖形看，視錯覺的現象是十分明顯的。甚至可以說，錯覺現象是知覺的正常現象；假如有人面對圖 3-21 中各種錯覺圖形時不能產生錯覺經驗，他的知覺反而是不正常的。問題是，像此等任何人都會經驗到的錯覺現象應如何解釋？對此一問題在心理學上並沒有肯定的答案。心理學家們對此問題的唯一共識是，視錯覺的產生並非感覺器官的生理作用，而完全起因於知覺的主觀心理判斷。以圖 3-21 中的 A 圖為例，橫豎兩條直線在**視網膜**上形成的映象是等長的，**視神經傳入大腦視覺區**的訊息自然也是等長的。根據線段等長的訊息而做出不等長判斷的心理歷程，多年來心理學界迄無肯定的理論。以幾千年前即發現的月亮錯覺為例，就有多種不同理論解釋。**月亮錯覺** (moon illusion) 的明顯特徵是，雖然接近地面的圓月和當空的圓月面積相等，而且在視網膜上形成的映象也大小相同，但一般人總是覺得接近地面時月亮較大。心理學家早就發現，一般人判斷接近地面的月亮較之當空月亮的面積要大出 30%～50%。月亮錯覺的現象雖至為明顯，但對於形成錯覺的原因，一直沒有眾皆共識的理論。多年來在心理學上對月亮錯覺的解釋，最具代表性的有以下兩種理論：

1. 表面差距假說　**表面差距假說** (apparent distance hypothesis) 是美國心理學家考夫曼等人 1962 年提出的月亮錯覺理論 (Kaufman, et al., 1962)。此一假說的基本要義是，當遠近不同的兩個物體在視網膜上構成的映象大小相同時，就會根據經驗判斷遠者較大，近者較小 (遠處的牛和近處的羊看來一樣高時，卻知牛比羊大)。月亮接近地面時，由於地面上有很多東西，於是在心理上就會覺得它比在當空時較遠。根據遠者較大近者較小的心理原則，自然就會判斷當空的月亮較小。

2. 相對體積假說　**相對體積假說** (relative size hypothesis) 是美國心理學家利斯特里 1970 年提出的月亮錯覺理論 (Restle, 1970)。此一假說的基本要義是，人所見到物體體積的大小，並不完全以視網膜上映象為根據，而是同時參照物體周圍環境中其他物體而後做出的判斷。在參照物體周圍環境時，除其他附近物體之外，物體本身所在地周圍的空間，也是重要參照標準。月亮接近地面時，其周圍空間小，周圍空間小就相對地顯得月亮特別大 (形成對比)。月亮當空時，因為周圍空間大，相對地就顯得月亮體積較小。

第五節　超感知覺

心理學上研究的知覺，無論是視知覺或其他知覺，都是以感覺器官所得的感覺為基礎的。即使知覺經驗中有失實的錯覺現象，錯覺也是以感覺為基礎的。以感覺為基礎研究知覺現象，是科學心理學誕生以來一向採取的研究取向。但在科學心理學誕生前和誕生後，很多人對知覺現象卻一直存有另外的想法；認為人類可能有某些特殊潛能，不需經由感覺器官去收集訊息，即可獲得知覺經驗；甚至不需身體接觸，即可憑精神力量移動環境中的物體。歷來的預言家、星象家、占卜家，無不宣稱他們具有此種特異功能。在科學心理學發展初期，一般心理學家對此種想法是持否定態度的。晚近的心理學界，逐漸改變態度對此事持包容的看法；甚至有些心理學家已開始嘗試採用科學方法研究此類問題。此即以下要介紹的心靈學研究。

一、心靈學研究的主題

心靈學(或心理玄學) (parapsychology)，指對人類如何單憑精神或心靈活動即有效支配其行為的研究。心靈學的特點是不遵循自然科學法則，不承認傳統科學心理學一向主張心理現象以生理歷程為基礎的看法。心靈學的研究主要是從以下兩方面去探討人類的四種**心靈現象** (psi phenomena)。

(一) 超感知覺

超感知覺 (extrasensory perception，簡稱 ESP)，指不以感覺器官為基礎即能獲得知覺的心理現象。超感知覺研究主要包括以下三方面：

1. 心電感應 心電感應 (或傳心術) (telepathy) 指兩人之間不經由任何溝通工具或交流管道就能夠彼此傳達訊息的過程。例如，在兩人互不見面的情況下 (如兩人之間隔以布幔)，其中一人在一邊用心注視一張繪有圖形的卡片，另一人在布幔的對邊靜坐；靜坐者如果能夠知道對方所注視的是何種圖形，就可據以推論，他們之間確有心電感應 (見後述實驗研究)。

2. 超感視覺 超感視覺 (或靈覺) (clairvoyance)，俗稱"千里眼"，是一種不靠眼睛即可看到物體的特異功能。如對未啟封的錢袋能"看到"袋裏的錢數；未翻開的樸克牌能"看到"牌面的圖形，即表示具有超感視覺特異功能。

3. 預知 預知 (precognition) 指在別人意見尚未表達之前即已預知，或事件尚未發生之前即可預卜的超人能力。例如，電話鈴響起時，未拿起聽筒之前即預知對方是何人。

(二) 心靈致動

心靈致動 (psychokinesis，簡稱 PK) 是一種不直接動用手腳，不使用任何工具，單憑心理作用或意志，即可使物體移動的特異功能。中國武俠小說中所謂運氣退敵的說法，大概就是心靈致動術的運用。在以實驗心理學的方法驗證心靈致動時，可讓表演者當場運氣以支配轉動的骰子，使之出現他指定的點數；或在相當距離外只憑手勢即可翻開電話簿中所指定的頁碼。

二、超感知覺的實驗研究

多年來心理學家對心靈學的研究，主要集中於超感知覺方面。以下簡略介紹此類研究的大概情形。

在心理學上，最早採用實驗法研究超感知覺者，為美國杜克大學教授萊茵 (Joseph Banks Rhine, 1895～1980)。萊茵採用了一付包括五組圖形不同的卡片，如圖 3-24 所示，每組卡片各 5 張，全套合計 25 張。實驗開始時，有兩位受試者對面而坐，中間隔以布幔，彼此間不通訊息，也看不到對方的動作和表情。進行時，每人面前各放置一付卡片，先讓此方受試以隨機方式抽出一張卡片，並注視之 (視為心靈發送者)，然後將卡片反面向上置於桌上，接著要求彼方受試者 (視為心靈收受者)憑其直覺指出該張卡片上的圖形。如指認正確，即表示兩受試者之間有心電感應。

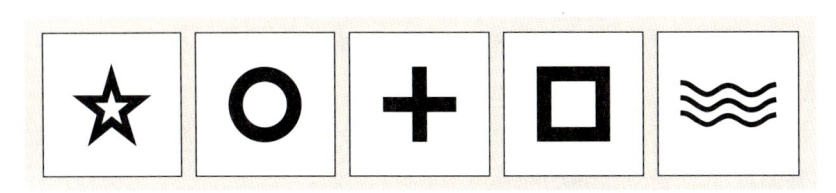

圖 3-24　超感知覺實驗用卡片

按上述程序實驗時，受試者如毫無心電感應能力，純屬猜測答對的機會是 1/5，即 25 張卡片中可能猜對 5 張。如按機率計算，即猜中的機率是 20%。萊茵根據其本人以及其他學者的實驗研究，共收集到了數以萬計的研究結果。在 1934 年出版的《超感知覺》一書中，萊茵指出數萬受試者總平均得分是 7.1 (Rhine, 1934)。換言之，在超感知覺實驗法情境下，受試者答對的機率是 28.4%，遠比猜中的機率 20% 高出很多。也就是說，人類的超感知覺能力很可能是存在的。因此，即使超感知覺研究不能像一般知覺實驗那樣，有刺激就會有反應，以致無法根據少數受試的反應得到驗證，但從大量實驗資料的統計數字看，心理學家不否定此類研究在科學心理學上仍有研究價值。至於要問：何以人類會有此等超感知覺能力？在科學心理學上迄今尚未找到合於科學法則的解釋。

本 章 摘 要

1. **感覺**與**知覺**不同，前者是感官接受外在刺激而產生的以生理歷程為基礎的心理歷程，後者是個體進一步對感覺到的訊息加以選擇、組織及解釋的純心理歷程。
2. 單一刺激引起感覺時所需要的最低刺激強度，稱為**絕對閾限**。
3. 辨別兩刺激間的差異時所需要之兩刺激最低差異量，稱為**差別閾限**。
4. **韋伯定律**的要義是，差別閾限之變化與標準刺激之間在強度上保持一定比例的關係。
5. **視網膜**是眼睛的最重要部分，視網膜上的**桿細胞**與**錐細胞**，分別產生視覺訊息的收受與傳導功能。
6. 引起視覺的刺激是光波，惟在整個光譜中，人類眼睛所能見及的光波，只限於 400 nm 至 700 nm 範圍之內。
7. 色覺刺激的三種物理屬性是波長、強度和純度。色覺刺激的三種心理屬性是**色調**、**明度**和**飽和度**。
8. 兩種不同頻率的光相混之後所得的色覺,稱為**顏色混合**;兩種顏色相混後成為灰色的現象,稱為**補色**。
9. 解釋色覺現象的理論有二,一為**揚-赫爾姆霍茨三色論**,一為**色覺相對歷程論**。
10. 聽覺刺激的三種物理屬性是**頻率**、**振幅**和**複雜度**,聽覺刺激的三種心理屬性是**音調**、**音強**和**音色**。
11. 解釋**音調知覺**的理論有二,一為**部位論**,一為**頻率論**。
12. **聲源定向**的線索有二,一為**單耳線索**,一為**雙耳線索**。
13. **完形組織法則**中包括**接近法則**、**類似法則**、**連續法則**、**閉合法則**、**整體法則**等。
14. **知覺常性**中包括**大小常性**、**形狀常性**、**顏色常性**、**明度常性**等。
15. 獲致**深度知覺**的線索有二,一為**單眼線索**,一為**雙眼線索**。
16. **運動知覺**中包括**真動知覺**、**似動知覺**、**誘動知覺**。
17. **錯覺**是知覺經驗與感覺訊息不符合的心理現象。心理學上研究的錯覺素以視錯覺為主;視錯覺主要分為三類:(1) 固定圖形錯覺;(2) 曖昧圖形錯覺;(3) 不可能圖形錯覺。錯覺現象雖甚為明顯,但形成錯覺的原因不易解釋。
18. **超感知覺**指不以感覺器官為基礎的知覺現象。超感知覺包括:(1) **心電感應**;(2) **超感視覺**;(3) **預知**。

建議參考資料

1. 朱　瀅 (主編) (2000):實驗心理學。北京市:北京大學出版社。
2. 李中鐘 (譯,1988):錯覺心理學。台北市:大將書局。
3. 奚明遠 (譯,1982):第六感。台北市:黎明文化事業公司。

4. 楊治良 (1997)：實驗心理學。台北市：東華書局 (繁體字版)。杭州市：浙江教育出版社 (簡體字版)。

5. 羅德望 (譯，1987)：視覺心理學。台北市：五洲出版社。

6. Bem, D. & Honorton, C. (1994). Does psi exist? Replicable evidence for an anomalous process of information transfer. *Psychological Bulletin*, 115, 4~18.

7. Coren, S., Ward, L. M., & Enns, J. T. (1999). *Sensation and perception* (5th ed.). Fort Worth: Harcourt Brace.

8. Gregory, R. I. (1997). *Eye and brain* (5th ed.). New York: Wold University Library.

9. Gross, R. (1999). *Psychology: The science of mind and behavior* (3rd ed.). London: Arnold.

10. Hershenson, M. (1998). *Visual space perception: A primer*. Boston: MIT Press.

11. Moore, B. C. J. (1997). *An introduction to the psychology of hearing* (4th ed.). San Diago: Academic Press.

12. Schiffman, H. R. (1997). *Sensation and perception: An integrated approach* (3rd ed.). New York: Wiley.

第四章

意識狀態

本章內容細目

第一節　意識的性質與特徵
一、意識的定義及其主要心理作用　127
　（一）意識的定義
　（二）意識的心理作用
二、意識的不同狀態　129
　（一）下意識
　（二）無意識
　（三）潛意識
　（四）前意識

補充討論 4-1：白日夢

第二節　不同意識狀態的自然變化
一、意識狀態變化的周期性　132
　（一）身體時鐘與工作時間的適應
　（二）睡眠的必要性與普遍性

補充討論 4-2：睡眠失常

　（三）睡眠生理心理的腦電波研究
二、夢的心理學研究　140
　（一）夢的潛意識活動論
　（二）夢的知覺組織論

第三節　意識狀態的有效控制
一、生理回饋　143
　（一）生理回饋的基本原理
　（二）生理回饋的實際應用

二、催　眠　145
　（一）催眠術的由來
　（二）催眠誘導與暗示
　（三）催眠感受性
　（四）催眠的效應
　（五）催眠理論
三、靜　坐　151
　（一）靜坐的要義
　（二）入靜的方法
　（三）靜坐的效應

第四節　改變意識狀態的藥物效應
一、精神藥物的共同特徵　157
　（一）藥物成癮
　（二）藥物依賴
二、抑制劑　158
　（一）酒　精
　（二）麻醉劑
三、興奮劑　159
　（一）安非他命
　（二）可卡因
四、致幻劑　160
　（一）迷幻藥
　（二）大　麻

本章摘要

建議參考資料

從19世紀末科學心理學誕生以來，在心理學思想上曾有過多次重大改變，改變的核心問題之一就是"意識"。德國心理學家馮特1879年在萊比錫大學首創心理實驗室，嘗試以科學方法分析研究意識內容的結構，是為**結構主義**，形成了科學心理學發展初期的第一個學派。結構主義採用意識取代了以前哲學心理學時代的靈魂或心靈，旨在用意識表徵"心理"，用以顯示心理學的科學性。稍後，美國的**功能主義**興起，反對結構主義的靜態意識內容分析取向，改而主張心理學應研究動態意識歷程的功能。迨至20世紀20年代，**行為主義**心理學思想興起，認為意識是主觀的；以主觀的意識做為心理學的研究題材，嚴重違反科學的客觀原則，因而大力主張心理學的任務，只限於研究可觀察與測量的外顯行為。因此，在20至60年代期間，"心理學是研究個體行為的科學"成為心理學的定義後，一向被視為心理學核心主題的意識，即遭到從心理學領域內"驅逐出境"的命運。行為主義所堅持的此種純科學化的心理學研究取向，被稱為"行為革命"。

　　行為主義所堅持的心理學只限於研究外顯行為的取向，到了20世紀60年代**認知心理學**興起後，逐漸失卻影響力。認知心理學所強調的"知之歷程"研究取向中，舉凡記憶、理解、推理、思維等內在心理活動，在性質上相當於當年意識主題的內容。因此，從60年代以後，曾一度被放逐的意識，又復返回現代心理學的領域。至此，心理學的定義也隨之改為"心理學是研究行為與心理歷程的科學"。

　　現代心理學中意識一詞涉及的範圍甚廣。單以本書內容而言，前章討論的感覺與知覺，可視為意識的基礎，後面五、六、七各章有關學習、記憶、思維等主題，可視為意識的運作。本章所討論者，只限於意識的基本概念及各種意識狀態。希望讀者研讀本章之後能對意識問題獲得以下幾點認識：

1. 了解意識的性質及其特徵。
2. 了解意識狀態的自然變化。
3. 了解現代心理學上對睡眠與作夢的研究。
4. 了解改變意識狀態的可行而有益的方法。
5. 了解使用藥物改變意識狀態的不良後果。

第一節　意識的性質與特徵

基於前文的說明，可知日常生活中的一切活動，都與意識有密切關係。由於本章內容並不涉及意識主題的全部，故而在本章之初先行說明意識的性質及有關的重要心理作用。接下去再進一步討論意識狀態變化的問題。

一、意識的定義及其主要心理作用

（一）意識的定義

要說明意識的性質，最理想的作法是對意識一詞下一個定義。綜合心理學家們對意識所下的不同定義，本書對意識的界定是：**意識** (consciousness) 是一種覺醒的心理或精神狀態；在此狀態下，個體不僅對自己身體所處環境中的一切刺激，經由感覺與知覺而有所覺知，而且對自己心理上所記憶、理解、思維、想像、憂慮以及計畫或進行中的行為活動，也有所了解。換言之，意識就是個體心身合一對內外世界有所了解並隨時做出適當行為反應的複雜內在歷程。

上述定義說明了意識的三點特徵：(1) 意識是經由感覺與知覺對環境中刺激的了解所引起。例如，看見街頭車禍學童受傷，會使人產生交通安全意識；聽到工廠廢水傷害農作物的消息，會使人產生環保意識。(2) 意識的主要成分是認知，個體不但知道環境中刺激所代表的意義，而且也知道自己當時在刺激情境下所想的與所做的一切。例如，考生面對試卷時，試卷上的題目是刺激，會做那一題或先做那一題的抉擇，完全決定於當時的意識。(3) 意識中除認知成分外也含有情緒與動機；前者指個體對刺激情境的喜好或憂慮，後者指個體心理上有準備採取行動的內在傾向。例如，某地區因社會動亂政府治安失效時，當地居民難免產生帶有情緒的憂患意識。如憂患意識久久不能排除，就會引致他們遷居他處的動機。

(二) 意識的心理作用

本書之所以採用上述定義，原因是如此界定意識才符合現代心理學研究意識的新趨勢。如按一般"意識是個體對自己身心狀態的了解"的說法，只能表明意識的性質，不能表明意識的作用。根據現代認知心理學家的看法，在個體行為與心理歷程中，意識具有以下兩大作用 (Kihlstorm, 1984)：

1. 意識的檢選作用 意識的檢選作用，是指在意識狀態下個體對環境中的刺激，並非是全部收受的。人的眼睛不同於照相機，人的耳朵也有異於錄音機，在刺激衆多的環境中，個體經常是先對刺激予以檢查過濾，然後選擇收受其中一部分予以處理。第三章內討論知覺的特徵時，對此點已有所說明。顯然，從衆多刺激中選擇出個人所需要的而後進一步處理的心理歷程，就是意識的重要作用。現代認知心理學中的**訊息處理論**(見第六章第二節)，對人類在環境中對刺激的處理，即視為個體在意識狀態下對刺激檢查選擇的歷程。在意識發揮檢選作用時，刺激變化引起個體注意是主要原因。例如，坐在有空調設備房間內連續看書幾個小時，很可能意識不到冷氣機運作的輕微噪音。如此時電燈未熄而冷氣機的聲音忽然停止，突如其來的安靜，會使你意識到冷氣機的機件出了問題。當然，引起個體注意的原因未必全是外在刺激，身體內部的刺激也會引起個體注意從而產生意識。例如，在連續工作幾個小時後如覺得口腔乾燥，就會意識到有找杯飲料來解渴的必要。

2. 意識的控制作用 意識的控制作用分為兩方面：其一是控制支配自己的思想行動，其二是控制意識使其狀態產生改變。在此先以進圖書館借書為例，對於第一方面的意識控制作用略為說明。從起意借書至借書到手的一切活動，完全是在個人的意識控制之下進行的。首先確定要借的是那一類書籍，這是在意識控制下的計畫階段。計畫確定後開始行動；從檢查電腦索引資料到進入書庫找到書本為止，這是在意識控制下的行動階段。假如此時發現書架上有多冊同類的書，除非你事先早就有準備，否則你必須從各書中挑選一本，這是在意識控制下的抉擇階段。在一般情形之下，個體的記憶、思維、想像、選擇、判斷等，都是在他的意識控制之下進行的心理活動。在意識狀態控制作用的第二方面，古今中外流傳很多方法，嘗試藉意識控制去改變別人或自己的意識狀態。催眠、生理回饋、靜坐等方法，都是其中最常使用的。這些留待第三節內再詳細討論。

二、意識的不同狀態

前文對意識一詞所下的定義，是指個體在完全清醒時的意識狀態而言。事實上，因個體清醒狀態程度的不同，意識狀態也隨時有起伏的變化。平常所說的**白日夢** (daydreaming)，就是個體的一種特殊意識狀態。惟在白日夢的意識狀態下，個體的意識暫時減弱了原有的檢選與控制兩種心理作用。有關白日夢意識狀態的探討，讀者可參閱補充討論 4-1。接下去就個體清醒程度的差異，列舉四種意識狀態，用以做為代表性的說明。

(一) 下意識

下意識 (或**半意識**) (subconscious) 是指個體對其內外環境中一切刺激情境不完全了解的一種精神狀態。在不同心理學的書籍中可以發現，下意識一詞有三種不同解釋：(1) 指個體當時對內外環境中刺激帶來的訊息未加注意，因而對其所感、所知、所記的一切，均未達到清晰了解的地步；如稍加注意，即很容易恢復到意識狀態。有些工作達到純熟地步，常在下意識狀態下操作進行 (如在平坦筆直而車少的路上開車)。此種不經意識的動作，在現代認知心理學上稱為**自動處理** (或**自動化加工**) (見第六章第四節)。(2) 根據**精神分析**的解釋，下意識一詞與**前意識**同義，是個體所感、所知與所記的一切，在尚未達到意識層面的一種意識狀態。關於前意識的涵義，容後再行解釋。(3) 有些學者將下意識與**潛意識**視為同一意涵。

(二) 無意識

無意識 (或**非意識**) (nonconscious) 是指個體對其內在與外在環境中一切刺激情境無所感、無所知、無所記的一種精神狀態。亦即個體對內在外在

補充討論 4–1

白　日　夢

　　白日夢是意識狀態之一，此種意識狀態是個體的心理活動暫時對外在刺激失卻檢選和控制作用。白日夢的意識狀態不能視同睡眠。

　　早期的心理學家將白日夢視同**幻想** (fantasy)，而認為幻想是逃避現實的幼稚行為。弗洛伊德在其《夢的解析》一書中即指出："快樂的人從不幻想；幻想只是失意者的行為" (Freud, 1908)。晚近心理學家對白日夢的看法已經改變；不但認為白日夢是極為普遍的現象，而且認為白日夢對日常生活利多於弊，甚至就生活適應而言，它具有積極功能。

　　先就白日夢的普遍性來看。曾有心理學家以 240 位 18～50 歲在大學求學或大學畢業者為調查對象，要他們回答"你是否經常做白日夢？"調查結果發現有 96% 的人回答是肯定的 (Singer, 1976)。像這種憑個人記憶的問卷調查也許不太可靠。另外一項實驗研究，在設計上就比較進步。該實驗研究是以大學生為實驗對象，要他們每人口袋中裝一個小型的發聲器；發出的聲音只有他在意識十分清醒時才能聽到，發聲後用手指輕按電鈕，即行停止。發聲的時間不固定，平時是兩小時內發聲三次。實驗結果發現，縱然白天學生們有十幾個小時處於非睡眠的清醒狀態，但事實上他們卻有 1/3 以上的時間是在做白日夢；因為他們對口袋中發聲器的聲音有 1/3 以上並未察覺 (Singer, 1978)。如根據此一研究結果推論，上課時如教師講授方法不夠生動有趣，有 1/3 的學生陷入"聽而不聞"的白日夢意識狀態中，算不上什麼怪事。

　　對白日夢的內容分析，晚近的心理學家一般認為白日夢主要分三種類型：(1) 痛苦型，指對工作失敗、受人屈辱以及個人無可補救缺陷等所引起的幻想；(2) 焦慮型，指對自己生活包括工作、事業、婚姻以及社會事務、缺少把握與信心因而產生無力感、不定感以及恐懼感；(3) 愉快型，對現實感到滿足，對未來方向肯定，因而充滿希望的幻想。

　　至於談到白日夢在生活上的積極功能，現代心理學家一般認為有三方面：(1) 痛苦情緒的緩衝作用，生活中遇到情緒痛苦時，幻想奇蹟出現，即使是逃避現實，仍然具有心理健康的意義；(2) 單調生活的調劑作用，諸如聽長官長篇大論的教條式訓話、上課時聽教師照本宣科的講課以及一直重復同一動作的單調工作等，在此等情境下既不能脫身，又無法集中注意，藉幻想即可打發時間；(3) 擴展思維界限以解決問題，在完全清醒時思維多半受合理知識經驗的限制，白日夢中的幻想世界是海闊天空的，你可以幻想當然之事變為不可能，也可以幻想不可能成為可能。事實上著名的文學家、藝術家、科學家的作品與發明，很多是在白日夢的意識狀態下獲得靈感的。比利時著名化學家凱庫爾 (Friedrich Kekul, 1829～1896) 研究碳氫化合物苯的環狀分子結構時，就是在白日夢中看到一條蛇咬住牠自己尾巴打轉而發明的。

環境中的一切刺激訊息，既沒有被動收受，也沒有主動處理。從第三章提到的**感覺閾限**的觀點言，外在刺激的強度在未達絕對閾限之前，個體不會對之產生感覺與知覺。在此種情境下，自然就不會產生意識。至於內在環境，個體體內由**自主神經系統**所控制的一切器官活動，諸如心臟跳動、血壓升降、內分泌運作等，對個體言之也不會產生意識。

(三) 潛意識

潛意識 (或**無意識**) (unconscious) 是精神分析學派的專門術語。按弗洛伊德的說法，人的心，其作用分為三個層次；居上層者為意識，居中層者為前意識 (見後文)，居下層者為潛意識。潛意識意指潛隱在內心深處不為個體所知的意識；不為個體自己所知，並不就是"無有"或"不存在"。弗洛伊德認為，潛意識中存在著很多欲望、衝動、痛苦記憶、想像等。潛意識中的一切，之所以不為當事人所自知，主要是由於個體刻意壓抑使之無法浮至意識層次的緣故。在個人意識層次的控制力減少時 (如在夢中)，潛意識中所存在的一切即可能浮現。其所以潛隱而不顯現，有些是因為社會規範的不許可而由個體壓抑下去的，有些是屬原始性的本能，自始就留存其中的。潛意識雖不為個體所自知，但卻影響個體的行為。按精神分析論的解釋，精神異常的主要原因就是個體的意識與潛意識之間失卻平衡所致。本詞如譯為無意識，其含義應與前條相同，但不符合弗洛伊德的原意。

(四) 前意識

前意識 (preconscious) 有兩種不同的解釋：第一種解釋來自精神分析論，指前意識是介於意識與潛意識之間的一種意識層面。潛意識層面下所壓抑的一些欲望或衝動，在浮現到意識層面之前，先經過前意識。前意識的另一種解釋來自**認知心理學**，指以前儲存在**長期記憶**中的訊息。此等訊息雖早已儲存在長期記憶之中，但在平常不使用時，個人對之並無意識；只有在必要情形下檢索使用時，才會有意識產生。例如，在我們長期記憶中，儲存著數以千計的文字符號訊息，在平常不使用時，我們並感覺不到此等訊息存放在那裏，只有在提取使用時，才會對之產生意識。此等以前學到而儲存在記憶中的意識，稱為前意識。又此等意識在性質上乃是屬於記憶，故而本詞也稱**前意識記憶** (preconscious memory)。

第二節　不同意識狀態的自然變化

凡是有經驗的教師都會覺察到，無論教師講解的內容多麼精彩有趣，只要時間一長，學生們就會因注意程度的不同而有各種意識層次；有的全神貫注意識明確，有的精神渙散只有半意識；也有的不聽不聞而進入無意識的夢境。此一現象顯示了兩個問題：其一是意識檢選作用與控制作用因人而異；其二是意識層次的變化可能具有周期性，而周期性也可能有個別差異。意識檢選與控制兩種作用，已如前文所述。接下去要討論者則是在一般人日常生活中所經驗到的兩方面意識層次變化問題。

一、意識狀態變化的周期性

在世界上不同地區晝夜的時間有很大的差異；一年四季晝夜的長短也有變化；生活在現代工商業社會的人，多半在日間活動，但也有很多人過夜生活。無分地區或行業，在人的日常生活中，人的意識層次是無法一直維持清醒不變的。人的意識狀態，除在清醒時有層次起伏變化之外，與清醒期相對的就是睡眠。清醒與睡眠間意識狀態的變化是周期性的，每隔 24 小時重復一次。在此周期中的身心變化，自然就成了心理學家有興趣研究的問題。

(一)　身體時鐘與工作時間的適應

按一般常識的看法，人類的生活活動是隨日光行事的；日出而作，日入而息。事實上，太陽只是一種重要參考線索，除太陽之外，人體本身有一種職司時間感的內在機制。此一內在機制提供訊息，使人知道何時進食、何時休息、何時排洩、何時睡眠。此一內在機制稱為**身體時鐘** (body clock)，也稱**時辰節律** (或晝夜節律) (circadian rhythm)。身體時鐘的形成，除生活習慣之外，主要是由於 24 小時之內地球周而復始運轉所形成的氣溫變化使然。心理學家研究發現 (Foster, 1993)，在一切時間線索被控制 (時鐘、窗口亮光以及大氣溫度等因素均予控制) 的情境下，人類的身體時鐘的作用大致仍能維持，只是略較實際時間稍慢而已。在此情境之下，如受試者被允許按自己的需要而飲食、閱讀、睡眠、休息，結果發現他們每天睡眠的時數與往常相似，只是每天上床的時間，比往常稍微延遲。按研究者的解釋，此種韻律性延後現象，乃是由於人類的清醒-睡眠周期是在 24.5～25.5 小時之間的緣故。在時辰節律運作的周期中，體溫、血壓、內分泌狀態等均將隨之起伏變動。

由於人體內有自動調節身體時鐘機制，於是附帶產生了兩個心理方面的問題：一為飛行時差問題，二為全天候三班制輪班制度下身心調適的問題。

1. 飛行時差的困擾 所謂**飛行時差** (jet lag)，是搭乘超音速飛機時，因飛行速度與地球運轉方向間所產生時間上的差異，干擾了身體時鐘而形成的暫時身心失調現象。飛行時差的主要現象是身心疲倦、食欲不振、睡眠暫時失常等。飛行時差的困擾程度，因飛行方向而異。如圖 4-1 所示，順地球運轉方向飛行時，飛行時差小，較易適應，逆地球運轉方向飛行時，飛行時差大，較難適應。對一般人而言，停止飛行三五天之後，飛行時差的困擾就會自動消失。

2. 全天候輪班制的問題 現代化工廠機器的運轉都是 24 小時全日無休的，因此工作人員必須配合需要實施輪班制。一般所採輪班制度多為三班制，即每班 8 小時，上午 8 時至下午 4 時為日間班，下午 4 時至午夜 12 時為小夜班，午夜 12 時至翌日上午 8 時為大夜班。三班人員不能固定不變，必須輪流當值，否則長期值大夜班者往往因身體時鐘調適困難，導致睡眠不足而影響工作效率。因此，如何三班輪替就成了工業心理學上研究的問題。心理學家根據身體時鐘的原理，建議採用**順延輪班制** (later-shift of work) (Czeisler, etal., 1982)。此制的設計是首輪值日間班，一週後改值小夜班，再一週後再改值大夜班。此制實施後，經研究發現，參與順延輪班制的工作人員，在身體健康、工作效率、請假時數等方面，均較其他輪班方式為優，其原因與前述順地球運轉方向飛行時的飛行時差較小的原理相同。

圖 4-1 飛行時差
如圖中箭頭所示，順地球運轉方向飛行時，飛行時差小，較易適應；逆地球運轉方向飛行時，飛行時差大，較難適應。

(二) 睡眠的必要性與普遍性

在各種不同意識狀態中，與清醒意識狀態相對者是睡眠。**睡眠** (sleep) 一詞在心理學上的意義是，對環境刺激不表現反應的無意識狀態。根據前文所述，睡眠是受身體時鐘支配的，對身心功能而言，睡眠有養精蓄銳和恢復體能的作用，因此人們在生活上十分重視睡眠。心理學家對於睡眠的研究興趣，一向集中在三方面：(1) 睡眠是否確有需要？(2) 睡眠期間在生理上有些什麼變化？(3) 睡眠中常有作夢現象，夢是怎樣產生的？接下去先討論前二問題，關於夢的問題留待下一子題再行討論。

1. 睡眠的必要性 對人類的生活而言，睡眠是必要的。在 1965 年，美國聖地牙哥舉行科學博覽會期間，有一名叫葛敦納的 17 歲中學生異想天開，打算創造一項連續不睡眠的世界記錄。在醫生監護下，他維持了 264

小時。雖極度疲勞，但仍未喪失意識，為防止意外，醫生要求實驗停止。停止實驗後，他大睡了 14 小時，醒後即恢復正常 (Dement, 1972)。

對一般人而言，睡眠是有必要性的。睡眠之所以必要，除了生活上已養成的習慣之外，主要是受身體時鐘機制的支配。按身體時鐘在每天 24 小時內的運作中，有兩種因素變化會影響人的清醒與睡眠：其一是環境中的溫度變低 (身體熱量勢必消耗較多) 時；其二是身體中能量消耗到某種程度時。此二因素相互作用，會使人階段性地感到疲勞。補充精力消除疲勞的方法，除定時飲食之外，就是定時睡眠。每天氣溫的變化，大致是午夜至凌晨五時左右一段時間最低，人類的體溫也正好是在此一時段內降到最低。故而絕大多數的人，晚上 11 點至翌晨 6 點是睡眠時間。

2. 睡眠的普遍性　睡眠不只是人類生活中所必要的，同時在所有動物中，睡眠也是普遍現象。所有動物在每天 24 小時內總有一段時間睡眠，所不同者只是動物所選擇的睡眠時間、地點和睡眠方式不同而已。根據動物學家觀察研究 170 種不同動物的睡眠時間，結果發現，所有動物或多或少都有睡眠的行為。馬、牛、羊的睡眠時間甚短，每天僅需 2～4 小時；蝙蝠與犰狳的睡眠時間，每天多達 19～20 小時 (圖 4-2)。在睡眠時間分配上，

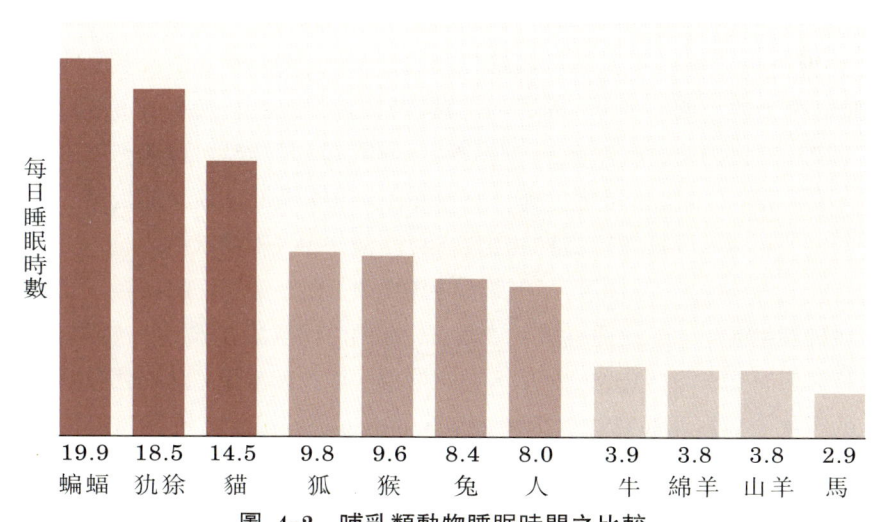

	蝙蝠	犰狳	貓	狐	猴	兔	人	牛	綿羊	山羊	馬
每日睡眠時數	19.9	18.5	14.5	9.8	9.6	8.4	8.0	3.9	3.8	3.8	2.9

圖 4-2　哺乳類動物睡眠時間之比較
(根據 Zepelin & Rechtschaffen, 1974 資料繪製)

各種動物也不相同,多數動物的睡眠是在夜間,也有些動物晝伏夜出;有些動物睡眠時間集中,每天只睡一次;有些動物的睡眠分段進行。家畜中貓與狗的睡眠,就是隨時睡隨時醒的 (Zepelin & Rechtschaffen, 1974)。

人類的睡眠,一般言之有以下三個特徵:(1) 睡眠多在一定地點,而且還要更換衣服,成為隱私行為的一部分;(2) 睡眠的個別差異較其他動物為小,一般成人睡眠,大致在每天 5～9 小時之間,而以 7.5 小時為平均數;(3) 人在一生中都需要睡眠,惟每天睡眠時間的長短,隨年齡的增加而逐漸減少。根據心理學家的觀察研究,新生兒每天睡眠平均 16 小時;六個月後,減為 13 小時;兒童期 (2～12 歲) 的睡眠時間,約在 10～12 小時之間;青年期 (12～18 歲) 的睡眠,約為 9～10 小時;成年人的睡眠,一般在 7～8 小時之間;老年人 (60 歲以上) 的睡眠,一般則減少至 5～7 小時之間 (Roffwarg, et al.,1966)。

至於對各種動物睡眠方式各不相同現象的看法。大致說,一般相信進化論的解釋。按進化論的說法,個體除了必須睡眠之外,各種動物 (包括人) 之所以表現出各種不同類型的睡眠方式,其原因主要是在生存過程中長期演化而來的。人類在夜間睡眠,而且有固定地點,原因是人類缺少夜行能力;為確保安全免於野獸襲擊,終而演化出先是巢居穴處,繼而建築房屋以策安全。牛、羊、駱駝之類動物,睡眠分段進行,原因是牠們生活於草原地帶,隨時都有草吃,因而食無定時亦無定點。加之牠們終年居於曠野,無固定棲身地點,必須隨時睡眠休息,隨時覺醒,俾便遭遇襲擊時可以即刻逃生。此外,有些動物,例如蛙與蛇之類,在寒冬不能出外覓食,而又缺乏像候鳥那樣的遷徙能力,於是經長期適應環境,終而演化出冬眠的特徵。

以上討論主要闡述一般人在身體時鐘規律下的清醒與睡眠狀態。但有些人在日常生活中缺乏此種規律;該睡或想睡的時候無法入睡,不該睡或不想睡時,反而又不能自我控制地陷入睡眠狀態。像此種清醒與睡眠狀態缺乏秩序的現象,稱為**睡眠失常** (或**睡眠障礙**) (sleep disorder)。有關睡眠失常問題,可參閱補充討論 4-2。

補充討論 4-2

睡 眠 失 常

　　睡眠失常自然是指日常生活中睡眠失卻常態而言。睡眠失常包括兩種現象：其一為睡眠不足，稱為**失眠** (insomnia)。失眠的現象是該睡或想睡時不能入睡；入睡後無法進入沈睡階段，且極易醒來，醒來後很難再行入睡。其二為**睡眠過度**(或**睡眠過多**) (hypersomnia)。睡眠過度的現象是在不該睡或不宜睡時個體無法維持自己的清醒意識狀態，而突然入睡。在醫學上稱睡眠過度為**猝發性睡眠症**(或**嗜眠症**) (narcolepsy)，其主要症狀是清醒中情緒強烈時身心猝然鬆懈而陷入昏睡狀態。猝發性睡眠症是稀有現象，在一般人口中所占比率不及萬分之二。因此，討論睡眠失常問題時多以失眠現象為主題。

　　失眠一詞只是一個籠統的概念。有些人可能對失眠概念認識不清而庸人自擾。因為睡眠與失眠是相對的而非絕對的兩件事。一個人在一天 24 小時之內究竟需要睡眠幾小時？這問題並沒有肯定的答案。就成年人而言，有些人夜睡六小時已足，但也有些人非睡八小時不可。一夜睡幾小時既然沒有客觀標準，個人就無須根據別人的睡眠時間來主觀核對自己的睡眠習慣。在心理學上有一個名詞，稱為**良性失眠** (benign insomnia)，意指失眠只是當事人的感覺，事實上他睡眠的時間已足，只是認為多睡對身體有益，而在額外的時間內又無法入睡，因而自認失眠。由此可見睡眠足夠與否是品質的問題，而非躺在床上時數的問題。明乎此接下去討論常見的三種失眠：

1. 情境性失眠　情境性失眠 (situational insomnia) 是一種暫時性的失眠，其成因係由生活情境改變而造成暫時適應困難使然。不過，如生活情境中的困難一直存在，不能解除，暫時性失眠也可能惡化為長期失眠。形成情境性失眠的因素很多，諸如親友病故、失學、失業、破產、失戀、離婚等生活上遭遇困難，形成個人心理危機時，自然會影響夜晚的睡眠。有時情境改變並不嚴重，比如改變睡眠環境 (如初次住進學校宿舍)，也會產生暫時性失眠。像此種因情境改變而形成的失眠，一般在情境中的危機消除或逐漸適應之後，就會自行恢復正常睡眠。

2. 失律性失眠　失律性失眠 (arrhythmic insomnia) 是指因生活規律改變而形成的暫時失眠。前文所述跨洲飛行的旅客，常會因**飛行時差**而形成睡眠困難，即屬失律性失眠。有些人因工作上的需要，有時白天工作，有時夜間加班 (如日夜班輪班制加工，趕拍影片的影藝人員等)，也難免因生活缺少規律而形成失律性失眠。

3. 窒息性失眠　窒息性失眠 (sleep apnea) 是一種因呼吸困難造成睡眠障礙的現象。呼吸困難的原因，可能是因氣管障礙，也可能因大腦主管呼吸的神經中樞功能失常所致。患窒息性失眠者，夜間經常多次因呼吸困難而醒來，醒後就無法再行入睡。患窒息性失眠者，白天常感精神不振，身心俱疲。此種睡眠失常，多為老年人。對窒息性失眠患者，切忌服用安眠藥物；服用安眠藥物後非但無效，反而可能因藥物對中樞神經的抑制作用導致窒息的情況更行嚴重。

(三) 睡眠生理心理的腦電波研究

睡眠是心理現象，也是生理現象。睡眠的生理心理學研究，始自 1929 年德國生理學家柏格 (Hans Beger, 1873～1941) 對**腦波** (或**腦電波**) (brain wave) 的研究。柏格為研究大腦皮質各區位的電位變化，發明了一種儀器，可以記錄大腦電位變化而形成的波動圖形，稱為**腦波儀** (electroencephalograph)，在腦波儀上記錄下來的腦電波記錄，稱為**腦波圖** (或**腦電圖**) (electroencephalogram，簡稱 EEG)。儀器使用時，係將微弱的電極固定在受試者頭皮的不同部位，頭皮下大腦皮質相關部位神經細胞的電位變化，即可形成電極上的電流活動。此種微弱電流活動，經由儀器擴大，並經特製的描針繪製在定速的紙帶上，或經電腦處理，將之呈現在螢光幕上，即成為如圖 4-3 所示的腦波圖。

腦波研究技術發明之後，到 20 世紀 50 年代，被心理學家採用做為研究睡眠的重要工具。心理學家根據腦波圖分析從清醒到睡眠的整個過程，發現一夜之間的睡眠，因睡熟度深淺不同，可分為五個階段。如圖 4-3 所示，腦波圖中有六條曲線，第一條是在受試者入睡前放鬆閉眼狀態下的腦電波活動，此條曲線的特徵是頻率比較規律 (每秒週波數在 8～12 之間)，振幅較小。從第二條曲線以下，依序代表睡眠中的五個階段。階段 1 是睡眠的開始，腦波開始變化，頻率漸緩，振幅漸增，平常所指昏昏欲睡的感覺，即屬此一階段。睡眠習慣正常的人，階段 1 只維持幾分鐘時間。階段 2 進入正式睡眠，此時腦波漸呈不規律進行，頻率與振幅忽大忽小，是為淺睡階段。階段 3 與階段 4，為沈睡期，波型改變很大，頻率每秒僅 1～2 週波，振幅則大為增加，呈現緩進曲線。睡眠進入此二階段，受試者不易被人叫醒。最後一個階段，稱為**快速眼動睡眠** (rapid eye movement sleep，簡稱 REM sleep)。原因是，此一階段除腦波型態改變之外，受試者的眼球有快速跳動現象。此時如將受試者喚醒，80% 以上的人自稱正在作夢。因此，快速眼動睡眠階段亦即成為心理學家研究作夢的重要根據。與快速眼動睡眠階段相對的前面四個階段，因為不出現眼球快速跳動的現象，故而統稱之為**非快速眼動睡眠** (nonrapid eye movement sleep，簡稱 non-REM sleep)。

圖 4-3 腦波圖

睡眠中不同階段出現不同的腦波態型。圖下之拐角線，橫線之下數字表示兩秒鐘內曲線的距離，此段距離內的波動數代表頻率，豎線為微伏數，代表振幅。

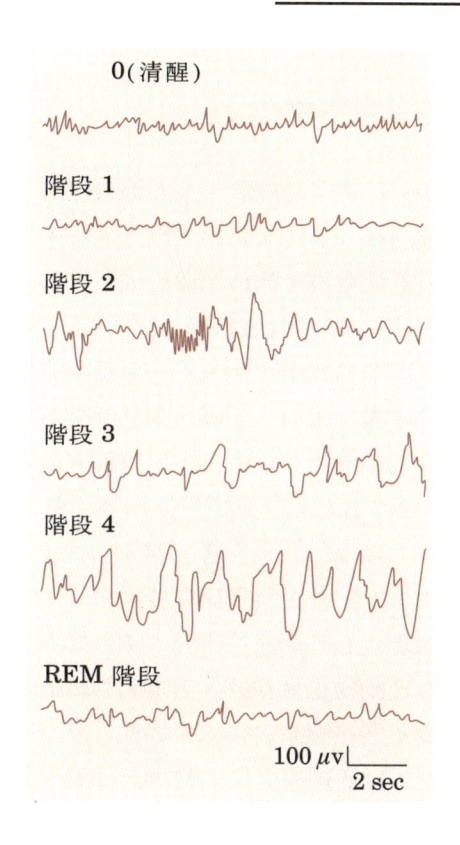

就一夜睡眠 7～8 小時的整段時間看，屬於沈睡期的第四階段，主要出現在前半夜睡後兩個半小時之內。快速眼動睡眠主要出現在午夜以後，大約每隔 90 分鐘出現一次，一夜之間出現 4～5 次左右。根據心理學家的實驗觀察研究，一般大學生的睡眠期間，階段 2 約占全時間的 50%，階段 4 約占 15%，快速眼動睡眠則約占 25%。新生兒睡眠時，快速眼動睡眠占時間最多，約占睡眠時間的一半。據此推論，嬰兒的夢遠比成人要多。中國人早就相信，嬰兒睡眠時眼皮跳動是在作夢，此種傳統看法已獲得科學證實。老年人睡眠時作夢較少，一夜中出現快速眼動睡眠的時間，約在 18% 左右 (Webb, 1975)。

二、夢的心理學研究

　　夢是一種奇怪的經驗，人人都會作夢，但誰也說不出人之所以作夢的究竟。因此，在人類的文化中，無分古今中外，對作夢一事，始終是一個謎。在未開發的社會裏，往往把夢看成是神明的指示或魔鬼作祟，固不足為奇。即使在現代化的文明社會裏，仍然流行著對夢的諸多迷信。在中國的文化流傳中，有關夢的故事，更是不一而足。諸如：莊周夢蝶、黃粱一夢、夢筆生花、江郎才盡、南柯一夢等，都是歷來為人津津樂道的夢故事。惟中國與西方在對夢的觀念上，似乎自古以來就有所不同。古希臘哲人柏拉圖 (Plato，約 427~347 B.C.) 曾有"好人作夢，壞人作惡"的說法。而中國的祖先卻相信"至人無夢"。至人者，聖人也；意指聖人無妄念，所以不會作夢。以今天心理學上對夢的科學研究發現來看，古代中西對夢的看法，實在很多誤解。根據現代心理學家的研究，無分好人壞人，無分聖賢愚魯，人人都會作夢，甚至連動物也會作夢。因為動物睡眠時眼球也會快速跳動。其不同者，只是動物不能在醒來之後像人那樣"夢話連篇"而已。

　　然則，在心理學上又如何界定夢與作夢呢？心理學家們又如何研究夢與作夢呢？所謂**夢** (dream)，在心理學上的一般解釋是，夢是睡眠期間在接近無意識狀態的情形下所產生一種自發性的心像活動。在此心像活動中個體身心變化的整個歷程，稱為**作夢** (dreaming)。接下去我們就看看心理學家們如何研究夢與作夢的問題。

　　根據兩件事可以證明作夢是一種真實的心理活動：其一是人皆承認有過作夢的經驗；此點正符合科學上**眾言可證性** (intersubjective testability) 的原理 (眾言一致，不證自明)。其二是腦電波顯示在快速眼動睡眠階段正是作夢的時間。只是夢的問題在心理學上不易研究；夢不能直接觀察，憑個人內省也不完整。因此，到目前為止對夢的研究仍屬理論解釋階段。在心理學上，對夢的解釋有很多不同理論，以下介紹最重要的兩種理論。

（一） 夢的潛意識活動論

在心理學上對作夢現象提出系統解釋者，首推精神分析學派創始人弗洛伊德（見圖 1-5）。在 1900 年弗洛伊德出版的《夢的解析》，被譽為"改變歷史"的空前名著。弗洛伊德為精神病學家，他的一切理論都是根據長期臨床經驗歸納而來的。因此夢的解析既是一種解釋夢的理論，也是一種治療方法。有關精神分析論的治療方法，留待第十四章再行討論，在此只簡略介紹夢之解析的理論要義。弗洛伊德的夢之解析是以**潛意識**為基礎的，其理論中含有四點要義：

1. 當事人所陳述的夢，只是一種象徵性的表達，在象徵背後，隱含著另外的潛意識意義。所以當事人所陳述的夢，必須加以解析，否則，連當事人自己也不能了解夢境的真正意義。弗洛伊德發現，經過夢的解析之後，不但可以揭露出精神病患症狀背後隱藏的病因，而且也可由之探究一般人潛意識的心理歷程。

2. 對當事人所陳述的一切夢的內容，稱為**夢境** (dream content)。夢境分為兩個層面：一為**顯性夢境** (manifest content)，是當事人醒來後所能記憶的夢境。顯性夢境是夢境的表面，屬於意識層面，是當事人能陳述的。另一為**潛性夢境** (latent content)，是夢境深處不為當事人所了解的部分。此一部分才是夢境的真面貌。屬於潛意識層面的夢，其情節是當事人無法陳述清楚的。按弗洛伊德的說法，在人的潛意識層面中，平常存在著一些被壓抑的與性有關的衝動或欲望。因此等衝動或欲望不為當事人意識所接受，只有在睡眠時，意識層面的壓力放鬆之際，才會乘機外逸，並以偽裝方式形成不為當事人所能了解的潛性夢境。對夢的解析，目的即在根據當事人所陳述的顯性夢境為起點，進一步探究潛性夢境中所隱含的真正意義。

3. 當事人醒來之後，他所能陳述的來自意識層面的顯性夢境，事實上是由潛意識的潛性夢境改頭換面以偽裝方式轉化而來的。從不為當事人所了解的潛性夢境，轉化成為當事人所了解的顯性夢境，其間轉化的過程，稱為**夢程** (dream work)。對夢的研究，目的就是研究潛性夢境轉換為顯性夢境中間的夢程。

4. 從夢的功能看，弗洛伊德認為夢有兩方面的正面作用：其一是夢具有守護睡眠的作用：入夢後可藉由夢境中的象徵性意識活動，沖淡日間留下來的緊張情緒。其二是夢具有**願望滿足** (wish fulfillment) 作用；日間的願望受到控制無法滿足，可藉由象徵性的夢境中獲得滿足。

(二) 夢的知覺組織論

前文介紹的精神分析論對夢的理論解釋，其最特殊之點是夢生於內心深處，而非由外在刺激所引起。此種說法無異於完全脫離了爭議已久的**心身關係問題**。撇開弗洛伊德的理論，改從心身關係的角度看，就不能不使人聯想到"夢與腦的作用有無關係？"的問題。因為一切記憶活動全是腦的功能，夢境既需靠醒後記憶來陳述，可見作夢活動的當時，腦的神經作用是參與其事的。基於此一邏輯，於是近年來產生了夢的生理心理論。根據生理心理論的說法，夢是一種內在心理事件，此一心理事件的形成與清醒時知覺的產生類似，也是經由刺激引起神經活動傳入大腦後轉化而來的。在轉化過程中，大腦試圖將由神經傳來的訊息，加以選擇、組織與解釋而形成的知覺，就是夢的內容。所不同者只是睡眠時由刺激引起的知覺較諸清醒時的知覺為模糊而已。此一理論係由美國哈佛大學醫學院教授麥卡利與赫伯森 (McCarley & Hobson, 1981) 二人所提出，稱為**激活-綜合假說** (activation-synthesis hypothesis)。該一假說認為，夢是大腦綜合由刺激引起神經活動而形成的模糊知覺現象。很多人常在夢中夢到自己身陷困境無法逃脫的情景，可能就是當時身體某些部位受到壓迫，大腦不能隨意支配身體活動而形成的模糊知覺現象。很多人夢到自己的身體會飛起來或是從高處落下。根據激活-綜合假說的解釋，那是由於內耳的**前庭器官** (見第三章聽覺系統及附圖) 覺察到身體暫時失卻平衡的訊息，傳至中樞後大腦做出的解釋。有些人夢見可怕的情境想逃跑但跑不動的情境。根據激活-綜合假說的解釋，那是由於大腦支配肢體活動時，肢體回饋因受阻礙 (如睡眠姿勢關係) 不能活動後所做出的解釋。

第三節　意識狀態的有效控制

在第一節內討論意識的作用時，曾經提到個體在意識狀態下，對自己的行為有控制作用；控制自己該做什麼和不該做什麼。這是從意識控制支配行為的觀點而言的。如果從意識狀態改變的本身而言，個體能否控制自己的意識狀態使能隨心所欲的改變？古今中外有很多人為此一問題尋求答案。原因是生活中有些揮之不去的意識狀態，因其存在而使人心神不安，甚至感到痛苦。諸如失眠、頭痛、抑鬱、緊張、焦慮等，都是一般人常有的經驗。為求改變此等令人不安的意識狀態，人們從經驗中發展出兩類方法：一類是運用身心兩方面彼此影響的原理，藉由自主性的心理運作以改變意識狀態，從而調理心身關係，促進身心健康。另一類是藉由藥物對身體發生的直接效應，使之對心理活動產生間接影響，從而達到改變意識的目的。第一類方法是積極的、可取的，是對意識狀態的有效控制，是本節內要討論的。第二類方法是消極的、有害的，是對意識狀態的暫時控制，是第四節討論的主題。以下介紹三種意識狀態有效控制的方法。

一、生理回饋

生理回饋(或**生物反饋**) (biofeedback) 是根據心身關係中心身彼此影響的原理，藉由自主意識改變內在生理活動，從而達到改變意識狀態的一種方法。接下去即從學理與應用兩方面討論生理回饋的問題。

（一）　生理回饋的基本原理

在第二章內曾經談到**自主神經系統**的功能。自主神經系統是不受個體意識控制的。自主神經系統分為**交感神經系統**與**副交感神經系統**兩個系統 (見圖 2-6)。前者在個體意識警覺與情緒緊張時發生作用，而後者則在意識平靜情緒鬆馳時發生作用。意識警覺和情緒緊張狀態與生活情境有關，如在考場應試或球場比賽時短暫的警覺意識與緊張情緒是正常現象，但如應考或比賽過後需要休息時，仍然處於意識緊張狀態，就會使人倍感疲憊。因此，長期以來曾有很多人提出如下的問題：能否運用個人的意識影響內在自主神經系統，緩和副交感神經系統的作用，從而間接控制自己的意識狀態呢？如果只從生理科學的觀點看，此問題沒有肯定的答案。但如從心身關係彼此影響的觀點看，此事就有可能。事實上，人類早就開始運用心身交互影響的原理鍛鍊身體；只是其中道理尚未經由科學驗證與系統解釋而已。直到 20 世紀 60 年代，心理學家才經動物實驗證實，個體可以經由學習的過程，在意識支配下有限度的控制內臟器官活動，從而達到改變意識狀態的目的。此種方法就稱為生理回饋。

在 20 世紀 60 年代開始研究生理回饋之前，心理學家們早就注意到中東地區有些身懷特異功能的人，能控制自己心跳而不窒息，能睡釘板走炭火而不受傷，能插針入腮而不流血；血肉之軀其所以功能異於常人者，必定有其自行控制身體的方法。在心理學上，最早從事心理回饋研究者，是美國心理學家米勒 (Miller, 1969)。米勒經動物實驗發現，白鼠在麻醉的情況下，能經由**操作條件作用**中**負強化**的原理 (詳見第五章第三節)，學習調整自己的心跳速度以避免電擊。管制心跳速度本屬自主神經系統的功能。既然白鼠能學到調整心跳速度，人類自然也可以學到。以下舉一實例以說明生理回饋方法的運用。

(二) 生理回饋的實際應用

以控制血壓和心跳為例，實施時受試者靜坐椅上，在身體上加以電子裝置，使血壓的升降狀況與心跳的速率，持續在面前螢光幕上顯出記錄。此時受試者，可一邊觀察螢幕上記錄的時時變化，一邊仔細體會自己身體內部的狀況，並隨時注意觀察在記錄上曲線升降或心跳快慢變化時，自己身體上有何種不同的感受。然後，再進一步嘗試製造一些身心變化，比如放鬆或拉緊肌肉、排除一切雜念，或作深呼吸，或思考某一重要問題，這時留意記錄的變化，並分析其與身心變化的關係。如此，螢幕上所記錄隨當時身心變化而變化的訊息,就稱為生理回饋。按操作條件作用原理,生理回饋乃是身心變化的後果,再按操作條件作用學習的**後效強化**原理,如受試者能夠支配身心變化,以製造生理回饋,那就等於達到了自己支配內在生理運作的目的。生理回饋法是一種科學研究,在成為科學研究之前,類此的觀念早已有之,中國傳統的內功,印度的瑜珈術,以及近年來國內流行的坐禪,在性質上都是企圖以心理影響生理,再由生理轉而影響心理,從而達到由意識控制意識狀態的目的。試想,心跳加速與血壓升高時的意識狀態都是警覺與緊張的,如能運用心理作用影響生理作用使心跳減緩和血壓下降,豈不是反應在意識上也自然呈現了平靜而且放鬆。

二、催　眠

前文談到,睡眠是在日常生活中受身體時鐘支配使意識狀態改變的自然現象,**催眠** (hypnosis) 則是在特殊情境之下,經由催眠師的誘導使意識狀態改變的人為現象。由催眠師所設計的特殊情境及其所採用的誘導方法,兩者合之即稱為**催眠術** (hypnotism)。

(一) 催眠術的由來

催眠術最早由奧地利精神科醫師麥斯默 (Franz Anton Mesmer, 1734～1815) 所首倡。在 1779 年,麥斯默出版《動物磁力之發現》一書,嘗試運用人體的磁場效應,誘導病患的意識進入恍惚的精神狀態,從而消除身體上的症狀。到 18 世紀 80 年代,麥斯默的動物磁場之說被渲染誇大,以至在巴黎的上流社會大為流行。最後驚動了法王路易十六,於 1784 年下令成立委員會調查此事;當時被聘擔任該調查委員會主席者,是美國著名科學家弗蘭克林 (Benjamin Franklin, 1706～1790)。調查結果指出動物磁力說有違科學原理,因而宣佈在醫療上禁止使用。

早期麥斯默的動物磁力說雖遭到挫折,但他所提出的由人為方法改變意識狀態的構想,卻一直不曾消失。直到 1842 年,英國醫師布萊德 (James Braid, 1795～1860),運用動物磁力說原理,誘導病人進入意識恍惚的近似睡眠狀態，然後予以治療。惟布萊德不再採用原來麥斯默使用的名稱，而採希臘神話睡神 Hypnos 之名，稱之為"hypnosis"。

到 19 世紀末葉，催眠術在法國醫學界又復流行起來。此時奧國精神病學創始人弗洛伊德 (見圖 1-5)，採用催眠術治療**歇斯底里** (見第十三章第二節)，將歇斯底里患者顯現在身體上的症狀，解釋為心理的原因。雖然弗洛伊德後來放棄催眠術改用精神分析來治療精神疾病，但催眠術卻一直流傳下來，至今不衰。

(二) 催眠誘導與暗示

在催眠過程中，並非催眠師使用什麼法術，將受試者催入意識迷離的狀態，而是由於受試者在催眠師的誘導下，接受其暗示自行改變了他的意識狀態。因此，催眠能否成功將繫於催眠誘導、暗示與催眠感受性三件事。此處先說明催眠誘導與暗示的意義。

催眠誘導與暗示是連在一起的。所謂**暗示** (suggestion)，是用語言告訴受試者他的意識已產生改變 (如：你開始要睡了；你的眼睛已闔起來，全身放鬆，快要睡著了！)。所謂**催眠誘導** (hypnotic induction)，是運用暗示並伴以其他動作，誘導受試者進入催眠狀態的過程。在實施時，催眠師除對受試者語言暗示外，並經常使用輔助動作 (如在受試者眼前搖擺一物件)。催眠誘導方式雖未必相同，但大體上不外遵循以下順序：(1) 暗示受試者眼睛疲倦，無法睜開；(2) 暗示受試者感官逐漸遲鈍，將不會感到刺痛 (在催眠狀態下將失卻痛覺，拔牙免用麻醉，即根據催眠原理)；(3) 暗示受試者忘卻一切，只記得催眠師所講的話和要他做的事；(4) 暗示受試者將經驗到**負幻覺**現象 (如告以桌上台燈不見了)；(5) 暗示受試者催眠過後，醒來時將忘卻催眠中的一切經驗；(6) 暗示受試者醒來後做某些活動 (如打開窗子)。此外，催眠效果另與兩個條件有關：其一，催眠須在安靜的環境下進行；其二，受試者須對催眠師有信心、有安全感，兩人之間有良好的默契。

(三) 催眠感受性

前文所述催眠誘導與暗示，只是從催眠師的一面所做的說明。催眠時除用暗示誘導受試者之外，催眠效果還須視受試者催眠感受性的高低而定。所謂**催眠感受性** (hypnotic susceptibility)，是指受試者在心理與行為上自願接受催眠師暗示的程度；如受試者自願按照催眠師的暗示去做，即表示他的催眠感受性高，反之即為低。根據心理學家研究發現 (Lyn & Rhue, 1988)，催眠感受性與受試者的性格有關；有三種人最容易接受催眠暗示：(1) 平常喜歡沈思幻想的人；(2) 在生活中善於心向專注而不易因外在刺激而分心的人；(3) 希望從催眠中獲得新鮮意識經驗的人。因催眠感受性的高低係根據接受暗示的程度而定，故而也稱**催眠暗示性**。研究催眠的心理學家們，試圖採用類似**心理測驗**上常用的量表式的工具，用以測量催眠感受性的高低。在這方面最著名者，厥為**斯坦福催眠感受性量表** (Stanford Hypnotic Susceptibility Scale)。該量表包括 12 個項目，每一項目包括一種活動，由受試者跟隨催眠師的暗示語表現出配合動作。表 4-1 內所列，即為該量表的全部項目與通過標準。

表 4-1　斯坦福催眠感受性量表

暗示語	配合動作	通過標準
1. 你彎下身去	姿勢改變	不須強迫就自動彎下身去
2. 你的眼皮越來越沈重	閤起眼睛	不須強迫就自動閤上眼睛
3. 你的左手垂下去	手向下垂	在 10 秒鐘內左手垂下 6 吋
4. 你的右臂無法移動	手臂定位	在 10 秒鐘內右手舉起不超過 1 吋
5. 你的手指無法分開	手指併攏	在 10 秒鐘內手指無法張開
6. 你的左臂開始僵硬	手臂僵硬	在 10 秒鐘內手臂彎曲不超過 2 吋
7. 你的兩手相向合攏	兩手合攏	在 10 秒鐘內兩手合攏在 6 吋之內
8. 你說不出自己的姓名	口語抑制	在 10 秒鐘內無法說出自己姓名
9. 你眼前有一隻蒼蠅	幻覺現象	受試者揮手試圖將之趕走
10. 你無法支配你的眼睛	眼睛失控	在 10 秒鐘內睜不開眼睛
11. 醒後請坐另一把椅子	醒後換位	醒後表現移動的反應
12. 醒來後你將忘記一切	失憶測驗	所能記憶的催眠中項目少於三項

(採自 Hilgard, 1965)

斯坦福催眠感受性量表的記分方法是，每通過一個項目獲得一分，共計12分。受試者在該量表上得分之高低，代表他如接受催眠時，可能進入催眠狀態的深度。只有得分在 5～12 之間者，始有可能進入催眠狀態，得分在 8～12 之間者，始有可能進入深度催眠狀態。根據量表設計者以 533 個大學生為對象研究結果，具有催眠感受性的人，約占 25%；能進入深度催眠狀態者，約占 10%；大約有 10% 的人，根本就無法施予催眠 (Hilgard, 1965)。由此可見，催眠術並非對所有人普遍有效。

(四) 催眠的效應

在催眠狀態之下，受試者遵從催眠師的暗示行事，在行動上陷入一種恍惚而不自主的狀態。除此之外，催眠後將出現三方面的行為效應：

1. 知覺行為改變　催眠狀態下知覺行為改變的現象，最主要是表現在幻覺。第三章第四節內談到**錯覺**時，曾指出錯覺是知覺失實現象。**幻覺** (hallucination) 則是完全脫離現實的知覺虛幻現象。幻覺分為兩種：一種是**正幻覺** (positive hallucination)，指受試者所說他看到的人形、物體，或聽到什麼聲音，事實上是根本不存在的。另一種是**負幻覺** (negative hallucination)，指受試者所說他看不見的東西或聽不到的聲音，事實上都是具體存在的。催眠狀態下的幻覺現象，最明顯的是表現在痛覺的消失。在尚未發明麻醉劑之前，19 世紀起即有醫師開始使用催眠術減低外科手術時病人的疼痛 (Wallace & Fisher, 1987)。現今外科及牙科醫師，仍然對少數易於被催眠的病人，使用催眠術代替麻醉劑。

催眠狀態下受試者對痛覺產生的負幻覺現象，完全是意識狀態改變後的心理現象，而不同於麻醉後神經暫時失卻傳導功能的情形。根據心理學家研究發現，強烈刺激下受試者之所以失卻痛覺，那是由於他接受催眠師暗示所致。事實上當時生理上的痛覺仍然是存在的；神經系統仍照常將痛覺訊息傳至腦部，也照常引起正常痛覺時所伴生的心跳加速及汗腺分泌等現象。所不同者，只是在催眠狀態下受試者感受不到疼痛而已 (Hilgard & Hilgard, 1983)。稍後討論催眠理論時再對此現象作進一步說明。

2. 認知行為改變 催眠狀態下認知行為的改變,主要表現在記憶增強與催眠後遺忘兩種現象。所謂**記憶增強**(或**超常記憶**) (hypermnesia),是指催眠後記憶加強,受試者能記起清醒時所不能回憶的往事。1976 年在美國加州破獲的一件劫車案,就是靠事後對司機催眠,由其記起歹徒車號而破案的 (Smith, 1983)。案情是一輛滿載 26 名兒童的旅行車在加州的公路上被歹徒劫持。旅行車司機逃出報警時,聲言雖然看到歹徒的車牌,但因一時慌張未能記下車牌上的號碼。經由催眠誘導並給予暗示 (暗示他看見歹徒車牌號碼)。結果發現司機在催眠狀態下所記憶的車牌號碼數字中,只有一個數字是錯的。警方即以此線索為根據偵破了劫車案。

所謂**催眠後遺忘** (posthypnotic amnesia),是指催眠進行時,催眠師給予受試者暗示,催眠過後醒來時,他將忘卻催眠狀態下所做的一切活動。因此,受試者在催眠過後醒來時,都不記得催眠中所說或所做的一切。

3. 催眠的後續效應 前文所指的催眠後遺忘是在催眠師暗示下所產生的遺忘現象。催眠師既然可以暗示受試者醒來後忘卻催眠中的一切,是否也可暗示受試者醒來後從事某種特殊工作?此即催眠後暗示的問題。所謂**催眠後暗示** (posthypnotic suggestion),是指催眠師暗示受試者,當他醒來時將做些什麼事。前述之催眠後遺忘只是催眠後暗示的效應之一,除此之外,研究催眠者嘗試從催眠後暗示的觀點,從兩方面研究催眠能否產生後續效應的問題:一方面嘗試研究戒除不良習慣 (如催眠時暗示受試者醒來後將不再吸煙),另一方面嘗試研究催眠會不會被利用來暗示受試者醒後做出傷害別人的事。前一項研究是屬於精神醫學的催眠治療問題,後一項研究涉及催眠師的專業倫理問題。到目前為止,這兩方面的研究尚未獲致肯定的結論。

(五) 催眠理論

催眠是一種特殊的意識狀態;催眠既不同於清醒狀態,也不同於睡眠狀態。催眠不同於睡眠,可由兩點事實證明 (Zangwill, 1987):其一是肌肉並未放鬆,如將一把鑰匙塞在受試者手中,他將握住鑰匙不放;但如將鑰匙塞在熟睡者手中,他將放鬆手指任讓鑰匙滑落。其二是催眠狀態下腦波的型態不同於睡眠,而同於入睡前的意識鬆弛階段 (見圖 4-3 腦波圖)。對此種似睡非睡特殊意識狀態的形成，在心理學如何解釋？此一問題的解答，正是催眠理論的問題。到目前為止，解釋催眠現象的理論，有以下兩種：

1. 新離解論 新離解論 (neodissociation theory) 是美國心理學家希爾加德 (Ernest Ropiequet Hilgard, 1904～　) 1977 年提出的一種解釋催眠現象的理論。此一理論的要義是，經催眠後的受試者，在意識上離解為兩種不同的意識狀態：一種狀態是失去自主意識，完全受催眠師的支配；另一種狀態是未失去自主意識，仍然了解自己當時的身心狀況，未陷入精神恍惚的境界。希爾加德稱離解後的第二種狀態為**隱密觀察者** (hidden observer) (Hilgard, 1977)，為了驗證此一理論，希爾加德曾設計如下的實驗 (圖 4-4)。

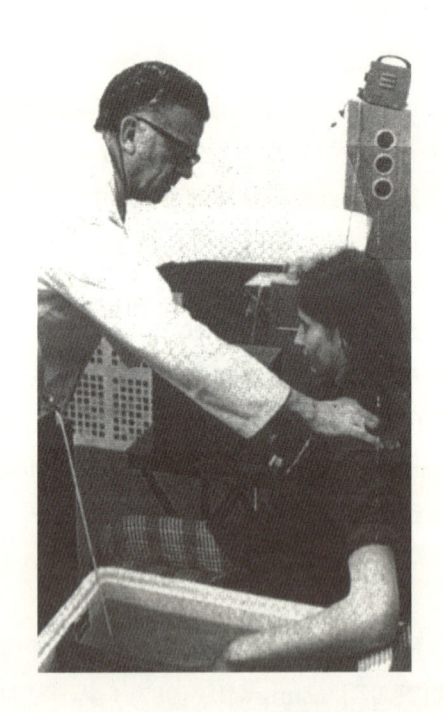

圖 4-4　隱密觀察者
在催眠狀態下仍然有一半意識未失去自主能力。
(採自 Hilgard，1977)

按圖 4-4 所示，實驗時讓受試者將左手插入有冰塊的冷水中，並暗示冰水不會使他感到刺痛 (事實上會感到尖銳刺痛)。當受試者進入催眠狀態後，如問他有無刺痛感覺，他會按催眠師的暗示回答說"沒有"。但如讓受試者用右手書寫回答時，由於右手書寫活動不在催眠師的暗示範圍內，結果他書寫了"有"字。此一現象說明了當時受試者的意識離解成了兩半；一半受催眠師的支配，另一半仍然受他自己支配；一半因暗示使認知改變，另一半隱密觀察了解實情 (Hilgard, 1979)。

2. 社會角色論　　對催眠後意識狀態變化的理論解釋，晚近的心理學家們大多傾向於社會角色論的看法 (Spanos, 1991；Kinnuen, Zamansky, & Block, 1994)。所謂**社會角色論** (social role theory)，是指催眠後受試者之所以遵照催眠師的暗示行事，完全是受試者自主自願地全心投入扮演一種催眠師要他扮演的新角色。即使新角色與他本人原來的言語行動不盡相符，他也會儘量按照催眠師所暗示者去合作配合。這像戲劇表演一樣，只要演員肯全心投入，力求演好劇情中的角色，他就會暫時改變自己言行原貌而浸沉於忘我的意識境界之中。顯然，社會角色論解釋，是以受試者與催眠師之間的良好社會關係為基礎的。催眠術之所以只能對少數人有效，只有少數人能與催眠師建立良好社會關係，是主要原因。這少數人不但相信催眠術的效果，相信催眠對自己有益，而且誠心誠意接受催眠師的暗示去扮演新的角色。如此，催眠的效果就可能在這少數人身上發生。虔誠的宗教信仰所共識的"誠則靈"信條，當可視為催眠社會角色論的補充說明。

三、靜　坐

靜坐 (或坐忘) (meditation) 是在盤腿端坐時，運用心理作用，放鬆身體，集中注意，排除雜念，使身心進入忘卻物我意識境界的一種方法。中國傳統氣功養生術中所講的"入靜"，其意涵相當於靜坐。靜坐是一種有益於身心健康的自主性意識狀態改變方法。以下三點是對靜坐的簡單說明。

（一）　靜坐的要義

靜坐起源甚早，自古以來世界上有許多不同宗教或門派，諸如印度教、伊斯蘭教以及中國的道教乃至儒家等，都採用靜坐來做為修行的基本方法。現在流行的靜坐方式，除坐禪與瑜伽之外，成為心理學研究主題的則是**超覺**

靜坐 (註 4-1)。其實，各種靜坐雖名稱有別，然其基本原理則大同小異；都是旨在經由身體的平穩坐姿達到意識狀態入靜的目的。只要意識狀態達到入靜的忘我境界，身心的能量就會自然恢復。因此靜坐之後常感身心舒暢，精神愉快。

中國自古重視養生之道，中國人的養生，特別強調意念集中，寧神入靜的功夫。寧神就是心安氣定，毫無雜念；入靜就是忘卻物我的意識狀態。莊子大宗師篇載有莊子轉述顏回回答孔子詢及"坐忘"的意義時所說："墮肢體、黜聰明、離形去知，同於大通，此謂坐忘"。由此可見如養生臻於"坐忘"的境界，個人的意識也就在自我控制下達到了目無所視、耳無所聞、體無所感、心無所想的"四無"渾然入靜狀態。靜坐或坐忘的目的就是在自我控制下使內心的意識活動，暫時變為平靜狀態。

圖 4-5 靜 坐
靜坐雖有多種方式，惟在靜境中端坐，而又在坐中入靜是基本原則。

註 4-1：超覺靜坐 (transcendental meditation，簡稱 TM) 是一種簡化了的瑜伽，由印度教士馬哈瑞希 (Mahesh Yogi Maharish) 於 1959 年傳入美國，設立學校廣為推行。超覺靜坐須拜師學習，由教師傳給信徒不同的咒語 (mantra)。靜坐時除身心放鬆外，口中一直默唸咒語，旨在排除環境的影響，使意識超越感覺的干擾，從而達到心境全然淨化的目的。準此而論，超覺靜坐的原理與本節內稍後介紹的入靜方法大致相似。

(二) 入靜的方法

如何經由靜坐使活躍的意識狀態轉為入靜？對此問題，可以給予原則性的回答謂：如能做到前文所說的"四無"，就會自然入靜。然而原則說來簡單，實踐則十分不易。不同宗派的靜坐，採不同的入靜方法，惟大體上都與中國傳統氣功養生法的入靜方法類似。氣功養生法開始時，先在安靜之處坐下來使身心活動進入"氣功態"。氣功態即入靜的預備狀態。氣功態指在自主意識控制下先做三種活動：(1) 面帶笑容使臉部放鬆；(2) 深呼吸使內臟放鬆；(3) 沈肩鬆手使全身關節放鬆。氣功態形成之後，即可採以下五種方法之一練習入靜。

1. 意寧法　意寧法旨在練意，經由意識的運用使一切紛雜的意念歸於寧靜。練意也稱調心；即調理心境，使活躍的意念趨於平靜。進行時可將意念集中於體內某一部位；如丹田穴 (肚臍下) 或湧泉穴 (腳掌) 等。也可將意念集中於外在某一物體 (如一個花瓶或一幅圖畫)。惟採用物體為意念集中目標時，不宜過份注意，只將之當做留住意念而不致分心的焦點，在付出的注意力上，只是似守非守，不即不離。

2. 隨息法　隨息法旨在將意念集中在呼吸時氣息的流動上，從而留住意念排除雜念的入靜方法。呼吸時要平靜自然，注意吸氣綿綿，呼氣微微，只須感覺即可，不須特別用力。

3. 數息法　數息法是默數自己呼吸次數從而使意識進入靜境的一種方法。數息法目的不在默數呼吸的次數，而是藉默數時心無旁騖，使感官敏銳度降低，以便達到目無所視、耳無所聞、體無所感、心無所想的目的。

4. 默念法　默念法是藉口中念念有詞的方式達到入靜的一種方法。用做默念的材料，可用一兩個單字，也可用一套口訣。練中國氣功養生術者，在入靜前常於呼氣時默念"鬆"，吸氣時默念"靜"。古人練入靜時常用來默念的口訣如"夜闌人靜萬慮拋，意守丹田封七竅；呼吸徐緩搭鵲橋，身輕如燕飄雲霄。"默念單字或口訣的目的，是企圖用一念代萬念，用正念代邪念，從而達到入靜的目的。

5. 聽息法 聽息法是藉由耳朵聽自己呼吸聲音的專注方式達到入靜的一種方法。靜坐時自己呼吸的聲音甚為微弱，非集中注意不易辨別。專注於呼吸聲音時，其他刺激的干擾將大為減低。在此情境下自然容易入靜。

根據經驗者談，採用意寧法較易入靜。因為其他四種方法在使用時總難免或多或少付出注意，以致使意識狀態得不到真正的寧靜。建議有興趣的讀者，可嘗試將注意力集中於腳掌心，採用意守湧泉穴的原理入靜。

(三) 靜坐的效應

近幾十年來，由於社會變遷與都市工業化的快速改變，使居住在大都市裏的人，一般都感到工作忙碌，情緒緊張。長期忙碌緊張的後果，難免就形成頭痛、失眠、血壓升高等身心相連的疾病。因此，原本源於東方的靜坐，就在二次大戰之後傳入了西方各國，到 20 世紀 60 年代以後，在美國大為流行。很多人試圖藉練習靜坐來紓緩情緒，使緊張的身心獲得休息，從而恢復精力。雖然很多練過靜坐的人都說靜坐對身心健康有益，但單靠主觀經驗，仍然不足以證明靜坐的正面效應。以下採用科學研究的資料，用以說明靜坐對身心的效應。

1. 靜坐的生理效應 美國心理學家華萊士與賓遜 (Wallace & Benson, 1972)，經實徵研究發現，靜坐確能臻於入靜狀態者，就會在生理上達到如下的效果：(1) 腦波改變，出現入睡前頻率減緩振幅增大現象，這表示靜坐時的意識進入鬆弛的狀態；(2) 呼吸及心跳速度均降低，這表示靜坐時的情緒趨於平靜；(3) 呼吸時氧氣的消耗量降低；由平常時的每分鐘平均約 250ccm (立方公分)，降低到每分鐘平均約 210 ccm (圖 4-6 中黑色曲線)。這表示靜坐時身體內部只需較少氧氣即可維持生理運作；也等於節省能量，能量得以節省，自然保存精力；(4) 呼氣中二氧化碳排出量減少，由平常時的每分鐘平均約 220ccm，降低到每分鐘平均約 190ccm (圖 4-6 中咖啡色曲線)。這表示靜坐期間呼吸時消耗的氧氣和排出的二氧化碳都減少；二者減少對身體有益。

以上研究，等於使熱衷靜坐者找到了科學根據，因而在 20 世紀 70 年代更為流行。後來心理學家經研究發現，除靜坐可得以上效應外，改採身心放鬆訓練法，也可得到類似的效應 (Holmes, 1984)。

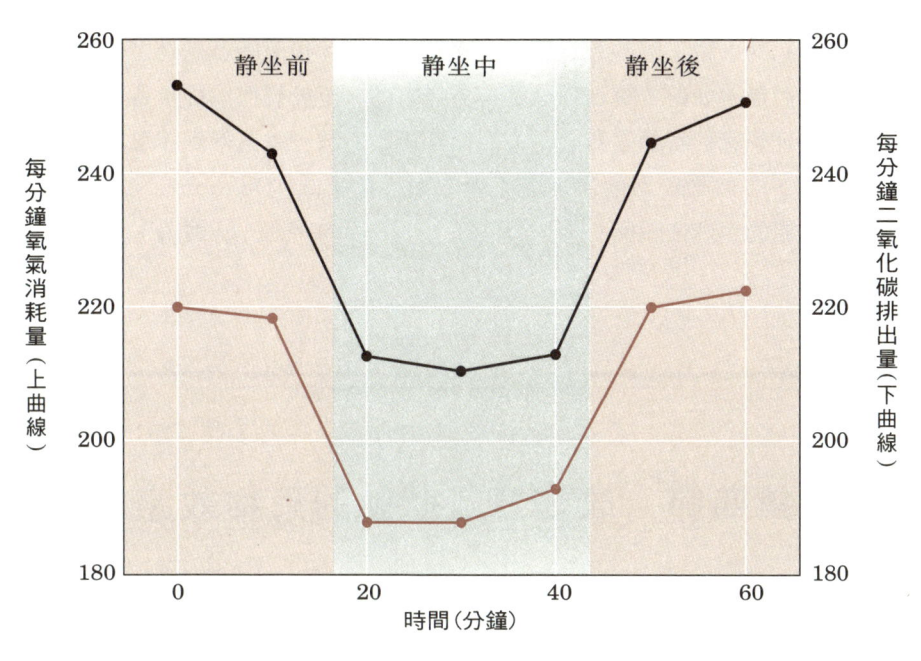

圖 4-6 靜坐的生理效應
圖中上曲線代表氧氣消耗量的變化，下曲線代表二氧化碳排出量的變化，兩邊數字代表每分鐘兩種氣體的體積 (以每分鐘立方公分計算)。
(採自 Wallace & Benson, 1972)

2. **靜坐的心理效應**　研究靜坐心理效應者，一般集中在探討兩方面的問題：其一是驗證是否像宣傳靜坐所說那樣，除紓緩焦慮外更能促使智力發展、提升學業成績、調適心理障礙，甚至可以增進人際關係。在這方面的研究，尚未獲得一致的定論。其二是驗證靜坐是否對戒除煙酒毒品的習慣有正面效應。這方面的研究，可用美國哈佛大學醫學教授賓遜的調查研究為代表 (Benson, 1975)。該研究以參與超覺靜坐練習者 1800 人為對象，旨在調查靜坐對吸煙、吸食大麻及飲酒者的心理效應。結果發現：(1) 自稱靜坐前有吸煙習慣者有 48%，練習靜坐一年之後，自稱仍然吸煙者減為 16%；(2)

自稱靜坐前有飲酒習慣者有 60%，練習靜坐 21 個月之後，自稱仍然飲酒者減為 4%；(3) 自稱靜坐前吸食大麻者有 78%，練習靜坐 6 個月之後，自稱仍然吸食者減為 37%。

由上述調查結果看，靜坐的效果可謂相當顯著。惟此種調查可能受靜坐者本身心態的影響；這些人參與靜坐練習的動機，很可能就是為了戒除不良習慣。然而無論如何，練習靜坐是有益無害的。至於說何以靜坐會使人戒煙戒酒。心理學家的解釋是身心兩方面交互影響所致。身體得到休息與心理上消除緊張，自然對煙酒的生理與心理依賴就會減低 (Delmonte, 1985)。有關吸煙飲酒的生理依賴與心理依賴問題，下一節內將進一步討論。

第四節　改變意識狀態的藥物效應

前節所討論的運用身心兩方面彼此影響的原理，藉由自主性的心理運作以改變自己的意識狀態，從而調理心身關係，促進身心健康。惟此類方法行之不易，而且必須持之以恆，長期練習方始有效。本節所要討論的改變意識狀態的藥物效應，則是企圖藉由藥物的效應迅速達到意識狀態改變的目的。生活在變化無常競爭激烈的現社會裏的人，無論是求學就業或經商從政，在追求成就的路上，總是順心如意者少，挫折失敗者多。因此，有人稱現代人為"焦慮的現代人"。長期焦慮不安的意識狀態，是形成心理失常的主要原因。在無法從現實中克服困境解除挫折焦慮時，就難免藉用藥物來解除因焦慮而產生的痛苦。此即現社會中藥物之所以濫用的原因。惟此處所指藥物，並非指醫師為病人處方所用的一般藥物，而是指當事人經非法途徑取得的藥物。此類藥物一般稱之為精神藥物。所謂**精神藥物** (psychoactive drug)，是指服用後能改變精神狀態的藥物，亦即能改變意識狀態的藥物。精神藥物雖有暫時改變意識狀態紓緩焦慮的效應，但卻嚴重傷害服用者的身心；故而通常稱之為毒品，並立法嚴格取締。

一、精神藥物的共同特徵

目前流行的精神藥物，按其效用不同大致分為**抑制劑**、**興奮劑**、**致幻劑**三大類。三類精神藥物中各類的代表性藥物名稱及效用，留待稍後再分別討論，在此先簡略說明三類精神藥物的共同特徵。

(一) 藥物成癮

凡是精神藥物，一旦服用後即不能停止，停止就會無法忍受。此種現象稱為**藥物成癮** (drug addiction)。服用藥物一旦成癮，就會連帶出現**耐藥力**(或**抗藥性**) (drug tolerance) 現象；藥物服用者對藥物的敏感性減低，抵抗力增強，必須逐漸增加藥量始能維持藥物的效力。

(二) 藥物依賴

服用精神藥物一旦達到藥物成癮的地步，隨即出現藥物依賴現象。所謂**藥物依賴** (drug dependence)，是指每逢感到身心不適時，非靠藥物無法紓解。藥物依賴有兩種現象：一種為**生理依賴** (physical dependence)，指藥物成癮後一旦停止，生理方面即產生極為反常的現象，使當事人感到非常痛苦。因為所有精神藥物都會對中樞神經系統的某些部位發生作用，一旦藥物停止，該等部位即運作失常，因而在生理上表現出異常現象；諸如打哈欠、流眼淚、噁心、嘔吐、出汗、失眠、顫抖等現象均屬之。另一種是**心理依賴** (psychological dependence)，指服用者有依賴藥物紓解痛苦的經驗之後，進而養成習慣；需要時如不服用，在心理上即會坐立不安，以至無法忍受。生理與心理兩種依賴現象，在藥物缺乏或企圖戒絕時，情形尤為嚴重。兩種現象合而稱為**戒斷症候群**(或**戒斷綜合症**) (withdrawal syndrome)。服用精神藥物者一旦達到藥物成癮與藥物依賴地步，其心理與行為即將被藥物需求所控制而失卻自主能力。因此現代精神病學視服用精神藥物為**心理異常**之一。有關其他心理異常的問題，留待第十四章內討論之。

二、抑制劑

藥物中凡是對中樞神經產生抑制作用者,統稱**抑制劑**(或**鎮靜劑**)(depressant)。人之所以使用抑制劑,主要是在情緒緊張精神壓力過大時,企圖藉藥物效用來使自己的身心獲得休息。事實上,抑制劑只能對中樞神經產生麻醉,使用後有嚴重副作用,無法助人達到真正身心休息的目的。抑制劑是這一類藥物的總名稱,現今社會中使用最多的有以下兩種:

(一) 酒 精

酒精(alcohol) 是所有抑制劑中使用最多的藥物。因為酒類買賣使用並不違法,所以社會上飲用者非常普遍。酒精本身並非絕對的毒品;酒精對人的身心是否有害,關鍵在於用量的問題。偶爾小酌幾杯,酒精有興奮作用,飲用過量就會使中樞神經的活動產生抑制作用。由此可見酒精對改變意識狀態具有正負兩面作用。正的方面言,酒精可使人精神振奮,靈感暢通,三杯入腹會使人有飄飄欲仙之感。負的方面言,酒精會使人成癮;一旦成癮後會發生生理依賴與心理依賴,並隨之出現耐藥力現象;嗜飲成習至於酗酒後,終而惡化為**酒精中毒症**(alcoholism)。酒精之所以使人中毒,主要是飲酒過量後對中樞神經系統產生了抑制作用。酒精中毒的主要症狀是記憶力減退、知覺敏銳度減低、意識狀態模糊、思考效率減退、身體動作失調等。如強迫其戒酒,即可能出現**震顫譫妄**(delirium tremens) 症狀。震顫譫妄是戒斷症候群之一,其主要症狀是幻覺、記憶障礙、定向障礙、全身顫抖、心跳加速以及出汗、頭痛、噁心、嘔吐等。此外,酒精中毒者如係懷孕的女性,其所懷胎兒則有罹患**胎兒酒精症候群**(見第八章第二節) 的危險。

酒精過量不僅直接危害身心健康,而且間接構成社會不安。交通事故中因酒後駕車而肇事者,中外均占極高比率。因此,世界各國都訂有血酒濃度檢查辦法,做為限制酒後駕車的標準。所謂**血酒濃度**(blood alcohol concentration,簡稱 BAC),是指每 100 毫升血液中所含酒精的量。對酒後駕車違規一事,世界各國標準不一,美國多數州將血酒濃度訂為 0.10%,

而英國則訂為 0.08%。一般人達此標準時，其手眼協調的靈活度就會降低，不宜再擔任駕駛任務。

(二) 麻醉劑

屬於麻醉劑的藥物以鴉片劑為主，故而**鴉片劑** (或**鴉片制劑**) (opiate) 即成為具麻醉作用藥物的總名稱。鴉片劑一類藥物的共同特性是，服用後對中樞神經產生抑制作用，會使服用者意識恍惚，動作遲緩，故而一般稱其為**麻醉劑** (narcotic)。鴉片劑係由罌粟花未成熟果實內的汁液提煉而成，其中含有多種化學物質，而主要為**嗎啡** (morphine) 和**可待因** (codeine)。在醫師處方中，可待因可作為止痛劑、止咳劑或鎮靜之用，少量使用尚無太大副作用。嗎啡及其衍生品海洛英，服用後則有極大副作用。由嗎啡轉製成的海洛英，是另一種麻醉藥物。**海洛英** (heroin) 一向被列為違法的藥物，可吞服、注射，也可以混在香煙中吸食。服用後數分鐘會有飄飄然欣快之感，稍後則感到身體僵硬、意識模糊、喪失胃口也喪失性慾，終而陷入極度困倦狀態。海洛英極易成癮，即使服用時間甚短，也很快就會出現生理依賴現象。海洛英服用後的耐藥力特別強，有幾次服用經驗後，即必須增加劑量，否則無法產生預期藥效。長期服用海洛英可導致死亡，原因是海洛英的藥效能抑制神經系統中的呼吸中樞，以致發生窒息現象。由於染上服用海洛英的惡習後戒絕困難，如長期藥費來源難以為繼，難免導致服用者犯罪。

三、興奮劑

興奮劑 (stimulant) 是刺激中樞神經系統，從而提升身心活動效率的藥物。目前社會上使用普遍而為害最大的是安非他命與可卡因。

(一) 安非他命

安非他命 (或**苯丙胺**) (amphetamine) 是一種性質強烈的興奮藥物，成品為類似冰糖的結晶粉末，服用後立即產生精神振作與精力恢復的效果；特別是在工作勞累或心情沮喪時服用，它會立即使人精神倍增充滿信心。正因為安非他命具有立即效應，故而符合現今社會因工作壓力過重而倍感勞累者的需求，以致成為禁不勝禁的毒品。學生因功課壓力而服用安非他命，長途汽車司機為保持清醒而服用安非他命，減肥者為減少睡眠而服用安非他命，情形雖有不同而靠它保持清醒維持體力的目的則一。

安非他命的立即興奮效果，吸引很多人使用。惟藥力過後，迅即使人陷入疲勞沮喪的低潮。為了重新提振精力，自然重復使用。數度循環之後，很快就會出現藥物依賴與耐藥力增加的現象。持續服用安非他命，一般呈現於身體及行動上的症狀有：瞳孔擴散、食欲喪失、興奮、口乾、呼吸困難等；長期服用後果終將導致高血壓、心臟麻痺、腦功能障礙。如係採用多量靜脈注射者，更難免惡化成為心理疾病。

(二) 可卡因

可卡因(或**古柯鹼**) (cocaine) 係由中美的西印度群島生產的一種植物的葉子提煉而成。在幾十年前，可卡因並非違禁藥物，美國著名可口可樂公司出產的飲料，早年的配方中即含有可卡因的成分。現在多數國家都將可卡因列為禁用藥物之一。

與安非他命相比，可卡因是一種較緩和的興奮劑，吸食後能使人感覺精神振奮，體力旺盛，並充滿信心。然一旦藥力過後隨即出現嚴重副作用，服用者產生視幻覺；原因是可卡因的化學作用會傷害感覺神經元的傳導功能。服用可卡因之後，極易出現藥物成癮及藥物依賴現象，在身心兩方面很快出現瞳孔擴散、焦躁不安、全身抖動等現象。如孕婦服用可卡因，除其本人受害之外，復將嚴重傷害胎兒的發育，導致胎兒神經系統及生殖器官的發育失常。如採用注射的方式使用可卡因，將有傳染**愛滋症**(見註 9-1) 的可能。

四、致幻劑

藥物中凡服用後使人產生幻覺現象者，通稱為**致幻劑** (hallucinogen)。服用致幻劑之後，使人感覺到內在世界與外在世界都產生奇妙的改變；平常所見的顏色與平常所聽的聲音，都突然變得大不相同，好像置身於另一奇幻世界之中。目前社會上的非法藥物中使用較多的是迷幻藥與大麻。

(一) 迷幻藥

在致幻劑中，服用後使人意識狀態改變最大的是**迷幻藥** (或**麥角酸二乙醯胺**) (lysergic acid diethylamide，簡稱 LSD)。迷幻藥原為治療精神病的藥物之一，最初是由瑞士製藥廠在 1943 年無意中發現。迷幻藥是無色、無味、無嗅的藥物，服用方法有多種；可以吞服，可用鼻吸，也可與香煙混合吸食。服用後約半小時即會發生效用，而其產生的身心影響，卻能維持 10～12 小時之久。迷幻藥最奇特之處是使人意識境界擴大，使人感覺像是飄浮在空中；視覺與聽覺串聯，好像看見聲音的顏色，聽見顏色的聲音；周圍環境中人像與物像都扭曲變形，像是從哈哈鏡裏看世界一樣。迷幻藥的藥效使人的意識與現實脫節，因而喪失了時間感與空間感，好像進入了神祕的幻境。惟在一陣興奮快感之後，隨即轉入另一意識境界；感到極度悲傷、恐懼、噁心、嘔吐、全身肌肉疼痛，嚴重到無法忍受時，可能會跳樓自殺。服用迷幻藥之後，和其他精神藥物一樣，很快就會出現藥物成癮、藥物依賴及耐藥力增加等現象。

(二) 大　麻

大麻 (marijuana) 是由一種學名印度大麻的葉與花烘乾製成的一種致幻劑；形狀很像煙捲，可以像香煙一樣吸用，也可口嚼食之，故而通常稱為大麻煙。大麻原為中國的草藥之一，自古即用來治療頭痛與潰瘍之用。直到 20 世紀 30 年代才被世界各國列為禁藥。大麻的藥效與酒精相似，服用後產生兩階段截然不同的效應。先是使人產生飄飄然的陶醉感，繼而陷入昏睡狀態。吸用大麻之後，除產生快感之外，意識狀態也隨之改變，對周圍世界中的人與物產生幻覺；對一切刺激變得極為敏感，對聲音、顏色、氣味等，都改變了原來的感受；喪失空間感與時間感；喪失對空間距離判斷的能力，故而服用大麻後駕駛將導致嚴重的交通問題。在心理學研究上早就發現，吸食大麻之後，對學習與記憶產生兩種不利影響 (Darley, et al., 1973)：(1)影響**短期記憶** (詳見第六章第三節)，說話時上下句無法相連，喪失短期記憶中的**運作記憶**功能；(2) 影響學習效率，無法將短期記憶經由復習後轉入**長期記憶** (詳見第六章第四節)。因此，學生讀書時如希望藉由大麻的刺激提振精神增加讀書效果，其後果絕對是適得其反。吸食大麻之後，和其他精神藥物一樣，很快就會出現藥物成癮、藥物依賴及耐藥力增加等現象。

本 章 摘 要

1. **意識**是指個體的一種覺醒狀態；在意識狀態時個體對其外在環境刺激及內在心理活動均有所了解。
2. 意識有兩種重要作用：其一是對環境中刺激做出反應時具有檢選作用；其二是對內在心理活動具有支配與控制作用。
3. 心理學家們研究意識時，除覺醒狀態的意識之外，一般按意識作用的不同，將之分為**下意識**、**無意識**、**潛意識**、**前意識**等不同層次。
4. 在日常生活中，個體的意識狀態呈周期性變化，心理學家對意識周期變化的研究，多集中於探討**睡眠**與**作夢**兩個主題。
5. 包括人類在內的哺乳類動物，睡眠不但具有普遍性，而且更具有必要性。
6. 目前研究睡眠的科學方法是在自然睡眠的情況下記錄**腦電波**的活動；根據腦波振幅與頻率的變化，以確定從淺睡到沉睡的不同程度。
7. 根據腦波變化研究的結果，個體的睡眠呈現五階段式的周期變化；作夢的時間主要在第五階段。五階段式周期大約每隔 90 分鐘循環一次；因此一夜之間可能作到 4～5 個夢。
8. 對夢的解釋有兩種不同理論：(1) 夢的潛意識活動論；(2) 夢的知覺組織論。
9. 由於意識對個體身心具有控制作用，故而自古以來就不斷有人構想，如何運用自己的意識狀態去改變自己身體中原來不能自由支配的活動。

10. 目前在心理學上被認為有效的意識狀態控制方法主要有三種：(1) **生理回饋**；(2) **催眠**；(3) **靜坐**。
11. 在心理學研究上，確有證據顯示禪坐、瑜珈、靜坐等活動，對紓解身心有正面效用。但如希望經由各種靜坐治療痼疾或得到幸運，在心理學研究中仍然缺乏充分證據。
12. 在心理學上解釋催眠現象的理論，主要有兩種：一為**新離解論**，另一為**社會角色論**。
13. **精神藥物**是指服用後能改變精神（或意識）狀態的藥物。精神藥物雖有暫時紓緩緊張焦慮的效應，但服用後會對身心造成傷害；故而一般視為毒品而禁止使用。
14. 精神藥物的共同特徵有二：一為**藥物成癮**；二為**藥物依賴**。
15. 根據精神藥物的性質，大致分為三大類：(1) **抑制劑**，其中**酒精**與**麻醉劑**二種是最主要的；(2) **興奮劑**，其中**安非他命**與**可卡因**兩種是最主要的；(3) **致幻劑**，其中**迷幻藥**與**大麻**兩種是最主要的。

建議參考資料

1. 李明濱（譯，1976）：催眠研究。台北市：杏文出版社。
2. 洪祖培、林克明（1979）：睡眠及其障礙。台北市：水牛出版社。
3. 黃正仁（1988）：甜蜜的睡眠：失眠自療法。台北市：大洋出版社。
4. 黃世賢（譯，1983）：圖解臨床腦波檢查法。台北市：合記圖書出版社。
5. 程　群（譯，1975）：超覺冥思：消除壓力，發揮潛能。台北市：芊芊出版社。
6. Beloff, J. (1993). *Parapsychology: A concise history*. London: Athlone Press.
7. Hilgard, E. R. (1968). *The experience of hyponosis*. New York: Harcourt Brace.
8. Hobson, J. A. (1995). *Sleep*. New York: Scientific American Library.

9. Julien, R. M. (1992). *A primer of drug action: A concise, nontechnical guide to the actions, uses, and side effects of psychoactive drugs* (6th ed.). New York: Freeman.
10. Moorcraft, W. (1993). *Sleep, dreaming, and sleep disorders: An introduction* (2nd ed.). Landon, MD: University Press of America.
11. Sommerhoff, G. (2000). *Understanding consciousness: Its function and brain processes*. London: SAGE Publications.

第五章

學習原理

本章內容細目

第一節 學習的性質
一、學習的定義及其相關概念 167
　(一) 學習因經驗而產生
　(二) 在經驗中學到知識或行為改變
　(三) 學習是行為持久改變的歷程
二、對學習歷程的不同理論解釋 168
　(一) 學習歷程的聯想學習觀
　(二) 學習歷程的認知學習觀

第二節 經典條件作用
一、巴甫洛夫的經典條件作用實驗 170
二、經典條件作用的行為法則 173
　(一) 強化與強化物
　(二) 類化與辨別
　(三) 習得、消弱與自然恢復
　(四) 次級條件作用與次級強化
三、經典條件作用與行為主義 175
　(一) 巴甫洛夫是行為主義的先驅
　(二) 行為主義揭櫫的科學心理學取向
四、經典條件作用原理的應用 177

第三節 操作條件作用
一、桑代克的效果律 179

二、斯金納的操作條件作用 180
　(一) 操作條件作用的特徵與實驗設計
　(二) 操作條件作用的行為法則
　(三) 操作條件作用原理的應用
三、聯想學習理論的貢獻與侷限 186
　(一) 聯想學習理論的貢獻
　(二) 聯想學習理論的侷限

第四節 認知學習
一、聯想學習歷程中的認知作用 190
　(一) 經典條件作用學習中的認知作用
　(二) 操作條件作用學習中的認知作用
二、認知學習的動物實驗研究 191
　(一) 柯勒的頓悟學習實驗
　(二) 托爾曼的方位學習實驗
三、認知學習中的觀察學習 196
　(一) 班杜拉觀察學習論要義
　(二) 觀察學習的心理機制
四、認知學習理論的貢獻與侷限 201

本章摘要

建議參考資料

始自古代哲學心理學的六大爭議問題中，人類**知識來源**問題是其中爭議最大的問題之一。自17世紀以來持續了一百多年的**理性主義**與**經驗主義**之爭，爭議焦點即知識來源問題。此一時期的哲學心理學思想，對以後科學心理學的發展，產生了巨大影響。經驗主義解釋感官經驗形成知識時，採取了古代聯想的看法，並加以擴充，終於在19世紀形成了聯想主義。**聯想主義** (associationism) 的基本概念是，知識來自感官經驗，而感官經驗形成知識乃是經由觀念聯想的歷程。**觀念聯想** (association of ideas) 是代表兩個事件的觀念之間所產生的聯想 (如看到閃電立刻聯想到雷聲)。

科學心理學興起後採用科學方法研究學習心理時，雖原則上採取了聯想主義的理念，但在解釋上卻改變了原來聯想主義的本意。當時科學心理學家認為，知識並非來自代表兩個事件觀念的聯想，而是來自影響個體的刺激與個體對該刺激表現的反應之間所建立的關係。換言之，科學心理學所指的聯想，不再是兩個觀念的聯想，而是刺激與反應的聯想。而且刺激與反應聯想的形成，是直接的、自動的；在刺激與反應之間不帶有內在的心理歷程。以刺激與反應聯想取代觀念聯想，是20世紀20年代興起於美國的**行為主義**所持的主張。此一主張影響美國心理學界的學習心理學思想達40年之久。直到20世紀60年代**認知心理學**興起後，對行為主義所持刺激與反應間自動形成聯想的主張，提出質疑，終而影響學習心理學的理論，而導致對刺激與反應聯想的解釋改變了方向。本章內容即在探討科學心理學多年來對學習心理所從事的實驗研究，以及根據研究結果所建構的學習理論。希望讀者在研讀本章後對下列概念獲得明確的認識。

1. 對學習心理研究取向的概括認識。
2. 聯想學習兩大類型的異同。
3. 經典條件作用的研究方法與理論要義。
4. 操作條件作用的研究方法與理論要義。
5. 認知學習的研究方法與理論要義。
6. 認知學習中的觀察學習。

第一節　學習的性質

在第一章內討論到科學心理學誕生後心理學定義的演變時曾經提到，先是"心理學是研究行為的科學"，後來變成"心理學是研究行為與心理歷程的科學"。導致心理學定義改變者，學習心理學思想的演變是主要原因。因此，在討論各家學習理論之前，先對學習的性質略加說明，藉以幫助讀者對理論內容易於獲得明確概念。

一、學習的定義及其相關概念

要了解學習的性質，最直接的方法是了解學習一詞在現代心理學上的定義。**學習** (learning) 是因經驗而獲得知識或使行為產生較為持久改變的歷程。此一定義中含有三個重要概念，尚須補充說明。

（一）　學習因經驗而產生

經驗 (experience) 一詞有兩種含義：其一是指個體在生活活動中所經歷到的一切事情；亦即指經驗是活動的結果。其二是指個體在生活中為適應環境要求所從事一切活動的本身；亦即指經驗是活動的歷程。學習只能在這兩種經驗中產生，從來沒有經歷過的事情不會產生學習。

（二）　在經驗中學到知識或行為改變

個體在生活經驗中所學到的是知識或者是行為改變。知識的獲得是學到了"知"，行為的改變是學到了"行"。在經驗歷程中可能二者全都學到，也可能只學到知與行二者之一。

至於**知識** (knowledge) 與**行為** (behavior) 二詞在心理學的解釋，前者指個體為適應生活環境所擁有的一切訊息，後者指個體所表現的一切活動；

而個體的知識也可能包含在他的行為活動之中。惟知識非人類所獨有；從動物的覓食、築巢、儲糧、避難等各種行為看，不能不承認牠們和人類一樣擁有適應環境的訊息或知識。一切知識的獲得須靠經驗，殆無疑問，然是否一切行為改變也必須靠經驗？心理學家對此問題的看法是肯定的，惟本能或成熟因素所產生的行為改變（如雛鴨不學而能浮水），不在此限。

(三) 學習是行為持久改變的歷程

上述定義中，特別指出學習是行為產生較為持久改變的歷程。之所以如此說法，原因是有些暫時的行為改變，雖然也與經驗有關，但不能視之為學習。諸如因工時過長而疲勞，因疲勞而工作效率減低，表面上也都是因經驗而產生行為改變，但因只是暫時性改變，原因消失後行為改變的現象即不復存在。此外，定義中特別強調學習是歷程，是行為反應或心理活動的歷程。不是學習活動的結果。心理學家對學習心理的研究，即旨在探討學習歷程中知識如何獲得與行為如何改變的問題。

二、對學習歷程的不同理論解釋

在現代心理學領域內，以學習心理為研究主題的心理學家，對前述定義中強調學習是一種歷程的概念，大致具有共識。惟對"學習究竟是一個什麼樣的歷程？"的問題，不同理論取向的心理學家們之間在理論詮釋與研究方法上，仍然存有很大的爭議。大體言之，現代心理學家不外採取以下兩種取向去探討學習歷程的問題。

(一) 學習歷程的聯想學習觀

聯想學習是從哲學心理學中聯想主義演變而來的一種學習理論。前文曾經提到，在聯想主義中的聯想，是指代表兩個觀念的聯想，而現代科學心理學上的聯想，則是指環境中影響個體的刺激與個體對該刺激所做的反應兩者之間的聯想。因此，現代心理學上所說的**聯想學習**（或**聯結學習**）(associative learning) 是指在學習情境中，經由刺激與反應構成聯想而產生學習的歷程。聯想學習是美國行為主義對學習心理所持的中心理念。第二、三兩節將分別討論聯想學習的研究方法與系統理論。

（二） 學習歷程的認知學習觀

以聯想學習為理論基礎的經典條件作用與操作條件作用研究，雖然在實驗設計與理論建構上達到了自然科學所要求的**客觀性**、**驗證性**、**系統性**的地步，但如將行為主義以動物為研究對象所建構的聯想學習理論來推論解釋人類複雜學習行為時，顯然欠缺說服力。行為主義的聯想學習理論，只能說明刺激與反應間形成聯想的外顯事實，不能解釋刺激與反應間形成聯想的內在原因。在某種刺激情境下個體之所以向該刺激表現反應，除外在因素之外，個體本身的內在心理活動，更是影響其反應與否或如何反應的重要原因。惟其如此，在行為主義的聯想學習理論之後，持認知論取向的心理學家們即提出質疑，繼之也根據動物實驗研究建構了異於聯想學習的理論，稱為認知學習。**認知學習** (cognitive learning) 指個體在刺激情境下之所以對該刺激反應，乃是由於個體內在心理上對該刺激情境有所認知，而後在辨識、選擇、期盼、預測等心理活動之下做出行為反應。換言之，在基本上認知論者並不否定刺激與反應聯想會產生學習。但他們認為，刺激與反應之間能否構成聯想，必須考慮刺激與反應之間的認知作用。有關認知學習的實驗研究與理論解釋，將在本章第四節內詳細說明。

第二節　經典條件作用

行為主義在聯想學習理念之下，不僅從事了系統的學習心理實驗研究，而且也根據研究結果建構了系統的學習理論。行為主義的實驗研究和系統理論，按其性質分為兩方面：一方面是本節討論的經典條件作用，另一方面是

第三節將討論的操作條件作用。

一、巴甫洛夫的經典條件作用實驗

在討論經典條件作用之前,容先說明條件作用一詞之含義。所謂**條件作用** (conditioning),是指在某種條件下個體學習到刺激與反應聯結的歷程。亦即,在某種刺激原來並不引起個體某種反應的情形下,經過訓練之後,即可使之對該刺激表現出固定的反應。因此,條件作用一詞所指者亦即前文所說的**聯想學習**。惟在行為主義者看來,條件作用歷程中動物之所以學到向某種刺激表現固定反應,並不帶有"聯想"的意義;只是刺激與反應間的聯結而已。一般之所以稱此類學習為聯想學習,主要是由於該詞出自聯想主義傳統的緣故。接下去介紹巴甫洛夫的經典條件作用。

所謂**經典條件作用** (或**古典制約作用**) (classical conditioning),包括兩種含義:其一是指一種實驗設計;經由此種設計即可產生刺激-反應聯結式聯想學習。其二是指一種基本學習理論;將學習視為刺激-反應聯結的歷程。由於此種實驗設計與理論體系是由俄國生理學家巴甫洛夫 (圖 5-1) 所

圖 5-1 巴甫洛夫
(Ivan Petrovich Pavlov, 1849~1936) 是 20 世紀初前蘇俄時代著名生理學家和心理學家,是經典條件作用學習理論的建構者,是 1904 年生理學諾貝爾獎得主,也是傳統心理學領域之外影響科學心理學發展最大的人物之一。

首創,而且經久不衰,故而通常以"經典"名之。

巴甫洛夫為 20 世紀初俄國著名生理學家,由於長期研究消化系統的傑出成就,曾榮獲1904 年諾貝爾科學獎。巴甫洛夫在以狗為實驗對象研究其消化腺分泌的變化時,意外地發現,狗的消化腺分泌量的變化,與外在刺激的性質以及刺激出現時間等因素有密切關係。如讓飢餓的狗吃到食物,或置食物於狗的面前時,牠的唾液就會增加分泌,這是自然現象不足為奇。但巴甫洛夫在實驗中發現,有時其他本來與唾液分泌毫無關係的中性刺激 (如腳步聲) 與食物相伴或稍前出現多次,以後單獨出現時也會引起狗的唾液分泌現象。針對此一現象巴甫洛夫創始了他著名的經典條件作用實驗 (圖 5-2)。

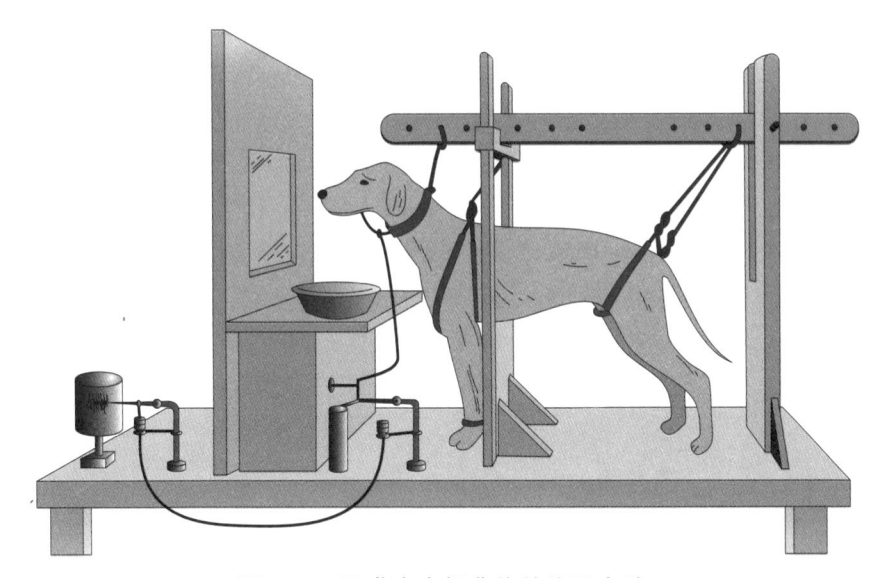

圖 5-2 巴甫洛夫經典條件作用實驗

顯然,本來與唾液分泌無關的中性刺激,之所以同樣引起唾液反應,乃是由於該刺激在與食物相伴或稍前出現的時間條件有以致之。後來,巴甫洛夫進一步採用食物之外的各種刺激,如鈴聲與燈光等,並嚴密控制其出現時間,仔細記錄唾液分泌量的變化,終於建立了經典條件作用理論。按巴甫洛夫的實驗,經典條件作用之形成,繫於以下四個**變項**之間的關係 (表 5-1):(1)

無條件刺激(或非制約刺激) (unconditioned stimulus,簡稱 UCS),指本來就能引起個體某固定反應的刺激,亦即引起唾液分泌的食物;(2) **無條件反應**(或非制約反應) (unconditioned response,簡稱 UCR),指由無條件

表 5-1　經典條件作用的實驗設計

時間與程序		刺激與反應的關係	
條件作用前	1	無條件刺激 (UCS) (食物) →	無條件反應 (UCR) (唾液分泌)
	2	條件刺激 (CS) (鈴聲) →	引起注意,但無唾液分泌反應
條件作用中（多次練習）	3	條件刺激 (CS) (鈴聲) + 無條件刺激 (UCS) (食物) →	無條件反應 (UCR) (唾液分泌)
條件作用後	4	條件刺激 (CS) (鈴聲) →	條件反應 (CR) (唾液分泌)

刺激引起的固定反應,亦即由食物引起的唾液分泌;(3) **條件刺激**(或制約刺激) (conditioned stimulus,簡稱 CS),指原來的中性刺激,亦即與食物相伴或稍前出現的鈴聲;(4) **條件反應**(或**制約反應**) (conditioned response,簡稱 CR) (註 5-1),指條件作用形成後由條件刺激引起的反應,亦即鈴聲引起的唾液分泌。綜上所述,經典條件作用的基本原理可陳述為:

註 5-1:巴甫洛夫在其俄文著作中,原本稱狗對食物的唾液分泌為**無條件反射** (unconditioned reflex),稱狗對鈴聲的唾液分泌為**條件反射** (conditioned reflex)。後來美國行為主義心理學家將反射改為反應。反射是生理為基礎的活動,反應的含義較反射為廣,除生理活動外也包括心理活動。

原屬中性的條件刺激，經過條件作用之後，即可取代無條件刺激的作用，引起原來無條件刺激所引起的反應。

在巴甫洛夫的實驗設計中包括四個變項，無條件刺激與條件刺激二者均**屬自變項**；無條件反應與條件反應二者均**屬依變項**。在巴甫洛夫的實驗中，各個變項的處理就是按照表 5-1 的時間與程序安排的，如按照表中所列時間與程序進行，即可形成經典條件作用式的學習。

二、經典條件作用的行爲法則

巴甫洛夫的實驗研究，雖原本旨在探討消化腺的分泌問題，惟因其實驗結果證實了條件刺激與條件反應之間的關係，確能在適當安排下形成新的聯結。從學習心理的觀點看，某中性刺激原本引不起個體某種固定反應，但經由經典條件實驗設計程序，即可使該中性刺激與反應形成新的聯結。新的聯結由反應表現出來，故而**條件反應**即可解釋為學習。因此，巴甫洛夫的經典條件作用自然被心理學家們視為學習的基本原理。因為巴甫洛夫開創性的實證研究證實了刺激與反應新關係的建立，影響所及，使流傳已久的以刺激與刺激間**觀念聯想**解釋知識來源的傳統理念，產生了改變，代之而起的就是刺激-反應聯結式的**聯想學習**。

正因巴甫洛夫的經典條件作用富有學習心理的意義，所以在學習心理學上就將其實驗過程中與條件反應形成的有關現象，均視為學習的基本原理。以下即經典條件作用學習原理中的重要術語。

(一) 強化與強化物

強化 (reinforcement) 一詞是指在條件作用中，影響刺激-反應聯結強度或增強條件反應出現頻率的一切程序。在上述經典條件作用中，安排與條件刺激同時或稍後呈現食物，因而增強了以後條件反應的出現頻率，即為強化。在此情況下，強化係因食物而產生，故食物即為**強化物** (reinforcer)。因強化物具有刺激的性質 (無條件刺激)，故也稱之為**強化刺激** (reinforcing stimulus) (廣義言之，凡是能夠滿足個體需要者均可視為強化物)。

(二) 類化與辨別

1. 類化 類化(或泛化)(generalization)是指經條件作用的實驗程序形成條件反應後，與實驗中所採用過的條件刺激相類似的其他刺激(如燈光)，也會引起相似的條件反應。此一現象乃是由於類似刺激所引起，故而也稱**刺激類化**(或刺激泛化)(stimulus generalization)。

2. 辨別 辨別(discrimination)或稱**刺激辨別**(stimulus discrimination)是指在條件作用中所顯示的與上述類化相反的現象。即個體所學到的條件反應，只對條件作用中受到強化過的條件刺激作反應，不對其他刺激反應。類化是趨同，辨別是辨異，兩者交互運用，才能構成準確精密的學習。

(三) 習得、消弱與自然恢復

1. 習得 在經典條件作用中，**習得**(或獲得)(acquisition)是指經由條件刺激與無條件刺激相伴出現多次後，前者逐漸取代後者的作用，最後終於單獨由條件刺激即可引起條件反應。換言之，習得一詞即指條件反應建立的歷程。

2. 消弱 消弱(或消退)(extinction)是指經典條件作用中條件反應形成後，如單獨重復出現條件刺激，而不呈現無條件刺激，原來形成的條件反應，將會因之而逐漸減弱，最後終於消失。此一現象稱為消弱。

3. 自然恢復 自然恢復(spontaneous recovery)係指消弱現象出現之後，有時不再出現無條件刺激予以強化，條件反應也會自行恢復。此現象稱為自然恢復。惟自然恢復後的條件反應較前為弱；而且如長期不再強化，已形成的條件反應終將消失。此一原理的含義是，學習後的遺忘可能是暫時的，即使未再經練習有時也會恢復記憶。惟欲期持久不忘，仍須再加練習，並再度實施強化。

(四) 次級條件作用與次級強化

1. 次級條件作用 次級條件作用(或次級制約作用)(second-order conditioning)是指經條件作用形成條件反應後，原來的條件刺激(如鈴聲)

具備了無條件刺激的作用,進而與另一條件刺激(如燈光),形成另一個刺激-反應的新聯結。像此種以原有條件作用為基礎,進而形成新條件作用的現象,稱為次級條件作用。在次級條件作用中,充當無條件刺激的原條件刺激,因經學習而具有了強化物的性質,故而稱為**次級強化物** (secondary reinforcer)。

2. 次級強化 次級強化 (secondary reinforcement) 是經條件作用形成條件反應後,以原來的條件刺激當做次級強化物使用,從而形成次級條件作用的程序。準此而論,前述第一項所指的強化,按其性質則稱為**原級強化** (primary reinforcement)。

三、經典條件作用與行為主義

(一) 巴甫洛夫是行為主義的先驅

在 20 世紀 20 年代興起於美國的行為主義,在理論取向上主張採自然科學方法研究可觀察測量的外顯行為,而在實際方法上則遵循了巴甫洛夫的經典條件作用路線。所不同者,只是行為主義創始人華生(見圖 1-3)用條件反應取代了巴甫洛夫本來的條件反射。因此,巴甫洛夫乃是行為主義的先驅。

巴甫洛夫的經典條件作用實驗在 20 世紀初已有極大的成就,而經典條件作用研究中,有以下三點促動了行為主義的發展:

1. 經典條件作用實驗是以動物為對象,實驗研究結果證明,動物可以經由強化、類化、辨別等歷程學到新的反應。

2. 經典條件作用的實驗設計完全符合科學原則;按照一定程序控制安排無條件刺激與條件刺激,即可形成條件反應。條件反應即可視為學習,而學習就是行為改變或新行為建立的歷程。

3. 經典條件作用下所產生的行為改變是可以觀察測量的,也是可以量化的;故而完全符合當時由自然科學影響而盛行的實證主義理念。20 世紀

20年代興起於美國的行為主義，原本即以採用自然科學方法從事心理學研究為號召，巴甫洛夫的理論與方法傳到美國後，立即被行為主義採用來做為理論的根據。

正因為行為主義的心理學研究理念符合當時科學化的風潮，所以自20世紀20年代開始，一向重視研究人類內在心理歷程或精神作用的心理學傳統，一變而為根據動物行為的研究結果去推論解釋人類的行為。在20世紀20至60年代，行為主義將心理學視為純自然科學與只研究外顯行為的主張，不但在美國心理學界形成了所謂的"第一勢力"，甚且影響到全世界。因此，在此一時期，"心理學是研究行為的科學"就成為了心理學的定義。影響所及，"學習"的定義也變成了"學習是因練習而使行為改變的歷程"，亦即"學習是刺激-反應聯結的歷程"。

(二) 行為主義揭櫫的科學心理學取向

在科學至上的觀念與巴甫洛夫經典條件作用研究影響下，華生首創的行為主義，很快即將美國心理學帶上了自然科學的取向。心理學史學家認為，華生當時揭櫫的行為主義，具有以下四個特點 (Schultz & Schultz, 1987)：

1. 心理學要想成為一門科學，必須採用科學方法研究個體表現於外的行為；巴甫洛夫所創用的經典條件作用實驗，其方法與原理正符合當時行為主義所強調的心理學科學研究主張。

2. 行為主義者認為，經典條件作用研究所得到的原理原則，不但可用以了解動物行為，而且也可以用以解釋人的行為。

3. 行為主義者認為，人類一切行為構成的基本要素是反應，複雜行為乃是多種反應的組合；而該等反應中，除少數是生而具有的反射之外，其他全都是個體在適應環境時，與其環境中各種刺激之間，經由經典條件作用的學習過程所形成的。

4. 行為主義者認為，只要能了解環境中刺激與個體反應的關係，即可設計環境，控制刺激，而後經由條件作用的方法，建立起所要建立的反應；並可進一步根據條件作用原理，改變人的既有行為。在心理治療上的**行為治**

療(見第十四章)，就是在此一理念下發展出來的。

四、經典條件作用原理的應用

巴甫洛夫經實驗研究建構了經典條件作用的原理，經由華生的行為主義採用來做為聯想學習的理論依據，並用以擴大解釋人與動物的一切行為。惟從現代心理學的理論與應用看，經典條件作用原理主要用於解釋情緒學習與心理治療兩方面，不能用於解釋複雜的知識學習。

在情緒學習方面，華生曾根據巴甫洛夫經典條件作用的實驗設計程序，以 11 個月大的嬰兒為對象，從事情緒反應的學習，藉以驗證巴甫洛夫的理論改變人類行為的可行性。華生預定要嬰兒學習的情緒反應為恐懼、啼哭，用來引起嬰兒恐懼的無條件刺激為重擊鋼板發出的大聲。華生預定要嬰兒學習的條件反應，就是使原本嬰兒不對之表現恐懼的中性刺激，使嬰兒對之表現恐懼反應。華生用來做為條件刺激的是嬰兒原本喜歡的白鼠，每次看到白鼠出現在面前，即用手觸摸並表示歡喜。

該實驗的實驗程序與表 5-1 巴甫洛夫的實驗類似，使重擊鋼板的大聲和嬰兒觸摸白鼠的活動同時發生。此時的嬰兒即表現出捨棄觸摸白鼠而只表示出恐懼啼哭的反應。幾次重復之後，即使白鼠單獨出現而不伴隨重擊鋼板聲時，嬰兒也會表現出恐懼啼哭的反應。至此地步，也就是表 5-1 巴甫洛夫實驗中的第四階段；單是條件刺激(白鼠)，即能引起條件反應。這表示嬰兒的恐懼反應是可以經由經典條件作用的歷程學得的 (Watson & Rayner, 1920)。

在心理治療方面，現在廣為採用的**行為治療**，其理論根據之一即經典條件作用。顧名思義，行為治療是以改變個體的異常行為為治療目的。根據早期行為主義者的看法，所謂**心理異常**事實上也就是行為異常，而行為異常並非什麼複雜內在心理因素所造成，而只不過是個體在生活歷程中學習到的不良習慣而已。按經典條件作用原理，個體不良習慣的養成，乃是原本不會引起固定反應的**條件刺激**，經由與本已引起固定反應的**無條件刺激**相伴出現數次後，前者即逐漸取代後者的作用，引起後者原本引起的反應。此一取代性的反應,就是**條件反應**。基於此義,所謂行為異常,事實上也就是個體在某種情境下學習到一種不當的條件反應。行為治療的目的,就是運用經典條件作用原理消除個體學習到的不當條件反應。運用經典條件作用原理的行為治療方法有多種。其中最常用的是**系統脫敏法**和**厭惡治療法**。此二種治療方法的實際運用,詳見本書第十四章第二節。

　　總結以上對聯想學習主題之下經典條件作用原理的討論,大致可以獲得如下的認識:如果單從科學心理學研究方法和有限度應用的觀點看,行為主義早期所標榜的自然科學取向,是有相當貢獻的。但如從學習心理研究應著眼在人類知識問題探究的觀點看,行為主義只根據經典條件作用原理來解釋如何預測和如何控制人類的行為,顯然有很大的侷限,關於此點,留待聯想學習主題下操作條件作用討論過後,再行一併說明。

第三節　操作條件作用

　　在聯想學習主題下,前節討論的經典條件作用學習歷程中有兩個特點:其一,學習是在刺激代替的過程中產生的;先是由於條件刺激與無條件刺激相伴出現 (刺激與刺激的聯結),然後條件刺激取代無條件刺激的作用,而引起了無條件刺激所引起的反應 (刺激與反應的聯結)。其二,個體在學習情境中是被動的,只是在刺激變換下表現出反應。如果從個體適應環境時隨時可能從活動經驗中學習到生存能力的觀點看,經典條件作用的學習原理,顯然只能解釋少數的學習現象。因此,行為主義發展到 20 世紀 30 年代時,在學習理論思想上,產生了操作條件作用學習的理念。惟在說明此一新理念的起源之前,應先追溯到與巴甫洛夫同時代的心理學先驅桑代克的研究。

一、桑代克的效果律

　　約在巴甫洛夫用狗做實驗建立經典條件作用理論的同時，美國心理學家桑代克 (Edward Lee Thorndike, 1874～1949)，用貓為對象所做的學習實驗，一般認為是操作條件作用實驗研究的先驅。桑代克將飢餓的貓置於特別設計的**迷箱** (puzzle box) (圖 5-3) 中。箱外置有食物，使貓在箱內可見可聞，只因箱門關閉，非用前爪踏到開門機關，無法跑出箱外取得食物。實驗研究的目的是，觀察動物在有目的活動（出箱取食）中，如何學到解決困難問題。經多次重復觀察，實驗者發現，貓初進箱時其動作是紊亂的，在紊亂活動中，偶然踏到機關，門自動開啟，獲得食物。以後重復練習時，即發現貓在箱中的紊亂動作隨重復練習次數的增加而逐漸減少，但踏到機關的動作則逐漸增多，最後，終於學到一進箱就會踏機關開門外出取食的地步。

圖 5-3　桑代克實驗用的迷箱
(根據 Thorndike, 1898 資料繪製)

根據上述貓學習開啟迷箱外出得食的實驗，桑代克建構了他的刺激-反應聯結學習理論。桑代克的學習理論有以下兩大要點 (Thorndike, 1911)：

1. 學習是經由嘗試與錯誤的歷程，在問題情境中，個體表現出多種嘗試性的反應，直到其中有一個正確有效反應出現，將問題解決為止。多種嘗試性的反應中，能有效解決問題獲得滿足結果的反應，就是在該刺激情境中學習到的特定反應。在某刺激情境中學得某特定反應之後，其他嘗試而無效的反應，即逐漸消失。此種從多種反應中選擇其一並與特定刺激固定聯結的學習歷程，稱為**嘗試錯誤學習** (trial-and-error learning)。

2. 在嘗試錯誤學習歷程中，某一反應之所以能與某一刺激發生聯結，是因該反應能夠獲致滿足的效果。這是嘗試錯誤學習能否建立的基本原則，桑代克稱此原則為**效果律** (law of effect)。效果律是桑代克學習理論的中心思想。除以效果律做為聯結學習的基本原則之外，桑代克又提出兩個附屬原則，用以解釋影響刺激與反應之間聯結之強弱：一為**練習律** (law of exercise)，指刺激與反應之間的聯結，隨練習次數的增多而加強。另一為**準備律** (law of readiness)，指刺激與反應間的聯結，隨個體本身準備狀況而異；個體在準備反應的狀況下，遂其反應，則感滿足，有過滿足經驗，以後遇到同樣情境時，自會使個體繼續作出同樣反應。

在桑代克的嘗試錯誤學習理論中，由於他將刺激與反應之間的聯結視為學習歷程，故而他的理論被稱為**聯結主義** (connectionism)。

二、斯金納的操作條件作用

美國行為主義心理學發展到 20 世紀 30 年代以後，興起了一派異於早年華生行為主義思想的**新行爲主義** (neo-behaviorism)。相對的，華生早年的思想就被稱為**古典行爲主義** (classical behaviorism)。新行為主義有兩點特徵：其一是在基本理念上仍然信守古典行為主義所強調的客觀、控制、預測與量化等原則以研究外顯行為的傳統。其二是對於刺激-反應聯結學習歷程的解釋，學者之間出現了不同的看法。有的認為學習是刺激-反應的聯結，但聯結並非個體被動地在刺激代替的過程中產生；而是在個體主動反應中產生的。有的認為學習雖可視為刺激-反應的聯結，但兩者的聯結並不是直接的，而是在刺激與反應之間有一段內在心理活動歷程。第二種看法留待本章第四節認知學習時再行討論，接下去先說明由第一種看法發展而成的操作條件作用。

(一) 操作條件作用的特徵與實驗設計

操作條件作用學習理論，係由 20 世紀 30 年代美國心理學家斯金納(圖 5-4) 根據動物學習實驗所建構的。所謂**操作條件作用** (或操作制約作用) (operant conditioning)，指個體在環境適應中主動向某刺激反應時，如反應後帶來有效的後果，個體即將學到以後對該刺激繼續反應。如此界定斯金納的操作條件作用學習，在形式上看，與桑代克的效果律極為相似，但斯金納的操作條件作用學習理論，不採用桑代克效果律中原有的"目的"或"滿足"等概念。在斯金納看來，此等概念涉及個體主觀的內在活動，不符合科學心理學所持的客觀研究取向。接下去先從斯金納的操作條件作用的特徵和實驗設計討論起。

圖 5-4 斯金納
(Burrhus Frederick Skinner, 1904〜1990)，是 20 世紀美國心理學家，是操作條件作用學習理論的建構者，是極端行為主義的代表，也是 20 世紀 60 至 80 年代心理學家中對學校教育影響最大的人。

1. 操作條件作用的特徵 與經典條件作用相比,斯金納的操作條件作用具有一項明顯特徵。經典條件作用是刺激替代性的學習歷程,在此歷程中,個體的無條件反應是被動的,是由無條件刺激引起的,而且以後經條件刺激替代而表現的反應,也是被動性的。故而斯金納稱之為**反應性條件作用**(respondent conditioning),斯金納提出的操作條件作用歷程中,個體學到的反應並非被動地為某特定刺激所引起,而是在個體主動操作其環境時,因主動向某刺激反應並帶來有效後果,從而強化了個體以後再向該刺激做出同樣反應,故而斯金納稱之為**操作條件作用**(operant conditioning)。

2. 操作條件作用的實驗設計 斯金納從事動物實驗,並從而建立其操作條件作用學習理論的儀器,稱為**斯金納箱**(Skinner box)(圖 5-5)。其設計有如桑代克的迷箱,惟附有精密電動裝置,以便自動記錄動物正確反應的次數及頻率。箱內之一邊有活動壓板,飢餓的白鼠置諸其中,因飢餓不安而活動,如果出現壓壓板的反應,該反應結果即帶來少量食物,白鼠得而食之。以後繼續活動,白鼠偶爾壓壓板得食的反應-刺激聯結,自然也會再度發生。幾次之後,因反應而帶來食物(強化物),自將加強白鼠在以後同樣情境下再表現同樣反應。斯金納箱的設計,說明了個體一切行為改變(學習),雖然是決定於個體本身行為表現的後果,但仍然是受外在因素所控制的。

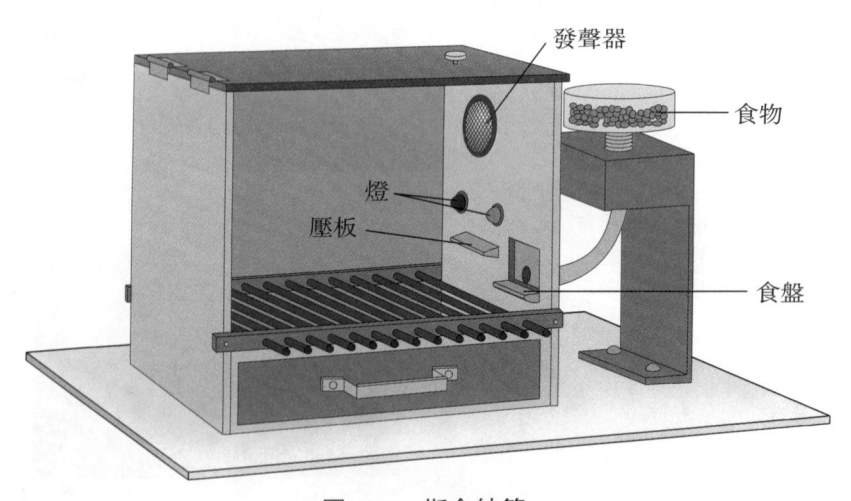

圖 5-5 斯金納箱

(二) 操作條件作用的行為法則

以斯金納箱為實驗情境，以動物（主要為白鼠與鴿子）在實驗情境中自發性地操作其環境以取得食物為學習主題，經過多年研究所得到的操作條件作用學習原理，是相當複雜的。以下所述是其中最基本的要義。

1. 後效強化 所謂**後效強化**（或**相倚強化**）(contingent reinforcement)，是指個體活動時，因偶然表現某一有效反應而受到強化，從而形成刺激-反應聯想學習的歷程。在操作條件作用中，個體自動表現多種反應，惟只在其表現某一正確反應之後，方始出現食物。食物是強化物，食物出現在反應之後，因此反應與食物之間變成了因果關係；食物因反應而出現，食物的出現自然對個體所表現的該一反應產生了強化作用。基於此義，斯金納的後效強化原則，與前述桑代克的效果律具有相似的意義；只是斯金納為使其實驗設計更為科學客觀而改以強化作用一詞代替之。斯金納在操作條件作用的實驗設計中將強化物及其所產生的強化作用分為兩類：一類為**正強化物** (positive reinforcer)，指當個體反應之後，在情境中出現的任何刺激（如食物），其出現有助於該反應頻率增加者謂之。由正強化物所形成的強化作用，稱之為**正強化** (positive reinforcement)。另一類為**負強化物** (negative reinforcer)，指當個體反應後在情境中既有刺激的消失（如觸及開關而停止電擊），其消失有助於該反應頻率增加者謂之。由負強化物所形成的強化作用，稱之為**負強化** (negative reinforcement)。固然負強化物是個體所厭惡的，但由負強化物所形成的負強化作用，卻不同於懲罰。懲罰是施予個體所厭惡的刺激，目的在消除學得的不良反應。負強化則是藉由刺激的消失而強化了新學習的反應。

2. 強化程式 **強化程式**（或**強化程序**）(schedule of reinforcement)，指採用後效強化原理從事操作條件作用學習實驗時，在強化物出現的時間上做各種不同的安排，從而觀察個體正確反應的出現率與強化物出現時間的關係。強化程式有很多種變化，其中最重要者有兩類方式：(1) **立即強化** (immediate reinforcement) 與**延宕強化**（或**延遲強化**）(delayed reinforcement)；前者指個體表現正確反應後立即提供強化物，後者指個體表現正確反應後過一段時間才提供強化物。根據實驗觀察，前者效果優於後者。(2) **連續強化** (continuous reinforcement) 與**部分強化** (partial reinforcement)；前者指每次個體出現正確反應後均提供強化物，後者僅選擇在部分正確反應之後，提供強化物。根據實驗研究，後者效果優於前者。

3. 行為塑造 行為塑造 (shaping of behavior) 或簡稱**塑造** (shaping)，指按照操作條件作用的後效強化原理訓練動物學習包括多個刺激-反應活動的一種技術。以訓練狗用鼻子按電鈴為例，狗用鼻子按電鈴雖可視為自發性的操作性行為，但此行為不可能未經訓練即可自動在定時定點發生。行為塑造的原理是，將動物學習此一行為的過程分段實施：最初，狗表現趨近電鈴反應時施予強化 (給予食物)；繼而，偶然間狗表現用鼻子去聞電鈴反應時即施予強化；最後，狗表現用鼻子按觸電鈕時即施予強化。如此逐步進行使動物學到包括多個刺激-反應在內的連續性動作，即稱為行為塑造。因為行為塑造是經過多個階段連續形成的，故而也稱此種學習歷程為**漸進條件作用** (approximation conditioning)。

4. 連鎖作用 連鎖作用 (chaining) 也是根據操作條件作用原理訓練個體學習包括多個刺激-反應活動的一種技術。惟連鎖作用的學習程序與前文所說的行為塑造相反，它不是從一連串反應的前端開始，而是從一連串反應的最後一個正確反應開始，經由後效強化原理，先對最後一個正確反應施予強化，然後等倒數第二個正確反應出現時施予強化。如此繼續進行，直到學會最初一個正確反應為止。以訓練心智不足兒童穿衣服與扣扣子為例，先幫他穿上上衣只留最上端一個扣子，讓他自己扣上並予以鼓勵。等第二次穿衣時留上端兩個扣子讓他自己動手完成並予以鼓勵。如此繼續進行，直到學會扣上所有扣子為止。連鎖作用的原理可用以解釋行為中一連串反應形成聯結的歷程。從表面看，行為活動中觀察所見者只是一個反應連鎖接另一個反應。而事實上，其中每個反應都是刺激-反應的聯結；第一個反應之後引起第二個反應的刺激就是第一個反應。換言之，前一個反應完成之後，隨即變成引起第二個反應的刺激，如此繼續進行，終而形成連鎖作用。基於此義，在斯金納看來，語言中一連串音節的聯結，或技能學習中一連串的動作，都是經由連鎖作用形成的。連鎖作用又稱**連鎖反應** (chained responses)，也稱**行為連鎖** (behavioral chaining)。

除以上四點為操作條件作用的特徵之外，其他在經典條件作用中所發現的類化、辨別、消弱、自然恢復、次級條件作用等法則，也同樣存在於操作條件作用的學習歷程之中。

5. 負強化與學習　前述各點均在說明在正強化的情境中產生的學習。按斯金納的操作條件作用學習原理，個體的很多行為是在負強化的情境下學得的。根據動物實驗研究，採用負強化原理可以使動物產生兩種學習：(1) **逃避學習** (escape learning)，指動物學習到從懲罰的情境中逃離，以免繼續受苦。此類實驗多半用白鼠為研究對象。將白鼠置於中間有半截隔板的箱中，隔板的高度，可容白鼠跳得過去。實驗時先置白鼠於箱之一邊，然後在箱底通電使白鼠受到電擊。如白鼠此時跳過隔板進入籠的另一半，自然就可脫離困境，免於電擊痛苦。此類實驗證明，幾次練習之後，白鼠就會從紊亂的反應中產生逃避學習。如改變設計換在箱的另一半通電，白鼠同樣也會逃避學習。(2) **迴避學習** (avoidance learning)，指逃避學習形成後學到迴避懲罰的一種更複雜學習。以上述逃避學習為例，在白鼠學會以跳過隔板逃避之後，在通電流之前先出現一個訊號，結果發現，在白鼠受到電擊之前，只要有訊號即引起牠逃避反應。像此種懲罰情境未出現前的迴避動作，即稱為迴避學習。上述兩種學習，雖然都可採用負強化的原理來解釋，但如進一步分析即可發現，在性質上，逃避學習屬於操作條件作用學習雖無問題，迴避學習中因增加了一個訊號，故而在性質上應屬經典條件作用的學習歷程。

(三) 操作條件作用原理的應用

斯金納根據動物實驗所建構的操作條件作用學習理論，在 20 世紀 30～60 年代，曾被學校教育與精神病院等各方面廣為採用，希望藉以提升教學效果或促進**心理治療**功能。有關操作條件作用原理在治療上的應用，留待第十四章第二節內再行討論，在此先說明此一學習原理在教學上的應用。

1. 編序教學　編序教學是 20 世紀 70 年代盛行**個別化教學** (individualized instruction) (按學生個別差異而施教的教學方式) 時，採用斯金納操作條件作用原理所研發的一種教學設計。**編序教學** (或**程序教學**) (programmed instruction) 是將學校教科書改編，使之合於後效強化原理，使學生在自動式的學習過程中獲致較好學習效果的一種教學方法。編序教學的主要工作是**編序** (programing)，將原屬課本式的教材，按一定的順序改變為編序教材，以便實施編序教學。從編序教材到編序教學所根據的原則和學習心理學原理，可歸納為以下五點：(1) 將教材所訂的整個教學單元，細分成很多小單元，並按各小單元的邏輯順序 (何者宜先，何者宜後)，依次編列，形成由易而難的很多層次或小步階。(2) 編序中的每一個小步階，代表一個概念或問題，每一問題須預先確定正確答案。第一個問題的答案是學習第二個答案的基礎，第一與第二問題的答案是學習第三個問題的基礎；層層而上，如登台階然。此一設計是根據斯金納操作條件作用學習理論中的連續漸進條件作用的原理。(3) 編序教材可採測驗卷形式，也可做成其他形式，以便於使用**教學機** (teaching machine)。對每一問題的回答，可採填充、是非或選擇等方式。回答之後立即出現正確答案，可使學生從**回饋** (或**反饋**) (feedback) 中得以核對自己的反應。(4) 編序教學之實施，原則上是一種個別化教學方式；每個學生可按自己的步調完成作業。如此可免除班級中因學習速度不同而產生的情緒壓力。(5) 編序教學之構想，基本上是想讓學生在自動的情境下，每個人均能確實學到預定要他學習的知識或技能。

2. 電腦輔助教學　電腦輔助教學是 20 世紀 80 年代電腦設備普及化以後，由編序教學演變成的一種個別化教學設計。**電腦輔助教學** (或**計算機輔助教學**) (computer-assisted instruction，簡稱 CAI)，是使用電腦代替編序教學所用教學機的一種新設計。

三、聯想學習理論的貢獻與侷限

聯想學習理論是行為主義思想的核心，因此談聯想學習理論的貢獻，也就是談行為主義的貢獻。行為主義聯想學習理論的發展，大致可分為古典行為主義 (1913～1930) 與新行為主義 (1930～1960) 兩個階段，前段以創始人華生所奉行的巴甫洛夫經典條件作用原理為代表，後者以斯金納所主張的操作條件作用原理為代表。以下就從華生與斯金納兩人的學習心理思想，簡略討論行為主義的貢獻。

（一） 聯想學習理論的貢獻

在 20 世紀之初心理學學派對立之際，華生所提倡的行為主義之所以異軍突起，氣勢勝於其他學派，在美國心理學界獨領風騷達 40 年之久。一般認為乃是由於時代精神的效應所致 (Schultz & Schultz, 1996)。所謂**時代精神** (Zeitgeist)，是指劃時代的學術思想或領袖人物之所以產生，乃是由於該時代文化演變、政治趨向、經濟發展以及社會變遷等多因素所形成的綜合效應。19 世紀科學發展的空前成就，造成西方文化在 20 世紀初 "科學萬能" 的時代精神效應。一般認為，科學研究不僅使改變物質環境以為人類享用成為可能，而且也可採用科學方法研究人性，從而改變人性。哲學時代的心理學家，都是用抽象的概念對人性從事思辯的解釋，所有的心理學理論，也都不是經由客觀驗證的科學原則建構的。即使 19 世紀末馮特已開始科學心理學研究，但因所研究主題為意識，所採用方法為內省，兩者仍屬主觀者，無法得到客觀結果。真正的科學研究必須符合主題具體性、方法精密性和結果驗證性三項科學要件。就在這樣的共識之下，華生以純科學方法研究外顯行為的思想，就掀起了心理學史上的**行為革命**。在此新思想影響之下，傳統心理學所探討的感覺、知覺、意識、認知、思維以及動機、自由意志等概念所涉及的內在心理活動，在行為主義心理學的研究中全部遭到排除。

古典行為主義所奉行的經典條件作用原理，到 30 年代斯金納的操作條件作用理論提出後，聯想學習理論的內容得以擴大，足可解釋更多的學習現象。復以斯金納在其以心理科學造福人群的雄心下，極力將操作條件作用的理念推廣到兒童養育、學校教學、精神疾病治療等方面去實際應用 (Schultz & Schultz, 1996)，終於在此後 30 年期間，使斯金納在美國心理學界得到史無前例的榮譽；1958 年獲美國心理學會傑出科學貢獻獎；1968 年獲被視為科學界最高榮譽的美國政府國家科學獎章；1971 年獲美國心理學基金會金質獎章，並成為時代雜誌封面人物；1990 年獲美國心理學會心理學終身貢獻獎。這些榮譽,代表美國政府和心理學界對斯金納學術成就的肯定,自然也代表對他所主張的刺激-反應聯想學習理論貢獻的肯定。

(二) 聯想學習理論的侷限

討論行為主義聯想學習理論的侷限時,一般批評行為主義心理學,只將可觀察的外顯行為作為研究主題,將分析了解影響行為變化的環境因素,從而預測與控制行為作為研究目的,此種理論取向顯然窄化了心理學的原意。心理學原本以研究心理現象為目的,外顯行為只是內在心理現象的表相,行為主義為遷就科學方法,捨棄內在心理活動而只重視外顯行為的取向,顯然是將手段當了目的,是不適當的。在 20 世紀 60 年代以前心理學定義為研究行為的科學時代,此種批評不為一般人接受,但在 60 年代心理學定義改為研究行為與心理歷程之後,此種批評就被認為是中肯的。基於此義,試從以下兩點分別說明聯想學習理論的侷限性:

1. 從知識來源問題看聯想學習理論的侷限性　現代科學心理學對學習心理的研究,原本旨在經由科學方法探究人類獲取知識的心理歷程。"知識"一詞的含義雖然廣泛,但從學習心理的觀點言,其概念不外包括個體在學習活動中學到的"知"與"行"。"知"與"行"兩者是相互依存的,有時是"在行中學到知"(如兒童學語言),有時是"從知中學到行"(如成人學外語),有時是"從知中學到知"(如根據舊知識學新知識),也有時是"從行中學到行"(如嬰兒學步)。無論如何,只從外顯行為著眼,是無法了解人類知識來源問題的。職是之故,聯想學習理論之外乃有認知學習論的興起。

2. 從科學研究目的看聯想學習理論的侷限性　在本書第一章第一節內曾經提到,科學研究的終極目的是根據事態變化的表相,探究表相背後的真相。個體在學習情境中所表現的外顯行為,從表面看,固然是刺激引起的反應。但如進一步探究"某種刺激為何引起某種反應?"問題時,就不能單純根據行為主義刺激接近 (經典條件作用) 或後效強化 (操作條件作用) 來解釋。以對弈為例,甲方落子 (構成刺激) 乙方回應 (引起反應),在此情形下,乙方的反應很難採行為主義的機械觀點來解釋。棋盤上的攻防之戰是千變萬化的,弈者面對刺激情境反應時,都是經過深思熟慮而後才下的決定。因此在刺激到反應之間,一定有一段內在心理活動歷程,這段內在心理活動歷程才是構成刺激-反應關係的真相。行為主義的聯想學習理論忽略此點,顯然有失心理科學的原意。

第四節　認知學習

　　認知學習是解釋學習歷程的另一種學習理論。前文曾經數度提到,在基本理念上,認知學習論雖然同意學習是刺激反應間新關係的建立,但反對聯想學習論的刺激與反應聯想的解釋。認知學習論者認為,在學習情境中個體之所以向某刺激反應,乃是由於個體對該刺激所代表的意義產生了認知。換言之,刺激與反應間新關係的建立既非決定於刺激間的接近(指經典條件作用),也非決定於反應後的強化(指操作條件作用),而是決定於個體對兩者間關係的認知。不過,此處所指認知學習論,在意涵上與後來的**認知心理學**(見第六章)並不相同。認知學習論是在行為主義盛行期間(20 世紀 30～60 年代),少數心理學家為反對聯想學習所提出的學習理論。認知心理學則是 70 年代興起的另一種心理學思想。反對聯想學習論的少數心理學家,有的出身於新行為主義,有的是完形學派的代表。認知學習論者開始反對聯想學習時所提出的理論證據,也是根據動物學習的實驗研究;直到晚近認知學習論中觀察學習論提出時,才改以人為對象從事學習實驗研究。接下去先介紹認知學習論對學習歷程解釋提出的異於聯想學習理論的意見,然後再介紹認知學習理論的實驗研究和系統理論。

一、聯想學習歷程中的認知作用

行為主義主張的聯想學習論,對學習歷程解釋的理論,是以經典條件作用與操作條件作用為根據的。兩種條件作用的共同特徵是,個體在學習情境中學到的都是機械式的反應。認知學習論針對此點提出以下反對意見。

(一) 經典條件作用學習中的認知作用

經典條件作用的核心觀點是,在學習情境中,如在時間上使條件刺激與無條件刺激接近出現多次,前者就會取代後者,自動引起個體原來對無條件刺激的反應。認知學習論者對此看法提出質疑,他們認為,動物在經典條件作用實驗情境中,未必完全是在被控制的情形下只能被動地表現出機械式反應。事實上,動物可能對實驗情境有所了解;了解到條件刺激(鈴聲)是一種訊號,此一訊號出現後,緊接著無條件刺激(食物)就會來臨。換言之,在經典條件作用中,個體所學到的未必只是被動式的反應,而很可能是由之學到一種認知和預期。在人類的日常生活中,有很多類似的學習情境。以下課鈴聲為例,按行為主義的解釋,鈴聲只是一種條件刺激。根據學生與教師的經驗,鈴聲所引起者並非機械式的下課反應;鈴聲代表一種訊號,該訊號將引起學生與教師在心理上有不相同的認知和預期(知道下了課做什麼)。因此採行為主義機械論看法解釋聯想學習,在理論與實際上都有困難。

(二) 操作條件作用學習中的認知作用

按斯金納操作條件作用的原理,個體之所以學到某種反應,主要是受**後效強化**原則的支配。因此,操作條件作用學習歷程中所產生的刺激-反應聯結學習,在性質上也是機械式的。持認知學習論的心理學家則認為,在操作條件作用中,個體學到的也可能是預測或期待,預測或期待他的反應之後,即將帶來何種後果。如後果使他滿足(快樂增加或痛苦解除),他就會繼續反應;如後果得不到滿足,他可能就不表現反應。以下的學得無助感實驗研究,即可用以說明操作條件作用中實際上帶有認知作用。

所謂**學得無助感**(或習得性自棄) (learned helplessness)，是指個體經由操作條件作用學習到的一種對環境無能為力的心理狀態。學得無助感一詞起於美國心理學家塞利格曼 (Seligman, 1975) 的研究。該研究乃是根據操作條件作用原理，以狗為實驗對象，以電擊為負強化刺激，研究動物的逃避學習時所發現的一種現象。如果將實驗情境控制為使個體無法逃避，結果發現個體經過多次嘗試失敗之後，即放棄逃避反應；即使將情境改變讓個體可以輕易逃避，個體也不再做逃避嘗試。塞利格曼將學得無助感現象解釋為個體對情境的認知作用；個體已從經驗中了解到努力逃避是無濟於事的。學得無助感是一個重要概念，既被教育上用來解釋懲罰的不良後果，也被用來解釋為**心理異常**形成的原因之一。

二、認知學習的動物實驗研究

行為主義之所以採用經典與操作兩種條件作用為解釋學習歷程的理論依據，主要是企圖在嚴密控制的實驗情境下研究動物的學習行為，從而達到心理學科學化的目的。行為主義研究動物學習行為時，強調動物在條件作用過程中所學到的只是行為 (條件反應) 而非認知的看法，認知學習論者提出質疑，此點已於上述。除此之外，即使在行為主義盛行之時，認知學習論者同樣以動物為實驗研究對象，用以證明在某些情境下動物和人類一樣，是靠思維方式學習到新的知識。而且，動物在複雜的學習情境中即使學到了知識，也未必完全表現於外顯的行為。認知論學習論者所從事的實驗研究，正值行為主義的強勢時期，其影響雖較少，但卻為以後認知心理學的興起奠下了根基。以下是 20 世紀 20～30 年代兩項代表性的動物認知學習實驗研究。

(一) 柯勒的頓悟學習實驗

在第一章內我們曾提到 20 世紀初學派對立時興起於德國的完形學派，在立場上完形學派是反對行為主義機械論的。當時著名的完形心理學家之一柯勒 (圖 5-6)，即採取認知學習的觀點，以黑猩猩學習如何取到食物為實驗主題。經觀察發現，黑猩猩在求食目的受阻情境中學習解決問題時所做的

圖 5-6 柯 勒 (Wolfgang Köhler, 1887~1967) 是 20 世紀德裔美國心理學家，是完形學派的代表之一，是認知學習論的先驅，也是將完形心理學理論系統化的功臣。

表現，並不像桑代克**效果律**或斯金納**後效強化**原則所說的那樣被動地受控於環境，而是主動地洞察問題的整個情境，在發現情境中各種條件之間的關係後，才採取行動。柯勒稱黑猩猩對問題情境經過觀察思考而後決定採取行動的歷程為頓悟。**頓悟** (insight) 是內在的認知心理歷程；在經由頓悟而表現外顯行動之前，頓悟的內在認知歷程是看不見的；事實上，在個體表現行動之前，頓悟即已產生。此後心理學上即稱此種學習方式為**頓悟學習** (insight learning)。顯然，就頓悟學習的性質看，行為主義所主張的刺激-反應學習是不完整的。因為學習未必表現於外顯行為，在一般情境下，學習多半是內在心理歷程。

柯勒研究黑猩猩的頓悟學習時，曾設計過很多不同的實驗情境，其中最著名的是黑猩猩換桿取食的實驗 (圖 5-7)。實驗時，飢餓的猩猩關在籠中，籠外遠處放置食物。食物與籠之間橫放著兩條長短不同的木桿，兩條木桿的位置都超過猩猩前爪接觸到的距離。另外籠內也放一木桿，但其長度也不足以用來摶取食物。猩猩必須學習解決的問題是：如何設法取到三條木桿中最長的一條，用以摶取籠外的食物？實驗者觀察發現，黑猩猩面對此一複雜的問題情境時，在行動上並不是盲目的亂動，在幾次使用籠內短桿取食失敗之後,突然顯出領悟的神情,先用籠內短桿搆來籠外的木桿,然後選取其中最長的一條搆到了食物 (Köhler, 1925)。

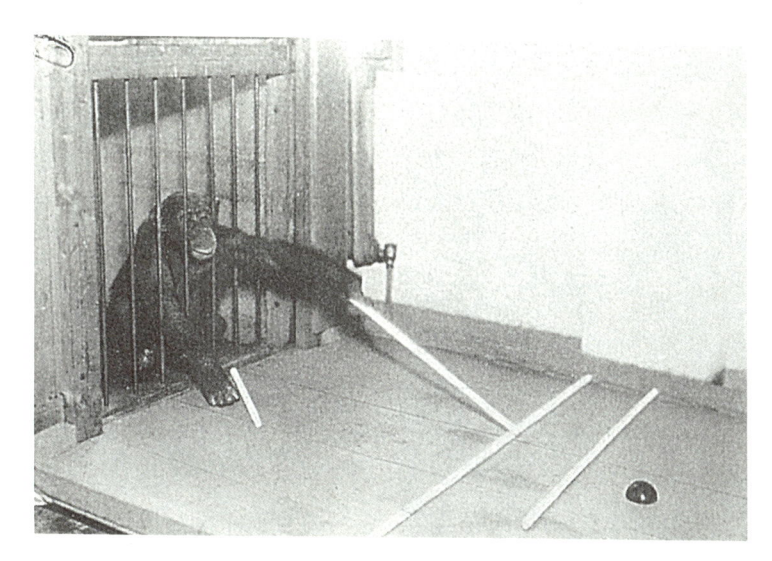

圖 5-7 柯勒的頓悟學習實驗情境
(採自 Köhler, 1927)

(二) 托爾曼的方位學習實驗

美國心理學家托爾曼 (圖 5-8),在心理學思想上雖屬新行為主義,但其學習理論主張卻與同時代的斯金納大不相同。托爾曼原則上接受行為主義以行為當做心理學研究主題的主張,也同意根據反應去解釋行為。但他對學習歷程的解釋,卻提出了兩點獨到的見解:其一,在學習情境中個體表現於外的反應現象,不等於學習的真相;個體所學到的一切,未必全部表現於外在的反應,有時學習雖已產生,但隱而不顯,托爾曼稱此種學習為**潛在學習** (latent learning)。潛在學習可能在以後某種情況下 (如危急) 無意中表現於反應。其二,在某刺激情境下個體學到的反應,不是被動的機械反應,而是主動的選擇性反應。主動選擇的原因,是個體對刺激情境有所認知。換言之,學習不是刺激接近或反應後強化被動式的,而是個體主動決定的。托爾曼的學習心理思想，由以下方位學習的實驗得到驗證。**方位學習** (或位置學習) (place learning) 是指個體在生疏的環境中對多條通路的辨別、認識、選擇，從而達到目的物所在的位置。

圖 5-8 托爾曼
(Edward Chase Tolman, 1886～1959) 是 20 世紀美國心理學家，是新行為主義的代表之一，是認知學習論的先驅，也是潛在學習理論的建構者。

托爾曼的實驗設計是一個三路迷津 (見圖 5-9)，訓練白鼠學習選擇一條近路達到取得食物的目的。實驗分預備練習與正式練習兩階段。在預備階段，先讓白鼠有機會熟悉整個環境，環境熟悉後，訓練階段按以下三步驟進行：(1) 在白鼠飢餓時，讓牠由出發處進入迷津，經幾次練習後，牠學習到捨棄第二、三通路，獨選第一通路，直奔食物箱，這表示白鼠在學習情境中學習到第一通路是最近的。(2) 達到上述程度後，如在 A 處將第一通路設下路障，發現白鼠迅速退回，改選第二通路，這表示白鼠在學習情境中學習到第一、二兩通路之間的關係。(3) 達到上述程度後，如在 B 處將第一通路再設下路障，發現白鼠迅速退回，改走最遠而練習最少的第三條通路達到目的，這表示白鼠在學習情境中學習到三條通路之間的相對關係。

訓練階段達到上述學習程度後，再以**隨機分派**的方式設置路障 (即設置位置不定)，用以測試白鼠的方位學習。結果發現，白鼠對三條通路隨路障

圖 5-9 方位學習
白鼠在迷津中尋找食物有如計程車司機尋找地址，能按路況變化隨時改變行程達到目的。(採自 Tolman & Honik, 1930)

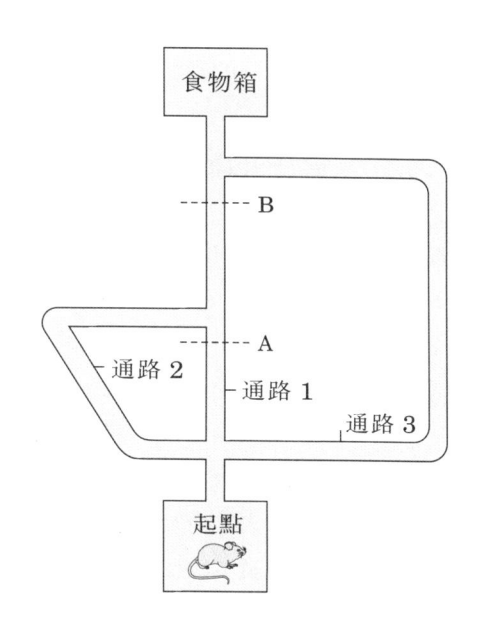

而改變的局勢，全部了然，有如開車多年的計程車司機，對大街小巷的路況十分熟悉；能因時制宜因地制宜，隨機應變達到目的。根據托爾曼的解釋，白鼠在迷津中，經過到處遊走之後，已學到了整個迷津的**認知圖** (cognitive map) (Tolman & Honik, 1930)。白鼠學到了認知圖之後，就會按圖索驥循序找到目的物所在的方位。由此可見，白鼠在三路迷津中學到的是一種認知能力，不是左轉右轉的習慣性反應。托爾曼所指的認知圖是無法從個體外顯行為中觀察可見的，故而稱之為潛在學習。

在 20 世紀 30 年代行為主義當紅的期間，托爾曼的認知圖理論，提供了反對聯想學習理論的有力證據。在以後的實驗研究中，托爾曼觀察發現，白鼠在迷津中遇到近路受阻，不得已而選走遠路之前，會暫停下來並表現一些左右探索的小反應。托爾曼認為這表示此時白鼠正在"考慮"如何選擇路途以達到目的地；他稱此種不顯著的活動為**替代性嘗試錯誤** (vicarious trial-and-error，簡稱 VTE)(Tolman, 1948)。替代性嘗試錯誤在人的行為中是隨時可見的。對弈時舉棋不定的現象，就表示當事人正在採替代性嘗試錯誤方式，以內在思維活動替代外顯的反應。在行為主義強勢之下，雖然托爾曼的學習心理思想,沒有受到普遍重視,但他的認知圖主張,卻對以後認知心理學的發展留下了很深的影響。

三、認知學習中的觀察學習

根據本章前三節的討論,讀者對以往學習心理的研究,可能獲得兩點認識:其一,在 20 世紀 60 年代以前,雖然行為主義所持的聯想學習理論是學習心理思想的主流,而認知學習理論卻能在此一主流之下異軍突起,終至形成兩大理論對峙的局勢。其二,無論是聯想學習或認知學習理論,其理論的建構全都是以動物實驗研究結果為根據的。然從研究學習的目的旨在探究人類知識來源的觀點言,何以捨人類而研究動物?對此一問題的合理解釋是,除了認為動物與人類有相似處之外,主要還是在反**結構主義**的餘波中,因反對主觀內省,強調客觀驗證的科學化思想影響所致。然而,對人類的心理與行為而言,學習的含義至廣,除對簡單的刺激學到反應與認知之外,而且也包括著人際關係與複雜的知識和技能;只根據動物研究所得行為法則去推論解釋人類的學習心理,其效度畢竟是有限的。因此,從 60 年代開始,學習心理的研究,已由動物實驗轉而改為以人為對象的研究。本節所要討論的觀察學習以及以後第七、八兩章的內容,盡皆如此。接下去就討論認知學習理論中的觀察學習。

觀察學習是美國斯坦福大學教授班杜拉 (圖 5-10) 在 20 世紀 60 年代提出的一種學習理論。**觀察學習** (observational learning) 指在社會情境中,個體只憑觀察別人的行為及其行為後果 (行為後得到獎勵或懲罰),不必自己表現出行為反應,即可學習到別人行為的學習歷程,此一理論稱為**觀察學習論** (observational learning theory)。因為觀察學習是在社會情境中對別人行為模仿而產生的,模仿出於認知,故而又稱**社會認知論** (social cognitive theory)。

(一) 班杜拉觀察學習論要義

在心理學思想上,班杜拉雖屬新行為主義,而且原則也同意斯金納所持

圖 5-10 班杜拉
(Albert Bandura, 1925～)
是20世紀美國心理學家，是觀察學習論(社會學習論)的創始人，是綜合聯想學習與認知學習兩種理論，從而建構了更適合解釋人類複雜行為的學習理論的心理學家。

後效強化可以改變行為的觀念，但他所提出的觀察學習論，卻與斯金納的思想有三點不同：(1) 他擺脫行為主義動物學習研究的傳統，改以人為研究對象；(2) 他超越學習時個體必須直接向刺激表現反應始能產生學習的觀念，認為單憑個體在旁觀察別人的反應，即可間接產生學習；(3) 他既認為直接向刺激情境反應非屬學習所必須，又認為反應後的強化作用並不是構成學習的必要條件。由此可見，班杜拉的觀察學習論，不但擴大了早期聯想學習和認知學習研究的範圍，而且豐富了學習心理學的內容，使學習原理應用在教育心理學和社會心理學等方面，能解釋更多的心理現象。以下簡述觀察學習論的要義。

1. 學習並非單純決定於外在環境　在基本上，班杜拉的學習理論是反對斯金納的**環境決定論**的。班杜拉強調，單是環境因素並不能決定人的學習行為。除環境因素之外，個人自己對環境中人、事、物的認識和看法，更是學習行為的重要因素。換言之，在社會環境中，環境因素、個人對環境的認知以及個人行為三者，彼此交互影響，最後構成學到的行為。人的行為表現不純是內在力量的驅使，人所學到的行為也並非純因行為表現後受到外在環境的控制。人受環境中別人的影響,人也能影響環境中的別人。正由於班杜拉的觀察學習論中包括環境、個人與行為三項因素,故而被稱為**學習三元論** (triadic theory of learning)。

2. 學習得自對楷模的觀察與模仿 班杜拉的觀察學習論,其重點強調個體新行為的獲得,不必一定要在學習情境中直接反應,只憑個體觀察別人行為即可學到同樣的行為。班杜拉的觀察學習論主要用於解釋人類社會行為的學習,故而在教育心理學與社會心理學上,一般稱他的理論為**社會學習論** (social learning theory)。觀察學習論在解釋學習歷程時,班杜拉採用觀察與模仿兩個概念予以說明。觀察時個體只是以旁觀者的身分,觀察別人的行為表現 (自己不必實地參與活動),從而獲得學習的歷程。此一解釋,為教育上經常舉辦的示範教學、觀摩教學以及教學演示等措施,提供了理論根據。觀察學習並不僅限於經由觀察別人行為表現的方式 (如說話的姿態)而學到與別人同樣的行為,且甚進一步體認到別人行為的後果 (得到獎懲後的苦樂),亦足以設身處地的獲得間接的經驗。例如,幼兒見到別的幼兒因打針疼痛而啼哭 (刺激-反應),他只靠觀察就會學到對打針一事表現恐懼。像此種只從別人的經驗即學到新經驗的學習方式,稱之為**替代學習** (vicarious learning)。替代學習是不需要經過客觀的刺激-反應聯結的學習的,故而班杜拉稱之為"毋需練習的學習"(Bandura, 1986)。

模仿 (modeling),是指個體在觀察學習時,對社會情境中某人或團體行為學習的歷程。模仿的對象稱為**楷模 (或榜樣)** (model);家庭中的父母與學校中的教師,一向被視為兒童模仿的楷模人物。因此,在教育上重視教師的"以身作則",正是提供楷模讓學生模仿學習之意。

3. 觀察與模仿並非機械式的反應 按斯金納學習理論中後效強化原則,謂個體在刺激情境中所學到者,不是自主性反應,而是機械式反應。既然個體學到的是機械式反應,自然是同樣情境下的不同個體,均會學到同樣的反應。此即斯金納主張學習理論應具備的"客觀"與"預測"的條件。班杜拉的觀察學習論,反對此種機械論的看法,他認為,即使眾人所觀察的情境相同,而其所表現的反應也未必一致;原因是每個人的反應都是經過他認知判斷之後才表現於外的。換言之,人在學習情境中觀察模仿時,由接受刺激到表現出反應之間，有一段**中介作用** (mediation)；中介作用所指的，就是內在認知歷程。

按班杜拉的解釋，學習情境中的某種刺激，對學習者而言，具有兩種不同的性質或意義 (Bandura, 1977)；其一為**名義刺激** (nominal stimulus)，指刺激所顯示的外觀特徵，是客觀的，是可以測量的。名義刺激的特徵，對情境中每個人來說，都是一樣的。其二為**功能刺激** (functional stimulus)，指刺激引起個體對之產生的內在認知與解釋。功能刺激的特徵，對情境中每個人來說，未必相同。班杜拉曾以幼兒為受試者，從事觀察學習實驗，以驗證上述中介作用的理念。該實驗的設計是，先讓幼稚園兒童觀察影片，影片中顯示一憤怒成年人打擊一充氣的橡皮假人。看過後，帶領幼兒到另一放置充氣橡皮假人的實驗室，讓他模仿看過的成人動作向假人攻擊。結果發現不同幼兒的攻擊方式各不相同；他們並不直接抄襲成人的動作（如先出右拳後出左拳）進行攻擊，而是各自表現其自己的攻擊行為 (Bandura, 1969)。班杜拉的模仿學習的中介作用的說法，在教育上深具意義；當教師設計學習情境時，必須考慮到學生的心理需求與認知能力上的差異。

4. 模仿隨情境變化而有不同方式　根據班杜拉的社會學習論，學習者經由觀察學習對楷模人物的行為進行模仿時，將因學習者當時的心理需求與所學到行為的不同而有四種不同的方式：

(1) **直接模仿** (direct modeling)：是一種最簡單的模仿學習方式，人類生活中的基本社會技能，都是經由直接模仿學習來的。諸如幼兒學習使用筷子吃飯與學習手執毛筆寫字等，都是經由直接模仿學習的。

(2) **綜合模仿** (synthesized modeling)：是一種複雜模仿，學習者經模仿歷程而學得的行為，未必直接得自楷模一人，而是綜合多次所見而形成自己的行為。例如，某兒童先是觀察到電工踩在高凳上修電燈，後來又看到母親踩在高凳上擦窗戶，他就可能綜合所見，學到踩在高凳上取下放置在書架頂層的故事書。

(3) **象徵模仿** (symbolic modeling)：指學習者對楷模人物所模仿者，不是具體行為，而是他的性格或行為所代表的意義。電影、電視、兒童故事中所描述的偶像型人物,他們在行為背後隱示著勇敢、智慧、正義等性格,即旨在引起讀者象徵模仿。

(4) **抽象模仿** (abstract modeling) 是指學習者觀察學習所學到的是抽象的原則,而非具體行為。算術解題時,學生從教師對例題的講解中,學到解題原則,即為抽象模仿。

(二) 觀察學習的心理機制

觀察學習之產生既非由於外在控制與強化作用,個體本身的心理特徵、個體與楷模間的關係以及學習情境等,自然都是影響觀察學習的重要因素。根據班杜拉的研究發現 (Bandura, 1977),影響觀察學習的心理因素,可以分為以下兩方面:

1. 影響觀察學習的社會因素 根據班杜拉的研究,對一般人而言,在以下三種社會事件或社會情境之下,觀察學習比較容易產生。

(1) **楷模人物的人格特徵**:由於觀察學習是個體向楷模表現學習行為,楷模人物在性別、年齡、容貌、性格、氣質、態度、服裝以及一切言行舉止上的特徵,自然都會對觀察學習者產生很大的影響。以服裝流行而言,電視廣告上的服裝表演,設計者必須針對不同的觀眾考慮上述各項條件;買洗髮精者必須以長髮美女做廣告,買奶粉者必須讓健康活潑的嬰兒上電視,才會達到正面效果的觀察學習。

(2) **個體本人的心理特徵**:個體本人性格獨立者,在行事作人方面比較自有主張,故而對別人行為縱有所觀察,但不一定有樣學樣地直接模仿。性格獨立的人,可能多表現在象徵模仿和抽象模仿。

(3) **觀察學習的社會情境**:觀察學習多半是在社會情境不太確定的情況下產生。所謂**社會情境** (social situation),是指人與人之間彼此影響的情境。教室內師生教與學活動是一類社會情境;很多人在球場看球或在餐廳用餐,也都是社會情境。在社會情境中,個體經常憑觀察別人的行為而學到別人的行為;惟在此種情境下的觀察學習,多半是對所學習的知識或技能不太肯定時，才容易產生。以在西餐桌上使用刀叉為例，如果你早已習慣於用刀叉吃飯，你就不會對別人如何使用刀叉加以注意。但是如果你是初次使用刀叉，你就會注意觀察別人的動作，用心學習。

2. 觀察學習的心理歷程 觀察學習的產生，不是環境中外在因素所決定的，而是個體在社會情境中，受楷模影響而做出的主動性與選擇性的反應。因此，觀察學習在表現出外顯的模仿行為之外，主要是一個內在心理的活動歷程。根據班杜拉的解釋，觀察學習的產生，要經過以下四階段的心理歷程 (Bandura, 1977)：

(1) **注意階段**：注意是觀察學習的第一階段，此時，個體必須注意楷模所表現的行為特徵 (名義刺激)，並了解該行為的意義 (功能刺激)。否則無從經由模仿而成為自己的行為。

(2) **保持階段**：保持階段即記憶階段，指個體觀察到楷模的行為之後，必須將行為之表現轉換為表徵性的心像 (把楷模行動的樣子記憶下來)，或表徵性的語言符號 (能用語言描述楷模的行為)。如此始能將觀察所見保留在記憶中，不致隨時遺忘。

(3) **再生階段**：再生階段指個體對其所學達到了解並能夠表現出來的階段。個體對楷模的行為表現觀察過後，能靠記憶所及將模仿過的楷模行為，用自己的行為表現出來。

(4) **動機階段**：動機階段指前段學得的行為表現，係出於個體主動。此時個體不僅經由觀察模仿從楷模身上學到了行為，而且也願意在適當的時機將學得的行為表現出來。幼兒喜歡在客人面前唱歌表演以搏取眾人掌聲的情形，就是如此。

四、認知學習理論的貢獻與侷限

聯想學習與認知學習兩派理論的發展，大致與整個科學心理學發展趨勢相似；先是彼此對立，而後趨於融合。在從對立到融合的過程中，認知學習理論由早期的少數弱勢轉變為後來居上的優勢。認知學習理論之所以後來居上，乃是由於以下的貢獻獲得了心理學界的肯定：

1. 認知學習理論對學習情境中刺激-反應聯結產生學習這一表相背後的真相，提出了較諸聯想學習理論更為合理的解釋。聯想學習理論認為刺激-反應學習是外在條件控制下被動聯結產生的，認知學習理論則主張刺激-反應學習是個體對刺激性質有所認知而主動表現的選擇性反應。證諸人類或動物的學習行為，聯想學習理論只能解釋少數"行而不知"的習慣性行為，認知學習理論則能解釋更多的複雜行為。

2. 從歷史演變中的時代精神看，行為主義以外顯行為為學習心理的主題，以客觀驗證的要求為研究方法，固然符合了"科學萬能"的時代精神，但卻因主題遷就方法的結果而使研究對象窄化，而喪失了研究學習心理乃是旨在解答人類知識來源問題的原義。就此觀點言，認知學習理論以"認知"來解釋刺激-反應的學習歷程，正好彌補了聯想學習理論不能合理解釋人類知識來源問題的缺點。惟其如此，由於認知學習理論的主張，而促成了後來70年代認知心理學的誕生。現代認知心理學正是以研究人類知識獲得歷程為目的的。由此觀之，認知學習的主張也是符合時代精神的。

3. 受認知學習理論影響的觀察學習論，將認知學習的原理擴大到對人類社會行為的研究，不但大大超越了行為主義聯想學習理論所強調的反應或反應後的強化是學習要件的觀念，而且在心理學上對社會角色、道德行為以及學校的行為規範教育等方面，提供了理論根據。

4. 如果要檢討認知學習理論的侷限，可得而言者是指當時對"認知"的解釋仍未完全擺脫抽象的缺點。諸如"頓悟"與"認知圖"等名詞，就不易使人獲得明確的概念。後來興起的認知心理學，比擬電腦處理訊息的方式研究解釋刺激-反應間的認知歷程，就克服了早先認知學習理論的缺點，此點留待下一章內再詳細討論。

本 章 摘 要

1. **學習**是因經驗獲得知識或使行為產生較為持久改變的歷程。
2. 在現代心理學的理論中,解釋學習歷程者有兩大理論:(1) **聯想學習**;(2) **認知學習**。
3. 在聯想學習理論中,又有**經典條件作用**學習理論與**操作條件作用**學習理論之分。
4. 巴甫洛夫經實驗發現,經典條件作用學習歷程中有四項重要行為法則:(1) **強化與強化物**;(2) **類化與辨別**;(3) **習得**、**消弱**與**自然恢復**;(4) **次級條件作用**與**次級強化**。
5. 經典條件作用是**古典行為主義**解釋行為改變的理論基礎。
6. 桑代克根據動物實驗所建構的**嘗試錯誤學習**理論有三個學習律:(1) **效果律**;(2) **練習律**;(3) **準備律**。
7. 斯金納將條件作用學習分為兩大類:(1) **反應條件作用**;(2) **操作條件作用**;前者指經典條件作用,後者是他本人的主張。
8. 斯金納經實驗發現,操作條件作用學習歷程有五項重要行為法則:(1) **後效強化**;(2) **強化程式**;(3) **行為塑造**;(4) **連鎖作用**;(5) **負強化**。
9. 操作條件作用的學習原理,在教育上主要應用於兩方面:(1) 在教學上的**編序教學**;(2) **電腦輔助教學**。
10. 按認知學習理論的解釋,無論是經典條件作用,或是操作條件作用,其學習歷程中均含有認知作用。
11. 早期的認知學習理論,和行為主義一樣,也是採用動物為學習實驗的對象的。在這方面的重要研究有二,一為柯勒的**頓悟學習**實驗;另一為托爾曼的**方位學習**實驗。
12. 按班杜拉的**觀察學習論**,**模仿**可以分為四種不同方式:(1) **直接模仿**;(2) **綜合模仿**;(3) **象徵模仿**;(4) **抽象模仿**。

13. **觀察學習**的形成,有四個必要階段:(1) 注意階段;(2) 保持階段;(3) 再生階段;(4) 動機階段。
14. 影響觀察學習的社會因素有四:(1) 楷模人物的人格特徵;(2) 個體本人的心理特徵;(3) 觀察學習的社會情境;(4) 觀察學習的心理歷程。
15. 認知學習論的最大貢獻是,使行為主義只重視外顯行為的偏頗思想,得以補充糾正,讓心理學又恢復研究心理現象的傳統。

建議參考資料

1. 張必隱 (2003):學習心理學。台北市:東華書局 (繁體字版)。杭州市:浙江教育出版社 (簡體字版)。
2. 張厚粲 (1999):行為主義心理學。台北市:東華書局 (繁體字版)。杭州市:浙江教育出版社 (簡體字版)。
3. 張春興 (1994):教育心理學。台北市:東華書局 (繁體字版)。杭州市:浙江教育出版社 (簡體字版)。
4. 彭聃齡、張必隱 (1999):認知心理學。台北市:東華書局 (繁體字版)。杭州市:浙江教育出版社 (簡體字版)。
5. 廖克玲 (1982):社會學習論巨匠——班度拉,台北市:允晨文化事業有限公司。
6. Domjan, M., & Burkhard, B. (1986). *The principles of learning*. Monterey, CA: Brooks/Cole.
7. Garnham, A., & Oskhill, J. (1994). *Thinking and reasoning*. Oxford: Blackwell.
8. Mazur, J. E. (1994). *Learning and behavior*. Englewood Cliffs, NJ: Prentice-Hall.
9. Reed, S. K. (1996). *Cognition: Theory and application* (4th ed.). Boston: Brooks/Cole.
10. Schwartz, B. (1989). *Psychology of learning and behavior* (3rd ed.). New York: Norton.
11. Sternberg, R. J. (1996). *Cognitive psychology*. Fort Worth: Harcourt Brace.

第 六 章

記憶與遺忘

本章內容細目

第一節　記憶是學習心理問題的核心
一、學習、記憶、遺忘之間的關係　207
二、記憶的測量　208
　(一) 回憶法
　(二) 再認法
　(三) 再學習法
　(四) 反應時間法

第二節　記憶研究的訊息處理取向
一、認知心理學的興起　213
　(一) 認知心理學的誕生
　(二) 認知心理學誕生的時代背景
二、訊息處理的多重歷程觀　217
　(一) 訊息處理中的記憶與遺忘
　(二) 訊息處理中的心理歷程

第三節　感覺記憶與短期記憶
一、感覺記憶　220
　(一) 感覺記憶的儲存與編碼
　(二) 視覺記憶的實驗研究
二、短期記憶　223
　(一) 短期記憶的編碼
　(二) 短期記憶的儲存
　(三) 短期記憶的檢索
　(四) 短期記憶的遺忘

第四節　長期記憶
一、長期記憶的編碼　228
　(一) 保持復習與精心復習
　　補充討論 6-1：熟悉的事物未必容易記憶
　(二) 處理層次論要義
二、長期記憶的儲存　231
　(一) 程序性記憶
　(二) 陳述性記憶
　(三) 語義組織理論
　　補充討論 6-2：人為什麼不能記得三歲以前的事？
三、長期記憶的檢索與遺忘　237
　(一) 檢索線索
　(二) 長期記憶遺忘的原因
四、如何增進記憶並減少遺忘　239
　(一) 循訊息處理論原理學習新知識
　(二) 學習合於心理原則的讀書技巧

本章摘要

建議參考資料

綜合前章介紹過的聯想學習與認知學習兩派理論，可知兩派理論都是經由實驗研究獲得客觀驗證的結果，據以發現原則而建構的系統理論。惟從學習心理研究旨在探討人類**知識來源問題**的觀點看，兩派理論對學習歷程的解釋，均有兩點不足之處：其一，兩派理論均只能解答"學習是如何產生的？"的問題，而對"學習歷程中究竟產生了如何的內在心理變化？"的問題，則未能充分解答。聯想學習只重視外顯反應，不重視內在歷程；將學習視為刺激-反應的聯結，而刺激-反應的聯結，則決定於接近原則或強化作用。認知學習重視學習的內在心理歷程；將學習視為個體對學習刺激情境的了解，而整個刺激情境的了解則決定於個體的認知能力。由此觀之，兩派理論所指的學習，事實上都離不開刺激情境下產生的反應。惟兩派理論雖各自對刺激情境下學到反應一事提出不同解釋，但對從引起學習的刺激出現，到代表學習結果的反應表出，其間經過的內在心理歷程，則均未提出完整的說明。其二，兩派理論的建構，均以動物實驗研究結果為依據，根據動物實驗所建構的學習理論，能否用以推論解釋人類複雜的知識學習，不無問題。

學習理論的上述缺點，雖一向為以學習理論為基礎的教育心理學家所詬病，但迄至 20 世紀 60 年代，情況一直未見改善。直到 60 年代以後，一方面受到通訊科學訊息傳遞技術進步的影響，另方面受到電腦科學上輸入、譯碼、儲存、輸出等觀念的啟發，終於誕生了以**訊息處理**為主的**認知心理學**，形成了所謂的"認知革命"。本章之內容即以訊息處理的理論為主題，從而分析討論學習心理研究中學習、記憶、遺忘三個彼此關連的問題。希望讀者研讀過本章之後，能對學習心理研究的新取向，獲得以下的認識：

1. 學習、記憶、遺忘三者間的密切關係。
2. 記憶測量的各種方法。
3. 現代認知心理學興起的時代背景。
4. 訊息處理論的要義及其價值。
5. 訊息處理歷程中三類記憶的特徵及其間的連帶關係。
6. 如何運用訊息處理論原理以增進記憶。
7. 如何運用訊息處理論原理增進閱讀技巧以提升讀書效率。

第一節　記憶是學習心理問題的核心

無論是從日常生活的經驗看，或是從學習心理的實驗研究看，學習、記憶、遺忘三者間的密切關係是顯而易見的；而且，在此三者的密切關係中，記憶是學習心理問題的核心。惟其如此，在進入討論本章主題之前，容先舉例說明學習、記憶、遺忘三者間彼此的關係。

一、學習、記憶、遺忘之間的關係

學習與遺忘的產生，都是隱而不顯的內在心理歷程，要想了解學習或遺忘之有否產生，唯一的根據就是記憶。所謂**記憶** (memory)，是指在學習情境中刺激（形象或聲音）消失之後，在心理上仍保持下來所代表原刺激的訊息。因此，記憶也稱**保持** (retention)。以練習 10 遍學會 50 個英文單字為例，在練習期間一般的情形是，所能記憶的單字數量隨練習次數增加而增加。惟在整個練習過程中，每次練習後所記得的字數未必完全相同；而且，每次練習後所記得的單字也未必完全相同；有的連續幾次測量都能記得，有的雖已記得，但又可能暫為其他單字所取代。一直繼續練習下去，如第十次練習結束後測量時全部記得，就等於達到了 50 個單字 100% 記憶無誤的地步。學習達到 100% 的記憶之後，如分別在練習停止後隔 1，3，5，7 天連續測量所能記憶單字的數量，就會發現，時間隔得愈久所能記得的單字數量愈少；幾個月之後，可能對 50 個單字，全部不復記憶。根據此一簡單例子，可以看出有關學習、記憶、遺忘三者之間存有如下的關係：

1. **記憶是學習的表徵**　學習是隱而不顯的內在心理歷程，學習因經驗而產生。上例中的練習就是經驗；練習停止後測到的單字數量就代表記憶量；練習期間所能記憶的單字數量隨練習次數增加而增加的過程，也就是因經驗而產生學習的歷程。由此可見,記憶與學習是一體之兩面,記憶是學習的表徵,只有根據記憶,才能了解學習。惟學習因練習而增加的實際情形,尚須視測量記憶的方法而定。

2. 記憶產生在學習當時也保留在學習之後　在練習期間,所能記憶的單字數隨練習次數增加而增多的現象,顯示在學習當時產生了記憶。停止練習後在不同時段所記得單字數隨時間延長而遞減,此現象顯示學習後仍保留著部分記憶。惟比較學習時與學習後兩時段的記憶性質,前者因練習而增加,後者隨時間延長而減少。

3. 記憶是評估遺忘的指標　遺忘 (forgetting) 與學習是相對的內在心理歷程;學習代表知識的獲得,遺忘代表學得知識的消失。惟遺忘與學習相同,同樣是不能直接觀察與測量的內在歷程。要想了解學習之後遺忘了多少,只能根據當時測得的記憶量去推估。按前例,如練習停止五天後還記得 20 個單字,即表示原來學得的資料已遺忘了 60%。惟採用記憶做為遺忘的指標時,只能推估遺忘的大概情形,不能肯定學習後遺忘的確切程度。原因是遺忘的程度與測量記憶的方法有密切的關係。仍以前述學習 50 個單字為例,學習後 10 週不再練習而實施測量時,如果要求受試者寫出所學的單字,可能不復記憶;但如將原來 50 個單字混在另 100 個單字中讓他指認出來,可能指認出多個學過的單字。由此可見遺忘是不易確切了解的心理現象。關於記憶的測量,下一段將作說明。

除以上三點外,尚須補充說明的是,一般總以為遺忘只產生在練習停止之後,事實上,遺忘也產生在練習過程之中;學習期間也會發生一邊學習一邊遺忘的現象。關於遺忘的原因,留待第三節再行討論。

二、記憶的測量

基於前文所述記憶是學習表徵的概念,可知記憶的測量事實上也就是學習的測量。在學習心理研究上,心理學家所設計的記憶測量方法包括兩個方面:第一個方面是為測量學習結果而設計的;亦即經過練習之後,受試者能使用口語、文字或操作以表達其學得知識或行為時所使用的。在這方面,最常採用的有三種方法：(1) 回憶法；(2) 再認法；(3) 再學習法。另一方面是為測量學習歷程而設計的；亦即在學習歷程中，受試者對學習材料尚未學到能用語文或操作表達的地步時使用的。在這方面最常採用的方法，就是反應時間法。以下是四種方法的簡略說明。

（一） 回憶法

回憶法 (recall method) 是測量記憶時最常用的方法。回憶法使用的最簡單程序是，先提供一種學習材料 (如 50 個英漢對照的陌生單字) 讓受試者在限定時間內閱讀之後，要他全憑記憶將所學得的單字用口述或筆寫報告出來，然後與原資料核對，以評定其所記得的成績。

回憶法用途最廣，不僅適用於實驗室內控制下的學習，也可用於日常生活及教育情境中的學習。單憑記憶 (不查資料) 用文字或口頭陳述人名、地名、或書本內容的方式，是屬回憶法。在日常生活中，無時無地不在使用回憶法去回憶記憶中的知識以處理問題。不過，在日常生活中也會出現暫時失卻回憶的奇特現象。在眾人聚會場所遇見極為熟悉的朋友，談話時突然忘卻對方姓名的尷尬場面，就是如此。也許稍後無需任何提示，突然又恢復了記憶。像此種"話到唇邊記不起"的現象，在心理學上稱為**舌尖現象** (tip-of-the-tongue phenomenon)。根據一般經驗，不但談話時會有舌尖現象，書寫時也會有"筆尖現象"；俗語說"提筆忘字"，就是如此的情形。

在實驗室研究語文學習的記憶時，為求了解許多語詞中每個語詞學習後記憶的差別情形，可將這些語詞順序排列為一個語詞表，要求受試者依序記憶。學習後採回憶法測量記憶並分析比較每個語詞回憶的情形，就會發現位在表之兩端者記憶量較高，位在表之中間者記憶量較低。正如同看榜上名單時，名列前茅者與名列榜尾者均較易記得，而名居中間者則較難記憶。像此種因序位關係而影響記憶的現象，稱為**序位效應** (或**系列位置效應**) (serial position effect)。位在語詞表前端者之所以較易記憶，乃是由於開始學習時受到其他單字的干擾較少所致，故而稱為**初始效應** (或**首因效應**) (primary effect)。位在語詞表後端者之所以較易記憶，乃是由於較晚學習，仍在記憶之中，故而稱為**時近效應** (或**近因效應**) (recency effect)。

除上述序位效應外，影響學習後回憶的另一因素是練習方式。如果學習材料較長，需要多次練習始能達到熟練程度時，學習時間或練習次數的分配方式，對學習後的記憶是會有影響的。練習方式有兩種，一種為分散練習，另一種為集中練習。所謂**分散練習** (distributed practice)，是指將全部用於學習活動的總時數，劃分為多個時段，各時段之間插入短暫休息。所謂**集中練習** (massed practice)，是指在練習期間內不分時段，中間不插入休息時間。就一般的情形而言，分散練習的效果優於集中練習（對幼兒學童學習時尤然）。然此原則尚需考慮以下因素：(1) 學生的條件：高智力的學生較適於集中練習，智力較低學生則較適於分散練習。(2) 學習材料的性質：學習材料本身連貫性較少者（如單字），較宜採分散練習；學習材料具有連貫性者（如詩歌），則較宜採集中練習。

(二) 再認法

再認法 (或辨認法) (recognition method) 是測量記憶最常用的另一種方法。學校中使用的一切測驗或考試中的是非題或選擇題，在性質上均旨在採再認法以測量學生學習後對教材的記憶。再認法的優點是，使用時省時簡便，既可用於練習過程中對學習進步情形的了解，也可用於學習後對學過材料記憶的情形。尤其在學習未達熟悉地步或學習後時間甚久無法用回憶法測量時，再認法最為有效。

再認法之所以測量到較高的記憶量，主要是因為對受試者提供了比回憶法為多的線索。回憶法只憑問題為線索；而問題本身又找不到答案的線索。以英、美、德、法、日五國的首都名稱做為命題材料為例。如命題方式為要求受試者寫出五個國家首都的名稱，命題中只有五國名稱的線索，各國的首都名稱則全靠回憶。如命題方式改為：東京、華盛頓、巴黎、倫敦、柏林五大都市，分別是英、美、法、德、日五個國家的首都，試分別說明國名與首都名稱的正確關係。在這種情形下，全部正確答案均隱含在命題之中。受試所要回答者，只是正確辨認而已。顯然，再認法所測量的記憶是舊經驗的核對，不是舊經驗的回憶。不過，如果以前學習時印象模糊，所學得的舊經驗不夠確實，使用再認法測量記憶時，也會出現錯誤。此即回答是非題試卷時仍難獲得滿分的原因。此外，在法庭審訊時，目擊者出庭做證未必可靠的原故，也是由於舊經驗不夠確實所致。

(三) 再學習法

再學習法是在記憶法或再認法均不便用來測量記憶的情形下所使用的一種方法。**再學習法** (relearning method) 也稱**節省法** (saving method)，指重新再學習以前學過而現在已遺忘的材料，計算再學習時達到和以前同樣熟練程度所需時間或練習次數，再與以前初學習時所需時間或練習次數相比，從節省的時間或練習次數去推斷記憶的一種方法。以背誦一篇文章為例，初學習時如閱讀八遍可達背誦無誤的地步，半年之後已不能背誦，此時如只需閱讀四遍即可恢復初學習時的程度，這表示半年來對該篇文章，在記憶中仍保存了 50%。

就上例看，採再學習法測量記憶，表面看來頗似合理，但實際上行之不易。因為前後兩次學習的程度與練習次數（或時間）的資料，不易齊備。因此在實驗室採用再學習法測量記憶時，改採**配對組設計**（見第一章第三節）來處理。實施時採能力經驗近於相等之兩組進行，一組為**實驗組**，是以前學過的，要該組受試者再來學習以前的材料，並計算其分數（達到標準所需練習次數或所需時間）。另一組為**控制組**，是以前未學過的，要該組與實驗組以完全相同的方法學習同樣的材料，並計算其分數。然後，比較兩組分數，將實驗組所節省的練習次數（或所需時間），化為百分數，即可由之推論實驗組所保留的記憶。使用再學習法時分數的計算，按以下公式：

$$節省的百分數 = \frac{(初學習練習次數) - (再學習練習次數)}{初學習練習次數} \times 100$$

(四) 反應時間法

前述三種測量記憶的方法，都是用於學習後過一段時間，或是在學習期間每次（或數次）練習之後的記憶測量。前文曾指出，記憶是學習的表徵，學習後的記憶自然代表測量記憶之前的學習，學習正在進行或學習剛剛開始時,學習的產生與否,也必須靠記憶才能推估出來。因此,在嚴密控制的實驗室中,為求了解在極短時間內產生的學習,乃有反應時間法的設計。

反應時間法 (reaction-time method) 簡稱**反應時間** (或**反應時**) (reaction time,或 response time),是指根據從刺激出現到反應表出所經時間來推估學習的一種記憶測量方法。在第五章內曾多次提到,無論是那種學習理論,在解釋學習心理歷程時,無不以刺激情境之下引起反應做為探討的主題。各派理論之差異,端在對刺激引起反應中間所經心理歷程解釋有所不同而已。換言之,先有學習材料而後有學習是大家共識的,學習者如何將學習材料經由學習活動轉化為他的知識或行為,各派心理學家則有不同理論。採用反應時間做為測量記憶的方法,即旨在了解當刺激出現後極短時間內引起反應的情形下所產生的學習。反應時間所測量的記憶,多屬以分秒計算的視覺或聽覺學習經驗,故而常用於實驗室中控制情境下的簡單學習。試舉一例以說明反應時間如何用於測量記憶,從而推估學習。

以街頭十字路口紅綠燈為例,紅燈亮時立即止步,綠燈亮時立即前行,兩者都是在刺激情境下學到了適當的反應。如果將紅綠燈光分別改為紅與綠兩個大字,並改在實驗室內進行實驗:讓受試者將左右手分別放在兩個電鈕上,要他看到紅字燈亮時按下左手電鈕,看到綠字燈亮時按下右手電鈕。並分別由自動計時器記錄從刺激到反應的精確時間。實驗結果也許發現中間所需時間只有十分之一秒。然而從學習心理的觀點言,在這瞬間之內事實上已經產生了以下三種心理作用:(1) 視覺器官(眼睛)發現到刺激的出現;(2) 視覺作用辨別出發亮的是紅字還是綠字;(3) 經意識判斷並支配左右手做出適當的行動。在此實驗中,紅與綠二字與紅綠兩種顏色的辨認當然不需要重新學習,受試者所要學的是在適當刺激之下表現適當的反應。

在上述例子中,受試者一般在極短時間內即可學到正確反應。假如改變實驗設計,將紅色燈光改換成"綠"字,將綠色燈光改換成"紅"字,在此種顏色與字義交錯矛盾的情況下,如仍採用左右手按電鈕的方式判斷紅綠二色燈光時,受試者在反應時間上就會大為延長。原因是,在此種情境下受試者必須使用更多的心理運作去重新學習,才能配合新的刺激情境,做出適當的反應。

根據上述兩個例子，可以了解到學習雖然是隱而不顯的內在歷程，但仍可根據記憶的行為表現去推估學習歷程的大概情形。在短暫學習時，反應時間愈短即表示學習愈容易，反應時間愈長，即表示學習愈困難。在日常生活中，閱讀的經驗是如此，口語對話的經驗也是如此。上課時教師所用口語能配合學生的學習能力；教師隨時解說，學生隨時理解，使學生學習時反應時間力求縮短，顯然是教學成功的基本要則。

第二節　記憶研究的訊息處理取向

在 20 世紀 60 年代以前，雖然認知學習理論為反對聯想學習理論視刺激-反應聯結即代表學習的理念，提出了刺激與反應間關係之所以建立乃是由於認知的主張，但對個體從感受到刺激到表現出反應之間如何產生認知的問題，仍未提出詳細而合理的解釋。直到 60 年代末期訊息處理論興起之後，對此一久懸未決的問題才算獲得了共識。自從 60 年代訊息處理論興起以後，其理論與方法很快就取代了當紅多年的行為主義學習理論，而成為現代心理學思想的主流。雖然從興起到現在時間並不太久，但訊息處理論的內容已極為豐富。本節及以後兩節內，即簡要介紹此一新興理論的要義。

一、認知心理學的興起

訊息處理論(或**信息加工論**) (information-processing theory)，簡稱**訊息處理**(或**信息加工**) (information processing)，是現代**認知心理學** (cognitive psychology) 的一種重要理論。顧名思義，認知心理學是以研究人類如何認知，或如何獲得知識的心理科學之一。訊息處理所研究者全是人類獲取知識的心理歷程，因此，從狹義的觀點言，訊息處理論與認知心理學意義相近;故而有時也稱認知心理學為**訊息處理心理學** (information-processing psychology)。基於此義,接下去先簡單說明認知心理學是如何產生的,然後再進一步討論訊息處理論的基本要義。

(一) 認知心理學的誕生

在基本理念上,認知心理學所研究的主題是人類知識如何獲得的問題。關於人類知識的來源,自古以來就在哲學心理學上爭議不休。科學心理學興起後,在專書中最早對人類認知歷程提出系統解釋者,是美國**功能主義**創始人詹姆斯(見圖 1-2)。詹姆斯 1890 年出版的《心理學原理》一書中,列有四章分別討論與人類認知心理有關的注意、記憶、想像、推理等問題。到了 20 世紀 20 年代,完形學派的心理學家們最早提出認知學習論的理念;完形學派重要人物柯勒根據**頓悟學習**實驗(見圖 5-7),在 1925 年出版的《人猿之心智》一書中,強調動物都會學到洞察情境運用思維解決問題。只因 20 世紀 60 年代以前,行為主義思想一直是心理學的主流,認知心理學的思想雖已萌生,但因環境所限未能得以發揚。

認知心理學正式誕生的時間是 1967～1968 年間。在此一期間內,有三位心理學家先後發表的兩種著作,為以訊息處理為中心思想的認知心理學,豎立了新的里程碑。在 1967 年,尼塞 (Ulric Neisser, 1928～　) 的《認知心理學》出版,在該書中作者為認知心理學所下的定義是:"認知心理學是對感官接受刺激(訊息)後,如何經由轉化、減約化及精緻化等心理運作,而獲得知識、儲存知識以及使用知識等內在歷程的科學研究"(Neisser, 1967)。由此可見,尼塞所指的認知心理學,事實上也就是訊息處理心理學。

尼塞的《認知心理學》出版後的第二年,阿特金森與希夫林 (Atkinson & Shiffrin, 1968) 二人聯合發表的〈人類的記憶〉論文中,對人類如何經由不同階段的記憶處理其所獲訊息的問題,提出一套系統的解釋。此一系統解釋不僅對人類記憶的內在心理歷程提出了合於經驗的假設,從而啟發無數的驗證性研究並獲得肯定,而且也將記憶與學習兩個概念結合在一起,從記憶的歷程說明了學習的歷程。換言之,阿特金森與希夫林的訊息處理論,事實上也是超越以往認知學習論的一種認知學習理論。此一理論的內容要義,留待稍後以圖示方式（見圖 6-1）進一步解說，接下去容先說明以訊息處理論為中心思想的認知心理學誕生的時代背景。

（二） 認知心理學誕生的時代背景

從時代背景看，一般心理學家咸認認知心理學的誕生，有以下四項因素 (Sternberg, 1996；Solso, 1988)：

1. 行為主義思想式微 行為主義因主張採純科學方法而興起，卻也因受科學方法所限，只研究外顯行為而忽略內在心理歷程的缺失而導致學派思想式微。行為主義以外顯行為做為心理學研究主題時，以動物代替人類為實驗對象，將學習解釋為刺激-反應聯結的歷程。在此歷程中，刺激是外顯的，是可以觀察測量的；反應也是外顯的，也是可以觀察測量的。如此，控制刺激變化而觀察反應變化，即可獲得與自然科學中物理化學類似的行為變化法則。然而，根據動物實驗，所得到的行為法則，對人類複雜行為而言，在應用上畢竟有限。行為主義不研究認知，因為認知屬於內在心理歷程，不屬於外顯行為。但根據經驗，認知確實存在；而且以認知為基礎的思維、想像、推理、判斷等高級心理活動，也都是存在的。關心人類認知心理研究的心理學家們，在不滿於行為主義只重科學方法不顧事實需要的情形下，自然容易接受並支持新的思想。

2. 通訊理論的影響 在第二次世界大戰（1939～1945）期間，由於通訊的需要及通訊技術的精進，結果發展出了有關通訊研究的**通訊理論**（或**溝通理論**）(communication theory)。通訊理論研究的內容，主要包括三方面：(1) 構成訊息的條件：包括訊息來源，訊息傳遞管道（電話、電報、雷達等）以及訊息傳遞對象等；(2) 訊息傳遞歷程：指訊息發送者與收受者間的交互關係以及訊息的轉化（如電報譯碼等）與理解的心理歷程；(3) 訊息的功能：指對訊息如何被發覺、注意以及轉化為意義等問題的研究。顯然，通訊理論所探討者，也正是後來訊息處理論所探討的問題。

3. 現代語言學的衝擊 自從**新行為主義**者斯金納（見圖 5-4）在 20 世紀 30 年代提出了他的極端行為主義理念之後，他不僅以**操作條件作用**

的原理，解釋動物如何學習到獲取食物的適當反應，而且他也以刺激-反應聯結的原理，推廣解釋人類語言的學習；認為人類的語言是刺激-反應的多重聯結形成的**連鎖**。

到了 50 年代，斯金納的語言心理思想，受到了現代語言學家喬姆斯基 (Noam Chomsky, 1928~) 語言理論的挑戰。喬姆斯基在 1957 年出版《語法結構》一書中，對斯金納以操作條件作用形成連鎖作用原理解釋人類語言的看法，提出了強烈的批評 (Chomsky, 1957)。喬姆斯基認為，人類生而具有學習語言的能力，此種天賦的語言學習能力中，本就存有一種認識語言中句型語法的先天性結構。此種結構與人類的語言結構相符合，故而稱之為**語言獲得裝置** (language-acquisition device，簡稱 LAD) (Chomsky, 1964)。按此義，人類與生俱來的語言獲得裝置，與耳目口鼻等器官相似；眼睛能識別顏色，耳朵能聽辨聲音，都是與生俱來的能力。喬姆斯基的語言心理思想，正符合認知心理學家所要探求的訊息處理問題。如果將感官收受刺激開始到反應表出為止的內在心理歷程視為訊息處理，則個體如何經由心理運作去處理訊息，在基本上是不需另外學習的。顯然，由現代語言學思想的衝擊，使認知心理學的發展產生了復古傾向；又將 17 世紀解釋知識來源問題時所主張的理性主義思想，帶入了訊息處理論的思想之中。因此，喬姆斯基的語言心理思想被稱為**天賦理性主義** (nativistic rationalism)。惟其如此，一般認為 20 世紀 60 年代認知心理學的發展，在理念上並非全然創新，而是"新瓶裝舊酒"的舊思想復甦。

4. 電腦科學的啟發　自從 20 世紀 50 年代電腦取代了早期的電動計算機以後，電腦不再只是一種高效率的機器，而是成了能夠控制其他機器運作的機器。尤其是發展到**人工智能** (artificial intelligence，簡稱 AI) 之後，電腦已發展成一門**電腦科學** (computer science)。由於電腦科學的研究，電腦已能模擬人腦，替人控制機器、處理資料，甚至代人思維、推理、解題和判斷。電腦的設計既然得自對人腦的模擬，電腦的運作過程自然被心理學家借用來做為解釋人類獲取知識的依據。因此，電腦中使用的輸入、編碼、記憶、儲存、輸出等術語，全被訊息處理論所採用。接下去的討論，將對此有進一步的說明。

二、訊息處理的多重歷程觀

在 20 世紀 60 年代以前的學習理論，無論是聯想學習論，或是認知學習論，在解釋學習時都將學習解釋為單一歷程；聯想學習論將之視為刺激-反應聯結的歷程，認知學習論將之視為認知或理解的歷程。學習單一歷程觀的特點是，學習一旦產生，其歷程都是一樣的。而且代表學習的記憶，都是以學習後的反應為根據。阿特金森與希夫林二人在 1968 年所提的訊息處理理論，則是採取多重歷程處理的觀點來解釋人類學習與記憶 (Atkinson & Shiffrin, 1968)。所謂**多重歷程處理** (multiprocess processing)，是指在訊息處理時，人類的記憶不是單一歷程運作，而是將收受的訊息分為數個階段處理，每階段的記憶方式各不相同，各自形成一段訊息處理的歷程。多重歷程處理理論，是現行認知心理學中的主流理論 (註 6-1)，接下去我們採用圖示的方式予以說明。

（一）訊息處理中的記憶與遺忘

圖 6-1 代表阿特金森與希夫林二氏訊息處理論的主要內容。按該圖所示，在此先做簡單的綜合說明如下：

1. 人類的記憶，按其產生的時間先後分為感覺記憶、短期記憶、長期記憶三種不同類型。每類記憶的性質、功能以及心理學家的研究發現，留待第三、四節內再做進一步分別說明。

2. 三類記憶間的先後關係，代表訊息處理的歷程。最先是由外在刺激影響感官產生瞬間的感覺記憶；產生感覺記憶後如加以注意，即將訊息進一

註 6-1：除本文所討論的多重歷程處理理論之外，另有一種新的理論稱為**平行分布處理** (parallel distributed processing) 理論。此一新理論產生的背景是根據人腦神經網路及電腦通訊網路的設計提出的一種假說。人腦處理訊息時，是多管道平行並進的，而且將每一種訊息都分散到大腦皮質的不同神經中樞，分別做不同處理。電腦通訊系統亦復如此，飛機場的塔台在同一時間內接收到四面八方的訊息，借由電腦之助，也可以同時平行分散處理。因此，在研究訊息處理時，在理論上應該考慮平行分散處理的問題。惟到目前為止，此一理論尚難經由實驗方法予以驗證 (Rumelhart, 1989)。

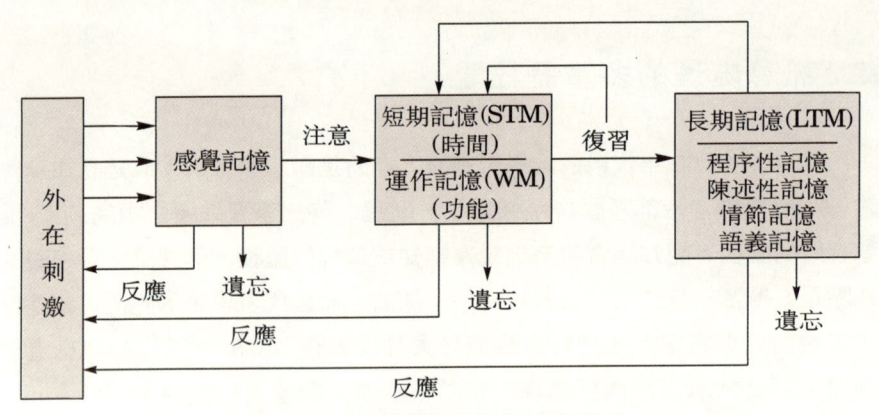

```
                              ┌─────────────────────┐
                              ↓                     │
      ┌──────┐   ┌──────┐ 注意 ┌──────────┐ 復習 ┌──────────┐
      │      │→→→│      │→→→→→│短期記憶(STM)│→→→→→│長期記憶(LTM)│
      │外    │→→→│感覺記憶│     │ (時間)   │←←←←←│程序性記憶  │
      │在    │→→→│      │     │運作記憶(WM)│     │陳述性記憶  │
      │刺    │   │      │     │ (功能)   │     │情節記憶    │
      │激    │   └──────┘     └──────────┘     │語義記憶    │
      │      │←反應  ↓                ↓        └──────────┘
      │      │←←←←←遺忘              遺忘            ↓
      └──────┘←←←反應←←←←←←←←←←←←←←←←←←←←遺忘
              ←←←←←←←←←←←反應←←←←←←←←←←←←←←
```

圖 6-1 訊息處理中的記憶與遺忘
(根據 Atkinson & Shiffrin, 1968 資料繪製)

步處理,從而產生短期記憶。如未對訊息加以注意,則立即遺忘。短期記憶維持時間仍短,產生之後如加以復習,即可將訊息輸送進入長期記憶。

3. 三類記憶之間的關係,可由箭頭指示的方向看出,是一種雙向式的前後交互關係。感覺記憶經注意而形成短期記憶之後,一方面需要復習才會進入長期記憶,另方面要靠長期記憶中已有知識(反向箭頭)的幫助,處理短期記憶中的新訊息(利用舊知識吸收新知識)。

4. 三類記憶產生後,都會表現出反應。從學習與記憶一體兩面的關係看,記憶的反應即代表產生了學習。

5. 三類記憶產生後,都可能產生遺忘現象。遺忘是根據記憶推估的;記憶的消失即表示遺忘的產生。三類記憶中遺忘的原因各不相同。

(二) 訊息處理中的心理歷程

上述五點只是對圖 6-1 內所列三類記憶間關係的簡單說明。圖 6-1 只能從記憶的不同類型著眼,尚不能了解從刺激引起感覺記憶到長期記憶之後表現出反應之間,在心理上究竟產生了什麼變化。換言之,如將外在刺激視為一種新的訊息,個體接觸到此一新訊息時,究竟在心理上如何處理,才會將此種新訊息吸收後變為他的知識。前文曾經提到,電腦科學的發展是訊息處理論催生的原因之一。因此,電腦科學上的重要術語,也被認知心理學家採用來解釋訊息處理時的內在心理歷程。所不同者只是前者用來解釋電腦的運作，後者用來解釋人腦的運作而已。以下是此類術語的簡單說明：

1. **輸入與輸出** 所謂**輸入** (input)，是指從接受刺激當做訊息從而產生感覺記憶開始，一直到將訊息送入長期記憶為止中間所經過的心理運作歷程。基於此義，可知輸入所指者也就是學習。所謂**輸出** (output)，是指將輸入儲存在記憶中的訊息藉由反應表現於外的歷程；亦即學習產生後將學習結果表現於外的歷程。圖 6-1 中向右方的箭頭，即表示輸入；三類記憶之下向左方的箭頭 (反應)，即表示輸出。

2. **譯碼、編碼、解碼** 所謂**譯碼** (coding)，是指為了便於處理，將具體訊息轉化為另一種抽象形式以便記憶的心理歷程。在譯碼過程中，由訊息的一種形式所轉換成的另一形式，稱為**代碼** (code)。以幼兒學習認識蘋果為例，蘋果本身是一具體的實物，"蘋果"二字的聲音以及其所代表的意義，則是抽象化了的譯碼 (此例為聲碼與義碼)。幼兒根據蘋果的實物，學到"蘋果"一詞的概念；從實物變為概念的心理歷程，也就是譯碼。所謂**編碼** (encoding)，是指接受刺激輸入時的譯碼歷程，亦即前例由實物學到概念的抽象化歷程。像此種將外在具體事物轉化為另一種內在抽象形式，而便於心理運作的歷程，稱之為**心理表象** (mental representation)，或簡稱**表象** (representation)。所謂**解碼** (decoding)，是指與編碼呈反方向運作的心理歷程。亦即將記憶中所記的抽象概念，在需要時針對實物刺激而做出適當反應的歷程。在幼兒學習蘋果概念的例子中，如果學後過一段時間向兒童出示一個蘋果，並要他回答"這是什麼？"的問題時，他如能用口語說出"蘋果"二字，即可了解他能按實物解碼輸出他以前學到的概念。由此可見，編碼與解碼二者同屬譯碼範圍，惟前者用於訊息的輸入，後者用於訊息的輸出。

3. **儲存與檢索** **儲存** (storage) 是將編碼輸入的訊息在記憶中保存的心理歷程。按圖 6-1 所示，在感覺記憶、短期記憶、長期記憶中都會有記憶儲存，所不同者只是儲存時間的久暫而已。關於此點留待以後分節討論各種記憶的研究時再加說明。所謂**檢索** (retrieval)，是指在需要時將編碼儲存在記憶中的訊息，予以解碼輸出並經反應而表現出來的歷程。按圖 6-1 所示，三類記憶之下都會表現出反應，這表示檢索的心理活動在三類記憶中都會發生。反應來自檢索，檢索來自記憶，記憶來自編碼儲存，編碼起自外在刺激，由此一連串的心理歷程看，可知訊息處理論所分析探討的認知歷程，也正是前章聯想學習論與認知學習論所指的刺激與反應新關係建立的歷程。因此，訊息處理論所解釋的記憶歷程，事實上也就是學習歷程。

第三節　感覺記憶與短期記憶

訊息處理論原本是比擬電腦處理資料的方式解釋人類認知學習的心理歷程。認知學習是隱而不顯的內在歷程，所以在 20 世紀 60 年代阿特金森與希夫林初次提出此一理論時，只稱之為對記憶系統的假設性解釋。經過無數學者實驗驗證之後，咸認此一多重歷程的訊息處理論，對人類的實際記憶心理運作的經驗而言，是符合的。本節與下一節即根據具有代表性的實驗研究，分別討論三類記憶的特徵。

一、感覺記憶

在心理學上，感覺心理的研究雖為時甚早，但迄至 20 世紀 60 年代訊息處理論出現之前，研究學習與記憶的心理學家們，並未將感覺視之為一種記憶；而是只將感覺視為學習情境中刺激引起反應的必要條件而已。第三章之初曾提到的從刺激到反應之間所經過的三個階段，其中由物理事件（刺激）引起生理事件（第一階段），而後再由生理事件引起心理事件（第二階段），心理事件所指者就是感覺。惟當時只稱此種心理歷程為感覺經驗，而不稱之為感覺記憶。對同一現象而有不同解釋的原因，主要是由於對記憶解釋的理論與研究方法的今昔不同有以致之。

（一） 感覺記憶的儲存與編碼

感覺記憶 (sensory memory) 或稱**感覺儲存** (sensory storage)，也稱**感覺登記** (sensory register)，是指引起感覺之刺激消失後瞬間所留下的記憶。從刺激引起感覺的心理歷程看，在一般情形下，感覺雖因刺激而引起，但所引起的感覺，卻不隨刺激的消失而立即消失。按第一節所下的定義"記憶是刺激消失後在心理上保持下來的表代原刺激的訊息"。因此，感覺的心理歷程被訊息處理論者視為一種記憶。

在日常生活中，感覺記憶的事例甚多。如在暗室中手持點燃的香頭在空中揮舞，所看到的不是香頭亮光的定點，而是香頭過後留下一條光帶；香頭移動後好似留下一條長長的尾巴，在視覺中短暫停留而後才會消失。香頭移動後，在定點上的光刺激本已消失，光點消失後留下的光帶感覺，就是感覺記憶。天上流星過處留下一條光帶，也是感覺記憶的例子。大家都知道，電影影片是由無數的定像膠片連成的。在放映時因每兩個定像膠片接連出現的時間配合適當，看起來就會產生連續移動的感覺。如影片放映速度太快，看起來將變得漆黑；如影片放得太慢，銀幕上的影像就會產生跳動現象。視覺記憶如此，聽覺記憶亦復如此。聽人講話時之所以產生多個字音連成一句話的感覺，就是因為句中每個字字音刺激消失之後留下的聽覺記憶所致。換言之，說話時一連串的字音雖然是間斷的，而聽起來卻是連續的。

以上所舉刺激消失而感覺延續的例子，在感覺心理上稱為**後覺** (after-sensation)。在第三章內所提到的**後象**，即後覺現象之一。在訊息處理論中既將感覺視為一種記憶，感覺中研究最多的是視覺與聽覺，故而感覺記憶又有**形象記憶**（或**圖象記憶**）(iconic memory) 與**聲象記憶** (echoic memory) 之分。形象記憶是視覺刺激消失後所保持的瞬間記憶，所以也稱**視覺記憶** (visual memory)；視覺記憶保持時間約在四分之一秒至一秒之間。聲象記憶是聲音刺激消失後所保持的瞬間記憶，所以也稱**聽覺記憶** (auditory memory)；聽覺記憶保持時間約在四秒鐘之內。

根據前文對圖 6-1 的解釋，三個階段的記憶均各有其編碼、儲存、檢索、遺忘等心理歷程。由於感覺記憶是以生理事件為基礎的，故其編碼帶有將原刺激"復印"的特徵,亦即在感覺記憶中仍然保持原刺激的特徵。引起感覺的刺激如係形象,在感覺記憶中留下的代碼就是**形碼** (iconic code);引起感覺的刺激如係聲音,在感覺記憶中留下的代碼就是**聲碼** (echoic code)。因感覺記憶時間太短,不易在其儲存時限內檢索輸出,只能從第二階段的短期記憶中去探索得知。只有在短期記憶中發現有關感覺記憶的訊息,才能確定感覺記憶的訊息沒有消失。因此,感覺記憶雖時間短暫不易掌握,但它卻是構成以後短期記憶與長期記憶的必要條件。至於感覺記憶的遺忘,其現象至為明顯。在日常生活中,隨時隨地都產生感覺記憶,但絕大多數都像走馬看花一樣,隨時記憶也隨時遺忘;只有對某種刺激特別予以注意時,才會將感覺記憶轉化為短期記憶。**注意** (attention) 是選擇性的**意識**集中,從而對刺激獲得更明確**知覺**的歷程。關於感覺記憶如何輸入短期記憶的問題,稍後再做說明。接下去要討論的是如何經由實驗過程研究感覺記憶的問題。

(二) 視覺記憶的實驗研究

視覺記憶的實驗研究,最早開始於美國哈佛大學博士班研究生斯珀林在 1960 年的研究 (Sperling, 1960)。在斯珀林的實驗研究之前,心理學家們只能憑假設性的解釋,認為視覺記憶中只能儲存極為有限的訊息。斯珀林經實驗證明,視覺記憶不但容量極為有限,而且記憶維持時間也只能在轉瞬之間。以下是斯珀林實驗研究的大概情形:

實驗材料為隨機選取的 12 個英文字母,按**隨機分派**原則,將之列為三排,每排 4 個字母,成為一個如圖 6-2 的方陣形式:

```
N  B  F  Q  ──────── 高聲音
Z  R  E  P  ──────── 中聲音
K  D  V  G  ──────── 低聲音
```

圖 6-2　視覺記憶實驗設計
(採自 Sperling, 1960)

實驗進行時，實驗者使用**速示器** (tachistoscope) (一種可以控制刺激出現時間的儀器)，以 50 毫秒的短暫時間，讓受試者看一遍之後要求他們報告出看到的所有字母。結果發現，多個受試者所報告的平均成績約在 4～5 個字母之間，但他們卻自稱看到的是 12 個字母。換言之，受試者的視覺所見是 12 個字母，而事後憑記憶所能報告出來的卻不及半數。

　　斯珀林對此種視覺記憶現象，提出一種假設，認為那是由於視覺記憶保持時間極短，如果要求受試者將所看到的字母全部報告出來，因受時間的限制，報告到 4 至 5 個字母時，其他字母來不及報告即行遺忘。基於此一假設，斯珀林改變實驗設計，不再採取**全部報告法** (whole-report method)，而改以部分報告方式進行。**部分報告法** (partial-report method) 是指每次看過 12 個字母之後，只要求受試者報告其中一排的 4 個字母，各排的選擇仍採隨機指定方式，而指定的信號則是在看過 12 個字母之後出現一聲音；出現高聲音時報告第一排，出現中聲音時報告第二排，出現低聲音時報告第三排。結果發現，每一排報告的平均正確率是 3.3 個字母，三排合計則為 9.9 個字母。換言之，受試者同樣是在 50 毫秒時間內看過 12 個字母，分排報告後合起來計算所記憶的量就超過了總字母數的四分之三。部分報告法之所以增加記憶量，原因是受試者能在尚未遺忘的短時間內將一排四個字母報告完畢。此一實驗結果的意涵是，在一瞥之下視覺神經系統的**感受器**，可能將刺激帶來的訊息全部登記下來，惟因登記後保持時間太短，無法在反應中全部表現出來。由此可見，由刺激到反應的三階段歷程中，由物理事件引起的生理與心理事件，在數量上將多於由心理事件引起的行為事件。

二、短期記憶

　　按圖 6-1 所示，短期記憶是訊息處理論中所指的第二階段的記憶，亦即緊接在感覺記憶之後的記憶。所謂**短期記憶** (或**短時記憶**) (short-term memory，簡稱 STM)，是指初次接受的訊息消失後 (沒有機會重復練習) 能保持 20 秒左右的記憶 (不超過一分鐘)。在日常生活中，經驗到短期記憶的機會極多；讀書閱報時的瀏覽，電話簿上查閱電話號碼，看電視字幕或聽廣播新聞，凡是只看一遍或只聽一次的語文訊息之後所留下的短暫記憶，均屬短期記憶。以查電話簿為例，從查到所需號碼到鍵盤上按鈕所需不到半分鐘時間，就是靠短期記憶。按鈕過後除非你有意將電話抄錄下來，否則立即遺忘。瀏覽報紙的情形亦復如是。報上刊登新聞及廣告事項，數以百計，看過一遍之後除少數較熟悉者能記得之外，多數是隨看隨忘。如果報上有則廣告符合你的興趣與需要（如新書廣告），此時你將從長期記憶的舊經驗中檢索出相關訊息，與之核對、解釋（如新書作者姓名及出版社等）。在此情形之下，等於是在短期記憶階段對新訊息的處理增加了一番思維工夫，所以稱為**運作記憶**（或**工作記憶**）（working memory，簡稱 WM）。在短期記憶階段經過一番心理運作，等於是加強了對訊息的記憶。所以短期記憶經過運作者，容易輸入長期記憶。

以上是短期記憶的概括陳述。以下再就短期記憶的編碼、儲存、檢索、遺忘四項特徵分別進一步說明。

（一） 短期記憶的編碼

經感覺器官接受外界刺激而形成訊息時，刺激本身多半具有形象或聲音兩種特徵。刺激原形的特徵，幫助感覺記憶將之編成了形碼或聲碼；這兩種代碼在短期記憶中發生重要作用。惟短期記憶階段形碼與聲碼的使用並不相同，先用形碼而後改用聲碼是此階段的主要心理特徵。以查電話簿為例，如查到的電話號碼是 23517864。此一號碼本來是用數字表現的形碼代表電話用戶的，可是當你查到號碼後到按鈕通話之前所保持的短期記憶，卻是不自覺地將形碼轉化為聲碼，暫時留在記憶中。甚至在按鈕時口中唸唸有詞，重述代表數字的聲音。此一經驗性事實，說明了短期記憶的編碼是以聲碼為主的。此一現象也經心理學家以實驗研究予以證實（Conrad, 1964）。該實驗設計是，要求受試者看過一連串英文字母之後立刻回答。結果發現，字母中發音相似者錯誤較多（如 T 與 C），而字母中形狀相似者錯誤較少（如 Q 與 O）。原因是受試者對字母的短期記憶是記字母的聲音；聲音相似者彼此易於混淆，故而產生較多錯誤。

上述短期記憶編碼以聲碼為主的原理，在教育上頗具應用價值。查閱英文字典記憶單字時，多屬短期記憶性質。欲期增進單字記憶效率，不宜只記字形，除字形外記憶單字的正確讀音，才是最好的方法。

(二) 短期記憶的儲存

短期記憶的時間很短，是明顯的事實。在短期記憶時限內，能夠儲存多少訊息呢？前文討論感覺記憶時，曾經指出，在 50 毫秒的視覺經驗後，只能記下 4～5 個項目，短期記憶既然可以使用較長的時間做一遍練習，練習之後在 20 秒之內，能記下多少項目呢？對此問題的答案是 7±2，亦即 5～9 個項目，其平均數為 7。此即世界各國的電話都不超過 7 至 8 位數字的主要原因。而且根據實驗研究結果，無分種族文化，一般成人的短期記憶平均數，都是七個項目左右。此一事實，為美國心理學家米勒 (Miller, 1956) 所證實。米勒的論文題目〈神秘的七，加減二〉，就變成了研究短期記憶者的基本共識。

所謂"七個項目"，究竟指的是什麼？指什麼都可以，可以是七位數字，可以是七個人名，可以是七個國名，也可以是七件事。唯一的原則是七個項目之間不能有任何邏輯關係，以免產生聯想或推理而影響了短期記憶。從事短期記憶的實驗，甚為簡單，只須控制受試者，不使有機會重復練習即可。構成記憶的獨立項目稱之為**意元** (或**組塊**) (chunk)，意思是訊息中可以處理並記憶的單元。可以想見的是，同樣的訊息，對不同經驗的人而言，意元的大小是不相同的。例如，如下的八個英文字母，UOYKNAHT，對一般人來說，這是八個項目 (字母間彼此無關)，亦即八個意元。如將這八個字母的順序倒向書寫，變為 THANKYOU，對懂得英文者而言，就成了兩個意元。同理，以下 12 位數字，886223890915，對一般人而言，它是 12 個意元，但對知道台北東華書局電話號碼的人來說，則只有四個意元。此即一般將國際電話寫成 886-2-2389-0915 形式的原因，如此寫法之後，四個意元中的數字，都不超過 7±2 的範圍。由此可見，所謂 7±2 的原則，是根據受試者主觀的意元數量計算的，不是按資料本身的客觀特徵計算的。短期記憶的儲存數量，稱為**記憶廣度** (memory span)；一般人的記憶廣度，大致接近 7±2 個意元。

基於以上討論，對短期記憶可以獲得以下兩點認識：其一，對吾人日常生活而言，如對話、閱讀、聽講等吸收訊息方面，短期記憶是極為重要的。惟短期記憶的能量有限，只能儲存 7±2 個意元。所謂"一目十行"的說法，並不實際。其二，短期記憶儲存的能量雖然有限，但每一意元的長度，仍然可以藉經驗的幫助使之增加。經驗是來自長期記憶，因此，如何運用長期記憶中的訊息，組合小意元而成大意元，從而擴增意元長度，藉以間接增加記憶廣度，仍然是可以做到的（如前文例子）。像此種靠經驗將分離的小意元組合為大意元的心理過程，稱為**意元集組**(或**形成組塊**) (chunking)。

(三) 短期記憶的檢索

檢索是從記憶中找出所需訊息，從而經**輸出**表現於外的心理歷程。在訊息處理歷程中，三種記憶的檢索方式不同，此處所指者是短期記憶的檢索。

前文所指 7±2 個意元，是指短期記憶儲存的容量；也就是指只經一遍練習後所能記憶的量只有七個項目左右。短期記憶的檢索，則是企圖進一步探究，受試者究竟如何在心理活動上，把他所儲存的短期記憶表現於外。類此問題，看似簡單，實則很難研究。直覺的想法是：短期記憶既然是受試者所意識到的，而且又是立即學到的，按理，只要是在短期記憶的時限之內，所記得的七個項目，隨時都可表現於外在的反應。

事實上並非像直覺所想的那麼簡單，經心理學家實驗研究發現，短期記憶中儲存的項目，與檢索時所需要的時間，兩者之間成正相關 (Sternberg, 1966)。該實驗的設計很簡單，先讓受試者在短時間內看一個載有不同位數數字組的數字表，如 8, 27, 316, 7051, 14682……。然後出現一組數字，接著又出現一個單位數字，要受試者憑短期記憶去檢索核對，並立即按電鈕 Yes 或 No 回答該數字是否包括在剛才出現的數字組之內。以原來的數字組 316 為例，出現後，再出現的單位數字是 6，受試者立即按 Yes 電鈕，如出現的是 2，則立即按 No 電鈕。分數的計算按受試者按對電鈕所需時間為標準。結果發現；出示之數字組內位數愈多，核對所需時間愈長；出示之數字組是單位數字時，檢索所需時間約為 400 毫秒；若數字組增至六位數字時，檢索所需時間約為 650 毫秒。此一結果顯示的意義是，短期記憶中的數字是序列的；依序檢索需要時間，數字組越長，檢索需時也越長。

(四) 短期記憶的遺忘

綜上所述，可知短期記憶有兩個明顯特徵：其一是所記的容量有限，一般不出七個項目左右。其二是記憶保持的時間甚短，只能保持 20 秒的時間。由此可見，由視覺或聽覺收到訊息後，如果不立即重復練習或採用筆錄方式登記下來，轉眼之間即行遺忘。查英漢字典時，都有隨查隨忘的經驗。要想查後不忘，只得多重復讀幾遍，或是將單字的英漢對照寫在單字簿上，使短期記憶的訊息輸入長期記憶，否則短期記憶的遺忘勢在難免。對於短期記憶遺忘的原因，心理學家有兩種理論：一種理論為**取代論** (displacement theory)，謂因短期記憶容量有限，新的訊息不斷輸入，有如潮水般後浪推前浪，新的訊息取代了舊的訊息，因而產生遺忘。此種經驗，在日常生活中隨時可見。如果聽到別人只講一句話，你可能聽後不忘，如果聽到的是連續很多句，你所記下來的可能只是大意，而無法一字不差地記下多句話的內容，原因是後句話取代了前句話的記憶。解釋短期記憶遺忘的另一種理論是**衰退論**(或**消退說**) (decay theory)，謂刺激激起神經衝動傳導至中樞而產生記憶後，像車過留痕一樣將在神經組織中留下一道痕跡，稱為**記憶痕跡** (memory trace)。時間稍久，記憶痕跡就會自行衰退，因而產生遺忘。至於說記憶痕跡衰退何以如此之快，那是因為只有一次練習所留痕跡太淺所致。

第四節　長期記憶

綜合前節感覺記憶與短期記憶的討論，當可對這兩類記憶的性質獲得三點認識：(1) 感覺記憶是短期記憶的基礎，必先有感覺記憶而後才會有短期記憶；而感覺記憶之所以能夠轉化為短期記憶，其關鍵在於注意。(2) 兩種記憶均為時短暫,感覺記憶只能保持在一秒鐘之內,而短期記憶也只能保持 20 秒左右;這說明兩種記憶產生後均極易遺忘。(3) 在訊息處理上,兩種記憶各自有不同的編碼方式。感覺記憶的編碼多半保持刺激的原形 (保持原刺激的形象與聲音),而短期記憶的訊息處理則是以聲碼為主,形碼為輔。以語文中字形、字音、字義三特徵而言,感覺記憶在瞬間所見者是字形,而短期記憶所記憶者則是字音。

基於以上三點認識,進而討論由短期記憶轉化成的長期記憶。**長期記憶** (long-term memory,簡稱 LTM) 的儲存時間遠較感覺記憶和短期記憶為長;在時限上是按時、日、月、年計算的,故而又稱**永久記憶** (permanent memory)。長期記憶是日常生活中最重要的記憶,學得的知識與技能,在使用時之所以能按需要表現出來,都是靠長期記憶。在訊息處理論興起之前的學習心理研究上,一直是以長期記憶研究為主的。此情形尤以學校中知識與技能學習為然。以下是長期記憶的編碼、儲存、檢索、遺忘四項特徵的分別說明。

一、長期記憶的編碼

短期記憶中所儲存的訊息,在時間上只能保持 20 秒鐘左右,超過此一時限,訊息就會從記憶中消失而產生遺忘。要想使訊息免於遺忘並適時輸入長期記憶,除前文提到在短期記憶階段使用**運作記憶**之外,最常用的方法是立即復習。所謂**復習** (或復述) (rehearsal),是指對學習中的材料經由不停的默讀或朗讀以保持不遺忘的心理歷程。按現代訊息處理論的解釋,從短期記憶到長期記憶之間的復習有保持復習與精心復習之分 (Greene, 1987),兩種復習的編碼方式不同,影響此後長期記憶的品質。

(一) 保持復習與精心復習

所謂**保持復習** (或維持性復誦) (maintenance rehearsal),是指經由默讀或朗讀重復短期記憶中的訊息,使之保持不忘,並在熟練後輸入長期記憶以便長期儲存的一種復習方式。從編碼的觀點看,保持復習過程中仍保持短期記憶中聲碼為主形碼為輔的心理特徵。因此，只靠保持復習而輸入長期記憶中的訊息，在將來檢索使用時未必準確精細。在日常生活中有很多事例，對某一事項雖有記憶，但所記憶者未必符合該事物的確實狀貌。以自己家門的鑰匙為例，雖然每天都用它開門，但未必能描繪出鑰匙的確實形狀。曾有心理學家研究發現，美國大學生中，有半數以上記不清日常使用頻繁的銅質一分硬幣正面的圖案 (Nickerson & Adams, 1979) (見補充討論 6-1)。像此種雖經無數次復習而記憶仍不準確的現象，主要是由於在保持復習時只將訊息輸入長期記憶，而未予以精心復習所致。

所謂**精心復習** (elaborative rehearsal)，是指對所學習材料，一方面經由短期記憶中的運作記憶，加以思考而加深印象，另方面從長期記憶中檢索出相關舊經驗與輸入的新知識核對、比較、分析，從而獲得意義。因此，精心復習過程中的編碼過程，是將短期記憶中的聲碼或形碼轉化為義碼，期使便於記憶。所謂**義碼(或語義碼)** (semantic code)，是指用事物的抽象意義代替事物本身形象。以語文學習為例，感覺記憶與短期記憶所記得的是字形和字音，而長期記憶中所記得的則是字義。對一個單字，如能由字形學到字音，然後再由字音學到字義，自然在以後使用時就會正確無誤。因此，語文學習時能學到字義，才算是真正的學習。以教師教學童學習"重"字為例，"重"字為破音字，有兩個讀音。如只教學童"重"字的兩種讀法，學童很難理解其真正的意義。在此種情形下，教師應舉例句說明，用於"重要"時與用於"重復"時讀音不同。如此，"重"字始能經由語義編碼成為長期記憶中的知識。除單字學習之外，學習閱讀的情形更是如此。閱讀時不能單靠認識書頁上的單字和由單字組合成的一連串聲音，而更重要的是理解整句甚至整段文字所代表的意義。只有將書頁上的文字由形碼和聲碼轉化為義碼，才能成為個人的長期語文記憶。關於此點，稍後討論長期記憶儲存時再補充說明。

(二) 處理層次論要義

顯然，前文所說的精心復習，在性質上並非只是重復練習，而是在重復練習中多加了心理運作，使訊息處理的編碼歷程改變，由本屬形碼與聲碼的

> **補充討論 6-1**
> ## 熟悉的事物未必容易記憶

　　要想對學習的材料保留長期記憶，必須先將學習材料予以編碼並儲存之。編碼之前先須注意，而熟悉之事物是引起注意的原因之一。不過，熟悉並非引起注意並產生學習的唯一原因。有很多事例足可用以說明，生活中極為熟悉的事物，幾乎天天在重復練習，但事實上卻未必有清楚記憶。天天上下樓梯的台階，你能記得有幾層嗎？天天穿脫的衣服，你能記得有幾個鈕扣嗎？像此類在表面上來說極為熟悉的事物，一般人都不會記得清楚。按記憶的原則看，原因是空有保持復習，而未予精心復習，以致在長期儲存中未能留下明確的記憶。

　　熟悉的事物未必容易記憶的現象，曾有心理學家 (Nickerson & Adams, 1979) 以大學生為對象，以再認法測量其對美金一分硬幣的辨認記憶。實驗用材料如圖 6-3 所示，在十五個硬幣圖案中，只有 A 圖是正確的。以隨機排列的方式，將十五圖全部呈現，要美國大學生指認。結果發現，一般美國大學生幾乎全用猜測的方式回答，答對的人數尚不到 10%。為什麼會有這種現象呢？原因是一般人覺得沒有必要去注意細節，雖在日常生活中有過無數次練習，但未留下深刻記憶。

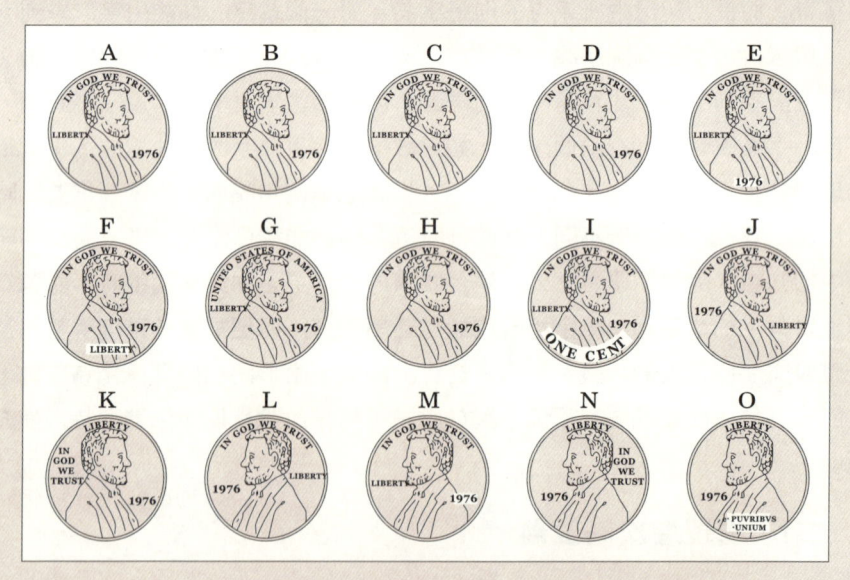

圖 6-3　美國一般大學生不能辨識美金一分硬幣圖案
(採自 Nickerson & Adams, 1979)

訊息，經過精心復習後改編為義碼，得以便於輸入長期記憶中做永久儲存。基於此一原理，認知心理學家提出了處理層次論，用以解釋精心復習效果之所以優於保持復習效果的原因 (Craik & Lockhart, 1972)。**處理層次論** (或**加工水平說**) (levels of processing theory)，是對阿特金森和希夫林早期訊息處理論的一種補充解釋。按早期訊息處理論的說法，在三階段的訊息處理歷程中，感官記憶的訊息經注意後輸入短期記憶；短期記憶的訊息經復習後輸入長期記憶。此一說法，只能就量的觀點說明，從感覺記憶開始到長期記憶結束時共處理了多少訊息，或是只能說明有多少訊息經處理之後儲存在長期記憶之中。但卻無法從質的觀點說明，在訊息處理歷程中是否採用了最佳的編碼方式，以及以最佳的儲存方式儲存在長期記憶之中。

按處理層次論的解釋，三階段記憶中訊息處理品質的高低，決定於在心理上對訊息處理的層次；訊息處理的層次愈深，代表編碼愈完整，輸入長期記憶後，也就會有愈深刻愈完整的記憶。如果對某種訊息的處理只達到感覺或知覺的淺層地步，或是將外界刺激輸入的訊息，只在感覺記憶與短期記憶階段編為形碼或聲碼，然後只經保持復習即輸入長期記憶，此種處理方式就是淺層處理。前文討論短期記憶的意元集組時，曾舉出 886223890915 一組數字的例子，如果只採用保持復習方式去記憶這組數字，只能機械式的強記 12 個阿拉伯數字的字形或字音。但如改採精心復習的方式予以深層處理，將這組數字分為 886-2-23890915 三個**意元**，每個意元，與長期記憶中既有知識做有意義的聯想，就會形成高品質的長期記憶。學習一首歌曲時也是如此。如只是隨調子哼唱，對歌詞訊息的處理就是淺層的。如果除調子之外，也能體會到歌詞的抒情和表意，那就是歌詞訊息的深層處理。

二、長期記憶的儲存

在長期記憶中儲存的訊息，在原則上是分類處理的。惟對各類訊息，究竟如何分類處理，分類後又如何儲存，在心理學上，迄今尚未十分了解。按目前認知心理學家們的解釋 (Tulving, 1985)，人類的長期記憶中，儲存著兩類不同的記憶：

(一) 程序性記憶

程序性記憶 (procedural memory)，是指對具有先後順序之活動的一類記憶。程序性記憶中主要包括認知與動作技能兩部分，它是經由觀察學習與實地操作練習而學得的行動性記憶。個體自幼學習的動作技能，諸如騎車、寫字、操作工具等，都是他將學到的"如何按程序操作"活動，長期儲存在記憶裏，以後遇有需要，隨時檢索出來應用，不必重新練習。程序性記憶儲存後，經久不忘，6 歲學會騎腳踏車，以後 20 年不騎仍然不會忘記。樂器演奏及打子等，都是如此，因為此等技能都是按程序學習的。

程序性記憶是按一定程序學習來的。在學習後記憶檢索初期，必須受意識支配；清楚地意識到按程序進行活動。但到了純熟階段，程序性記憶檢索引起的回憶就會自動出現，不須刻意留心自己的反應 (如樂器演奏不須注意手指活動)。程序性記憶到此地步即為**自動處理** (或**自動化加工**) (automatic processing)。程序性記憶的資料表現於外時，即成了個人的**程序性知識** (procedural knowledge)。程序性知識是學校技能教學的主要目的。

(二) 陳述性記憶

陳述性記憶 (declarative memory)，是指對事實性資料的記憶；舉凡對人名、地名、名詞解釋以及定理、定律等，均屬陳述性記憶。陳述性記憶的特徵是，在需要時可將記得的事實陳述出來。根據陳述性記憶所陳述者，即代表個人在該方面的知識，故而又稱為**陳述性知識** (declarative knowledge)，陳述性知識是學校知識教學的主體。陳述性記憶內，按所記訊息性質之不同，又分為以下兩類記憶：

1. 情節記憶 情節記憶 (episodic momory) 係指有關個人生活經驗上的記憶。情節記憶的特徵是，個人對以往生活中與個人有關的諸多事項，將時間、地點、人物、情境以及當時個人所知所感的一切，結合在一起，編碼記錄下來，永遠儲存在長期記憶之中。個人所寫的自傳式文章，其內容主要就是以陳述的方式表達其經歷的情節記憶。因此，情節記憶又稱為**自傳式記**

憶 (autobiographical memory)。

　　2. 語義記憶　語義記憶 (semantic memory) 係指個體對周圍世界中一切事物意義的記憶，特別是對代表事物之抽象符號意義了解的記憶。在語義記憶中，語文意義的儲存是其主體。語文或符號均代表某種意義，個體經訊息處理而學到語文符號與意義的關係之後，再遇到同樣的語文符號時，不須重新學習即可知其意義。語義記憶是人類一切知識的基礎；舉凡語言、文字、概念、原則等知識與應用，無不有賴語義記憶。語義記憶與情節記憶之區別，主要在於語義記憶屬知識意涵的記憶，情節記憶屬事項情節的記憶。

　　陳述性記憶與程序性記憶兩者，在學習時的訊息處理上有所不同；前者偏重認知，後者認知之外還須參與操作活動。因此，大體說，前者屬"知"的記憶，後者在知之外加上"行"的記憶。一般認為，陳述性記憶與程序性記憶分別儲存於大腦的不同部位。腦部不同部位的病變或傷害者，有的只喪失其中一種記憶的表現（如只記得會說，不記得會做），即可說明大腦在記憶儲存上分區專司的功能。

　　在長期記憶的儲存上，雖有程序性與陳述性之分，但在憑記憶表達於外顯的知識時，兩種記憶卻是分工合作的。以學習物理、化學等科目為例，其學理部分雖屬陳述性知識，但操作實驗部分則屬程序性知識；要真正學到物理或化學的知識，必須要靠兩種知識的相互配合。教育上一向強調"手腦並用"與"知行合一"，其用意即在於此。

　　基於以上討論，對長期記憶可以獲得兩點概念：其一，長期記憶以義碼為主；其二，長期記憶中語義與語文二者是構成長期儲存的主要原因。這兩概念的提出，對多年來一直存在的"何以三歲以前的記憶不能長期儲存？"的問題，得到了較為合理的解釋。關於此點在補充討論 6-2 中有所討論。

（三）　語義組織理論

　　長期記憶有三個特徵：(1) 在時間上具有永久性；(2) 在容量上具有無限性；(3) 在性質上是語義為主。根據這三個特徵可以想像的是，如果輸入長期記憶中的無數訊息毫無組織的堆積在一起，勢必像未經分類編目的圖書館一樣，難以查到想看的資料。前文提到，長期記憶中儲存的訊息是以義碼

補充討論 6-2
人為什麼不能記得三歲以前的事？

從年齡與學習效率和記憶保存兩者關係看，多年來心理學家們即注意到了一個奇怪或矛盾的現象。三歲以前的幼兒，對事物最感好奇，事事好問求知，是一生中學習效率最高與學習事物最多的一段時期。然而，到了成年之後，很少有人能清楚記得三歲以前的事。因此，在心理學就出現了所謂**幼年經驗失憶症**(或**嬰兒期遺忘**)(infantile amnesia)這個名詞。幼年經驗失憶症，也稱**童年經驗失憶症**(childhood amnesia)。

幼年經驗失憶，是不是事實？如果是事實，應如何解釋？即使幼年經驗失憶是事實，應否視之"失憶症"？這三個問題是本文所要討論的。

對這三個問題的討論次序，我們稍做一點調整；首先看看以往學者怎樣解釋，然後看看新近研究發現的事實，最後再看看新近的解釋。

最早使用幼年經驗失憶症這個名詞的學者，是精神分析論的創始人弗洛伊德。弗洛伊德發現，當病人回憶生活經驗時，都無法說出三歲(甚至五歲)以前的舊事。按弗洛依德的解釋，這段時間正是**戀母情結**或**戀父情結**形成的階段，兒童因心理衝突而生的**壓抑**(見本書第十一章)，結果導致了對記憶的壓抑。此一解釋相當勉強，戀親情結所引起的壓抑，只限於"性衝動"一方面，有關性衝動之外的經驗之失憶，又如何解釋呢？除精神分析論的解釋之外，一般常識的看法是，時間太久沖淡了記憶。此種說法也不完全合理。原因是，18歲的人不能記得3歲以前的事，如果說是因為時隔了15年；但何以再過40多年之後，60歲的人反而能清楚記得18歲的事呢？

新近的研究，確認了人類3歲以前的經驗於成年後不能記憶的事實。即使有些人聲稱他能記憶，那也是3歲以後別人告訴他的。該研究以大學生中有弟妹者為對象，以一份包括20個題目的問卷為工具，問卷內的題目全是關於他們弟弟或妹妹出生前後的事。諸如：你弟弟(妹妹)出生前，你母親何時去的醫院？你曾否到醫院去看過你母親？你新生弟弟(妹妹)是何時回到家的？經調查他們的弟妹出生時間，是在這群大學生的1～17歲之間。結果發現：大學生中其弟妹出生時間在他們3歲以下者，20題中沒有一題是答對的。這表示，人在3歲以前確實留不下長期記憶。過了3歲，分數就直線上升，在9歲左右弟妹出生者，平均答對15個題目(Sheingold & Tenney, 1982)。

按現代認知心理學中訊息處理論的解釋，人在3歲以前並非沒有長期記憶，只是因為幼兒在當時對訊息處理時，尚不能使用語文做為心理表象的工具，致使其未能在長期記憶中儲存在語言訊息之中，因而不能用語文去檢索記憶以回答問題。此外，生理心理學家認為，3歲前大腦未臻成熟也是重要因素。

為主的,而且是以分類的方式儲存的。事實上,分別屬於程序性與陳述性的兩種知識範圍仍然極廣,沒有人能夠記憶全部知識的內容。人類所能記憶的可能是一種具有組織性的系統;使用長期記憶中的知識,按組織系統即可檢索到所需要的訊息。這像圖書館對所有入館資料加以組織系統化之後,使用者不需到數以萬計的書庫中去尋找,只需按書名或作者姓名查到電腦編號,即可以書號為線索找到所需資料。

長期記憶中語義訊息是如何組織儲存的?對此問題,心理學家們曾提出多種不同理論。以下介紹兩種語義組織理論。

1. 階層組織論 階層組織論 (hierarchical organization theory) 是指長期記憶中儲存著多數的語意概念,按性質不同自行分類組合,形成多個階層性的系統組織。圖 6-4 所示,就是在礦物這個主要概念之下所形成的階層概念組織 (Bower, 1970)。

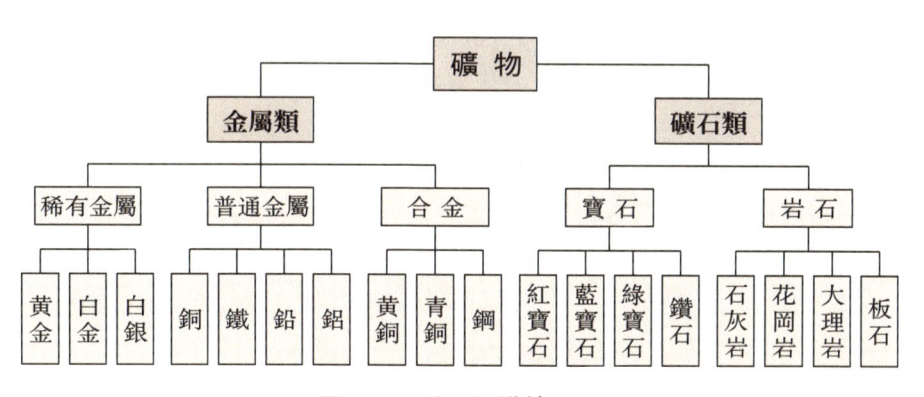

圖 6-4　階層組織論圖示
(採自 Bower, 1970)

就長期記憶中儲存的語意概念而言,圖 6-4 顯示三點意義:(1) 圖中所列 26 個概念,在類別上隸屬四個階層;(2) 階層愈高者概念範圍愈大;最高層"礦物"的語義涵蓋了所有以下的次級概念;(3) 這 26 個語義概念形成一個組織,保存在長期記憶之中,以後檢索使用時,即可按階層系統,很快地找到所需的概念 (如提到黃金,只須從第三層稀有金屬類中去檢索即可)。圖 6-4 只是一個例子,可以想像的是,在成年人的長期生活經驗中,必然儲存著無數類似的階層組織 (如食物、傢具、化妝品等概念之下均各有其階層組織)。

2. 激活擴散論 激活擴散論 (spreading activation theory) 是對前述階層組織論的補充。原則上,激活擴散論也認為長期記憶中儲存的語義概念是有組織的,惟對語義組織的形式,則認為未必一定是階層性的。激活擴散論提出一種**語義網絡** (semantic network) 的說法,認為每一語義概念,均可視為網絡上的一個結節;很多結節就聯結形成一個大的網絡。結節之間聯線的長短,代表概念之間的關係;聯線愈短即表示關係愈密切。

激活擴散論所強調者是語義的激活擴散作用。激活擴散的意思,可以拿投石子入水池的例子來說明。水池平靜時,可以比做心理平靜未從事任何記

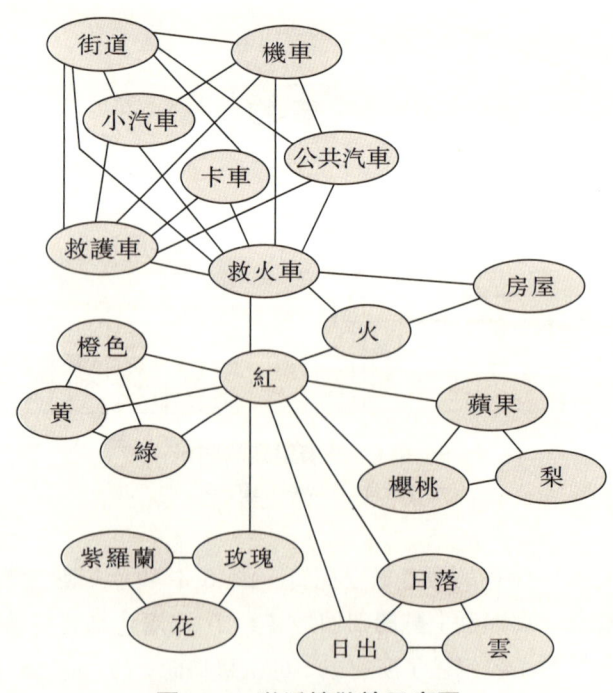

圖 6-5　激活擴散論示意圖
(採自 Collins & Loftus, 1975)

憶活動。如將一塊石子投向水面，就會立即激起漣漪，而且向外擴散，激動周圍水面的波動。長期記憶的活動也是如此，一旦針對需要而檢索某一語義概念時，其他周圍的相關概念，也會相應激起活動。圖 6-5 所示即為"紅色"概念所引起的激活擴散的例子 (Collins & Loftus, 1975)。"紅色"概念一旦出現時，周圍的相關概念即被激活，並向四面八方去擴散。由圖中圓圈與直線所示，概念的激活與擴散包括原語義概念的多種特徵；由"紅色"所激活的"火光"、"蘋果"、"救火車"、"櫻桃"等概念，都是基於類似顏色概念的特徵。由"紅色"所激活的"綠色"、"黃色"與"橙色"等概念，則非由於紅色所引起的聯想，而是基於不同顏色類別語義的聯想。同理，在網絡周圍的"街道"是由"救護車"輾轉激活的；"梨"則是由紅色"櫻桃"聯想到的水果類而激活的。總之，激活擴散論企圖說明的是，長期記憶中儲存的訊息不是個別孤立的，而是成為網絡形態而有組織的。網絡形態的構成與運作，則是每個結節上語義概念所發生的激活擴散作用。

三、長期記憶的檢索與遺忘

長期記憶中儲存的訊息，既然是永久性的，需要時隨時檢索出來使用，應該沒有困難才是。但事實並非如此，我們在第一節內提到的舌尖現象，就是說明長期記憶有時檢索不易的例子。如此看來，長期記憶中儲存的訊息或知識，到需要檢索出來使用時，也會產生檢索失敗的遺忘現象。接下去即討論長期記憶的檢索與遺忘問題。

（一） 檢索線索

基於以上說明，可知長期記憶檢索成敗的關鍵在於檢索線索。所謂**檢索線索** (retrieval cue)，是指做為檢索用的刺激或指引，根據該刺激去追蹤檢查，即可在長期記憶中找到所需要的訊息。進圖書館借書的情形就是如此。要想借到所需要的書，必須先行查看所需書籍的書號、書名、著者、出版年代等，這些都是所需書籍的線索。惟其中最重要的是書號，因為每一本書都有一個書號，書號即具有準確的線索作用。

長期記憶檢索時需要檢索線索，檢索線索本已儲存在長期記憶的訊息之中，由檢索線索之助而引起對相關訊息的記憶。因此檢索線索也可用前文擴散激活的概念來解釋。提示"紅色"做為刺激字要求受試者做聯想反應時，這"紅色"二字就是檢索線索。受試者在反應時有的可能聯想到"火光"、"救護車"與"櫻桃"，也有的可能聯想到"玫瑰"、"橙色"、"綠色"與"黃色"；其間差異可能與個人由經驗所儲存的記憶不同有關。基於此義，心理學家從檢索的觀點將記憶分為兩類：(1) **情境依賴記憶** (或場合依賴記憶) (context-dependent memory)，指在什麼情境下所從事的學習，將來在同樣或類似情境之下比較容易記憶。此種說法與習慣性反應概念相似。(2) **狀態依賴記憶** (state-dependent memory)，指檢索時與身體狀態有關；如檢索時的身體狀況與學習時身體狀況相似，長期記憶的檢索就比較容易。準此推論，如學習時飲用咖啡或服用藥物使身體形成一種特殊狀況，以後檢索時仍須飲用咖啡或服用藥物，才會產生較好的檢索或回憶。綜合以上情境依賴記憶與狀態依賴記憶兩種概念，顯示了學習時知識的獲得，並不是單純的刺激與反應之關係的建立。換言之，在感官接受某種刺激當做訊息處理時，在編碼處理的過程中，並非只限於該刺激本身的特徵，而是連帶產生刺激的情境特徵與當時個體身體狀況，也一起包括在編碼之內。如有一次在花園裏看到綠葉叢中一朵紅花的經驗 (學習)，以後再回到該花園的情境時，紅花連綠葉的舊經驗，就很容易檢索出來。像此種學習時關聯的條件成為以後檢索線索的情形，心理學家 (Tulving & Thomson, 1973) 稱之為**編碼特定原則** (encoding specificity principle)。

(二)　長期記憶遺忘的原因

　　長期記憶為永久性記憶，訊息一旦進入長期記憶之後，按理說不會再產生遺忘。惟根據經驗，長期記憶的遺忘確是明顯的事實。單以學習到的文字為例，從小學到大學的十數年間，所學過的單字數以千計。如果要你將學到的單字憑記憶默寫出來，默寫的數量很可能只有學過的十分之一。針對長期記憶遺忘現象，心理學家們除了採用前文解釋短期記憶遺忘的**衰退論**之外，另外尚有三種理論解釋：

1. **干擾論** 干擾論 (interference theory) 的基本理念是，長期記憶中的記憶並未消失，只是在檢索時因與其他記憶彼此干擾所產生的抑制作用所致。其他記憶所產生的抑制作用分為兩種：(1) **順攝抑制** (或**前攝抑制**) (proactive inhibition)，是指以前學到的記憶抑制了新學得的記憶。例如，新換電話號碼初期，舊號碼的記憶常會干擾對新號碼的記憶。(2) **倒攝抑制** (retroactive inhibition) 是指新學得的記憶抑制了舊學得的記憶。例如，讀英文書時如只查一個單字，查後較易記憶；如事後又查了幾個單字，原先的單字就很容易忘記。

2. **動機性遺忘** 動機性遺忘 (motivated forgetting)，是指當事人心理上不願記憶而形成的遺忘。在日常生活中所經驗到的事，有的是愉快的，有的是痛苦的；愉快的經驗樂於記憶，而痛苦的經驗則不自覺的予以壓抑，因而易於遺忘。此一理論為精神分析論創始人弗洛伊德所主張。有關**壓抑**一詞的進一步解釋，留待第十一章討論弗洛伊德的人格理論時，再補充說明。

3. **線索依賴論** 線索依賴論 (cue-dependence theory)，是指長期記憶的遺忘，並非儲存訊息的消失，而是由於檢索記憶的線索不當有以致之。回憶時線索不當的情形有兩種：一種是線索不足，在缺乏線索的情形下，無從記憶。例如，當偶遇老友記不起對方姓名而產生**舌尖現象**的尷尬局面時，如對方提供一點線索 (如：我們是小學同學)，可能立即想起對方的姓名。另一種情形是線索錯誤，錯誤線索無法在語義組織中找到所儲存的記憶。例如，到圖書館查書時抄錯了書號，將代表教育心理學的書號錯抄成了教學心理學。即使書庫中確有此書，查了半天仍然無法找到。

四、如何增進記憶並減少遺忘

除少數事例 (如暫時查用一電話號碼) 外，學習知識的目的是在於長期記憶。此一原則尤以學校教育中知識與技能學習為然。因此，如何增進長期記憶，有效使用學得的知識與技能，自然是學習心理學家們所關心的問題。當然，如何增進長期記憶的問題，在範圍上涉及太廣。以下的討論，只限於從學生在校求學時有效讀書方法的觀點，提出以下兩方面的建議：

(一) 循訊息處理論原理學習新知識

訊息處理論的最大價值，端在此一理論對人類獲取知識的心理歷程提出了合理的解釋，而且得到了相當程度的驗證。因此，如何遵循訊息處理論的原理從事學校中學科知識的學習，自然是討論過訊息處理論之後應該思考的問題。回答此一問題，本書提出以下四點建議：

1. 三階段與三類型記憶原理的應用　訊息處理論的最基本要義是，將學習歷程中的記憶分為前後連續的三個階段，分別稱為三種記憶：(1) **感覺記憶**；(2) **短期記憶**；(3) **長期記憶**。這三類記憶之間的關係是：感覺記憶是感官接受外界刺激時留下瞬間記憶，只有在個體對引起感覺記憶的刺激加以注意時，才將之當做訊息而輸入短期記憶。短期記憶儲存時間仍短，經過心理運作與復習後再輸入長期記憶。上述原理對讀書求知者的啟示是：想要增進長期記憶，勢必先從感覺記憶開始；先對引起感覺記憶的刺激加以注意，而後才會產生短期記憶，有了短期記憶而後才會產生長期記憶。

2. 多重編碼原理的應用　針對外界刺激的特徵予以編碼而後進入記憶中儲存，是訊息處理論第二個重要概念。惟所編的代碼不只一種；就人類所學習的語文知識而言，就有**形碼**、**聲碼**與**義碼**三種。根據一物或一字兼具多重編碼的原理，讀者從而獲得的啟示是：要想對所學知識記憶深刻，最好在學習期間對各種編碼同時並重。以學習英文單字為例，首先注意字形（那幾個字母拼成的），繼之記下正確讀音，最後記下字義。經過三種編碼，等於是對同一單字做了三次復習；多次復習是加強記憶的必要條件。

3. 認識短期記憶的重要性　短期記憶是 20 秒左右的短暫記憶。在學校教學上一向注重長期記憶，忽視短期記憶。事實上短期記憶與長期記憶同樣重要，甚至可以說前者比後者更為重要。從訊息處理的整個歷程看，真正的"學習"是在短期記憶階段產生的。長期記憶只不過是將短期記憶學習結果予以長期儲存而已。直接善用短期記憶，可間接增進長期記憶；在做法上建議遵守兩項原則：(1) 發揮**運作記憶**的功能；(2) 發揮**意元集組**的作用。

4. 兼顧陳述性與程序性兩種記憶　陳述性記憶是指對事實性資料組

成知識的記憶，程序性記憶是指對既理解事件的程序又能按程序動手操作的技能性知識的記憶。基於此義，可知陳述性記憶所代表的知識偏重於"知"，而程序性記憶所代表的知識是"知行合一"。傳統學校教學偏重背誦（重陳述性記憶）的做法已不合時宜。只有陳述性與程序性兩種記憶並重的"手腦並用"學習。才能達到最佳的求知目的。

（二） 學習合於心理原則的讀書技巧

有人說："讀書無技巧，讀書的不二法門就是一讀再讀。"從認知心理學的觀點言，這話並非絕對真理。心理學家們確曾研究過讀書技巧的問題，而且也已發展出幾種有效的原則；其中最具代表性的是美國愛荷華大學創用的 SQ3R 原則與康奈爾大學創用的 OK4R 原則。其實，這兩種原則大同小異。SQ3R 代表的意義是：瀏覽 (S＝survey)、質疑 (Q＝question)、閱讀 (R＝read)、回憶 (R＝recite)、復習 (R＝review)。至於 OK4R 代表的意義是：瀏覽 (O＝overview)、要點 (K＝key ideas)、閱讀 (R＝read)、回憶 (R＝recall)、反詰 (R＝reflect)、復習 (R＝review)。以下試以 SQ3R 五步驟讀書法為一模式，參以著者個人讀書經驗，逐步討論並希望能對讀者有所助益。

1. 瀏覽 在正式開始逐字逐句精讀一本書之前，宜先對全書作一番瀏覽工作。瀏覽工作分為兩個層次，一為瀏覽全書，一為瀏覽章節。通常一本學術性的大學用書，都包括序言、目次、正文、註解、參考資料、索引等六部分。瀏覽全書時就是大約翻閱一遍這些部分，根據這些部分，讀者即可大致對書的性質及主要內容獲得一個粗略概念。瀏覽章節是大致了解某些章節對某些問題是否有深入探討。

2. 質疑 瀏覽時及瀏覽後，讀者一方面對全書獲得粗略的概念，另方面也自然會因概略的印象而引起很多問題。讀者如能隨時掌握掠過意念中的問題，稍事思考並以自己的經驗給予一個假設性的答案，然後在閱讀時再隨時注意自己的假設是否成立。如此，則無異是以一手抓住問題一手找答案的方式去讀書。這樣，在心理上是有準備的、是主動的、是批判性的、是時時注意的。假如閱讀後發現自己的假設與著者論點不謀而合,就會因"英雄所見略同"而深感得意;假如自己的假設為著者所否定,也會因著者"出乎意外"的高明而倍增讚佩。果如此,你閱讀後是一定會有心得的。

3. 閱讀 古人讀書,講求眼到、口到、心到、手到。四到之說論述已多,本書不再贅述。現在我們要討論的是四到之外的一些實用技巧。

(1) **專門術語** 讀學術性的書籍時,有時對書中文字雖都認識,但不了解其中含義。這是因為讀者對文字組成專門術語所表達之特殊意義不能了解所致。因此,從閱讀一本專門書籍之始,即須注意了解每一專門術語的確切意義;並用筆記或畫線方式將之特別標出,藉以加強記憶。如此做法,雖在閱讀之初速度較慢,但為長久之計,所花費時間是有代價的。所謂"讀書不求甚解"的態度,在大學裏讀專門性書籍是不適當的。任何一個專門學科,其專門術語總是有限的。如果能在讀入門的專門書籍時即對其中專門術語有所了解,繼續閱讀同類書籍時,將會發現同科目內新的專門術語會隨閱讀經驗的增加而逐漸減少。

(2) **內容要點** 常聽說讀書要"把握要點"。然則,要點何在?如何把握?都是很難回答的問題。不過,書讀多了有經驗了,自然會領悟到要點之所在,而且也自然會了解把握之道。任何著者在寫一本書時,他對章、節、段中材料的處理,大體上都先有一個邏輯的組織。一般言之,書之一章討論一個大問題,每節討論一個較小的問題,每段討論小問題的一個層面。在習慣上,著者多是在章之初把問題提出,在章之末對問題做一結論。因此,每章首末兩段內容常是最重要的,不可不精讀。同理,每節每段文字,凡是敘述的一件事成為一個思想的單元時,開頭的一兩句話與最末的一兩句話往往是最重要的。閱讀快的人,語文能力強與理解力高固然是主要原因,但如能領會到著者寫書時的心理歷程而迅速抓到要點,將更能提高讀書的效率。

(3) **生字註解** 大學生開始讀外文專門書籍時,查生字與在書頁上註解中文的習慣是不能避免的。生字加註中文的目的在加強對該生字的記憶,是不得已的辦法;最後必須克服困難,需要時查生字,但盡可能不加註中文。如非加註中文不可,著者建議採用如下的方式:在書頁邊緣空白處註解中文並編列號碼與文中的生字相呼應。即先在生字之旁編一小號碼，然後在邊緣空白處寫同一號碼並註中文；號碼編列可限於一頁為原則。此法優點有二：其一、可保持書頁整潔；其二、可避免再讀時注意分散或依賴心理。閱讀時如不能記憶生字的意義，按號查照立即可得。採用此法持久不變，過些時日如發現書頁上生字數量減少，此時的成就感對自己是很大的鼓勵。

(4) **圈點畫線** 閱讀時，為了標明要點與加強記憶，常在書頁上圈點畫線。閱讀時畫線，目的有二：其一，在閱讀時把要點標出藉以加強記憶；其二，在復習時可依之為線索喚起對整個概念的回憶，以節省復習的時間。要想達到這兩個目的，畫線的技巧就必須考慮。以下三點是著者的建議：①對內容有了概念之後再畫線。每段文字最好能讀兩遍，第一遍略讀，發現要點準備畫線；第二遍精讀，邊讀邊畫，如此所畫者才是真正的要點。② 畫線在精不在多。一段文字的內容要點，常常落在其中一句話或幾個關鍵性的詞語之上，如能把握住此種關鍵，即能獲得全段內容所表達的概念。如能適當畫線標示出此種關鍵，將來即可由之喚起記憶中的整段概念。③ 線用手畫不用直尺。畫線時，應是筆隨目轉，心從線移，每遇要點，邊讀邊畫，畫時雖速度緩慢，但因注意集中，可使印象加深。如用直尺，則注意力分散，全句一筆畫過，反而使關鍵部分無從顯示。

4. 回憶 讀書時最重要的一點是邊讀邊回憶。回憶的目的有二：其一是加深理解；其二是避免遺忘。根據前文介紹的訊息處理論，遺忘最易發生的時間是在感覺記憶與短期記憶兩個階段。只有將這兩個階段的記憶保留下來，才能將學習的知識輸入長期記憶。感覺記憶為時極短，在時間上來不及回憶。保留感覺記憶的方法是注意，讀書時如能集中注意，對書頁上的文字加深印象，在心理上自然就會將訊息輸入短期記憶。短期記憶只能保持20秒左右，在此短暫時間內必須經由心理運作對訊息加以編碼處理，始能輸入長期記憶。此一心理運作處理過程，就是回憶。因此，讀書時要想讀後長期不忘，除一開始就集中注意之外，短期記憶階段的回憶是特別重要的。

5. 復習 此處所說的復習與前文訊息處理論中所指的復習稍有不同。訊息處理論中所指復習是在短期記憶與長期記憶之間的復習；此處所指的復習則是長期記憶之內的復習。學校考試所考的知識，不屬短期記憶，而屬長期記憶。就大學生在校所學知識而言，長期記憶的復習可分為兩種：一種是課後復習；即課堂上學到知識之後短期內的復習。另一種是考前復習；即為應付期中或期末考試所做的復習。從學習原理的觀點言，課後復習較考前復習重要。理由是剛學過的知識最易遺忘；課後復習可加深長期記憶。省略課後復習只做考前復習時，其復習效果將是事倍功半的。可是很多大學生忽略了這一點，很多人只是在考前臨時抱佛腳式的復習功課應付考試。

就修習學科的性質而言，主修理工類科的學生，因課後多半附有作業，課後作業就具有課後復習的意義。主修文史社會類科的學生，因少有課後作業的規定，故而多數傾向於只做考前復習。此即文教社會類科大學生程度參差不齊的主要原因。因此，筆者對有志研究文教社會類科且希望學有所成的大學生們建議，最理想的讀書方法是：(1) 課前預習，從瀏覽到質疑以形成讀書的心理準備；(2) 上課時注意，邊學習邊思維以加深短期記憶；(3) 課後復習，在課後記憶猶新時即時復習，藉以鞏固新輸入的長期記憶；(4) 考前復習，統合整理新舊知識，以為考試取勝的準備。

本 章 摘 要

1. 記憶是學習心理研究的核心問題；不僅要根據測到的記憶去研判學習，而且也只能根據記憶去推估遺忘。
2. 記憶是學習的表徵，測量記憶即等於測量學習。用來測量記憶者有四種方法：(1) **回憶法**；(2) **再認法**；(3) **再學習法**；(4) **反應時間法**。
3. 自從 20 世紀 60 年代**認知心理學**興起以後，學習心理學上對記憶的研究，就採取了**訊息處理**的取向。
4. 認知心理學是對感官接受刺激訊息後，如何經由轉化、減約化及精緻化等心理運作，從而獲得知識、儲存知識以及使用知識等內在歷程的科學研究。

5. 以**訊息處理論**為中心的認知心理學，其誕生的原因乃是由於四項時代背景：(1) **行為主義**思想式微；(2) **通訊理論**的影響；(3) 現代語言學的衝擊；(4) **電腦科學**的啟發。

6. 按現在流行的**訊息處理論**，將人類的記憶分為**感覺記憶、短期記憶、長期記憶**三類；三類記憶前後連成一氣，分工合作處理由外界刺激輸入的一切訊息。

7. 訊息處理是一種複雜的心理歷程，在此歷程中所處理的訊息，要經過**輸入、編碼、儲存、檢索、解碼、輸出**等多項程序。

8. 不同階段的記憶，編碼方式也不相同；感覺記憶以**形碼**與**聲碼**為主，而短期記憶與長期記憶則分別以**聲碼**與**義碼**為優先。

9. 短期記憶的容量有限，一般人只能一次記憶 7±2 個不同項目。但如善用**意元集組**原理，則可擴大**記憶廣度**。

10. 由短期記憶輸入長期記憶的必要條件是**復習**。復習分為兩種，一種為**保持復習**，另一為**精心復習**。

11. 按**處理層次論**的解釋，訊息處理品質的高低，決定於訊息處理的層次；訊息處理層次愈深，編碼愈為完整，輸入長期記憶後也能完整記憶。

12. 在長期記憶中儲存的訊息，有**程序性記憶**與**陳述性記憶**之分。陳述性記憶中又分**情節記憶**與**語義記憶**。

13. 語義記憶中所記憶的語義訊息，不是零亂的，而是有組織有系統的。解釋語義組織的理論有多種，本書介紹了**階層組織論**與**激活擴散論**。

14. 長期記憶雖名為**永久記憶**，但在檢索時需靠**檢索線索**始能記憶。就檢索線索而言，長期記憶有**情境依賴記憶**與**狀態依賴記憶**之分。

15. 對長期記憶遺忘的解釋，有四種理論：(1) **衰退論**；(2) **干擾論**；(3) **動機性遺忘**；(4) **線索依賴論**。

建議參考資料

1. 張必隱 (2003)：學習心理學。台北市：東華書局 (繁體字版)。杭州市：浙江教育出版社 (簡體字版)。
2. 張春興 (編) (1982)：怎樣突破讀書的困境。台北市：東華書局 (繁體字版)。北京市：世界圖書公司 (1994) (簡體字版)。
3. 彭聃齡、張必隱 (2000)：認知心理學。台北市：東華書局 (繁體字版)。杭州市：浙江教育出版社 (簡體字版)。
4. 鄭昭明 (1993)：認知心理學——理論與實踐。台北市：桂冠圖書出版公司。
5. Bruning, R., & Schray, G. (1999). *Cognitive psychology and instruction*. (3rd ed.). Englewood Cliffs, NJ: Prentice-Hall.
6. Herrman, D., Weingartner, H., Searlman, A., & McEvoy (Eds.) (1992). *Memory improvement: Implicantion for memory theory*. New York: Springer-Verlay.
7. Howe, M. J. A. (1999). *Intelligence and cognitive psychology*. Cambridge, UK: Cambridge University Press.
8. Medin, D. L., & Ross, B. H., & Markman, A. B. (2001). *Cognitive psychology*. (3rd ed.). New York: Harcount Brace.
9. Norman, D. A. (1982). *Learning and memory*. San Francisco: Freeman.
10. Reed, S. K. (1988). *Cognition: Theory and application* (4th ed.). Pacific Grove, CA: Brooks/Cole.
11. Schacter, D. L. (1996). *Searching for memory*. New York: Basic Books.
12. Sternberg, R. J. (1996). *Cognitive psychology*. New York: Harcount Brace.

第七章

思維與問題索解

本章內容細目

第一節 思維的性質及其構成要素
一、概　念　249
　(一) 屬性與法則
　(二) 概念的形成
二、意　象　255
　(一) 意象的形成
　(二) 意象的作用

第二節 推理歷程
一、演繹推理　258
　(一) 三段論法演繹推理
　(二) 假設演繹推理
　(三) 影響演繹推理的心理因素
二、歸納推理　263

第三節 問題索解
一、定程法　265
二、直觀推斷法　267
　(一) 手段-目的分析
　(二) 類推法
三、影響問題索解的心理因素　269
　(一) 心向作用
　(二) 功能固著
四、問題索解的合理思維　275

第四節 判斷與決策
一、決策正確可能性的推斷方法　277
　(一) 經驗直觀推斷法
　(二) 常例直觀推斷法
二、判斷決策與預期價值　278
　(一) 客觀預期價值
　(二) 主觀預期價值
三、判斷決策的題型效應　280

第五節 創造思維
一、創造與創造思維　282
　(一) 創造與創造思維的定義
　(二) 創造思維與問題索解思維的異同
二、創造思維的心理機制　284
　(一) 創造思維歷程階段觀
　(二) 思維運作特殊能力觀
　(三) 創造思維能力的測量
　(四) 創造力高者的心理特徵

本章摘要

建議參考資料

第五章內介紹的聯想學習與認知學習理論，分別以不同的觀點解釋了知識來源問題的三種學習理論。第六章介紹的訊息處理論，更進一步說明了知識之獲得乃是經由內在三個階段不同記憶類型交互作用的心理運作歷程。如果只從多年來知識來源老問題的觀點言，上述三種學習理論的發展，至此已相當完整。但如進一步觀察人類在應付千變萬化的環境中發生的問題時，就會發現，單靠學得後儲存在長期記憶中的知識是不夠的。長期記憶中儲存的很多知識，猶如圖書館典藏著數以萬計的圖書，如館內的藏書不供人借閱或不供人研究，再多的藏書也無異於一堆廢紙。人類的求知也是如此，求知的真正目的不在於增加記憶中知識的儲存量，而是在於將學得的知識靈活運用，將死的資料性知識轉化為有生命的智慧，從而解決超越既有知識範圍的問題。否則，即使記憶中儲存著很多知識，滿腹經綸而無智慧表現，也只能算是個兩腳書櫥。因此，自從 20 世紀 60 年代**認知心理學**興起以來，心理學家們已經擺脫以前**行為主義**主張按機械法則學習知識的思想，開始主張學校教學乃是讓學生從書本知識中學到智慧，而不是只教授學生呆板地記誦書本內容。從知識轉化為智慧的心理歷程中，思維是必經的橋樑。孔子的名言"學而不思則罔"(論語·為政)，正說明求知時思維的重要性。思維的心理活動主要是在面對問題情境時產生的，所以心理學家研究思維時都是將思維與問題索解連在一起；此即本章採用思維與問題索解做為主題的原因。希望讀者研讀本章之後，除對主題所述獲得以下七點概念外，更能在增進個人思維能力方面有所啟發。

1. 思維的性質及其構成要素。
2. 概念辨別的法則及概念形成的心理歷程。
3. 意象在思維活動中所發生的作用。
4. 在思維歷程中演繹與歸納兩種推理方法在功效上的異同。
5. 在問題索解時定程法與直觀推斷法的特徵與不同功能。
6. 除方法對錯之外，影響問題索解效果的心理因素。
7. 創造思維的心理學研究。

第一節　思維的性質及其構成要素

　　歷來心理學家對思維一詞的解釋，頗不一致。本書採現代認知心理學的觀點，對本詞給予如下的定義：**思維** (thinking) 是內在的心理認知歷程，在此歷程中，個體將心理上所認知的事件，經表象過程予以抽象化，以便在心理上運作處理，從而對事件的性質得以理解並獲知其意義。此一定義包括以下三個要點：(1) 思維只是內在心理活動，而非外顯的行為表現；(2) 思維係由認知事件所引起，引起思維的認知事件很多，可能是對目前的困難問題情境，可能是對往事的檢討，可能是對未來的計畫，也可能是對世事的憂慮；(3) 思維是心理運作的歷程，而在心理上所運作者，不是認知事件的本身，而是經表相過程予以抽象化的心理活動。然思維時究以何種抽象化作為心理運作處理的基礎？此即接下去首先要討論的思維構成要素的問題。

　　思維的構成要素，係指思維活動時在心理上運作處理的要素。根據一般心理學家的看法，在思維的構成要素中，概念與意象二者是最重要的。

一、概　念

　　概念是構成思維的第一要素，如果思維時沒有概念，就等於算術題中沒有數字；沒有概念做基礎，有系統的思維活動就無從產生。概念一詞頗為抽象，為便於討論起見，先對概念一詞給予如下的定義：**概念** (concept) 是指對具有共同屬性的一類事物的概括認識。以此定義為基礎，接下去進一步討論有關概念研究的兩個基本問題。

（一）　屬性與法則

　　根據前文所述概念的定義，可以看出兩點要義：其一，概念中所包含的事物是指某一類事物，而非不成類屬的單一事物。像"車輛"與"傢具"等，都是概念,而此等概念中均各包括一類事物;車輛一類中又有火車、汽車、機車、腳踏車之別;傢具一類中又有桌、椅、廚具之分。像太陽、月亮、地球等就不是概念,因為所指者都是唯一的物體,但若概括地稱星球則又成為概念。其二,概念是對一類事物的概括認識,而將這很多事物歸屬於同一類的根據,則是屬性。所謂**屬性** (attribute) 是指可以對事物辨認的各種基本而共同的性質或特徵,舉凡事物所具有的形狀、大小、顏色、質料以及個體的身心特徵等,均稱為屬性。人在認識他周圍的事物時,就是根據事物本身的屬性加以分類處理的。對很多事物分類處理之後,不但易於儲存,而且也易於檢索使用。惟屬性有很多變化,有的屬性是固定不變的,如以性別來區分人類,則只有男與女兩種屬性;有的屬性是不固定的,是連續變化的,如顏色的深淺、物體的輕重、時間的久暫等,都是連續性的屬性。

基於以上討論,可知屬性是構成概念的基本要素。茲舉簡單實驗為例,用以說明兒童對形狀、體積、顏色的三種概念。實驗時可在兒童面前放置三種形狀(圓、方、三角)、三種體積(大、中、小)與三種顏色(紅、白、藍)的 27 塊積木。要他按照自己的意思將積木分為幾堆。在此情境下,幼兒可能表現三種不同的反應:(1) 他可能按照積木的顏色將之分為紅、白、藍三堆。果如是,可知他在思維時是以顏色的概念為基礎的;而顏色中的紅色、白色與藍色,就是他據以分類的屬性。(2) 他可能按照積木的體積將之分為大、中、小三堆。果如是,可知他在思維時是以體積的概念為基礎的;而體積的大、中、小的差別,就是他據以分類的屬性。(3) 他可能按照積木的形狀將之分為圓、方、三角三堆。果如是,可知他在思維時是以形狀的概念為基礎的;而積木的圓、方、三角不同形狀,就是他據以分類的屬性。除上述三種可能的反應之外,也有可能出現第四種反應;那就是幼兒不能理解問題的意涵,毫無章法地將積木分為幾堆。果如是,可知幼兒在思維能力上尚缺少做為思維要素的概念。

基於以上討論,可知概念與屬性之間具有密切關係;必須根據屬性,才能了解概念。惟屬性與概念之間的關係不是紊亂的,而是有法則可循的。以"狗有四條腿"與"鳥有兩個翅膀"二語為例,其中"四條腿"與"兩個翅膀"雖都是屬性,但前者只能用於狗類的概念,後者只能用於鳥類的概念。

如此看來，用屬性描述概念時，必須考慮屬性的適切性。否則就無從獲得確切的概念。根據屬性的適切性以確定概念的心理過程，稱為**概念識別** (concept identification)；而在概念識別時，分析面對事物的屬性是否合於某概念的標準，則須根據以下四項法則 (Haygood & Bourne, 1965)：

1. 肯定法則　所謂**肯定法則** (affirmative rule)，是指某些屬性用於界定某概念時，是適切的；則以該屬性來界定該概念時，概念的意涵是肯定的。

2. 否定法則　所謂**否定法則** (negative rule)，是指某些屬性是不包括在某概念範圍之內的；採用此等屬性來界定該概念時，是不適切的。因此，在陳述某一概念時，此等屬性是排除在外的。

3. 連言法則　所謂**連言法則** (conjunctive rule)，是指用於界定某概念所採用的屬性，是同時或連續出現的；亦即數個屬性同時出現使用，才能肯定該概念的確切意涵。根據連言法則所形成的概念，稱為**連言概念** (或合取概念) (conjunctive concept)。

4. 選言法則　所謂**選言法則** (disjunctive rule)，是指用於界定某概念所採用的兩個屬性間帶有二者選一或二者兼備的情形。根據選言法則所形成的概念，稱為**選言概念** (或析取概念) (disjunctive concept)。

以上介紹的四項法則，可能因說明不夠詳盡，無法使讀者完全理解。接下去採用心理學家用於概念研究的圖示方法 (Bourne, 1970) (註 7-1)，分別對上述四項法則做補充說明。

此一實驗所用的實驗材料是三種圖形 (圓、方、三角) 和三種顏色 (紅、白、黑) 組合成的九張卡片。卡片的形狀和顏色都是用來界定概念的屬性。實驗時分兩步驟進行。

第一步：主試者先從九張卡片中取出一張紅色方形卡片 (圖 7-1 最左邊用虛線框起者)，然後問受試者他之所以取此張卡片是基於什麼樣的概念。如受試者回答說"紅色與方形"，他的回答即合於連言法則。理由是主試者

註 7-1：在內文所介紹的原研究中，除連言法則與選言法則外，尚包括**條件法則** (conditional rule) 與**雙條件法則** (biconditional rule)，因意涵複雜故而在此省略。

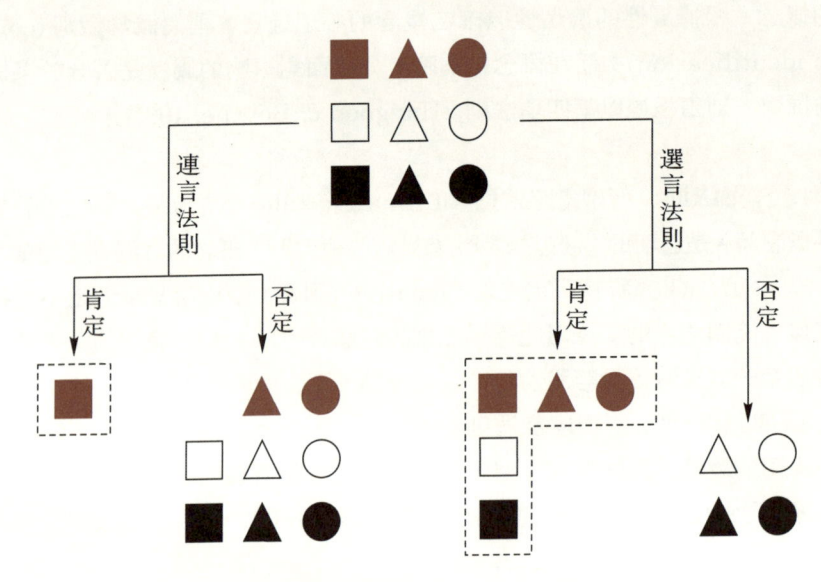

圖 7-1 屬性界定概念示意圖
(採自 Bourne, 1970)

在決定取出此張卡片時，他是將"紅色"與"方形"兩個屬性連在一起考慮的。在此實驗的例子中，用"紅色與方形"來界定概念是適切的、肯定的，故而合於肯定法則。然而對旁邊未被取用的其他八張卡片而言，它們的所有屬性，都不適於此一概念，故而被排除在概念範圍之外。像此種以屬性不合而排除於概念範圍之外的原則，就是否定法則。

第二步：主試者從九張卡片中取出五張（圖 7-1 右邊用虛線框起者），然後問受試者，他之所以取出這五張卡片是基於什麼樣的概念。如受試者回答"紅色或方形"或"紅色又方形"，他的回答即採用了選言法則。表面上看來，五張卡片包括了圓、方、三角、紅、白、黑六種屬性，事實上它只是"紅色"與"方形"兩種屬性的不同組合而已。如採取"紅色或方形"為屬性，是在橫排三張（紅卡片）與直排三張（方卡片）兩組中二者選一使用。如採取"紅色又方形"為屬性時，則包括了全部五張卡片。無論如何組合，都符合根據選言法則所形成的選言概念，因為都包括了所有紅色及所有方形的卡片。在日常生活中,使用選言法則表達選言概念的例子很多。棒球裁判對所謂"好球"的認定,就是採用"二者選一或二者兼備"的選言法則。在前例中,採用紅或方和紅兼方兩種屬性來界定概念是適切肯定的,故而合於肯定法則。對未被取用的四張卡片,因不具有紅色與方形的屬性,是採用否定法則,將之排除在概念範圍之外。

以上分析討論,大致說明了概念與屬性的關係;根據屬性界定概念時,必須所有屬性齊備,才能確定概念的意涵。然而就日常生活中所表達的概念看,事實上並非如此簡單。有很多事例顯示,使用文字表達概念時,文字所指屬性有時不夠明確,不盡周延。以"鳥"的概念為例,"有羽毛"、"有翅膀"、"會飛"、"築巢而居"等是鳥的重要屬性。惟以此屬性來界定所有鳥類時,就會發現有不少困難。例如,麻雀是鳥,因為麻雀具備上述所有屬性。但如拿上述所有屬性來界定鴕鳥時,就不無困難;因為鴕鳥並不會像麻雀那樣飛翔自如。正因如此,在心理學上乃有概念形成的研究。

(二) 概念的形成

對具有共同屬性的一類事物產生概括認識而得概念的事實,在日常生活經驗中甚為明顯。人類究竟如何根據事物屬性歸類以形成概念?為求解答此一問題,在心理學上乃有概念形成的研究。所謂**概念形成** (concept formation),是指根據學得經驗,辨識事物所具屬性,予以歸類處理 (類化),抽取其共同之點 (抽象化),綜合歸納從而獲得概括認識 (概念) 的心理歷程。在概念形成這個主題之下,我們從以下兩個子題進行分析。

1. 邏輯概念與自然概念 前文討論屬性與法則時,曾經提到概念有連言概念與選言概念之分。從概念形成的觀點言,連言與選言兩種概念,都是根據邏輯法則形成的。肯定法則 (那些屬性可採用) 與否定法則 (那些屬性被排除),就是形成概念的邏輯法則。像此種根據邏輯法則形成的概念,稱為**邏輯概念** (logical concept)。在數學與科學上所採用的定義,全是邏輯概念。以三角形與正方形兩概念為例,由三條直線相接而構成的封閉圖形,即為三角形;由四條等長直線相接而構成的四邊形中各角均為 90°的封閉圖形，即為正方形。根據邏輯法則形成的邏輯概念，其邊沿是明確的，其意涵是肯定的。因為邏輯概念所根據的邏輯法則是人為的，故而邏輯概念也稱**人工概念** (artificial concept)。邏輯概念的形成，係以邏輯法則為根據。人為的邏輯法則有時候未必與日常生活經驗相符合。以蕃茄為例，它是屬於蔬菜類還是水果類？一般菜場將蕃茄與白菜、蘿蔔等其他蔬菜放在一起；可見一般人將它看成蔬菜。但植物學家卻將蕃茄歸屬水果類。理由是蕃茄與其他水果 (如蘋果、橘子等) 具有共同屬性 (有皮有種子)。顯然，植物學家之所以將蕃茄歸屬水果類，主要是根據事先確定的邏輯法則。

根據日常生活處理事物的經驗，單靠邏輯法則去形成概念，顯然是不夠的。因為有些事物的屬性並不明確，很難在眾多事物中找出屬性做為歸類形成概念的依據。雖然如此，人類仍然會根據經驗對環境中的事物分類處理，形成概念。像此種只根據經驗而不根據邏輯法則所形成的概念，稱為**自然概念** (natural concept)。自然概念的事例很多，以"傢具"一詞的概念為例，一般人雖在日常語言中經常使用，但很難使用屬性來界定什麼是傢具。單以傢具類中的"桌子"一詞為例，很難用屬性來界定什麼是桌子。如果將桌子界定為"木製的四條腿的傢具"，顯然不足以表示所有桌子的共同屬性。理由是，木製的桌子之外，尚有鋁製、玻璃製甚至塑膠製的桌子。桌子固然以四條腿的居多，但也有三條腿甚至一條腿的桌子。

2. 概念形成的理論 日常生活中的很多事物，雖然無法根據其明確屬性予以分類，但人類在心理上處理此類事物時，卻能根據他自己的判斷形成自然概念；無論桌子的質料形狀如何變化，他自然就會知道那是桌子。對此種不按屬性界定就能形成自然概念的心理現象，心理學家羅斯奇等 (Rosch, 1975；Rosch & Mervis, 1978) 提出了原型的理念予以解釋。所謂**原型** (prototype)，是指同類事物中最具有代表性或典型性的事物。例如，椅子是最具典型的傢具，故而椅子就是傢具概念的原型；雞是最具典型的家禽，故而雞就是家禽概念的原型。羅斯奇等經實驗研究發現，受試者在面對大同小異的多種事物時，他會以最具代表性的事物 (原型) 為標準，將多種事物按與原型相似的程度，排成等級，等級愈高者，愈接近原型，表示受試者由之所得概念愈清楚。實驗者提供受試者 20 種屬於傢具類的物品，要求受試者以傢具概念為基礎，將之排成等級 (Rosch, 1975)。結果發現，排在最高三級者分別是椅子、沙發和桌子，排在最後三級者分別是衣櫥、花瓶和電話。由此結果看，椅子是傢具概念的原型。

在形成自然概念時，受試者如何決定某一事物較另一事物更具有概念的代表性？換言之，受試者在根據傢具概念排列 20 種物品時，何以將椅子看成遠較電話具有傢具概念的代表性？按羅斯奇的解釋，受試者之所以如此處理是根據事物之間的族羣相似性。所謂**族羣相似性** (family resemblance)，是指在同類事物中，某一事物的屬性與其他事物屬性相似性愈大者，就愈被視為同類事物形成概念之代表。準此而論，椅子之所以被視為傢具的代表，是因在傢具概念之下，椅子較其他物品具有較多的相似屬性。

二、意　象

意象也是構成思維的要素。**意象** (image) 也稱**心象** (mental image)，是感覺經驗的心理表象，是指將外在世界中事物編碼轉化後儲存在長期記憶中的意識圖象。從意象與思維的關係看，心理學家在基本上集中探討有關意象的兩個問題：

（一）　意象的形成

按前述之定義，意象既是感覺經驗的心理表象，可知意象是學來的，而意象的學得則是經由訊息處理的歷程。感覺經驗得自感覺記憶，感覺記憶中的訊息，經過注意、編碼、復習之後，即由短期記憶輸入長期記憶。因此，感覺記憶雖為時極短，但經過繼續處理之後，也和語義記憶一樣，永遠不會消失。大家都會有遇到大雷雨的經驗，在雷雨交加時，閃電的時間也許只有一兩秒鐘，可是在事後作文描述時，你會憑記憶將當時情境寫得繪聲繪影，使人讀來有身臨其境的感覺。由此例可知，在雷雨交加的當時，個人經由感官將當時的刺激情境記錄下來，形成以意象為主的感覺記憶，而後再經短期記憶輸入長期記憶。以後作文時因題目的需要，再從長期記憶中檢索解碼輸出，做出了繪聲繪影的描述。

在日常生活中，做為思維基本成分的意象是多方面的。憑各種感覺器官都會形成感覺記憶，感覺記憶是長期記憶的基礎，故而在長期記憶中，自應儲存著多種屬於意象的記憶。從事建築設計與造形藝術的人，必須靠立體意象做為思維的元素，音樂家必須靠聲音的意象才能作曲，藝術家必須靠顏色的意象才能繪畫。對於能夠提筆一揮即畫出一幅竹林美景的人，一向譽其為"胸有成竹"；"成竹"所指者就是意象。

(二) 意象的作用

在思維過程中意象發生什麼作用？在日常生活中可以找到很多例子，用以回答此一問題。如果要你憑想像分別說出蘋果、香蕉、鳳梨三者的特徵，思維時不但須要從長期記憶中分別檢索出三種水果形狀的意象，而且同時也聯想到三種水果色、香、味的意象。由此可見意象是思維運作的重要元素。心理學家如何研究意象在思維中的心理作用？以下試舉兩例做為說明。

曾有心理學家 (Intons-Peterson & Roskos-Ewoldsen, 1989) 以假設的情境，要求受試者憑自己的意象，回答以下的問題：設有兩組士兵，分別攜帶不同的物品行走同樣一段路程。其中一組士兵每人手中只拿一個氣球，另組士兵則每人肩上扛一個炮彈；試想最先到達終點的是那一組？結果發現，受試者一致回答先到終點者是手中拿氣球的士兵。根據研究者的解釋，受試者在思維此一問題時，都將記憶中氣球與炮彈兩種物體的意象，加入了思維運作之中。炮彈的重量遠大於氣球，攜重物者走路較慢，故而延緩了行程。

另有心理學家研究發現 (Shepard & Metzler, 1971)，在思維過程中，意象不但使記憶中的情境重現而有助於思維，而且能夠更進一步在心理上直接運作處理意象，從而達到思維的目的。該實驗的設計如圖 7-2 所示。有 A，B，C 三組立體圖形，其中 AB 兩組中兩個圖形的結構完全相同，所不同者只是兩立體圖形放置角度不同，使人形成兩種不同意象而已。另外第三組 C 中的兩個圖形，則彼此各不相同。實驗研究的目的旨在觀察受試者如何判斷那一組中兩個圖是結構相同而方向不同的。研究者發現，受試者採用心理旋轉的方法處理此一問題。所謂**心理旋轉** (mental rotation)，是指受試者在比對各組中之兩圖形的異同時，憑心理運作固定其中一圖的角度，然

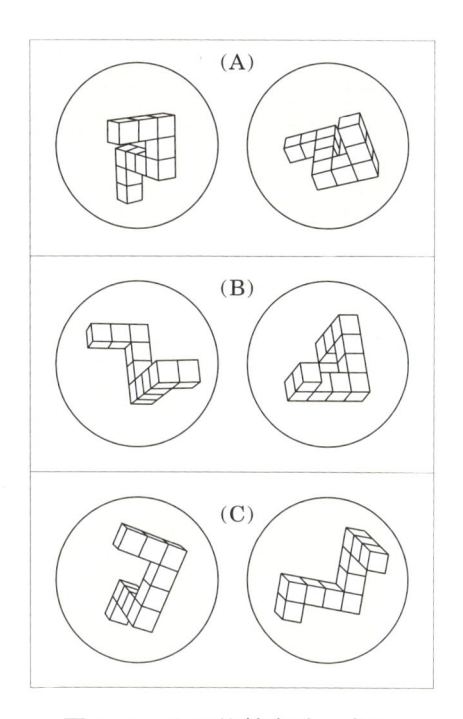

圖 7-2 心理旋轉實驗示意圖
(採自 Shepard & Metzler, 1971)

後根據意象在心理上旋轉另一圖形，並隨時比對，以決定其是否相同。研究者發現，當受試者從事心理旋轉時，在比對上所花的時間，與兩圖在角度上差異的大小有密切關係。如兩個立體圖放置的角度完全相同，受試者可以立即判斷兩者相同；如兩立體圖放置的角度相差甚大，受試者就得使用較長的時間才能做成判斷。準此推理，在兩圖放置角度不同的情形之下，兩圖的意象不同，以其中之一為準而旋轉另一意象與之比對時，難度自將增加而延長了思維的時間。又根據研究發現，如果兩圖放置角度完全相同，受試者判斷所需時間平均不到兩秒鐘；如將其中一圖旋轉 100 度，判斷所需時間則平均超過三秒鐘；如將其中一圖旋轉 180 度，判斷時間則需五秒鐘。

第二節 推理歷程

　　討論過構成思維元素中的概念與意象之後，接下來即以概念與意象為基礎，進而討論有關思維運作時推理與判斷的問題。所謂**推理** (reasoning)，是指在思維時遵循某種邏輯法則，以已知事實或假設條件為基礎，推演出有效結論,從而對事理間之關係獲得理解的歷程。此一定義中含有三點要義尚須稍加解釋:(1) 推理是遵循邏輯法則進行的思維歷程,故而推理一詞有時也稱**邏輯推理** (logical reasoning),邏輯推理方式有多種,本節將介紹其中的演繹推理與歸納推理兩種;(2) 推理是以已知事實或假設條件為基礎,沒有已知事實或假設條件做根據,推理將無從進行;(3) 推理的目的旨在從事理的關係中獲得結論,做為對事理的是非對錯作進一步判斷之根據。有關判斷問題留待第三節討論,在此先分別說明演繹與歸納兩種基本邏輯推理。

一、演繹推理

演繹推理 (deductive reasoning) 簡稱**演繹** (deduction),係根據已知事實或假設條件推演出結論的推理方式。基於此義,演繹推理分為三段論法演繹推理與假設演繹推理兩種方式。兩者之區別在於推理之依據;前者依據的是公認事實,後者依據的是假設條件。

(一) 三段論法演繹推理

三段論法演繹推理 (syllogistic-deductive reasoning) 是典型的演繹推理。所謂**三段論法** (syllogism),係根據一個普遍原則 (或公認的事實) 為前提,推演到某一特殊事例,從而得到一個肯定結論的推理方式。此種推理方式之所以稱為"三段",是因為推理過程中包括三個階段:(1) 確定普遍原則;(2) 舉出特殊事例;(3) 做出肯定結論。茲舉例說明三段論法之應用,並附帶說明有關的幾個名詞。

> 凡金屬皆為原質;
> 鐵是金屬;
> 故鐵為原質。

以上推理中包括三個語句,三個語句均屬平述句,分別表述一件事理,在邏輯上,這三個語句稱為三個命題。所謂**命題** (proposition),是指含有主詞與賓詞的一句完整語句。這三個命題因為在推理中出現的順序不同而有不同的名稱。表述普遍原則的第一個命題，稱為**大前提** (major premise)；表述特殊事例的第二個命題，稱為**小前提** (minor premise)；表述結論的第三個命題，稱為**結論** (conclusion)。三個命題連在一起所形成的推理陳述，稱為**論證** (argument)。按照此等邏輯術語，前例即可寫為：

> 大前提：凡金屬皆為原質；
> 小前提：鐵是金屬；
> 結　論：故鐵為原質。

基於以上舉例說明，可知此種演繹推理思維方式，有兩個基本要件：

1. 三段論法推論之結論，必須根據兩個前提推演而來；而且小前提之主詞在概念上不超出大前提主詞概念的範圍之外。

2. 只有大小兩前提所述事實為真時，推理所得結論才會為真。像此種前提為真而結論亦為真的推理方式，稱為**有效論證** (valid argument)。

（二） 假設演繹推理

前述三段論法的主要特點是，只要兩個前提為真，所得結論就一定是肯定的，有效的。在日常生活中，有很多事例無法循三段論法的方式去推理獲得肯定結論，甚至有很多情況下找不到普遍原則做為推理的依據。因此，在三段論法之外，乃有假設演繹推理的研究。

假設演繹推理 (hypothetico-deductive reasoning) 是指根據一個假設性前提推演出一個結論，藉以做為判斷依據的思維歷程。先看以下的例子：

> 如果天下雨，我就帶傘。
> 現在天下雨；
> 所以我就帶傘。

就邏輯形式看，此例也是採用了三段論法中根據大小前提推演出結論的方式。惟其中的大前提不同，它不是一個普遍原則的陳述，而是採用了假設的語氣，由前後兩個命題，說明了"如果……就……"的條件關係。

在"如果……就……"的條件關係中,由"如果"二字起始的命題稱為**前項** (antecedent);包括"就"字在內的命題,則稱為**後項** (consequent)。前項可視為原因,後項可視為結果;根據假設的因果關係進行推理,從而獲得結論。因此,**假設演繹推理**也稱條件推理 (conditional reasoning)。

回到前例來分析**假設演繹推理**的過程。"如果天下雨"是前項,"我就帶傘"是後項,在小前提內"現在天下雨"的事實陳述,確定了大前提的前項;也就是說大前提中"如果天下雨"的情形確已發生。因此,最後得到的結論便是有效論證。

以上所述,是根據小前提所述事實肯定前項得到結論的例子。採假設演**繹推理**時,也可根據小前提所述的事實否定後項,從而獲得有效的論證。試看以下的例子:

> 如果買到機票,我就坐飛機去。
> 現在沒有買到機票;
> 所以我就不坐飛機去。

(三) 影響演繹推理的心理因素

演繹推理是一種合理的或合邏輯的思維方式。了解演繹推理的法則,可以使人思維周密,從而做出正確的判斷。惟在運用演繹推理時,有時難免因誤用邏輯法則而做出錯誤的推理與判斷。此即影響演繹推理心理因素問題。影響演繹推理的心理因素很多,在此簡單介紹以下兩種因素。

1. 形式謬誤的影響 演繹推理時,形式上的謬誤多發生在三段論法的推理;在表面上雖合於三段論法的形式,但前提與結論之間則缺乏必然的關係。試看以下的例子:

> 大前提:所有的狗都是動物
> 小前提:有些動物是水生動物;
> 結 論:所以有些狗是水生動物。

表面看來上例合於三段論法形式,但推理的結論卻形成**謬誤** (fallacy);

原因是陳述不合於三段論法的基本法則，小前提的主詞在概念上並非出於大前提的主詞。圖 7-3 可以說明此一推理謬誤的原因。大圓可用以代表所有的動物，大圓中次大的圓代表水生動物，小圓代表狗類。兩個小圓彼此間毫無關係，所以不能肯定"有些狗是水生動物"結論是對的。

2. 命題曖昧的影響 因命題曖昧而導致的演繹推理謬誤，主要有兩種情形：其一是因對後項的不當肯定所形成的謬誤；其二是因對前項不當否定所形成的謬誤。先看以下對後項不當肯定所形成的例子：

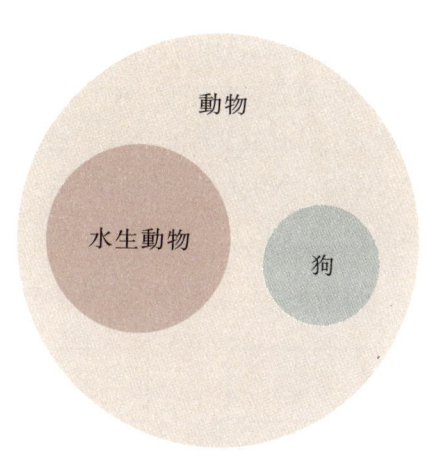

圖 7-3 三段論法推理謬誤圖示

> 如果天下雨，地上就會有水。
> 現在地上有水；
> 所以就知道天下了雨。

這是一個對後項不當肯定所形成推理謬誤的例子。此例錯在根據"地上有水"就判定"天下了雨"，不能使結論成為有效論證。理由是天下雨不是地上有水的唯一原因。再看以下對前項不當否定所形成推理謬誤的例子：

> 如有大颱風，學校就不上課。
> 現在沒有大颱風；
> 所以就知道學校會上課。

顯然，此一推理所得結論也非有效論證。理由是學校上課與否並非只根據有無大颱風來決定；遇到週末假日，學校也是不上課的。沒有大颱風就上課的概念，顯然是對前項"有大颱風"的不當否定。

條件推理之所以容易發生謬誤，主要由於條件推理的命題曖昧，不像三段論法那樣條理分明。近年來，心理學家們以條件推理為主題做過很多驗證研究，目的即在探討命題曖昧程度對推理的影響。茲舉二例如下以為說明。

第一個例子是根據卡片正面特徵推理該卡片反面特徵的實驗 (Johnson-Laird & Wason, 1977)。實驗用材料如圖 7-4 所示,有四張卡片,每張卡片的正反兩面分別寫著 E,K,4,7,並告訴受試者:寫有字母者,背面一定是數字;寫有數字者,背面一定是字母。實驗時要求受試者憑思維推理,然後決定從四張卡片中翻閱那幾張,就可驗證以下條件式的陳述是否為真,陳述如下:

如果卡片的正面字母是元音,該張卡片的背面就一定是偶數。

| E | K | 4 | 7 |

圖 7-4 命題抽象的條件推理示意圖
(採自 Johnson-Laird & Wason, 1977)

此一問題的正確答案是正面 E 和 7,然而一般大學生卻絕大多數想不到同時翻閱這兩張卡片。實驗結果發現有 46% 受試者翻閱 E 和 4;有 33% 受試者只翻閱 E;有 17% 受試者翻閱其他與正確答案無關的卡片;只有 4% 的受試者翻閱 E 和 7。換言之,有 96% 受試者沒有答對。

從假設演繹推理的邏輯法則看,前文的條件式陳述中提供的原則是"如果卡片的正面字母是元音,該張卡片的背面就一定是偶數",正符合"如果……就……"的條件關係。在此陳述中,一張卡片的"正面字母是元音"是前項,該張卡片的背面"就一定是偶數"是後項。E 和 7 兩張卡片之所以為正確答案,其理由是:(1) 翻閱 E 來驗證,是採用"肯定前項"以驗證條件式陳述是否為真的策略。E 是元音,如果陳述為真,E 的背面就一定是偶數 (即 4)。翻閱結果如果發現不是偶數,即可判定陳述不真。(2) 翻閱 7 來驗證,是採用"否定後項"以驗證陳述是否為真的策略。7 是奇數,如果陳述為真,7 的背面就一定不是元音。除了翻閱 E、7 兩張卡片的正確答案之外,其他翻閱方式均不足以用來驗證陳述是否為真的問題。

由以上實驗研究的結果看,用做此類推理的命題是相當困難的。受試者之所以感到困難的原因,主要是命題意涵不清楚。命題中提到元音,元音可使受試者想到從 E 著手去從事正面驗證。此一推理思維比較容易，所以有 33％ 的表現正確反應。命題中只提到偶數，未提到奇數，受試者很難想到從 7 著手去做反面驗證。基於曖昧命題影響思維推理的心理現象，曾有心理學家 (Cheng & Holyoak, 1985) 按前述實驗中條件推理的形式，也採用四張卡片，所改變者只是使命題內容與日常生活的用語較為接近。受試者同樣被要求按推理翻閱幾張卡片，從而驗證主試者的陳述是否為真。例如：

如果看見一個人在喝啤酒，就可斷定他超過 19 歲。

| 喝啤酒 | 喝可樂 | 19 歲 | 22 歲 |

圖 7-5　命題明確的條件推理示意圖
(參與此一實驗的受試者均來自美國的佛羅里達州，
按當時該州法律規定，未滿 19 歲不得喝啤酒。)
(採自 Cheng & Holyoak, 1985)

實驗者發現，在受試者之中有 74％的人正確地翻閱了寫有 "喝啤酒" 與 "19 歲" 的兩張卡片。按實驗者的解釋，此一條件式推理情境之所以較為容易，主要是命題內容與日常生活有關，易於使實驗者形成清楚概念。

二、歸納推理

歸納推理 (inductive reasoning) 簡稱**歸納** (induction)，乃是以觀察所見多個事例所得經驗為基礎，歸結出一個概括性的結論，藉以做為解釋或預測類似事件可能發生之根據的思維歷程。準此定義，可知歸納推理所得結論與前述之演繹推理不同；演繹推理所得結論是肯定的，是必然的，歸納推理所得的結論是不肯定的，是或然的。不過，如果從根據經驗獲得知識的觀點言，經由歸納推理獲取知識的機會，反而遠較演繹推理為多。在學校教育中，學生們從書本上學到的知識，絕大多數是得自演繹推理。此種現象尤以學習科學知識為然。以學習數學為例，多半是根據已知的定理定律為基礎，推理求解個別的習題。像此種根據演繹推理尋求肯定答案的求知方式，離開教室後在日常生活中使用起來有很大的限制。原因是個人在適應日常生活中一切事件變化時,很難找到普遍原則來做為演繹推理的依據。以上街購物為例,如只進一家商店購買某一物品時,你可能無法判斷該物品的價格是否公道。如果你連續到幾家商店去觀察同一物品的售價,你就可以根據觀察比較的結果,歸納推理出那家商店售價較為公道。俗語說"貨比三家不吃虧",這句話就是從購物經驗中歸納推理得到的結論。

歸納推理不但在日常生活中廣為運用,在科學研究上更是獲得科學知識的重要方法。凡是科學上試探性的實驗研究,無不採用歸納推理思維方式進行。以醫學上臨床實驗某種藥物對某種疾病的治療效果為例,一般醫師都是按以下程序進行,從而做出對該藥物應否推廣採用的判斷:

> 第一個罹患某種疾病患者服用該藥物後有效;
> 第二個罹患類似疾病患者服用該藥物後有效;
> -----------------------------------
> -----------------------------------
> 對一般罹患類似疾病患者服用該藥物後有效。
> 歸納推理得出結論:該種藥物對治療該種疾病有效。

根據上例,可以想見的是,即使罹患類似疾病,其病因與病情未必完全相同;而且所謂"有效"也未必完全相同。因此經歸納推理所得的結論,不能像演繹推理的三段論法那樣稱為**有效論證**,而只能稱為**類推論證** (argument by analogy)。類推論證的意思是指根據類似情形所得到的結論。

顯然,以上討論是將演繹推理與歸納推理分開來說明的。事實上,在人類經由思維運作獲取知識的整個歷程中,演繹推理與歸納推理二者是交互使用的;有時演繹在前,歸納在後;有時歸納在前,演繹在後。凡是科學上的定理定律,都是科學家經過對個別事例多次重複觀察驗證所得到的結論。定理定律形成之後,即做為普遍原則用於對個別事例進行演繹推理,從而獲得肯定性的結論。

第三節 問題索解

前兩節討論的是思維活動中概念與推理等問題，接下來本節所要討論的是如何運用概念與推理以從事問題索解的問題。所謂**問題索解**(或問題解決)(problem solving)，是指在不能僅憑既有經驗直接處理當前事物以達目的的情境下，經由思維運作得以了解問題性質並尋得解決途徑，從而達到目的的心理歷程。準此定義，可知問題索解乃是起於有目的而缺乏手段或方法的問題情境。如果沒有目的，問題情境自然不會發生，惟問題情境千變萬化，因而在問題索解時未必有普遍有效的唯一方法。在千變萬化的問題中，大致可按問題情境分為兩大類：一類是有固定答案的問題，只要用對了方法，就可得到答案；另一類是沒有固定答案的問題，對此類問題索解的目的，不是尋求唯一正確答案，而是在多個可能答案中選擇最佳答案。接下去先行討論問題索解時常用的兩類方法。

一、定程法

所謂**定程法**(或**算則法**)(algorithm)，是指在問題索解時按一定程序，逐步進行，最後即可得到正確解答的一類方法。定程法是學習書本知識的主要方法。在學校的教學科目中，諸如數學中的演算、物理學與化學中的按定理定律進行的實驗，全部都是按定程法進行的；甚至極複雜的電腦操作，在性質上也是定程的。定程法的優點是原理明確，方法固定，只要了解原理，學會解題方法，循序進行，最後一定得到正確答案。惟從思維與問題索解的心理歷程看，"定程"所指者未必只是單一定程，有的問題是"一題兩解"或"一題數解"的。完形心理學家韋特海默(見圖 1-4)，在其所著《創作式思維》一書中(Wertheimer, 1959)，提到德國數學家高斯(Karl Friedrick Gauss, 1777~1855)六歲便展現其數學天才的故事。故事的大意是說，教師出了一道連加法演算的數學題,要全班學童比賽看誰演算得最快,題目是:1+2+3+4+5+6+7+8+9+10=?在全班學童按連加法從頭算起尚未得到結果之前,高斯舉手報出答案。教師詢問何以如此快速?高斯的回答是他不喜歡採用連加法計算,他改採了如下的方法:1+10=11,2+9=11,3+8=11,4+7=11,5+6=11;然後將五個 11 加起來,得到總和 55。高斯的方法雖與其他學童所用的傳統連加法不同,但在運算上也是定程的。只是此一新定程法係由高斯獨創而已。

問題索解單一定程的例子很多,相傳三國諸葛亮發明的九連環是其中最複雜者。九連環是相連的九個金屬圓環(圖 7-6),由一金屬劍柄貫穿,求解目的是逐環卸下,最後使九環全部與劍柄分離。解答時左手執劍柄,右手操作;解答雖有定程,但極為繁瑣,要 341 步才達到目的,其步驟為:

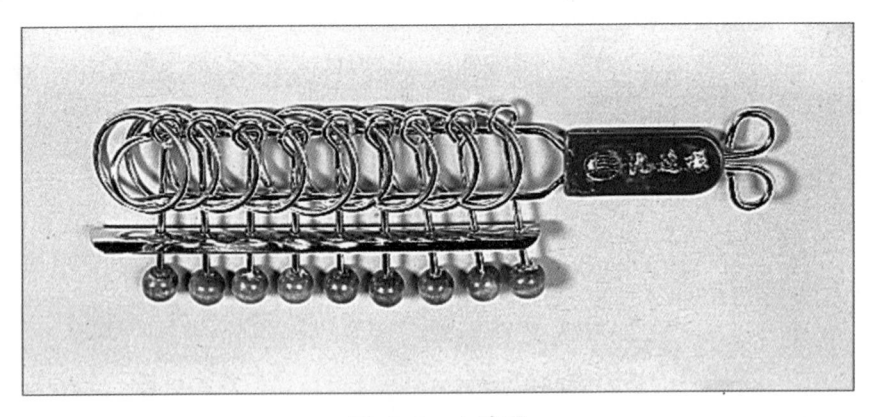

圖 7-6 九連環

1. 卸下第一環;
2. 劍柄左拉卸下第三環;
3. 套上第一環;
4. 卸下第一、二兩環;
5. 劍柄左拉卸下第五環;
6. 套上第一、二兩環;
7. 卸下第一環套上第三環;
8. 按照 3、4 兩步驟卸下第四環;
9. 按照 6,1,2 三步驟卸下第三環;
10. 按照 3,4 兩步驟卸下第七環;
11. 運用上述要領繼續穿梭,先卸下第九環,然後再繼續反復穿梭將八、七、六……環全部卸下,至此即告成功。

欲將九連環恢復原狀,可運用 6,7……等步驟反復穿梭,直到將九個圓環全部套上劍柄為止。

二、直觀推斷法

直觀推斷法（或**探索法**）(heuristic) 是指面對問題情境無法按既有程序解決，只能憑個人經驗逕而進行直觀（或直覺）推斷以求取答案的一種方法。準此定義，可知直觀推斷法具有以下兩個特徵：(1) 此種方法多半在是在沒有定程法可用的問題情境之下採用；(2) 採用此種方法解決問題時既無一定程序可循，故而使用的結果不能保證得到正確答案。答案既不能保證，何以要用此種方法？針對此一問題可做以下的解釋：在日常生活中有些問題不僅沒有定程法可用，而且也沒有肯定答案。以下棋為例，下棋雖有輸贏的標準，但對如何下法才會贏棋的問題，卻沒有一定的方法。除此之外，在極為複雜的問題情境中，即使有定程法可用，但因時限緊迫不容許按部就班使用定程法時，直觀推斷法就不失為應急的解題方法。直觀推斷法一詞所指者並非只限於一種方法，以下介紹其中兩種較常用的方法。

（一）　手段-目的分析

所謂**手段-目的分析** (means-end analysis)，是指在問題情境中，針對求解目與問題起始狀態（已知條件與限制）之間的差距，進行分析研判，找出可供縮小差距的手段，從而達到最後目的的一種方法。準此定義，可知採用手段-目的分析所解決的問題，都是較為複雜而無法按簡單程序進行解決的問題。採用手段-目的分析，一般都是在問題的起始狀態與目的狀態（最後答案）之間設定幾個可以達成的次目標；達成第一個次目標之後，接著進行第二個次目標。如此逐步進行，等到所有次目標次第達成時，問題索解的最後目的即告達成。在手段-目的分析過程中，設定的次目標可視為有助於達成最後目的的手段；此一手段即稱為**次目標分析** (subgoal analysis)。茲舉著名的**河內塔問題** (Tower of Hanoi problem) 為例，用以說明如何採用次目標為手段分析解決複雜的問題。

如圖 7-7 所示，有 A，B，C 三支立柱，在 A 柱上套有一疊按大小直徑排定的三個圓環（上圖）。求解的問題是將 A 柱上的三個圓環全部移至 C 柱上（下圖）。移動時可以藉用 B 柱之助，但必須遵守兩點限制；其一是每次只能移動一個圓環；其二是任何兩個圓環接觸時，必須保持小者在上大者在下的順序。

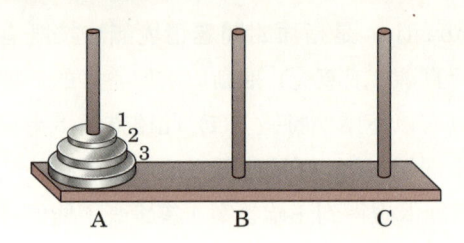

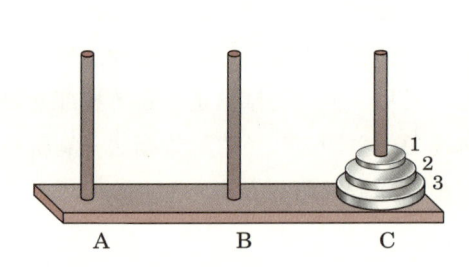

圖 7-7 河內塔問題
本圖所示三層圓環，是河內塔問題的最簡單形式。相傳河內塔問題係由越南首府河內附近某佛寺內一位老和尚所發明。原先的河內塔本有 64 層，老和尚預言，一旦有人解得此題，就是世界末日。所幸解題高手迄未出現。

河內塔問題之所以困難，主要是目的雖明確但不易直接達到目的；必須分析問題情境中如何利用中間立柱做為達到目的的手段。以下是當有三層圓環時解題的七個步驟（如圓環增為五層就相當困難，讀者不妨一試）：

1. 將 1 環移到 C 柱；
2. 將 2 環移到 B 柱；
3. 將 1 環移到 B 柱；
4. 將 3 環移到 C 柱；
5. 將 1 環移到 A 柱；
6. 將 2 環移到 C 柱；
7. 將 1 環移到 C 柱。

（二）類推法

類推法（或類比法）(analogy) 是將以往經歷過類似問題的經驗用於解決目前問題的一種方法。類推法之有效必須符合兩個要件：其一是新問題與舊經驗確有類似之處；其二是以往的經驗是成功的。在性質上，類推法屬直觀推斷法之一,都是在只有目的而缺少方法的問題情境下使用的。以下先介紹多年前德國柏林大學心理學家鄧克(Duncker, 1945)以大學生為受試從事問題索解實驗研究的例子,然後介紹晚近心理學家的補充實驗研究,用以說明類推法的使用。鄧克在實驗研究時,要求受試者思維解決如下的問題:

> 某胃癌患者,經醫師診斷確定,不能開刀切除。唯一可能的治療方法,是用放射線破壞癌體組織。然在採用放射治療之前,遇到的困難是:若放射線強度不夠,不足以破壞癌體組織;如強度足夠,則在破壞癌體組織之前,必先傷害到光線所經過部位的健康組織。在此兩難情況下,如何在不傷害健康組織的原則下達到治療的目的?

就上述問題的兩難情境看,要想達到既能治病又能保健的雙重目的,極為困難。解決此一兩難問題的唯一可行方法是,從不同的方向投入多條較弱的放射線,使其焦點集中在癌體組織上以破壞之。根據鄧克研究結果,大學生中能想出此辦法者只有 5%。晚近心理學家 (Gick & Holyoak, 1980) 改用類推法重做鄧克的實驗。實驗時分控制組與實驗組;控制組與鄧克的實驗相同,實驗組則是在提供問題之前,先讓受試閱讀一段如下的故事:

> 某軍官受命攻擊一個敵人的軍事要塞。該要塞周圍有多條呈放射狀的小路可達,而小路之兩邊均散居鄉民。軍官考慮的問題是;如集中火力從單面攻擊,附近鄉民將受嚴重傷害。於是決定分散兵力,從各小路進攻,並約定時間,一俟接近要塞時,火力齊發,合力攻擊。結果此計奏效,攻擊成功。

實驗者如此設計的目的是,讓實驗組的受試在解決問題之前先學到與問題性質類似的經驗。實驗結果發現,實驗組 10 位受試,全部都能從"分進合擊"故事的經驗類推想出正確答案,而控制組的受試者則全部失敗。

三、影響問題索解的心理因素

凡是構成問題的情境都是陌生的。問題既是陌生的,在求解時自然感到困難。問題索解失敗的原因很多,除問題本身的客觀條件之外,求解者個人的主觀心理因素,也是影響問題索解成敗的重要關鍵。多年來心理學家對影響問題索解因素的研究很多,以下列舉兩方面的研究以為說明。

(一) 心向作用

心向 (mental set) 是指個人在經由思維解決問題時的一種不自覺的習慣性心理傾向。心向的形成與個人以往處理事物時的成功經驗有關,成功的經驗會使他習慣性心向加強,以後遇到類似的問題情境時,他將重復採用以前經驗過的方法去解決問題。因為問題的情境是千變萬化的,如面對問題不能隨機應變,只是墨守成規依賴舊經驗,其結果自將難免因此心理因素影響而導致問題索解失敗。心理學家盧欽斯 (Luchins, 1942) 多年前所做的一項著名實驗,可以用來說明心向作用對問題索解的影響。

該項實驗的設計是:以設想用水桶量水的方式,要受試者憑意象計算出所求的水量。表 7-1 中,A, B, C, D 各欄,均代表水桶大小的容量。七題中,每題所用水桶大小不等,但所求解的目的則是一樣,都是要受試者自行設法,如何運用盛水工具,求出 D 欄各題所求的水量。

此類問題並不困難,小學中年級都會求得結果。以第一題為例,先裝滿

表 7-1 心向作用實驗用題

題號	水桶容量			所求水量
	A	B	C	D
1	21	127	3	100
2	14	163	25	99
3	18	43	10	5
4	9	42	6	21
5	20	59	4	31
6	23	49	3	20
7	28	76	3	25

(採自 Luchins, 1942)

B 桶 (127)，然後減去一 A 桶 (127−21＝106)，最後再用 C 桶盛出兩桶 (106−3×2＝100)，即求得所需要的水量。第 2，3，4，5 各題，都可採用同樣的方法。如將之寫成一個公式，那就是：D＝B−A−2C。

　　該實驗的目的是觀察受試者如何解答第六題與第七題。顯然第六題可採用兩種方法達到目的：一是仍採 D＝B−A−2C，另一是改採 D＝A−C。至於第七題，前法不能使用，只能採 D＝A−C。實驗結果發現：有 80% 的受試者仍採 D＝B−A−2C 的公式求解第六題；而對第七題，竟有三分之二的受試者，因無法套用公式而放棄。此一結果所顯示的意義是：因前五題用同一方法解題成功所形成的習慣性心向，影響到後來面對新的問題情境時，因思維方式僵化而不能擺脫公式的框架，結果導致失敗。

　　因心向作用而影響問題索解的事例很多。以下再舉九點方陣與火柴排圖兩個問題做為補充說明（圖 7-8）(題意與求解見圖下說明)。

　　此二問題看似簡單，但做起來並不容易；不容易的原因是受知覺經驗所形成心向作用的影響，會使人遇到超乎知覺經驗問題時，很難跳出知覺舊經驗的框限做出創新思維。左圖中的 9 個點，很容易使人在知覺上構成一個封閉的四邊，故難以突破知覺經驗，想到將四段直線必須延伸到 9 點構成的區域之外才能達到目的。右圖中的 6 支火柴是在平面上排列的，想在

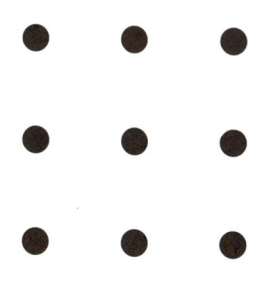

試從左上角黑點起畫一四折直線貫串九個點

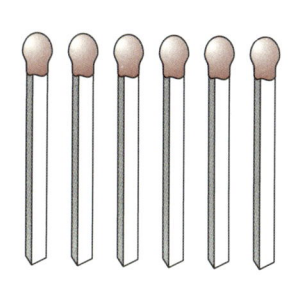

試用六支火柴做成四個彼此連接的三角形。

圖 7-8　心向作用影響問題索解示例

平面上排成四個連接的三角形，6 支火柴無法達到目的。唯一的可能是將 6 支火柴架成立體 (圖 7-9)。

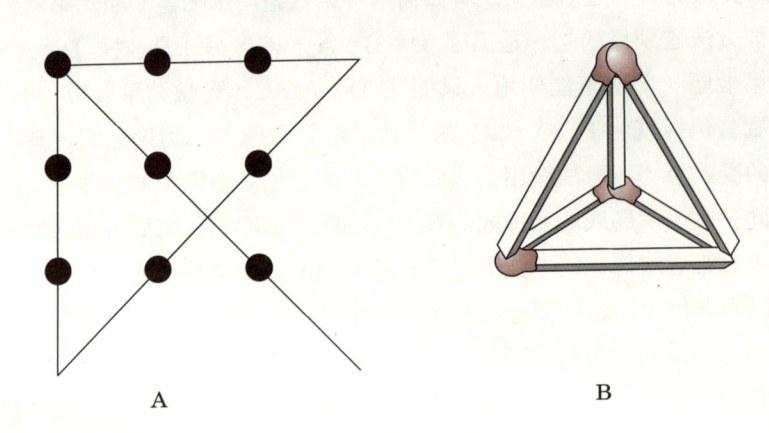

圖 7-9　前圖兩題的答案

(二) 功能固著

　　功能固著是影響問題索解的另一心理因素。所謂**功能固著** (functional fixedness)，指在問題情境中，因受問題現場條件既有功能的限制不能變通運用，以致無法達到問題索解的心理現象。問題索解時最為困難的是條件不足；現有的工具或材料未必能派上用場，急切需要的工具和材料，則感到闕如。因此，問題能否解決的關鍵，端在將現場中既有材料的變通使用，從而達到目的。但這點不易做到，因為在習慣上一般人總是把各種工具分別賦予其固定功能。例如，鑰匙是開鎖的，刀子是切割的；但在問題情境中，現場可資運用的材料，絕不可能像一把鑰匙開一把鎖那麼容易。有了鑰匙開鎖的問題就不存在了；丟了鑰匙不能開鎖才構成待解的問題。鑰匙不在手中，卻一直想到鑰匙，是一種功能固著心理；不嘗試運用現場材料以代替鑰匙，是另一種功能固著心理。刀子是切割用的，但必要時也可以變通，用來翹開罐頭或轉緊螺絲；老虎鉗是拔釘與剪斷鐵絲用的，必要時也可變通一下，代替釘錘的功用。善於解決難題的人，其最大特徵就是能突破功能固著的心鎖，針對需要，善擇手段以達到目的。以下介紹兩項實驗研究，用以說明功能固著對問題索解的影響。

先介紹的第一種實驗是德國心理學家鄧克所設計的牆壁上點蠟燭的實驗 (Duncker, 1945)。不用蠟燭台在牆壁上點蠟燭本屬不可能之事，由不可能變為可能才是真正的憑思維解決問題。該實驗所設計的問題情境是 (圖 7-10)，桌上放置一盒圖釘，一盒火柴，兩支蠟燭和一把剪刀，受試者的任務是自行設法將點燃的蠟燭固定在牆上，使它繼續燃燒。此一實驗設計的目的是驗證功能固著心理因素對思維的影響，因此將受試者分為兩組；一組將圖釘與火柴原封不動，都留在盒內 (目的

圖 7-10　牆壁上點蠟燭問題情境
(根據 Duncker, 1945 資料繪製)

是使其保持原有功能)，另一組則將圖釘盒蓋打開，讓圖釘與盒子內部都顯露在受試者面前 (目的在減少其原有功能)。實驗結果發現，兩組受試者最後都能將問題解決；都能利用圖釘盒為燭台，用圖釘將之釘在牆壁上，達到牆壁上點蠟燭的目的 (圖 7-11)。所不同者是第一組在解決問題時花費較長的時間。根據實驗者解釋，那是因為受試者在面對問題時受 "圖釘盒是盛圖釘用的" 功能固著影響所致。

另一種實驗是美國心理學家梅爾經多年設計的一項擺盪結繩的實驗，用以驗證功能固著現象 (Maier, 1931)。該實驗設計的問題情境是在一個空房間內，由天花板上垂下兩條繩，要求受試者設法將之連結在一起。實驗室的一邊放置一張椅子及一把鉗子和其他東西 (圖 7-12)。問題是兩條垂繩間距離太遠，受試者無法同時用兩手將之連結。實驗設計的目的旨在觀察受試者能否

突破功能固著,利用現場所陳列的材料,藉以達到問題索解的目的。此一問題的理想答案是將鉗子拴在一條垂繩上,並推動鉗子使垂繩擺動,擺動期間有時兩繩間的距離縮短,然後用兩手同時抓住兩條垂繩,即可結在一起。實驗結果發現,一般大學生只有 39.3% 的受試者,想到採用上述方法以達到問題索解的目的。顯然,多數受試者未能想到鉗子可以用做擺錘,可能他們認為,鉗子的功能是拔釘或剪斷鐵絲用的工具。

圖 7-11 牆壁上點蠟燭問題答案
(根據 Duncker, 1945 資料繪製)

圖 7-12 擺盪結繩問題
(根據 Maier, 1931 資料繪製)

在日常生活中遇到問題需要解決時，經常會遇到功能固著的心理困境。以上兩項功能固著實驗研究結果，希望能對本書讀者有所啟發。在日常生活遇到的問題中，有很多是因為不能突破舊思維的框限，一直鑽牛角尖而貽誤良機。俗語說："窮則變，變則通"，變通是有效思維的心理基礎。

四、問題索解的合理思維

經由前文的分析討論可知，針對問題情境進行合理思維才是解決問題的重要關鍵。怎樣思維才是合理思維？心理學家們提出以下四點建議 (Seifert, et al., 1986)。

1. 釐清問題性質　面對問題情境時，合理思維的第一步是，耐下心來針對當前情境弄清楚面對的是什麼樣的問題。要釐清問題性質，宜從三方面考慮：(1) 要想達到的目的是什麼；(2) 當前情境中有何可資利用的條件；(3) 如何運用現有條件想出方法以達到目的。三方面考慮的結果，第一、二兩方面可能有所釐清，第三方面尚須進一步思維。

2. 擬定解決方案　釐清問題情境時所考慮的第三方面，不易立即得到答案。如考慮的結果沒有現成的定程法可用，不妨採直觀推斷法冒險一試。前文介紹的河內塔問題，在手段-目的分析時起始狀態與目的狀態代表前條中第一、二兩方面的考慮；如何利用中間立柱達到目的，即屬第三方面方法思維問題。

3. 執行既定方案　根據三方面考慮擬定方案後隨即執行，並從而驗證方案的可行性。如方案可行，問題即告解決，如方案不可行，即需回頭配合前兩方面考慮，重新研擬可行方案。

4. 檢討解決結果　問題索解得到答案，雖然目的達成，但需進一步檢討所得答案是否為最好答案。因為有時候"一題數解"，數解中最省時、省事、省力者才是最好答案。如前文所舉水桶問題中第 6、7 兩題，採簡略方法的答案就是最好答案。

第四節　判斷與決策

第三節內所討論的問題索解，無論是採**定程法**，或是採**直觀推斷法**，其最終的目的總是求取正確的答案。有正確答案的問題情境，雖可用來做為學校中教學生學習的知識，但學生學過之後卻很少能用之於日常生活中解決實際問題。因為在日常生活中遇到的問題多半是沒有正確答案的；諸如投資、選學校、購房屋、擇偶結婚等重要問題，均無法肯定怎樣做法才是正確的。面對此等缺乏正確答案的問題情境時，當事人只能就問題情境中所具備的條件加以分析判斷後再形成決策，以期達成最佳選擇的目的。

在面對缺乏正確答案的問題情境時，如何判斷與決策，自然就成了心理學家關心研究的問題。所謂**判斷** (judgement)，是指根據問題情境所具備的條件，加以分析研判從而獲得結論的心理歷程。準此定義，可知第二節所討論的推理歷程，在性質上也是判斷的一種形式；只是該節所指的推理是根據邏輯法則進行的。所謂**決策** (decision making) 是指在不確定情境中進行問題索解時，根據已知條件分析判斷，從而達成最佳選擇的心理歷程。由此定義看，可知決策乃是問題索解的方法之一。

在缺乏正確答案的問題情境中，判斷決策之前有兩點必須考慮：其一是判斷與決策所帶來預期效果的可能性；其二是判斷與決策所帶來預期效果的價值性。在可能性與價值性兩者兼備的情況下，容易做成決策；在二者缺一的情況下，決策時就會感到困難。以買獎券為例，中獎的可能性很低，而中獎後帶來的後果卻具有極高的價值性。惟其如此，應不應該購買獎券？這問題因個人主觀判斷不同，所以獎券市場不致形成搶購現象。

基於以上對判斷與決策二者的認識，接下去就分別從決策後帶來預期效果的可能性與預期效果的價值性兩方面進行討論。

一、決策正確可能性的推斷方法

基於前文討論可知,在判斷決策前所考慮的預期效果的可能性與價值性二者,都是最後決策的根據。如何運用二者達到決策正確的目的,顯然是不易回答的難題。不過,唯一肯定的是,不能採用第三節所介紹的定程法去尋求確定性答案,只能採用直觀推斷法去推斷得到正確答案的可能。根據心理學家研究發現 (Kahneman & Tversky, 1972;1982),一般人在不確定情境下從事判斷決策時,傾向於採取以下兩種策略去推斷決策後是否能獲得正確後果。

(一) 經驗直觀推斷法

所謂**經驗直觀推斷法** (availability heuristic),是指根據個人經驗中最熟知而且容易聯想到的事例為基礎,用以推斷決策後帶來正確後果之可能性的一種思維取向。如果在缺乏事實性統計資料的情形下,要你說出目前都市人的離婚率有多高,你只能根據熟知的離婚事例做直觀推斷。直觀推斷的離婚率與事實性的離婚率愈接近時,就代表此推斷結果的正確性愈高。惟就此例可知,經驗直觀推斷法是相當主觀的;主觀的判斷與決策後果,自然難免會發生誤差。

曾有心理學家以美國大學生為實驗對象,要他們根據自己的主觀經驗,推斷在一般英文單字中以 R 起頭的單字 (如 read) 多,還是以 R 做為第三字母的單字 (如 cartoon) 多。結果發現,有 69% 的受試者認為以 R 起頭的單字較多。但事實上,兩者相較 R 居於第三字母的單字反而較多 (Tversky & Kahneman, 1974)。為什麼美國大學生的判斷會發生如此大的誤差?原因是 R 在起頭的位置易為人所覺知,R 在單字中居其他位置,則不易引人注意。

由以上實驗研究結果看,靠經驗直觀推斷所做成的判斷與決策,可能有很大的誤差。形成推斷誤差的原因,除受個人經驗因素影響之外,事件本身的特徵,也是主要原因。在每年意外死亡人口中,死於車禍者的人數可能超過死於空難者多至數百倍,但一般人總是高估了空難者所占的死亡率。原因是每有空難事件時,大眾媒體廣加報導,無形中強化了大眾的記憶。

(二) 常例直觀推斷法

常例直觀推斷法(或**代表性推斷**) (representativeness heuristic) 是指根據已知某類事件中最具代表性特徵為基礎,用以推斷同類事項中某一事件發生可能性的一種思維取向。在問題情境不能確定時,此種方法經常使用,但推斷結果未必正確。曾有心理學家以大學生為受試,要他們對下述的情況做出推斷 (Kahneman & Tversky, 1972):

某城市調查了全市內有 6 個子女且男女各半的家庭。經分析後發現,這些家庭中子女性別排序多半屬於三種類型:(1) 男、女、男、女、男、女;(2) 男、男、男、女、女、女;(3) 女、男、男、女、女、男。你認為這三種類型中那種類型占大多數?

研究結果發現多數受試回答第一種類型。事實上三種類型 (此外尚有其他類型) 的機率相等。一般人之所以選第一類型,原因是一般人覺得第一種類型合於常例,最具代表性。

依常例直觀推斷時,如果遇到看似不合常例的情境,就難免做出錯誤的判斷。以投擲一顆骰子為例,按機率計算,骰子每個面向上的可能性,都是 1/6。如果一顆骰子連擲四次都是 6 點,賭徒們對下一次結果的推斷,多數認為不可能再出現 6 點。原因是他們認為連續出現四次 6 點已不合常例,不可能第五次再出現 6 點。像此種不合科學的心理現象,稱為**賭徒謬誤** (gambler's fallacy)。推斷錯誤的理由是,每次投擲出的結果都是獨立事件,前後兩次之間沒有任何因果關係;每次出現 6 點的機率同樣是 1/6。

二、判斷決策與預期價值

前文所述,旨在說明決策後帶來正面後果可能性的兩種推斷方法。接下來再進一步說明決策後帶來預期價值問題。**預期價值** (expected value) 是指在判斷決策過程中,個人對決策後帶來正面後果所具價值的預先推估。在理論上講，預期價值是按數學上的機率計算的。按數學上機率計算的預期價值是客觀的。然而，一般人在判斷決策時因受主觀心理因素影響，對預期價值的看法，卻未必是客觀的。因此，對同一事件判斷決策時，就會有以下兩種預期價值：

（一） 客觀預期價值

正如前文所言，**客觀預期價值** (objective expected value) 是按數學的機率計算的。茲舉擲骰子定輸贏為例，用以說明客觀預期價值的計算方式。在投擲骰子之前，如果雙方同意的遊戲規則是：(1) 如果你投擲的結果是六點向上，你贏 50 元；其他各點向上時，均不計算；(2) 每投擲一次，你付服務費 10 元。如按照機率來計算，贏錢的機率是 1/6，贏得的錢數是 40 元，輸錢機率是 5/6，輸的錢數是 10 元。在此情形之下，可用以下方法計算出客觀預期價值：

$$客觀預期價值 = 贏錢機率 \times 贏的錢數 + 輸錢機率 \times 輸的錢數$$
$$= \frac{1}{6} \times (50-10) + \frac{5}{6} \times (-10)$$
$$= -\frac{10}{6} = -1.7 \text{ 元}$$

以上計算結果顯示的意義是，如按遊戲規則長期參與骰子賭博，平均每次要賠 1.7 元。中國有句俗語"久賭無贏家"，就客觀預期價值計算結果是負值來看，這句話是合乎科學原理的。照理說一般人不會參與此種輸多贏少的遊戲才是。然事實不然，很多人照樣樂此不疲。惟其如此，賭場才會永遠生意興隆。為什麼會有如此現象？此即下面要討論的主觀預期價值問題。

（二） 主觀預期價值

由人類的賭博行為看，客觀預期價值的理念未必能預測人的決策行為。因此，對此等心理現象必須採主觀預期價值來解釋。個人的**主觀預期價值** (subjective expected value)，決定於個人在決策時對事件後果在心理上的主觀看法，而非決定於事件後果在物質上的得失。如果一個人喜歡賭博過程中那種挑戰性氣氛，他就不會在意一點金錢的損失。如果一個人把贏錢的興奮感看得比輸錢的失意感重要，他也就不會牢記輸錢的痛苦。準此推理，上述等式即可改變內容而得正值。改變內容的可能是，個人不將贏後實際得錢數視為 40 元，而是將之視為 60 元。代入等式後的結果是：

$$主觀預期價值 = \frac{1}{6} \times 60 + \frac{5}{6} \times (-10)$$

$$= \frac{10}{6} = 1.7 \ 元$$

基於以上討論，可知反對賭博的人，自然會秉持客觀預期價值的觀點不參與賭博。但愛好而且經常賭博者，也並非真正不了解客觀預期價值原則下"久賭無贏家"的道理。他們是"明知故犯"，因受主觀預期價值的支配，即使政府禁賭，也仍然我行我素。反賭與好賭都是人性，以人性為研究對象的心理科學，不能單從客觀理性觀點了解人性，而應同時考慮人的主觀感情因素。此即本書第一章內一再強調的心理學是"主觀而客觀，客觀而主觀"的"超科學的科學"的理由。

三、判斷決策的題型效應

在一般情形下，需要個人做出判斷決策的時機，都是由於不確定的問題情境。問題情境的特徵多半是由語文表述的。由語文表述問題情境時，其表述的方式自然會影響到個人的判斷與決策。此種現象稱為**題型效應**(framing effect)。假如有一天你去看電影，電影票價是每張 50 元，你買好票準備進場時，忽然發現電影票丟了，此時你是否願意再花 50 元另外再買一張票？在此情境下你的決策很可能是不再買另一張票；理由是你覺得花雙倍錢看一場電影是件不值得的事。

如果上述情境改變為，你準備買票的 50 元在路上丟了，你是否願意再花 50 元買張電影票？對此問題多數人的答案是肯定的。

以上兩種情境都需要做出決策。如果單是從經濟的觀點言，兩者都是願否多花 50 元的問題。可見兩者決策之不同，並不是錢數多少的問題，而是對問題情境表述或認知上的差異。換言之，因兩者的題型不同而影響了決策行為。第一種情境下你決定不買另張電影票，是因為你將之解釋為"不值得"。第二種情境下你決定再花 50 元買票，是因為你將之解釋為丟錢與看電影根本是兩回事。曾有心理學家卡曼尼與特夫茨基以如下的問題情境要求受試者 150 個大學生做出模擬性決策 (Kahneman & Tversky, 1982)：

在某地區突然流行一種稀有的嚴重疾病，如惡化蔓延可能導致 600 人死亡。當地政府為應付危急，研議後提出了 A、B 兩個方案。如果實施方案 A，將有 200 人保住性命；如果實施方案 B，600 人中可能有 1/3 的人保住性命，但可能有 2/3 的人會死亡。如果要你做決策，你採那一方案？

研究者發現，多數人選擇方案 A。他們選 A 案的理由是，避免 B 案實施後 2/3 的多數人可能死亡。事實上，A、B 兩案實施後預期的後果完全相同，只因題型表述不同而使決策者的心理受到影響。後來研究者仍以同一問題為基礎，惟改變為如下的表述方式：

為防止流行病惡化，當地政府擬訂 C 與 D 兩個方案。如果實施方案 C，400 人可能死亡。如果實施方案 D，600 人中可能有 1/3 的人獲救，另 2/3 的人則可能死亡。如果要你做決策，你採那一方案？

研究者發現，同樣問題改變表述時，多數人選擇方案 D。他們選 D 案的理由是，避免 C 案實施後 400 人可能死亡。事實上，C、D 兩案實施後所預期者完全相同，只因題型表述不同而導致決策者的心理受到影響。

卡曼尼為美國普林斯頓大學心理學教授，他在 20 世紀 80 到 90 年代對人類在不確定情況下價值判斷研究所發現的心理現象，對經濟學理論提供了新的思維方向。傳統經濟學家一向認為，投資者總是在機率邏輯原則下惟利是尚的，卡曼尼的研究結果則顯示，一般人對利害得失判斷時並非完全根據機率邏輯客觀推理，而是基於對情境認知的主觀判斷。如當事人認知到投資後獲利機會較大時,他傾向於做出避免風險的判斷;如當事人認知到投資後損失機會較大時,他傾向做出接受風險的判斷。卡曼尼的認知心理學理論,經由美國喬治梅遜大學經濟學教授史密斯在金融市場驗證後提出的經濟學理論,使他二人共同成為 2002 年經濟學諾貝爾獎得主。

第五節　創造思維

雖然衆人咸認為創造是人類最高智慧的表現,而且在人類文化傳承中對前人在文學、藝術、科學乃至政治制度等方面創造之成果,無不珍而貴之。然而,不但在學校教育上一向忽視對學生創造能力的培養,就是專門研究人性的心理學,多年來對創造心理也甚少研究。本書鑒於創造的重要,試根據心理學上有限資料探討創造思維的問題。

一、創造與創造思維

在進入討論創造思維的心理學研究之前,容先說明創造與創造思維的定義以及創造思維與問題索解思維的異同。

(一) 創造與創造思維的定義

創造一詞有不同的詮釋,本書所採用的定義是:**創造** (creativity) 是一種解決問題的超常、創新而有價值的認知能力;此種認知能力表現於科學發明、文學藝術創作、舊知識之新觀念、老問題之新方法以及生產工具新發明等多方面。此一定義中,"超常"指超乎平常;"創新"指不墨守成規;而"有價值"則指創造的方法或創造的結果具有實用價值、學術價值、道德價值或審美價值而言。如創造只是超常與創新而缺少價值,創造的方法或結果就不能對日常生活和社會文化有所貢獻 (如創造殺人武器)。

所謂**創造思維** (creative thinking)，是指面對問題情境時，個人在思維上能擺脫傳統窠臼、超越成規限制以及突破習慣約束的認知心理歷程。基於此義，可知創造思維與前述創造一詞之含義相似；同樣強調超常與創新兩種認知心理特徵。兩者不同之處端在前者指認知心理能力的表現，後者指認知心理活動的歷程。

(二) 創造思維與問題索解思維的異同

在第三節開始討論問題索解的概念時，曾經指出問題索解是面對問題情境時所產生的思維運作心理歷程。如果單從這一點看，創造思維與問題索解思維兩者是相同的。惟從兩者所面對的問題性質及求解目的看，創造思維顯然與問題索解思維有很大的差異。

第三節內所討論的問題索解思維與所舉的多種例題，其中有一個共同特徵；那就是問題的情境與求解的目的都是明確的，面對問題情境時之所以感到困難，端在條件限制下一時想不出解決的方法。事實上，方法未必沒有，只是隱藏在有限的條件之後等人去發現而已。以河內塔為例，問題的起始狀態與目的狀態兩者均屬明確，其困難在於條件限制下一時想不出合於條件的方法。最後想出的方法終究還是達到了目的。由此可知，經問題索解思維所求解的問題，總是有答案的。問題索解常用的定程法與直觀推斷法的差別，只是後者缺少解題的固定程序而已。

創造思維與問題索解思維最大的差異是，後者在有限制的條件下尋求達到預訂目的的方法，而前者則是除了條件限制之外，既不能確知目的狀態，也缺少有效的方法。即使根據問題情境確定定程法或直觀推斷法可用，對具有高創造能力的人而言，他們也不會墨守成規去採用；他們旨在運用思維的更高境界，希望得到"前無古人"的結果。歷來科學家、藝術家、思想家之所以能有"空前"的貢獻，全都是超越問題索解思維而經由創造思維得到的結果。在心理學上，精神分析理論創始人弗洛伊德在 1900 年出版的《夢的解析》一書之所以被後人譽為改變歷史的書之一，乃是由於他超越前人對夢的一切解釋 (如日有所思夜有所夢等)，提出了潛意識活動的空前看法。在生物學上,美國的華生 (James Watson, 1916~) 與英國的柯利克 (Francis Crick, 1928~) 兩人在 1953 年之發現 DNA (見第二章第一節),也是在其他科學家採用各種方法探索多年之後而創用新的方法才發現的。DNA 是一切生物生命的本元,由於 DNA 的發現,使得生物遺傳理論得到突破性的發展。因此,這兩位科學家共同獲得了諾貝爾獎的榮譽。著者從事教學時,常鼓勵學生讀書時宜從三個等級評定書品的高低:(1) 平凡的著作是見人所見,言人所言;(2) 超水準的著作是見人所見,言人所未言;(3) 劃時代的著作是見人所未見,言人所未言。後兩級著作都是具有高度創造性見解的著作。

二、創造思維的心理機制

創造思維是一種心理活動歷程,在創造思維歷程中個體心理上究竟產生一些什麼樣的活動?此一問題在心理學上的研究極少;原因是創造不是短時間完成的,科學家或文學藝術家的偉大創作,多半是經過積年累月努力之後才完成的。惟其如此,在實驗室內很難研究創造的心理歷程。目前在心理學上主要有以下兩種理論對創造思維心理提出了解釋:

(一) 創造思維歷程階段觀

最早從事創造思維心理歷程研究而提出系統理論者,首推英國心理學家華萊士 (Graham Wallas, 1885~1932)。華萊士在 1926 年出版的《思維的藝術》一書中,對整個創造思維的心理活動歷程提出如下四個階段的解釋 (Wallas, 1926):

1. 準備期 所謂**準備期** (preparation),是指創造思維形成之前,對問題相關知識的理解與累積。有了求解問題的先備知識,然後才能從已知條件中發現新關係,從已有方法中發現新方法。一般認為創造靠天才,事實上長期努力和專注研究才是構成創造的主要因素。據說大科學家愛因斯坦的相對論,在撰寫時雖只花了五週時間,但動筆前花在準備和探索上的時間卻有七年之久。詩聖杜甫有言"讀書破萬卷，下筆如有神"，由此可知創造前準備的重要性。

2. 醞釀期 所謂**醞釀期**(或**孕育期**)(incubation)，是思維創造準備期得不到結果而將問題暫時擱置，此期間所產生的內在心理變化階段。對問題努力鑽研難獲結果感到身心俱憊時，如將問題暫時擱置，改而從事其他較輕鬆的活動(如聽音樂、釣魚、散步等)，亦即是將問題引起的心理困惑暫時排除於意識之外。在這種情形下，問題引起的創造思維表面看似乎停止，但事實上它仍潛伏在意識之下的醞釀中進行。

3. 豁朗期 所謂**豁朗期**(或**明朗期**)(illumination)，指經過潛伏性醞釀期之後，具有創造性的新觀念可能突然出現在意識之中。此一現象也就是平常所說的靈感。靈感的來臨，可能是戲劇性突如其來的；它可能產生在半睡半醒中，可能產生在沐浴時，也可能產生在旅行途中。總之，靈感多半是在與創造無直接關係的活動中產生。靈感可遇而不可求，它是創造思維導向創造結果的關鍵。

4. 驗證期 所謂**驗證期**(verification)，是指在豁朗期得到解題靈感之後，將靈感形諸具體意見與實際解題程序進行驗證。直到反復驗證無誤，創造思維的歷程才算結束。

華萊士的創造歷程四階段說，雖然在心理學界廣為流傳，但多年來一直無法經科學實驗得到證據。心理學家只能就創造發明卓然有成的著名人物的訪問或傳記中，了解創造思維的心路歷程。其中最具代表性的一位人物是法國數學家潘卡銳(Jules Henri Poincaré, 1854～1912)。潘卡銳發明同構函數理論的經過，幾乎完全符合華萊士所說的四階段歷程。潘卡銳所研究的數學問題，長期思維得不到結果(準備期)後，決定暫時擱置與朋友到外埠旅行。在旅行期間已將數學難題完全置諸腦後(醞釀期)。路經一個小鎮搭乘公車時，在舉步上車的一剎那，求解的答案突然在腦際出現(豁朗期)。上車後繼續思維寫下草稿，回家後詳細整理發現，正是他久思不得其解的答案(驗證期)。

(二) 思維運作特殊能力觀

科學心理學研究人的心理與行為時，總離不開將研究的問題付諸實驗或觀察測量的觀念。前述華萊士的思維歷程四階段理論既不易付諸實驗，於是心理學家們就嘗試改從觀察測量的取向去研究創造思維的問題。在這方面努力最有成就者，當推美國心理學家吉爾福德 (見圖 10-6) 在 20 世紀 60～80 年代長期研究的貢獻。吉爾福德在智力理論上提倡**智力結構論** (詳見第十章第三節)。在智力結構中，他把智力視為包括思維內容、思維運作、思維產物三個維度的心智活動 (見圖 10-7)。思維運作中包括六種不同的思維運作方式。其中與問題索解思維和創造思維有關的是**輻合思維**與**發散思維**。前者指根據一切可能條件或線索逐漸縮小範圍集中思維，從而解決問題，前文所指**定程法**的運用，即屬輻合思維；後者指缺少既有方法或思維規範時思路廣闊，在想到的眾多觀念中，針對問題出奇制勝。基於此義，可知吉爾福德乃是將創造思維視為整個智力結構中的一種特殊能力，亦即發散思維能力。

(三) 創造思維能力的測量

創造思維既可視為一種認知能力，研究創造思維的心理學家們，自然嘗試採用心理測驗的方法測量創造思維能力。自 20 世紀 60 年代以後，心理學家已編製了多種型式的創造思維能力測驗，惟在基本理論上均不出吉爾福德智力結構論中發散思維的理念。以下簡單介紹具有代表性的兩種測驗。

1. 托蘭斯創造思維測驗　美國心理學家托蘭斯 (Ellis Paul Torrance, 1915～　) 根據吉爾福德智力結構論中發散思維的理念，在 1974 年編的**托蘭斯創造思維測驗** (Torrance Test of Creative Thinking，簡稱 TTCT)，是應用最廣的創造能力測驗。該測驗包括語文與圖形兩類題目。語文部分由七種不同作業組成：(1) 發問；(2) 猜測原因；(3) 猜測結果；(4) 產品改造；(5) 不尋常用途；(6) 不尋常疑問；(7) 試作假想。測驗結果的評分標準乃是以吉爾福德研究創造思維時發現的四項特徵為根據：(1) **流暢性** (fluency)：心智靈活順暢，能在短時間內表達多個不同的觀念，能使用較多的文字，能形成較多的聯想；(2) **變通性** (flexibility)：思考方式變化多端，能舉一反三，觸類旁通，能隨機應變，不墨守成規；(3) **獨創性** (originality)：思想表現超越，對事物處理能提出創新辦法，對疑難問題能提出獨特見解；(4) **精密性** (elaboration)：慣於深思熟慮，遇事精密分析，力求臻於完美周延的地步。

2. 遠距聯想測驗　美國心理學家梅德尼克 (Mednick, 1962)，根據吉爾福德智力結構論發散思維的流暢性和變通性兩個特徵，編製了語文式思維創造能力測驗，稱之為**遠距聯想測驗** (Remote Associates Test，簡稱 RAT)。遠距聯想測驗的基本構想是，創造思維能力強的人，由某一事件引起的聯想遠較一般人廣闊；看見"筆"未必只聯想到"紙"；看見"紅花"未必只聯想到"綠葉"；他可能對一個語詞，很快就聯想到很多很遠很奇怪的概念。例如，梅德尼克的遠距聯想測驗中有這樣一個題目：試就已知三個語詞去自由聯想，然後想出一個和三者都有關聯的語詞填在後面；如：(1) Roman, (2) arithmetic, (3) one, (4) _____．此題適當的答案是 numeral。原因是三者都與數字有關。同理，如：(1) 鞋子，(2) 松樹，(3) 高樓，(4) _____ 。"地面"一詞可能就是適當的答案。原因是三者都離不開地面。

(四)　創造力高者的心理特徵

　　多年來，心理學家雖也企圖採類似智力測驗的方式測量創造力，但公認在性質上創造力不同於智力。智力通常指個人的綜合能力，而創造力則指個人某方面的特殊能力；傑出成就的音樂家，未必懂得高深數學。因此，研究創造力高者的心理特徵時，只能從他們所表現的異於一般人的心理特徵，推論解釋他們之所以展現超人創造力的原因。

　　美國心理學家葛敦納 (見第十章第三節) 曾調查分析 20 世紀創造文化的重要人物，其中包括弗洛伊德 (心理學家)、愛因斯坦 (物理學家)、畢卡索 (畫家)、葛蘭姆 (舞蹈家)、艾略特 (詩人)、甘地 (思想家) 等，在他們的生命歷史中，葛敦納發現有以下四點相似之處 (Gardner, 1993)：

1. 有反傳統傾向，對眾所信守的傳統規範存疑，因而在個人作為上不墨守成規，時思有所改進而臻於更新更好的境界。

2. 對自己關心的問題肯深入鑽研，在展現出超人的傑出成就之前，對相關問題研究所付出的心力，至少連續了 10 年甚至 20 年。

3. 在年輕時多半受到前人思想的啟發及師長的指導與鼓勵，因而立志上進，歷經無數挫折失敗，而終告成功。

4. 在個人生活上屬於感情層面者較少，多半時間用於潛心研究，犧牲奉獻，甚少享受安適的家庭生活。

除此之外，心理學家也研究創造力與智力關係的問題。對此問題的一般看法是，創造力高的人智力也高，但兩者的正相關只限於智商在 120 以下的人。換言之，智商高於 120 以上的人，未必有較高的創造力。美國物理學家諾貝爾獎得主菲恩曼 (Richard Feynman, 1918～1988)，中學時代測得的智商只有 124；按智力**常態分布** (見第十章第二節) 看，只能算是優秀，不能算是傑出。由此可見不能根據智力預測創造力。

本 章 摘 要

1. 思維是內在的心理認知歷程，在此歷程中個體將心理上所認知的事件，經表象化過程予以抽象化，以便在心理上運作處理，從而對該事件的性質得以理解並獲知其意義。
2. 概念是指對具有相關共同屬性一類事物的概括認識。
3. 概念識別時分析面對事物的屬性是否合於某概念的標準，一般根據四項法則：(1) **肯定法則**；(2) **否定法則**；(3) **連言法則**；(4) **選言法則**。
4. **意象**是感覺經驗的心理表象，是將外在世界中事物編碼轉化後儲存在長期記憶中的意識圖象。

5. **推理**是指在思維時遵循某種邏輯法則，以已知事實或假設條件為基礎，推演出有效結論，從而對事理間關係獲得理解的歷程。
6. 邏輯推理有多種，其中最主要者有**演繹推理**與**歸納推理**兩種；而演繹推理又有**三段論法演繹推理**與**假設演繹推理**之分。
7. **問題索解**是指在不能僅憑既有經驗直接處理當前事物以達到目的的情境下，經由思維運作得以了解問題性質，並找到解決途徑，從而達到目的的心理歷程。
8. 問題索解的主要方法有二：一為**定程法**，二為**直觀推斷法**；而在使用直觀推斷法解決問題時，又有**手段-目的分析**與**類推法**。
9. 影響問題索解的主要心理因素有二：一為**心向作用**，二為**功能固著**。
10. 決策正確可能性的推斷方法有二：一為**經驗直觀推斷法**，二為**常例直觀推斷法**。
11. **預期價值**有兩種：一為**客觀預期價值**，二為**主觀預期價值**。
12. **創造**是一種解決問題的超常、創新而有價值的認知能力。
13. **創造思維**是指面對問題情境時，個人在思維上能擺脫傳統、超越成規、突破習慣的認知歷程。
14. 在心理學上對創造思維有兩種看法：一為創造思維歷程階段觀，一為思維運作特殊能力觀。
15. 創造能力測驗一般都是根據吉爾福德**智力結構論**中**發散思維**的理念編製而成的。

建議參考資料

1. 朱智賢、林崇德 (1986)：思惟發展心理學。北京市：北京師範大學出版社。
2. 陸祖昆 (1988)：創造心理學。台北市：五洲出版社。

3. 廖元輝（譯）(1988)：思維心理學。台北市：五洲出版社。
4. Bransford, J. D., & Stein, B. S. (1984). *The ideal problem solver: A guide for improving thinking, learning, and creativity.* New York: Freeman.
5. Beach, L. R. (1997). *The psychology of decision making.* London: SAGE Publications.
6. Gardner, H. (1993). *Creating minds.* New York: Basic Books.
7. Garnham, A., & Oakhill, J. (1994). *Thinking and reasoning.* Oxford, England: Blackwell.
8. Kahneman, D., Slovic, P., & Tversky, A. (Eds.) (1982). *Judgment under uncertainty: Heuristics and biases.* New York: Cambridge University Press..
9. Simonton, D. (1994). *Creativeness: Who makes history and why.* New York: Guilford.
10. Sternberg, R. J. (Ed.) (1994). *Thinking and problem solving.* San Diego: Academic Press.
11. Weisberg, R. (1986). *Creativity: Genius and other myths.* New York: Freeman.

第八章

生命全程的身心發展

本章內容細目

第一節　身心發展研究的基本概念
一、身心發展的基本特徵　293
　(一) 連續歷程中有階段現象
　(二) 遺傳與環境的交互作用
　(三) 發展模式下有個別差異
　(四) 身心變化及於生命全程
二、心理發展的重要理論　295
　(一) 皮亞杰認知發展理論要義
　(二) 維果茨基認知發展理論要義
　(三) 艾里克森人格發展理論要義
　(四) 柯爾伯格道德發展理論要義
三、發展心理學的研究方法　302
　(一) 適用於發展研究的一般方法
　(二) 適用於發展研究的特定方法

第二節　胎兒期與嬰兒期的身心發展
一、胎兒期的發展　305
　(一) 胎兒期的身體發展
　(二) 產前環境對胎兒發展的影響
二、嬰兒期的身心發展　308
　(一) 嬰兒期的身體與動作發展
　(二) 嬰兒期的感覺與知覺發展
　(三) 嬰兒期的認知發展
　(四) 嬰兒期的社會發展

第三節　兒童期的身心發展

一、兒童期的身體發展　317
　(一) 兒童期的生理器官組織發展
　(二) 兒童期的動作技能發展
二、兒童期的認知發展　318
　(一) 前運思期的認知發展
　(二) 具體運思期的認知發展
三、兒童期的社會發展　321
　(一) 兒童期的人格發展
　(二) 兒童期的道德發展
　(三) 兒童期的性別角色發展

第四節　青年期與成年期的身心發展
一、青年期的身心發展　324
　(一) 青年期的年限界定
　(二) 青年期的身體發展
　(三) 青年期的認知發展
　(四) 青年期的社會發展
二、成年期的身心發展　331
　(一) 成年期的身體發展
　(二) 成年期的認知發展
　(三) 成年期的社會發展
　(四) 中年危機與空巢症候羣

本章摘要

建議參考資料

從成年人的身心特徵看,無論是身體方面的特徵 (如身高、體重、膚色等),或是心理方面的特徵 (如能力、性格、興趣等),都有很大的個別差異。如以此現象為主題去探求形成個別差異的原因,可能的答案有兩種解釋:一種解釋認為一切出自天性,另一種解釋則認為環境的影響使然。自古以來,這兩種不同解釋一直並存但相悖,形成古代哲學心理學六大爭議中的**天性與教養問題**及**恆常與變異問題**的爭議 (見第一章)。惟古代哲學家們的爭議,只是各持主觀哲學觀點的思辯,而非根據客觀的事實。因此,從現代科學心理學的觀點看,只能說天性與教養及恆常與變異的爭議孕育了現代發展心理學的觀念,不能說是發展心理學的開端。發展心理學的科學基礎是從19世紀達爾文在 1859 年出版《物種原始》一書後奠立的。在該書中,達爾文所主張的物競天擇、優勝劣敗的演化論,指出了人與動物都是在先天遺傳與後天環境交互作用中生長發展的。

發展心理學正式成為心理學領域中的一個學科,是在 20 世紀之初;此後多年來,發展心理學在研究取向上產生過兩方面的重大改變:其一是由**年齡常模** (age norm) (代表每一年齡身心特徵發展的水準,見第十章) 的研究,改變為更進一步發展理論的建立。其二是由偏重兒童階段心理發展的研究,擴展為**生命全程發展** (或畢生發展) (life-span development) 的研究。本章內容雖不能涵蓋發展心理學的全部,但各節內容大致包括現代發展心理學中兩大研究取向上所探討的重要問題。除在生命全程發展原則下說明各年齡階段身心發展特徵之外,並介紹心理發展的重要理論與發展心理學研究方法。希望讀者在研讀本章之後,能對發展心理學有所認識,並獲得以下概念:

1. 人類生命全程中身心發展的基本特徵。
2. 解釋心理發展的重要理論。
3. 研究身心發展的主要方法。
4. 產前胎兒期發展概況與孕婦保健常識。
5. 嬰幼兒期的身心發展特徵與育兒觀念。
6. 青年期的身心發展特徵及輔導理念。
7. 成年期的身心發展特徵及生活適應原則。

第一節　身心發展研究的基本概念

根據前文所述,可知心理學上所謂的**發展** (development),是指在生命全程中個體身心特徵隨年齡增長而改變的歷程。在進入討論生命全程中各年齡階段的身心發展之前,容先就人類身心發展的基本特徵、有關心理發展的重要理論與基本研究方法,分別略加說明,用做以後各年齡階段身心發展討論的參照架構。

一、身心發展的基本特徵

發展心理學在研究身心發展時雖然以個體為對象,但其研究目的卻旨在從身心發展與年齡改變的關係中,探求原理原則,從而做為解釋或預測一般人身心發展現象之依據。以下四點即多年來發展心理學研究發現的最基本的特徵。

(一)　連續歷程中有階段現象

個體的身心發展,在基本上是一個連續不斷的歷程,在此連續歷程中,個體在生理或心理上的一切變化,都是隨年齡增長而改變的。此一現象是恒常與變異問題爭議中的一項共識。然而,研究身心發展的心理學家卻多半採分期分段的方式進行研究;而且所有解釋心理發展的系統理論,也都是採用分期分段的取向 (見後文)。心理學家們之所以採分期分段解釋身心發展歷程的原因,並非單純是為了研究方便,而是根據多年來研究發現的兩點階段性現象:其一,在身體發展方面,個體身體成長與年齡之間並非呈現平滑曲線的形式,而是有些器官發展較早,有些器官發展較晚;有的生理變化只是在某一年齡才會出現 (如青春期的性生理變化)。有的行為表現按一定順序呈階段性變化;如嬰兒的動作發展,都是遵循先會坐而後爬,先會走步而後跑跳的順序進行。其二，在心理發展方面，無論是認知發展或是社會發展，其發展過程中雖顯示個體心理隨年齡增長而益趨成熟，但從幼稚到成熟的心理發展並非只是量的增多，而更重要的是質的改變，所以不同年齡兒童在心理需求與思維方式上各不相同。正因為個體身心發展歷程中具階段性現象，所以在世界各國的教育制度中，對成年之前的教育階段，都有入學年齡與入學後按年齡編排年級的規定。

(二) 遺傳與環境的交互作用

在個體身心發展的歷程中，就個體在身心各方面顯現的特徵而言，究竟是決定於先天遺傳，抑或是決定於後天環境，此即始自哲學心理學一直爭議不休的天性與教養問題。經過多年來發展心理學家的研究，一般不再堅持上述兩極端看法，而多數主張遺傳與環境並重；認為在發展歷程中任何時期的身心特徵，都是由遺傳與環境交互作用所形成。此種理念即稱為**交互作用論**(interactionism)。

(三) 發展模式下有個別差異

在發展歷程中兼具連續性與階段性的原則下，無論是發展心理學家從事理論性研究，或是教育家將發展心理研究發現的原理原則用於學校教學，對身心發展的看法多半是採取階段性的觀點。惟發展心理學上所指的階段性，是指個體身心發展，大體上是按階段的順序進行的，而非指某同一年齡的個體必將出現同一種身心特徵（並非指滿週歲的嬰兒一定都開始會說話）。原因是個體身心發展的階段性，只可視為發展的模式，在發展模式之下，實際上有很大的個別差異。

(四) 身心變化及於生命全程

在 20 世紀 50 年代以前的發展心理學家，一般將身心發展的研究界定在自出生前生命的開始，到出生後 20 歲以前的青年期為止。當時如此界定發展期，主要是基於兩原因：其一是研究資料不足，對人類身心發展真實情況尚不能完全了解。以智力發展為例，在 20 世紀初剛開始使用**智力**

測驗 (見第十章) 時，一般相信智力的發展在 16 歲左右即告停止。現在發展心理學家經過研究證實，智力的發展一直延伸到中年期 50 歲以上 (見圖 8-15)。其二是社會文化變遷，人類壽命延長，生命歷程中身心變化增多，有待研究的問題亦加多。往昔社會少有變遷，人類生活單純而壽命較短，其身心特徵容易定型。近幾十年來，一般發展中國家，平均壽命已顯著增加。以臺灣地區為例，在 20 世紀初的平均壽命不到 50 歲；目前已增長到 75 歲。在以上兩大因素影響下，生命全程研究的趨勢已成為心理學家的共識。

二、心理發展的重要理論

在第一章提到的現代心理學五大理論中，如果單獨從對個體心理變化與年齡關係的系統解釋看，精神分析論與認知論這兩派心理學家的理論最為完整。惟在精神分析與認知論兩派理論中，各心理學家對心理發展現象所採的觀點及理論解釋，彼此間各不相同；有的偏重於認知發展，有的偏重於人格發展，有的偏重於道德發展。以下的討論即以此三方面的主張為主題，分別對四位心理學家的理論要義做概略介紹。待稍後討論各時期心理發展時，再隨時提出詳細說明。

(一) 皮亞杰認知發展理論要義

認知發展 (cognitive development) 是指個體自出生後在適應環境的活動中，對事物的認識及面對問題情境時的思維方式隨年齡增長而逐漸改變的歷程。對認知發展的系統理論解釋，以瑞士心理學家皮亞杰 (圖 8-1) 的**認知發展階段論** (stage theory of cognitive development) 最為著名。惟皮亞杰本人經常稱其理論為**發生知識論** (genetic epistemology)；意謂他所研究的認知發展，乃是旨在為歷來爭議的**知識來源問題**尋求答案。皮亞杰的認知發展論有以下兩點要義：

1. 組織與適應　所謂**組織** (organization)，是指個體在認識周圍事物時，能統合運用其身體與心智的能力，從而達到認知目的的一切心理歷程。

圖 8-1　皮亞杰
(Jean Piaget, 1896～1980) 是 20 世紀瑞士心理學家，是發生知識論的創始人，是認知發展階段論的建構者，也是 20 世紀影響全世界教育的著名心理學家之一。

例如三個月嬰兒看見一個玩具 (視覺認識)，然後用手抓取來放在口中吸吮 (身體動作)，正代表他將認識與動作組織起來獲得認知的身心活動歷程。按皮亞杰認知發展理論的解釋，個體之所以有組織能力，乃是因為他具有一種天賦的**認知結構** (cognitive structure) (如嬰兒的顏色知覺不需學習)；皮亞杰稱之為**基模** (或圖式) (schema)。基模是個體用以認識周圍世界的基本能力。隨個體年齡的增加，基模也益形複雜化。

所謂**適應** (adaptation)，是指個體的基模因環境的限制而自動改變的心理歷程 (注意此義與感覺適應或生活適應不同)。個體在經由適應獲取知識時，將因應環境的需要而產生兩種彼此互補的心理歷程：(1) **同化** (assimilation) 是指個體只須運用其既有基模，即可將所遇見的事物納入其認知結構中，使新知識與舊知識相融合；(2) **調適** (或順應) (accommodation) 是指既有基模不能直接同化新知識時，個體為了因應環境的要求，自動調整其基模，因而得以吸收新知識的心理歷程。例如，三歲幼兒可用單手拿一個小杯子喝水，如杯子太大單手不能握持時，他會自動改用雙手，這就是調適。

2. 各時期發展不同　　對認知能力隨年齡增長而發展的現象，皮亞杰提出了超越前人的階段性看法。嬰兒期到青年期的十餘年間分為四個階段，分述認知發展不但顯示出階段性的特徵,而且在自幼而長的歷程中,個體的認知思維能力呈現出質的改變,而非單純是知識數量的增加。皮亞杰的認知發展階段論具有高度的權威性,惟從 20 世紀 90 年代以來,後繼者經重新驗證研究後發現,皮亞杰的理論仍有美中不足之處(見 329 頁註 8-1)。以下表 8-1 所列為皮亞杰的認知發展分期及各期基模功能的簡述,關於各時期的認知發展,留待稍後分期討論時再做說明。

表 8-1 皮亞杰的認知發展分期

期　　別	年　　齡	基　模　功　能　特　徵
感覺動作期	0～2 歲	1. 憑感覺與動作以發揮其基模功能 2. 由本能性的反射動作到目的性的活動 3. 對物體認識具有物體恆存性概念
前運思期	2～7 歲	1. 能使用語言表達概念,但有自我中心傾向 2. 能使用符號代表實物 3. 能思維但不合邏輯,不能見及問題的全面
具體運思期	7～11 歲	1. 能根據具體經驗思維以解決問題 2. 能理解可逆性的道理 3. 能理解守恆的道理
形式運思期	11 歲以上	1. 能做抽象思維 2. 能按假設驗證的科學法則解決問題 3. 能按形式邏輯的法則思維並解決問題

(採自 Piaget & Inhelder, 1969)

(二) 維果茨基認知發展理論要義

與瑞士心理學家皮亞杰同時,但理論觀點不相同的是前蘇聯心理學家維果茨基(圖 8-2),在 20 世紀 30 年代提出的**社會文化歷史認知發展論**(sociocultural-historical theory of cognitive development)。維果茨基採取了社會文化歷史的觀點,解釋人類的認知發展。他將人類的心理功能分為基本心理功能和高級心理功能兩種。前者為人類與動物所共有,主要包括感覺、知覺、辨別與記憶等;後者為人類所獨有,主要包括語言、思維、邏輯推理與工具製作使用等。個體基本心理功能之獲得,是生物進化的結果,而人類高級心理功能的形成則是社會文化歷史發展的產物。因此他認為,認知發展就是從基本心理功能轉化到高級心理功能的過程。在此轉化過程中,歷史傳承、社會規範、家庭和學校教育所教給兒童的語言、文字、符號、解決問題的方法以及工具製作和使用等,都是影響兒童認知發展的因素。人類高級心理功能,既是社會文化歷史發展的產物,研究兒童認知發展問題時就不能忽略兩點認識:其一是人類社會文化隨歷史發展而演變,在不同時代成長的兒童,其認知發展將不盡相同;其二是人類的社會文化有很大的個別差異,同時代而不同文化型態下成長的兒童,其認知發展歷程亦將有所差異。以下簡述維果茨基的認知發展理論的兩點要義:

圖 8-2　維果茨基
(Lev Semenovich Vygotsky, 1896～1934) 是 20 世紀初前蘇聯心理學家和教育家,也是心理學思想中社會文化歷史學派的創始人。

1. 語言的認知發展功能　維果茨基認為,語言對兒童的認知發展具有兩方面的功能:其一是在文化傳承中,成人將生活經驗和思維解決問題的方法經由語言傳遞給兒童;其二是兒童以學得的語言為工具,用於適應環境和解決問題,從而促進以後的認知發展。基於此義,維果茨基認為,語言與思維的關係是,前者為因,後者為果;此因果關係說明了語言具有促進兒童認知發展的功能 (Vygotsky, 1962)。

2. 從實際發展區到最近發展區　基於社會文化促進認知發展的理念,維果茨基進一步提出學校教育可提升兒童認知發展水平的主張,此即他的最近發展區理論。所謂**最近發展區** (zone of proximal development),是指從兒童實際認知發展水平到他可能認知發展水平之間的差距。某一兒童的實際認知發展水平,可由他獨自思維操作解決問題時所表現的成就來決定。某一兒童的可能認知發展水平,並非指他此時此地所表現的實際能力,而是指在成人或教師適當協助之下他可能達到的成就。是故,實際發展區代表兒童認知發展的實力,最近發展區的上限代表兒童認知發展的最大潛力。維果茨基認為,無論是從事兒童認知發展研究,或是教兒童學習知識,均不宜只重視兒童的實際發展區,而應特別重視他的最近發展區。由於他相信文化與教育具有促進認知發展的功能,因此維果茨基提出**鷹架** (scaffolding) 概念,建議父母和教師適時給予兒童間接性幫助 (如指引),從而提升兒童自行進入最近發展區的能力 (Vygotsky, 1978)。

(三) 艾里克森人格發展理論要義

從心理發展的觀點探討社會行為隨年齡增長而改變的理論中,最有系統且影響最大者,首推美國**新弗洛伊德主義**心理學家艾里克森 (圖 8-3) 20 世紀 70 年代提出的**心理社會期發展論** (psychosocial stage theory of development)。艾里克森雖在早年接受過精神分析心理學的訓練,而且他的理論也與弗洛伊德一樣解釋人格發展,但他二人的理論有三點不同:(1) 弗洛伊德的理論是以人格異常者的心理特徵所建構的,艾里克森的理論是以正常人的心理特徵所建構的;(2) 弗洛伊德的理論只重視幼稚期的人格發展,艾里克森的理論則重視生命全程的發展;(3) 弗洛伊德的理論主要限於對人格結構中不同層面內在衝突的解釋,艾里克森的理論則是擴大對人格發展中社會關係的解釋。因此,在生命全程身心發展的原則下,我們在此只介紹艾里克森的理論,關於弗洛伊德的人格理論,留待第十一章時再行討論。

圖 8-3 艾里克森 (Erik Homburger Erikson, 1902～1994) 是 20 世紀在德國出生的美國心理學家，是新弗洛伊德主義代表之一，是心理社會期發展論的創始人，是弗洛伊德之後對人格理論貢獻最大的人，也是 20 世紀最具權威的青年心理學家。

艾里克森的心理社會期發展論，在立論上是以弗洛伊德精神人格結構理論中的**自我**為基礎的。他認為個體自幼在社會環境互動中，一方面由於他自我成長的需求，希望從人際關係中獲得滿足，另方面又不得不受社會的要求與限制；因而形成他心理適應上的困難。艾里克森稱此種心理上的困難為**發展危機** (developmental crisis)。發展危機是隨年齡而改變的，每一年齡階段各有其不同性質的發展危機。在生命全程的發展中，個體的自我發展主要是學習克服每個時期的發展危機。艾里克森將生命全程分為八個時期（見表 8-2），他認為每一時期的發展危機均發生於個體心理上兩極性衝突的不易化解。八個時期之間的發展危機具有連續效應；前一時期的危機適時化解，有助於後一時期的發展。表 8-2 所列者即為艾里克森理論的簡略說明。關於各時期的社會發展，留待稍後分期討論時再進一步討論。

（四） 柯爾伯格道德發展理論要義

道德 (morality) 一詞在心理學上的涵義是，個體用以判斷行為是非善惡的標準。在心理學上以兒童為對象從事道德發展研究者，始自 20 世紀 40 年代的皮亞傑。皮亞傑採用說故事的方式與兒童討論故事中兒童行為對

表 8-2　艾里克森理論的心理社會期

期別	年　齡	發展危機	發展順利者的心理特徵	發展障礙者的心理特徵
1	0～1歲	信任對不信任	對人信任，有安全感	面對新環境時會焦慮不安
2	1～3歲	自主獨立對羞怯懷疑	能按社會要求表現目的性行為	缺乏信心，行動畏首畏尾
3	3～6歲	主動對愧疚	主動好奇，行動有方向，開始有責任感	畏懼退縮，缺少自我價值感
4	6～11歲	勤奮對自卑	具有求學、做事、待人的基本能力	缺乏生活基本能力，充滿失敗感
5	青年期	自我統合對角色混亂	有了明確的自我觀念與自我追尋的方向	生活無目的與方向，感到徬徨與迷失
6	壯年期	親密對孤獨	與人相處有親密感	與社會疏離，感到寂寞孤獨
7	中年期	愛心關懷對頹廢遲滯	熱愛家庭關懷社會，有責任心有義務感	不關心別人與社會，缺少生活意義
8	老年期	完美感對沮喪絕望	隨心所欲，安享餘年	悔恨往事，徒呼負負

(採自 Erikson, 1963)

錯的問題（如甲童打破二個杯子，乙童打破三個杯子，誰的過失較大？）。結果發現，在五歲以前的兒童，對行為的表現尚不能做對錯的判斷。五歲以上兒童道德的發展，大致分為兩個階段 (Piaget, 1932)：(1) 五至十歲兒童對是非判斷所採的標準是**道德現實主義** (或**道德實在論**) (moral realism)，指此一年齡階段的兒童作是非判斷時，是以成年人所定規範為標準的，故而也稱**他律道德期** (heteronomous morality stage)；(2) 十歲以上兒童對是非判斷所採的標準是**道德相對主義** (moral relativism)，指此一年齡階段的兒童對是非判斷的標準，除了考慮社會規範之外，也考慮到規範未必是絕對的，規範的訂定必須合理。此時期兒童的道德判斷有了自主性，故而也稱**自律道德期**(**或自主道德階段**) (autonomous morality stage)。

美國心理學家柯爾伯格 (圖 8-4) 的道德發展理論，原則上採取了皮亞杰理論的精神，在 1963 年提出**道德發展階段論** (stage theory of moral development)，將道德發展解釋為三個時期，而每一時期又各自包括兩個階段 (Kohlberg, 1969)。柯爾伯格也採用說故事的方式，與兒童討論故事中人物在行為表現上對錯的問題。在評定兒童道德發展水準時，柯爾伯格採取了**習俗** (conventionality) 的觀念；習俗是社會上眾所公認的行為標準，合於習俗的行為，就是符合道德的基本條件。表 8-3 即柯爾伯格道德理論中三期六段的簡單表示。關於各期各段的詳細陳述解釋，留待稍後分期討論時再進一步說明。

圖 8-4 柯爾伯格
(Lawrence Kohlberg, 1927～1987) 是 20 世紀美國心理學家，是道德發展心理學系統理論的建構者，他的理論與方法對以後道德心理學的研究產生了極大的影響。

三、發展心理學的研究方法

發展心理學是現代心理學領域內的一個分支學科，此一分支的特徵是專門研究個體的身心變化與其年齡的關係。基於此一特徵，發展心理學家在進

表 8-3　柯爾伯格道德發展理論中的三期與六段

期　別		發展階段		心理特徵
一	前習俗道德期 (10 歲以下)*	1	避罰服從取向	只從表面看行為後果的好壞；盲目服從權威，旨在逃避懲罰。
		2	相對功利取向	只按行為後果是否帶來需求的滿足，以判斷行為的好壞。
二	習俗道德期 (10～20 歲)	3	尋求認可取向	尋求別人認可，凡是成人讚賞的，自己就認為是對的。
		4	遵守法規取向	遵守社會規範，認定規範中所定的事項是不能改變的。
三	後習俗道德期 (20 歲以上)	5	社會法制取向	了解行為規範是為維持社會秩序而經大眾同意所建立的，若經大眾共識社會規範亦可以改變的。
		6	普遍倫理取向	道德判斷係以個人的倫理觀念為基礎；個人的倫理觀念用於判斷是非時，具有一致性與普遍性。

*表內所列年齡不是嚴格劃分，只是概約區別。
(採自 Kohlberg, 1969)

行研究時，就必須從兩方面考慮：其一是採用何種方法搜集個體身心變化的資料。其二是採用何種設計進行研究，從而分析了解個體身心變化與其年齡的關係。以下就從方法選擇與研究設計兩方面，分別略做說明。

(一) 適用於發展研究的一般方法

如果單從研究某年齡階段個體身心的特徵著眼，在研究方法選擇上，發展心理學與其他心理學科並無太大差異。只要合於研究目的，心理學上的一般研究方法，均可採用。第一章第三節內所介紹的心理學研究法，無論是屬**描述研究**、**相關研究**或**實驗研究**三類中的那一類，均可採用來做為搜集個體身心發展方面資料之用。其惟一不同之點是，研究個體身心發展時必須考慮到研究對象的年齡。以研究探求中學生社會適應與其家庭中親子關係之間的相關為例，可採用**測驗法**，也可採用**調查法**。但研究的對象如改為幼稚園兒童，則只能採用描述研究中的**觀察法**。

(二) 適用於發展研究的特定方法

發展心理學的研究，其最大特點不在於搜集資料的方法，而在於以年齡變項做為主要考慮的研究設計。在發展心理學的研究中，有以下三種設計：

1. 縱貫研究 縱貫研究 (或縱向研究) (longitudinal study) 是以單一個體或同一組個體 (如同年級兒童) 為研究對象，就某方面的行為，自幼小到長大的歲月中，持續觀察測量，從而探究其年齡增長 (自變項) 與身心變化 (依變項) 兩者之間的關係。從研究目的而言，縱貫法是最適當的研究方法。因為從同一 (或同組) 個體的身心發展中，觀察其前後變化，分析其成長歷程，始能發現其前因後果的關係。因此，在理論上縱貫法是最適合於發展研究的方法。

縱貫研究有其理論上的優點與價值，但實際使用時仍有以下的缺點與限制：(1) 時間太長，研究對象難免流失；(2) 測量工具的標準難確定，用於測量兒童的工具，如以後重復用來測量成人，所得結果就很難比較；(3) 因為社會變遷，使影響個體身心發展的環境因素改變，根據一項長程縱貫研究結果，不易做為模式去推論解釋當時社會的一般現象。

2. 橫斷研究 橫斷研究 (或橫向研究) (cross-sectional study) 是以不同年齡之個體或團體為研究對象，就某方面行為發展為主題，使用類似觀察測量工具，在同一時間內，即可獲得不同年齡組的同類資料。比較分析不同年齡組的身心發展特徵，即可據以了解，身心發展隨年齡增長而改變的大概情形。

從發展研究的目的而言，橫斷研究只具有使用方便的優點，並不具備從研究結果可以建立發展模式的學理價值。因為，根據橫斷研究所得資料，只能分析比較不同年齡組之間的差異，而不能根據差異遽而論斷乃是由於發展因素所致。換言之，橫斷研究所得結果不能用做因果關係推論的依據。

3. 同儕-連續研究 同儕-連續研究 (cohort-sequential study) 是一種將縱貫與橫斷兩種設計合而為一，使之兼具兩者優點而避免兩者缺點的一種研究方法。同儕-連續研究的特徵是，在研究對象選擇上，同時做兩方面的考慮：(1) 選定一段期限較短程的年齡組距，如 9～12 歲的四個年齡組的小學兒童，先採橫斷法同時取得各年齡組身心發展某方面 (如身高或智力) 的資料；(2) 繼而對各年齡組兒童分別進行縱貫研究，連續以同樣方法，獲得此後三年內同方面的身心發展資料。最後再將由兩種方法獲得的資料合在一起分析比較，即可對 9～12 歲的兒童在此後三年期間身心發展的情形有所了解。由於連續設計中包括了縱貫與橫斷兩種設計的精神，故而又稱為**橫斷-縱貫法** (cross-sectional longitudinal method)。

第二節　胎兒期與嬰兒期的身心發展

在第二章第一節內曾提到，個體的生命開始於**受孕**，而受孕則是精細胞與卵細胞結合而形成**受精卵**的過程。受精卵形成後約 5～6 天，經輸卵管進入**子宮** (uterus)，並隨即附著在子宮壁上，即成為**胚胎** (embryo)。胚胎開始後的八週內，稱為**胚胎期** (embryonic period)。人類在胚胎期的形狀與其他脊椎動物無異，直到第八週才粗具人形 (圖 8-5)。從受孕後第九週開始一直到出生期間，稱為**胎兒期** (fetal period)，而其個體稱為**胎兒** (fetus)。出生後的新個體稱為**嬰兒** (infant)；在發展心理學上，一般將出生到兩週歲的一段時間，稱為**嬰兒期** (infancy)。以下簡略說明胎兒期與嬰兒期的主要身心發展。

一、胎兒期的發展

發展心理學家通常從兩個角度說明胎兒在母體內九個月期間的發展情

第三週　　　　　第四週　　　　　第五週

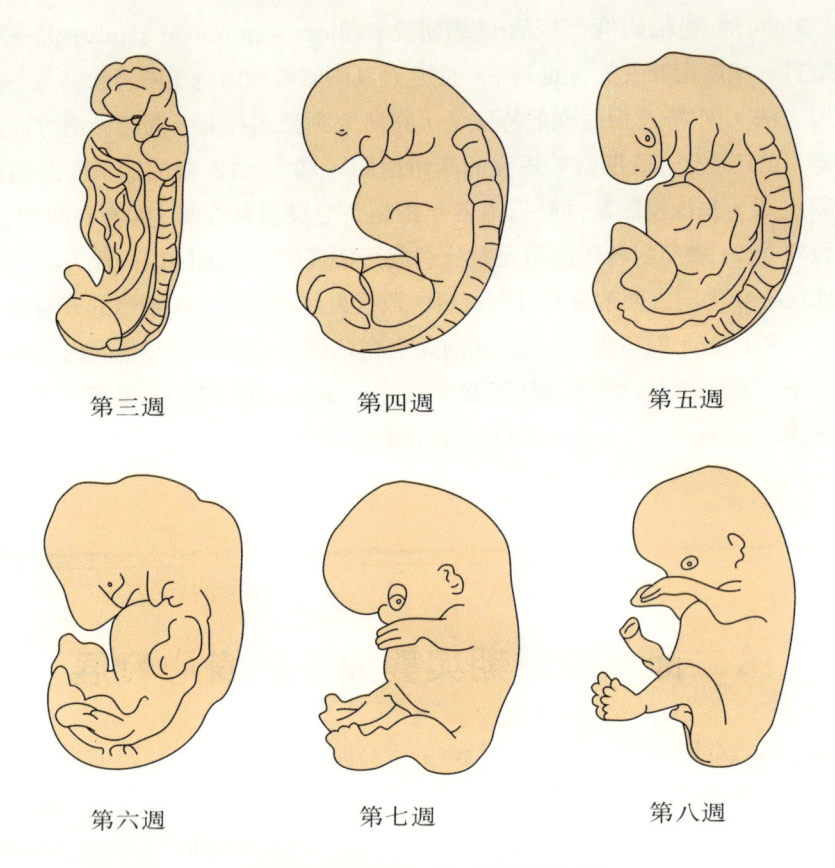

第六週　　　　　第七週　　　　　第八週

圖 8-5　人類胚胎期的身體發展
(根據 Rice, 1995 資料繪製)

形：其一是採每三個月一期的分期方式說明胎兒的身體發展；其二是分析胎兒出生前的環境因素對胎兒發展的影響。

(一) 胎兒期的身體發展

1. 胎兒初期的身體發展　胎兒初期包括受孕後第一階段的三個月，此一時期包括受孕、胚胎、胎兒三個階段。在胚胎形成之前，約在受孕後 25 天左右，心臟已具雛形，到滿兩個月時已略具人形，身體各器官開始形成，進入胎兒期。胎兒在子宮中充滿羊水的羊膜內，羊膜是囊狀封閉物，胎兒靠**臍帶** (umbilical cord) 與**胎盤** (placenta) 連結。胎盤具有兩種重要功能：其一是將母體血液中的營養輸送給胎兒，以維持生命；其二是將胎兒的排泄物輸送至母體。母親的血管並不直接與胎兒連接，母親與胎兒之間的生命關係的維持，完全靠胎盤。胎盤與胎兒之間的連結則是靠臍帶。臍帶有三條血管；一條負責將母親血液中的氧氣與營養經胎盤輸送給胎兒，另兩條負責將胎兒的血液與排泄物經胎盤輸送回母體。臍帶上沒有神經細胞，因此出生時切斷臍帶時嬰兒不會感到疼痛。

2. **胎兒中期的身體發展**　三個月以後的胎兒，在子宮內迅速成長，第四個月時身長可達 10 英寸，此時孕婦會感到胎兒活動。此後 5～6 個月之間，胎兒每月身長增加兩英寸。到中期結束滿六個月時，胎兒的呼吸器已經成熟。此時脫離母體時有存活可能。

3. **胎兒後期的身體發展**　胎兒期的最後三個月，身體發育已漸趨成熟，七個月會有反射動作，如此時出生即具有呼吸與吸吮的能力。絕大多數的胎兒，到八個月後出生均能存活。因此，早產兒生存困難者，並非單純是日期問題，而多半是懷孕期間母親營養不良導致胎兒體重不足所致。現在醫學界多以出生時體重低於 2,500 公克 (5.5 磅) 者為早產兒。由此可見，八個月的新生兒如體重在 6 磅左右者，雖時間上視為早產，但生存能力上可能相當正常。圖 8-6 所示，即胎兒後期出生前在子宮中的位置。

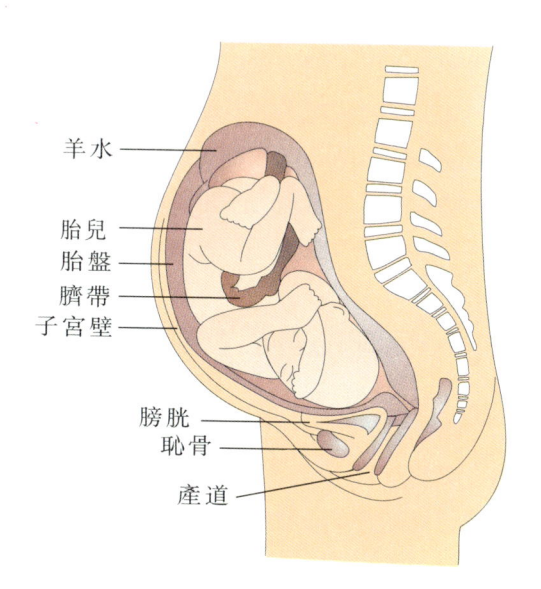

圖 8-6　胎兒出生前在子宮中的位置
(根據 Turner & Helms, 1991 資料繪製)

(二) 產前環境對胎兒發展的影響

產前環境是指胎兒出生前在子宮中的生存環境。前文曾提到胎兒的生命靠母體的血液維持，母親血液中的養分、氧氣、激素、化學物質等，自然會直接影響胎兒的發展。一般相信，懷孕期間如母親營養不良，將會影響到胎兒腦細胞的成長。據生理學家估計 (Winick, 1976)，孕婦嚴重營養不良，其所懷胎兒的腦細胞數量，可能低於正常者 20%。營養不良不只是食物不足的問題，更重要的是食物品質 (營養) 的問題。如食物中嚴重缺乏各種維生素，即使孕婦每餐吃飽，而對胎兒身體發展仍然不利。除了飲食之外，懷孕期間孕婦吸煙與飲酒的習慣，對胎兒的發展也會構成不利影響。

孕婦吸煙之所以會危害胎兒發育，是因為尼古丁可使孕婦血管收縮，形成血液流量減少，對胎兒的養份供應量亦隨之減低。再加上一氧化碳與血紅素結合而降低了帶氧量，使胎兒一直處於缺氧的狀態之中；結果輕則導致胎兒發育不良，重則惡化到胎死腹中或產後死亡。在懷孕期間，如孕婦經常飲酒，其所懷胎兒就會有可能罹患**胎兒酒精症候羣** (或胎兒酒精綜合症)(fetal alcohol syndrome，簡稱 FAS)。胎兒酒毒症候羣的主要徵狀是：(1) 頭小、大腦體積小、心智能力不足；(2) 兩眼距離近、上唇薄、鼻樑低；(3) 動作遲緩，缺乏機警反應等。

二、嬰兒期的身心發展

在發展心理學上，**嬰兒期**一般指自出生至兩歲 (有的指週歲前，也有的指三歲前)。事實上，嬰兒期的第一個月稱為**新生兒** (neonate)。因此，以下討論的嬰兒期身心發展，主要是對個體自出生到兩歲身心發展的概略說明。

(一) 嬰兒期的身體與動作發展

嬰兒期的身體與動作發展，主要是受身體的成熟程度所支配，而非靠學習或練習的結果。嬰兒期的身體與動作發展隨神經系統發展順序而有先後之分。神經系統的發展是先頭部而後軀幹，由軀幹而後四肢；動作的發展亦復如此。從以下兩方面現象，可看出嬰兒期身體與動作發展的大致情形：

1. 身體各部位隨成長而改變　個體自出生前胚胎期雛具人形開始，直到出生後至成年為止，其身體各部位的比例產生了很大的改變。如圖 8-7 所示，在胎兒兩個月時，頭部占整個身長的二分之一，到五個月時改變為三分之一，出生時改變為四分之一，兩歲時改變為五分之一，六歲時變為六分之一，12 歲時變為七分之一，到 25 歲成年時變成了八分之一。

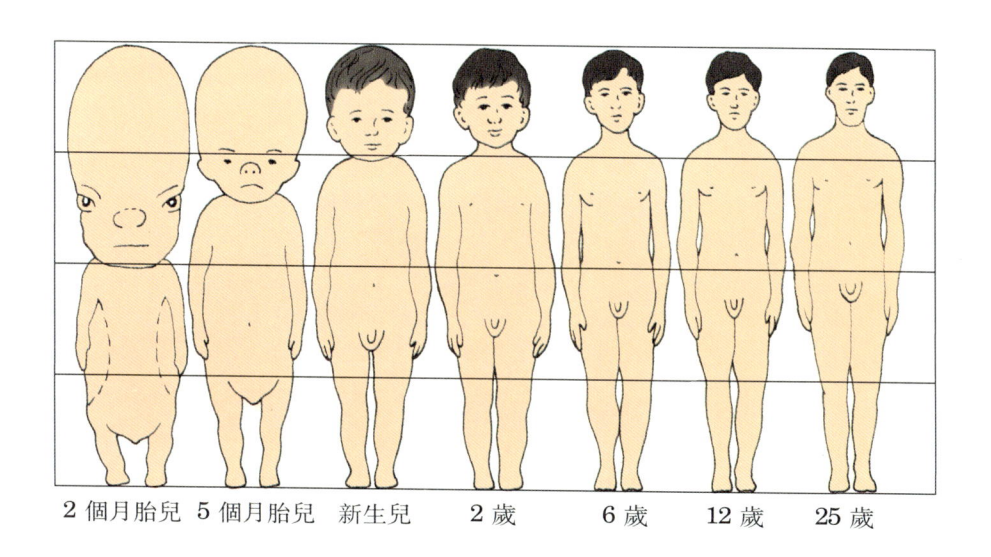

2 個月胎兒　5 個月胎兒　新生兒　　2 歲　　　6 歲　　　12 歲　　　25 歲

圖 8-7　頭部與身體比例隨年齡改變
(根據 McGraw, 1987 資料繪製)

2. 動作發展隨成長而益趨複雜　嬰兒期的**動作發展** (motor development)，大致遵循三個法則：(1) 由頭部到下肢的發展；(2) 由軀幹到四肢的發展；(3) 由整體到特殊的發展 (大肌肉發展在前，小肌肉發展在後)。發展心理學家研究嬰兒動作發展時，常用抓握動作與全身動作做為評定發展水準的標準。圖 8-8 與圖 8-9 即分別表示嬰兒期抓握動作與全身動作發展的一般情形。

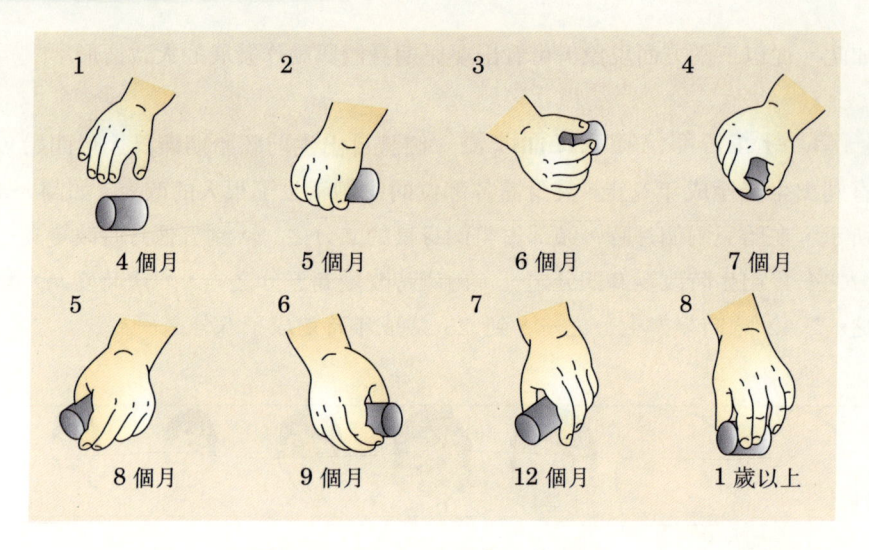

圖 8-8　嬰兒期抓握動作的發展

嬰兒期週歲前抓握動作發展順序：4 個月試探抓握；5 個月手掌抓握；6～7 個月全手握起；8～9 個月五指抓握；1 週歲三指抓握；1 歲以上三指尖抓握 (各階段月數為一般嬰兒平均年齡)。
(根據 Lieberty, et al., 1974 資料繪製)

(二)　嬰兒期的感覺與知覺發展

一般發展心理學家對嬰兒心理發展的研究，多集中在兩個方面：其一是嬰兒期的感覺與知覺發展，其二是嬰兒期的認知發展。在感覺方面，嬰兒出生不久，視覺、聽覺、味覺、嗅覺等基本感覺均已發展良好。

1. 嬰兒的視覺發展　嬰兒自出生開始，即有視覺反應，只是視覺的敏銳度較遜於成人。根據心理學家觀察發現，甫降生而尚未離開產房的嬰兒，即能對光線表現出注視的反應。惟新生嬰兒對光線之反應有兩點顯著特徵：其一是初生嬰兒的**視敏度** (visual acuity) (對物體細部辨別的能力) 不若成人。引起初生嬰兒注視的光線，其強度均須大於成人，否則引不起嬰兒的注視。其二是初生嬰兒的**明視距離** (visual distance) (即明晰視物的距離) 小於成人。如以看清楚同一物體的最遠距離為標準，新生嬰兒與成年人的比是

0.4 個月能爬行狀　　　　　　1.6 個月能舉頭 15 秒鐘

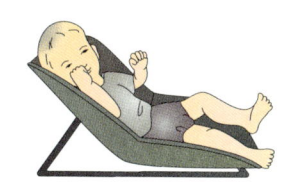

2.3 個月在支持中能坐　5.3 個月能偶爾自行坐起　6.6 個月能自行坐穩

8.1 個月能在支持中站立　9.6 個月能牽手移步　11 個月能獨立站立

11.7 個月能獨行三步　16.1 個月能扶手上樓梯　23.4 個月能原地跳躍

圖 8-9　嬰兒期全身動作發展順序
(圖中月數為平均年齡；根據 Bayley, 1969 資料繪製)

20/200；意謂成人在 200 英尺所能看清楚的物體，必須移近到 20 英尺之內，初生嬰兒才看得清楚 (Banks, 1983)。人類視覺的發展，直到兩三歲以後才能達到成人視覺的程度。嬰兒的顏色感覺，一般在三個月以後。

2. 嬰兒的聽覺發展　嬰兒的聽覺是與生俱來的。初生嬰兒遇見突然大聲時所表現的兩手抖動及呼吸迫促反射動作，即表示初生嬰兒已有聽覺。此種反射現象稱為**莫洛反射** (Moro reflex)。初生嬰兒的聽覺已相當完備，其**聽敏度** (auditory acuity) 已接近成人。這現象主要表現在兩方面：其一是對聲音來源的注意；初生嬰兒即能用頭與眼睛的移動表示對聲音來自左右方向的反應。出生後第六週，嬰兒能隨母親在其左右不同方向說話而擺動其頭部 (Bundy, 1980)。其二是對聲音特徵的辨別；初生不久嬰兒即能辨別其母親的聲音。根據心理學家觀察發現，嬰兒在吃奶時如聽到母親的聲音，他吸吮的動作就會加速加重。如此時改換其他女性的聲音，嬰兒則不會表現類似反應 (DeCasper & Fifer, 1980)。

3. 嬰兒的味覺與嗅覺發展　初生嬰兒即有味覺，尤其對甜味的反應更為明顯。根據心理學家觀察研究發現，如將三個奶瓶分別裝盛清水、糖水和鹽水，嬰兒對糖水瓶奶嘴的吸吮動作最快也最用力，同時心跳速率增加；對鹽水和清水的反應則顯不出像糖水那樣激動的情形 (Crook, 1978)。另外心理學家觀察發現，如將酸、甜、苦三種不同液體滴在他的舌頭上，嬰兒的面部就會出現不同的表情；而且配合不同動作，表現出對酸與苦的不悅表情 (Steinner, 1979)。

嬰兒出生後不久即有嗅覺，包括引人愉快或令人厭惡的氣味。曾有心理學家觀察發現，一點阿摩尼亞的氣味，即可使出生後僅滿一週的嬰兒擺頭逃避。如將嬰兒厭惡的氣味變換方向，嬰兒就會隨氣味方向的改變而轉動他的頭部。由此當可肯定出生不久嬰兒的嗅覺發展已很完備 (Steinner, 1979)。

4. 嬰兒的知覺發展　根據本書第三章第一節對感覺與知覺的解釋，感覺是經由感官獲取外界刺激訊息的歷程，而知覺則是將感覺訊息加以選擇、組織、解釋的歷程。因此，感覺是以生理為基礎的心理現象，而知覺則是純屬心理作用。歷來心理學家對人類知覺現象中嬰兒視知覺的**深度知覺**感到興趣，原因是眼睛**視網膜**為平面，平面視網膜的訊息產生立體感的深度知覺，就成了不易解答的問題。早期的心理學家對此問題未獲共識；有的認為深度知覺得自後天學習，有的認為來自先天本能。晚近心理學家已實驗證明，嬰兒的深度知覺能力是與生俱來的。

最早從事嬰兒深度知覺實驗研究者，是美國心理學家吉布森與沃克多年前所做的一項視崖實驗 (Gibson & Walk, 1960)。視崖 (visual cliff) 是一種用來觀察嬰兒深度知覺的實驗裝置。裝置的中央有一個能容納嬰兒自由爬行的平台。平台上覆蓋一層透明厚玻璃，玻璃之下鋪有黑白相間的方格布料；惟除平台中央部分及一端的玻璃與布料緊貼之外 (看起來是平的)，平台的另一端玻璃與布料相隔數呎，看起來像個懸崖 (圖 8-10)。實驗時將 6 個月剛會爬的嬰兒放置平台一端，讓她母親站在平台旁邊向他招喚。實驗結果發現，如母親站在看起來不像是懸崖的兩邊，嬰兒就會一直爬到母親面前；如母親站在看起來像是懸崖的對面，嬰兒爬到懸崖邊即停止不前。這現象顯示 6 個月嬰兒就有深度知覺判斷。由此可以推論人類的深度知覺是與生俱來的，不是學習的。

圖 8-10　視崖實驗情境
嬰兒爬到人工設計的懸崖邊，即使母親向他招手，也仍然停止不前。
(採自 Gibson & Walk, 1960)

(三) 嬰兒期的認知發展

在第一節內我們已簡略介紹過皮亞杰認知發展理論的要義及各年齡階段認知發展的特徵。在此再進一步說明他理論中有關嬰兒期 (0～2 歲) 感覺動作的認知發展。

感覺動作期(或感知運動階段) (sensorimotor stage) 是指嬰兒期對其周圍環境的刺激，主要是靠感覺與動作的歷程獲得認知的。前文已指出，嬰兒期的感覺系統已有良好發展，只是動作的發展尚屬緩慢。因此，皮亞杰的研究係以嬰兒期動作的表現為指標，用以說明嬰兒期的認知發展。因為自出生至兩週歲之間嬰兒的身心成長很快，變化很大，故而皮亞杰又將感覺動作期細分為以下六個階段 (Piaget, 1950)：

　　1. 反射性活動期　反射性活動期 (reflexive activity stage) 是指 0～1 個月期間的嬰兒，靠反射性的動作了解其周圍環境的最原始認知發展階段。由於此時嬰兒的大腦尚未發展成熟，他只能靠吸吮、手抓、注視等反射動作適應環境中的刺激。初生嬰兒嘴邊接觸到任何物體，他都吸吮不停，到滿月後他會選擇對母親乳頭或奶瓶一看見就表現吸吮動作。

　　2. 第一循環反應　第一循環反應 (或初級循環反應) (primary circular reactions) 是指 1～4 個月期間嬰兒所表現的重複性反應現象。在此期間，如果嬰兒無意中出現一種動作 (如手指放進嘴裡)，而且由之帶來快感，他將不停地重複出現該一動作。惟循環反應中的動作，只帶給嬰兒愉快，不含有主動的目的。

　　3. 第二循環反應　第二循環反應 (或二級循環反應) (secondary circular reactions) 是指 4～8 個月期間嬰兒所表現有目的的重複反應現象。嬰兒如無意中用手碰到搖籃邊的鈴鐺，發出悅耳的聲音，他將有目的地繼續用手去碰觸鈴鐺，讓它不停地發出聲音。由此種循環反應顯示，此一期間的嬰兒已了解到事件發生的因果關係了。

　　4. 第二基模結合　第二基模結合 (combination of secondary schemes) 是指 8～12 個月期間嬰兒開始運用其認知結構，以**調適**既有**基模**而吸收新知識的認知歷程。如在嬰兒面前將一個小玩具置於枕頭之下時，八個月以下的嬰兒，多半認為玩具不見了，不會到枕頭底下去尋找。8～12 個月的嬰兒則相信玩具仍然存在；只是暫時被藏在枕頭之下而已。這表示此一階段的嬰兒對玩具的認知結構 (即基模) 隨環境的需要而有所調適。嬰兒的認知發展達到此地步，已由對物的具體知覺，發展到對物體存在的概念。皮亞杰稱此概念為**物體恆存性**(或**客體永存性**) (object permanence)。認知發展達到物體恆存性水準時，也就是他智力發展的開端。

5. **第三循環反應** 第三循環反應 (tertiary circular reactions) 是指 12～18 個月期間嬰兒重複結合不同基模，從而達成其活動目的感覺動作配合階段。此一階段的嬰兒，一般都能夠自由活動，且手眼協調良好。如茶几上有三本書不能一次搬動時，他會改變原來一次取來物體的習慣，改用三次拿取。此時期的嬰兒，對解決問題已略具手段與目的關係的概念。

6. **表徵期的開始** 表徵期的開始 (beginning of representation) 是指 18～24 個月期間的嬰兒開始使用簡單抽象概念，代替具體的活動。如要求此時期嬰兒回答"一個人有兩隻手，兩個人有幾隻手？"的問題時，一般都不需要扳動手指計數，只靠想像即可回答。個體的認知發展達到表徵期開始的水準，即開始具備使用語言從事簡單思維的認知階段。

(四) 嬰兒期的社會發展

打從嬰兒期開始，個體即進入了人的社會；先是完全無助地接受成人對他的一切對待，而後逐漸與成人之間開始建立彼此的社會關係。在嬰兒期社會發展這個子題之下，我們將從兩方面做簡單說明。

1. **嬰兒期社會發展的心理特徵** 在第一節內曾簡略介紹過艾里克森的心理社會期發展論。艾里克森理論中所指的第一個時期 (0～1 歲) 與第二個時期 (1～3 歲)，正是個體出生後的嬰兒期。艾里克森稱第一個時期社會發展的心理特徵是**信任對不信任** (trust vs. mistrust)。信任或不信任是人際間最基本的社會心理傾向；如對人信任，他會有安全感；如對人不信任，他就會有恐懼感。嬰兒期信任感的養成，主要是來自父母的養育方式。嬰兒的一切需求完全從父母的撫養關愛中獲得滿足。父母能使嬰兒的需求得到滿足，嬰兒就會對父母有信任感，對家庭環境有安全感；得不到滿足時其需求仍然存在，因而對父母就會產生既傾向信任又無從信任的心理衝突。只有父母的關心愛撫，才會使嬰兒在信任對不信任的心理衝突上得以化解，以後的發展也會順利。如嬰兒期的心理衝突不能適時化解，因心理衝突而產生的**發**

展危機,也將留存下來,形成以後發展的不利因素。

艾里克森理論中的第二時期 (1～3 歲) 是**自主獨立對羞怯懷疑** (或**自主性對羞怯疑慮**) (autonomy vs. shame and doubt)。獨立自主與羞怯懷疑兩者,也是一種相對的心理衝突;此種兩極性心理衝突的存在,形成此一時期的另一個發展危機。一歲以後的嬰兒,在動作與語言方面已發展到能自主活動與自行表達意見的地步,如父母在管教上容許他適度自動自主,嬰兒在社會發展上就會傾向於自主行動。如父母管教過嚴或對嬰兒過度保護,使嬰兒的自主能力無從發揮,就難免使他養成以後畏首畏尾的習慣。第二時期的心理衝突所形成的發展危機若不能適時化解,則勢將對以後的社會發展產生不利影響。

2. 依附行為在嬰兒期的重要性　**依附行為** (或**依戀行為**) (attachment behavior) 也稱**社會依附** (social attachment),是指人對人在情感上的親密與依賴行為。人類的依附行為始自嬰兒期;其表現的行為特徵是,母親 (或撫養他的人) 出現並與他接近時,就顯得愉快;母親離開時,就顯得焦急或啼哭。顯然,嬰兒的依附行為代表人類社會行為中親密關係的開始。嬰兒對母親的依附行為的養成,母親的撫養關愛使嬰兒身心需求獲得滿足,自然是主要原因。前文艾里克森理論中所指的嬰兒對母親的信任感,也正是嬰兒依附行為的心理基礎;嬰兒信任母親,與母親同處時感到安全,所以說他依附於母親。

第三節　兒童期的身心發展

在發展心理學上,**兒童期** (childhood) 是指嬰兒期過後到青年期之間的一段時期。在年齡上則是指 2～12 歲左右 (因青春期開始時間有很大個別差異，見第四節) 的一段時期。因為兒童期長達十年之久，個體的身心變化自然很大，因此發展心理學家在從事實際研究時，又將之區分為**兒童早期** (early childhood)(2～6 歲)、**兒童中期** (middle childhood) (6～9 或 10 歲)和**兒童後期** (later childhood) (9～10 到 12～14 歲)。由於篇幅所限，以下的討論僅只對整個兒童 10 年期間的身心發展做概略的說明。

一、兒童期的身體發展

在長達十年之久的兒童期，個體的身體發展迅速，從兩歲的幼稚狀態，發展到青年期之前，接近成熟的階段。按前節圖 8-7 所示，兒童期身體各部分的比例，產生了三方面的改變：(1) 頭部與身長的比例變小；(2) 軀幹部分占身長比例減小；(3) 下肢與身長比例變大。以上三方面的改變，顯示由嬰兒期胖圓型的身體，改變為接近青年期的修長型的身體。以上資料只說明了兒童期身體明顯特徵的發展概況，以下再分別從個體內部的生理發展及外顯動作技能方面，分別說明兒童期的發展情形。

(一) 兒童期的生理器官組織發展

由前節圖 8-7 所顯示的現象，可以看出從胎兒到成年身體外形的發展是不一致的；身體上各部位有的發展較早較快，有的發展較晚較慢。此一成長期間個體內在生理器官與各重要組織的發展，也同樣顯示不一致的現象。圖 8-11 中各條曲線的形式，正可用做發展不一致現象的說明。

圖 8-11 中的四條曲線，分別代表體內各器官組織隨年齡增長而發展的幾點特徵：(1) 頭與腦的發展最早，兒童期已發展接近成年人的水準；(2) 生殖系統發展最晚，直到兒童期過後才開始發展。這現象與**青春期**的開始有密切關係；(3) 體內其他器官 (如呼吸系統、循環系統等) 的一般發展，大致在兒童期呈先快後慢趨勢，兒童期之後則快速上升；(4) 淋巴組織的發展特殊，在兒童期快速發展，到兒童後期到達頂峯，其體積幾近於成年人的兩倍。此一現象與呼吸器官的免疫功能有密切關係。

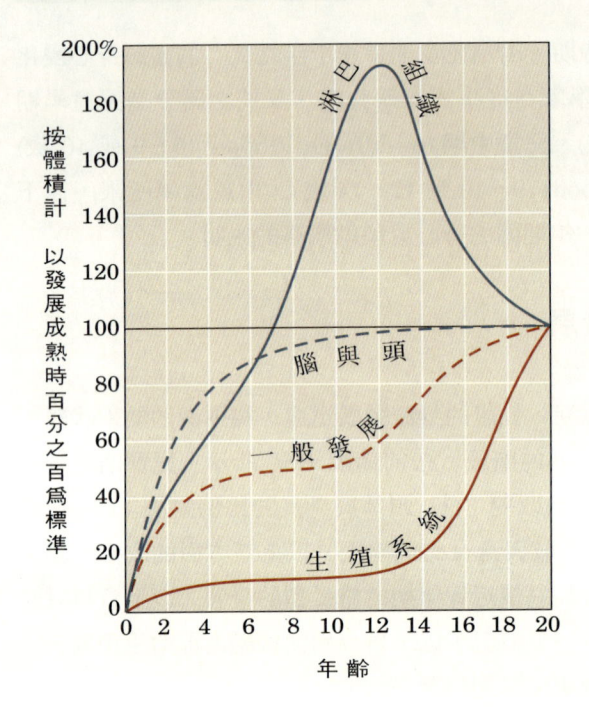

圖 8-11
生理器官組織的發展
人體內各器官組織發展程度，以發展成熟時百分之百為標準；呈現快慢不一現象。
(採自 Jackson, 1928)

（二） 兒童期的動作技能發展

　　兒童期的動作技能發展是隨其肌肉的發展而發展的。兒童早期偏重在大肌肉的發展，故而在動作技能上也只能做粗枝大葉的表現。兒童後期小肌肉發展良好，故而在動作技能上也有精密技巧的表現。表 8-4 的內容，即係對兒童期各年齡階段動作技能發展的簡要說明。

二、兒童期的認知發展

　　在兒童期的心理發展方面，我們將分為認知發展與社會發展兩個子題來討論。在此先行討論兒童期的認知發展。根據皮亞杰的認知發展論，兒童期的認知發展包括以下兩個階段：

表 8-4　兒童期動作技能的發展

年齡別	動作技能發展的水準
2 歲	獨立步行後開始學跑；能以每次一步的方式走上樓梯；會做踢球動作；能跳遠 12 英寸。
3 歲	能單腳站立；能兩腳交換上樓梯；能從樓梯最低層台階跳下。
4 歲	能騎幼兒三輪車；會用手丟球；跑步動作熟練；能單腳跳躍。
5 歲	能循一直線行走；能兩腳交換下樓梯；能接住別人緩慢丟來的球。
6 歲	能做跳躍動作；能做攀登動作。
7 歲	能騎二輪腳踏車。
8 歲	在急速活動時能控制身體平衡。
9 歲	能遵守規則參加團體性運動。
10 歲	能做金雞獨立動作 15 秒鐘；能接住別人快速投給他的球。
12 歲	出現動作拙笨現象 (因青春期前，骨骼肌肉生長速度失衡所致)。

(採自 Sahler & McAnamey, 1981)

(一)　前運思期的認知發展

前運思期(或**前運算階段**)(preoperational stage) 是指 2～7 歲的一段時期。此一時期兒童在認識環境時雖然能將自己和別人或物體分開，但對事物判斷時並不按邏輯；只憑知覺，不憑事實，故而被稱為前運思期 (指合理思維之前的時期)。根據皮亞杰實地觀察發現 (Piaget, 1950；1970)，在 2～7 歲的前運思期，兒童的認知發展主要表現以下兩點特徵：

1. 自我中心　所謂**自我中心** (egocentrism)，是指學前兒童在面對某種別人在場的社會情境時，只從自己的觀點看問題，不考慮別人的意見。當一個四歲幼兒站在電視前而母親要他走開時，他並不了解要他走開的理由。兒童期的自我中心傾向，常表現在與其他小朋友談話時，各説各話，彼此間互不考慮對方説話的內容。皮亞杰稱此種現象為**集體獨白** (collective monologue)。類似現象也可在幼兒們遊戲中見到，兩三個幼兒在一起遊戲時，多半是各玩各的，彼此間互不溝通。皮亞杰稱此類遊戲為**平行遊戲** (parallel play)。面對問題情境時，常因自我中心思維方式的影響，只能看到事象變化的單一層面，不能顧到事象變化的整體。根據皮亞傑研究發現，在前運思期兒童面前擺放完全相同的兩杯果汁，當他確認兩杯相等之後，再當面將其中一杯倒入另一廣口大杯之內，因果汁的水平面降低，多半兒童認為大杯中的果汁較少。皮亞傑將兒童們此種不能顧及事象整體的心理現象，稱之為**中心化** (centration)；而形成中心化的原因，則是由於自我中心的影響。

2. 象徵作用　象徵作用(或符號功能) (symbolic functioning) 是指 2～4 歲幼兒在認知上所表現的一種以象徵代表實物的思維方式。此時期的幼兒，已會使用語言，語言是以一連串的聲音代表事物或活動；在功能上語言就是象徵作用。幼兒們對象徵作用的心理特徵，表現最清楚的是他們的**虛構遊戲**(或假定遊戲) (make-believe play)。此時期的幼兒會將臉盆放在浴池中當做船，把他的玩偶當做乘客，從事虛構式遊戲。

(二)　具體運思期的認知發展

具體運思期(或具體運算階段) (concrete operational stage) 是指 7～11 歲的一段時期。此一時期兒童的思維方式已大致合於邏輯，故而一般在學校接受正式教育中語文或數理方面的知識，都沒有問題。惟在此一時期兒童思維推理時，只能以眼前的具體事物為根據，尚不能像成年人那樣從事抽象式的邏輯思維。根據皮亞傑研究發現，此時期兒童的認知發展，主要顯示以下四點特徵：

1. 守恆　守恆 (conservation) 是一種概念，意指對物體數量的認知不隨其形式改變而改變的恆常心理。一塊陶泥壓成一個餅或團成一個球，陶泥的形狀雖有所改變，而在認知上仍保留著同量陶泥的概念。前述前運思期兒童之所以不能正確判斷大小兩杯中果汁相等的原因，正是由於尚未發展到守恆的認知階段。

2. 分類　分類(或分組) (classification) 是一種概念，意指對事物認知時，能按事物的屬性予以類別處理的心理歷程。惟具體運思期兒童的分類能力，只能按事物的具體屬性分類 (如按大小、顏色、形狀等)，尚不能做

抽象分類 (如按書籍內容分類)。分類時有主類次類之別 (如家具是主類而沙發、茶几、餐桌等是次類)；主類中包含次類，但次類不能包含主類。此種心理運作稱為**類包含** (class inclusion)。如以 5 朵白花與 3 朵紅花擺在兒童面前並問他："紅花多還是白花多？"對學前兒童來說，都能正確地回答。但如接著問他："白花多還是花多？"學前兒童多半不能正確回答。原因是學前兒童尚缺乏分類概念中類包含的能力。

3. 序列　**序列** (seriation) 也是一種概念，意指按事物某種屬性 (如長短、大小、輕重等) 予以序列安排的認知能力。例如：將十根火柴剪成不同的長度，要兒童按最長到最短的順序排列，認知發展到具體運思期的兒童，才會正確處理此類問題。兒童的認知發展達到序列概念的水準時，不但能按事物的屬性做序列安排，也會處理序列中個別事物之間前後的關係；只要他知道張三比李四高，李四又比王五高，他就會推理知道張三比王五高。皮亞傑稱此種簡單推理思維方式為**轉換推理** (transductive reasoning)。

4. 可逆性　**可逆性** (reversibility) 是一種概念，意指可將思維順序反轉過來的推理思維能力。例如，根據全班學生總人數，即可由此推知，全班學生數減去男生人數就等於女生人數。

三、兒童期的社會發展

由於兒童期有十年之久，在社會行為發展方面，自然會有很大的改變。由於篇幅所限，以下只就兒童期社會發展的三個重要方面略做說明。

(一)　兒童期的人格發展

解釋兒童期人格發展的理論，最主要的是前文談到的艾里克森的**心理社會期發展論**。按艾里克森的心理社會期發展論的分期，與兒童期有關的三個時期是 (見表 8-2)：屬於第二期 (1～3 歲) 的自主獨立對羞怯懷疑；屬於第三期 (3～6 歲) 的主動對愧疚；屬於第四期 (6～11 歲) 的勤奮對自卑。因為在年齡上嬰兒期占了第二期的一半，故而在第二節內已提前討論了此一時期幼兒自主獨立對羞怯懷疑的人格發展特徵。接下去要補充說明的是艾里克森理論中的第三、四兩期的人格發展。

主動對愧疚(或**主動性對內疚**) (initiative vs. guilt) 是艾里克森理論中所指的人格發展第三個時期。此一學前階段的兒童，在身體發展上已能獨立行動，在語言發展上能表達自己的意見，對周圍環境中的一切充滿好奇心，故而愛探索，好發問。為父母者如能善於配合兒童好動好問的心理特徵，引導並鼓勵兒童從事適於其能力的身心活動，兒童就會向主動的方向發展。反之，如父母對兒童的語言行動嚴格限制，說錯一句話或做錯一點事，動輒得咎，兒童在人格發展上就難免形成心理衝突；既有主動的需求，又因愧疚感而無從使需求得到滿足。因心理衝突而形成的**發展危機**，對以後的人格發展將產生不利影響。

勤奮對自卑 (industry vs. inferiority) 是艾里克森理論中所指的人格發展第四個時期。6～11歲的此一時期，正值兒童入學接受基礎教育的重要階段。兒童們接受學校教育，在生活上受到團體規範的約束，在知識學習上受到及格標準的限制，在精神上受到成功與失敗感的壓力，凡此種種，如適應困難，就難免形成此一時期人格發展的危機。此時期發展危機的特點是，即使兒童自己希望能勤奮進取，而失敗的經驗卻使他自貶自卑。在此一危機下的心理衝突如不能適時化解，對以後的發展將有不利影響。

(二) 兒童期的道德發展

第一節內曾簡單介紹過皮亞杰與柯爾伯格的道德發展理論。他們的道德發展理論，雖然都是經由實地觀察研究結果所建構的理論，但理論中所指的"道德"，只能算是道德判斷，不能稱為道德行為。按皮亞杰的理論解釋，兒童期的道德發展要經過兩個時期；在十歲以前是**他律道德期**，十歲以後是**自律道德期**。從十歲以後一般兒童所表現的道德行為看，皮亞杰的理論也許過於樂觀。惟他所發現的先由他律而後自律的道德發展規律，確是富有教育意義的。柯爾伯格的道德發展理論係以不同社會文化的受試者為對象，經實地觀察研究後，將道德發展分為三期六段 (見表 8-3)。按表 8-3 的內容，兒童期的道德發展相當於柯爾伯格理論的第一、二兩期內的前三個階段；茲分別簡略說明於後。

1. 前習俗道德期 前習俗道德期 (或前習俗道德水平) (preconventional level of morality) 指十歲以下兒童的道德判斷，尚帶有自我中心傾向；凡事必先考慮行為的後果是否滿足自己的需求，尚不能兼顧行為後果是否符合社會習俗的要求。此時期內又按道德發展水準的高低分為兩個階段，分別代表兩種不同的心理取向：第一個階段為**避罰服從取向** (punishment-obedience orientation)，指對某種行為的對錯，不從行為本身看，而是從行為帶來的後果看；行為之後受到懲罰者，該行為就是錯的；服從規範而得以免於懲罰的行為就是對的。第二個階段為**相對功利取向** (instrumental-relativist orientation)，指遵守規範的目的乃是為了獲得回報；是一種利益交換的心態，得到別人幫助，就應幫助別人。

2. 習俗道德期 習俗道德期 (或習俗道德水平) (conventional level of morality) 指十歲以上者的道德判斷，一般都能遵從世俗或社會規範。此一時期又按道德發展水準的高低分為三、四兩個階段：第三階段為**尋求認可取向** (或好孩子定向) (good boy-nice girl orientation)，指個人的道德判斷是以社會習俗或社會規範為依據；社會大眾認可的行為就是對的，社會大眾反對的行為就是錯的。第四階段不屬於兒童期的道德發展，在此省略，等稍後討論青年期社會發展時再行說明。

(三) 兒童期的性別角色發展

在兒童期的社會發展歷程中，其性別角色的發展，大致上分為二個階段 (Turner & Helm, 1991)：

1. 性別認同 性別認同 (sexual identity) 是指兩歲以後兒童能夠認識並承認自己是男生或女生。兒童之所以能夠認識自己的性別，主要是受到兩種因素的影響：其一是父母的教養；自新生嬰兒開始，一般父母即按性別的差異分別對子女予以不同方式的教養；在服裝、玩具甚至親子間說話的方式等均各不同。其二是兒童按其身體的性別特徵發現自己是男生或女生。

2. 性別角色 性別角色 (sex role) 是指社會大眾視為代表男性或女性典型的或適當的行為與態度。基於此義，性別角色一詞含有兩點意義：其一是指一般人對男性或女性行為與態度的實際看法。此種看法多半帶有傳統習俗的色彩(如男剛女柔的看法)，故稱為**性別角色刻板印象**(sex-role stereotype)。其二是代表一般人對男性或女性行為與態度的一種期待；其中帶有相當的理想色彩 (如男主外女主內的看法)，故稱為**性別角色規範** (sex-role norm)。個人的性別角色，就是在現實與理想交互影響下逐漸形成的性別相聯的行為與態度。一般兒童的社會發展至六歲左右，已開始從成人社會中學習到如何扮演自己的性別角色。

第四節　青年期與成年期的身心發展

在生命全程身心發展過程中，青年期是一個最為特殊的時期。青年期之所以特殊，是因為此一時期適值從依賴父母的兒童到獨立生活的成人之間的過渡。在此過渡期，一方面由於自身生理空前變化帶來的困擾，另方面由於對未來成人生活準備的缺乏認識，使青年人在心理上難免受到壓力，而使其在情緒上常表現不穩定現象。因此 20 世紀初美國心理學家霍爾 (Granville Stanley Hall, 1844～1924) 稱青年期為**狂飆期** (或疾風怒濤時期) (storm-and-stress period)。晚近心理學家則持不同看法，認為此種壓力未必一定形成青年期情緒衝動，對多數青年而言，青年期因身心變化所帶來的困擾是可以經由教育與心理輔導予以化解的。基於上述理念，接下去簡略討論有關青年期身心發展的問題。

一、青年期的身心發展

在發展心理學上，青年期是一個最特殊的階段。青年期的特殊主要顯現在兩方面：其一是青年期的界限不以年齡為劃分標準；其二是青年期是個體身心變化最大的階段。基於此一認識，以下討論青年期身心發展要義。

(一) 青年期的年限界定

在討論青年期身心發展之前，有必要先對青年期一詞之意涵稍做說明。**青年期** (adolescence) 並非以年齡為標準界定的；對青年期年齡界限的一般看法是，界於兒童期與成年期之間約 10 年期間稱為青年期。至於青年期跨越的年齡，目前一般發展心理學家咸認為，自青春期開始至心智發展接近成熟為止的一段期間為青年期。如果從年齡去考慮，只能大致地說 12～21 歲之間的 10 年期間為青年期。

(二) 青年期的身體發展

青年期既然以代表性成熟的青春期做為年齡起點，所以青春期自然也成為個體發展的重要階段。所謂**青春期** (puberty)，是指個體性器官發育成熟而在功能上能生育新個體的階段。青春期開始的主要特徵有二：其一是**主性徵** (或**第一性徵**) (primary sex characteristics) 的顯現；男性的睪丸可生產精子且能射精，女性的卵巢開始排卵而有月經且能懷孕。其二是**次性徵** (或**第二性徵**) (secondary sex characteristics) 的顯現；男性開始長鬍鬚、腋毛及肩部長寬，女性開始乳房隆起、臀部長寬。青春期開始的年齡不但有性別的差異，而且隨社會文化的變遷也有所改變。現代社會中成長的新世代，女性青春期開始的平均年齡是 12～13 歲，男性青春期開始的平均年齡是 13～14 歲。青春期的出現，主要是內分泌系統中**垂體腺**所分泌的性腺激素刺激有以致之 (見第二章第四節)。

根據心理學家的研究發現，近一百多年來人類青春期的開始時間已有很大的改變；現代女性青春期的開始年齡較之 120 年前平均提早了將近四年 (見圖 8-12) (Tanner, 1973)。中國現代女性青春期開始的年齡與西方相似；根據學者的抽樣調查發現，台灣女性平均開始年齡是 12.82 歲 (江千代等，1988)，大陸女性的平均年齡是 13.04 歲 (劉達臨，2000)。現代女性青春期提前的原因，與食物營養、醫學衛生、文化刺激等因素有密切關係。

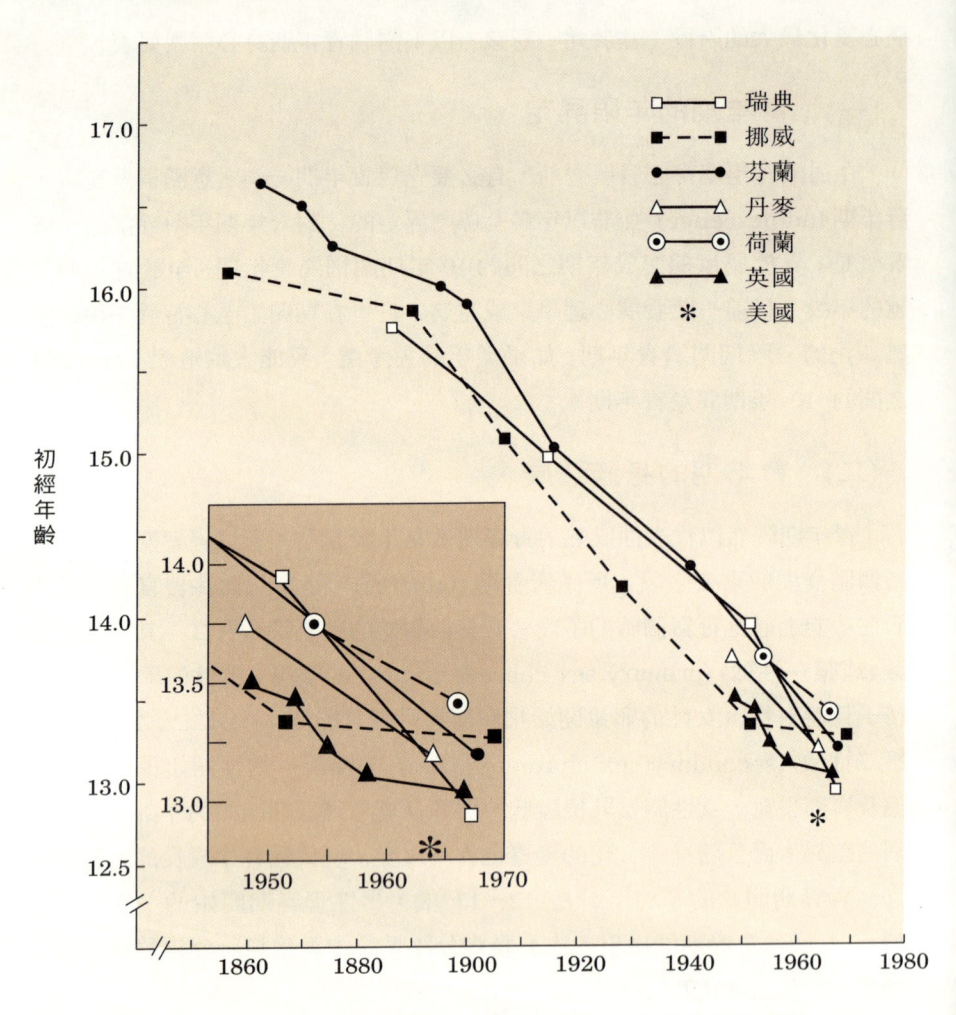

圖 8-12　1860～1970 年西方七國女性初經年齡漸趨提前趨勢
*圖中的小圖是特別對晚近 1950～1970 年之間的補充說明
(採自 Tanner, 1973)

在青春期開始之前，個體的身高會出現快速增加的現象，稱為**青春期生長陡增**(或**青春期的快速生長**) (puberty growth spurt)。青春期生長陡增開始與結束年齡有性別差異。女性約在 10 歲左右開始，12～13 歲之間達到高峯，此後增長速度變緩，到 17 歲左右的身高，即達到其成年身高的地步。男性的生長陡增一般開始在 13 歲左右,此後增長速度變緩,14～15 歲之間達到高峯,到 21 歲左右的身高,即達到其成年身高的地步 (Tanner, 1966) (圖 8-13)。正因女性的青春期陡增開始年齡較早,故而在 10～12 歲之間會出現女性身材較男性稍高的現象。

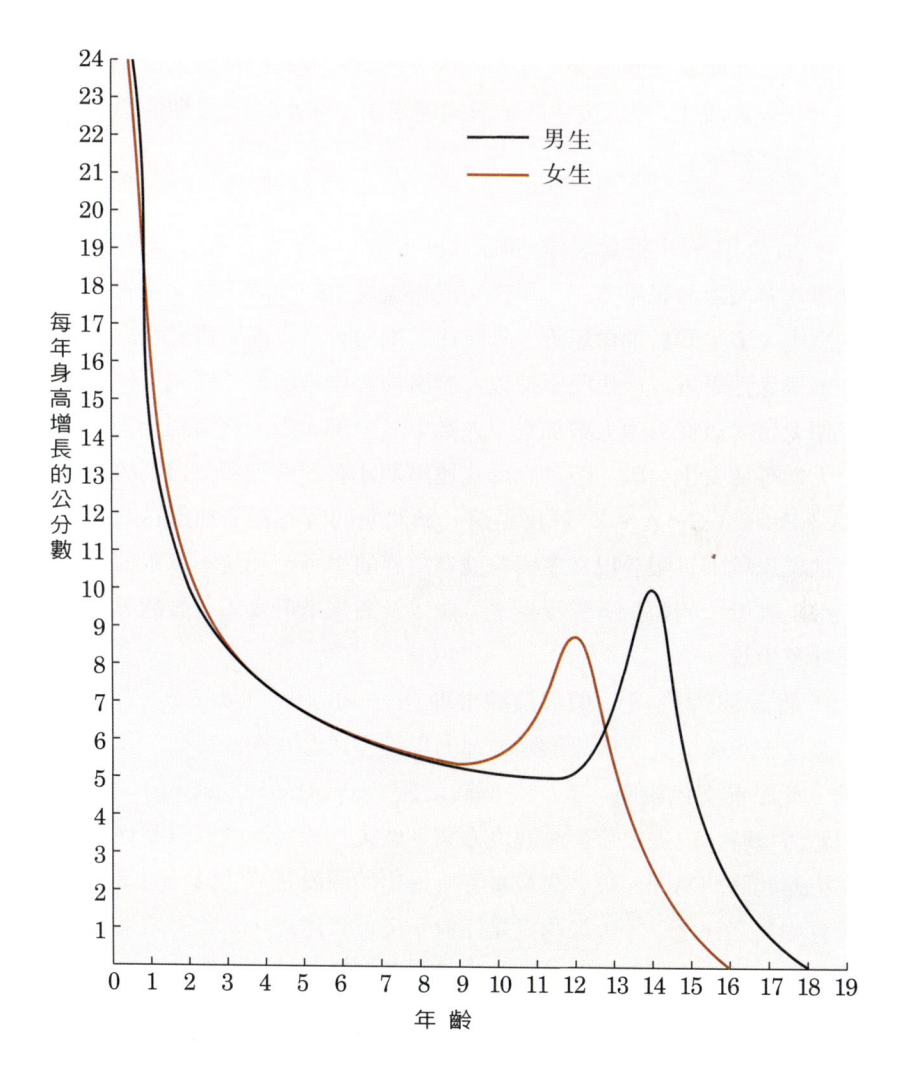

圖 8-13　青春期生長陡增現象

(採自 Tanner, et al., 1966)

(三) 青年期的認知發展

根據第一節簡略介紹過的皮亞杰的認知發展論，青年期的認知發展屬第四階段的**形式運思期**(或**形式運算階段**) (formal operational stage)。形式運思期的特點是，認知發展達到此一時期，個體的思維方式已不再像**具體運思期**那樣以具體事物為根據，而是能夠按邏輯的方式做抽象的推理。根據皮亞杰的研究發現 11 歲以後才開始形式運思期；而形式運思期的思維方式顯示以下兩個特徵：

1. 抽象思維　　抽象思維 (abstract thinking) 是一種以抽象概念代替具體事物為內容的思維方式。用文字或符號說明理念時，文字或符號所引起人的思維，多半屬於抽象思維。具體運思期的兒童在面對**可逆性**問題時，雖可從事概念性思維，但仍脫不掉以具體事物為思維內容的限制。例如，具體運思期兒童可以從男生人數加女生人數等於全班人數，理解到全班人數減去男生人數等於女生人數，但直到形式運思期才會理解到類似以下的問題：已知 A＋B＝C，C－A＝？ 原因是這一類問題的解答需要抽象思維能力。當然，抽象思維不只限於以文字與符號為內容的思考。凡是不以眼前具體事物為思維內容者，諸如對事件發生之可能以及對未來計畫等所做的思維活動，均屬抽象思維。

2. 假設演繹推理　　假設演繹推理 (hypothetico-deductive reasoning) 是一種邏輯思維方式。假設演繹推理的思維方式含有兩個特徵：其一是抽象思維，此點前文已說明。其二是**假設驗證** (hypothesis-testing)，指面對待決問題情境時，先提出可能的解決方案，然後加以驗證的思維歷程。以手中有三把鑰匙開門為例。第一次嘗試時所提出的假設是"任何一把鑰匙打開門的機會均為三分之一"，因此只能任取一把以驗證之。如驗證結果無效，則捨第一把，嘗試第二把鑰匙。惟此時的假設卻變為"兩把鑰匙中必有一把是對的"。如果第二次嘗試再度失敗，即可推理肯定是第三把鑰匙。假設演繹推理是成年人慣用的思維方式。根據皮亞杰的研究發現，只有認知發展達到形式運思水準者才會具有此種思維能力。皮亞杰將形式運思期定為 11 歲以上，認為 11 歲以上智力發展成熟的青年人和成年人，其思維方式一般遵循形式邏輯推理歷程。皮亞傑的此種論斷，經晚近興起的**新皮亞杰主義** (neu-Piagetian) 心理學家重新驗證後發現，成年人解決問題時未必遵循形式邏輯 (見註 8-1)。

(四) 青年期的社會發展

青年期是從兒童到成年的過渡時期。惟從社會變遷的觀點言，現代社會中青年人所經歷的過渡期，與往昔傳統社會中前人所經歷者有兩點不同：其一，往昔青年人身體成熟較晚，心理成熟較早 (因提早參與成人生活)；現代青年人的身心發展成熟的相對年齡，則恰與前人相反。現代青年人身體成熟提前而心理成熟延後的結果，自然使得青年期延長；由往昔的三、五年，延長到現代的十年之久。其二，傳統的社會文化是縱向傳遞的，青年人的社會生活經驗與思想觀念，多半向成人學習；不是子承父業，就是師徒相傳。因此，在傳統社會中由兒童到成年的過渡期，青年人不會有生活適應上的困難。現代青年人幾乎全部集中接受學校教育，其生活方式與成人社會脫節，其行為規範與價值觀念受同儕團體的影響反而大於成人。影響所及，在青年期的社會發展中，難免因成人社會要求與同儕價值標準不一致而導致心理適應困難。基於以上理解，我們接下去討論有關青年期社會發展的兩個子題。

1. 青年期的人格發展　按第一節內艾里克森的**心理社會期發展論**，

註 8-1：新皮亞杰主義指 20 世紀 90 年代以來，以皮亞傑的**認知發展階段論**為基礎，經重新驗證後提出的修正認知發展歷程的主張。新皮亞杰主義並非單一理論體系，而各家意見也不盡相同，其相似之處是他們採較嚴謹的方法，選取較具代表性的**樣本**，重新驗證皮亞傑的研究。總括他的意見，大致可歸納為以下兩點 (Basseches, 1984；Labouvie-Vief, 1980)：(1) 他們認為皮亞傑的解釋，低估了兒童的思維能力，而高估了青少年的思維能力；他們觀察發現，出生滿 6 個月嬰兒即具有**物體永存**概念 (皮亞傑則認為要到 8 個月之後)；有些 11 歲以上青少年，甚至成年人在思維能力上尚未達到**形式運思期**的程度。(2) 他們認為，從生命全程發展的觀點看，皮亞傑的四階段理論，不能涵蓋人類認知發展的全部歷程。他們研究發現，成年人在日常生活中遇到缺乏固定答案的問題時 (如求職、擇婚、投資等)，在思維時並未經過形式邏輯的歷程去尋找唯一的正確答案，而是改採**辯證思維** (dialectical thinking) 的歷程，從問題的正反兩面去分析研判，權衡利害得失之後，選出較好的答案。因此他們主張，在形式運思期之後增加第五個階段，並標明以**後形式思維** (postformal thinking) 做為第五階段成年人思維的特徵。

青年期的人格發展屬於第五期的特徵是**自我統合對角色混亂** (或同一性對角色混亂) (identity vs. role confusion)。自我統合與角色混亂是青年期人格發展中相對的兩極傾向；在此兩極之間有著不同程度的**統合狀態** (identity status)。自我統合是正向發展達到的理想狀態。角色混亂是負向發展後的困境。雖然多數青年的人格發展狀態界於兩極之間，但可確定的是，對缺乏生活經驗的青年人而言，在思考以下六方面的問題時，每個人都會在心理上感到疑難：(1) 我是誰？(2) 我希望做個什麼樣的人？(3) 過去我做的一切對不對？(4) 現在的我有何優缺點？(5) 我希望自己未來向什麼方向去發展？(6) 在別人 (包括父母、教師、朋友等) 的眼中我是個什麼樣的人？此六問題都是以"自我"為中心的，只有對此等問題已有腹案的青年人，才能算是發展到了**自我統合** (或自我同一性) (self identity) 的理想狀態。

青年人考慮到自我的一切問題時，自然也同時考慮他現在及未來扮演的社會角色。**社會角色** (social role) 是指個人在社會情境中被認為適當的態度與行為。如果青年期自我統合困難，不清楚自己的現在，不知道自己的未來，就難免因自我迷失而陷入**角色混亂** (或角色混淆) (role confusion)。按艾里克森理論所指，處於自我統合與角色混亂兩極之間的青年期，如對自己的處境不滿意而又無法克服困難時，勢將面臨青年期特有的**發展危機**。青年期的發展危機如不能適時獲得輔導幫助，得到化解，勢必影響以後成年期的心理發展。正因青年期的發展危機不易自行化解，故而現社會青年人在生活適應上顯示比前人有較多的困難。

美國心理學家馬西亞 (Marcia, 1967) 以大學生為對象進行調查發現，大學生的自我統合狀態分為四種類型：(1) **定向型統合** (identity achievement)，指在自我追尋中找到生活方向者；(2) **未定型統合** (identity moratorium)，指仍處於自我追尋中尚未定向者；(3) **早閉型統合** (identity foreclosure)，指未來生活方向由別人安排而無自我主張者；(4) **迷失型統合** (identity diffusion)，指自我統合失敗而陷入角色混亂者。著者曾以台灣大學與輔仁大學一至四年級的學生 1117 人為對象，經調查他們對未來就業問題的考慮，結果發現：(1) 屬定向型統合者占 25.8%；(2) 屬未定型統合者占 45.0%；(3) 屬早閉型統合者占 16.4%；(4) 屬迷失型統合者占 12.8%

(張春興，1983)。由此結果看，國內大學生中能確定自己未來方向者，只不過四分之一。此一現象所顯示的意義是，在急速變遷的現代社會中成長的青年人，希望從自我追尋中確定自己的方向，並不是一件容易的事。

2. 青年期的道德發展　根據柯爾伯格的道德發展理論，青年期的道德發展，應該屬於**習俗道德期**中的第四階段，與**後習俗道德期** (postconventional level of morality) 中的第五與第六階段（見表 8-3）。第四階段的道德心理特徵是**遵守法規取向** (law-and-order orientation) 的，是一種相信法律權威、重視社會秩序的心理取向。道德發展達到此一水準的人，在心理上認同社會規範，遵守社會紀律，是他律道德的最高境界。

後習俗道德期中第五階段的道德心理特徵是**社會法制取向** (social-contract orientation) 的。道德發展達到此一水準的人，了解行為規範是為了維持社會秩序而經大眾同意所建立的。只要大眾有共識，認為有改變之必要時，社會規範是可以改變的。第六階段的道德心理特徵是**普遍倫理取向** (universal-ethical orientation) 的。道德發展達到此一水準的人，其道德判斷係出於他個人的倫理觀和價值觀，而非人云亦云地唯他人馬首是瞻。道德發展達到此一水準的人，其人格發展已臻於獨立自主的最高境界。

如根據柯爾伯格所指青年期的道德發展，檢視現社會一般中學生的道德行為，不難發現柯爾伯格的理論未免陳義過高。柯爾伯格道德理論之所以推論應用困難，可能有兩種原因：其一是柯爾伯格的道德理論是 20 世紀 70 年代建構的。70 年代以後社會文化變遷極大，現今青年的成長過程與心理狀態與前人大不相同，故而從前的道德標準很難適用於現在。其二是家庭父母的管教方式與學校訂定的行為規範，未能隨社會文化變遷與配合青少年身心需求做適當調整，致使現社會中成長的青少年，在道德發展上未能經由他律道德階段順利轉化到自律道德階段。惟從學理的觀點，就柯爾伯格的創始性研究方法及其道德發展分期分段的構想而言，柯爾伯格的理論仍然有很大的貢獻。

二、成年期的身心發展

成年期 (adulthood) 一詞的涵義十分籠統。在發展心理學專書中，通常有兩種劃分方式來界定成年期。其一是將青年期以後的人生歲月概括分為兩段；21～65 歲之間為成年期，65 歲以上為老年期。其二是將青年期以後的人生分為三段，21～45 歲為**壯年期** (young adulthood)，45～65 歲為**中年期** (middle adulthood)，65 歲以上為**老年期** (later adulthood)。在普通心理學上討論成年期身心發展時，多因篇幅限制而將青年期以後直到晚年的漫長歲月，籠統地視為成年期，只在文字中說明成年期各年齡階段身心的發展。本書採此種取向簡略討論有關成年期身心發展的四個問題。

(一) 成年期的身體發展

人類身體的發展，從體能表現看，一般在青年期後的 10 年達到高峯。30 歲以後即出現下降趨勢。因此，運動場上的劇烈運動諸如籃球、足球、棒球、游泳、徑賽等，參賽的運動員多數在 30 歲以後即行退休。30 歲以後體能的改變，最主要是顯示在肢體反應的力量、敏度和速度的降低。除了運動場上體能表現改變之外，成年人一般在 40 歲以後，即將發現身體的很多方面開始改變；諸如皮膚彈性減少，體重逐漸增加，頭髮漸漸脫落，視覺敏度漸失，聽力漸不如前。因此，45 歲以上的中年人，閱讀小字書籍時多半需靠老花眼鏡；60 歲的中年人，有些要靠助聽器才聽得清楚。成年期體能的改變，與生理功能的改變有密切關係：成年人身體中鈣質流失因而骨質疏鬆，心臟與肺的活動力下降因而減少血液中氧氣的供應量。

以上所述只是成年期身體發展隨年齡增長而改變的一般趨勢。至於從壯年到老年的過程中，身體機能究竟產生何種程度的改變？圖 8-14 所顯示的 20～80 歲各種生理機能改變趨勢，即可用做對此一問題的解釋。

圖 8-14 所顯示的含義是，**老化** (aging) 並非始自老年期；事實上，青年期過後老化即已開始。有史以來人類雖想盡方法尋求長生不老，但老化現象是無法阻止的，人之所能為者只有設法調理生活與預防疾病，藉以減緩老化的速度。從生理學的觀點看，人體老化的基本原因是中年後神經細胞的逐漸流失。腦細胞流失到某種程度，自將導致感官敏銳度降低。腦細胞流失又與血液與氧氣供應量減少有關，因此改進生活方式以強化心與肺的功能，才是健身防老的可行途徑。曾有生理心理學家提出注意日常生活的"三不四

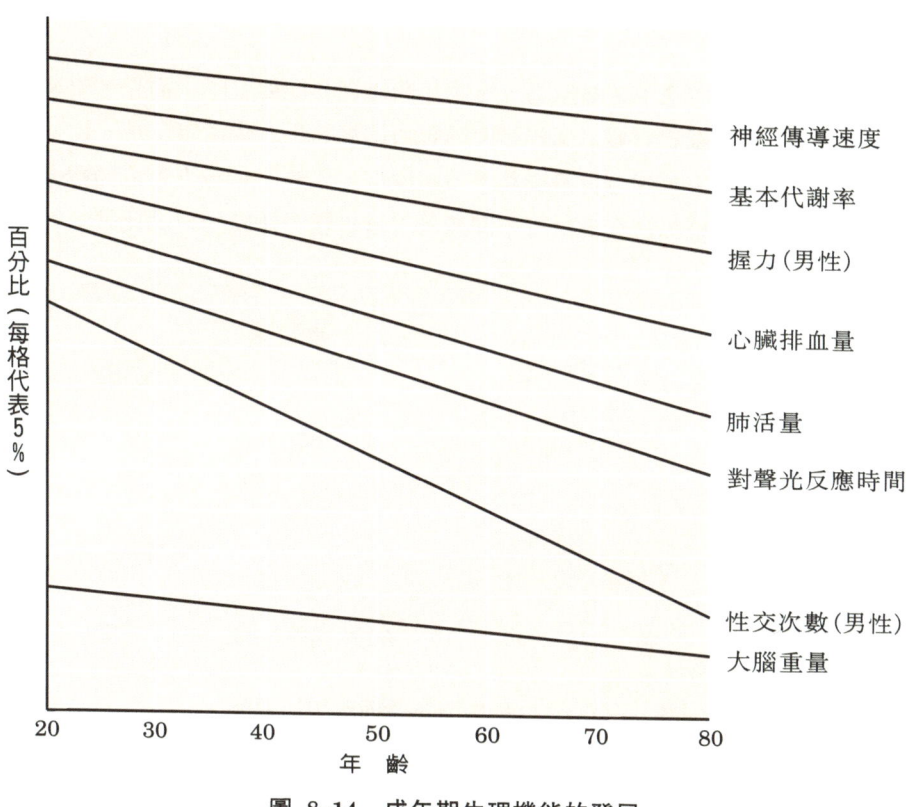

第八章 生命全程的身心發展 **333**

圖 8-14 成年期生理機能的發展

成年後主要生理機能均呈隨年齡增長而下降的趨勢；其中
視力與聽力及性生理機能下降最多，大腦功能下降最少。
(採自 Lindey, et al., 1988)

要"七點建議 (Belloc & Breslow, 1972)：(1) 不吸煙；(2) 不酗酒；(3) 不吃零食；(4) 要吃早餐；(5) 要經常運動；(6) 要睡眠正常；(7) 要保持體重。像此類簡單易行的建議，關心身體健康的中老年人，不妨一試。

以上是成年期身體變化的一般情形。女性到 45～55 歲之間月經將自行停止，稱為**停經期**(或**絕經期**) (menopause)。停經期的出現代表女性生殖能力的終止，本屬自然現象，惟過去有些錯誤觀念，認為停經後會使女性情緒變得反常事實上那只是個別案例，而非普遍現象 (Neugarten, 1976)。

(二) 成年期的認知發展

在一般人的印象中,總以為人從中年開始智力即趨下降;而且,早期的心理學家採用**橫斷研究**對不同年齡實施智力測驗結果,也證實了這一點。然而,晚近心理學家改採**縱貫研究**結果,則推翻了人到中年智力衰退的觀念。圖 8-15 即表示橫斷與縱貫兩種不同設計下實施智力測驗結果的比較。

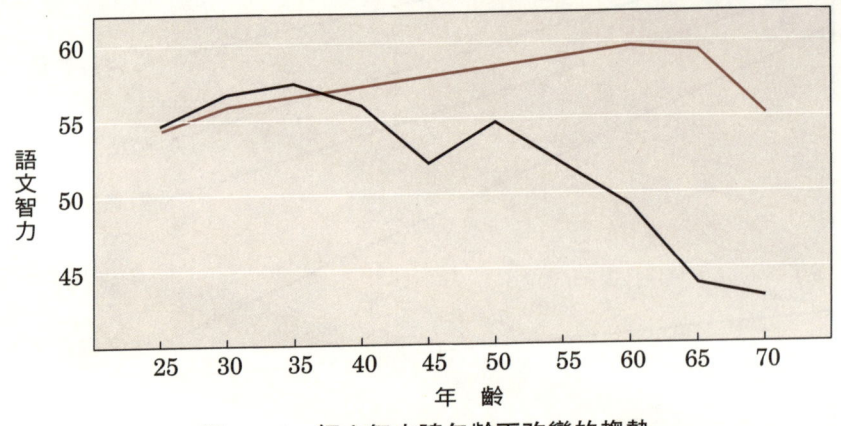

圖 8-15 語文智力隨年齡而改變的趨勢
(根據 Schaie & Strother, 1968 資料繪製)

圖 8-15 中兩條曲線代表兩種設計下實施智力測驗的結果。橫斷研究的資料 (黑色曲線) 係在 1960 年以後以同樣語文智力測驗對 25 歲以上不同年齡組同時施測結果。曲線的形式顯示成年後語文能力的發展,在 35 歲左右即達到頂峯,50 歲以後急劇下降。縱貫研究的資料 (紅色曲線) 係得自對同一群人 1930 年最早受測者的追踪研究;在他們 25 歲以後的不同年齡階段連續施測所得的結果。由曲線的走勢看,在 25～65 歲由壯年到中老年的 40 年之間,語文智力非但未顯衰退,反而呈現出隨年齡而遞增的趨勢 (Schaie & Strother, 1968)。

圖 8-15 中兩條曲線顯示如此大的差異,對中老年人智力是否衰退的問題而言,究竟何者最接近事實?從研究方法的觀點言,在縱貫研究方式獲得的資料,較為接近事實。理由是縱貫研究下施測對象是同一群人,在不同年

齡階段所測得的結果，確能代表這群人的智力隨年齡增加而改變的情形。1960 年以後同時對不同年齡組施測結果之所以顯示中老年智力下降，原因是當時的中老年人與當時 40 歲以上的人，在教育程度上不能相比。當時的中老年人年輕時受教育較少。教育程度低者自青年期開始即較少接受以語文為主的文化刺激，致使語文能力不能隨年齡增長而繼續發展，故而到中老年時不能在語文智力測驗上表現成績。

由以上研究資料看，對中老年人智力是否衰退的問題仍無肯定答案。心理學家們對此問題一般看法是，中老年人智力是否衰退與智力測驗的性質有關。美國心理學家卡特爾 (見圖 11-7) 曾提出流動智力與固定智力的理論，**流動智力** (或**流體智力**) (fluid intelligence) 指針對問題思維敏銳快速反應的能力，**固定智力** (或**晶體智力**) (crystallized intelligence) 指運用知識經驗深入思考的能力 (Cattell, 1963)。在生命全程中，這兩種智力的發展大不相同。如圖 8-16 所示，流動智力的發展，到 35 歲以後即開始衰退，而固定智力的發展則直維持到 70 歲以上。平常智力測驗所測量者屬流動智力。顯然不適用於解釋中老年人智力的發展。

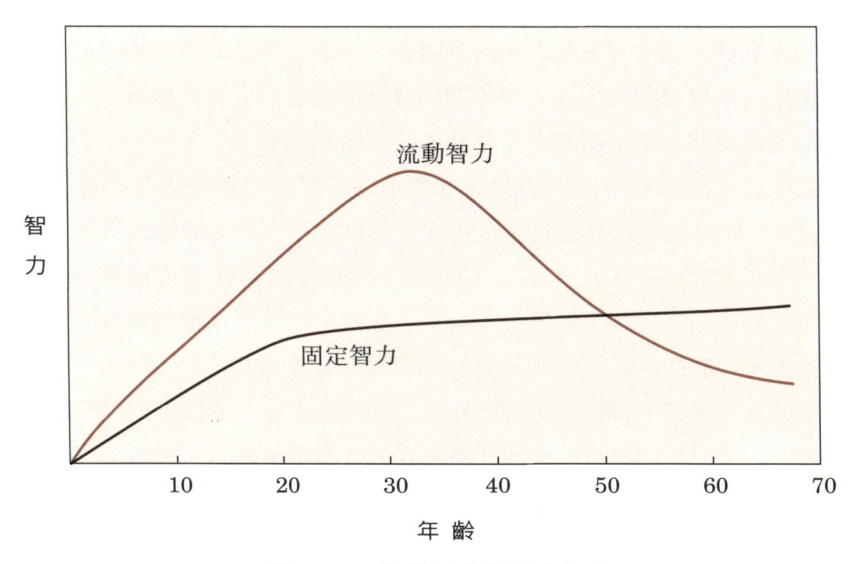

圖 8-16　流動智力與固定智力
(根據 Cattell, 1963 資料繪製)

(三) 成年期的社會發展

在成年期的社會發展方面，因受篇幅限制，以下的討論只就艾里克森心理社會期的理論觀點，說明成年期社會發展的特徵。

按艾里克森**心理社會期發展論**，成年期正是艾里克森所指的人生全程中第六、七、八三個時期。第六期的發展危機是**親密對孤獨** (intimacy vs. isolation)，意指家庭生活與家庭以外的人際關係，是壯年期社會發展的關鍵性問題。家庭中夫妻間的愛情關係與親子間的親情關係，都是由壯年人主導而建立的。家庭以外壯年人參加的職業性、社會性或娛樂性的團體活動，在在都需要與人相處的親和能力。如果壯年期婚姻美滿家庭和樂、工作順利，其壯年生活自將幸福滿意。反之，如婚姻失敗、親子不和、工作環境人際關係惡劣，則勢將難免陷入孤獨疏離的困境；非但壯年生活適應困難，抑且影響以後中年期的發展。

艾里克森理論中第七期的發展危機是**愛心關懷對頹廢遲滯** (generativity vs. stagnation)，意指熱愛家庭關心社會且事業心旺盛與否，是中年人社會發展的關鍵。如果中年人家庭美滿、事業有成，有能力貢獻社會，而且提拔後進受人尊敬，其中年生活自將滿意順遂。反之，如家庭事業均無所成，勢將難免陷入頹廢遲滯的困境。中年期社會發展趨於負向極端的情形，與中年危機的現象有關。接下即對中年危機的問題略做說明。

艾里克森理論中第八期的發展危機是**完美感對沮喪絕望** (integrity vs. despair)，意指老年人有的能隨心所欲，安享餘年，有的卻悔恨萬端，徒呼負負。老年人的心理狀態之所以兩極化者，其關鍵不在於老之既至無可奈何的現實使然，而在於個人回憶一生時是否對自己所作所為無愧無悔，是否對自己過去所經歷的以及現在所擁有的感到饒有意義。基於此義可知，要想擁有快樂的老年生活，打從青年與壯年起就應提早準備。中國俗語"少壯不努力，老大徒傷悲"的說法，驗諸艾里克森的社會發展理論，確為至理名言。

(四) 中年危機與空巢症候羣

在發展心理學上，有兩個與成年期身心發展有關的名詞，常常引起人們誤解；認為兩者都是中老年人經歷的必然現象。這兩個名詞即中年危機與空巢症候羣。

所謂**中年危機** (midlife crisis) 是指人到中年 (45～65 歲) 時在心理上產生的危機感。對某些人而言，中年危機現象確實存在。但對另一些人而言，中年期未必產生危機感。兩者間差別之形成，可能與以下三個因素有關：(1) 中年期以前各期的社會發展順利者，到中年期將不致產生危機感；(2) 更年期心理適應良好者，到中年期不致產生危機感。所謂**更年期** (climacteric)，與前文討論成年期身體發展時提到的停經期，在含義上大同小異；惟停經期只可用來表示女性的更年期，更年期則是指男女兩性而言。惟男性的更年期出現較晚（約在 55～65 歲之間)，而且不如女性明顯。對女性而言，更年期因不再有生育能力，難免會有"青春不再"的失落感。對男性而言也可能因性能力減低所產生的無力感；(3) 空巢症候群因應良好者，到中年期不致產生危機感。所謂**空巢症候羣**(或**空巢綜合症**) (empty nest syndrome)，是指子女成年後紛紛離家而形成父母的孤獨感與寂寞感。惟此種現象是否必然產生，端視親子感情關係與子女是否成材而定。親子關係良好者，不因親子分離而疏遠彼此感情關係；子女成材者會帶給父母希望，因而亦將不致產生空虛感。

在人生旅程，到中年期已走過大半。回首前塵，青少年時期的多少雄心壯志與憧憬理想，如未能實現，總難免有時不我予之感。中年人在事業上已有成就者，很難再創高峯；而事業失敗者，更難旗鼓重振。當面對未來不確定的退休後生活如何規劃的問題時，若無法確定個人及其家庭未來生活的保障，則中年期的危機感將在所難免。準此而論，要想避免中年危機，很難從已陷入中年危機者去考慮。避免中年危機的策略宜從個人教育與社會制度兩方面著手。前者自青年起接受生涯輔導，以培養生涯規劃的能力。後者建立社會福利制度，使中年期以後的人均可得以老有所終。

本 章 摘 要

1. 在心理學上所謂**發展**，是指在個體**生命全程發展**中身心特徵隨年齡增長而改變的歷程。
2. 心理學家研究發展，特別重視身心變化的四點特徵：(1) 連續歷程中有階段現象；(2) 遺傳與環境的交互作用；(3) 發展模式下有個別差異；(4) 身心變化及於生命全程。
3. 在皮亞杰的認知發展理論中，**組織**與**適應**是兩個重要概念；前者說明個體運用**基模**吸收知識，後者說明個體交互使用**同化**與**調適**以提升認知能力。
4. 皮亞杰將人類認知發展分為四個時期：(1) **感覺動作期** (0～2 歲)；(2) **前運思期** (2～7 歲)；(3) **具體運思期** (7～11 歲)；(4) **形式運思期** (11 歲以上)。
5. 在發展心理學上有三種不同的研究設計：(1) **縱貫研究**；(2) **橫斷研究**；(3) **同儕-連續研究**。
6. 個體出生前在母體子宮內的成長，要經過**受孕**、**胚胎**與**胎兒**三個時期。
7. 按皮亞杰的**認知發展階段論**，嬰兒期的認知發展屬**感覺動作期**，而在此期內的認知發展又分為六個時期。
8. 按艾里克森的**心理社會期發展論**，嬰兒期的社會發展屬**信任對不信任**的心理衝突期。
9. 按皮亞杰的認知發展論，兒童期的認知發展能表現出**自我中心**、**象徵作用**、**守恆**、**分類**、**序列**、**可逆性**等特徵。
10. 按艾里克森的心理社會期發展論，兒童期的人格發展包括兩個時期：(1) **主動對愧疚**；(2) **勤奮對自卑**。
11. 按柯爾伯格的道德發展論，兒童期的道德發展包括兩個時期：(1) **前習俗道德期**；(2) **習俗道德期**的前半。

12. 按皮亞杰的認知發展論，青年期的認知發展表現出**抽象思維**與**假設演繹推理**的特徵。
13. 按艾里克森的心理社會期發展論，青年期的人格發展屬**自我統合對角色混亂**的心理衝突期。
14. 所謂**中年危機**與**空巢症候羣**，並非中老年人都會經歷到的必然現象。
15. 中老年人智力的衰退不是必然現象，就**流動智力**與**固定智力**的不同性質言，中老年人運用知識經驗的深入思考能力，可維持到 70 歲以後。

建議參考資料

1. 朱智賢、林崇德 (1986)：思維發展心理學。北京市：北京師範大學出版社。
2. 林崇德 (2000)：發展心理學。台北市：東華書局 (繁體字版)。杭州市：浙江教育出版社 (簡體字版)。
3. 張日升 (1993)：青年心理學。北京市：北京師範大學出版社。
4. 張春興 (2002a)：心理學思想的流變──心理學名人傳 (修訂版)。台北市：東華書局 (繁體字版)。上海市：上海世紀出版集團教育出版社 (簡體字版)。
5. 許淑蓮等 (1987)：老年心理學。北京市：科學出版社。
6. Berk, L. E. (1997). *Child development* (4th ed.). Needham Heights, MA: Allyn and Bacon.
7. Kohlberg, L. (1984). *Psychology of moral development: The nature and validity of moral stages*. New York: Harper & Row.
8. Kroger, J. (1999). *Identity development: Adolescence through adulthood*. London: SAGE Publications.
9. Phillips, J. L. JR. (1981). *Piaget's theory: A primer*. San Francisco: Freeman.
10. Rice, F. P. (2001). *Human development: A life-span approach* (4th ed.). Upper Sadde River, NJ: Prentice-Hall.
11. Thomas, R. M. (2000). *Recent theories of human development*. London: SAGE Publications.

第九章

動機與情緒

本章內容細目

第一節　動機的性質
一、動機的定義　343
二、動機的相關概念　344
　㈠ 本　能
　㈡ 需求與驅力
　㈢ 誘　因
　㈣ 意　志

第二節　生理性動機與心理性動機
一、生理性動機　347
　㈠ 飢餓動機
　㈡ 性動機
二、心理性動機　354
　㈠ 親和動機
　㈡ 成就動機
　㈢ 權力動機

第三節　動機理論
一、驅力減降論　359

二、期望論　360
三、需求層次論　361

第四節　情緒的性質
一、情緒的定義　363
二、情緒歷程中的身心反應　365
　㈠ 情緒的生理反應
　㈡ 情緒的心理反應
　㈢ 情緒的行為反應

第五節　情緒理論
一、詹姆斯-郎格情緒論　371
二、坎農-巴德情緒論　372
三、沙克特-辛格情緒論　373

本章摘要

建議參考資料

心理學是研究行為與心理歷程的科學。心理學家研究個體的外顯行為或內在心理歷程時，其目的與自然科學相同；同樣是根據外顯表相，探求表相背後的真相。表相與真相間的關係，最簡單的看法是，真相是原因，表相是結果。水之汽化與結冰，溫度使然；這是自然科學研究物性變化所持因果法則觀。心理學家研究人性變化時，對外顯行為與內在心理活動背後的原因如何解釋呢？此即本章要討論的動機問題。第一章討論六大爭議時，曾提及**自由意志與決定論問題**是爭議之一。自由意志與決定論所爭議者，在於人類行為的原因。持自由意志論者認為，人的行為決定於內在的自由意志，這是人性異於物性的看法。持決定論者認為，人的行為決定於外在環境，這是人性同於物性的看法。現代心理學家對行為原因的解釋，不再持兩極對立的觀點，而多採折衷的看法。像飲食（行為）與飢渴（原因）的關係，雖然可用決定論來解釋，但求學、就業、擇偶等行為的原因，就不得不考慮自由意志的問題。惟其如此，本章內將分別介紹各種不同動機和各種動機理論。

與動機有連帶關係的是情緒，情緒是喜、怒、哀、樂的總稱。情緒的產生與動機有關，動機滿足時的情緒多屬於歡喜與快樂；動機挫折時的情緒多屬於煩惱與痛苦。惟情緒與動機二者之間有兩點不同：其一，動機的起源主要由於內在的需求，其次由於外在的誘因；而情緒則是只緣於刺激。其二，動機產生後如未獲滿足，其所促動之行為將持續活動下去；甚至，如生理性動機長時間得不到滿足，將影響個體生存。情緒則不然，強烈情緒即使不獲發洩機會，久之也可能自行淡化或消失。本章對動機與情緒的性質及理論解釋分別說明，希望讀者們讀本章之後對以下概念有所認識：

1. 從動機的定義到與動機有關概念的認識。
2. 從人類行為的複雜性了解各類動機的功能。
3. 各種動機理論對行為原因的不同解釋。
4. 從情緒的定義到與情緒有關概念的認識。
5. 情緒狀態時的身心反應。
6. 心理學家對表情研究的概況。
7. 不同觀點的情緒理論。

第一節　動機的性質

　　在心理學研究上，動機是一個性質特殊的主題。從前面各章討論過的內容看，諸如感覺、知覺、意識、學習、記憶、思維、發展等主題，不是討論個體的外顯行為，就是分析外顯行為所代表的內在心理活動。動機這個主題所代表的意義，既不是外顯行為現象，也不是內在心理活動，而是產生外顯行為或內在心理活動的原因。單是研究外顯行為及外顯行為所代表的內在心理活動，本已不易，要想進一步探究其原因，自然更為困難。因此，在心理學上一向視動機研究為高難度的主題之一。基於此一認識，接下去先行說明動機一詞的定義及其相關概念。

一、動機的定義

　　動機 (motivation) 是因某種內在狀態，促使個體產生某種外顯行為活動，並維持已產生之活動朝向某一目標進行的內在歷程。此一定義中含有幾點概念尚須稍加解釋。

　　1. 動機是內在狀態　動機是內在狀態，不是外顯行為。內在狀態是個體的身心狀態。在什麼樣的身心狀態之下會促發個體的外顯行為活動？回答此一問題，有些心理學家藉用生理學上均衡作用的概念來解釋。所謂**平衡狀態 (或穩態)** (homeostasis)，是指身體內部維持平衡狀態的一種自動調整作用。像天熱出汗、天冷血管收縮以維持體溫不變，就是平衡狀態的例子。如果身體內部因缺乏某種物質，就會使平衡狀態失去平衡；失衡的結果，就會促使個體產生某種活動；如因缺水而渴，因渴而有尋求水源的活動；因缺營養而飢餓，因飢餓而有尋找食物的活動。生理狀態之外，心理的內在狀態亦復如此；因缺乏安全感而尋求保護；因不甘居於人下而力爭上游，都是因維持心理平衡狀態而發生的動機作用。

2. 動機是隱而不顯的 動機雖然是促發外顯行為活動的原因,但動機本身卻是無法直接觀察的內隱歷程。心理學家們研究動機時,一般都是根據個體所表現的外顯行為去推理解釋其內在動機。見人狼吞虎嚥地進食,就會據以推理他有很強烈的飢餓動機。見人拚命從事參選議員的競選活動,就會據以推理他有強烈的權力動機。雖然單就因果的關係看,一切行為均有其原因,而行為的原因就是動機,然而對動機與行為的因果關係解釋時,卻很難肯定某種行為的產生確是出於何種動機。根據某人的飲食行為,雖可推理解釋為因飢餓動機使然,但根據青年人吸食藥物行為,就很難推理解釋究竟出於何種動機。

3. 動機對行為具有促發、維持及導向作用 動機不僅是促發行為的原因,而且在促發行為之後,更具有維持該行為朝向某一目標進行的內在動力作用。以動物覓食行為活動為例,動物之所以覓食,原因起於飢餓動機。飢餓動機一旦促發了動物的覓食行為,動物就一直表現出朝向有食物的目標進行活動。在食物獲得之前,該行為一直維持,直到目標達成飽食之後,行為活動始告終止。人類的行為更是如此;學生求學、商人營利及官員求名,無一不是在動機促使之下從事長程目標的追求。

二、動機的相關概念

在心理學的書籍中,有很多名詞在概念上的意涵與動機有關。以下幾個概念是最常見的。

(一) 本 能

本能 (instinct) 一詞意涵複雜,在心理學上至少有四種解釋:(1) 本能是指同一屬種所有個體所共同表現的不學而能的行為反應,像蠶吐絲、蜂釀蜜、蜘蛛結網、青蛙兩棲等行為,都稱為本能;(2) 本能是指某一屬種生而具有的行為潛勢或傾向;由於行為潛勢或傾向所形成的內在作用,即促發同屬種個體表現出不學而能的同樣行為模式;(3) 本能是指某一屬種的個體在其生命中某階段所表現的某種特殊行為模式；像毛蟲變為蛹，蛹再變為蝶的階段性行為模式，即為該屬種動物的本能；(4) 本能是指促發人類某種行為但不為當事人所知的內在力量。這是**精神分析**創始人弗洛伊德的獨特看法。弗洛伊德在解釋**潛意識動機**時，將人類的性衝動與攻擊性行為視為人類的兩種本能，而促動性衝動與攻擊兩種行為者，則是**生之本能**與**死之本能**兩種動機 (見第十一章第一節)。

由以上說明可知，將本能解釋為不學而能的行為時，在動物界容易得到驗證。但從人類所表現的複雜行為看，很難採用"同一屬種所有個體所共同表現的不學而能的行為反應"來加以概括性說明。惟從生物學與生理學的觀點看，人類行為仍然具有相當成份的本能因素。

(二) 需求與驅力

需求與驅力是兩個概念，但彼此之間有連帶關係。**需求** (或**需要**) (need) 是指因缺乏某種東西而產生的內在緊張狀態。需求狀態包括生理與心理兩方面。因營養缺乏而需求食物，屬於生理需求。個人在孤立無援時需求安全，屬於心理需求。**驅力** (或**內驅力**) (drive) 是指因某種內在緊張狀態促發個體活動，並藉活動結果使緊張狀態得以消失的歷程。準此定義，驅力有兩種意涵：其一指驅力因需求而產生；因缺乏而生需求，因需求而生驅力。因身體內部缺乏營養而有食物需求，因食物需求而有飢餓驅力，因飢餓驅力而有求食的活動，因求食得食而使飢餓驅力消失。其二指驅力就是促發個體活動的內在動力；渴驅力而驅使個體飲水，飢餓驅力而驅使個體進食，都是明顯的事實，但驅力的產生卻未必一定由於生理需求。例如罹患肥胖症的人時時感到有飢餓驅力，但在他的身體上並沒有因缺乏營養而形成生理需求。由此可見驅力也包括生理與心理兩方面，在一般心理學的書籍中，驅力一詞常冠以形容詞用以表示兩方面的動機：其一為**原始驅力** (或**基本驅力**) (primary drive)，指因生理需求而產生的驅力 (如飢餓)。其二為**學得驅力** (或**習得驅力**) (acquired drive)，指因經驗而學得的驅力 (如嗜賭)。

(三) 誘因

前述之需求與驅力，從廣義的觀點言，皆可視之為促發個體活動的內在動機。惟個體的活動未必完全是由內在因素促發的，也可能是由外在因素誘發而產生。接下來要說明的誘因，就是如此。所謂**誘因** (incentive)，是指誘發個體行為反應的外在原因。而外在原因所指者，可能是事物，也可能是刺激情境。外在事物或情境之所以成為誘發個體行為的原因，主要是因為個體在經驗中學習到該等事物或情境能夠滿足他的需求。基於此義，可知水是渴者的誘因，食物是飢者的誘因，財富是貪者的誘因，社會地位是好名者的誘因，高的分數、獎狀、獎金是追求成就者的誘因。

就誘因所誘發的行為看，誘因分為兩種：凡是引起個體趨近或接納並由之獲得滿足者，稱為**正誘因** (positive incentive)；凡是引起個體躲避或逃離並由之獲得滿足者，稱為**負誘因** (negative incentive)。正誘因與一般所說的**價值** (value) 相近；金錢、財富、權力、地位等之所以成為很多人追求的對象，是因為這些東西都是使人滿足的正誘因；而這些東西之所以能使人滿足，是因為一般人在心理上覺得這些東西有價值。

(四) 意志

前文所提到一些有關動機的概念，都可用來解釋人與動物行為的原因。只有意志是人類獨有的一種複雜動機，所謂**意志** (will)，是指促使個體自願選定目標並自願努力達成預訂目標的內在心理動力。因此也稱意志為**自由意志** (free will)。在此定義中，有兩個重要概念尚須進一步略作說明：其一，意志雖也是促動個體行為的內在力量，但意志所促動的某種活動，特別具有自願與選擇兩種特徵。凡意志堅強的人，其所表現的不屈不撓行為，均出於自願與選擇。其二，意志雖也是促動個體朝向某一目標行動的內在力量，但在意志動力下所追求的目標，較之一般動機下所追求的目標，具有較高的理想性。在意志促動下所追求的目標，是個人認為在所有選擇中具有最高價值的。因為他自認最有價值，所以他甘願接受挑戰，克服困難，全力以赴，以期達成他所設定的理想目的。

第二節　生理性動機與心理性動機

　　人類的行為極為複雜，要想了解人類行為背後的動機，在研究上自然也難找到單一的取向與方法。因此，心理學家們在研究人類的動機問題時，都是將動機分為不同類別來解釋。一般心理學家多傾向將人類的動機分為兩大類；惟兩大類的名稱則不盡相同。有些學者將之分為**原始性動機** (primary motives) 與**衍生動機** (secondary motives) 兩大類；有的學者將之分為**生物性動機** (biological motives) 與**社會性動機** (social motives) 兩大類；也有些學者將之分為**生理性動機** (physiological motives) 與**心理性動機** (psychological motives) 兩大類。本書對各種動機的分類討論，將採最後一種分類方式。因為，將動機大致分為生理與心理兩大類來看，與心理學上一向兼顧身心兩方面問題的取向比較一致。

一、生理性動機

　　顧名思義，生理性動機是指以生理變化為基礎的動機。研究生理性動機的目的，旨在了解生理上如何變化以形成內在狀態，從而促發外顯行為。以生理變化為基礎的動機有很多種，諸如痛、渴、飢餓、性、母性等，均屬生理性動機。因篇幅所限，在此只就心理學上研究最多的飢餓與性兩種動機，分別討論於後。

（一）　飢餓動機

　　民以食為天，這話說明了食物對人的重要性。人為什麼需要吃飯？這問題的最簡單答案，人盡皆知是因為飢餓。因此，**飢餓動機** (hunger motive) 或**飢餓驅力** (hunger drive)，自然就成了解釋吃飯行為的原因。不過，從學理的觀點看，我們對"吃飯是因為飢餓"一事，可以說是行易知難；雖然大家對"餓了就吃"與"吃了就不餓"的原則人人可行,但對以下看似簡單的三個問題,在心理學中卻迄未找到肯定的答案:(1) 究竟是什麼原因使個體產生飢餓感?(2) 如果說,吃飯是由於生理上的需求,為何有人會超過生理需求而猛吃不停以致造成肥胖症?(3) 如果說進食是維持身體健康所必需,為何有人因懼食而患厭食症?接下去就依次討論這三個問題。

1. 飢餓的生理心理學解釋 生理心理學家研究飢餓動機,旨在尋求兩個問題的答案:(1) 飢餓動機產生時會有飢餓感,飢餓感是如何產生的?(2) 飢餓則需進食,進食到某種程度時即因飽的感覺而停止進食,"飽感"的生理變化,究竟受身體內何種器官管制?

生理心理學家對第一個問題的研究分為兩個階段。第一個階段是 20 世紀 50 年代以前流行的血糖水準的說法。此種說法認為,在**下丘腦**部位(見圖 2-5) 有一個職司調節體內血液中葡萄糖(俗稱血糖)水準的神經組織。血糖降低到某一水準時即產生"餓感"而需要進食;血糖水準升高時,即產生"飽感"而停止進食。1955年生理學家梅耶 (Mayer, 1955) 提出一種新的理論,指出血糖水準降低並非構成餓飢感的唯一原因;缺乏內分泌系統胰腺分泌的**胰島素**(見第二章第四節),才是主要原因。胰島素的功能是幫助體細胞吸收葡萄糖並轉化為身體所需的熱能。胰島素分泌不足時血液中的葡萄糖就不能被吸收利用,而隨尿液排出體外,這是糖尿病的主要症狀。糖尿病患者時常感覺飢餓,血糖水準高反而感到飢餓,可見單是血糖水準降低並非飢餓的主因。由此可見,"餓感"的產生是葡萄糖與胰島素二者交互作用的結果;每當胰島素的化學作用將葡萄糖轉化為熱能以促進新陳代謝時,葡萄糖被利用而需要補充,因而形成飢餓感。

至於對第二個問題的研究,生理心理學家們多年來一直認為在下丘腦部位有兩個神經組織,分別控制進食與停止進食的反應。第一個神經組織在下丘腦的外側,主控個體的進食反應,稱為**進食中樞**(或**攝食中樞**) (feeding center)。第二個神經組織在下丘腦的腹內側,主控個體停食反應,稱為**飽食中樞**(或**飽中樞**) (satiety center)。在 20 世紀 50 年代即有生理心理學家 (Hetherington & Ranson, 1940) 以白鼠為實驗研究發現,如破壞下丘腦外側的進食中樞神經組織,白鼠即停止進食;如破壞下丘腦腹內側的飽食中樞神經組織,白鼠即貪食不饜,結果會使身體重量遽增三倍之多 (圖 9-1)。

圖 9-1 破壞飽食中樞後白鼠體重遽增三倍
(採自 Hetherington & Ranson, 1940)

2. 肥胖症現象及成因 在從前窮困社會裏,肥胖代表富態、福相,但在現代富裕社會中,肥胖卻成了很多人揮之不去的夢魘。肥胖不僅帶給個人行動不便,影響個人自尊、自信,而更嚴重的是,肥胖是健康的敵人;它是糖尿病、高血壓、心臟病等主要成因。在一般醫學檢查上,個人體重超過應有體重 20% 者,可視為體重超常,如體重超過 30%,即可視為**胖肥症** (obesity)。身高為 170 公分左右之男性的理想體重為 65 公斤左右,如體重超過 85 公斤,即可視為肥胖症。單就男性而言,體重超過 20% 者的死亡率,較之體重正常者,超出 25% (Worchel & Shebilske, 1995)!可見肥胖是禍根,不是福氣。

近年來心理學上對肥胖症的問題,一般都是從生理與心理兩方面尋求解答。對肥胖症的生理學解釋,目前公認有兩種理論,一種理論是將人體內脂肪細胞的數量與大小視為形成身體肥胖的原因。持此理論者認為,每個人身體內的脂肪細胞數量是與生俱來的 (遺傳的)。脂肪細胞數量的多寡,將決定個人進食行為；脂肪細胞多者食量大，脂肪細胞少者食量小。惟脂肪細胞數量多只可視為形成身體肥胖的主要原因，但非唯一決定性因素。因為脂肪細胞體積的大小也是形成肥胖的另一原因；而脂肪細胞體積的大小則與自幼飲食習慣有關。體內脂肪細胞數量較多，而自出生即營養豐富的嬰幼兒，大概在兩週歲以前已使其體內脂肪細胞迅速肥大，奠定其一生肥胖的基礎。準此而論，成年後所採取的一切節食減肥措施，其效果只能使體內脂肪細胞體積縮小，並不能使脂肪細胞數量減少。由於體內具有保持均衡狀態的自律功能，縮小體積之後的脂肪細胞，隨時有恢復原狀的傾向；只要遇到有攝取含脂肪食物的機會，就會迅速吸收以恢復原來的體積。這就是很多減肥者效果不易維持的原因。要想減肥有效，必須節食與運動雙管齊下，並持之以恆；使脂肪細胞的體積得不到復原的機會。

解釋肥胖症的另一生理心理學理論是定值論。所謂**定值論** (set-point theory)，是指個體的肥胖表現在體重超常，而每個人的體重決定於初生及幼年體內脂肪細胞的定值數量 (Keesey, 1980)。在個體一生中，脂肪細胞的數量只增不減。脂肪細胞的體積隨時變化；過時不食，脂肪細胞縮小，即感肌餓，多食則使脂肪細胞漲大，而感到吃飽。如吃進過多食物，脂肪細胞將過度肥大，肥大後即不再回縮，因而長期貪食者的定值將隨脂肪細胞的擴大而提升，提升後即不再下降。根據脂肪細胞定值論推論，希望藉節食達到減肥的目的，是很困難的，原因是身體內部為維持平衡狀態而具自動恢復定值的趨勢。即使勉強節食使體重短時間下降，長期下去一旦恢復正常飲食，體重立即急劇增加再回到原來的定值。根據調查統計，有 90% 的節食減肥者後果是如此。

除上述生理因素外，個人的生活習慣 (如缺少運動) 及美食的誘惑也是現代人肥胖的重要心理因素。節食減肥對少數人有效，少數人所指者即是內在心理因素構成肥胖的人。

3. 厭食症與貪食症 以上所述肥胖症雖然使人感到煩惱，但從身體功能需要食物營養的觀點言，總還不能視之為進食異常。所謂**進食異常** (eating disorder)，是在沒有身體疾病的情形之下，個人進食習慣完全異於常人的心理異常現象。目前心理學上研究的進食異常有兩種，一為神經性厭食症，另一為神經性貪食症。

神經性厭食症 (anorexia nervosa) 是一種節食不當所引起的嚴重體重失常。如無其他生理上的原因，單是由於患者厭惡進食而導致正常體重驟然下降 25% 者，即被視為厭食症的症狀。厭食症情況嚴重者，有可能因拒食而導致正常體重下降 50% 以上，至此地步即有喪失生命的危險。

厭食症的主要症狀，除體重急遽下降之外，患者對食物極度厭惡，先是忍著飢餓不吃食物，後來變成食物當前，也不感飢餓，甚至被別人勸進食物之後，他以自行引導的方式，將吃下的食物嘔吐出來。至此地步患者已由厭惡食物演變為恐懼食物。因為神經性厭食症純屬心理異常現象，故而可在病情尚未十分嚴重時經心理治療獲得復原。

神經性厭食症是美國近年來青年問題之一，據調查統計，有高達 30% 的患者最後因嚴重缺乏營養而死亡 (Gilbert & Deblassie, 1984)。因此，青年人因愛美而厭食的作為，無異是自殺行為。

神經性厭食症患者多為 15～30 歲的青年女性；她們之所以厭食拒食，主要是因過份注意身材，認同"瘦就是美"的時代風尚而流行的一種價值觀念。這與古時 (無分中外) "肥才是美" 的觀念相似，都是社會文化變遷的結果。

與上述神經性厭食症相反的另一種進食異常現象，是為神經性貪食症。所謂**神經性貪食症** (bulimia nervosa)，是指進食時極為貪吃 (每餐吃下食物可產生 2000 卡路里熱量)，但飯後又極端恐懼因貪吃而肥胖。顯然，神經性貪食症患者有嚴重的心理衝突；一方面極端貪吃，藉進食活動獲得心理上的滿足；另方面又極端恐懼自己身體肥胖，故而再將食物嘔吐出來。根據心理學家調查研究發現，在美國的大學生中患此症者約占 13%，較之前述神經性厭食症多出三倍以上 (厭食症的罹患率是 3.8%)，其中女生占多數，占 87%。患者雖然仍能保持正常體重，不因貪吃而肥胖，但因不正當的方法養成飯後嘔吐習慣，所以多數患有腸胃疾病 (Dunn & Ondercin, 1981)。

對神經性厭食症與貪食症兩種進食異常的原因及治療問題，目前尚無肯定答案。因為這兩種疾病均出現在青少年階段，故而一般的看法是，青少年過份重視自己的身體形象，但未養成食物與健康關係的正確觀念。

(二) 性動機

性動機 (sexual motive) 通常稱為**性驅力** (sexual drive)，是人與動物**性行為** (sexual behavior) 的內在促動力。從生物學的觀點看，性動機是原始性或生理性的動機之一，但如只就人類的性行為而言，其動機的成分中，除生理基礎之外，其中含有相當大的社會文化因素。人類的性行為含廣狹二義；狹義言之，只限於個體性器官成熟後兩性間的性交行為，廣義言之，個體自幼所表現的與其性別角色及兩性交往有關的一切行為，統稱性行為。因篇幅所限，本文只限於探討人類性動機的生理基礎及兩性間相吸與相斥兩方面的問題。

1. 人類性動機的生理基礎　人類的性動機雖然在性質上和飢餓動機相似，都是具有生理基礎的，但除此之外，性動機與飢餓動機尚有以下四點差異：(1) 飢餓動機是終生存在的，只要個體活著，他就必須飲食，但性動機卻只在某段時間發生；(2) 飢餓動機如長期不獲滿足，終將危及生命，但性動機即使不獲滿足，也可能會自行消失；(3) 飢餓動機的滿足方式，主要是個體單獨的，而性動機的滿足則須有對象；(4) 飢餓驅力之產生原於身體組織中匱乏後的需求；而性驅力之產生則源於內分泌中**性腺激素**的刺激。

個體到青春期性器官發育成熟後，其**主性徵**與**次性徵**相繼出現。此時男性睪丸內分泌一種**雄性激素**，女性卵巢內則分泌一種**動情激素**。兩性各具的性腺激素，是刺激兩性之間彼此吸引並發生性行為的主要內在動力。

性激素雖然是促動男女兩性之間彼此吸引以發生性關係的內在驅力，但對人類性行為而言，性激素的作用異於動物，它不能完全決定人類的性行為。單就雄性動物言，如將雄性動物的睪丸切除，使之不能分泌雄性激素，該動物對異性的性追逐行為，將自行消失。對人類而言，雖不能從事類似動物的實驗，但有些特殊情形，如因病或傷害致使雄性激素不再分泌者，有的減低了性的興趣，但有的照常與異性發生關係。再就雌性動物而言，如將雌猴的卵巢切除，使之不能分泌動情激素，雌猴的性活動亦將自行消失。對人類的女性而言則並非如此。女性過了**更年期**，其卵巢即停止分泌動情激素，但其對性的興趣,未必減低;甚至由於更年期後不須考慮避孕的煩惱,其對性的興趣反倒有增強的趨勢。

總之,對人類性行為背後的性驅力而言,其原動力不全是受到性激素的控制。換言之,人類的性行為,並不像動物那樣以生理的變化為基礎的。這現象顯示出人類性行為的複雜性;在人類性行為的複雜性之中,可能包括著個人的心理因素和社會文化因素。接下去要討論的兩性間相吸相斥的問題,將對人類性行為的複雜性做進一步說明。

2. 人類兩性間的相吸與相斥　從自然界一切動物的生活看,一切動物的性行為,都是發生在雌雄兩性之間。人與動物有相似之處,因此自古就有"飲食男女,人之大欲存焉"的觀念。然而就人類所表現的性行為來看,並不完全符合"異性相吸"自然法則。在兩性關係上違反異性相吸自然法則者有兩種變異,一為變性症,另一為同性戀。

所謂**變性症**,是指個體的生理性別與其心理性別不相符合,而一心想改變自己身體生理的異常現象。亦即生為男兒身者一心想做女性,生為女兒身者,一心想做男性;而變性症以男性占多數。變性症的成因迄今未能完全了解;可能與遺傳、性激素分泌失衡、幼年性別心理發展階段的**性別認同**有關(見第八章第三節)。如兩歲以後的兒童不能正確認識並承認自己的性別,他就可能會因心理衝突而陷入**性別認同障礙**。變性症者雖然可經由醫學手術改變他的性器官,幫助他變為他所希望的性別 (見圖 13-1),但如從變性後兩性生活的適應看,變性者既不能生育,也不能和正常人一樣在性生活上得到滿足。

所謂**同性戀** (homosexuality),是指性動機促動的性行為不以異性為對象,而是同性別之間彼此吸引的現象。同性戀者之間的性行為,多以擁抱、口淫、雞姦、彼此撫摸、彼此手淫等方式為之,從而獲得性的興奮與滿足。在人類歷史上,同性戀古已有之,所謂"斷袖之癖"即係指漢哀帝與其寵臣董賢之間同性戀的故事。

在西方基督教文化傳統中,一向認為同性戀違反上帝旨意而加以禁止;在精神病學上也一向將同性戀視為變態行為來處理。直到 20 世紀 70 年代,一方面由於性觀念開放,另一方面由於全世界同性戀者發起人權運動,結果使一向視同性戀為病態的**美國精神病學會**,從 1980 年起即在《心理異常診斷統計手冊》(第三版) 中,將同性戀從心理疾病名單中刪除。自此之後,即使同性戀者行為方式未必為一般人視為正常現象,但至少不再視為變態行為。惟自 80 年代初發現**愛滋症** (AIDS) (註 9-1) 與同性戀行為有密切關係之後,社會上一般人又對同性戀者的行為轉而持否定的態度。

二、心理性動機

前述生理性動機說明了由生理因素所形成的行為內在動力。接下來要討論的心理性動機,則旨在說明由心理因素所形成的行為內在動力。心理性動機與學習經驗有密切關係,其複雜性遠超過生理性動機。惟心理學家在研究人類心理性動機時,通常多將親和動機、成就動機、權力動機三者分別列為研究主題。

(一) 親和動機

所謂**親和動機** (affiliative motive),是指個體與別人接近的內在動力。此種內在動力出自個體心理上對人的需求,能與他需求的人在一起時,他的親和動機才會獲得滿足。人世間的親情、友情、愛情等所有人際關係維繫的原動力,就是親和動機。

在日常生活中寂寞與孤獨是難以避免的;人在孤獨寂寞時就會產生較強的親和動機,按心理學家的解釋,孤獨時之所以使親和動機增強,乃是由於孤獨情境使人焦慮,焦慮使人感到恐懼不安。如在此時有人相伴,即可使焦慮減低。基於此一推理解釋,曾有心理學家 (Schachter, 1959) 以實驗的方法,研究大學女生在不同焦慮情境下的親和動機。

該實驗將受試者分為**實驗組**(32 人)與**控制組**(30 人),約定時間,分別到實驗室聽取研究者對他所做的說明。研究者對實驗組的受試是先讓他們

註 9-1:愛滋症是**後天免疫缺乏症候羣** (acquired immune deficiency syndrome,簡稱 AIDS) 的簡稱。該症為傳染病,其傳染途徑主要為同性戀、多異性對象、共同注射器及血液等。愛滋症是 1981 年發現的一種絕症;病發後死亡率幾為百分之百。

看到一些外型醜陋甚至令人望之生懼的儀器，並告以將使用該等儀器在他們身體上實施一種只有痛苦但無傷害的電擊。對控制組的受試者，不讓他們看到儀器，也不告以電擊的事。研究者如此處理的原因，是藉由不同的情境，製造兩組受試者在心理上產生不同的焦慮程度；預計實驗組的焦慮高，控制組的焦慮低。研究者如此分別處理之後，分別告訴兩組受試者，實驗之前必須提前到達實驗室等候，惟前來等候時，可自由選擇是個人單獨來或是與其他受試者結伴而來。經分析受試者自由選擇結果發現，實驗組的受試者；在32人之中有20人選擇與人結伴，而在控制組30人之中只有10人作同樣的選擇，此一結果表示，在引起較高焦慮的情境之下，個體與別人親近的心理需求（親和動機），就會增加。

（二）成就動機

所謂**成就動機** (achievement motive)，是指個人在設定的目標之下追求成就的內在動力。進一步分析，成就動機含有三點意義：(1) 指個人追求進步以期達成希望目標的心理傾向；(2) 指從事目標追求時，個人自我投入精益求精的心理傾向；(3) 指個人在不順利的情境中，衝破障礙克服困難奮力達成目標的心理傾向。成就動機是人類所獨有，正因為人類有成就動機，所以人類才會不斷地改善生活，創造文明。在心理學的研究上，成就動機是重要主題之一，自20世紀30年代起，有關成就動機研究的成果已相當豐富。本文因篇幅所限，以下只討論有關成就動機的兩個重要概念。

1. 成就需求與失敗恐懼 在心理學上最早對成就動機從事系統研究的學者，是20世紀30年代美國心理學家默瑞與麥可利蘭 (David C. McClelland, 1917～　)。他們兩人都將成就動機視為一種持久性的人格特質，並稱之為**成就需求** (need for achievement)。在人格上顯示成就需求較高的人，當面對難易不同的工作或任務時，喜歡選擇較難者去接受挑戰；而且在選定之後即全力以赴，從而達成理想的目標。此種人格特質與學習有關，兒童階段的家庭教育是養成此種人格特質的主要原因。

到20世紀60年代，美國心理學家阿特金森 (Atkinson, 1964)，對成就需求提出了相對心理傾向的解釋。認為追求成就行為的背後，並非只是成就需求的內在動力，而是另外存在著一種**恐懼失敗** (fear of failure) 的反方向內在動力。這兩種內在動力相對抵銷的結果，形成了個人的成就動機。準此而論，在憑觀察發現某人在外顯行為上是否努力工作以推理解釋其成就動機強弱時，必須考慮到他內在心理上相對方向的兩種動力。換言之，在追求成就行為的背後，同時存在著方向相反的兩種動機：一為追求成功的動機，二為逃避失敗的動機；只有在前者的力量大於後者時，個人才會表現出追求目標的外顯行為。從日常生活的經驗看，將成就動機解釋為"求成與避敗"的看法，顯然是符合事實的。以參加論文比賽為例。在參加前一定會同時考慮到比賽成功與失敗後果的問題。如果最後個人決定參加，其行為的內在動力乃是由於求成心理大於避敗心理所致。然從決定不參加比賽者來講，在心理上未必完全沒有成就動機；只是他們在考慮參加與否時，其避敗心理大於求成心理而已。

2. 外在動機與內在動機 根據前節所述成就動機的定義，成就動機是個人在所設定目標之下追求成就的內在動力。在此定義中，端看目標所指為何，如目標所指者是高分數、獎狀或獎金，此類目標即可視為引起個體成就動機的外在**誘因**。由外在誘因引起的行為動機，稱為**外在動機** (extrinsic motivation)。反之，如果目標所指者只是個人自願的一種活動，除了從活動過程中獲得滿足之外，不帶有其他目的；只因活動本身帶來滿足，即可促動個體繼續活動。像此種不帶有其他目的的動機，稱為**內在動機** (intrinsic motivation)。從成就動機所促動行為的持久性來看，內在動機促動個體追求成就的行為，其持久力遠大於外在動機所引發的行為。成年人的事業成就是如此，兒童們的遊戲作業是如此，甚至連動物的活動也是如此。

曾有心理學家以幼稚園的幼兒為對象，從事實驗研究，從而觀察比較不同動機情境對幼兒自動繪畫活動的影響 (Lepper, et al., 1973)。該實驗以**隨機分派**的方式將幼兒分為 ABC 三組，讓他們從事兩階段的繪畫活動。第一階段為實驗階段，此階段對三組幼兒做如下之不同處理：對 A 組只提供繪畫材料，不做其他要求；對 B 組除提供同樣繪畫材料外，並在繪畫結束之後給予每人一份事先並未告知的獎品；對 C 組則是在繪畫開始前先說明畫完後會有獎品。如此設計的目的是基於以下的假設：A 組幼兒的繪畫活動沒有外在誘因；他們要是喜歡繪畫，那是由於內在動機的關係。C 組幼兒繪畫活動的外在誘因明顯，在此情形下，他要是喜歡繪畫，很可能是受了外在動機的影響。第一階段結束後，每天提供三組與實驗等長的自由活動時間，兒童們在自由時間內可以自由選擇繪畫，也可以自由選擇其他遊戲活動。實驗者只是從旁觀察記錄三組兒童自行選擇繪畫活動時占用的時間。如此連續觀察兩週之後，結果發現，C 組兒童（事前說明給獎）自動繪畫時間最短，只占用全部自由活動時間的 8.6%；B 組兒童（給獎但事先不知）自動繪畫時間最長，占用全部自由活動時間的 18.1%；A 組兒童（沒有給獎）自動繪畫時間次長，占用全部自由活動時間的 16.7%。此一實驗結果的教育涵義是，在設計的教育情境中要兒童從事某種學習活動時，內在動機的效應遠大於外在動機。心理學家曾以動物為對象做過類似實驗，結果發現影響猴子行為活動者，其內在動機大於外在動機（見圖 9-2）。

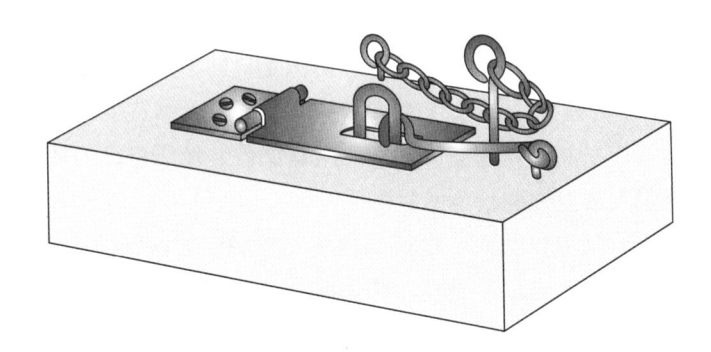

圖 9-2 動物的內在動機
（根據 Harlow, et al., 1950 繪製）
猴子操弄圖中儀器時，可以學會：(1) 拔出鐵閂；(2) 拉開鐵鉤；(3) 打開鐵製盒蓋。如完成後再關起來，牠將繼續操弄不休。但如完成後獲得盒內的葡萄乾，第二次完成後若得不到報酬，牠將不再操弄。這顯示內在動機支配行為的力量大於外在動機。

(三) 權力動機

所謂**權力動機** (power motive) 是指個體在行為上的所作所為，其背後隱藏著一種內在力量；而此種內在力量，乃是由於個人所懷的一種強烈地影響別人或支配別人的慾望所促動。此說法似乎頗像一般人所謂"權力慾"，但在心理學上的意涵，兩者並不完全相同。

根據心理學家研究發現，凡是對社會事務有濃厚興趣，而且極願以自己作為影響大眾的人，其行為背後均存有強烈的權力動機。惟從個人的外顯行為去推測，可將權力動機分為兩種：一種是**個人化權力動機** (personalized power motive)，另外一種則是**社會化權力動機** (socialized power motive) (Lynn & Oldenquist, 1986)；前者是為了自己，後者是為了別人。

個人化權力動機強的人，在行為表現上多顯示三種特徵：(1) 喜歡參與社會活動，儘量利用機會去表現自己；在團體中如有才能相當或勝於自己的人，就會拿他當做假想敵人，非將之擊敗，絕不干休。表面看來，此種人熱心社會事務，事實上他是利用社會形象，達到滿足私慾的目的。(2) 熱衷追求權位，惟在追求權位過程中，以手段當做了目的；甚至不惜以卑劣手段達成目的。(3) 視物質條件為最高價值，不僅盡情享受物質生活，而且也竭盡所能去聚積物資；並企圖藉優於別人的財富條件，炫耀自己的社會地位，從而達到影響別人甚至控制社會的目的。

社會化權力動機強的人，在行為表現上也顯示三種特徵：(1) 關心社會但不實際爭取掌權的職位，只就在個人專長與專業範圍內，以傳播知識觀念的方式，企圖影響別人、助益社會。這種人在社會上多數從事醫師、教師、作家、記者、畫家、音樂家的工作；他們的正義感與對社會的關懷，多靠他們言行的示範或作品的流傳以影響社會。(2) 關心社會也走入社會，他們以自己的專長實際地服務人群；或是解除別人的痛苦，或是維護社會安全，從而達到影響別人與助益社會的目的。(3) 擔任以服務為目的的團體領袖，他們愛人類、愛社會，對社會公益事項與人民福祉，懷有很深的使命感，企圖以其才能領導大眾，從事改革，藉以達到影響別人與助益社會的目的。像此種公而無私的領袖人物，不僅政府機關需要，其他任何公私團體也都需要。

雖然居於團體領袖地位者是擁有權力的人，惟從社會化權力動機的概念言，他們不重視行使權力的當時得到的個人滿足，而重視在行使權力之後所產生的利民效果，藉此而實現自己的理想。

第三節　動機理論

所謂**動機理論** (theory of motivation)，是指心理學家對動機產生的原因及其對行為發生的作用等所做的理論性解釋。科學心理學誕生後的一百多年來，心理學家們提出過多種觀點不同的動機理論，本章第一節內提到過的**本能**的解釋，就是 20 世紀之初流行一時的動機理論。由於本能論在解釋人的行為時只涉及與生俱來的簡單行為，不足以解釋人類日常生活中的很多複雜行為。因此，本節所介紹的動機理論，乃是在本能論之外的心理學三大理論裏的三種動機理論；即行為論者所倡議的驅力減降論，認知論者所倡議的期望論，以及人本論者所倡議的需求層次論 (註 9-2)。

一、驅力減降論

驅力減降論是美國行為主義心理學家赫爾 (Clark Leonard Hull, 1884～1952) 在 1943 年所提出的一種動機理論。**驅力減降論** (或**內驅力降低說**) (drive-reduction theory) 的基本要義是，動機是促發個體行為活動的內在動力，而內在動力的產生，則是由於個體內在生理上各種需求得不到滿足時所形成的內驅力。當內驅力存在時個體內在的生理運作即失卻均衡。失卻均衡即使個體感到緊張不安，為了消除緊張不安，個體乃有尋求滿足需求的外

註 9-2：本章所介紹的動機理論，只是偏重於解釋一般行為動機的理論，除本章所列幾種動機理論之外，有關社會行為的動機理論，請參閱本書第十二章第一節的**歸因論**。

顯行為活動。體內缺乏養分時，個體內在即產生食物的需求，在此情形下即將產生飢餓驅力。由於飢餓驅力的促發，個體乃有尋求食物與進食的外顯行為活動。

赫爾在 20 世紀 40 年代提出的驅力減降論，主要是用來解釋個體 (尤其是動物) 的學習行為。赫爾認為 (Hull, 1943)，個體在學習情境中之所以產生學習，該活動結果能使其內在需求獲得滿足，從而減低其驅力乃是主要原因。基於此義，即可按以下步驟訓練狗用前腳與主人握手的動作：(1) 先使狗缺食一段時間，讓牠形成飢餓驅力；(2) 手持狗喜歡的食物，並保持狗直立起來才能吃到的高度；(3) 每次狗直立取食時，主人即握住牠的前腳，並隨即給牠食物；(4) 在每次訓練時，主人一邊喚狗的名字，並口說"握握手"。幾次練習之後，"握握手"的訊號 (刺激) 與狗直立起來用前腳與主人握手 (反應) 兩者即產生聯結。在此刺激-反應聯結過程中，食物是影響聯結的主要因素。按赫爾的驅力減降原理來解釋狗學得跟主人握手的行為，那就是：因食物需求而產生飢餓驅力，因飢餓驅力而產生求食與進食行為，因獲得食物而使需求滿足，因需求滿足而使飢餓驅力減降，飢餓驅力減降的後果，就會使"握握手"和"直立起來用前腳與主人握手"行為獲得強化。在以後遇到同樣情境時 (飢餓驅力再度發生時)，就會出現同樣的行為。

顯然，赫爾的驅力減降論，與第六章斯金納的**後效強化**原理具有同樣意義。都是以個體本身條件 (生理需求) 與外在環境 (食物) 做為決定個體行為的必要因素。在本章之初曾經指出，動機問題的探討，源於古代哲學心理學時代六大爭議中**自由意志與決定論問題**的爭議。赫爾的驅力減降論，在性質上屬於**決定論**。從決定論的觀點解釋動物行為的動機雖無不可，但很難用來概括解釋人類的複雜行為。因此，在 20 世紀 60 年代以後，驅力減降論隨行為主義勢力的式微而失卻了影響力；代之而起的是不同論點的動機理論。

二、期望論

前述驅力減降論是以行為論的觀點出發解釋行為動機的，接下來所介紹的期望論，則是從認知論的觀點解釋行為的動機。所謂**期望論** (或**期望理論**

(expectancy theory)，是指人的所作所為都是有目的的；在目的追求的行為活動中，總是期望達到自己預設的目的。以大學生選修心理學為例，其選修的理由雖因人而異，但每個選修者都各有其自己的目的。有的人選修心理學是期望獲得這方面的知識；有的人選修心理學是期望藉此了解別人和了解自己；也有的人選修心理學是期望藉此增加他幫助別人的能力。總之人的一切行為決定於他的期望，期望自己的行為活動能夠達成某種預期的目的。

期望論是以認知論的觀點解釋行為動機的。在某種情境下個體之所以表現某種行為，是因為個體對情境的特徵有所認知；認知到他所尋求的目的物在那裏；要買書籍時就去書店，要買衣物時就去百貨公司。在認知活動中，個體所尋求的目的物，都是他認為有價值的東西。此有價值的東西也就是本章之初所提到的**誘因**。諸如獎狀、獎金、榮譽、財富、地位、權力等都是誘因；也都是眾所期望尋求的目的物。

在工業心理學與組織心理學上，多引用期望論的觀點來解釋工作動機。所謂**工作動機** (work motivation)，是指從事職業性工作者行為背後的內在動力。人為什麼要工作？在什麼條件之下工作人員才會努力工作？這些都是屬於工作動機的問題。根據期望論的解釋，人之所以工作是因為他期望從工作中達到他所尋求的目的；諸如金錢報酬、生活保障、社會地位等均屬之。至於人何以努力工作的問題，可以解釋為他期望藉工作活動達到比別人更高的目的；諸如獎金、加薪、升遷等均屬之。

三、需求層次論

前述驅力減降論與期望論兩種動機理論，是分別代表行為論取向與認知論取向兩派心理學思想的動機理論。接下來介紹的是代表人本心理學思想的動機理論，即馬斯洛 (見圖 1-6) 的**需求層次論** (need hierarchy theory)。馬斯洛將人類的動機視為由多種需求形成的層次性的系統；系統中各層次需求分別具有促動與該層次所指行為活動的內在動力，而由低而高各層次形成的整個系統，則代表個體人格成長發展的內在動力。因此在現代心理學上，馬斯洛以需求層次來解釋人類動機的理論，也被視為是解釋人格發展的重要理論。馬斯洛在 1970 年出版的《動機與人格》一書中將人類的需求分為七個層次 (Maslow, 1970) (圖 9-3)：

(1) **生理需求** (physiological need)，指維持生存及延續種族的基本需求；(2) **安全需求** (safety need)，指受到保護與免於遭受威脅從而獲得安全的需求；(3) **隸屬與愛的需求** (belongingness and love need)，指被人接納、愛護、關注、鼓勵及支持等需求；(4) **自尊需求** (self-esteem need)，指獲取並維護個人自尊心的一切需求；(5) **知的需求** (need to know)，指對己對人及對事物變化有所理解的需求；(6) **美的需求** (aesthetic need)，指對美好事物欣賞並希望周遭事物有秩序、有結構、順自然、循真理等心理需求；(7) **自我實現需求** (self-actualization need)，指在精神上臻於真善美合一人生境界的需求，亦即達到個人所有需求或理想全部實現的目的。

根據馬斯洛的解釋，各種需求層次之間存在有以下的關係：(1) 各層需求之間不但有高低之分，而且有前後順序之別；只有低一層需求獲得滿足之

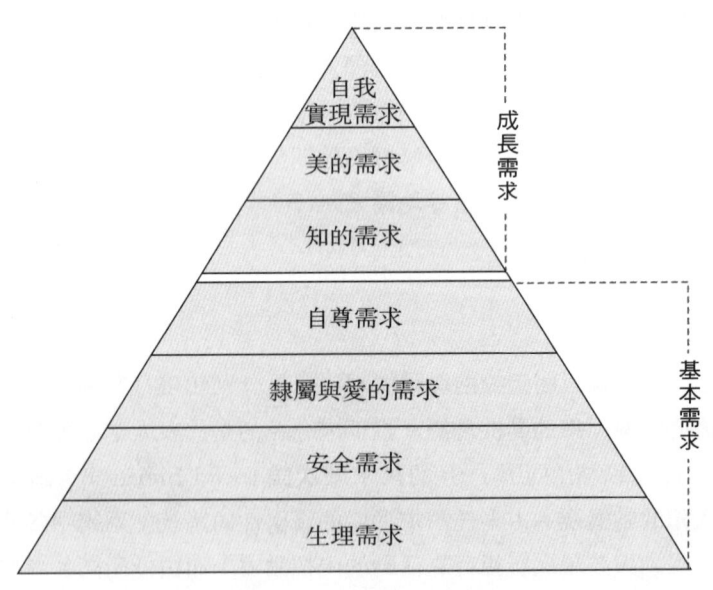

圖 9-3 需求層次論圖示
(採自 Maslow, 1970)

後，高一層的需求才會產生；(2) 七層需求分為兩類；較低的前四層稱之為**基本需求** (basic needs)，較高的後三層稱之為**成長需求** (growth needs)。基本需求有一共同性質，為均係由於生理上或心理上有某些欠缺而產生，故而又稱**匱乏性需求** (或**缺失性需要**) (deficiency needs)。

在心理學上，馬斯洛的需求層次論不但是解釋動機的重要理論，而且也是解釋人格的重要理論。關於此點，留待第十一章第三節內再行說明。

第四節　情緒的性質

在本章之初曾經提到動機與情緒有密切的關係；兩者之間有相似之處，也有相異之處。由於動機性質複雜，有生理性動機與心理性動機之分，故而在心理學上一直將動機視為最重要但也是最難研究的主題之一。如將情緒與動機相較，前者的複雜度與困難度較諸後者尤有過之。每提到情緒，就會想到喜、怒、哀、懼、愛、惡、欲七情的說法。可以想見的是，要想了解七情中每種情緒產生的原因及產生後的心理變化與外顯行為，無疑是極為困難之事。雖然心理學家們咸認情緒的研究和動機的研究同樣重要，但兩者相較，前者的成就顯然落在後者之後。本節與下節的內容，即簡略介紹心理學家對情緒研究的大概情形。

一、情緒的定義

所謂**情緒** (emotion)，是指由某種刺激事件引起的生理激發狀態；當此狀態存在時，個體不僅會有主觀感受和外露表情，而且會有某種行為伴隨產生。在此情緒定義中，有四個要點尚須進一步說明。

1. 情緒係由某種事件所引起 情緒係由某種事件所引起，引起情緒的事件，多半屬外在刺激。在日常生活中，個人的情緒常隨環境中所面對刺激情境的變化而改變。笑聲、哭聲、風聲、雨聲、歌聲、讀書聲，會令人產生不同的情緒；鳥語花香的山林美景和喧嘩擁擠的菜市場，也會使人產生不同的情緒。引起情緒的事件，也可能是內在的。單憑回憶與想像，就會產生多種不同情緒。所謂"往事不堪回首"者，即指回憶時會令人產生悲痛的情緒。當然也有人從"甜蜜回憶"中，喚回愉快的情緒。此外，想像時也會產生不同的情緒。有人憑想像編織自己未來的美夢時所產生的情緒就會是喜悅的；有人想像著可能會被人陷害時，就可能產生恐懼情緒。

2. 情緒狀態下伴隨產生生理反應 情緒是由某事件引起的生理激發狀態，生理激發狀態顯示在身體生理方面多種反應。以恐懼情緒為例，心跳加速、血壓升高、呼吸急促、內分泌改變、瞳孔放大等，都是明顯的生理反應。第三章之初曾經提到個體接受刺激至表現出反應之間，要經過一個三階段的身心變化歷程。由某事件引起生理激發狀態，就是由刺激事件引起生理事件的第一階段。在情緒的生理反應階段，中樞神經系統中的腦與外周神經系統中的自主神經系統，聯合發生重要作用。此點稍後再進一步說明。

3. 情緒狀態下產生心理反應 情緒狀態時當事人不但自我覺察到情緒的變化，而且也能辨別自己當時感受到的是何種情緒。喜、怒、哀、懼等不同情緒，就是個人在引起情緒的情境之下所得到的感受。惟在心理反應上所感受到的情緒經驗，純然是主觀的。因此，數人面對同一事件時，未必產生同樣的情緒。以觀賞甲乙兩隊球賽為例，任何一隊贏了，觀眾席上都會有人歡呼，有人嘆氣；原因是觀眾們均各持有自己的立場。不同立場自然就會對同一事件有不同解釋，因而有不同情緒的心理反應。這就是第三章之初曾經提的從刺激到反應三階段中的第二階段；亦即由生理事件轉化為心理事件的階段。關於情緒狀態下產生心理反應從而獲得情緒經驗的問題，留待稍後再做進一步說明。

4. 情緒兼具行為與動機兩種特徵 情緒狀態形成時，不僅產生內在生理與心理兩方面的反應，而且同時產生情緒性行為反應。情緒行為反應稱為**情緒表達** (或情緒表現) (emotional expression)；在情緒狀態下的面部表情、語言表意以及身體動作等,都是情緒性行為反應。惟從促發行為的原因看,情緒性行為的背後的原因並非前文所說的動機,而是情緒。因此,情緒本身兼具行為與動機兩種特徵。以恐懼情緒為例,如個體因恐懼而逃避,逃避即屬**情緒性行為** (emotional behavior)。與情緒性行為相對而由動機引起的行為,則稱為**動機性行為** (motivated behavior)。

二、情緒歷程中的身心反應

前述情緒定義中所指四點中的後三點,正是心理學家研究情緒時所探討的主題。這三方面主題包括了情緒歷程中的身心反應。

(一) 情緒的生理反應

根據前文情緒定義,情緒的第一個特徵是由某種事件引起的生理激發狀態。此處生理激發狀態所指者,是某種事件 (或刺激) 引起**神經衝動** (見第二章第二節) 後所產生的一連串生理反應。情緒狀態下的一切生理反應,都是由神經系統中的**自主神經系統**與腦兩個部位的神經組織所主控。

情緒狀態時,當事人雖能自我覺知,但不能自我控制情緒的發生。個人不能控制的原因,是因為主控情緒的自主神經系統是不受個人意志支配的。自主神經系統包括**交感神經系統**與**副交感神經系統**。兩者功能相反,前者是在情緒狀態時發生作用,後者是在情緒平靜時發生作用。諸如心跳加速、血壓升高、呼吸加速、瞳孔放大、腎上腺增加分泌等生理反應,都是由交感神經系統發生作用時所引起的生理反應。而這些反應又都是在情緒狀態之下產生的。

現在**司法心理學** (forensic psychology) 上的**測謊器** (lie detector) 的設計,就是根據情緒狀態下個人不能控制其生理變化的原理。測謊器的裝置,主要測量呼吸、汗腺及心跳等個體不能自行控制的反應。各種反應記錄,均經震動式描針記錄在定速移動的紙帶上 (圖 9-4)。研究者即可根據受測者在回答問話時的各條曲線的變化,作為推測其是否說謊的依據。自動記錄多條曲線的儀器,稱為**多項記錄器** (polygraph)。

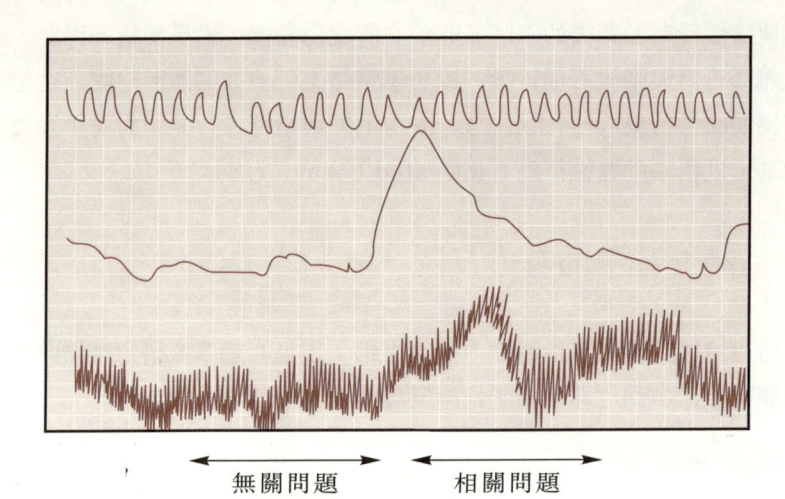

圖 9-4 測謊器記錄圖
圖為多項記錄器上顯示的呼吸、汗腺及心跳記錄曲線隨問題性質變化的情形。
(採自 Raskin, 1982)

在實際進行時，研究者可以向受測者不定時地詢問兩類問題。一類是與案情無關的平常問題，一類是涉及案情的相關問題。如此設計旨在引起受測者不同程度的情緒反應，從而記錄其生理反應。圖 9-4 中的三條曲線即表示兩類問題下受測者在呼吸頻率、汗腺分泌及心跳速度三方面反應隨問題性質變化的情形。由記錄圖中可以看出，受測者對兩類問題的反應有明顯的不同。研究者即可根據此種測謊器記錄，分析研判受測者撒謊的可能。測謊器雖在法警界廣為採用，但效果仍有侷限；由於情緒反應有很大的個別差異，對情緒敏感者較難使用。

(二) 情緒的心理反應

情緒的心理反應，是指當事人在情緒狀態時的主觀感受；感受到是快樂的還是痛苦的。情緒的主觀感受，稱為**情緒經驗**(或**情緒體驗**) (emotional experience)。情緒經驗既是主觀的，自然就很難找到客觀標準確定何種刺激情境之下產生何種情緒反應(不同的人對同一情境未必產生相同的情緒)。

因此，心理學家在研究情緒的心理反應時，一向是採取**自陳法** (self-report method)，讓受試者憑自己的感受描述在某種情境下會產生什麼樣的情緒經驗。採自陳法研究的結果，多半發現受試者在某種情境下所自陳的情緒經驗不只一種，而是多種情緒的混合。曾有心理學家 (Schwartz & Weinberger, 1980)，以大學生為對象，要他們針對假設的四種情境，描述自己可能產生的情緒。研究者列出每種情境下可能產生的五種不同的情緒，每種情緒的強度又分為五個等級，分別用 1,2,3,4,5 表示之 (5 表示最強，1 表示最弱)。研究結果列為表 9-1。

表 9-1 不同情境下的情緒經驗

引起情緒的假設情境	快樂	哀傷	恐懼	焦慮	抑鬱
你考取了理想中的大學	4.18	1.14	1.96	3.04	1.09
你從一所理想大學畢業了	4.09	2.74	2.57	3.40	2.36
你受到別人的關愛	4.78	1.28	1.19	1.57	1.19
你正與異性熱戀中	4.58	1.20	2.00	3.06	1.33

(採用 Schwartz & Weinberger, 1980)

就表 9-1 的內容看，可以發現三點意義：(1) 按四種情境的性質，都應該引起正面的 (愉快的) 情緒才是，可是正面的情緒之外，也附帶產生了負面情緒；(2) 任何生活情境都不會產生單一情緒，而是同時正負兩面的多種情緒，其不同者，只是各種情緒間有強弱之分而已；(3) 在四種情境中，居然有三種情境會產生相當的焦慮情緒。此種現象正符合中國人常說的一句話 "一則以喜，一則以憂"。

(三) 情緒的行為反應

情緒經驗雖然是內在的主觀感受，但個人的內在情緒感受通常是在 "情不自禁" 的情形下由行為表露出來；此即心理學家所研究的**情緒表達**。情緒表達的外顯行為有很多變化，諸如，攻擊、逃逸、講話、笑聲、哭泣、面部表情、眼神表情、肢體動作表情等都屬之。多年來心理學家對情緒表達所做的研究,多集中在後三種非語言行為的研究。所謂**非語言行為** (nonverbal behavior),是指人際交往時不以語言為中介即可達到彼此間情意溝通目的的行為方式。以下是心理學家對三種非語言行為情緒表達研究的大概情形。

1. 面部表情 情緒狀態時最容易被別人看出來的,是**面部表情** (facial expression)。通常個人的喜、怒、哀、懼等各種情緒變化,都是由面部表情顯示出來的。所謂"愁眉苦臉"、"眉開眼笑"等成語,都是由面部表情來說明個人的內在情緒感受。從圖 9-5 的六張照片中,不難辨別喜悅、憤怒、哀傷、恐懼、驚訝、厭惡六種情緒。古代羅馬哲學家西賽羅 (Marcus Tullius Cicero, 106～43 B.C.) 曾有一句名言說:"臉是靈魂的影子。"古人所說的"靈魂",就是現代心理學家所指的"心理"。如將西賽羅的說法,翻譯為心理學的語言,那就是:"面部表情是心理感受的表徵"。

在所有的非語言行為的情緒表達方式中,面部表情是最重要的。惟其如

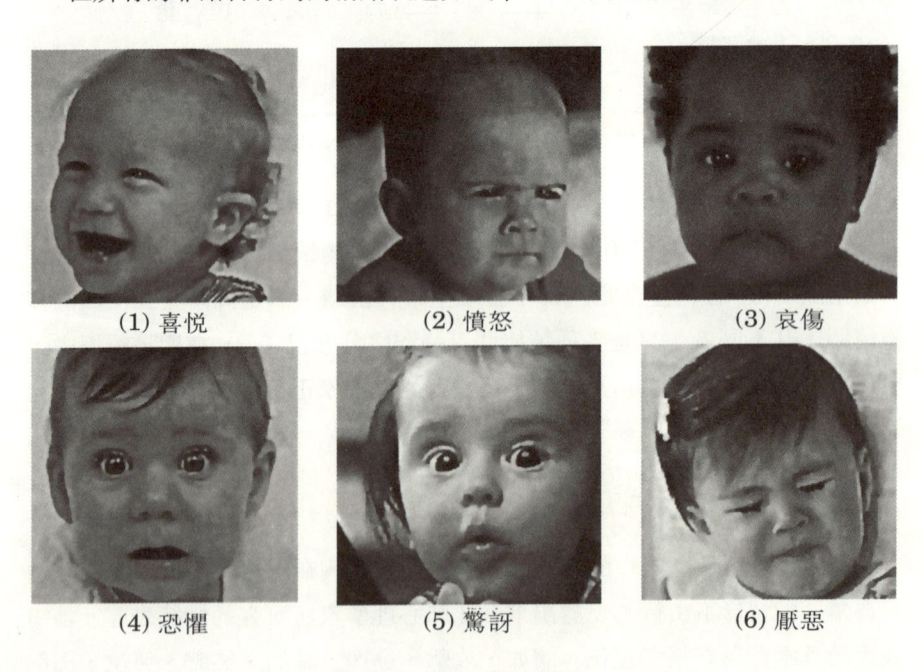

(1) 喜悅　　(2) 憤怒　　(3) 哀傷
(4) 恐懼　　(5) 驚訝　　(6) 厭惡

圖 9-5　嬰兒面部表情
(採自 Izard, 1977)

此，兒童自幼即學到察顏觀色看成人臉色行事。辨認別人的情緒雖然要經過學習，但他自己所表達的喜、怒、哀、懼等基本情緒，根據心理學家研究發現，卻不是學習的；而且這些基本情緒在面部表露時，顯露在面部的特徵，全世界的人類是一樣的 (Ekman & Friesen, 1971)，而且嬰兒的表情與成人表情同樣的豐富 (圖 9-5)。

根據心理學家觀察發現，出生不久的嬰兒，不但面部表情豐富，而且也能辨認甚至會模仿別人的表情。為什麼嬰兒不須學習即有表情的能力？此一問題在心理學上很難解釋。現在一般心理學家的看法是，人類情緒表達能力是與生俱來的 (Izard, 1977)。人類之所以生而具有表情的能力，是與人類的生存需求有關。嬰兒微笑會討人喜歡，從而獲得成人關愛；嬰兒有恐懼、厭惡的表情，當會引人注意，從而保護他免於危險。成年人的面部情緒的表達，基本上與嬰兒相同。讀者試比較圖 9-5 與圖 9-6，即可發現成人與嬰兒的表情，在基本上是一樣的。

根據一般經驗，有人面部表情比較豐富，有人面部表情比較刻板，於是就產生了"喜怒不形於色"的人是否善於情緒自我控制的問題。根據心理學家研究發現 (Best & Queen, 1989)，人臉兩邊的表情是不一樣的；左半臉要比右半臉的表情來得明顯而多變化。原因是大腦兩半球交互控制所致。右半臉表情之所以較為刻板，是因為受到大腦左半球神經系統所控制。人體兩半邊的一切活動，都是受大腦兩半球交叉管制的；而且對一般人而言，左半球的控制力較右半球為大，故而一般人都是右半身受到較大的控制。整個身體是如此，面部表情自然也是如此。基於此義，左半臉的表情較為自然，故而面對面談話時，要想根據對方面部表情推測他內在的情緒，不妨多注意對方的左臉，藉以了解他說話時真正心情。

2. 眼神表情 如果與人面對面談話時發現對方戴著深色眼鏡，除了仔細聽對方說話的語調外，很難看出他的面部表情。因此，眼睛所表露的神采才是面部表情的焦點。俗語說"眼睛是靈魂之窗"，這句話，顯示了兩點意涵：其一是個人藉眼神的變化把內心的情緒變化表露出來；其二是別人從他的眼神變化中了解到他內心的情緒感受。當然眼神再伴隨著面部表情時，將更明確地表露出情緒。以面對面的談話情境為例，如果對方目光向你正視並

(1) 喜悅　　　　　(2) 憤怒　　　　　(3) 哀傷

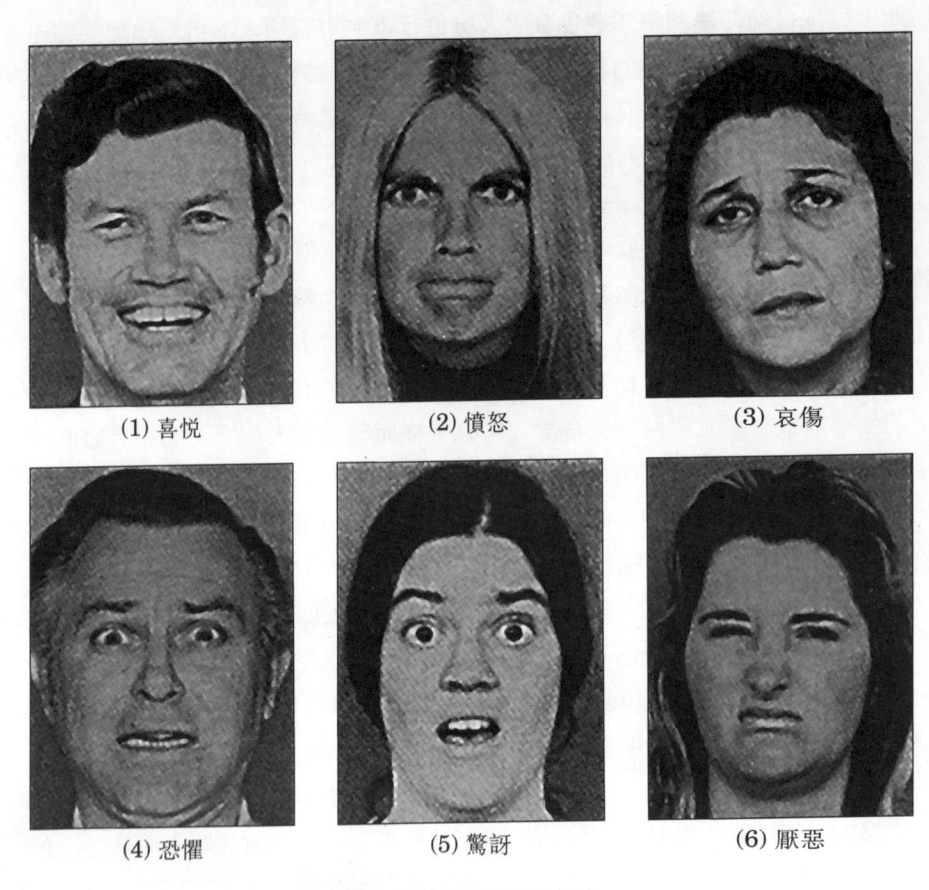

(4) 恐懼　　　　　(5) 驚訝　　　　　(6) 厭惡

圖 9-6　成人面部表情
(採自 Ekman & Friesen, 1971)

面帶微笑時,就表示他對你態度友善,且欣賞你談話的內容。如對方只是目光正視而對你的談話毫無反應時,就有可能表示他對你不太歡迎 (Kleinke, 1986)。當然在目光相對的情形之外,也會有"側目而視"的表情。側目而視的表情可能有三種意涵:一是表示敬畏;二是表示嫉視;三是表示怒視。

3. 動作表情　動作表情是指藉身體的動作表露內心情緒感受的一種行為反應。中國文化中有很多成語用來描敍人的動作表情。諸如:"手舞足蹈"是用來形容極度快樂的樣子;"比手畫腳"是用來形容得意忘形的樣子;

"抓耳撓腮"是用來形容焦急不安的樣子;"拂袖而去"是用來形容極為憤怒的樣子;"攤手聳肩"用來形容無奈的樣子,"搖頭晃腦"用來形容得意輕狂的樣子。由於個人藉由身體的不同動作可以表露不同情緒,而別人也可根據他身體的不同動作了解他所表露的內心感受。由此可見,動作表情在人際交往時就產生了類似語言的功能。因此心理學上就稱動作表情為**肢體語言(或體態語言)** (body language)。曾有心理學家做過這樣一個實驗,讓大學生在暗室看一個舞蹈的錄影帶。此一錄影帶的特點是,舞者所穿的衣服上掛滿了小燈泡,起舞時在全暗的舞台上表演,台下人看不到舞者的面部表情,只看到燈光活動所代表的身體動作。舞蹈本來就是藉由身體動作表達內心的感情。實驗者如此設計,旨在將面部表情和舞者體態狀貌等影響因素消除,藉以觀察受試者是否仍能辨別舞者身體動作所要表達的感情。結果發現,在此種情境下,大學生們仍然能夠根據舞者身體動作正確辨別其所表達的情緒 (Walk & Homan, 1984)。

第五節　情緒理論

所謂**情緒理論** (theory of emotion),是指心理學家對情緒產生的原因及情緒狀態時的身心變化等所做的系統性理論解釋。根據前文的討論,情緒歷程中包括生理、心理、行為三方面的反應,雖為大家所共識,但如進一步追問三種反應中究竟存在著何種因果關係時,歷來心理學家卻有極不相同的解釋。接下去簡單介紹三種論點互異的情緒理論。

一、詹姆斯-郎格情緒論

心理學上最早對情緒提出系統理論解釋者,當推 19 世紀末美國**功能主**

義創始人詹姆斯 (見圖 1-2) 在 1884 年對情緒歷程的系統解釋。稍後，丹麥生理學家郎格 (Carl Georg Lange, 1834~1900)，在 1885 年又提出與詹姆斯類似的情緒理論。因此，後人將兩人的理論合一，稱為**詹姆斯-郎格情緒論** (或詹郎二氏情緒說) (James-Lange theory of emotion)。

詹姆斯-郎格情緒論的最大特點是與一般人對情緒的常識看法不同。一般人對情緒的常識性看法，總是認為先有刺激情境 (如遇強盜)，引起情緒經驗 (如恐懼)，然後再產生生理變化 (如心跳)。然而，詹姆斯-郎格情緒論卻不按此常識看法解釋情緒。此一理論認為：刺激情境先引起生理變化，由生理變化再引起情緒經驗。換言之，路遇強盜時，先引起心跳，而後才產生恐懼。

二、坎農-巴德情緒論

詹姆斯-郎格情緒論提出之後的許多年間，引起很多心理學家的重視，並嘗試以實驗的方式從事驗證性研究，期能建立更合理的情緒理論。其中，美國心理學家坎農 (Walter Bradford Cannon, 1871~1945) 與其弟子巴德 (Philip Bard, 1898~1977) 在 1927~1929 年間提出理論，是為**坎農-巴德情緒論** (或坎巴二氏情緒說) (Cannon-Bard theory of emotion)。

按坎農-巴德情緒論的看法，認為詹姆斯-郎格情緒論所持情緒經驗起於身體生理變化的論點，是錯誤的。他們根據實驗研究的結果，提出了二點理由 (Cannon, 1927)：(1) 情緒狀態時身體上會產生生理變化，雖然是肯定的事實，但個體並不能單靠對生理變化的覺知，就可以辨別自己產生什麼樣的情緒。因為在很多情緒激動或興奮情況下，個體的生理變化是一樣的。以心跳為例，恐懼時固然會心跳，憤怒時也會心跳，甚至在性愛高潮時也會心跳。個體又怎能單憑心跳的覺知，即確定自己是在恐懼呢？(2) 個體覺知生理變化而產生情緒經驗的說法，不合乎生理學原理。因為，就人類而言，吾人平常對自己內部的生理變化，並不全然覺知。恐懼或憤怒時心跳氣促的變化雖能知悉，但情緒狀態時可能引起的內臟收縮及各種內分泌的變化 (如腎上腺等)，個體本身並不覺知。動物經由手術將體內某些組織或器官功能阻隔，結果並不影響情緒經驗如何產生的問題。坎農-巴德情緒論的論點是，前腦的**丘腦**(見圖 2-4) 發揮重要作用。當外在刺激影響感官引起**神經衝動**後，經**脊髓**神經傳至丘腦部位的神經組織，而後由丘腦將傳進的神經衝動，分為兩路，一路上傳至**大腦皮質**，從而產生主觀的情緒經驗；一路經由**自主神經系統**下傳至內臟各器官、腺體以及肌肉各部，從而激發生理反應。因此，坎農-巴德情緒論是將情緒的心理反應與生理反應視為同時發生；而不將兩者視為前後的因果關係。顯然，對詹姆斯-郎格情緒論所提出的生理變化是形成情緒經驗前因的論點，坎農-巴德情緒論是持反對立場的。固然，坎農-巴德情緒論的論點受到心理學界的支持，惟以後的研究更發現，除丘腦部位被確認為主控情緒的主要神經組織之外，其他**下丘腦**與**邊緣系統**，也同樣與情緒變化有密切關係 (Lindzey, et al., 1988)。

三、沙克特-辛格情緒論

　　前述詹姆斯-郎格情緒論與坎農-巴德情緒論，雖然二者對情緒產生的原因論點相反，但有一點卻是相同的，那就是兩種理論都強調生理因素的重要性。接下來介紹的另一種情緒理論，則是改採認知取向對情緒產生的原因提出的理論解釋。此一理論係由美國心理學家沙克特 (Stanley Schachter) 與辛格 (Jerome Singer) 在 1962 年提出，稱為**沙克特-辛格情緒論** (Schachter-Singer theory of emotion)。根據此一情緒理論的解釋，個人在情緒狀態時，雖然自己會對情緒的原因有所解釋 (他恐懼是因為什麼)，但在解釋時並不完全將情緒的產生歸因於生理變化 (不一定說因心悸而恐懼)。他們認為個人解釋自己的情緒經驗時，主要是參考引起情緒反應外在情境中事件的性質。因此，在看到某人表現某種情緒反應時，除非你了解他當時置身的情境，否則就不會真正了解他情緒中所含的意義。基於此義，在喪禮中哭泣的人，固然可以推測他是由於心中哀傷；但在女兒出嫁時看見母親哭泣，就只能猜想她可能是"喜極而泣"。由於沙克特-辛格情緒論將情緒的產生歸於生理變化與個人認知兩方面的因素，故而該一情緒理論又稱**情緒二因論** (two-factor theory of emotion)。

以上介紹的三種情緒理論，詹姆斯-郎格情緒論與坎農-巴德情緒論二者都強調生理作用是產生情緒的主要原因。因此這兩種情緒理論，在性質上都被視為**情緒生理論** (physiological theory of emotion)。沙克特-辛格情緒論對情緒產生原因的解釋，則是歸因於個人的認知。因此，在性質上此種理論被視為**情緒認知論** (cognitive theory of emotion)。圖 9-7 即三種情緒理論的比較說明。

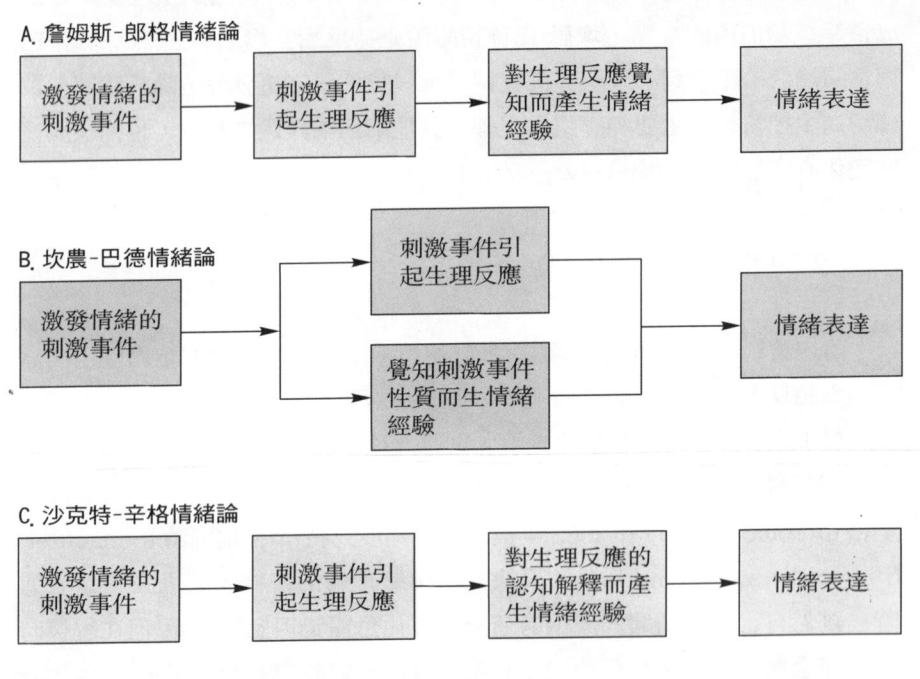

A. 詹姆斯-郎格情緒論

激發情緒的刺激事件 → 刺激事件引起生理反應 → 對生理反應覺知而產生情緒經驗 → 情緒表達

B. 坎農-巴德情緒論

激發情緒的刺激事件 → 刺激事件引起生理反應 / 覺知刺激事件性質而生情緒經驗 → 情緒表達

C. 沙克特-辛格情緒論

激發情緒的刺激事件 → 刺激事件引起生理反應 → 對生理反應的認知解釋而產生情緒經驗 → 情緒表達

圖 9-7　三種情緒理論之比較
(採自 Darley et al., 1991)

本 章 摘 要

1. **動機**是因某種內在狀態,促使個體產生某種外在活動,並維持已產生之活動朝向某一目標進行的內在歷程。
2. 討論動機問題時,**本能**、**需求**、**驅力**、**誘因**及**意志**等,在意涵上都是與動機有關的重要概念。
3. 飢餓是最主要的生理性動機。飢餓感如何而生一直是多年來科學家研究的問題。最新研究發現,胰島素分泌的變化是產生飢餓感的主要原因。
4. 肥胖是現代人的煩惱之一。按身高體重配合比例計算,體重超過 20% 者,謂之體重超常;超過 30% 者,稱為**肥胖症**。
5. **性動機**是人與動物**性行為**的內在驅力。性動機雖是生理性動機之一,但它與飢餓動機不同;性動機的產生除了階段性的特徵之外,對人類言,也有社會文化因素。
6. **成就動機**是指存在於個人目的性行為之後,奮力達成目的、力求表現以及克服困難等內在動力。
7. **親和動機**是指個體對與別人親近的一種心理需求。每當個體處於孤立、無助、焦慮情境時,親和動機即隨之增強。
8. **權力動機**是指個人在團體情境中,在心理上所懷有的一種強烈地影響別人或支配別人的慾望。權力動機按性質分為兩種;一種是**個人化權力動機**,另一種是**社會化權力動機**。
9. 不同學派的心理學家,持有不同的動機理論:**行為主義**者提出了**驅力減降論**,**人本心理學**家提出了**需求層次論**,認知論者提出了**期望論**。
10. **情緒**是指由某種刺激事件引起的生理激發狀態;當此狀態存在時,個體不僅有主觀的感受和外露表情,而且會有某種行為伴隨而生。
11. **法律心理學**上測謊器的設計,是根據情緒狀態時個人不能控制其身心變化的原理。

12. 心理學上研究情緒表達時，主要探討三方面的問題：(1) 面部表情；(2) 眼神表情；(3) 動作表情。
13. 按詹姆斯-郎格情緒論的解釋，情緒乃是由於個人在刺激情境下覺知身體變化而後產生的。
14. 按坎農-巴德情緒論的解釋，情緒乃是由個人對刺激情境的認知而產生的。
15. 按沙克特-辛格情緒論的解釋，情緒乃是由個人對刺激情境與身體變化兩方面認知而產生的；故而又稱**情緒二因論**。

建議參考資料

1. 江漢聲 (1985)：性與你。台北市：健康世界雜誌社。
2. 林奇榮 (譯，1990)：從吃改變人生。台北市：健康出版社。
3. 張春興 (1979)：同性戀的是是非非。載於張春興 (1979)，青年的煩惱與出路。台北市：東華書局 (繁體字版)，229～255 頁。北京市：世界圖書出版公司 (簡體字版) (151～178 頁)。
4. 詹益宏 (1985)：性醫學：正確的性知識。台北市：牛頓出版社。
5. 應平書 (1987)：現身說法減肥成功。台北市：文經出版社。
6. Buck, R. W. (1984). *The communication of emotion*. New York: Guilford.
7. Capaldi. E. D. (Ed.) (1996). *Why we eat and what we eat*. Washington D.C.: American Psychological Association.
8. Logue, A. W. (1991). *The psychology of eating and drinking* (2nd ed.). New York: Freeman.
9. McClelland, D. C. (1987). *Human motivation*. New York: Cambridge University Press.
10. Spence, J. T. (1983). *Achievement and achievement motivatives*. New York: Freeman.

第十章

智力與智力測驗

本章內容細目

第一節　智力與智力測驗的基本概念
一、智力的定義　379
二、智力與智力測驗的相關概念　380
　(一) 能力、成就、性向、智力
　(二) 心理測驗、能力測驗、智力測驗
三、心理測驗應具備的條件　382
　(一) 標準化
　(二) 信　度
　(三) 效　度

> 補充討論 10-1：幾個統計學上的重要概念

　(四) 實施程序與記分方法

第二節　智力測驗的發展
一、智力個別差異研究的開端　388
二、智力測驗的早期發展　389
　(一) 心理年齡階段
　(二) 比率智商階段
　(三) 離差智商階段
三、智力測驗的晚近發展　393
　(一) 個別智力測驗的改進
　(二) 團體智力測驗的興起

第三節　智力理論
一、心理測量取向的智力理論　397

　(一) 智力二因論
　(二) 智力羣因論
　(三) 智力結構論
二、訊息處理與生活適應取向的智力理論　401
　(一) 智力三元論

> 補充討論 10-2：高智力者何以在事業上未必有高成就

　(二) 智力多元論

第四節　天性與教養對智力的影響
一、遺傳影響智力的證據　406
　(一) 孿生子研究的證據
　(二) 腦功能研究的證據
二、智力遺傳現象的誤解　409
　(一) 智力的種族差異現象
　(二) 智力種族差異現象的誤解
三、影響智力發展的環境因素　412
　(一) 養子女研究的證據
　(二) 教育與文化差異研究的證據
四、免文化影響測驗的構想　415

本章摘要

建議參考資料

個別差異是現代心理學研究的八大主題之一（見第一章第二節）。所謂**個別差異** (individual difference)，係指個體在成長過程中，因受遺傳與環境的交互影響，使不同個體之間在身心特徵上所顯示的彼此各不相同的現象。個別差異的了解與鑑別，一向在教育上與社會上均甚受重視。蓋以教學上的因材施教與社會上的適才適用，向來就被視為選人與用人的理想原則。個別差異現象，表現在很多方面，若從個體身心兩方面所表現的特徵來看，舉凡年齡、性別、容貌、體能、性格、能力、興趣、態度、觀念等等，個體之間都會有明顯的差異。惟一般心理學上研究的個別差異，並不包括個體身心兩方面的所有特徵，而是主要限於兩方面：其一為有關智力方面個別差異的研究，這是本章所要討論的；其二為智力之外有關人格方面個別差異的研究，這是下一章將要討論的。心理學家對人類智力高低的研究，基本上是探討兩方面的問題：其一為探討智力如何測量的問題；其二為對智力的理論解釋問題。本章前三節將分別對此兩方面問題做概要說明。

從心理學上歷來就有的六大爭議看，人類智力的個別差異涉及天性與教養及恆常與變異兩方面的問題。從**天性與教養問題**看，個人智力的高低究竟決定於先天遺傳，還是決定於後天環境？從**恆常與變異問題**看，在個體生命全程的心理發展過程中智力的高低是否維持不變？本章第四節將對此問題做詳細討論。

多年來心理學家為了確切了解人類智力個別差異的現象與真相，一方面設計了各種測量智力的科學工具，稱為智力測驗。另方面建構了智力理論，用以解釋智力的性質及其構成因素。希望讀者在研讀本章之後，對以下重要概念均能有所認識。

1. 智力的定義及其相關概念。
2. 心理測驗應具備的條件。
3. 智力測驗發展簡史及有關概念的演變。
4. 現在通用且具代表性的智力測驗的形式和特徵。
5. 智力的性質及其構成因素的各家理論。
6. 影響智力個別差異與團體差異的因素。

第一節　智力與智力測驗的基本概念

智力與智力測驗是本章的主題，在討論本主題之初，容先簡略介紹智力一詞的意涵以及智力和智力測驗的相關概念。

一、智力的定義

智力一詞雖是日常生活中熟知的概念，但很難說出智力一詞所指者究竟是人類何種心理特質。此種現象不僅對一般人說是如此，就是對心理學家而言，也是如此。被譽為教育心理學之父的美國心理學家桑代克（見第五章第三節），曾在 1921 年的一次學術研討會上，以智力定義的問題徵詢 14 位心理學與教育學者的意見。結果發現在 14 個定義中居然沒有兩個是完全相同的 (Thorndike, 1921)。惟在當時不同定義中，有三種不同的主張較為受到此後討論智力定義者的重視：(1) 智力是抽象思維的能力；(2) 智力是學習的能力；(3) 智力是適應環境的能力。在此之前，心理測驗創始人法國心理學家比奈（詳見本章第二節），主張智力是理解、判斷、推理的能力 (Binet & Simon, 1915)。在此之後，美國著名心理測驗學家韋克斯勒（詳見本章第二節），綜合各家不同主張，將智力界定為有目的的活動、合理思維及有效適應環境的綜合性能力 (Wechsler, 1958)。

為了便於讀者對智力問題獲得明確的概念起見，本書對智力一詞提出如下的定義：**智力** (intelligence) 是綜合性的能力，此種綜合性能力是在個體對其生活環境適應時，由其運用經驗、學習與支配知識以及因應困境從事抽象思維以解決問題的行為活動中表現之。此一定義將智力視為包括四種能力的綜合性能力。四種能力分別是：(1) 活用經驗的能力；(2) 學習知識與支配知識的能力；(3) 因應環境的能力；(4) 解決問題時抽象思維的能力。除此之外並特別說明這四種能力均係由外顯行為活動表現之，理由是四種能力均屬內在心理歷程，只有在心理歷程經行為活動顯現於外時，才可據以評定智力的高低。關於此點留待第二節討論智力測驗時再進一步說明。

二、智力與智力測驗的相關概念

談到智力與智力測驗時，有幾則與智力及智力測驗相關的重要概念，必須先行加以說明。

（一）能力、成就、性向、智力

根據前文所述，智力是包括四種能力的綜合性能力。此種說法只能表明智力的性質，但卻不能將智力概括地解釋為能力。心理學上所指的能力，其範圍遠較智力為廣，而智力只是整個能力範圍中的一類能力。在心理學上，**能力** (ability) 一詞義同**心理能力** (mental ability)，是指根據能力測驗所測到的能力，在此原則之下，心理能力含有兩種意義；其一是指個人現在實際上"所能為者"；其二是指個人將來"可能為者"。個人現在"所能為者"是指到目前為止個人在實際作業上所表現出來的能力。諸如中學生中有的數理科成績優異，有的語文科成績甲等，都說明該等學生具有較高的能力。像此種由實際行為表現出來的具體能力，係屬學習或訓練之後學習或訓練效果之顯現，在心理學上稱為**成就** (achievement)。至於個人將來"可能為者"，則是指個人在尚未參與某種學習或接受某種訓練之前，在相關行為上所展現的一種潛能。所謂**潛能** (potentiality)，是指到目前為止尚不能在行為上表現出來的潛在能力。如果將來有機會學習或接受訓練，他將會表現出這方面的能力。平常所謂的"天分"或"可造之材"，都是指某人在某方面所具有的潛在能力而言的。像此類屬於個人的潛在能力，在心理學上則稱之為**性向** (aptitude)。性向又分兩類：一類為**普通性向** (general aptitude)，指一般性的潛在能力；另一類為**特殊性向** (specific aptitude)，指在某方面的特殊潛在能力。具有普通性向的人將來有機會學習歷練後，可能成為一位通才。具有某方面特殊性向的人，有機會學習歷練後，則可能成為該方面的專才。顯然，從社會上選用人才與教育上培育人才的觀點而言，了解一個人在實際能力上所表現的成就與他的潛在能力上所具有的性向，是同樣重要的。

綜合以上討論，可見能力、成就、性向三詞所指者都是人的能力；所不同者只是範圍大小不同而已。性向中的普通性向，也稱**普通能力**(或**一般能力**)(general ability)；普通能力也就是一般所指的智力。

(二) 心理測驗、能力測驗、智力測驗

本章所要討論的主題之一是智力測驗。前文業經指出，智力是能力中的一類能力，因此，智力測驗在性質上自應屬於能力測驗。如將範圍再放大一層，能力測驗在性質上又屬於心理測驗中的一種測驗。基於此義，在此補充說明心理測驗、能力測驗以及智力測驗三者間的關係。

心理測驗 (mental test，或 psychological test) 是各種心理測量工具的總名稱。凡是經過心理測驗編製程序完成標準化 (見後文) 用以測量心理特質的一切工具，均稱為心理測驗。因此，心理測驗有很多不同的類型。最簡單的分類方式是，將心理測驗概括分為兩大類：一類為包括智力測驗在內的能力測驗，另一類為測量人格特質的人格測驗。關於人格測驗的問題，留待第十一章內再行討論。此處只就能力測驗與智力測驗的關係略做說明。

所謂**能力測驗** (ability test)，是指心理學家研究能力上的個別差異時，特別設計來鑑別個體能力高低的一類科學工具。能力既如前文所指分為**成就** (實際能力) 與**性向** (潛在能力)，能力測驗自然也就對等的分為兩類，一類為**成就測驗** (achievement test)，另一類為**性向測驗** (aptitude test)。成就測驗因使用目的不同，而又有**學業成就測驗** (academic achievement test) 與**職業成就測驗** (vocational achievement test) 之分；前者用於學生在校學業成績的鑑定，後者用於從業人員工作績效的評量。性向測驗通常也分兩類，一類是**學術性向測驗** (scholastic aptitude test)，另一類是**職業性向測驗** (vocational aptitude test)；前者用於測量學生的學術潛力，以觀其是否適合將來從事某方面的學術研究工作，後者用於測量從事某種職業之前所應具備的潛力，以觀其是否適合於該類職業。以上分類只是一種最簡單最概括的分類法。成就測驗類內又有**普通成就測驗** (general achievement test) 與**分科成就測驗** (specific achievement test) 之分；性向測驗類內也有**普通**

性向測驗 (general aptitude test) 與特殊性向測驗 (special aptitude test) 之別；前者測量一般性潛在能力，後者測量某方面的潛在能力 (如語文、音樂、藝術、機械等特殊才能)。本章所討論的智力測驗 (intelligence test)，在性質上即屬於能力測驗中的普通性向測驗。

討論過成就測驗與性向測驗的概念之後，讀者可能會提出如下的問題：成就測驗所測者是受試者現在"所能為者"的實際能力，此種能力可按以往學過的學科內容 (學業成就) 或工作性質 (職業成就) 為根據，從而編製測驗，然後施測，自然可以獲得鑑定成就的結果。性向測驗所測者既是受試者將來"可能為者"，受試者對將來的事目前尚缺經驗，採用何種資料為根據施測以評定其性向之高低呢？

對於上述問題，心理測驗學家處理的方法是，無論是成就測驗或性向測驗，在測驗題目上都採用受試者學過的知識或經驗。其不同之點只在於使用測驗的目的；如測驗使用之目的純在評定過去學習結果，那就是成就測驗；如測驗之目的在從多數人中甄選少數人預備施以某種特殊訓練，以測驗結果做為選擇並預估標準者，在性質上該測驗即屬性向測驗。

三、心理測驗應具備的條件

基於以上討論，可知心理測驗、能力測驗、智力測驗三者均屬測量心理特質，從而評定個別差異的科學工具。稱得上科學工具者，必須具備精確、可靠以及便於使用等重要條件。準此而論，任何良好的心理測驗 (包括人格測驗在內)，均須具備以下四個條件：

(一) 標準化

一個良好的能力測驗，在編製時必須經過標準化的過程。所謂標準化 (standardization)，是指測驗編製時所經過的下列三個標準化的步驟：

1. 選定測驗中所需要的測驗題 測驗題的選擇必須符合兩個原則：其一，必須與計畫編製的測驗在性質上相符合；測量數學能力者，選擇具有代表性的數學題；測量語文能力者，選擇具有代表性的語文題。其二，必須與設定對象的年齡相符合；用於小學中年級的能力測驗，在題目的難度上就不能包括中學生所學習的知識。選定題目之後，按順序編成測驗本的形式。

2. 選定試測對象 選定的試測對象，對計畫將來普遍使用該測驗的對象來說，必須具有代表性。將來普遍施測的對象是**總體**，選定試測的少數對象是**樣本**；樣本必須具有代表性，根據樣本試測的結果編製的測驗，始可推展到總體去使用。因此，這個從總體中抽出來做為試測對象的樣本，就稱為**標準化樣本** (standardization sample)。

3. 從試測結果中建立常模 根據對標準化樣本試測結果，對所有受試者的分數，經統計分析，整理出一個系統性分數分配表，按高低排列，所得平均數，就稱之為**常模** (norm)。因此簡單言之，在編製測驗標準化時，標準化樣本的平均數，就是該測驗的常模。常模的功用是對以後其他受試者單獨施測時，可以做為比較的標準。以編製適用於小學中年級算術成就測驗為例，從各小學抽取具有代表性的三、四年級小學生 1,000 人，做為樣本予以試測。試測後 1,000 個學生所得分數的平均數，就是該測驗的常模。有了常模，以後再拿該測驗去測量其他小學中年級少數學生時，所得的分數即可與常模比較，從而評定其算術能力的高低。

（二）信　度

信度 (reliability) 是測驗可信賴的程度。一個能力測驗必須有高的信度，而後才能使人相信並採用來評定某種能力的個別差異。一個測驗的信度代表它具有一致性，而一致性有兩種意義：其一是重復施測結果所得分數相當一致時，即表示該測驗具有高的信度。此種檢定測驗信度高低的方法，稱為**重測法** (或**再測法**) (test-retest method)。由重測法建立的測驗信度，稱為**重測信度** (或**再測信度**) (test-retest reliability)。其二是各測驗題目在功用上應具有相當的一致性，故使用測驗題目中之一半 (單數或雙數) 分別試測而分數相當一致時，即表示該測驗具有高的信度。此種檢定信度高低的方法，稱為**折半法** (split-half method)。由折半法建立的信度，稱為**折半信度** (split-half reliability)。用以表示信度高低者，稱為**信度係數** (reliability coefficient)。信度係數的大小,由統計上的**相關**計算法(見補充討論 10-1)來決定。重測信度的信度係數,由前後兩次施測結果求其相關而決定。折半信度係數可按題目的兩半各得分數求其相關而決定。一般的能力測驗,如信度係數高於 0.80,大致即被認為是可以信賴的。

(三) 效 度

效度 (validity) 一詞,係指一個測驗所測得分數的正確度。一個測驗的效度愈高,即表示測驗結果愈能代表它所想要測量的心理特質。以小學中年級語文成就測驗為例,施測後每個三、四年級學童所得的分數,如能果真代表他學得的語文能力,即表示該測驗具有效度。因此對測驗使用者來講,在選擇測驗時,首先考慮的就是效度問題;因為缺乏效度的測驗,施測之後無法達到預期的目的。與前文所述的**信度**比較,效度比信度更為重要,原因是只有信度的測驗,可能沒有效度,沒有效度就達不到施測目的。例如,用磅秤量體重,所得數量代表個人體重;如連續多次測量數量相近,這表示磅秤做為測量體重的工具而言,既有效度,也有信度。但如以磅秤測得數量做為身高的代表時,即使多次重復施測結果一致,顯示具有極高的信度,終因體重不能代表身高,而肯定認為磅秤對測量身高而言,是沒有效度的。

能力測驗必須有效度,能力測驗效度建立的方法,將視其性質而定。在教育上所編製的各種學科成就測驗,因為測驗題目的選擇,必須根據教科書的內容,而在題目的數量、範圍及難度,均須具有代表性,否則,施測後的分數即不足以有效的表示學生學得的成就。像此種按教材內容的代表性為標準所建立的測驗效度,稱為**內容效度** (content validity)。

有些能力測驗,在編製時並無可資選題之用的具體內容或範圍,而且所編測驗是為職場選人才或為個人選職業之用,而不在評定受試者以往學習的成就。以打算編製一套用來甄選高中畢業生參加電子器材裝配訓練的測驗為例,因為訓練尚未實施,既不能按電子器材裝配的實際作業為標準來命題,也不能按高中各科內容為標準來命題。在此種情形之下,測驗編製者可根據以下四個原則去選擇題目並建立效度:(1) 先按照現在電子器材裝配員在實際作業時所需要的重要能力,實施**工作分析** (job analysis),從而選定裝配員在作業時所需的基本能力與基本知識。諸如視聽力敏銳度、手指靈巧度、手眼協調度以及對空間方位與時間長短之判斷等,可能就是這方面的基本能力。再如高中程度的理化、數學、語文等,可能就是這方面的基本知識。(2) 根據工作分析結果,選擇題目,編成測驗,對應徵的高中畢業生施測,獲得訓練前的一組分數,然後即參加訓練。(3) 訓練結束後從事實際作業時,再按個人在工作表現記錄其成績,從而獲得訓練後的另一組分數。(4) 最後將訓練前後的兩組分數並列,再按統計分析算出**相關係數**(見補充討論 10-1)。此一相關係數的大小,即代表所編測驗的效度;故而也稱為**效度係數** (validity coefficient)。

在上述情形下建立測驗的效度,訓練後的一組分數,在性質上是供做檢定以前所計畫編製測驗的標準,故而稱為**效度標準** (validity criterion),或簡稱**效標**。像此種能力測驗,因為它的效度是根據以後的行為表現為標準而建立的,而其使用目的乃是用來預測未來能力高低的,所以此種能力測驗的效度就稱為**預測效度** (predictive validity)。

由上例可見,預測效度的建立需要很長時間。因此,有的測驗編製者改採其他方法去建立效度,從而達到相同目的。例如,選擇一種已被公認具有相當效度的既有測驗,由新編測驗與既有測驗同時(時間前後接近)對受試者施測,得到兩組分數,然後求其相關係數以定其效度。此種方法所定的效度,因為新編測驗分數與做為效標的既有測驗分數是同時得到的,故而稱為**同時效度** (concurrent validity)。

上述預測效度與同時效度,都是根據新編測驗與另一效標之間的相關而建立的,故而又稱此類效度為**效標關聯效度** (criterion-related validity)。

除上述內容效度與效標關聯效度兩類之外,另有一種稱為構念效度。**構念效度** (construct validity)是指該測驗之編製,係以心理學上某種理論的構念為基礎。例如,有的智力測驗,在內容上只包括數字、語文、空間知覺三類題目。其所以然者,乃是編製者在理論上認為,人的智力基本上就是包括數字、語文與空間知覺三種因素,故以該三類題目來測量人的智力。

補充討論 10–1
幾個統計學上的重要概念

以下所介紹的幾個名詞，只限於本書內所涉及的幾個統計學上的重要概念。惟此處的解釋只及於描述統計的層次，讀者要想進一步探討，可參閱有關推論統計的書籍。

1. 平均數 (mean, M) 係**算術平均數** (arithmetic mean, AM) 的簡稱。將 n 個量數之和，以該 n 數除之，所得之商即為算術平均數。

2. 相關 (correlation) 指兩個（或兩個以上）**變項**之間的共變關係；其中一變項變動時，另一變項也因之發生變化。構成相關變項之關係，只知變項間有共變關係，不能肯定其間的因果關係。設 X 與 Y 為兩變項，如 X 值由小變大時 Y 值也隨之由小變大時，稱為**正相關** (positive correlation)。如 X 值與 Y 值的變化完全一致時，稱為**全相關** (perfect correlation)。如 X 值的變化與 Y 值的變化各不相干，稱為**零相關** (zero correlation)。如 X 值由小變大而 Y 值因之由大變小時，稱為**負相關** (negative correlation)。用來表示相關程度高低的數值，稱為**相關係數** (correlation coefficient)。所有相關係數都介於 $+1$ 與 -1 之間。因此一般相關係數都是小數。

3. 標準差 (standard deviation, SD) 指以平均數為標準，拿全部量數中每個分數與平均數相比較，將所得之差平方之後，求其總和，而後以全部量數 N 除之，最後求其平方根，即為標準差。其計算公式為：

$$SD = \sqrt{\frac{\Sigma(X-\overline{X})^2}{N}} \qquad \begin{array}{ll} SD：標準差 & X：個別分數 \\ \overline{X}：平均數 & N：全部量數 \end{array}$$

標準差所表示者，是**常態分布**基線上的一段距離。按統計原理，常態分布基線上平均分為八個標準差；平均數上下各占四個（見圖 10–4）。標準差的數值愈大，表示常態分布中各分數之間的差異愈大。

4. 標準分數 (standard score) 指將個人在測驗上的**原始分數** (raw score)，用標準差做為單位來表示，藉以觀察該分數在團體平均數之上或之下有幾個標準差，從而確定個人在團體中的相對位置。因此，標準分數是一種換算後的分數。換算後的標準分數通常用 Z 表示，稱為 Z 分數。其計算公式為：

$$z = \frac{X-M}{SD} \qquad \begin{array}{ll} Z：標準分數 & X：個別原始分數 \\ M：平均數 & SD：標準差 \end{array}$$

由於 Z 分數會產生負值，故而有時再經換算，以平均數為 50，標準差為 10，換算成另一種標準分數，那就是 T 分數。T 分數的換算公式為：

$$T = 10z + 50 = \frac{10(X-M)}{SD} + 50$$

(四) 實施程序與記分方法

上述**標準化、常模、信度、效度**各點，對**能力測驗**以及任何**心理測驗**而言，均屬不可或缺的條件。而且，此等必備條件均須在測驗編製時即予以建立，否則無從提供資料，讓使用者據以選用以達目的。除了此等基本條件之外，任何能力測驗，必須在編好的測驗實施手冊內，詳細載明測驗實施的程序與記分方法。

先就實施程序言，測驗編製者必須在手冊內詳細而明確地舉出指導語；規定施測者必須對受試者說些什麼話 (如時間限制、作答方式等)，在測驗時他必須做些什麼事 (如怎樣發卷、如何收卷、如何回答受試者提出之問題以及如何控制時間等)。就前文所述標準化的廣義觀點言，實施程序的明確規定，也可視為標準化的條件之一。

至於測驗的記分是屬施測之後的結果整理工作。一個測驗的記分方式必須在手冊內詳細說明：如何計算**原始分數** (按答對題數為準的分數)，如何轉換為其他種分數 (如將原始分數轉換為**智力商數**等)，均須在手冊內有所說明。無論採用何種記分方法，在使用時均須遵守以下四項原則：

1. 客觀　測驗的評分標準，必須有明確的規定；受試者所得分數的高低，絕不因閱卷者的主觀因素而有任何影響。

2. 正確　無論對單一題目的記分，或是對全部分數的統計，必須按一定的方法與步驟，務須使可能產生的錯誤，減少到最低限度。

3. 經濟　閱卷與記分過程，務須做到符合省時、省力、省錢的經濟原則；使施測之後在最短期間內即得到最正確的結果。為求合於經濟原則，故而一般測驗均採試卷與答案紙分離的辦法。要求受試者按題目代號，在答案紙上作答。如此既可節省試卷，留供以後重復使用，又可便於統計整理。

4. 實用　測驗的目的本在用以做為解決問題的工具。因此，對測驗分數的解釋與應用，必須顧到使用者的條件；不需要太多專深的知識，即可獲得測驗結果並藉以解決問題。

第二節　智力測驗的發展

前文提到，多年來心理學家對人類智力的研究，一向集中在探討智力理論與智力測驗兩方面的問題。從歷史發展的觀點看，智力測驗發展在智力理論之前；早期的智力理論，幾乎全都是根據智力測驗結果發展出來的。因此在討論智力理論之前，先行討論多年來智力測驗的發展。在過去一百多年的智力測驗發展過程中，心理學家自始即企圖建立一種兼具客觀與量化 (化質為量用數字表示) 的測量工具，用以評定智力的高低。回顧以往智力測驗發展的經過，大致可以分為三個階段；(1) 智力測驗誕生前智力個別差異的研究；(2) 智力測驗誕生後的早期發展；(3) 智力測驗的晚近發展與現況。

一、智力個別差異研究的開端

在心理學史上，最早採用客觀與量化取向研究人類智力高低從而解釋個別差異者，首推 19 世紀中葉英國心理學家高爾頓 (Francis Galton, 1822~1911)。在 1869 年，高爾頓出版《遺傳的天才》一書，在書中他根據當時英國社會菁英多自成家系 (優秀人才代代相傳) 的現象，肯定人類智能高低的個別差異係來自遺傳。固然高爾頓的解釋中忽略後天環境的影響是其缺點，但他所採用的客觀與量化方法對他解釋所做的驗證工作，被後人肯定是智力個別差異研究的開端。高爾頓是著名生物學家達爾文的表弟；他採取了達爾文進化論中"物競天擇，適者生存"的理念，相信人類智力的高低，可以從其感覺器官的敏銳度來鑑定。感官的功能得自遺傳。動物中感官敏銳者較易生存的事實，可以用做感官敏銳就是智力較高說明。因此，1884 年高爾頓在倫敦設立了一座研究室，以感官敏銳度為指標，以線條長短 (視覺) 和聲音強弱 (聽覺) 的判斷為試題，從而測量推估智力的高低。像此種以生理上感官為基礎測量智力的方法稱為**生物統計法** (biometric method)。雖然高爾頓的驗證研究結果未臻理想，受測試人數雖多達萬人以上卻未能證明感官敏銳度與智力有關，但他所採用的客觀與量化研究取向，確實為以後從事智力研究者開啟了先導之路。

二、智力測驗的早期發展

由於高爾頓的生理計量法未臻理想，故而以後的心理學家改採心理計量取向嘗試編製評定智力高低的工具。歷史上正式的智力測驗誕生於 20 世紀之初。智力測驗誕生後的前 40 年，可視為智力測驗的早期發展。從智力測驗的形式、內容以及測驗結果的解釋而言，此一時期又分為三個階段。

（一） 心理年齡階段

放棄高爾頓的生理計量取向，改採心理計量取向編製智力測驗者，始自 20 世紀之初法國心理學家比奈（圖 10-1）。比奈的智力測驗是從實用目的開始的。1904 年法國教育部，為了要設計一種鑑別學童能力的工具，用以在一般學童中區別出學習能力薄弱者，編入特殊班級內因材施教，使之獲得

圖 10-1　比　奈
(Alfred Binet, 1857〜1911) 是 20 世紀初法國心理學家，是智力測驗之父，是運用智力測幫助解決學校教育問題最早也最有貢獻的心理學家。

較適切的教學效益，比奈與另一學者西蒙 (Théodore Simon, 1873～1961) 受政府之聘，於 1904 年編成第一個智力測驗，是為著名的**比奈-西蒙智力量表** (Binet-Simon Intelligence Scale) 簡稱**比西量表**。最初的比西量表中計有 30 個題目，按難度由淺而深排列，以通過題目的多寡為鑑別智力高低的標準。後來 1908 年修訂，增為 50 個題目，並按年齡分組，適用於 3～13 歲的兒童。

比奈-西蒙智力量表有三個特點：(1) 放棄高爾頓的生理計量法，改採**作業法** (performance method)，讓受試者根據語文、算術、常識等題目實際作業，從作業結果所獲的分數多寡，判定其智力的高低。(2) 創用**心理年齡** (或**智力年齡**) (mental age，簡稱 MA) 代表智力的高低。就題目的難度按年齡分組，三歲兒童均能通過的題目歸在一起，是為適合於三歲組的題目；五歲兒童均能通過的題目歸在一起，是為適合於五歲組的題目。依此類推，直到十三歲。如此設計，是將各年齡兒童在量表上通過的題數，代表他的心理年齡。換言之，這是一種採用心理年齡與**實足年齡** (chronological age，簡稱 CA) 對比方式表示智力高低的觀念；心理年齡高於其實足年齡者，智力較高；心理年齡低於其實足年齡者，智力較低。比奈所創用的心理年齡觀念，在智力測驗編製原理上，一直沿用到現在。(3) 不採用高爾頓所持智力高低完全決定於遺傳的理念，改而在學校教育理念下鑑別兒童智力的高低，從而達到因材施教並促進兒童智力發展的目的。由此一觀點看，比奈不但是智力測驗的創始者，而且也是現代特殊教育的先驅。

(二) 比率智商階段

比奈-西蒙智力量表問世後，迅即傳至世界各國，後經美國斯坦福大學教授推孟 (圖 10-2) 在 1916 年加以修訂，是為著名的**斯坦福-比奈智力量表** (Stanford-Binet Intelligence Scale)，簡稱**斯比量表**，也是應用最廣最具權威的個別智力測驗。斯比量表的最大特徵是採取了德國心理學家斯特恩 (William Stern, 1860～1955) 的觀念，改變原來的心理年齡，而以**智力商數** (簡稱**智商**) (intelligence quotient，簡稱 IQ) 來表示智力。智商代表心理年齡與實足年齡間的比值，故而亦稱**比率智商** (ratio IQ)，其計算公式為：

$$IQ = \frac{MA}{CA} \times 100$$

IQ：代表智商 (intelligence quotient)
MA：代表心理年齡 (mental age) (根據通過的測驗題數決定)
CA：代表實足年齡 (chronological age) (根據生日計算)
(公式內乘以 100 的目的在於消去小數。)

圖 10-2 推 孟
(Lewis Madison Terman, 1877～1956) 是 20 世紀美國心理學家，是斯坦福‑比奈智力量表的編製者，是對現代智力測驗發展貢獻最大的人物之一，也是最早採縱貫法研究天才兒童最成功的人。

(三) 離差智商階段

自從斯比量表採用比率智商以後，按智商數字的大小判定智力高低的理念，已廣為接受。然而，採用 $IQ=MA \div CA \times 100$ 的公式來解釋不同年齡的智力高低問題時，在使用上難免會有限制。因為對接受測驗的人來說，MA 與 CA 之間不可能一直保持固定的比值；成年後 MA 將停止增加，而 CA 卻繼續成長，勢必出現兒童期智力高，到成年後智力變低的不合理現象。設有 15 歲學生的心理年齡為 20 歲，他的智商就是 $IQ=20 \div 15 \times 100=133$；這表示在同年齡層智力分布上他屬於最高 3% 的資優學生。等他到 40 歲時如仍維持其心理年齡不變，他的智商就變成 $IQ=20 \div 40 \times 100$

=50。智商 50 屬於智力分布中的最低 3% 智能不足的層次。為了解決此一問題，美國心理測驗學家韋克斯勒 (圖 10-3)，採用了另一心理測驗學家瑟斯頓 (見後文) 的意見，創用了離差智商。**離差智商** (deviation IQ) 的基本原理是，按每年齡階段內全體人智力為**常態分布** (或**正態分布**) (normal distribution) 為根據，將個人的分數在其同年齡組分布中離開**平均數**的距離，用**標準差**來表示之。換言之，以個人在同年齡組分布中所在的位置為基礎，先換算成**標準分數** (見補充討論 10-1) 然後看他的位置離開平均數的距離有幾個標準差，從而判定他智力的高低。此即離差智商一詞的由來。

圖 10-3 韋克斯勒
(David Wechsler, 1896～1981) 是 20 世紀美國心理學家，是成人智力測驗創始者，是最早採用離差智商表示智商高低的人，是 20 世紀心理測驗學界代表人物，是比奈之後對智力測驗發展貢獻最大的人。

圖 10-4 就是採用標準分數表示的離差智商常態分布。在此常態分布之下，智商的平均數為 100，標準差為 15。平均數上下 (正負) 一個標準差之間，包括了全部受試者的 68.26%；平均數上下兩個標準差之間，包括了全部受試者的 95.44%；平均數上下三個標準差之間，包括了全部受試者的 99.72% 如此，等於是全部受試者之中任何一個人，只要將他在智力測驗上得到的原始分數，換算成標準分數之後，就可以按照平均數上下標準差找到他的智商居於總體中的什麼位置。設有某兒童經智力測驗及得到的離差智商

是 115，按圖 10-4 所示，115 正好是平均數以上一個標準差的位置。由此即可推知，該兒童的智力在同年齡組中高於其他 84.13 的人。由於離差智商在使用上優於比率智商，因此，斯坦福-比奈智力量表自 1960 年第三次修訂時起，即一直改採離差智商，以迄於今。

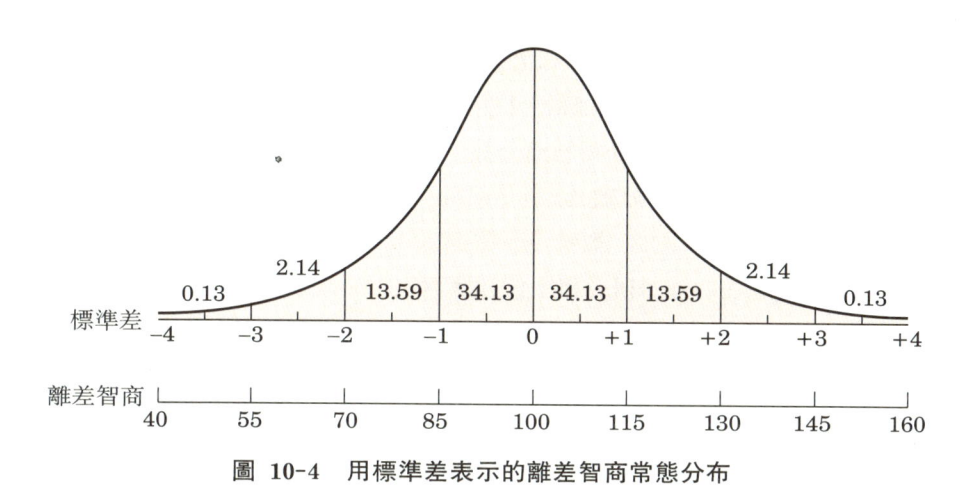

圖 10-4　用標準差表示的離差智商常態分布

三、智力測驗的晚近發展

（一）個別智力測驗的改進

綜上所述，在智力測驗發展早期的 40 年期間 (1905～1945)，根據測驗結果以表示智力高低的方法，大致可分為三個階段：最早比奈編製比西量表時，創用心理年齡法；此後推孟將比西量表修訂為斯比量表時，改用比率智商；再後韋克斯勒又加改進，創用離差智商。直到現在，以智商高低代表智力的觀念雖然未變，但智商的計算已不再採用原來的方式。

另外從智力測驗本身發展來看，從 20 世紀 40 年代以來，智力測驗在性質及功能上，也產生了如下的改變：(1) 由於智力理論的影響，改變以往視智力為單一普通能力，而咸認為智力為包括多因素的綜合能力；(2) 由以文字為主的**文字智力測驗** (verbal intelligence test)，增編了**非文字智力測**

驗 (nonverbal intelligence test)；(3) 由早期只以兒童為對象的智力測驗，增編了也適用於成年人的智力測驗。

斯比量表自 1916 年以後因時代需要已經做過多次修訂。目前通用的斯比量表為 1986 年第四次修訂版。第四次修訂版的特點是將智力視為包括多種特殊能力的複合體。因此，在量表中包括四個分量表，分別測量四方面的特殊能力：(1) 語文推理能力；(2) 數量推理能力；(3) 抽象/視覺推理能力；(4) 短期記憶能力。將四種特殊能力合併計算出標準分數後，再與標準化樣本中的年齡常模相比而得智商分數。惟斯比量表的智商名稱不再稱離差智商，而改稱**標準年齡分數** (standard age score，簡稱 SAS)。新編斯比量表的適用年齡是 2～23 歲。

近 50 年來在心理學研究與學校教育應用上影響最大的智力測驗，除了上述斯比量表之外，當推韋克斯勒編製的三個智力測驗：(1) 1939 年出版的**韋氏成人智力量表** (Wechsler Adult Intelligence Scale，簡稱 WAIS)。韋克斯勒之所以編製成人智力量表，乃是鑑於斯比量表的兩點不足之處：其一是當時的斯比量表只適用於兒童，不適用於成人；其二是斯比量表偏重於語文能力的測量，不適用於未接受良好語文教育的人。基於此二原因，韋克斯勒編製了適用於成人的智力量表。復經 1981 年修訂後使用至今。該量表包括語文與作業 (非語文) 兩個分量表，適用年齡為 16～74 歲。(2) 1949 年初編 1974 年與 1991 年兩次修訂的**韋氏兒童智力量表** (Wechsler Intelligence Scale for Children，簡稱 WISC)，內容包括語文與作業兩個分量表，適用於 6.5～16 歲。(3) 1967 年出版的**韋氏學前智力量表** (Wechsler Preschool and Primary Scale of Intelligence，簡稱 WPPSI)，內容包括語文量表與作業量表兩部分，適用年齡為 4～6 歲。

以上所介紹的斯比量表與韋克斯勒智力量表，雖全係由美國心理學家發展編製而成，惟就智力測驗的基本原理而言，此等智力量表所代表的理論與方法，具有世界通用性。惟其如此，無論斯比量表，或是韋氏智力量表，自初版開始到以後多次修訂，在國內曾有中文修訂版本通行 (圖 10-5)。

圖 10-5　魏（韋）氏兒童智力量表中文修訂版
(採自 台灣師範大學特教中心，1979)

(二) 團體智力測驗的興起

　　前文介紹的兩種智力測驗，因施測對象只限於一個人，故而稱為**個別智力測驗** (individual intelligence test)。因為個別智力測驗是在主試者與受試者面對面的情境下進行的，所以主試者可以根據對受試者隨時觀察所見做出診斷。惟在短時間內需要了解團體中智力的個別差異時，就無法使用個別智力測驗。因此，在斯比量表問世後不久，隨之誕生了可以同時測量多數人的**團體智力測驗** (group intelligence test)。團體智力測驗可同時施測多數人是其優點，但在施測時不能顧到個別的情況 (如不了解施測目的或缺乏受測意願等)，則是其缺點。因此，在學校教育上採用智力測驗以了解學生智力高低時，宜於採取兩種措施；先採用團體智力測驗以了解團體智力分配的大概情形，然後再採用個別智力測驗以了解某些學生特殊情況。

　　團體智力測驗始自 1917 年。時值第一次世界大戰 (1914～1918) 末期，為了美軍當局甄選不同兵種人員 (如機械、通訊、駕駛等) 的需要，心理學家們繼續在 1916 年的斯比量表之後，配合軍中需要發展了數種團體智力測驗。大戰結束後，此等團體智力測驗經過改編修訂，使用於政府機關與工商團體甄選人員。從此之後，個別智力測驗與團體智力測驗同樣隨社會與學校教育的需要而迅速發展；心理學家們除了上述用於個人的斯比量表與韋克斯勒智力量表之外，自然也編製了很多不同的團體智力測驗。由於篇幅所限，接下去只簡略介紹三種美國大學用於甄選學生的三種團體智力測驗。

美國的大學入學，沒有形式上的入學考試。除根據高中在校成績做為核定入學標準之外，就是實施大規模的團體智力測驗。目前美國全國性的大學入學團體智力測驗有兩種：一種是東西兩海岸各州通用的**學術性向測驗**(或**學業能力傾向測驗**) (Scholastic Aptitude Test，簡稱 SAT)，另一種是通用於中西部及東北部各州的**美國大學入學測驗** (American College Test，簡稱 ACT)。學術性向測驗包括語文能力測驗與數學能力測驗兩部份，其基本假設是認為這兩方面能力較高的學生，入學後接受大學的各專科教育均不會有太大的困難。美國大學入學測驗包括英文、數學、社會科、自然科四個分測驗。計算分數時，除按四科總分數評定學生智力的高低之外，並兼顧學生各科專長，從而研判學生入學後適於向那一專科發展。

除上述甄選大學生的智力測驗外，另有一種特別用於甄選研究生的智力測驗，稱為**研究生入學測驗** (Graduate Record Examination，簡稱 GRE)。研究生入學測驗包括普通性向與專科性向兩個分測驗；前者旨在測量學生的一般智力，後者旨在測量學生對某一學科的潛在能力。研究生入學測驗結果按總分換算成標準分數計算；標準分數的平均數為 500，標準差為 100。一般大學的入學錄取標準多訂在 500 分以上。

第三節　智力理論

前文介紹過的各種智力測驗，其目的均在以智力測驗為工具，用以測量智力的高低。在此目的之下，自然會產生如下的問題：智力測驗的結果能否真正代表人類的智力？以最著名的斯比量表為例，施測結果得到的總分，稱為 IQ。試問：一個人在智力測驗上所顯示的 IQ，是否能真正代表他的智力？IQ 高的人是不是在其讀書、求學、處事、為人等各方面也會具有高人一等的能力？為了解答此等問題，乃有智力理論的研究。

所謂**智力理論** (theory of intelligence)，是指心理學家對人類智力的性質所做的理論性與系統性的解釋。由於各家對智力的定義不同，所以歷來各家所提出的智力理論也甚為分歧。本節的討論將從歷史發展的觀點，介紹具有代表性的各家理論的要義，藉供讀者了解智力理論演變的大概情形。

一、心理測量取向的智力理論

從智力理論發展的歷史看，自 20 世紀之初到 20 世紀之末，智力理論的建構大致分為兩個階段。在 20 世紀前半段，心理學家們多半採用歸納方式建構其智力理論；即根據對智力測驗結果經**因素分析** (見註 10-1) 技術分析歸納之後，從而確定人類智力的性質。在 20 世紀後半段，心理學家們多半改採演繹方式建構其智力理論；即對人類智力的性質先提出一個理論架構，而後再分析驗證人類智力內涵所包含的心理特質。此一新的取向與當時新興的**認知心理學**思想有密切關係。因為認知心理學以訊息處理與生活適應的概念來解釋人類求知思維的心理歷程，心理測驗學家即以此概念為根據，認為智力理論的建構必須以人類心智活動歷程為基礎。因此，晚近的智

註 10-1：**因素分析** (factor analysis) 是一種頗為複雜的統計技術。在心理學上，因素分析主要用於智力測驗或人格測驗理論的建構，其目的是根據多種測驗結果彼此之間相關程度的高低，化約抽離出較少而仍具代表性的因素，從而推論解釋多種測驗所測的心理特質。例如，將 20 種測驗對 300 名受試施測結果所得 20 組分數，將 20 組分數中每一分數與其他 19 種分數求相關，即可得到 190 個相關。將這些相關列成矩陣之後，可能會發現相關數字有集叢趨勢；即幾種測驗之間相關高 (或低) 者有共同趨勢。此一現象代表這幾種測驗所測者屬共同心理特質。在此情形下，即可用一個概括性的名詞來表示此種心理特質。以單字聯想、詞義辨別、語句重組、文義理解四種測驗為例，如施測結果發現四者之間存有高度的相關，即可用"語文能力"一詞，概括表示四種測驗所測的能力。經過因素分析大致可將多種測驗化約抽離為五或六個因素，根據因素分析化約抽離出的少數因素，即可用以推論解釋，從而建構智力理論或人格理論。

力理論是以訊息處理論與生活適應為取向的。接下去先介紹心理測量取向的三種智力理論,然後再介紹訊息處理與生活適應取向的兩種理論。

(一) 智力二因論

智力二因論 (two-factor theory of intelligence),簡稱**二因論** (two-factor theory),係由英國心理學家斯皮爾曼 (Charles Edward Spearman, 1863～1945) 1904 年所倡議。此後斯皮爾曼採用因素分析法分析數個不同智力測驗,結果發現在智力測驗上所表現的智力,包括兩種因素 (Spearman, 1927):其一為**一般因素** (general factor),簡稱 **G 因素** (G-factor)。智力的一般因素,其心理功能是表現在一般性的活動上。其二為**特殊因素** (specific factor),簡稱 **S 因素** (S-factor)。智力的特殊因素,其心理功能只表現在特殊性的活動上。按斯皮爾曼的解釋,人類智力的個別差異,既表現在一般因素上,也表現在特殊因素上。惟兩種因素之間的關係,並不是一定的。有的人在一般因素方面的智力較高,而特殊因素方面的智力也較高;像有的學生語文科成就高數學科成就也高的情形,就是如此。也有的人在一般因素方面的智力不高,但在特殊因素方面的智力卻很高;像有的學生一般學科成就平平而數學成績特優的情形,就是如此。不過,斯皮爾曼認為,一般因素是人類智力的基礎,先有一般因素,而後才有特殊因素。一般因素方面智力太低的人,不會有太高的特殊智力。又因為一般因素的智力表現在生活活動的多方面,故而一般智力測驗所測量者,多屬一般因素方面的智力。

(二) 智力羣因論

美國心理測量學家瑟斯頓 (Louis Leon Thurstone, 1887～1955) 反對斯皮爾曼以普通智力為主的二因論解釋,根據他實地測量的結果,認為智力內涵中並無所謂一般智力與特殊智力之分,而是由一些彼此獨立的**基本心理能力** (primary mental ability) 組合而成。因此,瑟斯頓的智力理論被稱為**羣因論** (或**羣體因素論**) (group-factor theory)。瑟斯頓的智力羣因論是 1938 年提出的,其基本要義是謂人類的智力是由七種基本心理能力組合而成的 (Thurstone, 1938):(1) 語文理解 (verbal comprehension,簡稱 V),屬理解語文涵義的能力；(2) 語詞流暢 (word fluency，簡稱 W)，屬語言迅速反應的能力；(3) 數字運算 (number，簡稱 N)，屬迅速正確計算的能力；(4) 空間關係 (space，簡稱 S)，屬方位辨別及空間關係判斷的能力；(5) 聯想記憶 (associative memory，簡稱 M)；屬將兩事件相聯結的機械式記憶能力；(6) 知覺速度 (perceptual speed，簡稱 P)，屬憑知覺迅速辨別事物異同的能力；(7) 一般推理 (general reasoning，簡稱 R)，屬根據經驗做出**歸納推理**的能力。瑟斯頓 1941 年根據他發現的七種基本能力所編製的智力測驗，稱為**基本心能測驗** (Primary Mental Abilities Test，簡稱 PMAT)。

(三) 智力結構論

智力結構論 (structure-of-intellect theory) 係由美國心理學家吉爾福德 (圖 10-6) 1959 年所倡議。按智力結構論的解釋，人類的智力乃是複雜思維的表現。在思維的整體心理活動中，包括三類事件：(1) 引起思維的材料所決定的思維內容 (content)；(2) 思維活動時心理上的思維運作 (operation)；(3) 經由思維運作所獲致的思維產物 (product)。思維過程中的三類事件，可視為立體結構的三個維度。圖 10-7 的立體圖解，即代表吉爾福德的智力結構理論。

圖 10-6 吉爾福德
(Joy Paul Guilford, 1897~1987) 是 20 世紀美國心理學家，是智力結構論的創始人，也是最早在智力結構中確定創造力性質的心理學家。

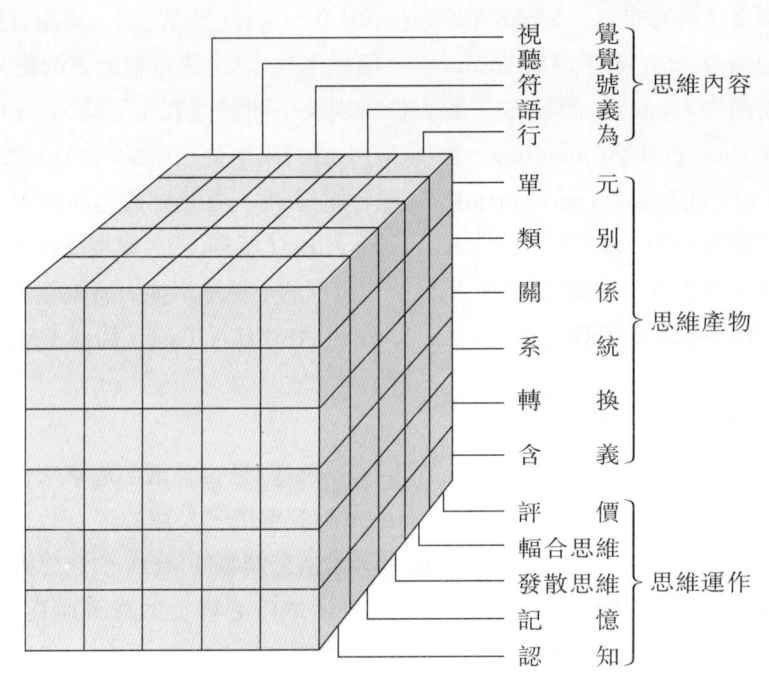

圖 10-7　吉爾福德智力結構論圖示
(根據 Guilford, 1988 繪製)

　　按圖 10-7 所示，構成智力的三大類要素內，每大類要素又各自包括多個次級要素。如此在整個智力結構中，在理論上就可按三大要素的乘積，得到 5 (不同內容)×5 (不同運作方式)×6 (各種思維產物)＝150 種能力 (註10-2)。換言之，人類的智力是由 150 種不同的能力建構而成的。在思維內

註 10-2：1959 年吉爾福德首度提出智力結構理論時，他是採用 4(內容)×5(運作)×6(產物)＝120 種能力說法。當時他將思維內容分為形狀、符號、語義、行為四類，將思維運作分為評價、輻合思維、發散思維、記憶、認知五類，將思維產物分為單元、類別、關係、系統、轉換、含義六類 (Guilford, 1959)。1985 年吉爾福德修正了他的理論，將原來思維內容中的形狀一類，改為視覺訊息與聽覺訊息兩類，結果使智力結構變為 5(內容)×5(運作)×6(產物)＝150 種不同能力 (Guilford, 1985)。到 1988 年吉爾福德將其理論再做修正，將思維運作中記憶一類改為**記憶收錄** (memory recording) 與**記憶保存** (memory retention) 兩類，結果形成 5 (內容)×6(運作)×6(產物)＝180 種不同能力 (Guilford, 1988)。惟一般介紹吉爾福德智力結構論者，多以其 1985 年 150 種能力的說法為根據。

容維度上，引起思維的材料或訊息(即刺激)，包括五類：(1) 視覺(訊息)，指經視覺器官(眼睛)直接觀察可見的具體形象；(2) 聽覺(訊息)，指經由聽覺器官(耳朵)直接聽到的聲音；(3) 符號(訊息)，指帶有含義的文字、數字、圖案等符號；(4) 語義(訊息)，指由語文傳達的觀念；(5) 行為(訊息)，指對別人外顯行為的主觀解釋(屬社會性智力)。在思維運作的維度上，包括五類不同思維運作方式：(1) **認知** (cognition)，指對引起思維訊息的認識與理解；(2) **記憶** (memory)，指對需要思維的訊息立即予以收錄並儲存；(3) **發散思維** (divergent thinking)，指思路廣闊，從不同角度思考並進一步提出創意的超常思維方式；(4) **輻合思維** (或聚合思維) (convergent thinking)，指根據已有經驗循邏輯途徑尋求固定答案的思考方式；(5) **評價** (evaluation)，指在對各種訊息處理時，對訊息的性質及其適切度之選擇與取決過程。在思維產物的維度上，包括六類不同思維結果：(1) 單元，指思維結果是可以採用單位計算的(如多少單詞)；(2) 類別，指經思維後按事物特徵類化，得到類別的認知(即概念)；(3) 關係，指經思維之後了解到事物之間的關係(如一定體積的水比同體積的冰重)；(4) 系統，指經思維後了解到複雜事物的系統結構(如自來水從何處來)；(5) 轉換，指經思維後能將某種事物轉換成另一種形式(如水遇熱轉化為蒸汽)；(6) 含義，指經思維後能從現實事物的表相，得到啟示，並用做對同類事物的解釋與預測的依據。

　　吉爾福德的智力結構論有三點重要意義：(1) 智力並非單一能力，而是由多種能力交互作用形成的複雜結構；(2) 智力不是靜態的知識運用能力，而是適應環境的動態思維歷程；(3) 智力不只是知的能力，而是包括了知識之上的創造能力。

二、訊息處理與生活適應取向的智力理論

(一) 智力三元論

　　前文所介紹的各家智力理論，雖然在解釋人類智力的性質時論點互有差

異不盡相同，但在基本取向上卻大致雷同；同樣是根據受試者在智力測驗上所表現的分數，去分析、推論、解釋形成智力的因素或智力的整體結構。像此種以心理測驗為取向所建構的智力理論，等於是確認了智力測驗所測到的能力就代表智力。換言之，採心理測驗取向所建構的智力理論，無異於將 IQ 與智力兩個概念視為同一意義。迨至 20 世紀 60 年代以後，開始有些心理學家對此種 IQ 等於智力的看法提出質疑。質疑的最基本問題是，傳統智力測驗的內容多半都是包括語文與數學兩類試題，一個人在此兩類試題上所表現的分數，是否真正代表他的智力？換言之，人類的智力是否只限於傳統智力測驗所測量的語文與數學兩種能力？在此期間適值以訊息處理為取向的認知心理學興起，受其影響終於產生了以訊息處理為取向的新智力理論。

採取訊息處理取向建構智力理論的心理學家，當以美國耶魯大學教授斯騰伯格（圖 10-8）為主要代表人物。在 1985 年出版的《IQ 不等於智力》一書中，斯騰伯格首先提出了智力三元論的初步主張 (Sternberg, 1985)。其後又在 1988 年出版的《一體三面的心》一書中修改補充 (Sternberg, 1988)，是為目前最具代表性的一種新智力理論。所謂**智力三元論** (triarchic theory of intelligence)，指人類的智力是由三個不同維度形成的複合體。

圖 10-8　斯騰伯格
(Robert J. Sternberg, 1949～) 是 20 世紀美國心理學家，是認知心理學家，是從訊息處理論的觀點首創智力三元論的心理學家，也是根據同樣理論提倡愛情三元論的人。

他分別稱智力的三個層面為三種智力：(1) **組合智力** (componential intelligence)：指善於記憶、辨別、分析、判斷從而找出問題答案的能力。此種能力代表個人訊息處理的能力，傳統智力測驗所測到的能力，在性質上即屬組合智力。(2) **經驗智力** (experiential intelligence)：指善於從經驗中得到啟發與領悟，從而形成個人的創造性能力。用於測量普通性向的傳統智力測驗，測量不到此種屬於特殊性向的經驗智力。(3) **情境因應智力** (contextual intelligence)：指因應環境需要而隨機應變的能力，情境因應智力高的人，在生活適應時既能改變自己適合環境要求，也能改變環境條件從而達到自己追求的目的。情境因應智力是生活上的實用能力，傳統智力測驗也測量不到此一維度的智力。

　　從智力的個別差異觀點言，智力三元論中三種智力的分配因人而異，有的人長於組合智力，有的人長於經驗智力或情境因應智力。斯騰伯格曾舉耶魯大學的三個研究生為例，用以說明三個研究生分別長於三種智力所顯示在行為上的差異 (Sternberg, 1988)。第一個研究生大學成績傑出，輕易獲得入學許可後，第一年修讀各種學科時，表現出優異的推理、分析、思辨的能力。惟進入第二年需要自己研擬設計獨立研究時，該生顯示出缺乏突破舊觀念的創新能力。第二個研究生大學成績中上，未能獲得入學許可。惟因該生具有創造力而獲得其大學部教授極力推薦，結果得以進入研究所擔任研究助理。後經斯騰伯格賞識，認為他是難得的獨立研究人才。第三個研究生獲准入學後，在學業表現上雖不突出，但各科成績均衡。與其他兩研究生相比，他的特點是隨機應變，能夠將自己分內的所有工作做到盡善盡美的地步。顯然，第一個研究生長於組合智力，而第二與第三兩個研究生則分別長於經驗智力與情境因應智力。一向用 IQ 來代表智力的傳統智力測驗，所測量到的能力只能視為組合智力，而不能測量出其他兩種智力。惟其如此，斯騰伯格批評傳統智力測驗的最大缺點是窄化了智力；IQ 不等於智力，IQ 只能視為人類智力中的一個層面。

　　顯然，斯騰伯格的智力三元論，指出了傳統智力測驗的兩項限制：其一是 IQ 不能代表整個智力；其二是 IQ 除預測學生學業成就之外，很難用之於預測事業成就 (見補充討論 10-2)。

> **補充討論 10-2**
>
> ## 高智力者何以在事業上未必有高成就

自 20 世紀初心理學家創用了智力測驗以後，學校中和社會上就普遍接受了兩種觀念：其一，智力測驗得到的 IQ 就代表個人的智力。其二，根據 IQ 的高低，不但可短期預測學業成績的優劣，而且也可長程推估將來事業成就的高低。惟多年來心理學家研究發現，如以團體學生為對象來考查，學生的 IQ 與其學業成績之間，確實存在正相關關係；即 IQ 高者一般會有高的學業成績。然根據 IQ 推估個人未來事業發展時，智力高者卻未必較一般人更有成就。形成此現象的主要原因有二：其一，IQ 之所以與學業成績正相關，是因為智力測驗的題目素來以語文和數理知識為主，而此類知識多半是學校書本中間接學來的。其二，智力之所以不能推估個人未來事業成就，是因為以後事業上所需要的能力，與智力測驗上所測到的 IQ 是不同的。IQ 高者可能善於讀書，但未必擅於事業上所需要的待人處事、隨機應變等社會能力。清代詩人龔自珍的名句"百無一用是書生"，正說明了個中道理。

在心理學文獻中記載了一個智力極高而事業一無所成的故事 (Wallace, 1986)。故事的主角叫塞底斯 (William J. Sidis, 1898～1944)，出生於紐約的一個美籍白俄家庭，兩歲開始讀書，五歲能說俄、德、法、英四種語言，六歲入學後，一年之內讀完了一至七年級的課程，並展露出他在人體解剖學上的知識已達大學醫科入學的水準。11 歲以天才兒童身份入哈佛大學，入學不久即以第四維度為題在數學俱樂部演講，震驚了美國數學界，被譽為曠世奇才。未料好景不常，大學畢業進入研究所後，塞底斯的表現卻一落千丈。中途退學轉任中學教師，任教又復失敗。此後窮困潦倒，46 歲去世時，竟然身無分文。

上述塞底斯的故事，正符合了中國成語"小時了了大未必佳"的意涵。也許塞底斯的例子過於特殊，惟大致可確定的是，單是根據讀書能力不足以做為推估事業成就的唯一根據。讀者或問："除 IQ 之外關係事業成敗者另有那些因素？"對此問題僅介紹兩位心理學家的看法。一位是美國心理學家斯騰伯格 (Sternberg, 1986)，他在 1986 年出版的《應用智力》一書中指出，高智力者之所以事業失敗，乃是由於智力測驗測量不到以下 10 項人格特質：(1) 缺乏成就動機；(2) 缺乏恆心毅力；(3) 不能自我控制；(4) 不敢勇於嘗試；(5) 過份自我原諒；(6) 尚空想缺行動；(7) 專有餘而博不足；(8) 失敗得不到教訓；(9) 不能延後享樂；(10) 缺乏獨立性格。

另位解釋此一問題的是美國心理學家戈爾曼，他在 1995 年出版的《情緒智力》一書中，提出智力之外個人掌控自己情緒的能力，才是事業成功的要素。戈爾曼稱此種能力為**情緒智力** (emotional intelligence)。戈爾曼認為情緒智力包括五種能力 (Goleman, 1995)：(1) 覺知自己情緒狀態的能力；(2) 控制自己情緒的能力；(3) 情緒低潮時自我激勵的能力；(4) 體諒別人情緒的能力；(5) 與別人建立並維持深厚感情的能力。《情緒智力》一書出版後，其他心理學家根據戈爾曼提出的情緒智力概念，相繼編製了多種測量情緒智力的測驗。對測驗結果的計算與解釋，則比照傳統智力測驗計算**智商**的方式，稱為**情緒智商** (emotional quotient，簡稱 EQ)。

(二) 智力多元論

基於上述討論可知，斯騰伯格的智力三元論在理念上已超越傳統智力測驗的狹隘解釋，且進而拓寬了智力一詞的概念。約在同時，美國心理學家加德納 (Howard Gardner, 1943～　) 在 1983 年出版《心之組成》(Gardner, 1983)，繼而於 1993 年出版《多元的智力》(Gardner, 1993)，在這兩本專書中，加德納採取生活中多方面心智活動才代表智力的觀點，提出**智力多元論** (theory of multiple intelligences)。加德納與斯騰伯格一樣，放棄從傳統智力測驗結果（如 IQ）的觀點去分析智力的性質，改而從人類的腦神經組織、兒童發展以及實際生活中各種行業傑出人才的表現中，去思考人類智力之中究竟應該包括那些內涵。像傑出的文學家、藝術家、音樂家、運動員、社會領袖等，無可否認這些人均各具有超乎常人的能力，但如只從傳統智力測驗的觀點言，這些人很可能在智力測驗上獲得的分數，未必是高人一等。果真如此，這些人的智力不是不高，而是窄化了的智力測驗測不出這些人所具有的智力。職是之故，葛敦納提出了全能取向的智力多元理論。

所謂"多元"是指包括人類生活中有效適應環境時所需要的一切能力。加德納在他的智力多元論中指出，人類的智力是在遺傳與環境兩種因素交互作用之下逐漸發展而成的。智力發展達到成熟階段時，在人類智力的整個領域內，將發展出八種不同的智力 (Gardner, 1993)：(1) **語文智力** (linguistic intelligence)，指學習語文與使用語文的能力；(2) **數理智力** (logical-mathematical intelligence)，指數學運算與邏輯推理的抽象思維能力；(3) **空間智力** (spatial intelligence)，指辨識方位判斷距離遠近的能力；(4) **音樂智力** (musical intelligence)，指音律欣賞及表達的能力；(5) **體能智力** (bodily-kinesthetic intelligence)，指支配肢體以完成精密作業的能力；(6) **社交智力** (interpersonal intelligence)，指了解別人並與別人建立合作及親密關係的能力；(7) **自知智力** (intrapersonal intelligence)，指了解自己的優缺點及動機、興趣、欲望等，從而選定合於自己的目標並努力追求實現的能力；(8) **自然智力** (naturalist intelligence)，指理解大自然現象並適應自然環境的能力。

按葛敦納的解釋，以上八種智力合成的整體，才能代表人類的智力。傳統智力測驗所測到的 IQ，只能算是人類八種智力中的前三種智力；IQ 之中不包括後五種智力。因此，IQ 不等於智力。當然，人未必能八種智力樣樣高超，多數人是在八種智力上長短不齊。有的人長於語文與數理，但短於音樂與社交；有的人長於音樂與社交，但短於空間與體能。基於此義，在根據學生智力的個別差異預測其未來的成就時，就必須從八種智力所構成的整體智力去考慮。既然傳統智力測驗測得的結果，只代表了人類智力中的三種智力，自然不能有效預測學生未來在社會上的成就。由於傳統智力測驗的編製自始即偏重採用語文與數學的題目，故而在學校中採用智力測驗結果預測學生的學業成就，是相當有效的。學生畢業後參與社會競爭時，其生活適應的成敗，就得看他是否具備傳統智力測驗之外另外的諸項智力。這也就是學生時代智力與學業表現傑出的所謂"高才生"，走出校門後在生活事業上未必有超常成就的原因。

第四節　天性與教養對智力的影響

根據圖 10-4 智力常態分布的現象看，人類智力有高低之分的個別差異現象，是明顯的事實。惟對形成智力高低個別差異原因的解釋，自古以來尚無定論。在哲學心理學時代，有天性與教養孰重的爭議，現代的科學心理學時代，則有遺傳與環境何者影響較大的問題。本節的討論將以多年來心理學家研究發現為根據，以持平的觀點，分析討論遺傳與環境兩大因素分別對智力個別差異的影響。

一、遺傳影響智力的證據

在第二章第一節討論遺傳的過程時，即曾提到打從受精卵開始，胎兒的男女性別即已決定。由此可知男女性別完全是由遺傳所決定。除性別之外，屬於身體的特徵，諸如膚色、髮色、眼睛虹膜等種族特徵，也是由遺傳決定的。遺傳既然決定人類的性別與身體特徵，然則與身體具有密切關係的心理特徵，是否也由遺傳的因素所決定？為了解答此一問題，多年來心理學家們不斷試圖從以下兩方面探討遺傳影響智力的證據。

(一) 孿生子研究的證據

所謂**孿生子研究** (twin study)，是指採用孿生子為對象，從孿生子的不同類型，先確定他們之間遺傳的近似程度，繼而觀察孿生子出生後的生活環境，以了解可能影響其身心發展的後天因素。最後以智力測驗的結果做為依據，並分析比較孿生子之間智力的相似或相異的程度。

孿生子是在受孕時，精子與卵子結合過程中形成的。因精子與卵子結合的情形不一，而使一對孿生子之間在遺傳關係上因相似程度不同而有兩種可能情形：一種為**同卵孿生子** (identical twins)，是由單一精子與單一卵子受精後分裂發育而成的。一種為**異卵孿生子** (fraternal twins)，是由兩個 (或數個) 精子分別與兩個 (或數個) 卵子受精後分別分裂發育而成的。就遺傳的關係而言，同卵孿生子的**染色體**相同，染色體內部的**基因**相同，所以他們之間的遺傳基礎是完全相同的。異卵孿生子之間的遺傳關係，和與其他兄弟姊妹的關係相似，其不同於一般兄弟姊妹者只是在胎兒期間一起發育而已。因此，研究同卵孿生子智力的**相關** (見補充討論 10-1)，並與其他不同程度血緣關係者比較，即可據以推論遺傳對智力所產生影響的程度。表 10-1 所示，即心理學家分析多年來 111 項孿生子研究的結果。

根據表 10-1 的內容，從遺傳問題的孿生子研究中，可以對遺傳與環境孰為重要的問題，得到以下五點認識。

1. 從遺傳相同的同卵孿生子 (無分共同生活與否) 間的智力相關高於其他所有關係之間的相關看，遺傳顯然是決定智力高低的重要因素。

2. 除同卵孿生子之外，從屬於血緣最近的異卵孿生子、同胞關係、親子關係三方面的相關多半高於其他兩種關係的現象看，也顯示遺傳是決定智

表 10-1　孿生子與各種不同血緣關係者智力相關比較

不同血緣關係	生活環境	相關
同卵孿生子	出生後共同生活者	0.86
	出生後分離生活者	0.72
異卵孿生子	出生後共同生活者	0.60
同胞關係	出生後共同生活者	0.47
	出生後分離生活者	0.24
親子關係	出生後隨父母共同生活者	0.40
領養親子關係	出生後隨養父母共同生活者	0.31
堂(表)兄弟姊妹	出生後分離生活者	0.15

(採自 Bouchard, 1996)

力高低的重要因素。

3. 從同卵孿生子出生後分離生活者智力相關低於出生後共同生活者智力相關的現象看，環境顯然是遺傳之外影響智力的另一因素。

4. 從同胞兄弟姊妹出生後共同生活與否而有智力相關顯著差異的現象看，除了遺傳不同是原因之外，環境也是影響智力的因素之一。

5. 毫無血緣關係的領養親子間智力的相關高於有血緣關係的堂兄弟姊妹間智力相關的現象看，環境顯然是影響智力的重要因素。

綜合以上五點，對智力決定於遺傳或環境的爭議，大致可獲如下結論：遺傳是決定智力高低的第一因素，而環境則是影響智力發展的第二因素。

(二)　腦功能研究的證據

無論是從常識的觀點或是從生理科學的觀點看，人類智力的高低與腦的生理功能之間，必然是存在著密切的關係。平常說某人"腦筋靈活"，意思就是指某人智力較高。其中"腦筋"二字所指者，就是我們第二章內所說的腦神經。人類的一切生理器官是遺傳的，腦神經系統的構造，也是遺傳的。準此推理，由腦神經在傳導訊息時所發揮的功能，自然也是遺傳的。

基於以上推理，生理心理學家近年來已開始研究神經傳導速度與智力的關係 (Reed & Jensen, 1992)。該項研究的實驗設計是：(1) 從視覺刺激出現引起視覺**神經衝動**開始，直到大腦兩半球管制視覺的神經中樞**視覺區**做出反應為止，其間所經過的時間做為腦神經功能的指標；時間愈短者，表示神經傳導愈快，亦即表示腦神經的功能愈強。此一構想與平常以"頭腦敏捷"代表聰明和"反應遲鈍"代表愚笨的說法，頗為符合。(2) 以**瑞文漸進推理測驗** (見圖 10-11) 測到的 IQ 分數做為智力高低評定的根據。(3) 以 147 個成年人為受試；以瑞文漸進推理測驗中的圖形試題做為引起神經衝動的視覺刺激。根據以上設計，即可測量到所有受試者的神經傳導速度與 IQ 兩組分數。統計兩組分數間的相關程度，即可推知腦神經功能與智力的關係。此一研究所得結果與事先的假設及平常的說法完全符合；即腦神經功能與智力測驗結果呈現**正相關**的關係。亦即腦功能愈強者，其 IQ 愈高。

二、智力遺傳現象的誤解

經過心理學家們的多年研究，對智力高低究竟決定於先天遺傳或後天環境的爭議，大致上已獲得如下的共識：遺傳是決定智力高低的第一因素；在遺傳法則下，決定了個體智力的最高和最低限度。環境是決定智力的第二因素；在個體所被賦予的遺傳限度之內，在心理特質上所展現的實際智力，其高低變化將因個體生長環境的影響而有差異。

雖然心理學界對影響智力的遺傳與環境兩因素的爭議已有上述共識，但對遺傳影響智力的看法，多年來的爭議卻未平息。此一爭議的關鍵問題是：因遺傳因素所形成的智力高低差異現象，究竟是只可視為同一種族內個體之間的**個別差異**，或是也可視為不同種族之間的**團體差異**？由於不同種族間在由遺傳決定的身體特徵上存有明顯的團體差異，因此在自 20 世紀之初智力測驗在美國流行之始，即被美國政府與部分心理學家用來做為解釋種族間智力差異的根據；甚至演變成了以後種族歧視的藉口。這就是接下去要討論的智力遺傳現象被錯誤解釋的問題。

(一) 智力的種族差異現象

不同種族之間因不同遺傳所形成的身體特徵，在外形上的確存在著明顯的差異。此種差異不需藉任何測量工具即可直接觀察辨認。屬於心理特徵的智力，固然主要由遺傳因素所決定，但智力的高低無法直接觀察辨別，只能靠智力測驗的結果間接推理評定。根據多年來心理學家採用智力測驗對不同種族施測的結果，不同種族之間在智力上確實存在著差異現象。

早在 1912 年，由於歐洲移民大量湧入美國，當時的美國聯邦政府移民局，特別邀請心理學家戈達德 (Henry Herbert Goddard, 1866～1957) 對移居紐約市的歐洲各地移民實施智力測驗。施測結果被列為**低能者** (註 10-3)，在猶太人中占 83%，在匈牙利人中占 80%，在意大利人中占 79%，在俄國人中占 87%。在後來以《心理測驗與移民》為題的報告中，戈達德向美國政府建議嚴格限制這些國家的移民 (Goddard, 1917)。約在同時，因修訂比西智力量表為斯比量表而著名的推孟 (見圖 10-2)，在其 1916 年出版的《智力測驗》一書中，也明確指出"黑人與墨西哥人兒童，其 IQ 較白人兒童為低；而此種因種族遺傳因素所形成的智力差異，是永遠無法靠教育方法補救的"(Terman, 1916)。

在第一次世界大戰 (1914～1918) 期間，團體智力測驗首度被用來做為甄選軍中人員之用。當時美國軍人中包括早期歐洲不同種族的後裔，經實施團體智力測驗後發現，其中英格蘭、蘇格蘭、加拿大及北歐各地移民後裔的 IQ 最高，而來自意大利、波蘭、猶太等族群後裔的智力最低 (Yerkes, 1921)。此一軍中團體智力測驗結果，成為後來美國國會辯論移民政策的根據；辯論的結果終於通過了 1924 年限制各國配額的移民法案。

以上所述是 20 世紀 30 年代以前智力種族差異現象研究的大概情形。對此一問題的晚近研究，一般都集中在對美國境內黑白兩個種族間智力差異

註 10-3：低能 (feeble-mindedness) 一詞，是心理學上早期的用語，現在已棄置不用，而改稱**心智不足** (mental retardation)。被列為心智不足者，其 IQ 均在 70 以下，約占全人口的 2.5%(見圖 10-4)。

的問題。根據智力測驗結果比較美國黑白兩種族智力的差異，多年來已公認黑人的 IQ 平均數比白人要低 10～15 個分點 (Loehlin et al., 1975)。這是一項事實，此一事實可由圖 10-9 顯示出來 (Anastasi, 1958)。

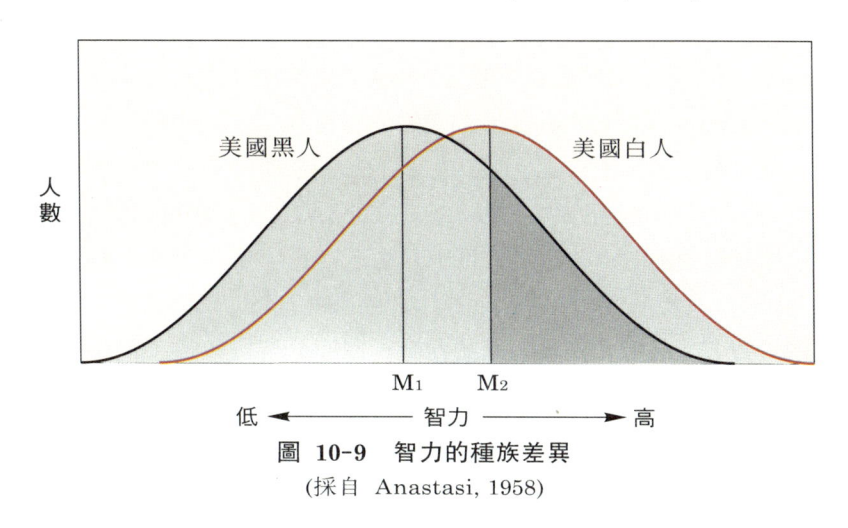

圖 10-9 智力的種族差異
(採自 Anastasi, 1958)

(二) 智力種族差異現象的誤解

圖 10-9 兩條曲線所顯示的意義是，白人與黑人兩個族群中智力的常態分布是不相同的；這表示白人族群的智力顯然高於黑人。對形成黑人智力平均低於白人現象的解釋，早期的美國心理學家傾向於將之歸因於種族遺傳。心理學界持此論點者，主要是美國加州大學心理學教授金森 (Arthur R. Jensen, 1923～) 的主張。金森對 1965 年美國國會為改善黑人教育環境通過實施的**啟智計畫** (註 10-4)，提出強烈批評；認為黑人智力較低是種族遺傳使然，國家花費大量資源去謀求補救，是徒勞無功的 (Jensen, 1969)。金森的主張雖然引起其他心理學家的批評，但他的理論卻也提供了當時一些人做為種族歧視的藉口。

不同種族間智力有高低之分，雖然是明顯的事實，但如單純將形成此種

註 10-4：**啟智計畫** (Head Start Project)，是美國第 36 屆總統詹森 (Lyndon B. Johnson, 1908～1973) 在"向貧窮宣戰"的號召下所推行的改善黑人教育計畫。計畫的主旨在加強學前教育，使家庭環境不良的黑人兒童得到智力的良好發展。

事實的原因解釋為遺傳，在理論上顯然有兩點可議之處：(1) 評定不同種族智力所用的工具是根據同樣的智力測驗。在美國通用的智力測驗多屬語文測驗，同一語文智力測驗，用於不同文化背景的各個種族時，即使經過翻譯，其試題意涵上也有欠公平。(2) 智力的種族差異，在統計學上稱之為**團體差異** (group difference)。惟統計學上分析團體差異時，必須同時考慮**團體間差異** (between-group difference) 和**團體內差異** (within-group difference)；前者指兩個團體在某種特質上所顯現的質量差異(如白人的 IQ 平均高於黑人)，而後者則指每個團體內各個成員間在同一特質上所顯現的質量差異(如白人或黑人每個團體中各個體間的 IQ 並不相同)。分析研判白黑兩團體智力的差異時，只有在團體間差異明顯大於團體內差異的情況之下，才能肯定白人的智力普遍較黑人為高。基於此義，回頭分析比較圖 10-9 中白黑兩團體智力高低的分布，可清楚看出團體間差異 (平均值) 較小於團體內差異 (白黑兩團體中均各顯示極大的個別差異)。而且在黑人智力分布中，智力高達白人平均智力以上者，也占有相當成分 (深色部分)。

再從遺傳影響智力的觀點來看同一問題。遺傳是決定智力高低的主要因素，這原則絕不只適用於解釋智力的種族間差異，而同樣可適用於解釋同一種族內的個別差異。圖 10-9 中白人與黑人智力分布的兩條曲線，分別代表每個種族成員間的智力高低，二者都有很大的個別差異，而此種明顯個別差異的形成，環境當然也是一個重要因素。因此，以往將種族遺傳視為智力差異唯一因素的觀點，顯然是一種錯誤的解釋。

三、影響智力發展的環境因素

不同種族間智力有高低的差異，是一項明顯的事實。此一事實既不能歸因於遺傳，那麼，應如何給予合理的解釋呢？此即接下去要討論的環境因素對智力發展影響的問題。

(一) 養子女研究的證據

除親子間的遺傳是決定子女智力高低的主要因素之外，家庭環境中父母對子女的教養方式，自然是影響子女智力發展的另一重要因素。一個人智力的高低是根據智力測驗結果評定的，而個人在智力測驗上所表現出來的能力(多為語文數學能力)，則是他出生後在生活環境中逐漸學習發展出來的。因此，兒童自幼在家庭中的成長，正如一棵樹在山林中成長一樣，除了遺傳是先決條件之外，必須有適於成長的環境，才能使先天遺傳的優良特質得以顯現。自然環境中有良好土壤，充足的水分與陽光，才會使一粒種子長成一棵大樹，家庭環境中有良好的教養，才會使兒童的天賦潛能獲得充分發展。

以上所述家庭環境因素影響兒童智力發展的理念，從表 10-1 內領養親子關係間存在相當高的相關現象看，即可得以證明。領養親子之間本來毫無遺傳關係，他們之間智力的相關程度應該接近**零相關**才是。事實上兩者間相關係數高達 0.31。此一現象的形成，除養父母教養的影響之外，沒有其他的原因。惟表 10-1 中所列資料，只說明養父母對養子女的智力發展具有影響作用，未說明影響的程度究竟有多少。此一問題可由另一項養子女的研究得到答案 (Scarr & Weinberg, 1976)。該項研究的對象是被白人家庭領養的 99 個黑人兒童。開始領養的時間，有些是在出生之後一週歲之前，有些是在一週歲以後不同的年齡。等數年後實施智力測驗的結果發現：(1) 就全部 99 個領養兒童的智力發展看，其平均 IQ 為 105，此一數值遠較一般黑人兒童的平均 IQ 為高 (黑人兒童平均 IQ 在 90 左右)；(2) 單就週歲以前即被領養兒童的智力發展看，其平均 IQ 為 110，此一數值恰如與美國中產階級兒童的平均 IQ 相當。由此可見，美國黑人智力一般低於白人的現象，絕非由於不同遺傳，而是由於自幼生長的不良環境使然。

(二) 教育與文化差異研究的證據

前述家庭環境影響兒童智力發展的事實，是屬於個別性的。除家庭環境對個別兒童智力發展產生影響之外，社會文化的差異也是影響同社會同文化下兒童智力發展的重要因素。在這一方面的研究資料很多，以下僅舉兩項研究發現，用以說明不同學校環境及不同社會文化對兒童智力發展的影響。

一項研究是以以色列的兒童為對象的。以色列是集合世界各地猶太人而成立的一個新國家。世界各地猶太人的生活背景並不相同，因而人口素質自然也參差不齊。以色列政府的教育當局調查發現，來自歐洲猶太人的智力，一般較來自阿拉伯國家的猶太人為高；其間在 IQ 上的差異程度，相當於美國境內白人和黑人之間的差別 (相差 10～15 個分點)。以色列政府為了齊一人口素質，於是設立一種類似公社的特殊學前教育機構。兒童出生後不由父母養育，而集中在公社的幼稚園中，由受過專業訓練的保姆負責統一教養。在此種教育環境中，兒童的生活方式及智力發展，自然是受親生父母影響者小，受學校教育影響者大。經研究發現，此等兒童的父母因來自不同地區所顯示的團體智力差異，已不復存在；只是仍然保有智力上的個別差異 (Smilansky, 1974)。

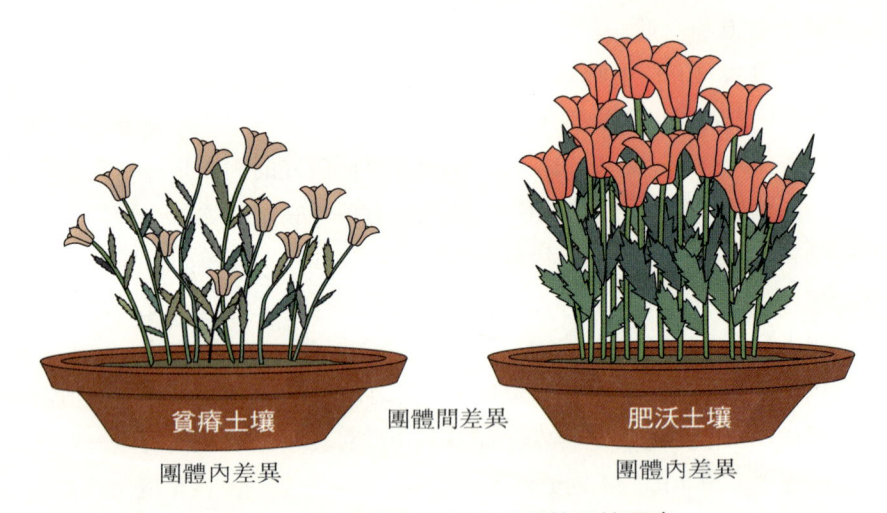

圖 10-10　影響人類智力發展的環境因素
(根據 Lewonton, 1976 資料繪製)

另一項研究是以日本的兒童為對象的。第二次世界大戰 (1939～1945) 以後的 50 年間，日本不僅迅速發展為經濟大國，而且在人口素質上也大幅上升。心理學家研究發現 (Lynn, 1982)，日本兒童的平均智商是全世界最高的。以 6 至 16 歲中小學學生智力測驗結果做為比較的標準，歐美各國學童的平均 IQ 均以 100 為標準，而日本同年齡學童的平均 IQ 則為 110。換言之，日本兒童的平均 IQ，與其他國家兒童平均 IQ 比較，要高出 10 個分點。除了一般兒童的智力較其他國家為高之外,在整個兒童人口中屬於**資優兒童** (gifted child) 者,也較其他國家為多。根據智力測驗結果,IQ 在 130 以上被視為資優兒童。在其他國家的資優兒童所占比例,一般都是 2%～4%,而在日本則是 10%。像日本這樣人口素質的大幅提高,絕不能歸因於種族遺傳,只能解釋為教育與文化環境的因素。

綜合以上討論,可採圖 10-10 所示,同類種子在不同土壤的生長情形,用以說明影響人類智力發展的環境因素。

四、免文化影響測驗的構想

基於以上討論,對於多年來心理學家們試圖用智力測驗為工具,以鑑別個體間或團體間智力差異的努力,看來仍然未獲肯定的結論。誠然,無論是個體之間,或是團體之間,智力有高低之分,是不爭的事實。然而,智力高低的真相,是否單靠用文字與數字為題目所編的測驗即可鑑定的問題,卻一直存疑。文字與數字所陳述者,都偏於學得的知識,這對同文化而不同社會階層的人來說未必公平。如果測驗的編製是以某一文化環境下的人為根據,而用於測定另一文化環境下的人,並比較兩者之高低,這對後者來說更不公平。惟其如此,有些心理學家,嘗試編製**免文化影響測驗** (或**超文化測驗**) (culture-free test),用以解決上述的問題。免文化影響測驗的構想是,採用圖形做為智力測驗的題目,藉以排除學得知識的影響。事實上,個體智力的高低乃是遺傳與環境交互作用的結果,文化就是環境因素,完全排除文化有關的題目,很可能智力的高低就無從測量。以圓圈為例,它是一個簡單圖形,對此一圖形的認識是否有文化的影響?曾有心理學家發現,不同文化下的兒童,對圓圈有不同的聯想;有的想到太陽,有的想到風車,有的想到洞口,有的想到錢幣。不同的聯想反應,顯然是受不同文化的影響。因此,晚近的學者不再用"免文化影響"的字樣,改以**文化公平測驗** (culture-fair test) 的名稱來代替。圖 10-11 即此類測驗的題目之一。

捨免文化影響而求文化公平的嘗試,在智力測驗編製取向上,也許是正確的。然而,為遷就所謂公平,只能在選題上遵守"大家都有機會學到的"

與"大家都未學過的"兩個原則。惟在此等原則之下，可能因求取公平而忽略本質。因為，符合公平原則的題目，其所測量者是否足以代表智力，仍是問題。此即前節各家智力理論之所爭議未決的原因。

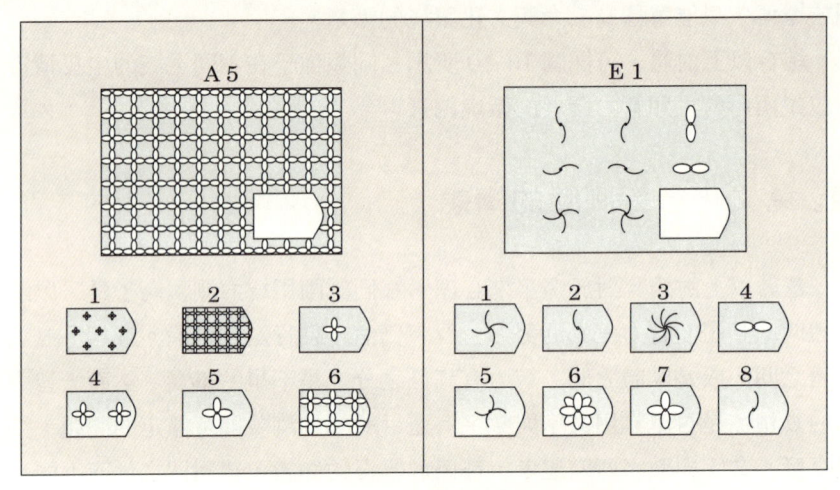

圖 10-11　文化公平測驗題目示例

受試者按上圖缺口的特徵，從下列六或八個小塊中選出適合者作答 (本題係英國學者瑞文 (J. C. Raven) 1938 年所編**瑞文漸進推理測驗** (Raven's Progressive Matrices) 題目之一。)
(採自 Anastasi, 1967)

本章摘要

1. **智力**是綜合性的能力，此種綜合性能力是在個體對其生活環境適應時，由其運用經驗、學習與支配知識以及因應困境時從事抽象思維以解決問題的行為活動中表現之。
2. **心理能力**是指根據**能力測驗**所測到的能力。心理能力分為兩類：一為實際能力；二為潛在能力，前者稱為**成就**，後者稱為**性向**。性向又有**普通**

性向與特殊性向之分。
3. 能力測驗分為**成就測驗**與**性向測驗**兩大類；前者又分為**學業成就測驗**與**職業成就測驗**兩類，後者也分為**學術性向測驗**與**職業性向測驗**兩類。
4. 任何能力測驗，均須具備四個條件：(1) **標準化**與**常模**；(2) **信度**；(3) **效度**；(4) **實施程序與記分方法**。
5. 在測驗編製時，根據標準化樣本施測結果，對所有受試者的分數，經統計分析，整理出一個系統性分數分配表，按高低排列，所得平均數，即為該測驗的常模。
6. 信度代表測驗一致性，可靠性。建立信度的方法有**重測法**與**折半法**；按前法建立者稱**重測信度**，按後法建立者稱**折半信度**。
7. 效度指一個測驗所測得結果的正確度；亦即所測得結果與要想測量的目的之符合程度。
8. 測驗的效度，因編製時所採效度建立方法的不同而分為四種：(1) **內容效度**；(2) **預測效度**；(3) **同時效度**；(4) **構念效度**。
9. 用以測量智力的能力測驗，稱為**智力測驗**。智力測驗的編製始自法國的**比西量表**，但智力測驗的觀念卻源於英國。從智力測驗發展的歷史看，其理論與方法經過數度改變；從**生理計量法**到**心理年齡**，而後再從**比率智商**到**離差智商**。
10. 比奈與推孟之後，在**個別智力測驗**研究編製上貢獻最大者，當推韋克斯勒及其編製的三個智力測驗：(1) **韋氏成人智力量表**；(2) **韋氏兒童智力量表**；(3) **韋氏學前智力量表**。
11. **智力理論**，指心理學家對智力的性質所作的理論性與系統性的解釋。歷來言智力理論者，在立論上不外兩大取向：其一為心理測量取向，在此取向下又分**智力二因論**、**智力群因論**及**智力結構論**；其二為訊息處理取向，在此取向下代表性的理論有**智力三元論**與**智力多元論**。
12. 智力三元論是針對傳統智力測驗缺點提出改進的一種理論。智力三元論強調，人類的智力應包括三類能力：(1) **組合智力**（認知能力）；(2) **經驗智力**（解決問題能力）；(3) **情境因應智力**（隨機應變能力）。傳統智力測驗所測量者，只屬於第一類智力。

13. **智力多元論**主張,人類的智力包括生活適應中的八種能力:(1) **語文智力**;(2) **數理智力**;(3) **空間智力**;(4) **音樂智力**;(5) **體能智力**;(6) **社交智力**;(7) **自知智力**;(8) **自然智力**。
14. **天性與教養問題**由來已久,用於解釋智力差異時,是為遺傳與環境的爭議,迄仍無定論。目前一般的看法是,影響個體智力高低者,遺傳是第一因素,環境是第二因素,兩者交互影響,決定智力的高低。
15. **文化公平測驗**,也稱**免文化影響測驗**,是為求排除學習經驗或文化因素影響,不以語文或數理知識為題目,改以圖形動作為題材所編的測驗。

建議參考資料

1. 危正芬 (譯,1999):心理測驗。台北市:雙葉書廊。
2. 林清山 (1992):心理與教育統計學。台北市:東華書局。
3. 郭生玉 (1985):心理與教育測驗。台北市:精華書局。
4. 張春興 (2002a):心理學思想的流變——心理學名人傳 (修訂版)。台北市:東華書局 (繁體字版)。上海市:上海世紀出版集團教育出版社 (簡體字版)。
5. 張厚粲、龔耀先 (2003):心理測量學。台北市:東華書局 (繁體字版)。杭州市:浙江教育出版社 (簡體字版)。
6. 漆書青、戴海崎、丁樹良 (1998):現代教育心理測量學原理。南昌市:江西教育出版社 (簡體字版)。台北市:師大書苑 (繁體字版)。
7. Aiken, L. (1988). *Psychological testing and assessment* (6th ed.). Allyn and Bacon.
8. Gardner, H. (1983). *Frames of mind : The theory of multiple intelligence*. New York: Basic Books.
9. Sternberg, R. J. (1985). *Beyond IQ: A triarchic theory of human intelligence*. New York: Cambridge University Press.
10. Sternberg, R. J., & Grigorenko, F. L. (2000). *Intelligence applied* (2nd ed.). New York: Oxford University Press.

第十一章

人格與人格測驗

本章內容細目

第一節　精神分析取向的人格理論
一、弗洛伊德的正統精神分析　421
　（一）三個基本理念
　（二）人格結構
　（三）人格發展
　（四）自我防衛
二、維也納學派解體後的精神分析　427
　（一）阿德勒的個體心理學
　（二）榮格的分析心理學
三、新弗洛伊德主義　433
　（一）霍妮的基本焦慮論
　（二）沙利文的人際關係論

第二節　特質取向的人格理論
一、奧爾伯特的特質論　438
　（一）構成人格的兩類特質
　（二）個人特質的三個層次
二、卡特爾的因素論　440
三、艾森克的類型論　441

第三節　人本主義取向的人格理論
一、馬斯洛的需求層次論　444
　（一）自我實現是人格成長的基本動力
　（二）自我實現者的心理特徵

二、羅杰斯的自我論　446
　（一）自我是人格的核心
　（二）自我實現有賴無條件積極關注

第四節　行為主義取向的人格理論
一、班杜拉的社會學習論　451
　（一）交互決定論
　（二）行為自律
　（三）自我效能
二、羅特的社會學習論　454
　（一）影響行為的兩大因素
　（二）制控信念的個別差異

第五節　人格測驗
一、自陳量表式人格測驗　457
二、投射技術式人格測驗　458
　（一）羅夏墨漬測驗
　（二）主題統覺測驗

本章摘要

建議參考資料

前章討論的是個別差異中智力差異的問題，本章將討論的是人格差異的問題。智力與人格兩方面的個別差異有所不同：一般對智力一詞的概念較具共識，多半同意根據智力測驗即可評定個人智力的高低。心理學家雖也設計了人格測驗，但根據人格測驗所測得的人格特徵，只能用以鑑別人格差異的傾向，而不能用以評定人格的高低。然從學校育才與社會選才的觀點言，了解人格差異與了解能力高低是同樣重要的。

人格一詞在心理學上一向缺乏共識，人格雖是心理學上研究的重要主題之一，但對此主題迄無統一定義。曾有心理學家發現，在諸多心理學家著作中竟有多達 50 個不同的定義 (Allport, 1937)。雖然如此，為使讀者獲有較為明確概念起見，本書乃綜合各家理念予以如下之定義：**人格 (或性格、個性)** (personality) 是指個體在生活歷程中對人、對事、對己及對整個環境適應時所顯示的獨特個性；而此一獨特個性，係由個體在其遺傳、環境、成熟、學習等因素交互作用下，表現於動機、興趣、態度、自我觀念、生活習慣以及行動等身心多面的特質所組成，由多種特質所形成的人格，在心理與行為表現上，具有相當的統整性與持久性。

上述人格定義所顯示的意涵是，人格研究是個既複雜又困難的問題。惟其如此，多年來心理學家們對人格形成與人格發展的解釋，理論極為紛歧。本章內容主要包括人格理論與人格測驗兩大部分：人格理論部分，分別介紹精神分析、特質、人本主義以及行為主義等不同取向的人格理論；人格測驗部分，分別介紹自陳量表式與投射技術式兩類人格測驗。希望讀者研讀本章之後，能對以下概念有所認識：

1. 人格一詞的定義及其所含概念。
2. 精神分析取向的人格理論要義。
3. 人格特質取向的人格理論要義。
4. 人本主義取向的人格理論要義。
5. 行為主義取向的人格理論要義。
6. 自陳量表式人格測驗的形式與施測目的。
7. 投射技術式人格測驗的形式與施測目的。

第一節　精神分析取向的人格理論

在心理學的眾多人格理論中，理論提出最早、內容最完整而且影響最大者，當推由精神分析學派創始人弗洛伊德 (見圖 1-5) 在 20 世紀初提出的**精神分析** (見註 1-2)。人格心理學思想原為弗洛伊德精神分析思想的一部分，後經繼承者修正補充，演變成與弗洛伊德本人思想不盡相同的多家人格理論。因此，本節除狹義地介紹弗洛伊德本人的人格理論之外，更從廣義的觀點分三個階段介紹精神分析取向的各家人格理論。

一、弗洛伊德的正統精神分析

所謂**正統精神分析** (orthodox psychoanalysis)，是指由弗洛伊德在 20 世紀初創始的精神分析理論。從心理學理論的發展與演變看，雖然晚近的精神分析思想已與當年弗洛伊德領導精神分析學派時的理念有所改變，但弗洛伊德對人性解釋所提出的革命性思想，直到現今在心理學的理論中，仍然具有無與倫比的影響 (註 11-1)。事實上，晚近興起的精神分析理念，在基本上仍是導源於弗洛伊德的思想。因此，接下去先介紹弗洛伊德本人人格理論的基本理念，然後再說明在他之後精神分析取向人格理論的演變。

（一）　三個基本理念

弗洛伊德的精神分析有三個基本理念。這三個基本理念，一直被後人視為弗洛伊德對人性解釋的中心思想 (Phares, 1984)：

註 11-1：曾有心理學家以美國各大學心理學教授及研究生為調查對象，要他們列出"誰是對當代心理學思想影響最大的心理學家？"結果發現名列第一者正是弗洛伊德；科學心理學創始人馮特 (見圖 1-1) 與功能學派創始人詹姆斯 (見圖 1-2)，則分別居於第二、三位 (Davis, Thomas, & Weaver, 1982)。

1. 精神決定論 在本書第一章討論自古以來對人性本質探討的六大爭議問題時，曾經指出**自由意志與決定論**問題是爭議問題之一。而決定論又有**物質決定論**與**精神決定論**之分。弗洛伊德的精神分析思想屬精神決定論。他認為人不能按個人的自由意志支配自己的行為。從因果關係看，一個人過去所作所為的一切是因，現在所作所為的一切是果；幼年的生活經驗是因，成年後的生活經驗是果；前因決定後果，對自己的命運，個人無法改變。

2. 潛意識動機 在第九章內曾提到動機是促發行為朝向目標活動的內在動力。此種說法，基本上是指意識動機（個人自知他想什麼）而言。弗洛伊德所說的**潛意識動機** (unconscious motivation)，是指個人自己並不全然了解其所作所為。潛意識動機並不同於意識狀態的意識層次，而是出自意識層面之下的**潛意識層次**（見第四章第一節）。潛意識既不為個人所自知，由潛意識所促動行為背後的動機（包括慾望、需求、恐懼等），自然也不為個人所自知。準此而論，個人的行為表現只可視之為表相，表相背後所隱藏的真相，連當事人自己也不清楚。

3. 本能觀 在第九章討論動機時曾提到**本能**一詞。惟當時對本能的解釋是一般心理學家的看法。弗洛伊德對人類的本能，另有一種獨特的見解，他將本能視為與生俱來的**精神能量** (psychic energy)，此種精神能量是促動行為的最原始內在動力。弗洛伊德將人的本能分為兩種：(1) **生之本能** (life instinct)，指促動個體追求生存行為的基本內在力量，弗洛伊德稱此種求生的內在基本力量為**慾力**（或力比多）(libido)。由慾力所促動的行為，其目的除尋求生理需求（如飲食）的滿足外，更重要的是尋求性衝動的滿足。因此弗洛伊德以希臘神話中愛神的名字艾露絲 (Eros) 代表生之本能。(2) **死之本能** (death instinct)，指促動個體攻擊與破壞行為的基本內在力量；而攻擊的對象除外在的人與物之外，也包括他自己（如自殺）。因此，弗洛伊德以希臘神話中死神的名字散那拓斯 (Thanatos) 代表死之本能。

(二) 人格結構

按弗洛伊德的理論，人格是一個包括三個層次的整體結構。人格結構中的三個層次，分別代表三個不同的"我"；三個我之間的一切交互衝突、協調，就形成個體的一切行為。

1. 本我　　本我 (id) 是人格結構中最原始的部分。人格結構中的本我有兩個特徵：(1) 本我的一切活動受本能所支配，在生之本能促動下，個體尋求生理需求 (如飢思食，渴思飲) 與性衝動的立即滿足。故而本我的活動是受**快樂原則** (pleasure principle) 支配的；(2) 本我的一切活動受潛意識所支配，個體自己並不了解活動的原因與目的。

2. 自我　　自我 (ego) 是人格結構中的中間部分，人格結構的自我有三個特徵：(1) 自我是從本我中發展出來的，其層次較本我為高；當本我的生理需求與性衝動無法獲致立即滿足時，自我將遷就現實限制，改變自己去適應環境，從而獲致需求的滿足。因此，自我的活動是受**現實原則** (reality principle) 支配的。(2) 自我的大部份活動受意識支配，個體了解自己活動的原因與目的。(3) 自我介於本我與超我之間，在整個人格結構中發揮調和作用；對下層本我的衝動有約束作用，對上層超我的控制有緩衝作用。

3. 超我　　超我 (superego) 是人格結構中最高層部分，是由個體在生活裡接受社會文化中道德規範的教養逐漸形成的。超我中有兩個重要部分：一為**自我理想** (ego-ideal)，是要求自己行為符合自己理想的標準；二為**良心** (conscience)，是規定自己行為免於犯錯的限制。個體所作所為，合於他的自我理想時，就會感到驕傲；反之，如所作所為違反了自己的良心，就會感到愧疚。因此，超我是人格結構中的道德部分，從支配人性的原則看，支配超我的是**完美原則** (或**至善原則**) (perfection principle)。

本我、自我、超我三者，如能彼此交互調節，和諧運作，就會形成一個發展正常適應良好的人。如果三者失卻平衡，或彼此長期衝突，就難免導致個體生活適應困難，甚至導致心理異常。關於此點留待第十三章再行討論。

(三)　**人格發展**

在第八章第一節內曾介紹過艾里克森的**心理社會期發展論**，並指出艾里克森的理論係以弗洛伊德人格理論中所指的**自我**為基礎的。弗洛伊德理論中所指的人格發展，除了包括人格結構中本我、自我、超我三個層面之外，特別將本我中本能的性衝動，視為人格發展的基本潛在動力。因此，弗洛伊德的人格發展理論有兩大特徵：其一是成年的人格係由其幼年生活經驗所決定(即前述之精神決定論)。其二是將人格發展分為五個時期，每個時期皆以**性感區** (erogenous zone) (身體上性敏感的區域) 名之。故而弗洛伊德的人格發展理論被稱為**性心理期發展論** (psychosexual stage theory of development)。以下是人格發展五個時期的簡略說明：

1. 口唇期 口唇期(或口慾期) (oral stage, 0～1 歲) 是人格發展的第一個時期。從出生到一歲之間之所以稱為口唇期，是因為此一時期嬰兒本能性的需求主要是靠口唇的活動得到滿足的。嬰兒除吃奶時的口唇活動之外，也靠口唇活動以探索周圍的世界(如抓到東西就放進口裏)，從而得到樂趣。按弗洛伊德的說法，此時期口唇活動如受到限制，可能會留下後遺性的不良影響。成人中有所謂的**口唇性格** (oral character) 者，可能就是口唇期發展不順利所致。在行為上表現貪吃、酗酒、吸煙、咬指甲等，甚至在性格上悲觀、依賴、潔癖者，都被認為是口唇性格的特徵。

2. 肛門期 肛門期 (anal stage, 1～3 歲) 是人格發展的第二個時期。此一時期的發展特徵是，幼兒從大小便排泄時所產生的快感得到滿足。為了養成良好生活習慣，父母們在此時期多半對幼兒實施衛生教育，教導孩子學習控制自己，不隨時隨地便溺。惟按弗洛伊德的說法，如果此時父母管教過嚴，難免留下後遺性不良影響，形成所謂的**肛門性格** (anal character)。成年人在行為上表現冷酷、頑固、剛愎、吝嗇等性格者，可能與其幼年時肛門期未能良好發展有關。

3. 性器期 性器期 (phallic stage, 3～6 歲) 是人格發展的第三個時期。此一時期發展的特徵是，兒童的興趣集中在他的性器官；從玩弄自己的性器部位獲得原始性衝動的滿足。按弗洛伊德的說法，幼兒自三歲開始就會有性的幻想；將父母中之異性者當做自己性愛的對象。於是出現了男童以父親為競爭對手而愛戀母親的**戀母情結** (Oedipus complex)。同理，女童以母親為競爭對手而愛戀父親的**戀父情結** (Electra complex)。按弗洛伊德的說法，當此時期兒童發現自己的性器官與異性不同時，就可能在潛意中產生一種恐懼的幻想。女童幻想自己原本有陰莖，因愛戀父親遭到母親懲罰而被閹割；男童則幻想自己的陰莖可能會因愛戀母親遭到父親懲罰而被閹割。弗洛伊德稱此時期兒童的心理現象為**閹割情結** (castration complex)。像此種既愛戀母親又畏懼父親的男童心理衝突，稍後將會自行化解，從原來的敵對轉而以父親為楷模，向他學習、看齊，這現象稱為**認同** (identification)。類似的心理歷程在女童身上也會發生；一俟女童稍長了解現實之後，她就會自行化解心理上的衝突，轉而以母親為楷模，向母親認同。

4. 潛伏期　**潛伏期** (latency stage, 6 歲～青春期)，是人格發展的第四個時期。此一時期的兒童開始接受學校教育，生活空間擴大，由自己的身體和對父母的感情，轉變到周遭的事物。故而從原始的慾力來看，呈現出潛伏狀態。此一時期的男女兒童情感較前疏遠，團體活動多呈男女分離趨勢。

5. 兩性期　**兩性期** (或**生殖期**) (genital stage，青春期延長到成年)，是人格發展的第五個時期。到了兩性期，由於性器官的成熟，前一期潛伏著的性興趣重新活躍起來。惟此一時期的性需求滿足的對象由父母轉向同年齡層的異性，故而開始與異性交往，而有了婚姻家庭的意識。至此地步，人格的發展與性心理的發展漸臻於成熟。

　　按弗洛伊德的人格發展理論，個體自小長大所經過的五個時期是前後連續的。對個人的人格健康而言，每個時期的性心理發展都是極為重要的。前一時期發展順利與否，將影響後一時期的發展。如果在某一時期因不良環境因素影響，就很可能導致發展遲滯。以 3～6 歲的性器期為例，如此時期兒童的戀父或戀母情結，因父母角色扮演不當不能使他們轉化為向父母角色認同，就可能將戀父或戀母情結持續留存下來。像此種人格發展的遲滯現象，稱為**固著** (fixation)。前文所指的口唇性格與肛門性格等，在性質上都是因人格發展不順利而留存的固著現象。由於弗洛伊德的人格發展理論特別強調性心理的重要性，故而被稱為**泛性論** (pansexualism)。

(四) 自我防衛

在弗洛伊德的人格結構理論中，介於本我與超我中間的自我，在功能上兼具上承超我中帶來的社會規範限制，與下受本我中原始慾力衝動所生壓力的調協作用。惟在很多情形下，本我中慾力衝動的壓力太強，難免使自我因調和困難而感到焦慮不安。個體為了減緩心理上的焦慮，於是只好以**自我防衛** (ego defense) 的方式去適應環境，從而保持心理的平衡。為了達成自我防衛免於焦慮的目的，個人從生活經驗中學習到一些自我防衛的手段，稱為**防衛機制** (或**防禦機制**) (defense mechanism)。用做自我防衛的防衛機制，雖然由當事人的自我所使用，但在使用時卻是潛意識性的，個人不自覺知，而且多半是偏離現實甚至是扭曲現實的。因此，即使防衛機制對減免焦慮痛苦可收一時之效，但如過份使用將難免導致心理異常。根據弗洛伊德觀察所見，以下所列是一般人常用的防衛機制：

1. 壓抑 壓抑 (repression) 是個人在心理上，對自己的一些起自本我而不為社會接納的欲望、意念、衝動、記憶等予以壓抑，使之留存在潛意識層面，不讓它浮現到意識境界，從而免於因與超我衝突而產生焦慮不安的痛苦。在弗洛伊德的自我防衛理論中，壓抑是最基本的防衛機制；其他防衛機制都是在壓抑的基礎上衍化出來的。

2. 否認 否認 (denial) 是由壓抑衍生出來的一種防衛機制。採用否認方式做為自我防衛，主要是在心理上不承認已發生的事實。對現實困境予以否認，即可自認為其不存在，而不必面對生活中那些無法解決的困難，從而減緩心理上的壓力。

3. 投射 投射 (projection) 是指個人不自覺地把自己的過失或不為社會接納的欲念加諸他人身上，藉以減輕自身缺點所帶來的焦慮不安。

4. 合理化 合理化 (或文飾作用) (rationalization) 是指個人對自己不合理的作為或缺點，非但不予承認，反而加以扭曲，找出理由給予合理的解釋。因此合理化只是一種心理作用，只是拿一種"好理由"來代替"真理由"的自我防衛方式。所謂"酸葡萄心理"正是合理化心理作用的說明。

5. **轉移**　轉移(或移置) (displacement) 是指個人無法面對引起焦慮的對象而轉移目標,選擇較易處理的對象,從而消除焦慮獲得滿足的一種防衛機制。公司職員受上司責難不敢反抗,回家對妻子發脾氣的作為,就是如此。

6. **反向作用**　反向作用 (reaction formation) 是指個人對自己不為社會接納的欲望、意念、衝動等,除了給予壓抑之外,在行為上反而表現出與所壓抑者相反的作為。有的人內心對人懷恨,但表面卻對人極其友善;所謂"偽君子"者,正是反向作用心理使然。在反向作用心理下所表現的反向行為,多半是誇張性的;有外遇的丈夫,在口頭上反而特別誇耀他妻子如何賢淑,就是如此。

7. **補償**　補償 (compensation) 是個人自認本身某方面條件不足或有缺陷時,轉而力求發展其他方面的長處,從而達到維持自尊的目的。如盲者力求發揮聽力而成音樂專才,即屬補償成功的例子。在防衛機制中如補償適當,不失為健康心理。

8. **昇華作用**　昇華作用 (sublimation) 是將起自本我不為社會接納的欲望、意念與衝動等,轉化為社會能接納的行為方式表現出來,不但藉以避免因心理衝突所生焦慮的痛苦,更可進而獲致心理需求上的滿足。因此,昇華作用是所有防衛機制中最健康的一種自我防衛方式。諸如藝術與文學的創作,音樂、舞蹈、體育的表演,均可藉由昇華作用,在社會接納的條件下發抒感情,從而獲致心理需求的滿足。

二、維也納學派解體後的精神分析

弗洛伊德的精神分析論發表之後,吸引了不少歐洲學者到維也納向他學習。他們自 1902 年起每週三集會,稱為**週三晚間學會** (Wednesday Evening Society)。在聚會者之中,除弗洛伊德本人之外,阿德勒與榮格兩人是最為重要的成員。週三晚間學會演變到後來,就成了世稱的**維也納學派** (Vienna school)。後因阿德勒與榮格兩人在思想上與弗洛伊德的理念不合,分別脫離弗洛伊德而自立門戶,各成一家之言,終而使維也納學派解體。接下去即介紹維也納學派解體後阿德勒與榮格兩人的人格理論。

(一) 阿德勒的個體心理學

阿德勒 (圖 11-1) 係醫科出身，1895 年得維也納大學醫學博士後，成為眼科醫生。因仰慕弗洛伊德而於 1902 年加入精神分析學派的行列。惟後因與弗洛伊德意見不合，於 1911 年分裂，另立門戶獨創**個體心理學** (individual psychology)。

圖 11-1 阿德勒
(Alfred Adler, 1870~1937) 是 20 世紀奧地利精神病學家，是弗洛伊德最早支持和反對者，是個體心理學的創始人，也是當代輔導心理學的先驅。

阿德勒之不滿意於弗洛伊德對人性之解釋者，主要在於以下兩點：其一是反對以性衝動為主的**慾力**觀念。阿德勒認為**快樂原則**並非人類生存的基本目的，人類所追求者乃是力爭上游以超越自己。其二是反對潛意識主導一切行為的看法，他認為個人之外的社會環境才是影響人性的重要因素。阿德勒的人格理論，對以後美國心理學的發展影響甚大。除人格心理學之外，在以後的心理治療與心理輔導發展上，阿德勒都具有先驅者的貢獻。綜觀阿德勒在個體心理學上的主張，其中要義可歸納為以下四點：

1. 人性自主 阿德勒反對弗洛伊德精神分析論中潛意識支配人性的**精神決定論**觀點。他認為，人性不是盲目的，人的行為並非被動地受制於本我與潛意識內的慾力衝動。人性是具有相當自主傾向的；人是理性動物，人在自主意識支配之下，能決定自己的未來，創造自己的生活。人類生而帶來一些基本需求，此等需求所形成的內在力量，不是盲目的衝動力，而是有目標的導向力；人類會在行為上遵循目標行進，從而獲得需求的滿足。在這一點上，阿德勒的人格理論，遠較弗洛伊德為樂觀。弗洛伊德強調過去的童年經驗，強調個人行為的被動性；阿德勒重視未來希望，強調個人行為能夠在目標之下自主表現。

2. 追求卓越　按阿德勒的看法，人在目標導向的生活活動中，有一種與生俱來的內在動力，他稱之為**追求卓越** (striving for superiority)。惟阿德勒所說的追求卓越，並非單指社會情境中戰勝別人，而是指個人在生活目標之下求全求美的心態。拿現代心理學的觀點來說，追求卓越的概念與**成就動機**相似。由此可見，追求卓越可視為人類的基本需求之一。

3. 自卑情結　人類有追求卓越的基本需求，凡事希望盡善盡美，在現實生活中自然難免遭遇困難。因此，阿德勒提出了另一個相對的概念，那就是**自卑感** (inferiority feeling)。自卑感是面對困難情境時，由無力感與無助感所交織成的一種無法達成目標時對自己的失望心態。形成自卑感的因素很多，童年經驗、身體缺陷、能力不足等，都可能導致個人產生自卑感。

自卑感產生後，自然會形成個人一種內在壓力，使人在心理上失衡與不安。失衡與不安的後果，就會促使個體為尋求平衡，奮力發揮自己的優點以彌補自己的缺點，以期克服自卑感的痛苦。阿德勒採用弗洛伊德**防禦機制**之一的**補償**來解釋個體的此種作為。因身體條件有缺陷而有自卑感者，可在心智活動上尋求補償；因缺乏社交能力而有自卑感者，可在體能活動上尋求補償。人生不可能十全十美，任何人都有短缺之處，偶爾感到自卑，是正常現象，因自卑感而適度補償予以克服，更合於心理健康。惟如補償不當，就難免形成**自卑情結** (inferiority complex)。按阿德勒的解釋，有自卑情結者，可能在行為上表現兩種傾向：一種是以補償方式奮發圖強，尋求另方面的滿足，藉以消除因原來缺點所造成的自卑感；阿德勒稱此種積極性心理傾向為**權力意志** (will to power)。第二種傾向是在自卑情結驅使下，以不擇手段的方式去達到消除自卑感的目的。阿德勒稱此種消極性的心理傾向為**過度補償**

(overcompensation)。因身材過矮而自卑者取得權位後變得格外盛氣凌人，就是過度補償的例子。過度補償是心理不健康的表現。

4. 生活格調 按阿德勒的個體心理學理論，追求卓越雖是人類與生俱來的共同人格特質，但在實際生活過程中，由於每個人使用的追求方式以及追求的後果不同，因而逐漸形成了每個人各具特色的**生活格調** (或**生活風格**)(style of life)。按阿德勒的說法，一般人生活格調的形成，大約在四至五歲之間。影響個人生活格調形成的因素，主要繫於個人追求卓越時如何處理自卑感 (指適度補償抑過度補償)。個人的生活格調一旦形成，就不易改變；對以後處理生活經驗，對未來世界事物的覺知、學習、認識，以及對設定目標與達成目標的行為方式，都離不開他生活格調的限制。例如，自幼嬌生慣養的孩子，在他的生活格調中，可能只知道飢則張口吃飯，寒則伸手穿衣；長大後，在他的生活活動中，他仍然期望別人像他的家人一樣，隨時伺候他穿衣吃飯。再如，自幼未得關愛，甚至遭受虐待長大的孩子，在他的生活格調中，可能充滿了對人仇視，與社會敵對的態度與觀念。

(二) 榮格的分析心理學

榮格 (圖 11-2) 是由仰慕轉而反對弗洛伊德的第二位精神分析心理學家。榮格出身醫科，1900 年獲巴塞爾大學醫學博士學位後在瑞士行醫。因受弗洛伊德 1900 年出版的《夢的解析》一書之影響，於 1907 年加入維也納精神分析學派，與弗洛伊德和阿德勒合作，成為當時該學派的三大師。當時榮格的地位僅次於弗洛伊德，在弗洛伊德支持之下，於 1909 年當選為國際精神分析學會第一屆主席，成為公認的弗洛伊德的繼承人。惟好景不常，終因與弗洛伊德意見不合而於 1914 年分裂。分裂後，榮格在瑞士自立門戶，稱為**蘇黎世學派** (Zürich school)，並倡導異於弗洛伊德精神分析的**分析心理學** (analytical psychology)。

榮格的人格理論，最主要的是針對弗洛伊德理論中五種理念的批評與修正：(1) 過份強調人格結構中的本我、超我與自我間的衝突；(2) 過份強調人格動力中本能的消極性和破壞性；(3) 過份強調人格動力中以性為慾力的本源；(4) 過份強調潛意識對人格的支配性；(5) 過份重視個體童年生活及

圖 11-2 榮 格
(Carl Gustav Jung, 1875~1961) 是 20 世紀瑞士精神病學家，是弗洛伊德早期追隨者而後又成為反對者之一，是國際精神分析學會首屆主席，是蘇黎世學派的建立者，也是分析心理學的創始人。

過去經驗對人格發展的決定作用。針對他對弗洛伊德所提出的五點批評，榮格在他的分析心理學中，提出了以下四大論點：

1. 自我的功能 榮格的人格理論中也講自我，惟他所說的自我指的是 Self，與弗洛伊德所說的 ego 不同。弗洛伊德所說的 ego 是人格結構的一面，是與 id 和 super ego 相對的，但其功能卻不一樣。榮格所說的 Self，不是從原始性**本我**分化出來的，也不是夾在**本我**與**超我**之間只發生中介作用的 (因此他特用大寫字母起頭)。他認為自我是人格發展成熟時個人人格的整體，自我有其獨立性、連續性與統合性；此三種特性，是個體自幼在生活經驗中逐漸發展而形成。自我之內雖然也有意識與潛意識之分，但兩者並不是衝突的，而是調合的。一個自我發展正常的人，也就是人格健康的人。

2. 兩種潛意識 個體的自我結構中包括兩種潛意識；即個人潛意識與集體潛意識。按榮格的說法，**個人潛意識** (personal unconscious) 與弗洛伊德理論中所指者相似；有的是從意識境界中壓抑下去而不復記憶者，有的是出自本我而強度不夠，不為個體所覺知者。無論屬於何種情形，潛意識中的不愉快經驗，積壓多了就會形成**情結** (complex)。至於**集體潛意識** (collective unconscious)，則不屬於個人所有，是人類在演化中長期留傳下來的一種普遍存在的**原始意象** (primordial image)。榮格稱此等原始意象為**原型** (archetype)。原型代代相傳，成為人類累積的經驗，此類經驗留存在同族人甚至全人類的潛意識中，成為每一個體人格結構的基礎。每個種族集體潛意識中的原始意象，顯現在他們的象徵性標記中，而各個種族的象徵性標記，又往往存在著一些相似之點 (圖 11-3)。

(採自 劉勵中，1988)　　　　　　　　　　(採自台灣原住民雕刻展)

圖 11-3 不同種族集體潛意識雷同

左圖為西藏佛寺的法輪，右圖為台灣原住民排灣族的圖騰。兩地雖相隔數千里，社會文化傳統截然不同，但由藝術作品所表達的原始意象卻頗為相似；都是採用圓輪做為崇拜的象徵。根據榮格原型理論，這顯示不同種族的各自集體潛意識中，同樣都含有對整體與完美追求的意象。

3. 人格內動力　　榮格將人格結構視為由很多兩極相對的內在動力所形成。諸如意識與潛意識相對，昇華與壓抑相對，理性與非理性相對，個性內向與個性外向相對。既有相對，自然就會產生緊張、不安與不平衡的情形。此即榮格人格結構的內在動力觀念。人格結構內相對力量係來自**慾力** (但慾力並非以性為本源)，慾力促動的結果，自然會使個體人格結構中有時失衡。因此，一般人在性格上總是或多或少有些偏向的。在兩極相對的許多人格傾向中，榮格特別重視內向與外向兩極相對的性格傾向。所謂**內向** (或**內傾**) (introversion)，是指個體的慾力所促動的生命力，使他在性格上表現沈靜、含蓄、內歛，較多關心自己的修持，較少注意外在的事物；不喜歡社交，對知識性思考性的工作較有興趣。所謂**外向** (或**外傾**) (extroversion)，是指個體的慾力所促動的生命力，使他在性格上表現著活潑、好動、好表現、善言辭，關心周圍的一切，喜歡參與社會活動。

4. 人格的發展 榮格不採取弗洛伊德以性為本的人格發展觀念，既不採取分期的看法，也不採取幼年決定一生的觀點。榮格認為，人格發展是連續化、統合化、個別化的成長歷程。在成長發展歷程中，最重要的是將兩極相對的內在動力，逐漸調和而趨於成熟：潛意識的成分漸減，意識的成分漸增；壓抑的情形漸減，昇華的情形漸增；非理性的成分漸減，理性的成分漸增；外向的成分漸減，內向的成分漸增。個體發展由內在的兩極相對達到兩極融合的地步，即表示其人格發展已臻於成熟。榮格認為，人格發展臻於成熟的年齡，不在兒童期與青年期，而在 30 歲以後的成年期。

三、新弗洛伊德主義

弗洛伊德的精神分析思想，不但 20 世紀之初在歐洲發生極大的影響，到 20 世紀 30 年代也影響到美國的心理學界。此後數十年間，弗洛伊德的思想在美國廣為流傳，形成了所謂的**新弗洛伊德主義** (neo-Freudian)。在同屬新弗洛伊德主義的心理學家中，雖各家思想不盡相同，但基本上均各繼承了弗洛伊德精神分析的基本理念。接下去我們介紹新弗洛伊德主義中具有代表性的兩個人的理論 (註 11-2)。

(一) 霍妮的基本焦慮論

與前文介紹過的阿德勒與榮格相比，霍妮 (圖 11-4) 的人格理論雖被列為新精神分析論，但在她的學術生涯中，並未直接參與過由弗洛伊德領導的

註 **11-2**：新弗洛伊德主義也稱**新精神分析** (neo-psychoanalysis)，泛指雖承襲弗洛伊德精神分析的基本理念，而在對人性解釋及心理治療時，則擴及社會、文化及人際關係等層面的多位心理學家。除本章介紹的霍妮與沙利文及第八章介紹過的艾里克森三人外，弗羅姆 (Erich Fromm, 1900～1980) 與賴希 (Wilhem Reich, 1897～1957) 二人也被視為新弗洛伊德主義者。至於最早服膺弗洛伊德思想而稍後又自立門戶的阿德勒與榮格，則一向不被列為新弗洛伊德主義旗下的成員。

圖 11-4 霍 妮
(Karen Horney, 1885~1952) 是 20 世紀德國出生的美國心理學家,是新弗洛伊德主義代表之一,是基本焦慮論的創始人,是近代女性心理學家的先驅,也是男女性別心理研究的啟蒙者。

精神分析學派。霍妮出生於德國漢堡,柏林大學醫科畢業後,入柏林精神分析研究所從事研究 13 年之久。1934 年赴美國,參與紐約精神分析研究所工作,以迄 1952 年去世。在人格理論的基本理念上,霍妮不同於弗洛伊德者有以下三點:(1) 反對弗洛伊德**生之本能**與**死之本能**的人性論點;(2) 反對弗洛伊德**戀母情結**重男輕女的看法;(3) 反對弗洛伊德幼年生活經驗影響個體一生的看法,因而強調個體成長中社會因素的重要性。基於此義,接下去討論霍妮人格理論中的兩點重要概念。

霍妮的人格理論,主要載於她出版的兩本書;一為《現代人的神經質性格》(Horney, 1937),另一為《人的內心衝突》(Horney,1945)。從兩本書的書名看,即可了解霍妮的理論偏重於對人格異常者心理歷程的解釋。在霍妮的人格理論中,有以下三點重要概念。

1. 基本焦慮 基本焦慮是霍妮人格理論的中心觀念,故而稱她的理論為**基本焦慮論** (basic anxiety theory)。所謂**基本焦慮** (basic anxiety),是指個體自出生後因缺乏安全和溫暖的環境之影響所形成的一種恐懼感。在幼兒的脆弱心靈中,一方面因生理上的需求而極需父母的撫養以利成長,另方面因心理上的需求而極需父母的關愛以獲得安全。惟從一般家庭的育兒方式看，絕大多數父母，無法針對幼兒的身心需求設置有利其成長的理想環境。甚至有很多父母，對幼兒的行為，不是過分苛求，就是過分溺愛，使幼兒無法在充滿愛意與安全的環境中成長。因此，個體自幼在生活經驗中所形成的基本焦慮，是多數人無從避免的普遍現象。由此可見，霍妮所指的基本焦慮雖始自個體幼年，但與弗洛伊德所強調之以慾力為基礎的本能觀論點大不相同；霍妮所強調的基本焦慮，乃是起因於個體與別人間的社會關係。

2. **神經質需求**　基本焦慮始自嬰兒期的親子關係。如基本焦慮得不到化解，等長大成人後因社會複雜而產生的不安全感與無助感，將使原來的基本焦慮繼續下去。最後個體為避免焦慮的痛苦，個人學習到一些固定式的反應。霍妮稱此等避免焦慮的固定反應為**神經質需求** (neurotic need)。她將發現的 10 種神經質需求，按其性質分為三類，每類代表一種性格：(1) **依從性格** (compliant character)，指個體缺乏獨立、強烈需求別人關愛且依賴別人情感支持的性格，在表面上是親近人，而在潛意識中卻是藉依從消除焦慮感；(2) **攻擊性格** (aggressive character)，指個體對人持敵對攻擊態度，藉以攻為守策略來取得別人的重視；(3) **離羣性格** (detached character)，指個體不與人親近的性格；表面上是獨善其身，而潛意識中卻是對人際感情敏感懷疑，藉離羣索居以保安全。

3. **理想化自我**　對自我的解釋，霍妮不採用弗洛伊德**本我**、**自我**及**超我**三層次的人格結構觀，而是將自我視為個人在生活經驗中所形成的**自我意象** (self-image)。個人的自我意象代表他對自己的看法。她認為，由於個人生活經驗不同而有三種不同的自我意象：(1) **現實自我** (actual self)，指個人某時某地身心特徵的總和，代表個人的實際面貌；(2) **真實自我** (real self)，指個人可能成長發展達到的地步，代表個人人格發展的內在潛力；(3) **理想化自我** (idealized self)，指個人脫離現實而憑空虛構的自我意象，代表個人捨真實自我追求，企圖化解內心的衝突與焦慮的心理作用。理想化自我表現的方式是設想自己具備勝於他人的十全十美的條件。霍妮認為理想化自我是一種心理異常現象。對此種心理異常者治療時，最重要的是幫助他重新評估自己，認識自己，從而放棄理想化自我而改從真實自我去發展自己。

(二) 沙利文的人際關係論

在新弗洛伊德主義中，沙利文 (圖 11-5) 是美國出生，接受美國教育而後成為 20 世紀 40 年代在美推動精神分析運動的主要領導人。沙利文雖曾受過完整的正統精神分析訓練，但他的思想卻與弗洛伊德大不相同。茲摘要說明其思想的四點要義如下。

圖 11-5　沙利文
(Harry Stack Sullivan, 1892~1949) 是 20 世紀美國精神病學家，是新弗洛伊德主義代表之一，也是人格心理理論中人際關係論的創始人。

1. 人性在社會情境中顯現　沙利文不像正統精神分析那樣從抽象的理念分析人性，而是主張在社會情境中人際關係的層面觀察人的行為，據以解釋其人性。他在 1953 年出版的《精神病學人際關係論》一書中，對人格一詞所下的定義是："一個人的人格就是他在社會情境中與人相處時經常表現的生活方式"(Sullivan, 1953)。惟其如此，沙利文的人格理論稱為**人際關係論**(或**人際理論**) (interpersonal theory)。

2. 自我動力形成自我體系　在沙利文的人際關係論中，他用自我動力做為人格研究的基礎。所謂**自我動力**(或**自我動能**) (self-dynamism)，是指個人在社會情境中影響自己與人互動行為的動機。在社會情境的人際關係中，有的是安全的，也有的是威脅的；在威脅性的人際關係下會使人感到焦慮。個體為了維護自我安全,避免焦慮,逐漸從與人交往中學到適應的心理機制,沙利文稱之為**自我體系** (或**自我系統**) (self-system)。在性質上,自我體系與弗洛伊德的**防衛機制**類似;適度用之有效,過度使用有害。

3. 人格發展繫於認知經驗　沙利文將認知經驗視為人格發展重要因素,此點與弗洛伊德的**性心理期發展論**的觀點大不相同。沙利文將個體成長的認知經驗分為三類:(1) 原始經驗,指嬰兒僅憑感覺和知覺所覺知的簡單的人際關係,但不理解其中意義;(2) 零碎經驗,指兒童期所認知的人際關係,但尚不理解社會事件中的邏輯關係;(3) 社會經驗,指青年期以後對人際關係的意義有所理解,從而形成自己的態度和價值觀。

4. 參與觀察式的心理治療　沙利文一生從事精神病醫師專業,但他採用精神分析理念從事治療時,不採正統精神分析慣用的方法 (見十四章第一節),而採用晤談的方式進行。讓患者參與一個小組討論,心理師亦以參與者身份參與。如此形成一個情境,讓患者在社會情境中自由與別人交談,根據患者在人際關係中顯現的人格特質,進而設法予以矯治。

第二節　特質取向的人格理論

　　前節所介紹的精神分析取向的各家人格理論,在對人格解釋的理念上雖有所差異,但其間有一相同之處,那就是各家都從行為背後的心理深處去分析探討人格的問題。本節所介紹特質取向的各家人格理論,則是以觀察可見的行為特質為基礎所建構的人格理論。所謂**特質** (trait),是一個人在行為上所經常表現的特徵。平常說某人直爽、某人慷慨、某人吝嗇、某人和氣等,其含義均指當事人在言語或行動上所表現的異於他人的特徵。因此,用特質一詞來描述人格時,其意涵與**人格特質** (personality trait) 相同。與人格特質一詞含義相似但不相同者是**人格類型** (personality type)。接下去分別介紹採人格特質與人格類型觀念建構的幾家人格理論。

一、奧爾伯特的特質論

特質論 (trait theory) 是**人格特質論** (personality-trait theory) 的簡稱。特質論的基本理念古已有之 (Phares, 1984)，在現代心理學上持人格特質理念建構系統人格理論者，首當推舉美國心理學家奧爾伯特（圖 11-6）。在其所著《人格的心理學詮釋》一書中，奧爾伯特指出 (Allport, 1937)，人格是由多個彼此相關聯、能互動的特質所形成的整體。此一整體亦即平常所說的自我；而形成個人自我的各種特質，則是個人自幼在生活經驗中學習發展的結果。

圖 11-6 奧爾伯特
(Gordon Willard Allport, 1897～1967) 是 20 世紀美國心理學家，是人格特質論的建構者，也是早期創用科學方法測量人格的心理學家之一。

按奧爾伯特的說法，世界上沒有兩個人的個性是一樣的。即使兩人面對同樣的刺激情境，每個人的反應也必然各不相同；其原因乃是由於每個人的人格特質有所差異所致。因此，他認為心理學家要想研究人格問題，必須先從構成人格整體的人格特質入手。而對人格特質的解釋，奧爾伯特在其理論中提出以下兩點說明：

(一) 構成人格的兩類特質

人格整體係由多種人格特質所構成，而構成人格的不同特質，則可按團體與個人的區別分為以下兩類：

1. 共同特質　所謂**共同特質** (common trait)，是指屬於同一族羣或同一行業的人在人格特質上具有一些相同之處。平常說男人個性較剛，女人個性較柔；商人愛金錢，政客尚權術；英國人保守，法國人浪漫等等，都是意指不同族羣的人分別具有其共同的人格特質。

2. 個人特質　所謂**個人特質** (personal trait)，是指屬於個人獨有的人格特質。平常說某人坦率、某人誠實、某人吝嗇、某人慷慨等，都是指個人所具有異於別人的人格特質。個人特質是形成人格上個別差異的主要原因。

(二) 個人特質的三個層次

前述構成人格的兩類特質是按個人與團體的標準劃分的。如單從屬於個人的各種人格特質著眼，奧爾伯特又將個人特質分為三個層次：

1. 主要特質　**主要特質** (或**基本特質**)(cardinal trait) 是影響個人一切行為的人格特質。具備主要特質的人，其人格特質不但影響他的言行與思想，甚至主宰他的信仰與生命。凡是在歷史上留名的人物，無論是流芳千古或是遺臭萬年，無一不是各自具備異於常人的主要人格特質。羅貫中在《三國演義》中對人物描寫生動，使人讀後對諸葛亮、關羽、趙雲、曹操四人會不約而同地認為，他們分別代表忠、義、勇、奸四種人格特質。主要特質並非眾人都具有，眾皆具有的是以下兩種特質。

2. 中心特質　**中心特質** (或**核心特質**) (central trait) 是指代表個人性格的幾方面的特徵。中心特質是構成人格特質的核心部分，故名。按奧爾伯特的說法，每個人的中心特質，大約在 5～7 個之間。平常批評某人時常用的所謂誠實的、勤奮的、樂觀的、開明的、自私的、怯懦的等等形容詞，其所指者即其中心特質。

3. 次要特質 次要特質(或二級特質)(secondary trait)是指代表個人只有在某些情境下表現的性格特徵。有些人雖然喜歡在少數人面前高談濶論，但在大庭廣衆場所則沈默寡言。從後一情境看他的性格表現，就只能說沈默寡言是他的次要特質。

按奧爾伯特的解釋，三種人格特質中，最常被用來說明個體性格者是中心特質。

二、卡特爾的因素論

卡特爾(圖 11-7)的人格理論，雖在基本上也採特質取向，但因其所採方法與奧爾伯特不同，故而被稱為**人格因素論**(factorial theory of personality)。卡特爾的人格理論主要載於 1950 年出版之《人格的系統理論與因素研究》(Cattell, 1950)。在他的人格理論中，他是將智力也視為人格特質之一的，惟其理論重點乃是基於其所指稱的另外兩類人格特質。卡特爾採用客觀的測驗統計方法，經過兩種程序，從實際得到的資料中分析歸類，最後求得兩類特質：一類稱為**表面特質**(surface trait)，另一類稱為**根源特質**(source trait)。兩類特質在性質上有層次之分，前者是表面的，是根據表現於外的

圖 11-7 卡特爾
(Raymond Bernard Cattell, 1905〜)是 20 世紀美國心理學家，是人格因素論的創始者，是首先採用因素分析法研究人格特質的心理學家，也是 16 種人格因素量表的編製人。

行為而認定的；後者是內蘊的，是根據表面特質推理設定的。按卡特爾的解釋，只有根源特質才是構成個體人格的基本特質。

卡特爾採用的兩種程序，其方法是，先用數以千計的描述一般人性格的形容詞，使之兩兩對立，其形式如：(1) 活潑的──安靜的；(2) 善言的──沈默的；(3) 急進的──溫和的。然後編成包括很多題目的問卷，以此類編好的問卷，讓很多人用以評定他們熟悉的朋友。然後以統計分析方法求出各形容詞之間的**相關**並採用**因素分析** (見註 10-1) 技術將多種相關歸納化約抽離出少數幾個因素，用以代表根源特質。以上列相對形容詞為例，如統計分析結果發現，沈默的、溫和的、安靜的等表面特質之間存有高度相關，即可以**內向**一詞概括之，做為被評定者的根源特質。卡特爾編製的**十六種人格因素問卷** (Sixteen Personality Factor Questionnaire，簡稱 16PF) (用以測量 16 種根源特質)，即其採用因素分析法所編製的人格測量工具 (註 11-4)。

三、艾森克的類型論

採人格類型觀點建構人格理論的是英國心理學家艾森克 (圖 11-8)。艾森克的人格理論不稱特質論，而稱**人格類型論** (personality-type theory)。原因是艾森克認為分散的人格特質不足以用來解釋一個人的性格，只有根據統計學上的因素分析法找出由多個特質類聚而成的少數幾種人格類型，方可用以說明一個人在性格上異於他人之處。

艾森克 1916 年生於柏林，因逃避納粹統治移居英國，18 歲進倫敦大學研習心理學，1940 年獲博士學位後，自 1955 年起一直擔任倫敦大學精神病學研究所教授。在心理學領域內，艾森克的貢獻是多方面的；除了建構人格類型論並編製**艾森克人格量表** (Eysenck Personality Inventory) 之外，他曾採用**行為主義**的**條件作用**學習原理 (見第五章) 創用了**行為治療** (見第十四章第二節)。艾森克的人格理論主要載於其 1952 年出版的《人格的科學研

註 11-4：十六種人格因素問卷所要測量的 16 種人格根源特質是：開朗性、聰慧性、穩定性、支配性、興奮性、有恆性、勇敢性、敏感性、懷疑性、幻想性、機靈性、憂慮性、試驗性、獨立性、自律性、緊張性。

圖 11-8 艾森克
(Hans Jurgen Eysenck, 1916～1997) 是 20 世紀英國心理學家，是人格類型論的創始人，是艾森克人格量表的編製者，也是在心理治療上行為治療法創始人之一。

究》(Eysenck, 1952)。

艾森克的人格類型論，是根據人格測驗的實際資料建構的。經由對大量人格測驗資料因素分析之後，艾森克將所有人格特質歸納為具有連續性的兩大維度。這兩大連續性的維度分別是情緒穩定性與內外向性。意思是說，一方面可從情緒穩定性與否看出人的性格，另方面也可從個性的**內向**或**外向**看出人的性格。惟此二大類型並非各自獨立，而是交互相關構成兩個維度的平面 (圖 11-9)。

根據艾森克的解釋，一般人的性格均將包括在兩大維度形成平面的四個象限 (共 32 種特質) 之內。人與人之間性格上的差異，只是在四個象限中所居位置不同而已。由圖 11-9 所列可見，居於第一象限 (右上) 者，在性格上是屬於個性較外向而情緒較不穩定的急躁型人格；居於第二象限 (左上) 者是屬於個性較內向而情緒較不穩定的抑鬱型人格；居於第三象限 (左下) 者是屬於個性較內向而情緒較穩定的冷靜型人格；居於第四象限 (右下) 者是屬於個性較外向而情緒較穩定的樂觀型人格。

圖 11-9 所表示的兩維度人格理論，是用來解釋一般心理正常人的人格理論。為了解釋心理異常者的人格，艾森克又在情緒穩定性與內外向性兩個

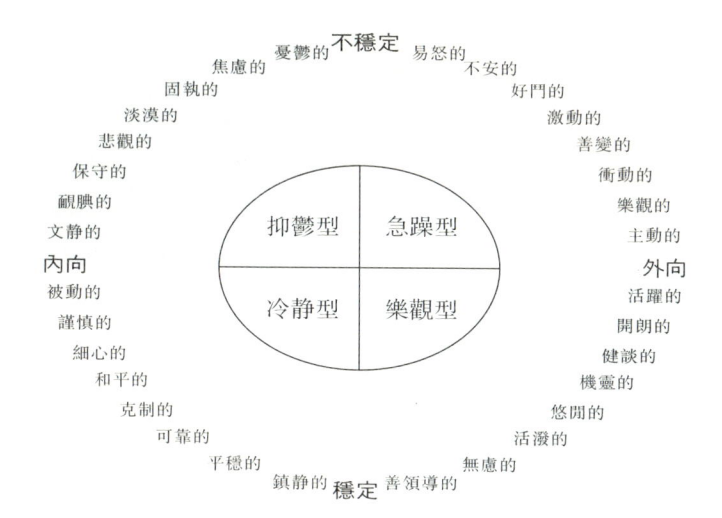

圖 11-9　艾森克的兩維度人格類型論圖解
　　　　（採自 Eysenck, 1970）

維度之外，增加了第三個維度，代表第三種人格類型 (Eysenck, 1975)，可視為正常與精神病傾向。惟第三個維度並非獨立於原來的兩個維度之外，而是三者彼此關聯的。個性內向而又情緒不穩定的人（第二象限），其精神病傾向的可能性，就較諸其他象限的人為高。

第三節　人本主義取向的人格理論

　　本節所介紹的人本主義取向的人格理論，旨在簡要說明兩位人本心理學家所提倡的人格理論。在第一章第二節內曾提到人本心理學號稱第三勢力。所謂**第三勢力**者，主要是指在對人性解釋上不同於**行為主義**與**精神分析**兩大勢力的理念而言。行為主義與精神分析對人性的解釋，均採**決定論**的看法；所不同者只是前者屬**環境決定論**而後者屬**精神決定論**而已。除此之外，行為主義的理論是根據動物實驗所發現的法則而建構的，精神分析論理論的建構則是以精神病患者的心理現象為基礎。在人本心理學家看來，兩大勢力對人性解釋的理念，均有所偏執。因此，人本心理學主張，心理研究的對象是人性，是正常人的人性；並採取**存在主義** (註 11-5) 哲學的觀點，認為人的行為決定於他的**自由意志**。主張心理學研究的目的，除了探討人性之外，更進而促進人性的健康發展從而獲得人生幸福。人本心理學興起於 20 世紀 60 年代，在人格理論上貢獻最大的是馬斯洛的自我實現論與羅杰斯的自我論。

一、馬斯洛的需求層次論

在第九章第三節討論動機理論時，曾簡單介紹過馬斯洛的**需求層次論**。從心理學理論的觀點言，馬斯洛的需求層次論除解釋動機之外，更適合於解釋人格成長。因此，在人格心理學上，一向將馬斯洛的需求層次論視為重要人格理論之一。馬斯洛 (見圖 1-6) 是美籍猶太人，1908 年出生於紐約市一個俄國移民家庭，自幼遭受種族歧視，少年生活並不愉快。進威斯康辛大學後，1934 年獲心理學博士學位。在求學過程中，馬斯洛本來是行為主義的擁護者，後因感於第二次大戰期間德國納粹主義者的殘忍暴行，並鑒於行為主義對人性解釋的過份簡化，而改變其學術取向，從事研究如何啟發人類善良本性的問題。對行為主義將人類行為過於簡化的問題，馬斯洛在其所著《動機與人格》一書中曾這樣寫著：

> 我的第一個孩子出生後，觀察到初生嬰兒的複雜行為，使我大吃一驚。看到嬰兒的一些不學而能的奇妙表現，簡直令我這個心理學家

註 11-5：**存在主義** (existentialism) 為當代哲學思想之一。諸家理論不一，其共同之處在於解釋人性時，咸認吾人乃生於一個無目的無理性的宇宙之中，人的生存須靠個人的自由意志，始能掌握真正的自己；反對盲從和外力干預，惟主張個人必須對自由決定的後果負責。

感到渺小而愚蠢。我敢說，任何人有過養育嬰兒的經驗之後，就不會再相信行為主義心理學。(Maslow, 1954)

（一） 自我實現是人格成長的基本動力

馬斯洛的需求層次論（見圖 9-3），表面上看是七個層次不同的需求，而實際上卻含有兩點更深的意義：

1. 人生而具有趨向健康成長從而發揮其潛力的內在動力。對每一個體而言，此一內在動力就是他的成長動機；也可視為他的成長意志。惟在個體成長過程中，他的成長動機是為多個層次尋求滿足的。因此，圖 9-3 中所列的七個需求層次，不代表七種不同的需求或動機，而代表在總的成長動機促動之下所呈現兩階段的連續關係：即個體的**基本需求**中的四種需求次第獲得滿足之後，才會依序出現高層**成長需求**中的三種需求。由此觀之，馬斯洛的需求層次論是藉由多種需求的層次關係，用以說明健康人格成長的過程。此一理念正如一棵植物的生長過程一樣，每棵大樹都是由一粒種子長成。種子內蘊藏著將來長成一棵大樹的一切潛力。惟在從一粒種子長成一棵大樹的過程中，它必須先行獲得有利於生根、發芽、長枝葉等基本環境條件，如土壤、水分、肥料、陽光等，然後才能展現其為大樹的成長需求。

2. 自我實現是成長的動力和目的。在馬斯洛的人格理論中，自我實現一詞是一個重要概念。所謂**自我實現** (self-actualization)，是指個體生而具有的內在潛力經由成長過程得以充分展現。基於此義可見，馬斯洛在需求層次論中雖將自我實現列為最高一層；看起來好像將之列為人格成長的目的。事實上，自我實現的本意，除了視為成長的目的之外，也是包括七層需求在內的整個成長的基本動力。前文第一點所說的人生而具有趨向健康成長從而發揮其潛力的內在動力，在含義上即指自我實現而言。換言之，自我實現就是個體人格成長的基本動力。再以前文所舉植物生長為例，打從一粒種子置於土壤內生長之初，它就開始在"自我實現"的內在潛力促動之下，向預期長成一棵大樹的目的去"實現自我"。至於說，何以社會現實中多數人不能自我實現？按馬斯洛理論的解釋，乃是由於做為自我實現需求前一階段的基本需求未能獲得滿足，而使高層的成長需求無從展現的緣故。

(二) 自我實現者的心理特徵

基於前文討論，可知自我實現乃是人格成長的理想境界。自我實現是一個抽象的概念，從行為表現或心理特徵言，怎樣才算是自我實現的人？馬斯洛曾就 38 位被公認為是自我實現者的代表人物為對象（包括富蘭克林、林肯、羅斯福、史懷哲、愛因斯坦等），從他們的生活事蹟中分析歸納出 16 點心理特徵，視之為這些名人自我實現的條件 (Maslow, 1967)：(1) 了解並認識現實，對世事持有較為實際的人生觀；(2) 悅納自己、別人以及周圍的世界；(3) 在情緒與思想表達上較為自然；(4) 有較為廣闊的視野，就事論事，較少考慮個人利害；(5) 能享受自己的私人生活；(6) 有獨立自主的性格；(7) 對平凡事物不覺厭煩，對日常生活永感新鮮；(8) 在生命中曾有過引起心靈震動的**高峯經驗**（註 11-6）；(9) 愛人類並認同自己為全人類成員之一；(10) 有至深的知交和親密的家人；(11) 具民主風範並有尊重別人的態度；(12) 有倫理觀念，能區別手段與目的，絕不為達到目的而不擇手段；(13) 心胸廣闊，能容忍異己且有幽默感；(14) 有創見，不墨守成規；(15) 對世俗事物，和而不同；(16) 能超脫意識框架，不以兩極性的二分法（非此即彼）處理爭議性的問題。

二、羅杰斯的自我論

羅杰斯（圖 11-10）與馬斯洛同為人本心理學的創始人，同樣主張自我實現是人性的本質。惟在理論取向上，兩人有所不同。馬斯洛主要是解釋個體經由各種需求的獲取與滿足以達於自我實現境界的歷程，而羅杰斯主要是說明個體自我實現境界之不易達到的原因。羅杰斯除在人格理論上有創見之

註 11-6：所謂**高峯經驗**（或**高峯體驗**）(peak experience)，是指在人生追求自我實現的歷程中，歷經基本需求（見圖 9-3）的追尋並獲致滿足之後，在自我實現需求層次中，臻於頂峯的一種超時空與超自我的心靈滿足感與完美感。此種心靈上的滿足與完美經驗，只有真正的自我實現者，才會體驗得到。

圖 11-10 羅杰斯
(Carl Ransom Rogers, 1902～1987) 是 20 世紀美國心理學家，是人本主義心理學的創始人之一，是人本治療學派的宗師，是非指導性諮商理論與技術的倡導者，也是自弗洛伊德以後對心理治療理論取向影響最大的人。

外，也是著名的心理治療學權威，所以他的看法較諸偏重理論的馬斯洛多了一個實踐層面。因為羅杰斯的人格理論是以個體的自我為中心理念的，故而一般稱之為**自我論** (self theory)。羅杰斯 1902 年出生於美國伊利諾州橡園鎮的一個富有的宗教家庭。1919 年初進威斯康辛大學時，先學農業，後來改修歷史。是因三年級時參加在中國北京舉行的世界基督教青年聯合會，發現人類文化的多樣性，因而回國後改學歷史。後來到紐約進哥倫比亞大學研習臨床心理學，1931 年獲博士學位。此後，羅杰斯曾先後在芝加哥大學與威斯康辛大學任教，並從事心理治療工作。羅杰斯的貢獻，除在人格理論上提倡自我論成為一家之言外，由他創始的**非指導性諮商** (見第十四章第一節)，也使他成為人本治療學派的一代宗師。羅杰斯的著作偏重在心理治療方面，專門討論人格的著作主要是 1961 年出版的《論人格成長》一書。在人格理論上，除了基本理念與馬斯洛同樣認為自我實現是人格成長的基本動力之外，羅杰斯的自我論有以下兩個重點 (Rogers, 1961)：

(一) 自我是人格的核心

在羅杰斯的人格理論中，他採用了**完形心理學**所提出的現象場概念，用以解釋自我是人格的核心。所謂**現象場** (phenomenal field)，是指個人在意識中所經驗到的此時此地的環境。換言之，現象場是個人憑其主觀所知覺到的心理世界，而非客觀的物理世界；在某時某地的客觀物理世界雖然只有一個，但置身其中的不同個人則各自有其不同的主觀心理世界。惟個人的現象場並非一成不變，而是隨生活經驗逐漸改變與擴大；在改變與擴大的過程中即產生了個人的自我。羅杰斯所說的**自我**，乃是指個人對"我是誰？"問題的回答。個人的自我包括在他的現象場之內，表示個人對自己長像、能力、生活目標、人際關係、成敗經驗等各方面的看法與評價。因此，在羅杰斯的人格理論中，他採用**自我概念** (或**自我觀念**) (self-concept) 一詞來說明自我的含義。自我概念即包括在個人的現象場之內，可知自我概念所表現的個人對自己的看法，自然也是主觀的。某人所表現的言行舉止，在別人看來他是驕傲自大的，而在他本人心理感覺上也許是謙遜卑微的。羅杰斯認為，要想了解一個人的性格，唯一的途徑是了解當事人對他自己的看法，此即羅杰斯的人格理論之所以稱為自我論的原因。

　　根據羅杰斯的解釋，隨年齡的增長與生活經驗的加多，個人的自我概念也隨之改變與擴大，因而形成兩個自我；一個是真實自我，另一個是理想自我。所謂**真實自我** (real self)，是指個人在心理上對自己的主觀看法；亦即前文所述個人現象場內自我概念中的自我。故而羅杰斯所說的真實自我，也稱**現象自我** (phenomenal self)。所謂**理想自我** (ideal self)，是指個人在想像中希望做的另一個我；諸如希望將來做科學家、音樂家、文學家等等，均屬個人的理想自我。一般言之，個人的理想自我與其真實自我之間總會存有或多或少的距離。只有在理想自我接近而稍高於真實自我的情形下，個人的人格結構才比較穩定；才不致因理想脫離真實而導致心理衝突。羅杰斯稱理想自我與真實自我之間的無衝突狀態為**和諧** (congruence)；他認為人之所以心理異常，理想自我與真實自我之間缺乏和諧是主要原因。

（二）　自我實現有賴無條件積極關注

　　在基本理念上，羅杰斯的自我論與馬斯洛的理論相同，都是採人性本善的觀點，將自我實現視為人格發展的基本內在動力。惟與馬斯洛相較，羅杰斯的理論更進一步解釋有些人在人格發展上之所以不能臻於自我實現境界的原因。

對人性本善和自我實現的解釋，羅杰斯採取了與馬斯洛同樣的理念，認為世界上所有生物均各生而具有天賦的生長潛力。一棵大樹的種子，在尚未落入土壤之前，種子內即蘊藏了將來成為大樹的潛力。一旦種子落地後，只要土壤、水分、陽光等生存環境許可，就會自行生長，不需外力幫助就會將原來種子內的潛力展現出來，長成一棵大樹。人類也有生而具有的天賦潛在能力，只是人類出生後缺乏獨立生存的能力，他必須有賴父母或其他成年人的養育保護，才能生存成長。如此，人類幼稚期受到父母的撫養、關愛、接納、保護等，自然就形成了個體人格成長的基本需求。對此等基本需求，羅杰斯稱之為**積極關注需求** (need for positive regard)；而積極關注需求的滿足與否，關係到個體自我的發展。就此點而言，羅杰斯的自我論與馬斯洛的需求層次論的基本理念是相似的。惟在解釋上，兩人的理論有所不同。馬斯洛認為，屬於較低層次的基本需求逐一滿足之後，居於最高層次的自我實現需求才會出現。而羅杰斯則認為，積極關注需求滿足之後，自我實現的需求才會產生。

顯然，個體積極關注需求的滿足，必須有賴於社會環境中別人的給予。此即人與其他生物成長歷程不同之處；其他生物的成長純然繫於自然環境的條件，而人類的成長則必須靠社會環境中別人的幫助。問題是成人們在給予嬰幼兒積極關注時，常是基於教育的觀點加以有條件的限制。例如，嬰兒飢餓時，父母未必隨時餵奶，理由是要養成嬰兒定時進食的習慣；稍長，父母對幼兒大小便的處所也加限制，理由是養成幼兒良好的衛生習慣。此外，父母在教養子女時，在飲食起居、日常生活、待人接物、讀書求學等各方面，無不對兒童的行為給予有條件的限制；符合父母所訂的條件，就會獲得父母的接納，從而獲得積極關注需求的滿足，否則就難免會遭到拒絕甚至受到處罰。這也就是所謂**社會化** (socialization) (意謂從一個自然人變為一個社會人)。經由社會化的歷程使缺乏社會規範觀念的兒童，變為循規蹈矩的社會成員，從教育的理念而言雖為一般所共識，但在羅杰斯看來，有條件的社會化，對成長中的兒童而言，缺乏真正積極關注的意義。羅杰斯稱之為**有條件**

積極關注 (conditional positive regard)。對人格發展臻於自我實現的理想境界而言,有條件的積極關注是發展的阻力,而不是發展的助力。以兒童入學後在校成績為例,如果孩子在主學科 (如數學語文等) 方面得甲等,而在副科方面 (如體育音樂等) 得乙等,父母會因而高興並給予讚賞。但如反過來孩子的副科表現優於主科,父母很可能在不滿意之餘限制孩子要他減少副科方面的活動。如果孩子的真正秉賦就在副科,而且他自己也從體育與音樂學習中得到快樂,為父母者這種有條件的積極關注,不但不會有助於孩子主科成績的提升,反倒阻礙了他天賦才能的發展。更重要的是,父母的有條件積極關注,不利於孩子自我概念的健康發展。原因是在此種情形下孩子如果為了迎合父母所設定的條件,放棄現實自我,去追求一個不符合自己經驗的理想自我,就會因失去自我和諧而陷入痛苦。

　　基於上述理念,羅杰斯提出了**無條件積極關注** (unconditional positive regard) 的理念。意思是說,為父母者在養育子女時,配合孩子人格成長的需求給予積極關注時,是沒有任何條件的。無論孩子的表現是成功還是失敗,無論孩子的行為表現是否符合社會規範,父母對他們的關愛、接納、支持等,均不附帶任何條件,只有在這種無條件積極關注的社會氣氛下,孩子的人格才會得到健康發展,從而使他得以自我實現。不過,對羅杰斯的無條件積極關注理論不能產生誤解,不能將之誤解為對孩子溺愛或放任。羅杰斯所指"無條件"的真正意思是對孩子的人格而言。為父母者對孩子的錯誤行為當然應該糾正,只是在糾正孩子錯誤行為時不要附帶任何條件。如此,在"對事不對人"的情形下管教子女,才不致因條件限制而傷害了孩子人格的發展。筆者在多年前對學校輔導工作所提出的"愛的教育"理念,正是採取了羅杰斯無條件積極關注的觀點 (張春興,1983)。在正常教育上,羅杰斯主張以此理念來輔導學生,在心理治療上,他也主張以此理念對病患進行諮商。關於後者,留待第十四章內再行討論。

第四節　行為主義取向的人格理論

前述精神分析與人本主義兩種取向的人格理論，在理念上雖不相同，但對內在因素影響人格形成與人格發展的看法上，卻大致相似。本節所要介紹的行為主義取向的人格理論，在理念上則與前述兩種取向大不相同。行為主義心理學思想中有兩點基本概念：其一，人的一切行為完全是後天學習的產物，而所有行為的學得，則是不外經由**經典條件作用**或**操作條件作用**兩種歷程。其二，經由兩種條件作用學習一切行為時，個體行為均受**強化**作用所控制，故而所學到的一切，並非出自個人自由意志的選擇。人格只不過是複雜行為的組合，因此人格也是後天環境因素所決定的。以上兩點是行為主義在解釋人類行為改變時所持的基本論點。我們在第五章第四節內曾經提過，到20世紀30年代新行為主義興起以後，有些心理學家將原來行為主義的狹義理念擴大，並在學習歷程中加入了社會與認知因素。本節內所要介紹的兩種人格理論，就是新行為主義者採取社會和認知理念所建構的理論。

一、班杜拉的社會學習論

在第五章第四節內，我們曾經介紹新行為主義班杜拉（圖 5-10）的**觀察學習論**。在基本理念上，觀察學習論與現在要介紹的**社會學習論** (social learning theory) 大致相似。惟從人格理論的觀點言，兩者稍有不同。社會學習的含義較廣，而觀察學習可視為社會學習的歷程；亦即，個體人格之形成乃是在社會情境中經由對別人行為表現觀察而學得的。按班杜拉的人格社會學習論有以下三點要義：

（一）　交互決定論

所謂**交互決定論** (reciprocal determinism)，是指個人的性格表現在他的行為(包括一切思想與行動),而個人的行為則是由個人與環境二者交感互動而產生。惟班杜拉在解釋行為、個人、環境三者之間的關係時,他不採用一般心理學家的看法。一般心理學家常把個人與環境二者視為**自變項**,而將個人所表現的行為視為**依變項**(見第一章第三節);亦即,將個人的性格和環境的特徵視為原因,而將個人在環境中的行為表現視為結果。以某人在酒吧與人打架行為為例,參與打架的人多半帶有攻擊性格,喜歡逞強鬥毆;而酒吧則是容易發生人際衝突的環境。班杜拉不採取此種看法,他認為行為不是個人與環境二者互動的結果,而是行為、個人、環境三者之間彼此影響而呈交感互動的關係。換言之,行為不純是由個人或環境決定的,而是由行為、個人、環境三者交互影響而決定的。按交互決定論的理念,酒吧打架事件即可解釋為:個人具有攻擊性格特徵;酒吧的環境提供了表現個人攻擊的機會;攻擊性行為表現後獲得滿足;因滿足而強化個人再去酒吧的傾向;在酒吧的環境中再度與人打架⋯⋯如此交感互動,終而形成個人的獨特性格。班杜拉的交互決定論可用圖 11-11 表示之。

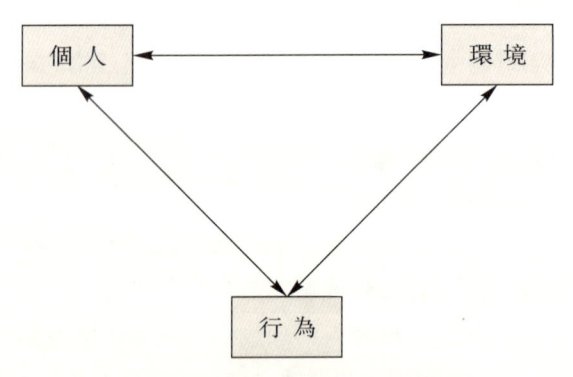

圖 11-11　班杜拉的交互決定論
(採自 Bandura, 1978)

(二)　行為自律

班杜拉的社會學習論雖然重視社會環境對人格形成的影響,但他反對激進行為主義者斯金納視行為完全決定於環境的論點。在第五章第三節內曾提到斯金納的**操作條件作用**學習原理。按此原理推論，所謂人格者，不過是在強化原則之下環境因素對個體**行為塑造**的結果；個體的行為完全決定於行為的後果是否得到強化而定；個人在環境中是被動的，個人的人格也是在獎勵與懲罰的條件下建立的。班杜拉的人格理論中雖然也採取強化的理念，但他反對斯金納所持個人完全被環境控制的說法。因此，在他的人格理論中提出了行為自律的看法 (Bandura, 1988)。所謂**自律** (self-regulation)，是指個人的行為是自主的，何時何地該做什麼係由個人自己決定，不為外在環境所控制，而個人自律行為之表現，則決定於個人的需求、意願以及對自己行為表現達到期望的標準。行為表現後如自覺滿足其需求，符合其期望，該行為表現即獲得強化。顯然，此種強化並非來自環境中的外在原因，而是來自個人覺得自己行為表現符合預期的標準，班杜拉稱此種強化為**自我強化** (self-reinforcement)；而個人的行為自律，正是經由自我強化的歷程逐漸養成的。

(三) 自我效能

前述各種人格理論，在理念上雖各不相同，但無不將"自我"視為一個重要概念。班杜拉的社會學習論也不例外，惟班杜拉在他的人格理論中，特別採取認知心理學的觀點，提出了自我效能的概念 (Bandura, 1977b)。所謂**自我效能** (self-efficacy)，是指個人對自己處事能力、工作表現、挫折容忍等人格特質的綜合評價；亦即個人自認在某些特定情境中能夠有效地表現出適當行為的一種信念。自我效能是個人對自己的看法，是個人對自己適應環境能力的評估。在參與社會性活動之前，只有根據自我效能的高低，而後才能做出如何行動以達目的之判斷。以參加一項競爭激烈的考試為例，自我效能高的人，他在考前即對自己考試成敗提出評估，根據評估而決定如何加強準備以達到目標。惟自我效能並非普遍性的，而是特殊的；一個學生在某一學科 (如數學) 上具有高度自我效能者，在另一學科 (如體育) 上卻未必具有同樣高的自我效能。

根據班杜拉的解釋，個人的自我效能是在社會情境中從直接經驗與間接經驗學習來的。直接經驗是指個人在實際從事活動中學得的成敗經驗。在實際活動中如成功的經驗多於失敗的經驗，個人的行為即可獲得自我強化；而自我強化的後果,即可形成個人的自我效能。個人從間接經驗中學習自我效能時,主要是在社會情境中觀察別人的行為表現而產生的模仿學習。如果在小學的弟弟看到在中學的哥哥對自己學業信心滿滿,而且屢屢成功,他就可能由之間接學到對自己求學行為的自我效能。

二、羅特的社會學習論

基於前文討論,可知班杜拉的社會學習論,雖然採取了極端行為主義者斯金納學習理論中強化原則的觀念,但他將強化的概念擴大,不將強化單純視為外在環境的控制因素,而加入個人認知因素,將之解釋為經由自我強化而形成自我效能。接下來介紹的羅特(圖 11-12)的社會學習論,在基本理論上與班杜拉的理論有相似之點;在解釋經由社會學習而形成個人性格時,同樣重視強化與認知兩種因素。羅特在 1916 年生於紐約市的一個奧地利猶太移民家庭。由於幼年飽受種族歧視的痛苦經驗,在少年時代即立志從事臨床心理研究,希望將來從事助人工作。1941 年獲印第安那大學臨床心理學博士學位後,曾先後在數所大學任教,自 1963 年出任康乃狄克大學教

圖 11-12 羅 特
(Julian Rotter, 1916~)是 20 世紀美國心理學家,是新行為主義代表之一,是心理治療學家,也是在人格理論上首倡制控信念理論的心理學家。

授以迄退休。羅特的人格社會學習論的主要理念，載於其 1954 年出版的《社會學習與社會心理學》一書。以下是他人格理論中兩點要義。

(一) 影響行為的兩大因素

羅特採社會學習的觀點建構其人格理論時，提出了一個異於其他人格理論的理念，他認為人格理論的價值，端在能預測人的行為。心理學家在建構人格理論時，不能單憑學理的觀點去解釋人格結構中包括那些因素，而應從一般人在行為表現中，分析影響個人決定表現何種行為的心理因素。了解影響行為決定的心理因素之後，才能有效地預測人的行為。基於此一理念，羅特舉出某一大學畢業生選擇就業機會為例，用以說明影響個人抉擇行為的兩大心理因素 (Rotter, 1954)。設有一大學畢業生同時申請符合自己專長的兩個工作機會，第一個機會的年薪是 15,000 美元，另一個機會是 29,000 美元。如從客觀立場預測，該生自應按工作報酬高低而申請第二個機會。但羅特認為行為預測沒有如此簡單。羅特指出，在此情境之下預測人的行為時，必須同時考慮兩種因素：(1) 報酬價值的高低：在報酬價值高低不同的情形下，個人自然傾向於選擇高報酬的機會。從學習心理學的觀念言，報酬也就是工作後的強化作用。因此，羅特稱工作後的報酬為**強化值** (reinforcement value，簡稱 RV)。根據此一因素預測，該生自應申請年薪高的就業機會。(2) 預期後果的機率：意指個人憑主觀判斷行為表現之後可能成功的機會。根據此一心理因素預測，該生如自認在眾多申請者中自己條件未必超越他人時，他可能決定放棄高薪改而申請報酬較低的機會。基於此義，可知羅特以社會學習原理解釋人格時，同時重視強化與認知兩個理念。

(二) 制控信念的個別差異

羅特以社會學習的觀點解釋人格問題時，除了解釋外來的強化作用 (報酬) 影響個人行為之外，認為個人對報酬之獲得與自己行為後果間之關係的看法，更是形成個人獨特性格重要因素。以學生讀書應考後得到成績等級為例，考後成績等級與考前用功程度有何關係？學生們回答此問題時，看法未必一致。有個學生得到甲等後，自認那是自己努力的結果。也許另一個學生對自己甲等成績視為運氣。按羅特的解釋,這兩個學生之所以看法不同,是由於他們各自懷有不同的制控信念。所謂**制控信念**(或**控制點**)(locus of control),是指個人對形成自己行為後果責任歸屬的主觀看法。在某種情形下,個人的行為後果是一種事實(如考試不及格),但對形成此一事實的責任歸屬的解釋,當事者的看法卻未必一致。因此,羅特將制控信念視為評定個別差異的人格特徵。並將所有人區別為兩種類型:一類稱為**內制控信念型**(internal locus of control);屬於此類型的人,相信個人的行為後果的責任歸屬自己。準此推論,前例中第一個學生即屬內制控信念型。屬於內制控信念型的人,一般相信個人的命運掌控在自己手中。另一類是**外制控信念型**(external locus of control);屬於此一類型的人,相信個人的行為後果的責任不歸屬自己,而是由於外在因素所控制。準此推論,前例中第二個學生即屬外制控信念型。屬於外制控信念型的人,一般相信,自己的命運操之於外在因素。至於外在因素為何,可能是別人,也可能是運氣等。

第五節　人格測驗

　　本章一至四節所討論者均屬人格理論。各家人格理論所探討的問題中,除對人格的形成、結構、發展等各方面持有不同理念之外,對人格的個別差異現象,卻是公認的事實。心理學家們為了鑑別人格的個別差異,自然就發展出了一些測量人格的工具;此等測量人格差異的工具,就是**人格測驗**(personality test)。與第十章所討論過的智力測驗相對照,兩類心理測驗有相同之點,也有相異之處。兩類心理測驗的相同之點有三:(1)兩類測驗同樣都必須具備心理測驗應有的**標準化**、**信度**、**效度**等條件(詳見第十章第一節);(2)兩類測驗的編製,同樣都是根據心理學家的理論;(3)各家人格理論均以"自我"為理論的中心,故而所有人格測驗也都是以了解當事人對自我的看法為測驗的目的。兩類心理測驗的主要相異之點是，雖人格測驗的目的也企圖採客觀量化（將測驗結果化為分數）的方式，用以表示個別差異，但所表示者不像智力那樣在同尺度之下比較高低（如 IQ 120 者比 IQ 100 者高出 20 個分點），而是就某些情境性問題做根據，觀察受試者的心理反應，從而比較其性格上的差異。換言之，智力測驗旨在評定智力差異的高低，人格測驗只能鑑別性格差異的傾向。差異的傾向與高低不同，高低帶有優劣含義，傾向則無良窳之分；人的性格雖有內向外向之分，但絕不能斷言那種性格是人的缺點。惟其如此，人格測驗在應用上不在了解一個人在能力上能否學什麼或能否做什麼，而是在於了解一個人在性格上適合學什麼做什麼。因此，人格測驗一般用來做為學業或職業輔導以及心理異常與否診斷之用。

由於人格測驗的編製係以人格理論為根據，綜合前幾節所介紹的各家理論，人格測驗大致可劃分為自陳量表式與投射技術式兩大類型。

一、自陳量表式人格測驗

前文曾經指出，人格測驗的目的是藉由個體對其"自我"的看法，從而鑑別一般人在性格上的差異。自陳量表式的人格測驗，就是根據此一理念而設計的。所謂**自陳量表** (self-report inventory)，是指一種問卷式的人格測驗，量表中列有很多陳述性的題目，受試者可按題目中所述適合於自己情形者選答。自陳量表中的題目，其所陳述者均為假設性的行為或心理狀態，其陳述方式多採用第一人稱。填答時，多半採兩種方式：一種方式是逐題評定式，由受試者在每題之後所列的是 □，否 □，與不一定 □ 三者之中，選擇適合於自己的陳述作答。以下就是此類題目及填答方式的例子。

我從來不做冒險的事。	是 □	否 □	不一定 □
我對自己的工作常感力不從心。	是 □	否 □	不一定 □
我怕從高處俯視。	是 □	否 □	不一定 □
我常常覺得有人注視我的行動。	是 □	否 □	不一定 □
我時常感到胃不舒服。	是 □	否 □	不一定 □
我每天早晨總會有沈悶的感覺。	是 □	否 □	不一定 □

自陳量表填答的另外一種方式，是讓受試者在兩種陳述中選取其一。以下就是此類題目及填答方式的例題：

A. 我喜歡公開批評那些有權勢有地位的人。 ☐
B. 我在長輩或有權勢人物的面前會感到膽怯。 ☐
　　　＊　　　＊　　　＊　　　＊
A. 我喜歡向別人訴說我自己打算做的事。 ☐
B. 我喜歡不聲不響地向自定的目標去努力。 ☐
　　　＊　　　＊　　　＊　　　＊
A. 我在人多熱鬧的場所會感到不自在。 ☐
B. 我喜歡參加有很多人在場的活動。 ☐

根據本章之初的人格定義可知，人格是個體在生活適應時由其表現的獨特反應而顯現。上述自陳量表式的人格測驗題目，目的是在列舉很多假設的生活情境與可能的適應方式，讓受試者選答。顯然，此等假設的生活情境，必須包括現實生活中的很多層面，而且也須顧到受試者的生活背景。否則所得結果將無從推知受試者的人格特質。因此，一般人格測驗的編製，在選擇題目時，總會考慮到兩方面的生活情境：一方面是共同性的，諸如對自己的身體、對家人關係、對男女感情、對朋友交往、對金錢使用、對自我關懷、對社會秩序等均屬之。另一方面是特殊性的，諸如適於學生用者，就得包括有關學校生活情境；適於心理異常人用者，就得包括有關心理異常者的生活情境。甚至，可以想像的是，適合於男性的人格測驗，未必適合於女性；適合於成年人的人格測驗，未必適用於青年人。這一點也就是第十章之初曾討論過的測驗標準化與效度問題。

前文曾經提出，人格測驗的形式與人格理論有關。從此一觀點上看，在本章介紹的四種人格理論中，採特質、人本、行為三種取向解釋人格時，比較適合採用自陳量表做為測驗工具。

二、投射技術式人格測驗

前述自陳量表式的人格測驗，其最大的特點是，有固定的題目，而且題意明確,受試者只須按題填答,自可得到結果。惟自陳量表之特點,是優點也是缺點,優點是易於使用,易於解釋;缺點是因受試者的反應受到題目的限制,所測到的反應,未必真正代表受試者的心理特質。投射技術式的人格測驗,就是為了補救此一缺點而設計的。所謂**投射技術** (projective technique),是指提供受試者一種曖昧的刺激情境,讓他在不受限制的情境下,自由反應,從而分析探究受試者隱而不顯的人格特質。心理學家對投射技術的功用持有一種假設,認為受試者面對曖昧刺激情境時,因為不受明確題意的限制,反而容易自由表達,在不知不覺中將內心隱藏的問題投射在反應之中。根據此種假設所編製的人格測驗,即稱為**投射測驗** (projective test)。最常用的投射測驗有以下兩種:

(一) 羅夏墨漬測驗

羅夏墨漬測驗 (Rorschach Inkblot Test),因係由瑞士精神病學家羅夏 (Hermann Rorschach, 1884~1922) 於 1921 年所設計編製,故名。該測驗包括十張內容不同的墨漬圖片,其中五張為黑色,兩張為黑紅二色,三張為彩色 (圖 11-13),該測驗當初製作時,是將墨汁滴於紙片中央,然後將紙片對折猛壓,使墨汁四溢,形成不規則但對稱的各種圖形。羅夏曾以各種不同形狀的圖形,對各種不同受試者 (包括正常人與精神病患) 測試,最後選定具有代表性的十張,作為曖昧刺激情境的測驗題目之用。讀者可以想像,

圖 11-13 與原羅夏墨漬測驗類似的圖片
(根據 Rorschach,1921 資料製作)

不同的受試者，面對圖 11-13 的墨漬圖形時，定會表現出不同的反應。

羅夏墨漬測驗的十張圖片，編有一定的順序，使用時每次出示一張，同時向受試者發問："你看這張圖形像什麼？"，或問："這張圖形會使你想到什麼？"並允許受試者轉動圖片，從不同角度去觀看該一圖形。測驗實施時，每次以一位受試者為對象，記分方法根據預訂標準以觀察受試者對各圖形的部位、形狀、顏色等各方面所表現的反應。

（二） 主題統覺測驗

主題統覺測驗 (Thematic Apperception Test，簡稱 TAT) 是由美國心理學家默瑞 (Henry Alexander Murray, 1893～1988) 於 1935 年所編製。全套測驗包括 30 張卡片，按實施對象不同分為四組，每組有 20 張卡片，其中 19 張是題意曖昧的圖片，另有一張為空白卡片。採用此類圖片做為人格測驗，其方式與兒童看圖說故事的情形類似。實施時，對受試者反應的內容不加限制，但須符合以下四要點：(1) 圖中所顯示者是何情境；(2) 圖中情境的發生是何原因；(3) 將來演變下去可能有何結果；(4) 個人對此情境中的一切有何感想。圖 11-14 即主題統覺測驗中的一種情境。

圖 11-14
與原主題統覺測驗類似的圖片
(根據 Murray，1943 資料製作)

主題統覺測驗的目的，是想藉由曖昧圖形的情境為主題，要求受試者針對圖形情境撰寫一個故事。旨在讓受試者不知不覺地藉著對故事情節的客觀描述（他或她如何如何），而投注其主觀的意識，從而流露出潛藏在內心深處不為人知的隱情。

綜觀以上所介紹的兩種類型的人格測驗，無論是自陳量表式，或是投射技術式，在使用上與用以作為工具真正了解受試者人格的目的，尚差一段距離。自陳量表的題意明確，便於使用，但因題目範圍有限，未必能根據限定的題目測試出受試者內心中的問題。又因題意明確，如遇題意涉及**社會願望**(social desirability) 者，受試者可能避而不答，或採取符合社會願望的方向選答，藉以掩飾自己的本意。因為，社會願望是代表社會上一般人的價值取向；如果用這樣一個題目"我不喜歡讀書"要十歲的小學生選答，即使這題目正合他心意，也可能因讀書才符合社會願望而選作"否"的答案。

投射測驗有其優點，既可免除上述因社會願望而作假的情形，又可藉以測出受試者隱藏在內心深處潛意識方面的問題。但投射測驗缺點仍多，以下四個缺點一直被認為很難改進：(1) 評分缺乏客觀標準；(2) 測驗結果不易解釋；(3) 測驗的**效度**不易建立；(4) 測驗形式雖然簡單，但原理深奧，非經專門訓練，不易使用。

總之，無論是從理論的或是從實用的觀點來看，人格測驗的發展都是極為重要的，可是從人格測驗迄今未能避免的缺點來看，人格測驗的發展尚未達到理想的地步。

本 章 摘 要

1. **人格**（或**性格**、**個性**）指個體在生活歷程中對人、對事、對己及對整個環境適應時所顯示的獨特個性；而此一獨特個性，係由個體在其遺傳、環境、成熟、學習等因素交互作用下，表現於動機、興趣、態度、自我觀念、生活習慣以及行動等身心多面的特質所組成；由多種特質所形成的人格，在心理與行為表現上，具有相當的統整性、持久性與獨特性。

2. 弗洛伊德的精神分析人格理論，有三個基本理念：(1) **精神決定論**；(2) **潛意識動機**；(3) **本能觀**。

3. 弗洛伊德人格理論包括人格發展與人格結構兩部分，前者分**口唇期**、**肛門期**、**性器期**、**潛伏期**、**兩性期**五個時期；後者分**本我**、**自我**、**超我**三個層次。

4. 弗洛伊德所說的**防衛機制**有很多種形式，其中主要者有**壓抑**、**否認**、**投射**、**合理化**、**轉移**、**反向作用**、**補償**、**昇華作用**等。

5. 阿德勒的**個體心理學**思想中，有四點重要理念：(1) **人性自主**；(2) **追求卓越**；(3) **自卑情結**；(4) **生活格調**。

6. 榮格的**分析心理學**思想中，有四點要義：(1) 自我的功能；(2) 兩種潛意識；(3) 人格內動力；(4) 人格的發展。

7. 霍妮的人格理論有三點重要理念：(1) **基本焦慮**；(2) **神經質需求**；(3) **理想化自我**。

8. 沙利文的**人際關係論**中有四點要義：(1) 人性在社會情境中顯現；(2) **自我動力**形成**自我體系**；(3) 人格發展繫於認知經驗；(4) 參與觀察式的心理治療。

9. 奧爾伯特的**人格特質論**，將人格特質分為兩類別及三層次；兩類別指**共同特質**及**個人特質**；三層次指**主要特質**、**中心特質**及**次要特質**。

10. 卡特爾的**人格因素論**將人格特質分兩類：(1) **表面特質**；(2) **根源特質**。

11. 艾森克的**人格類型論**，將人格納入兩個連續性的維度來分析；一個維度是內向-外向性，另一個維度是穩定-不穩定性。這兩個維度構成的平面包括所有不同的人格類型。

12. 馬斯洛**需求層次論**的人格理論，將**自我實現**視為人格成長的基本動力。

13. 羅杰斯人格**自我論**有兩個重要理念：(1) 自我是人格的核心；(2) 自我實現有賴於**無條件積極關注**。

14. 行為主義取向的人格理論，本書介紹班杜拉與羅特兩人的**社會學習論**；

前者對人格解釋持**交互決定論**理念，後者則採**制控信念**的觀點。
15. 用於測量人格的人格測驗，主要分為**自陳量表**及**投射測驗**兩大類；後者包括**羅夏墨漬測驗**與**主題統覺測驗**。

建議參考資料

1. 江光榮 (2000)。人性的迷失與復歸——羅杰斯的人本心理學。武漢市：湖北教育出版社。
2. 車文博 (2001)：人本主義心理學。台北市：東華書局 (繁體字版)。杭州市：浙江教育出版社 (簡體字版)。
3. 張春興 (2002a)：心理學思想的流變——心理學名人傳 (修訂版)。台北市：東華書局 (繁體字版)。上海市：上海世紀出版集團教育出版社 (簡體字版)。
4. 黃希庭 (1998)：人格心理學。台北市：東華書局 (繁體字版)。杭州市：浙江教育出版社 (簡體字版)。
5. 高玉祥 (1989)：個性心理學。北京市：北京師範大學出版社。
6. Allen, B. P. (2000). *Personality theories: Development, growth, and diversity* (3rd ed.). Boston: Allyn & Bacon.
7. Bandura, A. (1985). *Social foundations of thought and action: A social cognitive theory*. Englewood Cliffs, NJ: Prentice-Hall.
8. Chacles, S. C., & Micha, F. S. (2000). *Perspectives on personality* (4th ed.). Boston: Allyn & Bacon.
9. Fine, R. (1979). *The history of psychoanalysis*. New York: Columbia University Press.
10. Stevens, R. (1993). *Freud and psychoanalysis: An exposition and appraisal*. Milton Keynes, Philadelphia: Open University Press.

第十二章

社會心理

本章內容細目

第一節 社會認知
一、社會認知的基本要義 467
　㈠ 人知覺是社會認知的心理基礎
　㈡ 社會事件是認知處理的訊息
二、印象的形成 469
　㈠ 初始效應
　㈡ 社會基模
三、對社會行為的歸因解釋 472
　㈠ 海德的歸因論
　㈡ 凱利的共變論

第二節 態度的形成與改變
一、態度的定義及相關概念 476
　㈠ 態度的定義
　㈡ 態度的相關概念
二、態度的形成 478
　㈠ 態度形成的學習因素
　㈡ 態度形成的遺傳因素
三、態度的改變 481
　㈠ 溝通與說服
　㈡ 態度的自我改變

第三節 社會互動
一、社會影響 486
　㈠ 從　眾
　㈡ 依　從

　㈢ 服　從
　㈣ 盲　從
二、親社會行為 489
　㈠ 旁觀者效應
　㈡ 影響助人行為的心理因素
三、人際吸引與親密關係 492
　㈠ 影響人際吸引的因素
　㈡ 親密關係的形成
　㈢ 愛情與婚姻

第四節 團體行為
一、團體對個體行為的影響 499
　㈠ 社會助長與社會抑制
　㈡ 腦力激盪與社會浪費
二、團體決策 500
　㈠ 團體極化
　㈡ 集體思維
三、領袖與領導 503
　㈠ 領袖的功能與類別
　㈡ 領袖的產生
　㈢ 菲德勒的領導權變論

本章摘要

建議參考資料

在本章之前，本書所討論的心理學主題，在性質上都是針對個體的行為與心理歷程的探討；無論是心理的生物基礎、感覺知覺與意識、學習記憶與思維、生命全程的身心發展、動機與情緒或智力與人格的個別差異，其討論內容均未脫離個體的行為與心理歷程的範圍。本章之內容則是轉而從團體中的個人著眼，分析探討兩方面的行為與心理的問題：一方面將探討團體中個體間交互的影響；別人如何影響個人，個人如何影響別人。另方面將探討團體與個人間彼此的影響；團體如何影響個人，個人如何影響團體。在整個心理學領域中從事此類問題研究者，就是**社會心理學** (見表 1-3)。

雖然古代哲學心理學家對個人與團體關係的問題頗多爭議，而且其中持自由意志思想者反對以團體行動限制個人，但就人類現實生活的需求看，個人是無法離羣索居的。個人既無法脫離團體而生存，因而個人與個人間以及個人與團體間，如何和諧相處而建立祥和社會，自然就成了社會心理學研究的主題。在整個心理學領域內，社會心理學的興起較之其他學門為遲，其興起約在 20 世紀 30 年代以後。惟興起後發展迅速，而且研究層面甚廣，幾乎涉及人類行為與心理上所有的問題。本章因受限於篇幅，只擬就社會心理學中選取以下四個主題從事簡要討論：(1) **社會認知**，探討個人如何認識別人以及如何經由認知歷程解釋自己與別人行為現象的問題；(2) **態度**的形成與改變，探討個人態度形成的心理歷程與如何改變態度的問題；(3) **社會互動**，探討社會情境中個體與個體間在行為與心理上如何交互影響的問題；(4) **團體行為**，探討個人行為如何受團體影響以及個人行為如何影響團體行為的問題。經過本章討論之後，希望讀者能對社會心理學獲得以下的認識：

1. 社會認知的心理歷程。
2. 對社會行為的不同理論解釋。
3. 態度形成的心理因素與態度改變的過程。
4. 個人在團體中的社會互動。
5. 人際間親密關係形成的心理歷程。
6. 團體對個人行為的影響。
7. 個人對團體行為的影響。

第一節　社會認知

社會心理學研究的主題是人類的社會行為。所謂**社會行為** (social behavior)，是指個體受別人或團體影響所形成或改變的一切行為。惟社會行為所指的"行為"，並非只限於表現於外的活動，而是包括著內在的認知、感情、意志等複雜心理歷程。本節所討論的社會認知，即係在社會行為這個主題下，探討在社會情境中個體外顯行為與內在認知心理歷程的問題。

一、社會認知的基本要義

社會認知是 20 世紀 70 年代認知心理學興起之後，社會心理學家才開始採取**訊息處理論** (見第六章第二節) 的理念對人類社會行為進行研究的新主題。**社會認知** (social cognition) 是指個體在社會情境中，將人所表現的社會行為視為一種訊息，而予以認識、記憶、分類、儲存、思維、推理、判斷等處理的複雜心理歷程。此一概念中尚有兩點要義需略加解釋：

（一）　人知覺是社會認知的心理基礎

從訊息處理論的觀點看，社會認知是以人知覺為心理基礎的。人知覺與物知覺是相對的概念。所謂**物知覺** (object perception)，是指個體對周圍物理環境中各種物體所得各種知覺而言。本書第三章內所討論的知覺，事實上也就是物知覺。物知覺包括對物體的形狀、大小、遠近、顏色等各種特徵所得的知覺。因此，從訊息處理論的觀點言，物知覺可視為個體對周圍物理環境中物體本身所具特徵為訊息予以認識、記憶、分類、儲存、思維、推理、判斷等處理的複雜心理歷程。在第三章內曾經提到，個體對物體所得知覺，並非全然客觀地代表物體特徵的真相，而是相當程度地將物體的特徵予以主觀的解釋。第三章中所討論的**錯覺現象**，正是物知覺失真的明顯事實。基於此義可知,與物知覺相對的**人知覺** (person perception),乃是個體以社會情境中他人所表現的行為特徵做為訊息,予以認知處理的複雜心理歷程。人知覺包括對人的性別、年紀、服飾、身份、體型、面貌以及言行舉止等各特徵所得知覺。因為人知覺都是產生於人與人接觸的社會情境之中,故而人知覺也稱**社會知覺** (social perception)。人在物理環境中從某種物體所得物知覺,即使不能全然代表該物體特徵的真相,但對一般人而言,大致上仍然具有相當程度的共同性 (如大家都會覺得藍天白雲比烏雲滿天好看)。物知覺之所以具有共同性的原因,主要是做為物知覺對象的物體本身不具備獨特的個性。人知覺則沒有如此簡單;做為人知覺對象的他人,除了像物體那樣具有外觀的形貌之外,每個人都具有他獨特的個性。職是之故,在社會情境中以他人為對象討論社會知覺時,不能像對物知覺那樣輕易遽下判斷。此即社會認知之所以成為社會心理學研究重要主題之一的原因。

(二) 社會事件是認知處理的訊息

在第三章討論感覺與知覺以及第六章討論訊息處理論如何解釋記憶歷程時,曾多次提到人類學習事物時從刺激到反應過程中所產生的變化。刺激是一個外在的物理事件,刺激本身不能直接引起反應,刺激必須先影響到感官產生感覺,此即由物理事件變為生理事件而後轉化為心理事件的前一段;經由腦神經中樞的運作,將感覺變成知覺,此即由生理事件變為心理事件的後一段。心理事件形成之後,再由腦的相關部位發號施令而表現出適當的反應 (動作或語言),此即由心理事件變為行為事件的階段。由物理事件的刺激變為行為事件的反應,其間經過的時間也許只有幾分之一秒,但其間的變化則必須經過生理與心理兩段歷程。認知心理學的訊息處理論所解釋的一切學習與思維,全都離不開此一理念。惟訊息處理論興起後初期所研究者,在研究個體如何獲得知識時,多限於以知識原形的物理事件 (文字圖形等) 為刺激,經由生理事件而轉化為感覺與知覺等心理事件歷程的解釋 (見圖 6-1)。訊息處理論用於研究人的社會認知時,則是在於以社會情境中他人行為 (包括團體) 所形成的社會事件為刺激對象,經由生理事件而轉化為感覺與知覺等心理事件之歷程的解釋。由他人行為所形成的社會事件,遠比物體特徵所形成的物理事件為複雜,原因是除了他所表現的外顯行為特徵之外,尚需考慮其外顯行為背後的心理歷程,否則將對此人此事無法認識或了解,更無法獲得社會認知。以教師要小學三年級學童回答"方形的四個角切去一個角,還剩三個角對不對?"問題為例,如果某兒童只是搖頭而不回答,教師將無從理解學童搖頭所代表的認知反應。學童可能因不了解教師的題意而搖頭,也可能知道答案不一定是三個角而搖頭(因切法不同而有三種不同答案)。如屬對簡單的問題題意都不能理解,教師可判定該學童智能甚低;如屬他不同意教師的提問方式,該學童就可能是智能優異。

基於以上討論,可知以社會事件為基礎的社會認知研究,將遠比以物理事件為基礎的認知研究為困難;而困難的原因主要繫於不能只看人的行為表面,而必須推理解釋行為背後的原因。基於此一理解,我們進一步討論有關社會認知的兩個基本問題:其一是對他人印象的形成;其二是對他人行為的歸因解釋。

二、印象的形成

基於前文討論,可知社會認知是在社會情境中,以對他人所得人知覺為基礎而做的認知處理。經由此番認知處理的歷程,個體自然就會對於所面對的人在心理上形成一個印象。像此種經由人知覺對他人認知處理從而獲致印象的心理歷程,即稱為**印象形成** (impression formation)。可以想見的是,對某人形成印象時,其初次見面時所得的人知覺,對整體印象的形成將發生重要的影響作用。因此,**第一印象** (first impression) 即成了社會認知研究中的一個重要主題。在日常生活中對人形成第一印象的機會很多:教師初次上課會給學生留下第一印象;演員初次登台會給觀眾留下第一印象;求職者應徵與公司負責人面談,會給雙方留下第一印象;經別人介紹初次會見異性朋友,也會使彼此留下第一印象。正因為第一印象如此重要,所以有社會經驗的人都會建議當事人在與重要人物見面之前,應刻意準備一番(如整肅儀容與預擬談話腹稿等),以期使對方留下深刻而良好的第一印象。像此種常識性的看法,從多年來社會心理學家們研究的結果看,已經得到了驗證。社會心理學家們咸認,第一印象是對他人印象形成的重要階段。第一印象形成之後,以後的印象便不易改變。第一印象既如此重要,接下去即以兩點說明影響第一印象的因素。

(一) 初始效應

在社會情境中與別人接觸時,對方在外型上或性格表現上最突出又最引人注意者,將會使你留下深刻的第一印象。在外型方面,體型、容貌、服飾等超常或出眾者,容易加深人的第一印象。原因是屬於人的外型條件,在社會情境中即使未曾與他接近,也會對他留下印象。如果火車車廂內出現一個體重 100 公斤以上的女學生,全車廂的旅客毋須介紹也都會對她留下深刻印象,而且久久不忘。像此種最先引起人知覺反應而影響印象形成的現象,稱為**初始效應**。在第六章第一節討論記憶測量時,曾經提到過初始效應的概念。惟當時所指者是語文學習後的記憶。初始效應用於解釋對人的第一印象時,除對方的外型是最重要因素之外,對方的行為舉止以及介紹者對其性格特徵的描述方式,也是影響因素之一。以教師由學生成績表現而形成對學生的印象為例。假設同一班級中有王李兩生,一學期內各有三次考試成績,王生第一次成績全班第一,第二次名列第三,第三次名列第十;而李生三次考試成績則分別是第七、第八及第十。如果單從第三次考試成績看,王李二生成績相等,但如從教師對兩個學生的印象去設想,很可能對兩個學生的第三次成績表現,給予不同的解釋,教師可能認為王生的名次滑落是意外。果如是,王生第一次考試的突出表現,使教師對他的印象產生了初始效應。

在用文字或口語介紹人的性格時所採用的描述方式,也會對接受者的第一印象發生影響。曾有心理學家設計如下的實驗,用以驗證初始效應對第一印象的影響。該實驗將受試者分為兩組,分別看描述 A、B 二人性格特質的六個形容詞;兩組所看的六個形容詞完全相同,所不同者只是排列的順序而已。描述 A、B 兩人性格特質的六個形容詞各自排列的順序是 (Asch, 1946):

A 的性格是精明的、勤勉的、衝動的、善辯的、倔強的、嫉妒的。
B 的性格是嫉妒的、倔強的、善辯的、衝動的、勤勉的、精明的。

經受試者評定後,研究者發現:儘管所列六種性格兩組完全相同,只因排列先後順序的差異,影響了受試者對人印象的評定:受試者多對 A 君給予正面的印象,以最前兩項性格特質做為判斷的主要根據;對 B 君給予負面印象,同樣也是只重視了前兩項性格特質。研究者進一步分析發現,凡是對 A 君有正面印象的人,不但把前兩項性格視為形成印象的主要根據,而且把後面"善辯的"性格做正面的解釋 (精明的人才會善辯)。同理,凡是對 B 君有負面印象的人,不但把前兩項性格做為印象形成的主要根據,而且把後面"善辯的"的性格做負面的解釋 (倔強的人才會善辯)。

(二) 社會基模

前文提到根據人知覺對別人形成社會認知時,在心理運作上不僅包括對人的外顯特徵,而且也包括對其行為及性格特徵的推理解釋。對別人行為推理解釋時,要靠個人經驗中已有的相關知識;而此等相關知識即個人自幼學習儲存在長期記憶中的訊息。此等訊息是經過分類、整理、組織後儲存起來的。使用時可以經由檢索歷程一併提取出來與面對人物刺激核對,如核對後有部分特徵與記憶中儲存的訊息符合,就對他歸類於何種人物。此一概念說明的是,人有對環境事物分類處理的一種**認知結構**,在第八章第一節介紹皮亞杰的認知發展理論時,提到皮亞杰稱此種認知結構為**基模**。惟皮亞杰在解釋兒童如何運用基模以認識周圍世界時,是指人知覺之外的一切物知覺。社會心理學家將皮亞杰所提出的基模理念用於解釋人知覺,故而稱為**社會基模** (social schema)。個體在社會認知歷程中運用基模對人的性格特徵做推理解釋時,多半是根據對人所得部分知覺,擴大推理他的其他性格,從而判斷他是一個什麼樣的人。假如看到一個服裝整齊的中年人面對一羣青少年講話,你就會推理解釋該中年人可能是位中學教師。一想到中學教師,為人師表角色應有的性格,諸如言行較嚴謹、思想較傳統、知識有專長、生活較規律、服飾較保守等,就會從記憶中將與教師概念相關聯的一切訊息檢索出來加在眼前所見的教師身上。事實上,上述有關教師的多種性格,在當時多半是看不到的,是隱而不顯的;只因是自幼經學習經驗而形成的社會基模,在此時發揮了擴大認知作用。在日常生活中,靠社會基模獲得認知的事例很多,例如，看到手中抱幾本書本的青年人，就會擴大認知他可能是大學生；看到提個籃子出門的中年女性，就會擴大認知她可能是家庭主婦；看到坐在豪華汽車後座的中年男子，就會擴大認知他不是達官就是富賈。一旦認定所知覺的對象是學生、家庭主婦或達官富賈之後，對這幾類人的不同性格，就會分別從記憶中檢索出來加以核對。由此觀之，個體根據社會基模對人獲得社會認知的現象，事實上是一種根據對人所見部分特徵而對其他相關特徵的聯想。因此，有的心理學家 (Schneider, 1973) 將此種根據部分外顯性格特徵去推理解釋其他多種隱而不顯的性格特徵的說法，稱之為**隱聯性格論** (implicit personality theory)。

三、對社會行為的歸因解釋

本節前文所討論的對人印象的形成，只能算是社會認知歷程中的一種基本社會心理。可以想見的是，個體對他人的言行舉止形成某種印象之後，自將進一步為其言行舉止上的特徵設定原因，且在心理上給予自認是合理的解釋。在日常生活中對他人行為歸因解釋的心理現象時時存在；教師對學生逃學行為會歸因，法官在判決時對犯人的行為會歸因，政治評論家對張三當選李四落選的結果，也會歸因。

對一般人的歸因心理從事分析研究，從而建構系統理論的心理學家，多年來已發展出多種理論，其中以下列兩種理論最受到心理學界重視。

(一) 海德的歸因論

關於個體對他人行為的歸因解釋，美國社會心理學家海德 (圖 12-1) 在 20 世紀 50 年代首先提出一種理論解釋，稱為**歸因論** (attribution theory) (Heider, 1958)。按海德歸因論的解釋，謂一個人在某種社會情境下之所以表現某種行為，歸根究柢不出內在與外在兩類原因。內在原因所指者是屬於當事人本身的因素；舉凡身心需求、動機、情緒、態度、習慣、價值觀等，均屬內在因素，而此等內在因素將影響甚至決定個人的行為。外在原因所指者是屬於個人本身以外的因素；舉凡社會規範、法律規定、職業特性、工作負擔、氣候變化等等,均屬個人本身之外的因素,而此等外在因素也是影響甚至決定個人行為的原因。在個體對他人行為歸因解釋時,如果只重視當事人的內在因素,那就是**內在歸因** (internal attribution)。反之,如果對他人行為歸因解釋只重視外在因素,那就是**外在歸因** (external attribution)。又因內在歸因時所考慮者偏重於當事人的性格因素,故而又稱**性格歸因** (dispositional attribution)。同時外在歸因時所考慮者偏重於當事人的情境因素,故而又稱**情境歸因** (situational attribution)。從日常生活的經驗看,海德的歸因論是具有實踐價值的。以飛機發生重大空難事件為例,司法機關研判失事原因時,其偵察線索總是不出人為因素及機件因素兩個取向。如果偵察結果發現駕駛人員有酗酒習慣,內在歸因自然就成為研判的主要根據。反之,如發現飛機的機件臨時故障是肇事的原因,外在歸因自然就成為研判的主要根據。

　　海德的歸因論提出後,其他心理學家相繼研究,並做了補充。其中最重要的補充是基本歸因誤差的概念。所謂**基本歸因誤差** (fundamental attribution error),是指某人表現某種社會行為時,別人對他行為原因所做解

圖 12-1　海　德
(Fritz Heider, 1896～1988) 是 20 世紀美國社會心理學家,是首先提出歸因論對社會行為給予系統解釋的心理學家。

釋與當事人自己的解釋有所不同；別人解釋他的行為時，偏重採性格歸因，而當事人自我解釋時，則偏重情境歸因。像此種對別人行為解釋偏重性格歸因而忽略情境歸因的心理傾向，就稱為基本歸因誤差 (Rose, 1977)。在日常生活中，基本歸因誤差的情形很多。以學生打架打傷同學因而違犯校規行為為例，教師可能將喜歡打架學生的行為歸因於他性格頑劣，而學生本人則可能將打傷同學一事歸因於該同學侵犯他而做出不得已的防衛行為。

由基本歸因誤差的現象看，可以想見的是，一種行為發生後，不僅旁觀者與行為當事人對該行為發生原因的解釋不同，就是同屬觀察的數人，其歸因方式也未必完全一致。惟其如此，海德的歸因論之後乃有其他不同理論的產生。

(二) 凱利的共變論

對社會行為發生原因的解釋，自海德提出歸因論之後，在社會心理學理論建構上一度成為一個熱門主題。在眾多理論中以美國心理學家凱利 (Harold Kelley, 1921～) 提出的共變論最受重視。所謂**共變論** (covariation theory)，是指吾人觀察別人在某種社會情境中所表現的某種行為時，不僅應考慮到影響其行為的外在因素或內在因素而給予情境歸因或性格歸因，同時也需要考慮到當事人的性格可能因情境不同而表現出不同行為的問題。換言之，解釋別人某種行為時，必須考慮到當事人的性格與情境二者的共變關係。凱利曾建議，要了解某人某種行為的真正原因，必須根據三種特徵為標準去多次觀察他的行為，然後才能確定如何給予歸因解釋。凱利建議的三種特徵是 (Kelley, 1973)：(1) 共同性：他的行為是不是跟別人一樣；(2) 特殊性：他的行為是不是只在此一特殊情境下表現；(3) 一致性：他的行為是不是在同樣情境下會重復出現。根據凱利的歸因共變論理念，試舉觀察某人搭公車插隊行為為例，用以說明共變論在實際生活中的應用 (見圖 12-2)。

從圖 12-2 的內容看，可知在觀察別人社會行為時，不能僅憑單一事例就肯定做成情境或性格歸因解釋。因此，從社會認知的觀點言，必須根據同樣情境和不同情境下多次觀察結果，始能真正了解對方的為人。

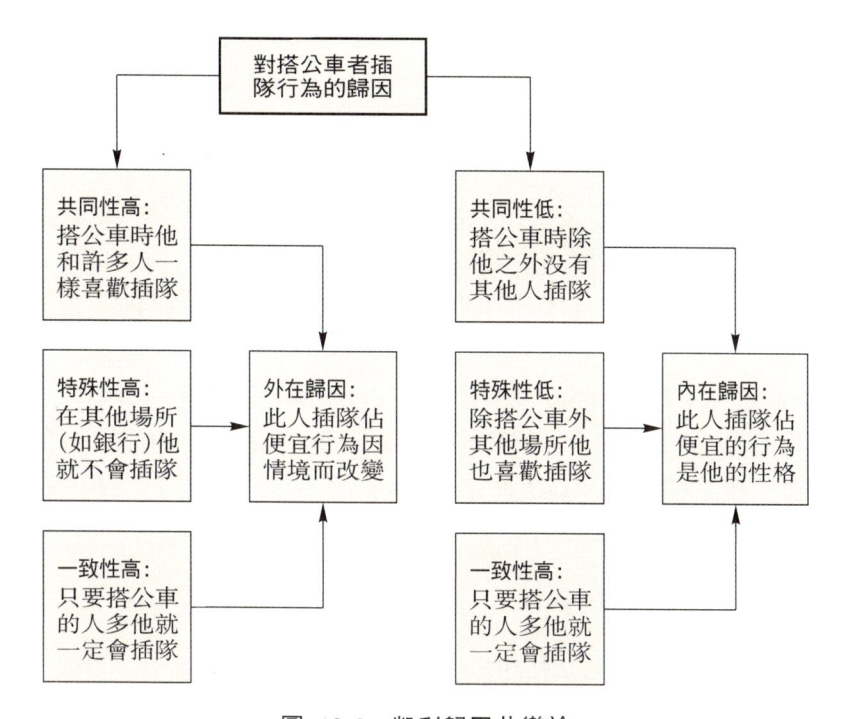

```
                    ┌─────────────┐
                    │對搭公車者插 │
                    │隊行為的歸因 │
                    └─────────────┘
           ┌───────────┘     └───────────┐
           ▼                             ▼
    ┌─────────────┐              ┌─────────────┐
    │共同性高：   │              │共同性低：   │
    │搭公車時他   │              │搭公車時除   │
    │和許多人一   │              │他之外沒有   │
    │樣喜歡插隊   │              │其他人插隊   │
    └─────────────┘              └─────────────┘
           │                             │
           ▼                             ▼
    ┌─────────────┐  ┌─────────────┐  ┌─────────────┐  ┌─────────────┐
    │特殊性高：   │  │外在歸因：   │  │特殊性低：   │  │內在歸因：   │
    │在其他場所   │─▶│此人插隊佔   │  │除搭公車外   │─▶│此人插隊佔   │
    │(如銀行)他   │  │便宜行為因   │  │其他場所他   │  │便宜的行為   │
    │就不會插隊   │  │情境而改變   │  │也喜歡插隊   │  │是他的性格   │
    └─────────────┘  └─────────────┘  └─────────────┘  └─────────────┘
           │                ▲                │                ▲
           ▼                │                ▼                │
    ┌─────────────┐         │         ┌─────────────┐         │
    │一致性高：   │         │         │一致性高：   │         │
    │只要搭公車   │─────────┘         │只要搭公車   │─────────┘
    │的人多他就   │                   │的人多他就   │
    │一定會插隊   │                   │一定會插隊   │
    └─────────────┘                   └─────────────┘
```

圖 12-2　凱利歸因共變論
（根據 Kelley, 1973 理論要義繪製）

第二節　態度的形成與改變

　　前節所討論的社會知覺、社會認知以及社會行為歸因等概念時，只提到個體在社會情境中對別人行為的覺察與認知，尚未進一步討論到認知之後，個體如何根據自己的認知與好惡做出行為反應的問題。關於此點，正是本節所要討論的態度問題。社會心理學家對態度的研究，主要是集中探討兩個主題:其一是探討態度形成的心理歷程,其二是探討態度形成之後如何改變的心理歷程。惟在進入討論這兩個主題之前,容先就態度一詞的定義及相關概念分別略作說明。

一、態度的定義及相關概念

社會心理學上對態度一詞的定義,多年來隨心理學流派興衰大勢的消長而有所演變。20 世紀 30 年代行為主義當道時,社會心理學家們偏向將態度視為個體在社會情境中學習到的固定反應傾向;到 50 年代以後認知心理學興起後,社會心理學家們又偏向將態度視為內在的且帶有情感成分的認知歷程。到了 80 年代以後,社會心理學家給態度一詞所下的定義,則一般趨於各派理論融合取向。

(一) 態度的定義

現代社會心理學上對態度一詞所下的定義,一般是綜合了以前行為主義與認知心理學兩種理念,將之界定為:**態度** (attitude) 是個體在面對社會事件時,以其對該事件的認知與情感為心理基礎所表現的一種相當一致且持久的行為傾向。此一定義中含有兩個重要概念,尚須進一步稍加說明。

1. 態度係由三種成分所組成 從心理學所研究的行為與心理歷程而言,個體對任何社會事件所持的態度,其中均包括三種成分:(1) **認知成分** (cognitive component),指個體對該社會事件的認識、記憶、理解、信念等心理取向;(2) **情感成分** (affective component),指個體對該社會事件在情感上帶有的好惡價值評判等心理取向;(3) **行為成分** (behavioral component),指個體根據其認知與情感對該社會事件表現出反應的行為傾向。在構成態度的三種成分中,認知成分可能因人而異;不同的人在面對同一社會事件時,可能因個人對該事件所具有的知識與理解不同而有不同的看法。其次,情感成分也可能因人而異;不同的人在面對同一社會事件時,可能因個人對該事件的好惡不同而有不同的評價。由於認知與情感兩種成分的個別差異,最後在行為上要表現出態度時,不同的人自然也會不盡相同。

根據上述態度含有三種成分的解釋,可舉對安樂死可否合法化一事的態度為例。多年來,安樂死一事已成為世界性爭議的問題。其所以爭議不決,就是因為大家對此事有極不相同的態度;而態度之所以不同,則繫於大家對安樂死一事在認知與情感上有極大的差異。有些人可能從病人家庭經濟負擔與醫療資源浪費的認知觀點表示同意,另有些人可能從宗教信仰與人命關天的情感觀點表示反對。由此例可見,態度是一個複雜的問題。

2. 態度帶有持久一致的傾向　　如果用心去觀察社會生活中所認識的人,就會發現每個人的態度均具有持久一致的傾向。態度之所以有持久一致傾向,原因是在態度構成的成分中,認知與情感二者間保持和諧,彼此間沒有矛盾衝突。以宗教信仰為例,佛教、基督教、天主教、回教等,都有人信奉;不同宗教信仰的人,自然對神與人之間的關係持有不同的態度。教徒多半只信一種宗教,甚至終生不渝。其所以然者,即教徒對該宗教教義的認知與對該宗教的氣氛均有所認同所致。

(二)　態度的相關概念

態度一詞是一個頗為籠統的概念,態度的對象幾乎包括由人、事、物構成的所有社會事件;諸如對金錢、對友誼、對婚姻、對愛情、對生死、對政治、對權位等等,可謂無所不包。在態度有關的無數概念中,有下列三個概念是社會心理學家特別關心和研究的。

1. 刻板印象　　根據前文所提態度內包括認知、情感與行為三種成分的解釋,其中所說的認知,自然是指經由人知覺為基礎所形成的社會認知。由前文所舉,因認知偏向與完整與否的不同,不同的人在態度表現上自將有很大的差異。像此種因個人認知偏向或認知不完整而影響態度的心理現象,稱為**刻板印象** (stereotype)。刻板印象形成後,將影響個體在同類社會情境中以同樣的知覺解釋面對的其他人的行為或其他社會事件;凡是遇到同類型的人或事件時,他就不加詳察地予以同樣的解釋。像此種將他人特徵過份簡化又給與僵化分類的心理現象,在日常生活中屢見不鮮;俗語所說的"無官不貪"、"文人無行"、"少不更事"等觀念，都屬於刻板印象心理作用。從構成態度的三種成分看，刻板印象的形成，乃是由於對某人或某社會事件認知不足所致。

2. 偏見 一般人在批評別人在社會情境中表現的某種態度時，通常都是以是否客觀做為批評的根據。所謂"客觀"，是指所做批評不按個人好惡而只對事實本身所做的不偏不倚的陳述。針對某人言行所作的批評，很難達到完全不偏不倚的程度；原因是對人的態度中總免不了帶有或多或少的偏好或偏惡的情感成分。如果對別人所持態度中偏好或偏惡的情感成分過多，完全忽略認知成分的理性作用時，此種態度傾向就稱為**偏見** (prejudice)。由此可見，由偏見的心理作用所支配的態度有正負兩種取向：表現於正面取向時，就會對人的行為過份坦護，表現於負面取向時，就會對人的行為過份苛責。不過，在日常生活中使用偏見一詞時，一般多採其負面意義；所謂種族偏見、性別偏見、宗教偏見、地域偏見等，所指者多屬負面意義。

3. 歧視 所謂**歧視** (discrimination)，是指個體在社會情境中對別人所表現的排斥或仇視行為。歧視行為多表現於團體心理；諸如種族歧視、性別歧視、宗教歧視、就業機會歧視等均屬之。以20世紀60年代以前美國的種族歧視為例，美國南方各州有的立法限制，禁止黑人進入白人學校，並明文規定白人不准與黑人通婚。顯然，歧視是人際間的一種敵對行為；而此種敵對行為與前文討論的刻板印象與偏見二者之間有密切關係。

二、態度的形成

多年來，有關"態度是如何形成的？"的問題，社會心理學家們一直相信，態度是經由學習的歷程形成的。直到20世紀90年代以後，生理心理學家才經由研究發現，態度的形成也與個人的遺傳有關。以下的討論，即分別從學習與遺傳的觀點簡略說明態度形成的問題。

(一) 態度形成的學習因素

只要提到學習，讀者應會聯想到第五章中介紹過**行為主義**的兩類學習原理：一類學習原理是**聯想學習**，聯想學習的基本理念是將學習視為刺激-反應關係的建立。解釋刺激-反應關係建立過程時，又有兩種理論：一種理論是**經典條件作用**，另一種理論是**操作條件作用**。前者解釋學習的產生乃由於刺激代替 (**條件刺激**取代**無條件刺激**引起原先無條件刺激所引起的反應)。後者解釋學習的產生乃是決定於**後效強化** (反應後獲得動機滿足因而強化了該反應)。另一類學習原理是**觀察學習**，指個體在某種情境下未必直接向刺激反應，只須在場觀察別人如何反應，即可同樣學到該種行為。從態度形成的學習因素看，個人的態度多半是經由操作條件作用與觀察學習兩種歷程學到的。茲舉例說明於後。

　　幼兒兩三歲與人接近交往時，在態度上是沒有偏愛或選擇的；只要別人待他友善，他就喜歡與人交往。幼兒的此種行為傾向，通常稱為天真。設有鄰居數家，每家都有幼兒，而其中有兩家的成年人彼此極不和睦，在此種情形下，這兩家幼兒自動一起玩耍時，可能被他們的父母刻意的隔離；隔離後如幼兒們再自動相聚，可能會遭到他們父母懲罰。幾次之後，這兩家幼兒可能不知不覺之間學到一種不友善的態度，此後見面不再彼此吸引。像此種個體自發性行為之後因不能獲得**正強化**而改變行為表現的歷程，正是操作條件作用的學習歷程。以下再舉一個經觀察學習學到態度的例子。

　　在日常生活中，有很多社會性活動是父母帶幼年子女一起參與的。在社會活動參與過程中，成年人的言行舉止都成了幼兒學習的楷模。以父母帶子女一起進教堂參與宗教活動為例，幼兒在教堂中觀察模仿別人的行為，久而久之他就會對該宗教形成一種正面的態度。

　　從態度中含有認知、情感、行為三種成分的觀點看，前述操作條件作用與觀察學習二者，主要是學習到態度中的情感與行為兩種成分。因此，前述兩例所解釋的態度學習因素，只能偏重於說明幼兒態度的形成。幼兒在學習社會行為之初，多半是行而不知的。等以後年齡漸大，知識增多，認知學習自然就會成為態度形成的另一因素。比如成年人的宗教態度，對教義的理解與認同自然是重要因素，這就屬於態度的認知成分了。

(二) 態度形成的遺傳因素

在 20 世紀 80 年代以前，社會心理學家一直相信態度是學得的一種社會行為，從未考慮過態度與遺傳有關。80 年代以後情形改變，有研究證據表明遺傳也是形成態度的一個因素。在本書第十章第四節討論智力的遺傳因素時，曾經提到採**孿生子研究**以分析同胞兄弟姊妹間智力與遺傳的關係。基於同一理念，社會心理學家以職業滿意度為主題，調查孿生子之間態度的**相關** (見補充討論 10-1)。該研究係以出生後即分別由生父母與養父母撫養長大的**同卵孿生子** (遺傳因子完全相同) 為對象，結果發現他們之間的相關程度居然達到 0.30 以上 (Arvey et al., 1989)。另有心理學家以出生後在兩個不同家庭成長的同卵孿生子與**異卵孿生子**為對象，分別實施代表對工作態度的工作滿意度測驗，從而分析同卵與異卵兩組孿生子在代表職業滿意度的六個項目上的相關程度 (Keller et al., 1992)。測驗結果如表 12-1 所示，在六個項目上，同卵孿生子之間的相關，均較異卵孿生子間的相關為高。這兩組孿生子均自出生後即在不同家庭中長大，兩組孿生子在工作態度上表現出如此顯著差異的相關程度，不能不承認遺傳是一個重要因素。至於遺傳因素如何影響人的態度的問題，則有待心理學家進一步研究。

表 12-1　孿生子職業態度相關之比較

事項 (以滿意度代表態度)	同卵孿生子間相關	異卵孿生子間相關
成就感	0.58	0.33
安全感	0.53	0.22
舒適感	0.52	0.27
自主性	0.43	0.12
重要性	0.40	0.21
公益性	0.25	0.19

(採自 Keller, et al., 1992)

三、態度的改變

前文陳述態度定義時，曾提到人的態度帶有相當一致且持久的傾向。果真如此，態度能否改變自然就成了心理學家有興趣研究的問題。從日常生活的經驗言，態度只能說其一致性相當持久，但非絕對一生不變。惟其如此，社會上有些商業機構、政府機關、宗教團體甚至個人都無時無刻不在設計情境，企圖使人的態度有所改變。我們每天接觸到的報紙、電視、廣播等大眾媒體以及到處可見的廣告招貼，其設計之用意無不企圖改變人的態度。所不同者只是企圖改變其態度的對象不同而已 (有的想改變人的政治態度、有的想改變人的宗教態度、有的想改變人對金錢的態度等)。心理學家研究態度改變時有兩種取向：其一是對人提供訊息，企圖以外在說服的方式改變人的態度 (如廣告)；其二是設法使人內在心理上產生變化，從而自行改變其態度。接下去就從這兩個取向討論態度的改變。

(一) 溝通與說服

在眾多的社會事件中，要想經由外在影響力以改變社會大眾或個人對某些事件的態度時，溝通與說服是最常用的方法。所謂**溝通** (或**傳播**) (communication)，係指經由某種方式 (如語言、文字、圖形、符號等) 或媒體 (如廣播、電視、報章雜誌、招貼等)，將某種訊息或意見傳遞給設定的對方 (訊息收受者) 的歷程。所謂**說服** (persuasion)，係指藉由溝通以期改變對方態度的歷程。基於此義，可知從態度改變的觀點言，單純的溝通只是提供或傳播訊息，是改變對方態度的手段，若溝通中帶有改變對方態度的目的時，此種溝通才具有說服的意義。因此，有的心理學家特別稱此種帶有企圖改變他人態度之目的的溝通為**說服性溝通** (persuasive communication)。換言之，說服亦即意圖改變對方態度的溝通。

從日常生活中所接觸到的大眾媒體看，其傳播的訊息中有極大的成分帶有說服性溝通的特徵；其中政治宣傳與商業廣告兩類訊息尤為顯著。多年來社會心理學家在研究溝通與說服問題時，其主要旨趣在探討"影響說服效果者有那些心理因素？"綜合各家研究發現，影響說服效果的因素有以下數類 (Baron & Byrne, 1994)：

1. 訊息來源 日常生活中所傳播的訊息，因來源的不同而有不同程度的說服力；原因是訊息來源代表著訊息的可信度，官方的正式公告要比報紙的報導可信度高，著名的大報消息要比不知名的小報報導者可信度高。假如因某種食物而使很多人患了疾病，著名醫師上電視向大眾說明病因及注意事項，其可信度要比新聞播報員所報導者為高。如果某人患高血壓而仍酗酒如故，家人勸說無效時，他所信任的醫師舉證向他說明酗酒對高血壓患者的嚴重性，就可能說服他決心戒酒。

2. 訊息傳播者個人的魅力 同樣一種訊息由具有不同公眾魅力的人來傳播時，其說服效果必然不同。惟個人的魅力因訊息性質與傳播方式的不同而有差異。此種現象在商業廣告上表現最為顯著。電視上洗髮精的廣告必須由秀髮披肩的美女播出，如改由禿頂的老教授播出，即使他具有某方面高深學術素養，也不會使人把他與洗髮精的效果聯想在一起。由此可見，具有個人魅力的傳播者所傳播訊息之所以具有較高的說服力，原因是訊息收受者把個人魅力和訊息的可信度聯想在一起。

3. 訊息性質與說服方式 從訊息收受者的立場言，傳播的訊息有兩種性質：一種是收受者雖對訊息不甚了然，但基本態度上並不反對（如向他推薦某種健康食品）；另一種是收受者本來對該訊息持反對態度（如企圖勸說別人改變政治理念）。針對此一差異，企圖說服對方時就有**單面溝通** (one-sided communication) 與**雙面溝通** (two-sided communication) 兩種不同方式。前者只要說明支持自己立場的正面意見，後者則除說明自己的正面意見外，也必須解釋其何以不支持另一觀點的反面意見。對訊息性質與說服方式問題，社會心理學家早就發現 (Hoveland & Janis, 1959)：(1) 如訊息收受者在基本態度上不持反對意見，採用單面溝通即可發生說服效果；(2) 如訊息收受者原本持反對態度，則改採雙面溝通的說服方式方始有效。

4. 訊息性質與收受者的心理特徵 藉溝通說服企圖改變別人的態度時，不同性質的訊息可能對不同的收受者產生不同的說服效果。根據社會心理學家研究發現：教育程度較高者比較容易接受理性的（講道理的）訊息；教育程度較低者比較容易接受感性的（情緒性的）訊息 (Eagly & Chaiken, 1984)。選舉期間，精明的候選人在不同地區（如鄉村和都市）面對不同選民時之所以發表不同政見，原因就是懂得如何掌握群眾心理。

(二) 態度的自我改變

前文溝通與說服子題內所討論的全是如何改變別人態度的問題，接下來要討論的是個人在接收到訊息後，如何在心理上使自己的態度產生改變。

在心理學研究上，解釋個人態度改變或不改變的理論，一般多採**一貫論** (consistency theory) 的觀點來解釋，謂個人的態度與其行為兩者言行一致時，態度不會改變，兩者失去調和一致時，態度就可能會改變。例如，在會議桌上某人對某議案本來持反對意見（態度），可是在最後表決時卻舉手贊成（行為），態度與行為失去調和一致，即使他最後舉手是迫於形勢的勉強作為，但如以後對人解說時，他原持的態度就可能會改變。因為，如不改變原持的態度，他將對自己的舉手行為無法自圓其說，而感到尷尬難堪。如此看來，態度可以支配行為，而行為也可以決定態度；前者是因為一致而維持既有態度，後者是因為失去一致而又恢復一致時改變了態度。

根據上述態度一貫論的理念，美國社會心理學家費斯廷格（圖 12-3）提出了一項解釋態度改變的重要理論，稱為**認知失調論** (cognitive dissonance theory)。按認知失調論的解釋，任何時間只要個人發現到有兩個認知彼此不能調和一致時，就會感覺到心理衝突，因衝突而引起的緊張不安，轉而形成一種內在的動機作用，促使個人放棄或改變認知之一，而遷就另一認知，藉以消除衝突，恢復調和一致的心態。費斯廷格所指的認知，並不只限於前文所指態度內三成分中之認知，而是泛指所有包括著認知成分的一切思想、觀念、態度、行為等而言。

為驗證認知失調論是確能解釋一般人態度的改變，費斯廷格從事過一項實驗 (Festinger & Carlsmith, 1959)。該實驗以大學男生為受試者，每次一個人輪流進入實驗室，從事一種事前並不知情的單調乏味工作一小時（如將盤中 12 把湯匙一把一把地拿出，然後再一把一把地放回等）。工作結束

圖 12-3 費斯廷格 (Leon Festinger, 1919～1989) 是 20 世紀美國心理學家，是社會心理學家，也是解釋態度改變的認知失調論的建構者。

後，研究者要求受試者出門告訴在外等候者 (事實上是助理員) 說："工作非常有趣"，並按兩種標準付給受試者報酬；一半人付給美金一元，另一半人付給 20 元 (60 年代是大數目)，惟受試者之間彼此不知報酬有差異。到此為止，由實驗情境的設計，使受試者在心理上產生了兩種認知：其一是他知道工作是單調乏味的；這是他真實的認知。其二是他對別人說工作是有趣的；這是他接受了報酬不得不爾的說辭。接下去，另一實驗者私下詢問每一受試者，要他們坦白道出心中的真話，工作是否有趣。按常情推斷，接受了高額報酬的人應該說假話才是。惟事實不然，接受 20 元報酬的受試者多數表示工作無趣，承認他告訴別人的話是假的；接受一元報酬的受試者，多數仍表示工作有趣，維持他們出門後所告訴別人他對工作態度的說法。此一結果使費斯廷格的理論獲得支持。

以上實驗結果所顯示的意義是：前後兩個認知不一致時 (工作乏味，但得說有趣)，將在心理上產生認知失調而促使個人改變其中之一，藉以維持其態度的一致。實驗結果發現，得一元報酬者態度有所改變，原因是認知失調大,只好放棄了自己對工作感到乏味的認知,改而遷就對別人說的假話,從而維持自己在別人面前態度之一致。得 20 元報酬者的態度沒有改變,原因是因接受高報酬而使認知失調減少,若改變自己態度硬說工作有趣,那無異於顯示自己受金錢的影響而沒有主見。像此種報酬少反而比報酬多時更能影響態度改變的現象,稱為**少能勝多效應**(less-leads-to-more effect)。

顯然,人在很多社會場合中,其態度改變與否與個人之維持顏面與自尊有關。而且,當個人態度改變或維持不變時,為了保持心理上認知一致,個人常對自己的作為提出辯解。設有甲乙兩議員候選人先後登門拉票,而你對他兩人的才能均無甚印象,後因兩人均當面向你發表政見,你可能都當面承諾投票給予支持。如投票前甲候選人向你施賄,最後你會將選票投給何人?如按認知失調論推論,你的選票將投給乙候選人。原因是,你曾當面承諾支持乙候選人,最後投他一票,這表示言行一致,不會使你在心理上留下認知失調的感覺。固然,你也曾當面承諾支持甲候選人(認知之一),可是你也知道如決定投甲候選人一票,那可能變成因受賄而投票(認知之二),投了甲的票反會感到不安(認知失調)。棄甲而投乙(態度改變),縱使你未實踐對甲的承諾,你也會因未出賣良心為自己辯解,而稍感心安。

第三節　社會互動

前兩節討論的社會認知與態度兩個主題,在性質上偏重於對個體行為在社會情境中如何改變的解釋。接下來要討論的社會互動,則是進一步探討在社會情境中人際間如何互動的問題。所謂**社會互動**(social interaction),是指在兩人或兩人以上的社會情境中,雙方在行為或心理上彼此相互影響而改變的歷程。在社會互動歷程中,以甲乙二人對話為例,甲方的語言行為可視為引起乙方語言反應的刺激;而該刺激引起乙方反應時,該反應又可視為引起甲方語言反應的另一刺激。如此,在甲乙雙方行為均各具有刺激與反應性質的社會互動歷程中,自然會構成很多複雜的社會行為。本節中所討論的三個子題,可視為代表三類不同性質與不同程度的社會互動。

一、社會影響

社會影響是指社會互動程度較低的一類社會互動現象。所謂**社會影響** (social influence),是指在社會情境中,個體 (或團體) 行為對他人 (或對團體) 的態度或行為產生影響而使之改變的歷程。準此而論,前節所討論的態度改變,也屬於社會影響的結果。惟態度一詞所指者,是個體對社會事件 (包括別人在內) 的態度,而社會影響一詞所指者,則只是人對人的影響。根據多年來社會心理學家研究發現,在社會互動的社會情境中,有以下四種不同方式的社會影響。

(一) 從　眾

從眾是一種社會影響的效應。所謂**從眾** (conformity),是指在社會情境中,因受他人意見與行動或團體規範與團體壓力的影響,而使個人在行為表現或思維方式上與他人或團體趨於一致的傾向。準此而論,從眾是因社會影響而產生,而從眾的程度則包括外在行動與內在思想兩種不同層次。在日常生活中有很多事例只是行動上的從眾。以十字路口紅綠燈為例,如果紅燈的出現超過預期時限過久,而見到多人不顧紅燈而穿過路口,你可能不自覺地跟隨著一起行動。像此種從眾性的行動,是因受別人行動的影響而行動的;其中認知成分較少。此外有很多事例,例如對宗教信仰或政治理念的從眾,則可能是因受教義或政治思想影響而認知後才從眾的。心理學家在實驗室內研究的從眾,多屬外顯行為的從眾。多年前美國社會心理學家阿希 (Asch, 1951) 所做的一項著名實驗,可以說明個人在團體壓力的社會情境下所表現的從眾行為。以下是該實驗的設計與所得結果的說明。

如圖 12-4 所示,A 與 B 為兩張卡片,卡片 A 上畫一條直線,卡片 B 上畫三條直線,只有中間一條與卡片 A 上的直線長度相等。參加實驗者

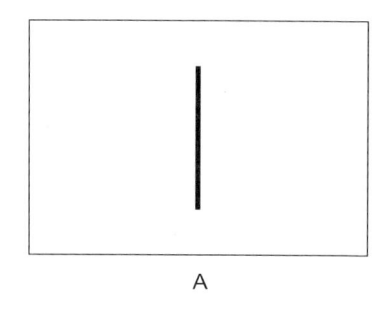

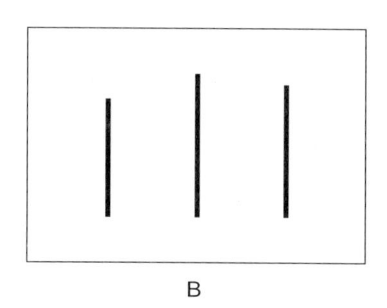

圖 12-4 從眾心理實驗情境
(採自 Asch, 1951)

七人均為大學生，其中只有一人 (坐者右起第二人) 為真正受試者；其餘六人全為事先安排好的同謀者；惟受試者卻全然不知。實驗進行時，由實驗者 (站立者) 出示 A 與 B 兩張卡片，然後由左端起，依次回答卡片 B 上哪條直線的長度與卡片 A 者相等。假如第一人故意選右邊的直線來回答，受試者在表情上會顯得驚奇；假如接下去數人均故意選右邊的直線回答，受試者的驚奇程度就隨之減低。等輪到受試者自己回答時，他遲疑一下，居然也跟著別人選擇不正確的答案。研究者採用不同組別，不同人數，重復多次實驗，結果發現：(1) 當受試者只有一人 (沒有同謀者) 時，都不會選擇錯誤答案 (都選中間一條)；(2) 在衆人都選擇錯誤答案的情況下，受試者之中平均有 37% 的人也會跟著做出錯誤的決定；(3) 事後受試者被詢以選錯誤答案的原因時，都答以受團體壓力影響，不得不跟別人一致。

(二) 依 從

依從是社會影響方式之一。所謂**依從** (compliance)，是指在社會情境中，因受別人要求、請託或建議，而終於接受對方意見從而滿足對方的一種心理現象。在日常生活中，依從別人要求而改變自己原意的事例極多，諸如公司老闆依員工要求加發一個月年終獎金，學校依學生會建議期考前圖書館延長開放時間，商場店員同意顧客要求將商品打八折出售，甚至像一位小姐答應她男友的求婚等等，在性質上均屬因社會影響而使人表現的依從行為。在社會互動中，依從未必是單方面的，在很多兩方各持己見的情境下，經過溝通協商雙方各讓一步，最後的結果對兩方面而言，都是依從。

顯然，依從是在別人有所要求的情境下產生的。因此，如何向人要求才容易得到依從，自然就成了心理學家有興趣研究的問題。以下兩種方法公認是一般人最常使用的：

1. 得寸進尺法 所謂**得寸進尺法** (foot-in-the-door technique)，是指向對方有所要求時，不妨先將姿態放低，使對方不致感到為難而接受你的要求，然後再以同樣低姿態提出較前次稍多的要求。一般人向朋友借錢多採用此種方法 (惟第一次借錢如期歸還後第二次才好開口)。根據心理學家們研究發現，採用得寸進尺法時多半會得到對方的依從；而對方之所以依從的原因，主要是對方為了保持自己對別人態度前後一致，從而保持個人**自我意象** (self-image) 的一致性 (自認是一個樂善好施的人) (Eisenberg et al.,1987)。

2. 以退爲進法 所謂**以退爲進法** (door-in-the-face technique)，是指向對方有所要求時，嘗試先將姿態提高，如對方拒絕，則放低姿態做較低的要求。在日常生活中採用此種方法向對方要求的事例很多，商場上的討價還價的情形就是如此。顧客可先向店家提出六折的要求，如對方不肯，可改變為七或八折的要求；如此以退為進，直至對方感到賠本的壓力減少到可以接受時，他就會依從顧客的要求 (Pendleton & Batson, 1979)。

(三) 服 從

前述從眾與依從兩種社會影響，多半是在非強制的社會情境下產生的，服從的情形則不同。所謂**服從** (obedience)，是指個體在社會規範限制下或別人命令下只得聽命行事的一種社會影響。行政系統中上層主管對屬下的指示、學校校規要學生遵守、道路警察對行車人的指揮、醫師對病人按時服藥的規定等等，都是由具有某種權威的一方向不具同樣權威的另一方所做的服從性要求。服從與依從不同，依從不帶強迫性，是當事人自願接受的一種社會影響。服從則帶有強迫性，是當事人不得不接受的一種社會影響。惟其如此，社會上有很多強迫服從事例 (如黑社會幫派份子必須服從幫規從事反社會活動)，對社會秩序產生破壞作用。

(四) 盲 從

盲從是社會影響方式之一。所謂**盲從** (contagion)，是指在社會失序或失控的情境下所產生的一種反常從眾現象。盲從與從眾有相似之處，都是在別人或團體行為影響下產生；而兩者不同之處則在於盲從者多受團體情緒煽動，其行為失去理性失去自我控制和自律能力，完全盲目跟隨團體行動。社會心理學家稱此種個體失去自主的心理現象為**去個人化** (deindividuation) (Diener, 1980)。盲從現象多半在社會動盪人心不安的情況下發生。在盲從現象發生時，打家劫舍，殺人放火的嚴重事故也可能伴隨產生。因此，盲從現象下的群眾，又被稱為**暴民** (mob)。

二、親社會行為

在社會情境中，個體受社會影響所表現的行為，有兩種是特別引人注意的：一種是**反社會行為** (antisocial behavior)，另一種是親社會行為。反社會行為主要是指違犯社會規範或與法律牴觸的行為。從行為表現的後果言，反社會行為的後果總是對社會或別人造成不利。親社會行為則不同，所謂**親社會行為** (prosocial behavior)，是指個體在社會情境中不求任何報酬而自願幫助別人或團體解除困難的行為。由於親社會行為多半在幫助別人或參與社會公益活動中顯現，故而又稱為**助人行為** (helping behavior) 或**利他行為** (altruistic behavior)。中小學教育一向將德育列為五育之首，德育的目的即旨在培育學生的親社會行為。惟在功利主義盛行的現實社會中，實不易見到不求回報而助人濟世的親社會行為。以下兩點是社會心理學家分析探討的有關親社會行為問題。

(一) 旁觀者效應

在 1964 年，美國第一大城紐約的昆士區曾發生一件驚震美國全國的殺人案件。住在該區公寓的一位夜歸女子被尾隨的歹徒殺害，被殺當時被害人的驚叫聲及呼救聲，住在附近的鄰居中至少有 38 人清楚聽到，非但無一人趨前救助，甚至無一人打電話報警。此一事件之所以使人震驚，倒不在於人命關天，而是在於眾人皆知的情境下為何大家全都見死不救！

對上述眾多人見死不救的社會現象，社會心理學家們先後提出了不同的解釋。有的學者從社會變遷的觀念，將此現象歸因於都市人口密集但人際關係疏離的後果。有的學者提出一種假設：事件發生當時鄰人知道者太多，反而是形成無人救助的原因。基於此一假設，曾有心理學家以大學生為對象從事如下的實驗研究 (Darley & Latané, 1968)：(1) 將所有受試者分別置於只容一人的小房間中，可利用對講機與其他房間通話。房間數及人數，受試者全然不知。(2) 受試者進入小房間後分為兩組，一組由實驗者藉對講機告知，除他之外另一間房間內有人；另一組則告知受試者，除他之外另有六個房間內都有人。(3) 實驗開始時，由實驗者宣稱另一房間的受試者遭遇到了危險，急待救援。實驗結果發現：被告知另外只有一個房間有人的一組受試者之中，有 85% 的人表現了救助行為。被告知另外有六個房間內都有人的一組受試者之中，只有 31% 的人表現了救助行為。研究者對此種危機現場人數多反而不易見到助人行為的現象，稱為**旁觀者效應** (bystander effect)，意指危機情況下只有一人在場時，在場者會感到責無旁貸，如有眾多人在場時，助人的行為傾向反而降低。對此現象的一般解釋是由於眾人都感到救人責任不在自己，故而稱為**責任分散** (diffusion of responsibility)。

（二） 影響助人行為的心理因素

自從 1964 年紐約市女子被殺時無人救助事件之後，在什麼情境下較易出現助人行為的問題，一時就成了社會心理學家研究的興趣之一。前文所指因責任分散而產生的旁觀者效應，雖可用來概括說明危急現場人數眾多時，反而較少出現助人行為的原因。事實上，危急現場人多未必是影響助人行為的唯一原因。惟其如此，社會心理學家提出了如圖 12-5 所示的助人行為多因素解釋 (Latané & Darley, 1970)。

按圖 12-5 所示，從危急事件的發生到個體在行為上決定救助或不救助之

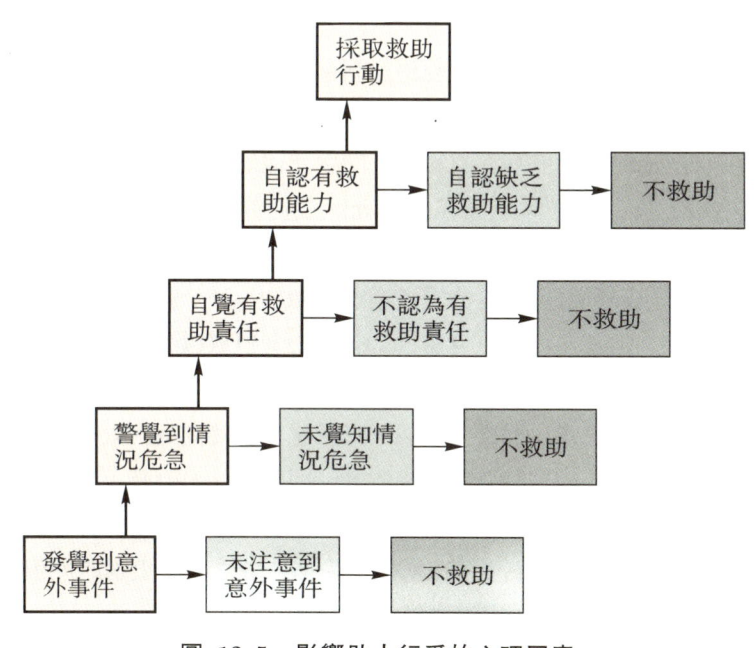

圖 12-5　影響助人行為的心理因素
1. 縱向箭頭相連的方格，說明影響救助行為的各相關因素。
2. 橫向箭頭所示者，均為構成不救助行為的個別因素。
(採自 Latané & Darley, 1970)

間，要經過含有四種不同心理因素的五個階段：(1) 個體有無發覺意外事件的發生 (如兒童失足溺水)，是影響個體是否助人的第一階段，也是助人與否的先決條件。(2) 發覺意外事件後是否警覺到情況危急，是影響個體是否助人的第二階段，也是第二個影響因素。(3) 發覺情況危急後，是否自覺有救助責任，是影響個體是否助人的第三個階段，也是第三個影響因素。前文所指的旁觀者效應，就可能在此階段發生。(4) 個體自覺有救助責任後，自認有無救助的能力 (如會否游泳)，是影響個體是否助人的第四個階段，也是第四個影響因素。(5) 第五個階段是採取實際救助行動的最後階段；個體對自己救助行為的決定，乃是基於前四階段的各個因素累積所產生的效應。

三、人際吸引與親密關係

在本節社會互動這個主題之下，已討論過社會影響與親社會行為兩個子題。這兩個子題所探討的問題，都偏於對個體在社會情境下如何受別人影響的解釋。接下來所要討論的第三個子題，則旨在探討個體與個體之間不同程度親密關係建立的心理歷程。人與人之間之所以能夠建立親密關係，主要是在人性本質上存有**社會需求** (social need) 的內動力，促使人在與人接近時獲得滿足。本書第八章第二節討論嬰兒期社會發展時提到的**依附行為**、第九章第二節提到**親和動機**與第三節**需求層次論**中所提到的**隸屬與愛的需求**等概念，都說明了人類普遍存有社會需求。曾有心理學家以青少年與成年人為對象，調查他們在日常生活中除睡眠、洗澡、大小便等純屬個人行動之外，其他在求學、工作、吃飯、娛樂活動中，每天花多少時間與別人相處。調查結果發現，如以跟別人相處時間所占總活動時間百分比來計算，青少年與成年人平均每天用在與別人相處的時間，分別是 74.1% 與 70.9% (Larson, et al., 1982)。由此可見，一般人在日常生活中有三分之二以上的時間用在與別人接觸的活動之中。在日常生活中人與人接觸活動的機會雖然很多，但人與人之間的關係卻未必相同；有的疏遠，有的親密；彼此親密者又有的建立友情，有的結為連理。人際間親密關係之建立，不是單方面一廂情願，而是由於雙方面的彼此吸引。因此，社會心理學家在研究人際間親密關係時，人際吸引就成了探討的主題。所謂**人際吸引** (interpersonal attraction)，是指因人與人之間彼此注意、欣賞、傾慕等心理傾向，進而彼此接近、交往，從而建立感情關係的歷程。

(一) 影響人際吸引的因素

人際吸引既是從引人注意、欣賞、傾慕開始，然影響人際吸引者究有那些因素？自然就成了心理學家有興趣研究的問題。綜合以往心理學家研究發現 (Atkinson, et al.,1993)，在社會情境中影響人際間彼此吸引者，有以下四個互相關聯的 (不是單獨影響決定的) 因素。

1. 接近 接近是指空間接近。由於人與人之間在活動空間內彼此較為接近，因而有助於人際關係的建立，這是一種最自然的現象。鄰居、同學、同事、同車上下班等等，都是使人接近的機會；因接近機會多而相識，因相識而彼此吸引，終而建立友誼，甚至彼此相愛，也是最尋常的事。所謂"近水樓臺先得月"的比喻，正說明接近是影響人際吸引的因素之一。

2. 相似 相似或相同是影響人際吸引的另一因素。人與人之間彼此的相似或相同指很多方面，所謂"同氣相求"是指趣味相同者相互投合；所謂"同病相憐"是指病苦相似者彼此憐惜；相互投合與彼此憐惜都是有助於人際吸引的因素。此外，諸如年齡、學歷、興趣、嗜好、態度、宗教信仰、政治理念等等，都可能彼此相似。由於某些方面相似，而可能彼此投契，甚至可能情投意合，終而形成親密關係。從心理學的觀點看，相似有助於相交，其理由可做如下之解釋：(1) 具有相似興趣與態度者，多趣於參加同類的活動；除選讀類似學科之外，也會參與類似的社會活動。參加類似活動既多，自將增加彼此認識溝通的機會，從相識而相知，進而建立更進一步的感情。(2) 凡年齡、學歷、興趣、信仰等各方面相似者相互交往時，彼此間的意見容易交流。在意見交流的過程中，由於個人的見解引起對方共鳴，因而在"知音難遇"而遇的情境下，格外覺得珍貴。

3. 熟悉 熟悉是指人與人相處時間較久彼此留下深刻印象的程度，所謂"日久生情"正是因為長期相處而彼此吸引的說明。根據心理學家研究，一般人傾向於喜歡他熟悉的面孔、曾有心理學家以大學女生的照片為實驗，將照片以兩種方式處理，一種方式是印成照片，另一種方式是複製底片。然後將兩種照片，分給男學生們去看，要求他們按照喜歡的程度選取其一。結果發現，選取與本人面貌相同的正版者為 61%，選取照片底片者有 39% (Mita et al.,1977)。男生們較多選取女朋友們正面照片的原因，是因為照片上的面貌是他們所熟悉的。當然，人際間彼此熟悉並不限於面貌，而彼此間對個性、能力、興趣的了解，自然也包括在熟悉因素之內。

4. 相貌　相貌能吸引人注意，相貌會影響別人的印象，這現象不但在成年人是如此，在兒童也是如此。相貌因素會影響人際吸引固然是事實，但就對人際間親密關係的建立來說，相貌只能算是表面因素，而非決定因素。美貌女子和英俊男士，在社交場所容易吸引異性，但相識後能否建立深厚友情或愛情，卻仍是很大的未知數。原因是人際間深厚感情關係的建立，外在容貌之外內在人格特質更為重要。此點留待愛情與婚姻子題之下再行討論。

(二)　親密關係的形成

人與人之間彼此相互吸引是形成親密關係的開始。從開始到親密關係的形成，曾有社會心理學家以圖示方式提出五階段歷程的解釋 (Levinger & Snoek, 1972) (圖 12-6)：

第一階段 (A)：彼此陌生，互不相識，甚至彼此均未注意到對方的存在。

第二階段 (B)：單方 (或雙方) 注意到對方的存在，單方 (或雙方) 也可能知道對方是誰 (如同校同學)，但尚未開始接觸。

第三階段 (C)：單方 (或雙方) 受對方之吸引，與之 (或彼此) 接近，構成表面接觸。在表面接觸時，做為他們彼此之間的媒介物，可能是學校的課業，可能是商業上的交易，也可能是職務上的應對。總之，即使當時單方 (或雙方) 心存情意，但在此階段的接觸，也只是極表面的人際關係。惟此一階段在人際關係的發展上甚為重要。因為，前文所說的**第一印象**，就是在此階段形成的。如單方 (或雙方) 從對方所得第一印象不佳，可能他們之間的人際關係，即到此停止。很多人同學同事多年，彼此之間交往泛泛，就是

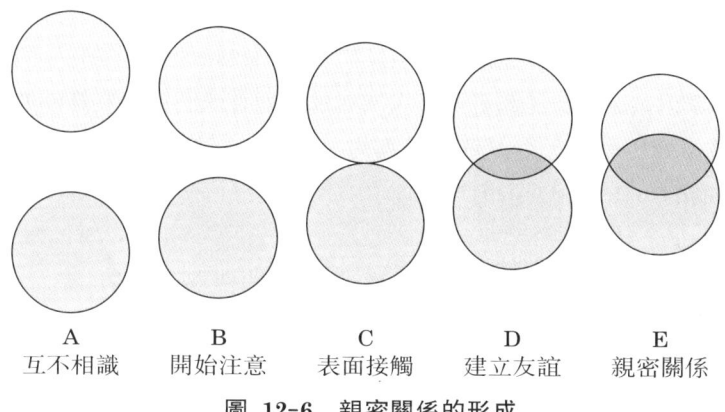

```
    A          B          C          D          E
 互不相識    開始注意    表面接觸   建立友誼   親密關係
         圖 12-6  親密關係的形成
         (採自 Levinger & Snoek, 1972)
```

因為他們間的關係只停留在第三階段的緣故。一個人的日常生活中，與很多人維持著此種關係。

第四階段 (D)：雙方交感互動，開始了友誼關係。在此階段，雙方在心理上有一個重要的改變，即是將對方視為知己，願意與對方分享訊息 (有事趕快告訴他)、意見和感情 (同甘共苦)。像此種對人開放自我的心理歷程，稱為**自我表露** (self-disclosure)。人際關係發展到彼此都能自我表露的程度時，那就到了**友誼** (friendship) 的階段。個人在日常生活中，能使他自我表露的對象並不太多。因此，同學同事雖然很多，難得其中有幾個是知己的朋友，其原因即在於此。

第五階段 (E)：朋友之間的感情，也有程度深淺之分。就朋友間自我表露的程度而言，有的朋友間重在訊息與意見的交換，而在感情上則表露得較少。這是以事業或學問為基礎的友誼關係。也有的在訊息與意見之外，更重視感情的表露，使彼此間在感情上達到相互依賴的地步。特別是在自己生活中遇到痛苦或快樂時，立即就會渴望他的朋友在他身邊。人際間的友誼發展至此，無異是達到了"你中有我，我中有你"的地步。人際關係發展到第五階段時，如雙方係屬相同性別，就成為莫逆或至交；如雙方係屬異性，而且在親密感情之外帶有性動機時，那就成為愛情。

顯然，在上述人際關係五階段中，第四階段友誼的建立是最重要階段。

人際間友誼關係之所以不易形成，原因是一般人在心理上都對交友一事總帶一些主觀條件。人際間友誼之建立與維持要靠那些條件？解答此一問題，曾有心理學家以某著名雜誌讀者四萬人為對象，調查他們對益友條件的意見。調查結果經分析發現，以下依序排列的 11 項人格特質，是多數人公認選擇益友的條件 (Parlee, 1979)：

1. 值得信賴 (89%)
2. 待人忠厚 (88%)
3. 熱心且富感情 (82%)
4. 樂於助人 (76%)
5. 誠懇坦率 (75%)
6. 有幽默感 (72%)
7. 肯花時間相處 (62%)
8. 個性獨立 (61%)
9. 健談 (59%)
10. 有智慧 (58%)
11. 富有社會良心 (49%)

(括號內數字為填答者百分比)

(三) 愛情與婚姻

從圖 12-6 所示人際間親密關係形成的過程看，友誼建立之後的親密關係，如發生在男女兩性之間且彼此帶有性動機者，此時的兩性關係就可視為**愛情** (love)；經嫁娶之禮而成**婚姻** (marrige)。然二者間關係並非必然；相愛者未必結婚，結婚者未必有愛情。惟從婚姻幸福的觀念看，幸福的婚姻應該是以愛情為基礎的。基於此義，接下去討論幾個與本子題有關的概念。

1. 愛情的分類觀　對人類的愛情，自古就有不同類別，所謂**柏拉圖式的愛情** (Platonic love)（只求精神滿足的愛情），就是類別觀念之一。現在心理學家對愛情分類一事有不同的看法。以下介紹的愛情六種形式的看法，只是不同分類之一 (Lee, 1977)：(1) **浪漫式愛情** (romantic love)：浪漫式愛情的特徵是將愛情理想化，強調形體美，追求肉體與心靈融合為一境界。(2) **遊戲式愛情** (game-playing love)：遊戲式愛情的特徵是，視戀愛如遊戲；只求個人需求之滿足，對其所愛者不肯負道義責任；因而對戀愛對象之更換，視為輕易之事不足為惜。(3) **占有式愛情** (possessive love)：占有式愛情的特徵是，對所愛之對象，付予極強烈之感情，希望對方以同樣方式回應之；對其所愛，具極度占有慾，對方稍有怠忽，即心存猜疑妒忌。(4) **伴侶式愛情** (companionate love)：伴侶式愛情的特徵是，在緩慢中由友情逐漸演變成的愛情，故而亦稱**友誼式愛情** (friendship love)：在友誼式愛情關係中，溫存多於熱情，信任多於嫉妒，是一種平淡而深厚的愛情。(5) **奉獻式愛情** (altruistic love)：奉獻式愛情的特徵是，信奉愛情是付出不是收取的原則，甘願為其所愛犧牲一切，不求回報。(6) **現實式愛情** (pragmatic love)：現實式愛情的特徵是，將愛情視為生活上應用，但求彼此現實需求的滿足，不求理想的追求。俚語說"男子娶妻，煮飯洗衣；女子嫁漢，穿衣吃飯"，正為此種愛情的寫照。

2. 愛情的理論分析 前述愛情分類觀，是將愛情分為不同的類型，不同的人採取不同形式的愛。晚近的心理學家多採另一種看法；認為愛情不宜做類別的劃分，人際間的愛情關係之所以不同者，只是構成愛情的成分在比重上有所差異而已。這是一種愛情內涵分析的看法，提出此種看法的是美國耶魯大學教授斯騰伯格 (見圖 10-8)。斯騰伯格對智力理論提倡**智力三元論** (見第十章第三節)，對愛情內涵的看法，他採取了傳統上的知 (認知)、情 (情感、情緒)、意 (動機、意志) 三合一的理念，在 1986 年提出了**愛情三因論** (triangular theory of love) (Sternberg, 1986b)。此一愛情理論的要義是，將人類的愛情視為由三種成分組合而成的整體：(1) **親密成分** (intimacy component)，指兩性之間以情感為基礎的親密關係；(2) **熱情成分** (passion component)，指兩性間以性感吸引對方所生性動機為基礎的熱情關係；(3) **承諾成分** (commitment component)，指兩性之間以認知為基礎所建立的彼此體諒與互負責任的親密關係。在兩性間的愛情關係中，因愛情組合成分的差異，而有不同內涵的愛情；有的偏重親密成分，有的偏重熱情成分或承諾成分。如將三種不同愛情關係做為基礎去預測兩性間愛情維持時間的久暫，斯騰伯格提出圖 12-7 的三條曲線作為說明。

由圖 12-7 內三條曲線的走勢看，可得到如下的啟示：要想使兩人之間的愛情持久不變，單憑兩人的熱情是不夠的；熱情之外，兩人間深厚的感情與彼此間的承諾，才是長期相愛的保證。此點與中國人素來重視夫妻關係中性、情、義三位一體的觀點，頗為相似。

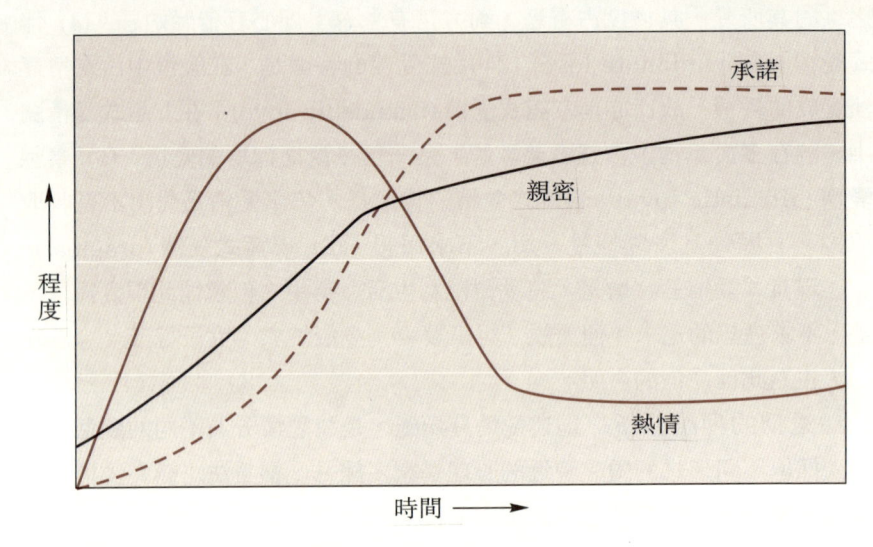

圖 12-7　斯騰伯格愛情三因論圖示
(採自 Sternberg, 1988)

第四節　團體行為

　　心理學上所指的**團體行為** (group behavior) 一詞含義有二：其一是指團體內個別成員在團體影響下所表現的行為；其二是指由眾人組成之團體所表現的集體式行為。以 40 個學生組成的班級為例，班上每個學生的學習行為無時無刻不受班上其他同學的影響；此即團體行為的第一含義。如學校以班級為單位舉辦教室清潔比賽，全班學生均將在同一目標下表現出團體行為；此即團體行為的第二含義。人是社會動物，在日常生活中隨時隨地都會參與有形與無形的團體；諸如家庭、學校、教會、球隊、樂隊、工會、政黨等等，都是團體。因此，社會心理學家無不將團體行為視為研究的重要主題之一。因篇幅所限，本節內容將就團體行為中三個最重要的子題略作討論。

一、團體對個體行為的影響

根據前文對團體行為一詞的解釋，本子題 "團體對個體行為的影響" 所探討者應屬團體行為的第一含義。研究團體對個體行為的影響時，多年來社會心理學集中在探討以下兩方面的問題。

(一) 社會助長與社會抑制

所謂**社會助長** (social facilitation)，是指個體工作時因受他人在場的影響而表現出較佳成績的現象。社會助長現象多半在兩種情境下產生：其一是在參與比賽時，其成績受競爭對手的影響。諸如游泳、賽車、徑賽等體育競技性活動，往往是競爭愈激烈，成績愈進步。其二是個體從事非競爭性工作時，其成績受他人在場的影響。以大學生讀書為例，週末進圖書館讀書，其成效可能遠比一個人在家獨自讀書為佳；原因是受到圖書館中其他人在場的影響。

顯然，社會助長現象所顯示者是個人工作成績因別人在場所產生的正面影響。但事實上並非全然如此；有很多事例說明，個人工作表現因受他人在場的影響而產生了負面影響。諸如考場失常與在眾人面前講話口吃等事例，都是如此。像此種個人工作表現受他人在場不良影響的現象，稱為**社會抑制** (social inhibition)。

由社會助長與社會抑制兩種現象看，自然會產生 "同樣都是他人在場為何會產生兩種不同的影響？" 的問題。曾有心理學家以**驅力**促動行為的觀點提出了理論性的解釋 (Zajonc, 1965)。在工作情境中有他人在場時，會因他人的刺激引起當事人生理上的興奮緊張而形成驅力。因驅力的促動使個體對工作表現特別注意。在緊張而又特別注意的心理因素之下，對工作成績的表現，將因個人工作技能的熟練程度不同，而產生不同的影響。如所從事的工作技能是熟練的 (如運動老手)，就會因他人在場而形成社會助長；如所從事的工作技能是生澀的，就會因他人在場而形成社會抑制。

(二) 腦力激盪與社會浪費

腦力激盪 (brainstorming)，是一種根據團體影響個體原則所採用的一種團體成員合作思維解決問題的方法。此種方法最早由廣告心理學家所採用 (Osborn, 1963)。因為廣告的設計必須出奇制勝，因而在製做上力求創新，陳舊了便不引人注意，抄襲的會惹人追究。此法使用時，特別重視"激盪"的心理作用。使用腦力激盪法解決問題時，一般遵守四個原則：(1) 確定問題後，鼓勵團體中所有成員提出意見；(2) 對成員的意見，先作記錄，不予批評；(3) 意見愈多愈好，並力求向新奇方向嘗試；(4) 綜合所有意見，再經選擇、擴充、修改而後眾議公決，選定最佳意見。腦力激盪法在理論上具集思廣益優點，惟在實驗研究上並未獲得肯定證據 (Taylor, et al., 1958)。一般的解釋是，團體中腦力激盪的效果是否較之個人單獨作業為優，那要看工作的性質與團體中成員間的關係。如工作較難非單獨一人所能勝任與成員間彼此熟悉且合作無間時，腦力激盪法就比較有效。

所謂**社會浪費** (或社會惰化作用) (social loafing)，是指多人合作作業的效果反而不如個人分別作業效果為佳的現象。正如"三個和尚沒有水吃"的比喻，恰是如此。曾有心理學家以大學生盡力喊叫為作業，從而比較團體作業與個人單獨作業效果的差異。結果發現團體人數愈多，團體中個人所發出的音量反而愈低 (Latané, et al.,1979)。對社會浪費現象的解釋，一般認為在團體作業時，團體中的個人可能受到**旁觀者效應** (見第三節) 的影響而降低了作業效率。

二、團體決策

所謂**團體決策** (group decision)，是指團體性的事務，乃是經由團體中多數成員同意後所做成的決策。團體決策是**決策**的方式之一。在理論上講，團體決策的過程是在民主方式下，讓團體中每一成員都有表示意見的權利，最後的定案由少數尊重多數的原則來取決。心理學家們研究團體決策時，最主要的目的是想探討以下兩個問題：其一，團體決策是在什麼樣的心理過程中達成的?其二,團體決策是否一定優於個人決策?接下去即依此二問題為基礎討論團體決策中的兩種現象。

(一) 團體極化

按一般常識的看法,在團體中商討一個條件曖昧的問題時,團體決策的結果,多半避免極端,趨於妥協而循中庸。換言之,如果拿團體中個人的態度與團體決策來比較,縱使團體成員中有些人態度較趨極端,而經團體討論後所做成的團體決策,也比較妥協。此種常識性看法,在心理學的研究中不但未獲支持,反而得到相反的結果;亦即:團體決策所表達的團體意見反而帶有極端化的趨向。

上述現象的發現,起於 20 世紀 30 年代美國麻州理工學院的一項研究 (Stoner, 1961)。該項研究分兩段進行:前段是以問卷方式,調查工業界的從業人員對某些後果不確定問題 (如帶有風險的轉業或投資等) 的態度。後段乃是邀請受調查者出席座談會 (受調查者事前不知),要他們面對面討論調查問卷上的同樣問題,並做出結論。最後比較前段個人態度與團體決策時發現:團體決策遠較個人決策為極端;個人決策比較謹慎,團體決策比較冒險。後來另有心理學家研究發現,團體極化現象並非只偏向冒險的一端;而且也會偏向保守的一端。綜合多項研究結果所得的結論是:團體中成員的態度較為保守時,團體決策的結果將更趨保守 (Myers & Lamm, 1976)。像此種團體決策趨於兩極化的現象,稱為**團體極化** (或**群體極化**) (group polarization)。

從心理學的觀點言,個人在團體討論時之所以支持趨向於極端的決策,顯然是受了團體氣氛的影響。因此,對個人置身團體時趨於支持極端化決策的心理傾向,就稱為**團體極化效應** (group polarization effect)。為什麼會產生團體極化效應?對此一問題,心理學家們提出兩種不同的解釋:其一是採**責任分散** (見第三節) 的概念來解釋;謂在個人抉擇時,結果須自行負責,故較少走極端,在團體決策時,結果的成敗非屬個人責任。其二是採**說服理由假設** (persuasive argument hypothesis) 的概念來解釋;謂在團體討論時,因聽到別人所持的理由尤勝於自己意見,因而加重了自己態度上原本偏於謹慎或偏於冒險的極端的程度 (Burnstein, 1983)。基於以上兩種解釋，似可使人對很多團體性冒險行動 (如幫派火拼) 的背後成因，有所了解。

(二) 集體思維

以上所述團體決策過程中的極化現象，無論團體決策結果偏於那一個極端，都不能真正代表經由團體討論而獲得的集思廣益效果。由此可見，合眾人智慧而做出勝於個人決策的民主理想，在事實上是不易達到的。然而，團體極化只是團體決策的缺點之一，團體決策的另一現象是集體思維。所謂**集體思維** (或**小集團意識**) (groupthink)，是指某項團體決策是在全體成員毫無異議的情況下通過的。本來，人世間任何問題的取決，或多或少總會有爭議，原因是：就事而言，有利弊得失；就人而言，有見仁見智。因此，團體討論後的團體決策，雖然可以獲得多數甚至全體成員的支持，但總不致在團體討論時全體成員毫無異議。但心理學家所指的集體思維現象，確是如此；並列舉美國政府曾有多項政策，諸如羅斯福總統任內 1941 年因未強化國防而遭受日本的珍珠港突襲，甘迺迪總統任內 1961 年祕密訂定的突襲古巴豬玀灣方案，尼克森總統任內 1972 年的水門事件，其所以造成歷史上的錯誤，無一不是因其智囊團所做的團體決策所致 (Janis, 1982)。

屬於國家領袖智囊團的成員，按理說應該都是足智多謀的人物，何以會在重大決策時居然毫無異議？按照心理學家的解釋，像總統智囊團之類的團體，其成員的組合都不是自然的，多半是因受當政者信任而聘請的。因此，在性質上它是一個先有共識而後組合的團體。此類團體有三個共同的特徵：
(1) 在性質上此類團體稱**內團體** (ingroup)，團體內的成員均有強烈的隸屬感，而且成員之間關係密切，具有很強的**團體凝聚力** (group cohesion)。屬於內團體的成員將不屬於他們團體的人，一律視為**外團體** (outgroup)；外團體內只要有人對內團體的決策表示異議，就將被視做敵人。因此，此類內團體雖然有權力影響決策，但決策的形成過程，未必真正表現集思廣益的精神。又因其參與的決策多半屬於"黑箱作業"，故而在社會上相當孤立。
(2) 此類團體的領袖，多半由當權者自行兼任，如此自然就形成團體成員中有主屬之分的不平等關係。在此等團體討論氣氛下，持異議者顯得對團體不夠尊重，阿諛奉承者則被視為忠誠。所謂假民主之名而行獨裁之實者正是如此。(3) 由於此類團體的成員，對團體決策的過程只對當政者負責，對社會大眾則不接受公眾輿論的批評，因此他們對問題思考時，但求應付上級的單向壓力，不考慮因減少社會壓力而尋求大眾支持的其他途徑。

其實，上述集體思維現象，不僅會發生在執政當局的決策過程之中，凡是具有權力的公私機構團體，此種假民主真獨裁的做法，都可能會發生。如何防止團體決策時集體思維的缺點，心理學家提出以下五點建議 (Janis, 1982)：

1. 身為團體領袖者，應鼓勵團體成員從不同觀點討論問題；即使所得結論不合己意，亦須懷有雅量而接受之。
2. 身為團體領袖者，自始即以公平態度引導成員自由表達意見；為領袖者個人的意見只能在全體成員充分表達意見之後，再予綜合說明。如此始可避免授意性的誤導作用。
3. 團體討論宜分兩段進行；前段舉行分組討論，後段再舉行包括全體成員的綜合討論。如此可使成員有較多的發言機會。
4. 除本團體成員外，不妨邀請團體外的專家學者參與討論，藉以聽取局外人的批評與建議。
5. 每次團體討論時，可由成員們輪流擔任主席，或在事先推舉一人負責，對於已做成的團體決策，也容許成員再提出批評。

顯然，以上建議能否被接受，那要看團體中領袖人物是否具有民主素養而定。有關領袖與領導的問題，接下去將進一步討論。

三、領袖與領導

在同一團體中，成員們相互影響的程度不盡相等，有的只能影響其中的少數人，有的能影響其中多數人甚至全體。團體中能影響他人者，也都是在行為上能支配他人甚至控制他人的人。這種在團體中最能影響他人、支配他人以至控制他人的人，就被稱為**領袖** (leader)。因此，領袖必然出自團體，無團體即無領袖。團體中領袖對團體成員在行為上所產生的影響及支配控制過程，即稱為**領導** (leadership)。以下本文內容將從有關領袖一詞的相關概念，進而討論領袖人物的產生以及如何發揮領導效果等問題。

（一）領袖的功能與類別

領袖所擔任的角色是領導別人，在他領導別人時表現的行為，稱為**領導行為** (leadership behavior)。一位領袖的領導行為，可能因團體性質與需要的不同而有差異；一個球隊的教練與一個大學的校長，其領導行為將各異其趣。因此，在評鑑一般領袖行為時，不能以某種團體的領袖行為做標準，只能以概括性領袖功能為原則。所謂**領袖功能** (function of leader)，是指身為領袖者，領導團體成員時在其角色上應該發揮的基本功能。按心理學家研究發現，任何團體的領袖，在領導行為上總離不開以下兩類基本功能 (Cartwright & Zander, 1968)：其一，領導成員達成團體目標；在這方面包括提出工作方案，分配成員任務，發佈行動號令，執行進度考核，研議改進事項，以及監督並避免不必要的行動等。其二，維繫團體中成員間的和諧關係；在這方面包括了解成員意願，滿足成員需求，鼓勵團體士氣，調解人際糾紛以及掌理獎懲事務等。顯然，由團體領袖應具備的兩項角色功能看，前者表現在做事，後者表現在御人。

按前文所述，團體中對成員們影響最大的人，就是該團體的領袖。這只是一種概括性的說法，對領袖人物究竟如何"影響"其團體成員，並未加說明。領袖對其團體成員的影響，因領袖的類別不同而異。一般言之，領袖之類別有以下標準來劃分 (Bales, 1970；Burke, 1971)：

1. 按領袖人物領導的取向分類，有**業務取向領袖** (task-oriented leader) 與**社會取向領袖** (social-oriented leader) 之分；前者是憑業務專長去領導別人與影響別人，後者是憑良好社會人際關係去影響別人。

2. 按領袖人物對團體成員影響程度來劃分時，有**名義領袖** (nominal leader) 與**實際領袖** (actual leader) 之分；前者徒具名義，對團體成員不發生影響力，後者雖無名分，但實際上卻對成員們深具影響力。

3. 按領袖人物對團體成員的領導方式分類，有**民主式領袖** (democratic leader)、**獨裁式領袖** (authoritarian leader) 與**官僚式領袖** (bureaucratic leader) 之分。民主式領袖以團體一員之身分領導大家執行團體的決策；獨裁式領袖對一切事務獨裁獨斷，而後強制團員執行；官僚式領袖只按其職權所在照章行事，不重視成員間的人際關係。

當然，像以上三種分類，均係對領袖人物做成極端性的描述，未必符合社會生活中的事實。以第一種分類為例，一個醫院的院長固然是業務取向領袖，但在他扮演領袖角色時，可能也是社會領袖和民主式領袖。

在心理學上所研究的領袖與領導問題，最主要的是以第一種分類下兩種領袖的行為為範圍。

（二） 領袖的產生

一個團體中的領袖是如何產生的？一個國家的領袖是如何產生的？回答此類問題之前，我們必須先把任命的領袖除外。心理學家研究領袖與領導問題時，目的在探討團體中影響最大而成為眾所擁戴的領袖人物，其所以產生究竟是什麼原因？

對上述問題，歷來解釋不同；惟大致不出三種理論。第一種理論叫做**偉人論** (great-man theory)；謂領袖人物是由其自身所具有的超凡條件所造成的。這是一種"英雄造時勢"的看法，認為有的人天生異稟，自幼即具有領導群倫的氣質，有了他的出現，就使局勢改觀；有了華盛頓，才會有美國的獨立；有了孫中山才會有中國的民主革命。此種天生聖哲的看法，到了"人人都能做皇帝"的民主時代，已失去了意義。第二種理論叫做**時代論** (times theory)；謂領袖人物乃是因時勢需要，應運而生的。這是一種"時勢造英雄"的看法，是謂一個團體的變動，或因內部的需要，或因外來的威脅，其變動達到某種程度時，自然就會有人出來領導大家應付變動。此種說法，相當重視領袖產生的社會情境，雖不再帶有偉人論的缺點，但也並不能指出在什麼情境下出現什麼樣的領袖。第三種理論叫做**交互作用論** (transactional theory)；謂領袖人物之產生，乃是由於個人條件與團體需要兩者相互配合的結果。此種說法雖兼顧領袖產生的客觀與主觀兩方面條件,但仍然不足據以說明領袖產生的心理歷程。因此,現代心理學家討論領袖與領導問題時,已不再刻意去建立統攝性的領袖產生理論,而改變取向去探討在何種情況下最容易發揮領導效能。接下去我們要介紹的領導權變論,就是在此種研究取向中發展出來的一種新理論。

(三) 菲德勒的領導權變論

近年來,心理學家們對領袖與領導的研究,已不像從前那樣只就領袖人物本人的條件或兼顧團體需要去建立統攝性的理論,而是改變方向,就何種工作情境適合何種人領導的觀點,去探討領導績效的問題。因此,在理論建構上不再是建立領袖的理論,而是建立領導績效的理論。本文所要介紹的,就是這方面最具代表性的美國社會心理學家菲德勒 (Fiedler, 1978; 1981) 的**領導權變論** (contingency theory of leadership),簡稱**權變論** (contingency theory)。

菲德勒的權變論乃是基於一種假設:一位團體領袖能否領導團體成員表現出績效,將決定於領袖本身特質與團體作業過程中領袖對情境掌控程度兩個因素。在領袖本身特質方面,菲德勒認為領袖本人自認獲得團體成員支持度的高低是最重要的。為領袖者如認為自己獲得團體成員支持度較低,他就會偏於向業務績效方面去領導,成為業務取向的領袖。如果領袖本人自認獲得團體成員的支持度較高,他就會偏於向群體和諧方面去領導,成為社會取向的領袖。兩者相較,具有那種特質的領袖較能發揮領導績效?

根據菲德勒的理論,除領袖自認受團體成員支持度的高低影響其領導方式外,尚有三個因素對領導績效具有影響作用:(1) 領袖與成員間的人際關係 (疏遠或親近);(2) 團體業務的結構性 (目標與角色分工的明確性);(3) 領袖職權的大小 (支配團體成員的權力)。如將此三因素合併考慮,即可推知領袖對業務情境的掌控程度,可以由最低 (人際關係疏遠、業務缺乏結構性、領袖權力小) 一直延伸到最高 (人際關係良好、業務結構明確、領袖權力大)。圖 12-8 中的橫軸,即表示領袖掌控程度由低到高的連續向度。

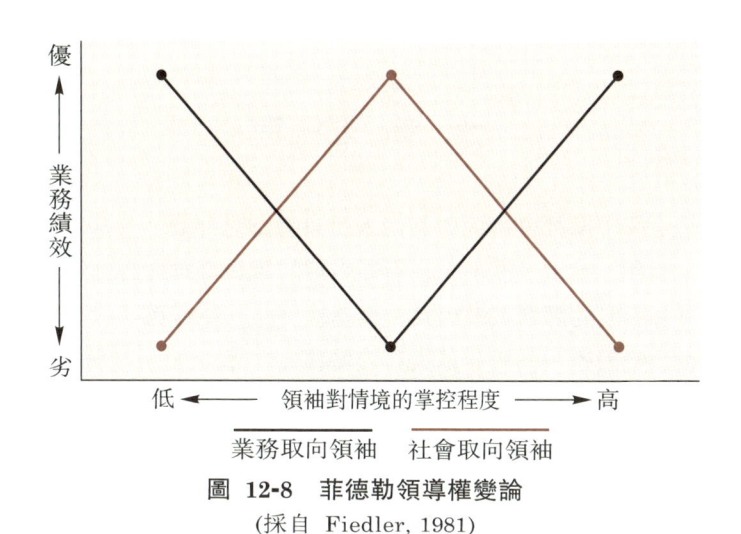

圖 12-8　菲德勒領導權變論
(採自 Fiedler, 1981)

　　基於以上分析，再回到原來的問題：業務取向領袖與社會取向領袖兩者相較，何者較能發揮領導績效？按圖 12-8 所示，黑紅兩條曲線分別代表在業務與社會兩種取向領袖領導下所產生的業務績效。黑線代表的意義是：為團體領袖者如對業務情境全部掌控或不能掌控時，採業務取向的領導較能發揮業務績效。反之，紅線為團體領導者對業務情境只能做到中度掌控時，採社會取向的領導較能發揮業務績效。準此而論，社會取向領袖因與團體成員間建立了良好關係，在領導時只須適度掌控即可發揮業務績效的現象，是可以理解的。在低度掌控的業務情境下，業務取向領袖之所以會發揮較優的績效，理由是低度掌控情境下團體成員心理上缺乏工作導向，因業務取向領袖具有業務專長，可以輔導或協助團體成員解決工作上的問題，從而提高了每個成員的成績。

　　由於菲德勒的領導權變論兼顧領袖本身特質與情境因素，在理論上正符合前文所說的**交互作用論**的時代趨勢。因此，該項理論一直受到管理心理學界的重視。

本章摘要

1. **人知覺**是個體據社會情境中其他人所具特徵為訊息，予以認識、記憶、分類、儲存、檢索、推理、判斷等處理的複雜心理歷程。
2. 影響**印象形成**的因素很多，其中最基本的是**初始效應**與**社會基模**。
3. 根據海德**歸因論**，個體對他人行為解釋時，傾向於兩方面的歸因：一是**外在歸因**，另一是**內在歸因**；前者又稱**情境歸因**，後者又稱**性格歸因**。
4. 對行為解釋時，如對他人行為解釋時偏重採性格歸因，而對自己行為解釋時偏重採情境歸因，就會造成誤差，此種誤差稱為**基本歸因誤差**。
5. 凱利**共變論**的要義是，在觀察他人在某種社會情境中的某種行為時，不僅考慮影響其行為的外在因素與內在因素，而且也需同時考慮其行為表現時三種特徵：(1) 共同性；(2) 一致性；(3) 特殊性。
6. **態度**是個體在面對社會事件時，以其對該事件的認知與情感為心理基礎所表現的一種相當持久一致的行為傾向。因此，個體的態度內，一般包括三種成分：(1) **認知成分**；(2) **情感成分**；(3) **行為成分**。
7. 個體對社會事件所表現的態度，如對該事件認知不足，而只憑其情感與行為成分支配時，就難免對事件形成**刻板印象**、**偏見**或**歧視**。
8. 在社會心理學上，解釋態度改變的諸多理論中，最重要的理論是美國心理學家費斯廷格的**認知失調論**。
9. **社會互動**是指在兩人（或兩人以上）的社會情境中，雙方在行為上或心理上彼此相互影響而改變的歷程。
10. **從眾**是指在社會情境中，因受他人意見、行動或團體規範、團體壓力的影響，而使個人在行為表現或思想方式上與別人或團體趨於一致的傾向。
11. **依從**是指在社會情境中，因受別人要求，請託或建議，而終於接受對方意見的一種心理現象。
12. 危急現場中，在場人數愈多時，見義勇為的**助人行為**出現的可能性反而愈少，此種現象稱為**旁觀者效應**。
13. 影響人際吸引的因素有四：(1) 接近；(2) 相似；(3) 熟悉；(4) 相貌。
14. 斯騰伯格的**愛情三因論**，將人際間的愛情視為**熱情成分、親密成分、承諾成分**三者所組成。根據斯騰伯格愛情三因論的看法，兩性關係中只有熱情、親密與承諾三者兼具者，始能稱為完美之愛。
15. 社會心理學家菲德勒氏倡議**領導權變論**，謂領袖的領導效果，並非單純決定於領袖個人的人格特質與領導方式；除領袖個人條件之外，領導之成敗將決定於人際關係、業務結構、在職權力等多種因素的組合關係。

建議參考資料

1. 時蓉華 (1996)：社會心理學。台北市：東華書局 (繁體字版)。杭州市：浙江教育出版社 (簡體字版)。
2. 詹益宏、鄭泰安 (1986)：性與婚姻生活。台北市：水牛出版社。
3. 謝瀛華 (1987)：兩性新話題。台北市：儂儂出版社。
4. 瞿海源 (1989)：社會心理學新論。台北市：巨流圖書公司。
5. Baron, R. A., & Byrne, D. (2000). *Social psychology: Understand human interaction* (9th ed.). Boston: Allyn & Bacon.
6. Brehm, S. S. (1992). *Intimate relationships* (2nd ed.). New York: McGraw-Hill.
7. Devito, J. A. (1990). *Messages: Building interpersonal communication skills*. New York: Harper & Row.
8. Hatfied, E., & Walster, G. W. (1985). *A new look at love*. Lanham, MD: University Press of America.
9. Petty, P. E., & Cacioppo, J. T. (1986). *Attitude change: Central and peripheral route to persuasion*. New York: Springer-Verlag.
10. Pogrebin, L. C. (1988). *Among friends: Who we like, why we like them, and what we do with them*. New York: McGraw-Hill.
11. Smith, P. B., & Bond, M. H. (1998). *Social psychology across cultures* (2nd ed.). Englewood Cliffs, NJ: Prentice-Hall.

第十三章

心理異常及其成因

本章內容細目

第一節　心理異常的定義與類別
一、心理異常與心理正常的分野　513
　　(一) 心理異常的定義
　　(二) 心理正常的特徵
二、心理異常的類別　515

第二節　情緒異常
一、焦慮症　516
　　(一) 泛焦慮症與恐慌症
　　(二) 恐懼症
　　(三) 強迫症
　　(四) 焦慮症的心理成因
二、體表症　522
　　(一) 體化症
　　(二) 慮病症
　　(三) 轉化症
　　(四) 體表症的心理成因
三、解離症　524
　　(一) 心因性失憶症與迷遊狀態
　　(二) 多重人格
　　(三) 解離症的心理成因
四、情感症　526
　　(一) 抑鬱症
　　(二) 兩極性異常
　　(三) 自　殺
　　(四) 情感症的心理成因

第三節　社會異常
一、性心理異常　532
　　(一) 性別認同障礙與變性症
　　(二) 性變態
　　(三) 性心理異常的心理成因
二、人格異常　537
　　(一) 反社會人格
　　(二) 反社會人格的心理成因

補充討論 13-1：人格異常有多種類型

第四節　精神異常
一、精神分裂症的一般症狀　541
二、精神分裂症的心理成因　543
　　(一) 精神分裂症的遺傳因素
　　(二) 精神分裂症的不同理論解釋

本章摘要

建議參考資料

心理學史上歷來爭議的六大人性問題中，恆常與變異是其中問題之一。恆常與變異之爭議所涉及的問題分兩方面：其一，就**常態分布**的觀點看，人類在智力與人格上都有很大的差異，此等差異可視為恆常中的變異；惟此等變異是常態現象；第十與第十一兩章所討論者即屬正常變異中智力與人格的差異問題。其二，就生活適應效能觀點言，人在心理與行為上也有很大的差異；有人適應良好，生活快樂，有人適應困難，生活痛苦。像此等變異即本章將討論的心理異常問題。心理異常問題的研究分兩個層次：第一個層次的研究稱為**精神病理學** (psychopathology)，即心理異常現象及其成因的研究；第二個層次的研究稱為**心理治療** (psychotherapy)，即在免用藥物的原則下幫助患者解決心理上的問題。本章內容即精神病理學的簡要介紹，下一章再介紹心理治療。

與一般醫學上病理學研究生理異常的現象與成因相比，精神病理學研究心理異常的現象時有較多的困難。原因是心理病理學研究者很難根據心理異常表相直接判斷表相背後的真相。惟其如此，讀者將會發現，對每一心理異常現象都會有多種截然不同的理論解釋。這是心理學與生理學不同之處，也是心理學研究的困難之處。

現代精神病理學上按心理異常現象的分類，名目至為繁多。本書採簡要取向，將之分為情緒異常、社會異常、精神異常三大類。在三大類中再分為數小類；除分別說明各類心理異常現象之外，並分別從不同理論的觀點說明心理異常的成因。希望讀者在研讀本章之後能對以下概念有所認識：

1. 心理異常與心理正常兩者間的差異。

2. 屬於情緒異常類之下，焦慮症、體表症、解離症、情感症的主要症狀與各種理論對其成因的不同解釋。

3. 屬於社會異常類之下，性心理異常與人格異常的主要症狀與各種理論對其成因的不同解釋。

4. 屬於精神異常類之下，精神分裂症的主要症狀與各種理論對其成因的不同解釋。

5. 從心理異常現象及其成因的分析探討，領悟到如何調適日常生活，從而避免陷入心理異常以維護自己的心理健康。

第一節　心理異常的定義與類別

　　如前文所述，本章內容主要在探討心理異常的主要現象及其形成原因。在正式進入討論之前，容先就心理異常與心理正常兩個相對概念略為說明。

一、心理異常與心理正常的分野

　　心理異常與心理正常是兩個相對的概念，但兩者間並無明確界限。心理異常與心理正常的分野，端在於同一社會文化環境下，個體行為是否符合眾所期待的行為常規而定；大致符合行為常規者被視為心理正常，過份偏離行為常規者則被視為心理異常。參加親友喪禮者面帶戚容或流淚，被認為是正常行為，如此時有人喜形於色，就會被視為心理異常。基於此義，一般心理學家多採如下的標準，用以區別心理異常與心理正常。

（一）　心理異常的定義

　　所謂**心理異常** (mental disorder；psychological disorder)，是指個人因思想行為長期異於常人，致使其生活適應困難，並感到精神痛苦的複雜現象。此一定義中有三點概念尚須稍加說明：

　　1. 行為與思想異於常人　單獨行為或思想異於常人這一點，不能視為心理異常的唯一根據；因為天才與低能者的行為與思想一般都是異於常人的。惟從變態心理學的觀點言，凡是心理異常者，其行為與思想均與常人迥異。所謂**變態行為** (abnormal behavior)，所指的就是行為與思想均異於常人。心理異常者行為異於常人的主要特徵是行為表現怪異（如語無倫次）和情緒表現無常（如喜怒哀樂表情與現實脫節）。心理異常者思想異於常人的主要特徵是思維不合邏輯（如把別人善意視為敵意）。

2. 生活適應困難 生活適應困難主要顯現在人際關係與工作態度兩方面。在人際關係方面，心理異常者非但不喜歡別人，不相信別人，也不喜歡自己；最後總是造成自己陷入退縮、恐懼、羞愧的孤獨生活之中。在工作態度方面，心理異常者對工作無興趣，無法從工作活動中獲得樂趣和成就感，也不能從工作表現中展現自己的人生價值。

3. 精神感到痛苦 精神痛苦是心理異常者的共同特徵，惟當事人所感到的痛苦，純粹是主觀的；從客觀立場看，他未必有痛苦的必要。換言之，他們是自尋苦惱。心理異常者的精神痛苦多表現在兩方面：其一是無病呻吟式痛苦，無病自認有病，最後可能假病成真。其二是不滿現狀的痛苦，不滿意自己職業，不滿意自己家庭，不滿意自己容貌等。不滿現狀又不努力改變現狀，結果是惡性循環，因痛苦而帶來更多痛苦。

(二) 心理正常的特徵

所謂**正常** (normality)，是指免於心理異常而心理健康的人。心理健康的人在心理上具有以下六點特徵 (Atkinson, et al., 1996)：

1. 了解自己並肯定自己 了解自己不易，肯定自己更難；然善於生活適應者，必須二者皆備。二者皆備者才不致因低估自己而喪失機會，也不致因高估自己而陷於困境。

2. 掌握自己思想與行為 個人的思想言行不為感情衝動所支配；凡事在自主意識下少做幻想，不做妄想，以合理的思維方式引導自己的行動。

3. 自我價值感與自尊心 對事盡力，對人盡心，在不矯揉造作的自然表現中，體會自我價值感。不過份掩飾自己，不刻意取悅別人，以無愧之心保持適度的自尊。

4. 能與人建立親密關係 在親屬友朋的關係中，至少有幾個感情十分親密的人。與感情親密者相處時，既能敞開心懷接納別人的感情，也能無條件地付出自己的感情。

5. 獨立謀生意願與能力 成年人須樂於工作以維持家計，未成年人須有獨立謀生心願，並肯為實現心願而努力。有獨立生活能力者，才能安排生活，才能享受生活與創造生活。

6. 理想追求不脫離現實　以現實自我的條件為基礎去追求理想。理想的路上遭遇現實的障礙時，面對現實，不曲解現實，不逃避現實；排除現實的障礙，理想才會實現。

二、心理異常的類別

　　心理異常一詞只是一個籠統的概念。此一概念所涵蓋者，事實上是數以百計的各種心理異常現象。為求心理醫師在診斷上便於共識起見，**美國精神病學會**(American Psychiatric Association，簡稱 APA)，在 1952 年出版的《**心理異常診斷統計手冊**》(Diagnostic and Statistical Manual of Mental Disorders，簡稱 DSM)，是為最早也最有系統的心理異常分類專書。在 1952 年初版手冊中，將心理異常分為 108 種，此後在 1968, 1987 及 1994 年分別做了數次修訂。現行的手冊即 1994 的第四版 (簡稱 DSM-IV)，其中將心理異常分為兩百多種。在有限篇幅之內為使讀者對心理異常現象獲得清楚概念起見，本章採取新近美國心理學家布岑等人 (Bootzin, et al., 1993) 在其所著《變態心理學新論》一書中，建議將診斷手冊中所列之心理異常歸納為三大類八小類的看法，分別在第二、三、四各節中簡要討論其主要現象及其形成的原因。

　　布岑等人對心理異常所做的簡化分類是，將心理異常診斷統計手冊中所列的二百餘種的心理異常，按其性質分為三大類；每一大類中再分為一至四小類不等；分類結果：第一大類稱為情緒異常，此一大類內包括四小類，分別是：(1) 焦慮症，(2) 體表症，(3) 解離症，(4) 情感症。第二大類稱為社會異常，此一大類內包括三小類，分別是：(1) 性心理異常；(2) 人格異常；(3) 精神藥物濫用。第三大類稱為精神異常，此一大類內只包括一個小類，就是精神分裂症。接下去即先從第一大類起，分別討論各小類心理異常的主要現象及其成因。

第二節　情緒異常

任何人在日常生活中都會體驗到，隨時隨地因面臨不同事件的順心與否而有喜怒哀樂等不同情緒。惟此種因暫時生活中事件變化而生的情緒起伏情形，並不視為情緒異常，而視為正常現象。本節所要討論的各類情緒異常，雖然在當事人而言確實有情緒反應，但引起情緒反應的原因卻未必有具體事件。以恐懼情緒為例，在火災地震時表現恐懼情緒反應是正常現象，但如對某種無害食物或某種平常顏色表現恐懼情緒時，那就是**情緒異常** (emotional disorder)。在情緒異常這一大類之下，主要包括以下四小類情緒異常現象。

一、焦慮症

焦慮症 (anxiety disorder) 是因過份焦慮而引起的一類情緒異常。所謂**焦慮** (anxiety)，是指由緊張、不安、憂慮、恐懼等感受交織而成的複雜情緒狀態。在日常生活中，任何人都體驗過此種情緒狀態；有人在考試前夜不成眠，有人為債務纏身食不下嚥，其所以然者，焦慮是主要原因。日常生活中暫時性的焦慮並非心理異常。焦慮之成病態，主要是焦慮非由具體情境而生，而只是心理作用使然。屬於焦慮症一類的情緒異常又可分為以下三種：

（一）　泛焦慮症與恐慌症

所謂**泛焦慮症** (generalized anxiety disorder)，是指任何時間、任何事情都會引起個人焦慮反應。泛焦慮症患者，對生活中細微末節的小事特別敏感，總覺得不幸的事故隨時都會發生。對過去的舊事，翻來覆去地回憶，但回憶中只注意自己失敗的經驗；因此愈回憶就愈發痛苦。對未來的事，一直擔心，猶豫不決，一旦作了決定，焦慮的心理將更形加重；因為決定了就得負責執行，執行的後果無法保證。因為泛焦慮症患者所焦慮的事物並不固定，故而又稱此種情形為**游離性焦慮** (free-floating anxiety)。

泛焦慮症患者的一般症狀是，情緒緊張、心情紊亂、注意力不能集中、身心疲倦、頭昏目眩、心悸、失眠等等。泛焦慮症患者過的是一種無事不憂與無時不愁的生活。有時患者會突然無緣無故地大為驚慌，好像覺得大禍即將臨頭，他的焦慮狀態也將突然加重；恐懼不安之外，伴以心跳加速、呼吸迫促、四肢顫抖、頭暈、噁心、盜汗等症狀。泛焦慮症中出現了此種突發現象，即稱為**恐慌症** (panic disorder)。

(二) 恐懼症

所謂**恐懼症**(或**恐怖症**) (phobia)，是指對某種不具任何傷害性事物的不合理的恐懼反應。即使當事人明知不會受到傷害，但仍然無法控制自己的恐懼情緒。恐懼症之所以被視為焦慮症之一，原因是當事人每次遇到引起(不合理) 恐懼情境時，就會產生焦慮反應。因此，恐懼症患者所表現的焦慮，乃是由特定的對象 (或情境) 所引起 (註 13-1)。當事人對不該恐懼的事物產生恐懼反應，自然就難免在日常生活上形成困擾。對不該恐懼之事物過份恐懼者，才被視為心理異常。例如，居住在大都市的人，乘電梯上高樓一事，已成為大眾生活中的平常活動，但如患**懼幽閉症** (claustrophobia) 與患**懼擁擠症** (demophobia) 的人，就不敢搭乘電梯。如果勉強他們搭乘電梯，他們就會有心跳、氣促、頭暈等極不適感。試想，如果此種人每天必須在 30 層樓上下班，捨電梯而不得不爬樓梯上樓的情形，其生活之困擾可想而知。

恐懼症有數十種之多，懼山、懼水、懼風、懼火、懼食物、懼醫生、懼市場、懼動物等等，無奇不有。一般言之，恐懼症較多表現在三方面：(1) **單一型恐懼症** (或**單純恐怖症**) (simple phobia)，只對某特殊事物或情境產生不合理的恐懼反應，除此之外，一切正常；(2) **社交恐懼症** (social pho-

---

註 **13-1**：phobia 與 fear 不同，後者表現對可怕事物的恐懼，不是病態反應；前者表示對不該怕的事物恐懼，是病態反應。phobia 為希臘文，原為希臘神話中職司恐懼之神 Phobos 之名。在精神醫學上，屬於恐懼症者，均附以 phobia 字樣。除本文指出的數種恐懼症外，諸如**懼高症** (acrophobia)、**懼血症** (hematophobia)、**懼學校症** (或**學校恐怖症**) (school phobia)、**懼書症** (bibliophobia) 等均屬之。

bia)，不敢當衆人面前講話，不敢與人接近，因而逃避參與社交活動；(3) **懼空曠症** (agoraphobia)，對空曠的地方（如大街）與人多的地方（如市場）產生不合理的恐懼感，因而逃避離去，更不敢參與旅遊之類的活動。

(三) 強迫症

所謂**強迫症** (obsessive-compulsive disorder)，是指患者的行為不受自由意志所支配的異常現象。即使其行為違反自己的意志，但仍然一再重復出現該種行為。

按 obsessive-compulsive disorder 一詞，實際上含有兩種意義：前一字的含義是**強迫思想** (obsessive thought) 或**強迫觀念** (obsessive idea)；後一字的含義是**強迫行為** (compulsive behavior)。強迫思想與強迫行為二者，有時是單獨出現，只有強迫思想，或只有強迫行為；有時兩者同時間產生，既有強迫思想，又有強迫行為。強迫症所指者，包括上述兩種情形。

在日常生活中，誰都免不了會有強迫思想的傾向。如職業婦女到了辦公室之後，忽然想到離家時可能忘了鎖門；此念頭一起，則一直揮之不去，最後可能只得回家檢查才會放心。這就是由強迫思想演變成了強迫行為。如此情形屢屢發生，即可能演變成強迫症。有的人習慣上過份注意清潔，洗手的動作表現太過頻繁；無緣無故就去洗一次手，如強行忍耐，心理上就會局促不安。像此種情形，就是強迫行為。強迫思想或行為嚴重到對自己生活產生困擾的地步，才被視為**強迫症**。

最嚴重的強迫症是縱火狂，所謂**縱火狂** (pyromania)，是指個體在心理上有一種不能自我克制的縱火欲望。惟變態心理學所指的縱火狂，有兩個心理特徵：(1) 縱火純屬強迫性的**潛意識**衝動，不含有預謀或明確動機；(2) 縱火狂之所以縱火，並非為有目的之攻擊或破壞，而純粹是對燃燒時熊熊的火焰感到興奮與滿足。

強迫症之所以被列為**焦慮症**之一，原因是患者對自己不能控制的思想或行為感到恐懼，由之產生了類似焦慮症的身心反應。強迫症與焦慮症二者的差別，只是引起焦慮的原因不同；焦慮症多係由外在原因引起，而引起強迫症的原因，則是當事人自己的思想或行為。當事人之所以對自己思想或行為產生恐懼感，原因是強迫思想有時是極為可怕的。在一般強迫思想中，攻擊性（殺人或自殺）或性侵犯（強暴傾向）的思想占大多數。此類強迫思想一旦表現於行動，勢必造成嚴重的後果。此症患者初為人母時，有可能在思想上出現一種殺死她親生嬰兒的無知衝動。固然，像此種強迫思想變為行為的可能性不大，但只要此種思想持續存在，就會使當事人因恐懼自己的思想而心生焦慮。

(四) 焦慮症的心理成因

屬於焦慮症一類的情緒異常雖包括多種不同類型的心理異常現象，但有一共同之點是，各種情緒異常均非由生活環境中具體事件引起的情緒反應；而只是當事人知覺上的一種扭曲性反應。焦慮症是怎樣形成的？各派心理學理論有不同的解釋。

1. 精神分析論的解釋　按弗洛伊德的**精神分析**理論，焦慮症中的恐懼症與恐慌症的成因，可能與個體人格結構中**本我**、**自我**、**超我**三者間的衝突未能化解有關。如在某種情境下本我的原始性衝動的需求浮出意識層面尋求滿足時（如遇有性或攻擊的對象），受到意識中超我的拒絕，可能不自覺地就會產生焦慮。不過，精神分析論者不把引起當事人焦慮的現實情境視為真正的原因，而是將之視為代替性的一種象徵作用。例如，有一男性大學生對男生廁所與浴室產生不合理的恐懼；在宿舍裏不敢進男生廁所，不敢用男生浴室；因女生衛生設備又不准男生使用，所以就產生了嚴重的焦慮症。按弗洛伊德的解釋，該男生所恐懼者，並非男生廁所或浴室，廁所或浴室都是代替性的情境；該生真正恐懼的，可能是他隱藏在潛意識中的**同性戀**衝動。因為男生廁所或浴室都是與男性相關連的情境。不過，像該男生所患的焦慮症，他本人未必了解恐懼男生廁所或浴室的原因。

對強迫症的解釋，精神分析論者認為那是一種**防衛機制**；藉由一種象徵性的重復思想，或藉一種象徵性的重復行為，從而避免潛意識內衝動浮出時遭到超我壓抑所產生的痛苦。準此推論，年輕母親在一夜之間可能起床十次八次去看視她的孩子（強迫行為），原因是藉由此重復性活動，以防衛她潛意識中想殺死嬰兒（強迫思想）衝動的發生。

2. 行為論的解釋 根據**行為主義**心理學家們的解釋，焦慮症乃是經由學習歷程所形成的不適當習慣反應。按行為主義對學習原理的解釋，認為個體的任何習慣，無論是好是壞，其學得過程不出三種方式：(1) **經典條件作用**；(2) **操作條件作用**；(3) **觀察學習**（見第五章）。行為主義的心理學家，即以此三種學習方式來解釋焦慮症的形成。先就恐懼症來看，行為主義的心理學家認為，恐懼症是經由經典條件作用學習歷程形成的。例如，一個五歲兒童對紅色的花表現恐懼反應，紅色的花並非具有傷害性的刺激，紅色花之所以引起該兒童恐懼的原因，可能是紅色花曾與另外一個具有傷害性刺激同時出現，使該兒童受到傷害，結果使紅色花產生了條件作用。按經典條件作用原理，該兒童對紅色花恐懼反應的學習過程可能是：(1) 紅色花出現，兒童趨近，但無恐懼反應；在性質上，紅色花是**條件刺激**；(2) 當兒童伸手觸摸紅色花時，突然被花上的蜜蜂螫到，兒童受到驚恐；在性質上，蜜蜂的螫刺是**無條件刺激**；(3) 條件刺激與無條件刺激同時出現，因而形成了**條件反應**；(4) 以後紅色花單獨出現時，由於刺激替代作用，就會引起兒童的恐懼反應。準此推論，凡是對不具傷害性刺激表現不合理的恐懼反應者，諸如對某特定食物恐懼、對黑暗恐懼、對學校恐懼等，都是經由經典條件作用的歷程學得的。

再就強迫症來看，行為主義心理學家們認為，強迫行為乃是經由操作條件作用學習歷程養成的不良習慣。操作條件作用原理中有三個要項：(1) 個體在某情境中先出現一個自發性活動；(2) 此一自發性活動中帶來的後果，能使個體獲得需求上的滿足，滿足之後，會對個體的該一自發性活動產生**後效強化**作用；(3) 以後遇有類似情境時，個體將傾向於重複出現該一活動。準此推論，如強迫行為中的強迫洗手動作，即可採用操作條件作用來解釋。在開始之初，個體可能先在情緒上已產生焦慮，焦慮形成一種**驅力**，促使個體有所活動，藉以減低焦慮的痛苦。洗手的動作可能是個體嘗試減低焦慮的活動之一。惟洗手時流水給予當事人的感覺，可能產生了減低焦慮的後效強化作用，因而養成了以後每覺焦慮即洗手的習慣。

此外，按觀察學習原理，兒童看到成人對某些情境恐懼時，即使有的是不合情理，他也會學習到對該情境表現恐懼反應。

3. 認知論的解釋 按認知心理學家們的解釋，個體之所以對某事過份焦慮，乃是由於他對某事的認知與判斷不適當所致；即使大家認為沒有危險不必憂慮的事，他也認為將來可能會發生危險。患泛焦慮症者認為，無時無地都有發生災禍的可能；出門怕車禍，在家怕盜賊，孩子上學怕被綁架，氣候變化怕生病，因而天天提心吊膽，隨時隨地處於警戒之中。

從認知心理學上的**訊息處理論**的觀點看，在日常生活中，有很多使人憂慮甚至使人恐懼的訊息，隨時隨地接觸到人們的感官(如大眾媒體報導的殺人放火等社會新聞)。對多數正常人來說，此類訊息只做短暫處理，看過或聽過之後，不再放在心上去繼續思考。因為，如對此類問題愈進一步思考，就會使人愈發憂慮。強迫思想的患者，就是把不必由自己負責的問題，當做了自己心理上的負擔。結果是愈想愈恐懼，恐懼之後又擺脫不掉重復思想的習慣，繼而又因強迫思想習慣的存在感到焦慮，最後採取某種行為活動(如飲酒)，藉以減低焦慮的痛苦，於是就可能形成強迫行為。

4. 人本論的解釋 根據**人本心理學**家們的解釋，焦慮症主要是個人的自我概念之間產生了落差。如果一個人的**真實自我**和**理想自我**之間有段很大的距離，他在情緒上就會焦慮不安(詳見第十一章第三節)。

5. 心理生物學的解釋 採取**心理生物學取向**的心理學家，乃是企圖從心身關係的觀點，採兩種取向探討焦慮症的症狀與患者生理特徵的關係。第一種取向是從遺傳因素去研究，企圖探討患者遠近血緣間是否與焦慮症有關。在第十章內討論孿生子之間智力相關研究時，曾經提到遺傳因素相同的**同卵孿生子**之間的智力相關最高(見表 10-1)。心理學家曾採用同樣的方法比較研究焦慮症患者與其同卵或異卵孿生兄弟姊妹的關係。結果發現，同卵孿生子之一患焦慮症另一人也罹患的人數高出異卵孿生子同樣情形者的三倍(Torgersen, 1986)。此一結果是可說明焦慮症與遺傳確有相當關係。

第二種取向是從身體生理適應情形去研究，企圖探討焦慮症患者在對某些化學物質反應上與正常人有何不同。心理學家研究發現，有些化學物質如咖啡因、乳酸鹽及二氧化碳等，對焦慮症患者與一般常人會產生不同效應；此等化學物質將引起患者焦慮症發作，但對一般人則否(McNally, 1990)。

此一現象所顯示的意義是，焦慮症患者的體質與一般常人有所不同。

二、體表症

體表症是第二類情緒異常。所謂**體表症** (somatoform disorder)，是指患者自覺甚至醫師診斷身體外表有某種異常症狀，但事實上在身體器官機能方面並找不到任何病因的心理疾病的現象。因此，此類心理異常一向被稱為**心因性異常** (或心因性障礙) (psychogenic disorder)。此一大類下主要包括以下三類心理疾病：

（一） 體化症

所謂**體化症** (somatization disorder)，是一類多方面復發性的體表症，體化症多出現在 30 歲以上的壯年人，病情可能延續數年之久，嚴重時可能影響患者的日常生活和職業活動。患者雖自覺身體某些器官功能失常而感到痛苦，但在醫學檢查上找不出病因。患者自陳的症狀包括多方面，經常感到四肢無力、視覺模糊、幻覺、記憶減退、消化不良、嘔吐、腹瀉、經期流血過多而疼痛、性慾不振、背痛、胸口痛，甚至感到性器官疼痛。體化症是體表症中罕見的心理異常，患病率不及千分之一。

（二） 慮病症

所謂**慮病症** (或疑病症) (hypochondriasis)，是指患者或因過份關心自己身體，或因過份恐懼患病致死的心理作用所導致的一種假性身體病痛。罹患慮病症的人，在性格上極度敏感，只要發現身體上稍有不適，諸如頭痛、咳嗽、腰酸或背痛等，就自認大病即將來臨。縱使醫師確認他的身體一切正常，他仍然深信不疑自己患了重病。像此種病例，病人本身並非故意偽裝或撒謊，在他自己的主觀認識上，確確實實地感覺到身體的病痛。因此，患慮病症的人在情緒上一般同時出現前文所指焦慮症的各種反應。

(三) 轉化症

與慮病症類似但性質不同的另一種體表症是轉化症。所謂**轉化症** (conversion disorder)，是指由心理上的問題轉化為身體疾病的異常現象。與慮病症相比，慮病症是患者因過份恐懼患病或死亡而導致的心理疾病，而轉化症則是身體上確有症狀，但缺乏身體病因的心理疾病。換言之，前者只是懼怕生病的心理疾病，而後者則是因心理問題而導致了身體疾病。轉化症的主要症狀是身體上部分功能喪失；包括一隻手癱瘓、半身不遂、眼睛失明、耳朵失聰等。轉化症的舊名叫**歇斯底里** (或**癔症**) (hysteria)，在精神醫學未發達以前，認為是女性獨有的疾病。根據現代精神醫學的研究 (見 Worchel, et al., 1995)，轉化症有以下五個特點：(1) 患者身體上局部功能喪失 (如左手不能移動)，但並無任何生理上的病因；(2) 轉化症的發生，常起於生活上遭受重大情緒壓力事件之後，而且病情可能發生於突然之間；(3) 轉化症的症狀無法從生理學的知識獲得答案，如手指麻痺的患者，其手臂的感覺可能仍然正常；(4) 轉化症的患者雖然身體上有明顯症狀，但在**催眠**或在自然睡眠的情況之下，症狀就會消失；(5) 一般轉化症患者，對其自身的症狀似乎並不太在意，在情緒上似乎不因身體局部功能突然喪失而感到痛苦不堪。因此，轉化症患者常令人感到他在裝病；惟事實上他並非假裝，如以針刺其麻痺部位，確實不表現痛覺反應。

(四) 體表症的心理成因

1. 精神分析論的解釋 體表症中的轉化症，是弗洛伊德早年首先研究的心理現象之一。因為轉化症的主要症狀是身體功能失常，弗洛伊德發現經**催眠**後，患者的身體活動恢復正常，所以他肯定相信，轉化症沒有生理成因，純粹是心理因素形成的。弗洛伊德採取他一貫的主張，認為轉化症是由於**潛意識**衝突不能化解而轉化的結果。個體內心深處壓抑著的一些本能性的衝動，時時有浮出意識層面表現於反社會行為的可能。此時的**自我**層面如不能對之有效控制，就可能形成對個體心理上的威脅而感到焦慮。個體為免於焦慮的痛苦，於是將痛苦轉化在肢體上做象徵性的表現，終而形成轉化症。

戰場上的士兵，因時常有戰死的潛意識浮現，就可能在自我意識不能有效控制的心理狀態下，轉化為手指麻痺或視覺失明，藉以解除戰鬥任務的壓力。

2. 行為論的解釋　**行為主義**的心理學家，採**操作條件作用**學習原理解釋體表症的成因。根據行為論的說法，體表症的身體異常症狀，不是生理器官使然，而是個體在日常生活經驗中學習來的。個體所表現的肢體失靈，也是一種行為表現；此種異常行為表現，乃是經由**後效強化**歷程學到的。以學生害怕上學為例，如某次因肚子痛免於上學且得到家人關切照顧，很可能因此強化了他以後再度表現肚痛而逃避上學的可能。

3. 認知論的解釋　認知論採認知策略的觀點解釋體表症的成因。根據認知論的解釋，患者之所以訴說自己身體上的病痛，乃是由於他知道在某些情境下，如自己因病而未將工作做好或未盡到責任時，可以免於受到懲罰。如此以身體症狀為由，無形中便成為他生活適應的一種策略；若以後重複使用，便可能形成疾病。

三、解離症

所謂**解離症** (dissociative disorder)，是指當事人以**解離** (或**分離**) (dissociation) 的心理作用，將存在於個人記憶中的痛苦，或將可能出現在意識中的欲念與不為社會認可的衝動，從意識中解離出去，藉以保衛自己，但卻因解離而喪失了**自我統合**作用，終而形成心理異常的現象。解離症是一類心理疾病的總名稱，其中最主要者有心因性失憶症與多重人格兩種。

(一) 心因性失憶症與迷遊狀態

所謂**心因性失憶症** (或**心因性遺忘**) (psychogenic amnesia)，是一種選擇性的反常遺忘現象，簡稱**失憶症** (amnesia)。失憶症的症狀是：(1) 患者雖喪失對過去經驗的記憶，但並無生理上的症狀，失意現象純係由心理原因所形成。(2) 患者所喪失的記憶，有時只限於對某段時間的事情不能記憶；有的只能記得舊事而忘了近事，此種情形稱為**近事失憶症** (或**順行性遺忘**) (anterograde amnesia)；有的只記得近事而忘了舊事，此種情形稱為**舊事**

失憶症 (或逆行性遺忘) (retrograde amnesia)。(3) 患者所喪失的記憶，有的只限於對重要的事情不復記憶，此種情形稱為**情節性失憶症** (episodic amnesia)；有的患者可能忘記了自己的姓名和住址，但卻仍然記得如何開車等活動。(4) 患者所喪失的記憶，在性質上多涉及與其**自我統合**的事項 (如姓名職業等)；凡是不涉及自我統合的事項 (如開車)，則不易忘記。(5) 心因性失憶症多在遭受痛苦打擊之後突然發生，過一段時間之後，也可能突然又恢復記憶。

與心因性失憶症相關的是迷遊狀態。**迷遊狀態** (或神遊狀態) (fugue state) 或簡稱**迷遊症** (fugue)，是指患者在喪失記憶後又兼帶出現不自覺的離家出走的一種心理異常現象。迷遊症患者離家出走之後，喪失對過去的一切記憶；對自己的姓名、住址、職業等一概忘記。患者迷遊至一新的地方，可能從頭學習適應，重新建立一種與過去本人全然不同的人格。迷遊症的發生，總是在遭遇痛苦的打擊之後。迷遊一段時間之後，多數都會突然醒悟，恢復記憶。惟在結束迷遊之後，對迷遊時的一切經驗，則又不復記憶。

(二) 多重人格

在解離症中最奇特的一種症狀是多重人格。所謂**多重人格** (multiple personality)，是指一個人兼具兩個或多個不同性格的心理異常現象。罹患多重人格的人，他的每個人格各自獨立，各有其不同的記憶、態度與行為。甚至，各個人格的特徵，可能截然不同；其中一個人格可能是內向的、拘謹的、保守的，而另一個人格則可能是外向的、開放的、激進的。當事人對自己的多重人格，有時可以自知，但無法自我控制，在不同的時間與不同的場合，各個人格交替出現，只能任其支配當事人的行為。

在各種心理異常中，多重人格是一種奇特而且神祕的異常現象。多重人格的患者多為女性，根據研究發現一位女性具有多重人格者，在不同之人格交替出現時，患者的生理狀況也隨之改變；不同人格各有其心跳速率、血壓變化、健康狀況以及月經之週期等也隨之改變 (Jens & Evans, 1983)。

(三) 解離症的心理成因

在變態心理學上，解離症雖早已被確認是一類人格喪失統合性的病象，但因缺乏充分的研究證據，故而對其形成原因迄今未明確了解。按**精神分析**的解釋，解離症種因於童年，童年遭遇痛苦經驗，被壓抑在**潛意識**中，長大後再遇到類似的生活困境時，即以改頭換面的象徵性方式，以解離症的各種症狀表現之。按行為主義心理學家們的解釋，解離症的各種心理異常，都是患者自幼在生活中遭遇困難時，為避免困難事件所導致心理壓力的痛苦，學習到一種以偽裝來應付現實困境的不當方式；久之，形成習慣，最後演變成了疾病。

四、情感症

前述三類情緒異常，基本上都是由於生活經驗中累積的恐懼或焦慮所形成的心理異常現象。接下來要討論的第四類情緒異常，則是屬於情緒表達不當所顯示的心理異常現象。喜怒哀懼等心理狀態稱為**情緒**，而喜怒哀懼等情緒表達於外時，則稱為**情感** (affect)。人在日常生活中隨時對人對事都有情感變化，惟變化總在一個限度之內；因痛苦經驗而悲傷者，過一段時間就會自動消失。如果悲傷情感久久不能消失以致影響其生活功能時，就被視為**情感症** (affective disorder)。患情感症者在心情上都是痛苦的，故而也稱**心情異常** (mood disorder)。在情感症一類中，主要包括抑鬱症，兩極症以及自殺三種心理異常。

(一) 抑鬱症

在情感症一類心理異常者之中，最主要的是抑鬱症。**抑鬱症** (或**憂鬱症**) (depression) 是包括憂愁、沮喪、消沈等多種不愉快情緒綜合而成的心理狀態。抑鬱症患者女性多於男性；根據美國醫學統計，在一般人口中，男性患者，約為 10%，女性患者約為 20% (Klerman & Weissman, 1989)。抑鬱症的主要症狀是長期抑鬱寡歡，情緒沮喪。因為日常生活中不可能事事順心，諸如考試失敗、身體違和、人事摩擦、財物損失等，誰也無法避免，是故像抑鬱寡歡的情緒低落現象，在一般人中都會發生，惟此種現象不能視為抑鬱症。根據美國心理異常診斷統計手冊，對抑鬱症的診斷通常是根據一個基本原則和五種症狀 (APA, 1994)：一個基本原則是，在缺乏具體生活事故的情況下，患者的情緒低潮連續維持半個月以上者，就可視為抑鬱症。抑鬱症的五種症狀是：(1) 喪失生活情趣，對飲食、工作、社交、性生活以及娛樂活動等，都失去了往日的興趣；(2) 自我價值感喪失，自怨自艾，表示強烈的罪疚感；(3) 情緒激動不安，睡眠失常，不能安心工作，無法集中思考問題；(4) 常感身心疲憊，動作有氣無力，喪失往常的生命力；(5) 時常想到死亡並懷有自殺的念頭。

抑鬱症患者中女性為男性的兩倍的現象，按心理學家的解釋 (Nolen-Hoeksema, 1990)，可能與患者遭遇生活困境時所採取的適應策略有關。男性一般生活活動的層面較廣，生活中遭遇困境時，可能將思考方向轉移，藉由其他活動（如運動、吸煙、飲酒等），使痛苦情緒淡化。女性生活層面較窄，生活中遭遇困境時，往往鑽牛角尖，反覆思考生活中不愉快的經驗，結果使其情緒不得自行抒解，而日久形成適應上的困難。

(二) 兩極性異常

前述抑鬱症是指憂鬱悲傷情感長期持續的異常現象。從情緒起伏變化的狀態言，抑鬱症是情緒陷入低潮達於谷底的極度消沈狀態。臨床心理學上也發現與抑鬱症相反的另一種情感症。此類情感症患者在情緒表達上恰與抑鬱症相反；病發時精力充沛，言行狂妄，在精神病學上稱為**躁狂症** (mania)。屬於躁狂症的患者極少，多數情感症患者兼具抑鬱與躁狂兩種狀態；即時而陷入情感低潮，時而轉向情緒高峰。此種現象稱為**兩極性異常** (bipolar disorder)。由於兩極性異常兼具抑鬱與躁狂兩種症狀，故而又稱**躁鬱性精神病** (manic-depressive psychosis)，也稱**躁鬱症** (manic-depressive illness)。

躁鬱症是兩極性的情感症，在症狀上兼具抑鬱症與躁狂症兩者的特徵。抑鬱症的特徵已在前文所提五種症狀中有所說明，現在只補充說明患躁鬱症者的行為特徵。躁鬱症患者的情緒轉向狂躁之極端時，除情緒極為興奮外，在行為上表現精力充沛，睡眠減少，整日忙碌不停；好說話且言詞誇大；愛管閒事，除干涉別人與支配別人之外，兼有攻擊傾向；吸煙飲酒者，其煙量與酒量倍增；口出狂言，不負責任，可能輕言承諾訂購價值千萬的高價位房屋，繼而因無力付款而構成違約行為。躁鬱症患者的興奮情緒狀態，只能維持一段時間，可能在突然間即行轉入另一極端，再度陷入極度抑鬱狀態。

(三) 自　殺

所謂**自殺** (suicide)，是指個人有目的的結束自己生命的行為。自殺行為本身並非一種疾病，自殺都是當事人長期情感失常形成的結果。自殺與抑鬱症有密切關係。根據調查研究 (Murphy, 1983)，在抑鬱症的患者之中，有 80% 的人有自殺傾向，而其中有 1.5% 的人自殺成功。職是之故，在臨床心理學上才會將自殺視為一種情感症。惟有些自殺者 (如破產、失業、畏罪等) 未必患有情感症。在企圖自殺的人口中，女性是男性的三倍，而自殺成功者之中，男性則是女性的三倍。自殺的性別差異主要在於自殺方式不同；男性多用槍自殺，女性則多服用藥物。不過，社會上一般談自殺時多傾向於自殺方式明確的案例。有些人採割腕、投河、自縊、服毒以及舉槍自殺等方式，均屬明確自殺案例，但有些人酒後駕車刻意衝撞路樹者，在行為目的上也可視為自殺。因此，通常所說的自殺率，只能做為估計的底數，不能代表實際自殺人數。近年來，在發展國家中自殺率有逐年增加趨勢。單以美國而言，在 1940 年代的死亡原因排行榜上，自殺被列為前 20 種死亡原因之末，到 1980 年代開始，自殺則躍升前 10 大死亡原因之一。如單以大學生死亡原因統計，自殺則高居第二位。(Levy & Moskowitze, 1982)。臺灣地區自 1998 年迄今，自殺一直列 10 大死亡原因的第 9 位。

(四) 情感症的心理成因

雖然情感症包括三種心理異常，但在臨床心理學的病因解釋上，各學派的理論則主要對抑鬱症的心理成因提出說明。

1. 精神分析論的解釋　按精神分析論的解釋，抑鬱症是一種**失落反應**

(reaction to loss)；是當事人目前生活中的失落經驗，引發了隱藏在**潛意識**中童年生活失落經驗的痛苦；兩者交互作用，致使當事人在情緒上陷入了痛苦絕望的困境。準此推論，抑鬱症患者的童年生活中，必定有較多的失落痛苦經驗；諸如自幼喪失父母、得不到父母關愛、在家庭無地位、在同儕玩伴中受欺凌等，都會形成童年失落的痛苦經驗。根據心理學家新近的驗證研究發現，自幼父母雙亡者，成年後抑鬱症的罹患率確比一般人為高 (Barnes & Prosen, 1985)。此一研究發現，使一向視童年痛苦經驗是形成以後心理問題原因的精神分析論，獲得相當程度的支持。

個人童年生活中感到失落的痛苦經驗，何以在成年後才發作而成為抑鬱症？按精神分析論對此一問題的解釋，童年生活中失落的痛苦經驗，對個體來說，始終未曾遺忘，只是由於每次回憶即帶來痛苦，故而被**壓抑**在潛意識中，暫時不做顯現而已。事實上，個體自幼在某方面的失落 (如喪失父母的愛)，始終在潛意識中存在著一種 "彌補" 的需求。例如，自幼喪失母愛的人，成年後在心理上比一般人更渴求別人的愛；自幼未被同伴接納的人，成年後在心理上更需要別人的支持；自幼未被肯定社會地位的人，成年後在心理上更重視社會地位的得失。正因為這種人在心理上過份渴求 "得" 而避免 "失"，所以在其生活追求中遭遇挫折而失敗時，其失落感就特別嚴重。按精神分析論的解釋，抑鬱症患者在現實情境中感到失落，事實上，使他遭遇挫折的現實情境，並非真正原因；現實情境只不過發生了代替性的象徵作用而已。引起當事人痛苦的真正原因，仍然是童年生活中失落感帶來的痛苦。因此，精神分析論者將抑鬱症患者在現實中的失落，稱為**象徵性失落** (symbolic loss)。現實中的失落，引起了潛意識中隱藏已久的童年失落的痛苦，新苦舊痛交互作用的結果，使當事人陷入了情緒的低谷。當事人為了減輕因現實情境中挫折所引起的痛苦，於是在心理上又產生了一種**防衛機制**；將現實中使其失落的外在原因，在心理上產生了內化作用。**內化作用** (internalization) 是指把造成他失落的外在原因歸咎於自己。被公司解雇的職員，失業後可能先是對老闆憤恨，後以無法報復反而將情緒轉向自己；恨自己缺乏人緣，恨自己能力不夠；結果使心理愈複雜，病情愈嚴重。

2. 行為論的解釋　　**行為主義**的心理學家們，一向是以學習心理的觀點解釋人的一切行為上的問題。在行為主義心理學家所揭櫫的**操作條件作用**學習理論中，在個體學習任何行為習慣時，由**強化物**所發生的**後效強化**作用，是習慣形成與否的重要關鍵（見第五章第三節）。行為主義心理學家，也採用此種觀念來解釋抑鬱症的心理成因。他們認為，個體的抑鬱情緒是在生活中學習到的一種消極性的退縮反應，而此種消極性反應，乃是長期缺乏**正強化**作用所致。所謂正強化作用，是指個體在生活活動中，只要表現出適當的行為，就會受到獎勵。如果在生活經驗中經常是受到獎勵的機會極少，而受到懲罰的機會又太多，就會在個體以後的生活適應上產生兩種不利的影響：其一，因失敗的經驗太多，成功的經驗太少，個體既不能由生活經驗中獲得快樂，更無從由之建立自信心與自尊心。其二，因為生活經驗中得不到獎勵與讚賞，致使個體在行為上，無從經由**正強化**作用學習到應付困境的能力；此種現象尤以兒童在生活經驗中未能養成社會應對能力時為然。由以上兩者來看，正可用以解釋抑鬱症的心理成因。因為，自信心與自尊心的喪失，不僅是抑鬱症患者的主要特徵，而且，患抑鬱症的人，一般既缺乏應付生活困境的能力，也短少待人處事的社交技巧。

在第五章第四節內，我們曾討論過**學得無助感**的概念。學得無助感是一種對人己與對世事的消極絕望心態；此種心態也正是抑鬱症患者的心理特徵之一。因此，學得無助感的概念，也被變態心理學家們用來解釋抑鬱症的成因。惟學得無助感的學習過程，除操作條件作用學習的外在因素之外，也含有**認知學習**的成分。接下去即討論認知論者對抑鬱症的心理成因如何解釋。

3. 認知論的解釋 前文提到，學得無助感是抑鬱症患者的心理特徵之一。惟對學得無助感的學習歷程，及其在抑鬱症患者心理上所發生的作用，持認知論觀點的心理學家，提出有異於行為主義者所做的解釋。行為主義者將學得無助感，視為個體無法逃避外因打擊時，所學到的一種**條件反應**。此種條件反應一旦形成，以後類似情境出現時，即使外在打擊他的刺激不再出現，個體學到的條件反應仍繼續出現。

認知論者對學得無助感在抑鬱症的心理作用上，提出兩種異於行為主義者的解釋。其中一種解釋是，將學得無助感視為抑鬱症患者的一種適應生活的**態度**（態度中含有認知成分）。惟以學得無助感為基礎的生活態度，多半只表現在生活中負面的經驗,因此特別誇大失敗後的痛苦,對生活中成功的經驗則予以忽視。例如,某大學男生在校學科成績優異,只因缺少社交經驗而遭女友排斥,在失戀痛苦之餘,該生深感人生乏味,終而抑鬱寡歡,自暴自棄。如從心理異常的觀點言,該生的情況若繼續演變下去,就可能帶有抑鬱症的傾向。有不少青年男女因失戀而自殺者,其主要原因就是在認知上過份誇大了失敗經驗,因而自責自卑,自覺一無是處;完全忽略了個人在其他方面的優點與生存的價值 (Beck, 1975)。

4. 人本論的解釋 採人本論取向的心理學家,企圖從患者的人生態度與人生方向來解釋抑鬱症或自殺的原因。人本心理學家弗蘭克(見圖14-2)根據第二次世界大戰期間在納粹死亡集中營親身觀察發現,凡是在死亡邊緣而不極度抑鬱企圖自殺的人,都具有樂觀且有人生方向的人格特質(Frankle, 1959)。因此他建議,只有協助患者建立人生信念,領悟人生意義,才會發揮心理治療效果。基於此義,弗蘭克提倡**意義治療法**(見第十四章第一節)。

5. 心理生物學的解釋 採心理生物學取向解釋抑鬱症的心理學家,企圖從遺傳與腦神經生物化學兩方面探討抑鬱症的病因。從事抑鬱症遺傳研究的心理學家早已發現,抑鬱症與家族遺傳有密切關係。一項題為〈情感症的孿生子研究〉研究結果顯示 (Allen, 1976):同卵孿生子中有一人罹患抑鬱症者,另一人罹患同一疾病的機率為 40%,而異卵孿生子中有一人罹患抑鬱症者,另一人患病的機率只有 11%。如單以患兩極症的孿生子為對象分析,同卵孿生子中有一人罹患兩極症者,另一人患病的機率為 72%,而異卵孿生子中有一人罹患兩極症者,另一人患病的機率只有 14%。固然,孿生子的生長環境相同也可能是因素之一,不過從同卵(遺傳全同)與異卵(遺傳不全同)孿生子兩者的差異看,抑鬱症確與遺傳因素有相當關係。

從事抑鬱症腦神經生物學研究的心理學家,早已發現中樞神經系統中神經傳遞時,**神經元**的**軸突**部分會發揮特殊的生物化學功能(見第二章第二節)。抑鬱症患者的神經傳遞較為遲鈍,外界的刺激不易引起**感覺神經元**的**神經衝動作用**。服用**興奮劑**中**安非他命**後之所以使人精神振奮,乃是由於該藥物具有刺激中樞神經的生化效應(見第四章第四節)。惟以安非他命服用後副作用太大(屬禁用藥品),故而一般醫師並不採用它做為治療抑鬱症之用。

第三節　社會異常

在第二節內我們討論過了情緒異常中的四類心理異常。接下來將討論**社會異常** (social disorder) 中的性心理異常與人格異常（屬於社會異常的另一類精神藥物濫用已在第四章第四節內討論過，此處省略）。性心理異常與人格異常二者之所以稱為社會異常，是因為這兩種心理異常患者的身心表現除使其本人感到困擾影響其正常生活功能之外，更重要的是患者無法與別人建立良好的社會關係。

一、性心理異常

所謂**性心理異常** (psychosexual disorder)，是指個體之性行為表現明顯異於常人的病態現象。惟性心理異常與否的標準不易確定，除時代不同而有所改變外，世俗禁忌與社會道德觀念，也會發生很大影響。因此，近年來在精神病學界，企圖擺脫社會道德觀念，重新以客觀的態度來鑑別人類的性行為中，究竟何者屬於病態，然後確定其是否屬於心理異常。由於精神病學界評鑑性心理異常標準的改變，於是早期被視為性心理變態者，現在已不再被列為性心理異常。其中最明確的例子，就是以同性別為性愛追求對象的**同性戀**。在 20 世紀 80 年代以前，同性戀者一向被視為性變態，80 年代以後，則只對同性戀者自感痛苦或因其行為而加諸別人痛苦者，才視為性心理異常。性心理異常是指一類有關性行為變態的疾病，本文以下所要介紹者只限於兩方面的性心理異常，其一為性別認同障礙，其二為性變態。

（一）　性別認同障礙與變性症

所謂**性別認同障礙** (gender identity disorder)，是指由於個人不認同自己生理上的性別，因而形成心理上嚴重困擾的異常現象。從發展心理學的觀點看，一個人的性別發展包括兩個層面：其一是生理層面，個體自出生時即決定了他生理上的非男即女的性別。以後逐漸生長發展，**到青春期**開始以後，相繼出現**主性徵**與**次性徵**(見第八章第四節)，而後即為成熟的男性與女性。其二是心理層面，個體兩歲以後在性心理發展上即表現出**性別認同**的能力；此時兒童不但了解到自己生理上的性別，而且在心理上也接納自己的性別；願意做一個男性或女性。像此種情形，即可視為性別認同正常。性別認同障礙者的情形則反是，即使他生理上性別的主性徵與次性徵均明顯肯定，但在心理上卻一直不願接納現實，總希望將自己變換成相反的性別。因為此種心理不但無法令人如願，而且一向被視為不合於世俗道德，故以往有此心理傾向者，除因身心衝突徒增困擾外，問題一直無法解決。根據心理學家估計，在兩性之中，男性中有此心理傾向者，遠較女性為多。

性別認同障礙者，如因不接納自己生理性別所引起的心理困擾，演變惡化到不能忍受，而不得不求助醫師改變其生理性別的地步時，就成了**變性症**(或**易性癖**) (transsexualism)。變性症患者的一般症狀是，在性別角色上有嚴重的心理衝突，不甘願扮演其生理性別所屬的角色，不願意穿著適於其性別的服裝。在兩性吸引方面，變性症患者會希望與其同生理性別者接近，而有逃避與異性交往的傾向。因此，變性症患者有時會被人誤認是同性戀者。因為變性症患者的問題是自幼年開始而到成年才發作的，經過長期的心理不安與焦慮，達到非求助醫師施以變性手術不可地步時，已是相當嚴重；醫學界因適應此等病患的需要而有了變性手術。

在醫學上，最早的**變性手術** (sex-change surgery) 始於 1930 年代的歐洲。在 1952 年，丹麥首都哥本哈根的一家醫院，將一位青年男子，以外科手術的方式，切除男性生殖器官，改裝人工女性生殖器官，並施以**性腺激素**治療，徹底變成一位女性，成為變性手術史上最成功的例子。此後變性手術即迅速傳遍全世界。變性症患者以男性居多。自 20 世紀 60 年代以後，男性經變性手術變為女性者，在國內已時有所聞 (圖 13-1)。惟變性手術主要在外形上改造性器官，甚至也可經由性激素的注射使次性徵顯現 (男變女後皮膚身形也隨之改變，女變男後也長出鬍鬚)，但主性徵的功能則永遠不能發揮；男變女後不可能有月經，更不可能懷孕生育；女變男後也不可能有射精的行為。因此，變性症患者經變性手術後，其心理上的障礙可能因生理性別的改變而消除一部分，但如進一步追求婚姻，期冀分享兩性結合的幸福生活，則無法如願以償 (Abramowitz, 1986)。此外，像這些"錯置靈魂"的人，在男女有別的傳統社會裡難免遭人"另眼看待"，以致謀生困難。最近台北市有某徐姓變性女子因婚姻職業兩空在街頭搶劫而蹈入法網的事件，就是一個最明顯的例子 (見 2001 年 6 月 12 日中國時報 9 版)。

圖 13-1　因性別認同障礙而變性的實例之一
本圖由香港友人杜山川醫師提供，是 20 世紀 60 年代華人社會最早經變性手術後由男性變女性的實例之一。

(二)　性變態

所謂**性變態** (paraphilia)，是指個體不經由正常的性行為方式去尋求性滿足的心理異常現象。按一般常人的性行為方式，在尋求性的滿足時，大都符合三個條件：(1) 以成熟的異性為對象；(2) 經由以生理為基礎的**性動機**

的滿足，達到心理上的滿足；(3) 性行為的活動中帶有人際關係；男女間的性行為應帶給雙方快樂與滿足，即使不能達到此一地步，總不能因尋求性滿足之一方面使對方受到痛苦。根據以上三個條件為標準，人類的性行為被列為變態者不下十數種。本文以下只簡述其中五種：

1. 戀物症 所謂**戀物症**(或**戀物癖**) (fetishism)，是指不以異性個體為性行為的對象，而只尋求與異性有關之物品，從而獲得性滿足的心理異常現象。戀物症患者多為男性，其所戀之物主要為女性之衣物；如鞋子、絲襪、服飾等，其中尤以女性之內衣為最具吸引力。此外，異性身體的一部分，如手、腳、頭髮等，也是患者迷戀的對象。戀物症者之所以單憑異性之物品即可獲得性滿足的原因，是因為患者多將持有之物品象徵化，在想像中進行手淫。換言之，手淫者藉由帶有異性色彩的物品，以增強其性的興奮與滿足。

2. 扮異性症 所謂**扮異性症**(或**異性裝扮癖**) (transvestism)，是指藉由穿著異性的服裝，從而獲得性的興奮與滿足的心理異常現象。扮異性症與前文提到的變性症不同。變性症患者的困擾是，不接受自己生理上的性別，而扮異性症患者則是企圖藉著穿上異性的服裝，從而在想像中得到與異性之間發生性關係的滿足。扮異性症者多為男性，患者在改變異性服裝之同時，多伴隨手淫的活動。

3. 暴露症 所謂**暴露症**(或**露陰癖**) (exhibitionism)，俗稱暴露狂，是指在異性面前藉由暴露自己的性器官，從而獲得性滿足的心理異常現象。暴露症患者多為成年男性，其暴露下體之目的不在誘惑對方，而在展示自己，從對方驚恐反應中獲得反常的滿足。

4. 性虐待狂 所謂**性虐待狂** (sadomasochism)，是指性行為時不以正當的心理對待對方。性虐待狂分為兩種：一為**施虐狂** (sadism)，指在性交時對異性虐待；如以針刺、手摔、口咬等方式加諸對方，從對方的痛苦表現中，使自己獲得性的興奮與滿足。另一為**受虐狂** (masochism)，指性交時甘願接受對方虐待，從而獲得性興奮與滿足的反常心理。

5. 戀童症 所謂**戀童症**(或**戀童癖**) (pedophilia)，是指成年男性專以誘姦或強暴女童，從而獲得性興奮與滿足的心理異常現象。戀童症患者所誘姦或強暴的女童，多為其生活環境中所熟悉者。因此，患者惟恐事後被受害者家庭告發，故而常有女童被強暴後遭到殺害的犯罪案件發生。

(三) 性心理異常的心理成因

從外顯行為看，性行為異常雖相當明顯，如進一步分析性心理異常的形成原因時，卻相當困難。原因是性心理異常的心理成因複雜，除了生理因素外，不同的心理學理論，各有不同的解釋。

1. 精神分析論的解釋 心理學家採用精神分析論的觀點解釋性心理異常時，主要是以弗洛伊德的**性心理期發展論**做為立論的根據。根據弗洛伊德的解釋，在人格發展的**性器期** (3～6 歲) 階段，男性兒童在心理上會出現**戀母情結**，女性兒童則會出現**戀父情結**心理現象。如此一時期男女兒童不能經由認同歷程將情結化解，幼年的情結就會壓抑在潛意識中，成年後與異性交往時，不能適當地扮演自己的性別角色。

2. 行為論的解釋 根據**行為主義**心理學家的說法，一切性行為異常都是學習來的，而學習的經過，有的是經由**經典條件作用**，有的是經由**操作條件作用**，也有的是經由**觀察學習**。無論是那一種學習方式，行為主義心理學家總是將性心理異常的成因歸之為環境的影響。個體幼年時如遭受過性的虐待，成年後面對兩性情境時，難免會有恐懼反應；幼年時如父母情感關係惡劣，甚至暴力相向，兒童就難免經觀察學習，成年後模倣父母與異性相處的不友善方式；兒童時期看多了電視上男女情殺的暴力鏡頭，也可能對男女兩性關係產生恐懼。

3. 認知論的解釋 認知心理學家對性心理異常現象的解釋，傾向於將性行為異常視為個人認知錯誤或不適當的態度所致。有的人或因某種宗教信仰，或因某種習俗的傳統，或受某種學說的影響，使他對男女兩性關係，形成一種異於常人的觀念。有的人可能認為性是骯髒的低級行為；有的人或因不願生育子女而有意地逃避兩性關係；也有的人或因自己的身世或遭遇，使他形成一種觀念，不願與異性交往，以避免使他再度陷入痛苦。

4. 心理生物論的解釋 採心理生物論觀點的心理學家，主要是試圖從三方面解釋性行為異常現象：(1) **性腺**分泌失常，如個體青春期後男性睪丸不能適度分泌**雄性激素**或者女性卵巢不能適度分泌**動情激素**，個體即缺乏應有的性行為能力；(2) 藥物效應，如個體過度服用**精神藥物**，就難免性行為表現異常；(3) 過度疲勞或疾病的影響，如男女之一方因工作過度疲勞或因體弱多病，就難免喪失性的興趣，甚至對性生活感到厭惡，因而形成性心理異常。

二、人格異常

所謂**人格異常**(或**性格異常**) (personality disorder)，是指個體自幼在生活上養成的待人處事時的作風與格調異於常人的現象。人格異常與前文所討論的**焦慮症**與**情感症**等心理異常有所不同。焦慮症與情感症患者的共同特徵是，個體對自己的行為感到愧疚，而且有冀求改變自己的意向。人格異常者雖在客觀上顯示其生活適應困難，但在當事人的主觀上，並不因自己行為偏差感到焦慮不安。此外，人格異常也與下文討論的精神分裂症不同；精神分裂症患者與現實脫節，而人格異常者不但未脫離現實，反倒是善於利用現實以達其損人利己的目的。

人格異常是一類心理異常的總名稱，在此一類別中，有十數種不同情況 (見補充討論 13-1)。此處所要討論者，只是其中之一的反社會人格異常。

(一) 反社會人格

反社會人格 (antisocial personality) 是**反社會人格異常** (antisocial personality disorder) 的簡稱，意指個體在社會行為上，具有違反社會道德規範的傾向，且有為利己目的而傷害別人時，絲毫不感愧疚的異常性格。反社會人格與**反社會行為** (見第十二章第三節) 不同，反社會行為一般指社會黑道份子的違法行為，或現實社會中的失落者，在缺乏生存出路時因衝動而表現的犯罪行為。惟反社會行為者未必不重視人際間的感情；所謂"盜亦有道"，黑道份子可能為同道安全而犧牲自己。反社會人格者則不然，除關心自己外，從不考慮別人。曾有精神病學家 (Cleckley, 1976)，根據臨床診

補充討論 13-1
人格異常有多種類型

根據美國精神醫學會現行《心理異常診斷統計手冊第四版》，在人格異常一類之內，按症狀的不同又分為以下 10 種不同類型：

1. 妄想型人格異常 (或偏執型人格障礙) (paranoid personality disorder)：患者對所有人均持懷疑態度，總以為別人對他不公平；自私自利，對人不信任，重視自己身份地位，如有過失則歸咎於別人，無法與人合作，生活適應困難。

2. 分離型人格異常 (schizoid personality disorder)：患者性格孤獨，感情冷淡，既不關心別人，也不希望別人關心自己，缺少與人相處的興趣與能力，因而無法與人建立親密關係，社會適應困難。

3. 分裂型人格異常 (schizotypal personality disorder)：患者的症狀較前述分離型嚴重，除性格孤獨與人隔離之外，兼有**精神分裂症**患者之知覺扭曲與思想紊亂等特徵。

4. 反社會型人格異常 (antisocial personality disorder)：患者雖表面看似正常，甚至在初識者面前能給人相當好的印象，惟一旦與人接觸，其一切言行純以自我為中心，不遵守社會規範，不重視別人權利，是一種損人利己的異常性格。對此類異常者，本文內有較詳細討論。

5. 邊緣型人格異常 (borderline personality disorder)：患者情緒困擾的程度較其他人格異常類型嚴重，其症狀也較複雜，是介於神經症與精神病之間的一種心理異常，故以"邊緣"名之。

6. 劇化型人格異常 (histrionic personality disorder)：患者人格表現幼稚，情緒極不穩定，常為芝蔴小事過份計較，表現出喜怒無常像是在舞台上表演一樣。

7. 自是型人格異常 (或自我陶醉型人格障礙) (narcissistic personality disorder)：患者人格表現幼稚，有強烈**自我**中心傾向，經常以誇耀自己的方式引人注意。自是型的人對人缺乏同情心，與人相處時總企圖利用別人達到自己的目的。因此，無法與人建立良好社會關係。

8. 迴避型人格異常 (或逃避型人格障礙) (avoidant personality disorder)：患者對人際關係過度敏感，雖在內心上冀求別人接納，但生怕遭人拒絕傷及自尊，因而在矛盾的心情下迴避參與本想參與的社會活動。

9. 依賴型人格異常 (dependent personality disorder)：患者性格幼稚，凡事依賴別人的幫助與支持；如不得已單獨行事時，就會感到極大的恐懼。

10. 強迫型人格異常 (obsessive-compulsive personality disorder)：患者性格固執，言行僵化，處事墨守成規，不知通權達變，對變動之生活情境及複雜的人事關係，均不能有效適應。

斷,將反社會人格者的行為特徵,歸納為以下 16 點:(1) 相貌與智力均在中人以上,予人之**第一印象**,常使人產生好感;(2) 不帶有精神分裂症的症狀,思想並不紊亂,也沒有**幻覺**與**妄想**現象;(3) 不帶有焦慮症與情感症的症狀,情緒上既少焦慮,也少激動;(4) 對人對事,無分輕重緩急,既無責任心,亦無義務感,故而在言行上無法取信於人;(5) 缺乏坦誠的氣質,予人以虛偽的印象;(6) 知過而不悔改,且無羞恥之心;(7) 所表現之侵犯別人的行為,事先並無明確動機或計畫,多係起於隱藏的衝動;(8) 缺乏是非善惡的判斷能力,不能從失敗經驗中獲取教訓;(9) 極端**自我中心**,不惜剝奪別人權利以滿足私慾,不顧及別人的感受,更不考慮對人之回報;(10) 情緒冷漠而少變化,不似常人般受外因感動而有喜怒哀樂的表情;(11) 缺乏領悟能力,不能見賢思齊,不能從別人的楷模行為中學習到改變自己;(12) 雖不關心別人,但卻強烈需求別人的關注與支持;(13) 常在幻想狀態下對人表現惡作劇行為;(14) 反社會人格者不顯示自殺傾向;(15) 在兩性關係上,純以自我滿足為出發點,與異性交往從不認真,從不付出真心與愛意;(16) 生活無目標,無計畫,也無方向,在生活中一切活動,所表現者都是一些**自毀性行為** (self-defeating behavior)。

(二) 反社會人格的心理成因

反社會人格的形成,與其他心理異常者不同。反社會人格並非由於生活壓力過大,或遭遇嚴重情緒打擊後所形成的心理疾病,而是自幼在人格發展過程中,因長期適應不良而形成的一種反常性格。

1. 精神分析論的解釋 精神分析論者對反社會人格成因的解釋,仍持其一切心理異常種因於童年生活經驗的主張,認為反社會人格者之所以在行為上損人利己,缺道德感,無羞愧心,乃是由於幼年時期的人格結構上,未能發展到**超我**層面使然。超我是人格結構中遵循**完美原則**對**本我**與**自我**的監督與管理者,是在向父母**認同**的過程中,以父母行為當楷模,間接學得的道德規範與社會良心。惟兒童之所以向父母認同,主要是因為兒童需求父母的關愛,能在向父母行為認同後獲得需求的滿足。假若親子之間的感情自始就不正常，兒童得不到父母的關愛，甚至遭到棄置或虐待，兒童人格中的超我層面就無從形成。準此推論，個體幼年生活不能在親情愛意中獲得人格的健全發展，是形成以後反社會人格的主要原因。

2. 行為論的解釋 行為論的心理學家們，以**條件作用**學習中的**強化**原理來解釋反社會人格的形成。反社會人格者不能從生活經驗中獲取教訓，這只是指其不能在錯誤經驗中學到改過遷善，以符合社會規範的適當行為，代替犯錯的不當行為。事實上，反社會人格者從錯誤經驗中仍然學到教訓，只是他所學到的教訓與一般所指者不同而已。在一般家庭中，兒童的錯誤行為會受到父母懲罰，其良好行為會受到獎勵，此種家庭教育方式，就學習原理而言，自然對兒童行為的塑造，產生正強化與負強化的雙重作用，使兒童的錯誤行為逐漸**消弱**，良好行為因強化而養成。如果家庭教育方式不符合上述學習原理，或因父母過份苛刻，兒童所感受到的只有懲罰，沒有獎勵，最後兒童所學到者，只是如何逃避懲罰的方法。此即操作條件作用學習中的**廻避學習**（見第五章第三節）。個體從懲罰的情境中學習到如何避免懲罰，逃避行為自然也因之而受到強化；這可能正是反社會人格不能在錯誤經驗後改過遷善的原因。

3. 認知論的解釋 持認知論的心理學家們，採社會認知的觀點，將反社會人格的成因，解釋為當事人之所以極度自我中心，乃是由於缺少**社會認知**（見第十二章第一節）使然。一般人在根據其**社會知覺**，從事人與我之間取捨判斷時，總會從利害得失多方面，考慮到自己之外，也考慮到別人。這是一種學得的社會認知能力，也是學得的一種社會態度；此等能力與態度，都是自幼在家庭環境中養成的。如父母對子女的管教方式過份放縱，對子女的行為不教以是非善惡的標準，且對子女的不合理要求，都是無條件地予以滿足。如此教養的結果，導致子女認知能力窄化，養成自我中心態度。在遭遇困境時，缺乏**挫折容忍力** (frustration tolerance)，不能以耐心與毅力去克服挫折情境。在遇到須先付出而後得報酬的生活情境中，無從學到**延後享樂** (delay of gratification) 的態度；只知道每有所需求就要立即滿足。這些都是具有反社會人格者的典型性格。因此，認知心理學家認為，反社會人格乃是不當家庭教育之結果。

4. 心理生物論的解釋 持心理生物論觀點的心理學家，企圖從遺傳與生理特徵去探討反社會人格的成因。根據新近的研究發現，有兩方面的事實說明先天遺傳與反社會人格有關。一方面事實是根據孿生子的相關研究。研究者發現，同卵孿生子在反社會人格表現上的相關程度，要比異卵孿生子之間的相關程度高出兩倍 (Rutter et al., 1990)。另一方面事實是，根據養子女反社會人格的相關研究。此類研究發現，自出生起即被收養的嬰兒，長大後在反社會人格表現上，其與生父母人格特質的相關程度，遠比與其養父母人格特質的相關程度要高 (Bohman, et al., 1982)。

第四節　精神異常

在所有心理異常疾病中，精神異常是屬於最嚴重的心理疾病，**精神異常** (psychotic disorder) 俗稱精神病。所謂**精神病** (psychosis)，是指患者的精神狀態極端異於常人，不但在知覺思維上脫離現實，而且患者經常憑其幻覺製造出他自己的虛幻世界。精神病代表一類心理異常，本節僅介紹其中最具代表性的精神分裂症。

一、精神分裂症的一般症狀

因為精神分裂症有多種不同類型，不同類型的患者，其症狀自然也各不相同。**精神分裂症** (schizophrenia) 多半具有以下六點心理特徵，其差別只是表現程度的多少而已。在精神病學上，主要是將患者此類心理特徵視為症狀，做為診斷與治療的根據 (Bellak, 1994；Heinricks, 1993)。

1. 思想紊亂　精神分裂症患者的思想紊亂，無論是經由口語或文字與人溝通時，均不能有系統有組織地表達其所要表達的意義。如給予患者某些單字，讓他做單字聯想，他所聯想者多與常人迥異。與人談話時，不是語無倫次，就是不知所云。在語文式智力測驗上，精神分裂症患者的分數有顯著偏低趨勢。

2. 知覺扭曲 精神分裂症患者，對知覺經驗的陳述，有明確扭曲事實的現象。對現實中微弱的聲音，可能在患者聽來震耳欲聾；極平淡的顏色，可能在患者看來鮮明耀眼。對自己身體，患者在知覺上扭曲的更為嚴重；他會覺得手變短了，腿變長了，臉型變大或變小了。精神分裂症嚴重者，在面對鏡子時不能辨識鏡中人是別人還是自己。

3. 幻覺與妄想 精神分裂症患者對知覺經驗做扭曲之解釋，曲解知覺的主要原因是幻覺。**幻覺** (hallucination) 是無中生有的知覺經驗；患者可能在毫無事實根據的情況下陳述他聽到什麼聲音，或看到什麼景象。前者對一般精神分裂症患者言，相當普遍，稱為**聽幻覺** (或幻聽) (auditory hallucination)，聽幻覺是精神科醫師據以診斷病患是否屬於精神分裂症的主要線索。後者稱為**視幻覺** (或幻視) (visual hallucination)。其他方面也有幻覺，有的覺得食物中有奇怪的味道，有的覺得身體部分有針刺的疼痛。

精神分裂症患者，除了幻覺之外，妄想也為其主要症狀之一。所謂**妄想** (delusion)，是指不根據事實與不合乎邏輯的思想或觀念。按精神病學上的分類，妄想有以下六種：(1) **迫害妄想** (delusion of persecution)，患者相信別人在有計畫地對他加以迫害，因而整日提心吊膽，吃飯怕人下毒，走路怕遭黑槍，惴惴然不可終日；(2) **誇大妄想** (delusion of grandeur)，患者過份誇大自己的身份和地位以炫耀自己，引人重視；(3) **否定妄想** (delusion of negation)，患者對某些具體事實堅持不承認其存在，明明剛吃過飯，他卻堅持未曾進食；(4) **支配妄想** (或影響妄想) (delusion of influence)，患者相信一個人的思想可以像電塔放電一樣，不須經由任何語言文字為工具，即可輸入別人的心中，從而支配其行為活動；(5) **嫉妒妄想** (delusion of jealousy)，患者懷有強烈嫉妒心，經常想入非非，不是懷疑愛人移情，就是疑心妻子不貞；(6) **關聯妄想** (或關係妄想) (delusion of reference)，患者把一些不相干的事情聯想在一起，並且相信一切都對自己不利，報上的新聞評論，小說電影中的諷刺故事，他會覺得都是影射自己。

顯然，精神分裂症患者的幻覺與妄想，二者之間是有密切關係的；可能是因妄想而後有幻覺，也可能是因幻覺而後有妄想。

4. 情緒錯亂　精神分裂症患者的明顯症狀之一是情緒錯亂；患者以異於常人的方式表達其喜怒哀樂的各種情緒。平常人的情緒表達雖未必相同，但在基本上，見喜事則喜，見憂事則憂，大致上是相似的。精神分裂症患者則不然，他們的情緒表達，喜怒無常，引人悲哀的情境，他可能發笑，惹人發笑的場合，他可能悲傷。患者的外在環境與其內心世界已失卻統合功能，此即患此症者之所以被稱為"精神分裂"的原因。患者經常呆坐良久，表情木然，即使告知親人患了絕症，他也無動於衷。也許在另一時間，無緣無故就會情緒激動地狂喜或痛哭。

5. 脫離現實　精神分裂症患者，在日常生活上極端退縮，非但不肯與周圍環境中的人交往，而且也不願與周圍世界中的事物接觸。患者經常離群索居，孤獨自守，不知世事之變化，不知時間之流失；枯坐終日，不知當時是何年何月何日。精神分裂症患者與現實世界脫節，以**自我專注** (self-absorption) 方式，退縮到屬於他自己的內在世界之內，從事**幻想**。此即前項所指患者在情緒上 (在外人看來) 喜怒無常的原因。

6. 動作怪異　精神分裂症患者除上述各種心理異常症狀之外，在身體動作上也有些異於常人的症狀。患者動作表現，有時極為怪異；時而無故傻笑，時而咬牙切齒，時而愁眉苦臉，時而比手畫腳，此等動作似在表達某種意義，但與外在環境並無直接關係。屬於**僵直型精神分裂症** (或**緊張型精神分裂症**) (catatonic schizophrenia) 的患者，肢體動作尤為怪異；患者可能以金雞獨立的姿勢單腳著地，如蠟像一樣，持續不動站上幾個小時。

二、精神分裂症的心理成因

精神分裂症是所有各種心理異常之中最嚴重的一種心理疾病，也是變態心理學與精神病理學上研究最多的一種心理疾病。綜合多年來精神病學家對精神分裂症研究發現，簡略歸納為兩方面的因素，摘要說明於下：

(一) 精神分裂症的遺傳因素

根據近年來精神病學家的研究,有愈來愈多的證據,顯示精神分裂症與遺傳有關。表 13-1 內所列的資料,是根據精神分裂症患者的病例,按統計學原理所推估出來的患病危險率 (在一生中可能罹患精神分裂症的機率) (Gottesman & Shields, 1972; 1982)。

表 13-1　精神分裂症與遺傳的關係

血緣關係	遺傳相關程度	相關人之患病危險率	
同卵孿生子中有一人患精神分裂症者	1.00	其中另一人患病危險率	0.46
父母兩人均患精神分裂症者	—	其獨生子女患病危險率	0.46
異卵孿生子中有一人患精神分裂症者	0.50	其中另一人患病危險率	0.14
父母中有一人患精神分裂症者	0.50	其子女患病危險率	0.13
兄弟姊妹間有人患精神分裂症者	0.50	其他人患病危險率	0.10
堂 (表) 兄弟姊妹間有人患精神分裂症者	0.25	其他人患病危險率	0.03
夫妻兩人中有一人患精神分裂症者	0.00	另一人患病危險率	0.02
在一般人口中患精神分裂症者	0.00	任何人患病危險率	0.01

(採自 Gottesman & Shields, 1972)

觀察分析表 13-1 之內容,當可對精神分裂症與遺傳的關係,獲得以下三點認識:

第一,**同卵孿生子**之間的遺傳相關 (見補充討論 10-1),高於其他任何兩人之間的相關關係。同卵孿生子中有一人患病者,其中另一人之患病危險率 (0.46) 高於其他任何血緣關係的患病危險率。這顯示遺傳與精神分裂症兩者之間確實存在著密切關係。

第二，從遺傳與精神分裂症關係的另一角度看，即使同卵孿生子間的遺傳完全相同，但根據其中之一患病者去推測另一人時，其機率仍低於 50% 的現象可知，遺傳因素之外環境因素也產生很大的影響。

第三，同卵孿生子中之一人或父母兩人均患精神分裂症者，孿生子之另一人或父母的獨生子(女)的患病危險率相等(均為 0.46)。此等事實的背後，可能存在著兩種原因；除遺傳因素外，其中含有相當成分的環境因素。可以想見的是，在父母均為病患的家庭中，其子女的生長環境不會正常。

對精神分裂症與遺傳關係的研究，除上述著名研究外，另有心理學家從養父母與養子女的關係去分析。有學者研究發現，母親為精神分裂症患者，其子女自幼即被正常家庭收養，子女成年後罹患精神分裂症的機率，遠較一般人為高 (Kety, 1988)。另有學者研究發現，父母正常的兒童自幼即被人收養，後來養父母之一人罹患精神分裂症者，養子女成年後的患病機率，並不比一般人口中的機率為高 (Kety, et al., 1978)。根據以上兩方面研究發現，均支持遺傳與精神分裂症具有密切關係的看法。在遺傳過程中，究竟精神分裂症的傳遞是經過怎樣的生理作用？對此一問題的研究，迄未獲致肯定答案。惟一般認為可能與大腦功能或血液中某種化學物質有關。

(二) 精神分裂症的不同理論解釋

1. 精神分析論的解釋 精神分析論者對精神分裂症心理成因的解釋，仍以其一貫主張，認為乃是由於幼年性心理發展障礙所致。精神分析論所指性心理發展五個階段 (口唇期、肛門期、性器期、潛伏期、兩性期)，與人格結構 (本我、自我、超我) 的發展是彼此配合的 (見第十一章第一節)。認為精神分裂症的病因，可能種因在**本我**與**自我**之間，本我的原始性衝動，不能在現實的自我中找到出路並獲得滿足，兩者衝突的結果，使個體在心理上產生**倒退** (regression) 傾向，由自我中退縮，退回到以前更幼稚的本我階段。精神分裂症患者，不能明確區分現實與幻覺，不能清楚辨別自己與周圍的世界，而從自我退化到本我的傾向，是其主要原因。

2. 行為主義的解釋 行為主義心理學家們，對精神分裂症心理成因的解釋，仍採其一貫的主張，認為此種異常行為乃是個體在生活適應中學習的結果。個體在生活現實中遇到壓力時，壓力使他**焦慮**，因焦慮而感到痛苦。如在壓力下以病態的方式退縮逃避，逃避之後既可免於現實中焦慮的痛苦，甚至還可能因逃避而受到別人的關注（如因逃避考試壓力而裝病就可能備受家人關注）。如此就很可能使其逃避的行為獲得**強化**而導致不良適應。

此外，行為主義心理學家們，也採用**社會學習論**的觀點來解釋，認為在兒童期如父母管教態度不一致，兒童不能從父母兩人的言行中學習到是非對錯的行為標準；或者因父母不和而常遷怒到孩子身上，使孩子無辜受禍，而孩子並不了解受懲罰的原因。像此種使兒童在行為標準上無所適從的家庭管教方式，不但導致兒童在行為上退縮逃避，而且在心理上也可能形成雙挫衝突。**雙挫衝突**（double-bind conflict）是指個體表現某種行為之後，從父親與母親（或老師與家長）兩方面所得到的批評都是壞的，甚至孩子的行為動輒得咎。在此種情境下，兒童將會在現實中迷失，只能退縮到幻想的世界中去滿足自己。

　　3. 認知論的解釋　認知心理學家們，從知覺與思維的觀點來解釋精神分裂症的病因。一個人的思維多半由知覺引起，先看到或聽到什麼，而後才會想到什麼。精神分裂症的主要症狀中，知覺扭曲、幻覺以及妄想三者是最明顯的。按認知心理學的解釋，精神分裂症患者從周圍世界中獲取知覺時，可能由於對知覺刺激選擇與組織的不同（見第三章第四節），只覺知刺激情境之片段，忽略其重點與整體，因而形成不完整的概念與不合理的思想。如果以認知心理學中**訊息處理論**的觀點來解釋，精神分裂症患者在其生活適應中，不按一般常人的心理歷程去處理他所遇到的訊息，才是他被視為心理異常的原因。

　　4. 人本論的解釋　在 20 世紀 60 年代**人本心理學**思想興起之初，人本心理學家曾以完全異於其他心理學家的觀點，對精神分裂症的成因提出社會環境理論的解釋。他們不認為精神分裂症是一種疾病，而將之解釋為乃是由於個人生活陷入絕境使然。當個人竭盡所能謀求生活改善，而到頭來仍然無助無望時，他只能放棄一切，在心理與行為上表現出精神分裂症的病象。因此，人本心理學家認為，精神分裂症的病因不在患者本人，而在其生活的社會環境。此一理論雖曾一度得到人道主義者的支持，但由於患者生活受到妥善照顧後而異常症狀不見改善的事實，人本論的看法就不再受到重視。

本章摘要

1. **心理異常**是指個體因思想行為長期異於常人，致使其生活適應困難，並感到精神痛苦的複雜現象。
2. 心理正常者的心理與行為特徵：(1) 了解自己並肯定自己；(2) 掌握自己的思想與行為；(3) 有自我價值感與自尊心；(4) 能與人建立親密關係；(5) 有獨立謀生意願與能力；(6) 對理想的追求不脫離現實。
3. 在精神病學上，通常將心理異常按症狀分為很多類別，本書為便於讀者對此問題獲得明確概念，將心理異常分三大類來簡要說明：(1) **情緒異常**；(2) **社會異常**；(3) **精神異常**。每一大類之下分別介紹幾個小類。
4. 情緒異常指個體的喜怒哀懼情緒變化異於常人；對不值得憂慮的事過份憂慮，對沒有危險的事過份恐懼。在情緒異常類別中，本書介紹四類心理異常：(1) **焦慮症**；(2) **體表症**；(3) **解離症**；(4) **情感症**。
5. 焦慮症是因過份焦慮導致的情緒異常。焦慮症有多種類型，主要有：(1) **泛焦慮症**；(2) **恐慌症**；(3) **恐懼症**；(4) **強迫症**。
6. 體表症指患者雖有身體症狀但無生理器官病因的異常現象。體表症有多種類型，主要有：(1) **體化症**；(2) **慮病症**；(3) **轉化症**。
7. 解離症指個體意識解離而使其人格失卻統合作用的情緒異常。解離症有多種類型，主要有：(1) **心因性失憶症**；(2) **迷遊狀態**；(3) **多重人格**。
8. 情感症指個體情緒表達與現實情境脫離關係的心理異常現象。情感症有多種類型，主要有：(1) **抑鬱症**；(2) **兩極性異常**；(3) **自殺**。
9. 對各類情緒異常成因的解釋，有很多不同理論。在眾多理論中，最主要的有：(1) 精神分析論的解釋；(2) 行為論的解釋；(3) 認知論的解釋；(4) 人本論的解釋；(5) 心理生物論的解釋。

10. 社會異常指個體在生活中無法與別人建立良好的社會關係或親密關係的現象。在社會異常類別中，本書介紹兩類心理異常現象：(1) **性心理異常**；(2) **人格異常**。

11. 性心理異常指個體在性行為表現異於常人的現象。性心理異常有多種類型，主要有：(1) **性別認同障礙**；(2) **變性症**；(3) **性變態**。

12. 對性心理異常成因的解釋，有很多不同理論，在眾多理論中，主要有：(1) 精神分析論的解釋；(2) 行為論的解釋；(3) 認知論的解釋；(4) 心理生物論的解釋。

13. 人格異常指個體在日常生活待人處事時的作風與格調異於常人的現象。人格異常者的特徵，主要是在**反社會人格**的表現。

14. 對反社會人格成因的解釋，有很多不同理論，在眾多理論中，主要有：(1) 精神分析論的解釋；(2) 行為論的解釋；(3) 認知論的解釋；(4) 心理生物論的解釋。

15. **精神異常**俗稱**精神病**，是心理異常者嚴重到精神狀態脫離現實而喪失生活功能的現象。

16. 精神異常中最嚴重的是**精神分裂症**。精神分裂症的一般症狀是：(1) 思想紊亂；(2) 知覺扭曲；(3) 幻覺與妄想；(4) 情緒錯亂；(5) 脫離現實；(6) 動作怪異。對精神分裂症成因的解釋，除在理論上有精神分析論、行為論、認知論及人本論之外，遺傳因素也是成因之一。

建議參考資料

1. 李明濱 (1989)：精神官能症之行為治療。台北市：健康雜誌出版社。
2. 林宗義 (1990)：精神醫學之路。台北市：稻香出版社。
3. 林　憲 (1988)：現代人與心病。台北市：健康世界雜誌社。
4. 林　憲 (1990)：心路與心病。台北市：健康世界雜誌社。
5. 曾文星、徐　靜 (1999)：現代精神醫學。台北市：水牛出版社。
6. 羅大華、何為民 (1999)：犯罪心理學。台北市：東華書局 (繁體字版)。杭州市：浙江教育出版社 (簡體字版)。
7. Barlow, D. & Durand, V. (2001). *Abnormal psychology: An integrative approach* (2nd ed.). Singapore: Thompson Learning.
8. Castills, R. (1997). *Culture and mental illness: A client-centered approach*. Pacific Grove, CA: Brooks/Cole.
9. Corey, G. (2000). *Theory and practice of counseling and psychotherapy*. Pacific Grove, CA: Brooks/Cole.
10. Gladding, S. T. (2000). *Counseling: A comprehensive profession* (4th. ed.). Upper Saddle River, NJ: Prentice-Hall.
11. Holmes, J. (1989). *The value of psychotherapy*. New York: Oxford University Press.
12. Jeffrey, S., Spenceer, A. & Beverly, G. (2000). *Abnormal psychology in a changing world* (4th ed.). Englewood Cliffs, NJ: Prentice-Hall.
13. Rickel. A. U., & Allen, L. R. (1987). *Preventing maladjusment from infant through adolescence*. New York: Sage.

第十四章

心 理 治 療

本章內容細目

第一節　領悟治療
一、精神分析取向的心理治療　553
　㈠ 弗洛伊德的精神分析治療
　㈡ 心理動力取向的心理治療
二、人本主義取向的心理治療　557
　㈠ 羅杰斯的當事人中心治療法
　㈡ 皮爾斯的完形治療法
　㈢ 弗蘭克的意義治療法

第二節　行動治療
一、行為主義取向的心理治療　565
　㈠ 基於經典條件作用原理的治療法
　㈡ 基於操作條件作用原理的治療法
二、認知心理取向的心理治療　568
　㈠ 艾利斯的理性情緒治療法
　㈡ 貝克的認知治療法

第三節　團體治療
一、團體治療的特徵　574
二、團體治療的主要類型　577
　㈠ 會心團體
　㈡ 心理劇
　㈢ 家庭治療

第四節　心理治療的評價
一、對心理治療效果的早期研究　581
二、對心理治療效果的晚近研究　581
三、有效心理治療的共同要件　582

補充討論 14-1：心理異常的生理醫
　　　　　　　藥治療

本章摘要
建議參考資料

前章討論過心理異常的現象及其成因之後，本章將要針對心理異常的現象與成因，進一步討論**心理治療** (註 14-1) 的問題。由於心理異常者一般不存有生理上的病因，所以很難採用傳統醫學上"對症下藥"的觀點進行治療。惟其如此，心理治療的理論與方法極為繁多。為了讓讀者對現代心理治療專業有個清楚完整的概念，本章從心理治療的性質與目的著眼，將繁多的心理治療方法區分為兩大類；一大類為領悟治療，指藉由心理治療的過程使患者對自己的問題有所領悟，從而達到改變其不當思想與行為的目的。本章第一節將分別介紹領悟治療原則下的精神分析與人本主義兩種取向的心理治療。另一大類為行動治療，指藉由心理治療過程幫助患者改變自己的錯誤思想與行為，從而達到以良好習慣取代不良習慣的目的。本章第二節將介紹行為主義和認知論兩種理論取向的心理治療。在同一大類之下所屬各種方法，雖在理論取向和實施技術上各不相同，但治療目的大致是相似的。以上兩大類心理治療，傳統上都是以個人為對象施行之。晚近的心理治療，有時採用團體的方式進行。因此，本章第三節將在團體治療主題之下介紹會心團體、心理劇和家庭治療。

　　心理異常一向被視為"心病"。"心病須靠心藥醫"，"心藥"不能做到"藥到病除"，只能做到"人助自助"，使患者藉助力而"自力更生"，從而達到恢復健康生活的目的。惟從行之多年的心理治療成效看，距理想目的仍遠。本章第四節將討論此一問題，並提出改進建議。希望讀者在研讀本章之後，不僅獲得知識，而且獲得如何維護個人心理健康的人生啟示。

1. 對名目繁多理論紛歧的心理治療獲得清楚的概念。
2. 精神分析取向心理治療的目的與方法要義。
3. 人本主義取向心理治療的目的與方法要義。
4. 行為主義取向心理治療的目的與方法要義。
5. 認知心理取向心理治療的目的與方法要義。
6. 團體治療的目的與方法要義。
7. 從心理治療評價研究領悟到心理治療對個人生活適應的意義。

第一節　領悟治療

領悟治療一詞所指者並非單獨一種心理治療方法，而是指包括多種心理治療方法的一大類別 (Dryden, 1992)。所謂**領悟治療** (insight therapy)，指對心理治療一事持有類似信念，希望藉由治療過程，讓患者領悟到自己心理異常的原因，從而自行改變其思想行為，藉以達到不藥而癒的目的。換言之，領悟治療不針對患者在思想或行為上所表現的症狀去加以糾正，而是以患者異常思想或行為形成的內在原因為對象，企圖經過治療過程，使患者對自己的異常思想行為背後的動機有所領悟；領悟後自行改正。因此，屬於領悟治療一類中的各種方法，在進行治療時均不刻意糾正其不當思想或行為；只是設計某種情境，使其在自我反省中對自己的作為有所領悟，而後繼續自我成長，趨向健康之路。在領悟治療這一大類之下，本節將對精神分析與人本主義兩大理論取向所發展出來的幾種心理治療方法，分別簡要介紹。

一、精神分析取向的心理治療

精神分析是奧地利精神病學創始人弗洛伊德 (圖 1-5) 所建構的人格理論和心理治療方法。在第十一章內已介紹過弗洛依德的人格理論，在此再介紹他本人及其後繼者所採用的心理治療方法。

註 14-1：**心理治療** (psychotherapy) 是指受過訓練的專業人員，運用心理學上人性可以改變的原理，針對不同程度心理適應困難或不同程度心理異常者施予協助，使其因協助而能自行改變與自我成長，從而恢復健康生活的歷程。與心理治療一詞相近但意涵有區別的另有兩個名詞，一為**輔導** (guidance)，另一為**諮商** (或**諮詢**) (counseling)。輔導的對象多數是一般人，少數是有輕微心理困擾的人；其功能是教育性的，其目的在助人成長，輔其自主，導其自立。諮商介於輔導與心理治療之間；接近輔導時，其對象除一般人之外，也包括心理適應困難的人；接近心理治療時，其對象就是心理異常的人。因此，諮商有時被視為與心理治療同義。

(一) 弗洛伊德的精神分析治療

弗洛伊德**精神分析治療**（見註 1-2）的基本理念是，認為一切心理疾病都是個人人格結構中的**本我**、**自我**、**超我**三者間的衝突不得化解而壓抑在**潛意識**不能紓解的結果。弗洛伊德的精神分析治療，主要採用四種方法分析患者的心理狀態，藉以揭露其隱藏在潛意識深處的問題，從而達到患者從自我領悟而自行改變其思想與行為的目的。

1. 自由聯想 自由聯想是精神分析的主要方法。經由自由聯想，心理師才能了解患者內心深處隱藏的問題。所謂**自由聯想** (free association)，是指讓患者在毫無拘束的情境下，盡情道出心中所想到的一切；無論是痛苦的或快樂的經驗，或是存在內心中荒誕不經的觀念或思想，只要想到的，就毫不顧忌地吐露出來。典型的自由聯想情境是，讓患者舒適地躺在躺椅上，分析師坐在躺椅之後，邊聽邊做筆記；對患者所說一切，都表示誠心接納，無論所言如何荒誕或不合情理，均暫時不予置評，以免聯想中斷。如患者表現聯想困難，則鼓勵他繼續聯想下去。

就精神分析的目的而言，自由聯想是開啟患者潛意識之門的鑰匙；在毫無拘束的心態下，患者的思想較少受到自我意識的影響，使原被壓抑在潛意識中的衝動、欲望、幻想、衝突，以及各種不為社會認可且未曾獲致滿足的動機或欲念，得以釋放出來。潛意識中積存的痛苦得到釋放後，自將減輕患者內心深處的緊張和壓力。因此，自由聯想過程的本身，即具有心理治療的效用。自由聯想是精神分析的第一步，根據自由聯想所得的資料，再做進一步分析。

2. 夢的解析 在自由聯想時，患者可能提到做夢的經驗。對精神分析方法而言，患者所陳述的夢，是一項重要的精神分析資料。惟患者所陳述的夢，只是他在意識狀態下所做的回憶；他真正做的夢，卻是在潛意識的狀態下進行的。所謂**夢的解析** (dream analysis)，就是根據患者在意識狀態下所"說的夢"去解析他在潛意識狀態下所"做的夢"。換言之，分析師根據患者所陳述的夢中景況，去解析夢的真正含義，即為夢的解析。

在第四章第二節討論夢的心理學研究時，曾經提到過弗洛伊德對夢的理論解釋。根據他的說法，**夢境**分為兩個層面：一為**顯性夢境**，是當事人醒後意識中所記憶的夢境；另一為**潛性夢境**，是夢之含義不為當事人所了解的夢境。當事人所能記憶的顯性夢境，是由潛性夢境改頭換面後以不同的象徵偽裝出現的，當事人並不了解夢中象徵物的意義，也不代表當事人本來的夢。由潛性夢境轉化為顯性夢境的過程，稱為**夢程**。夢的解析目的，就是幫助患者使他了解他夢中所見一切象徵性事物所代表的內在意義。換言之，根據患者所述顯性夢境進行分析，藉以揭開他潛性夢境之謎。

3. **移情分析**　**移情分析** (analysis of transference) 是指心理師對患者對別人感情關係轉移現象的分析。所謂**移情** (transference)，是指分析治療過程中，患者將其以往對別人（父母或情人）的感情關係，以扭曲現實的形式，轉移到心理師身上，使本來單純的醫師與患者關係，轉變為親子間或情人間的感情關係。移情是一種潛意識的表達，雖然在表面上患者以心理師為情感對象，但事實上並非真實的，只是以心理師為代替者而已。移情有兩種情形：一種情形是患者將他隱藏在內心中對別人的愛意，轉移到心理師身上，稱為**正移情** (positive transference)。另一種情形是患者將他隱藏在內心中的恨意，轉移到心理師身上，稱為**負移情** (negative transference)。

就精神分析治療的目的而言，移情分析是一種方法。經由對患者在移情時的行為表現，可以了解他以往人際關係及感情生活經驗。患者在移情時的表現，可供心理醫師做為分析的根據；經分析之後可幫助患者從不真實的感情世界中解脫出來。

4. **闡釋**　在精神分析治療過程中，闡釋是最重要的一個步驟。**闡釋** (或**釋義**) (interpretation) 是指心理師根據患者在自由聯想、對夢的陳述、移情分析所得一切資料，耐心與誠意地向患者解析；讓患者了解他所表現的一切有何深一層的意義，從而讓他領悟到心理師所闡釋者，就是他心理困擾的原因。就精神分析的目的而言，闡釋的過程就是治療；只要心理師的闡釋獲得患者信服，僅憑闡釋不需藥物，即能解除患者心理上的痛苦。

(二) 心理動力取向的心理治療

二十世紀初弗洛伊德創始了精神分析治療的理論與方法。其後他的繼承者，將他原來的精神分析治療有所修正與推廣，而稱之為**心理動力心理治療**(psychodynamic psychotherapy)。心理動力心理治療，係指弗洛伊德之後的心理治療取向（廣義言之，弗洛伊德的精神分析亦屬心理動力取向），而非指某人的心理治療的理論與方法。弗洛伊德之後的多年間，有些心理學家，在基本理念上雖仍然服膺弗洛伊德的思想，原則上接受心理疾病肇因動機情緒不得紓解的看法，認為精神分析是治療心理異常的適當方法，惟在實際治療時，大都不再墨守早年弗洛伊德所持的理念和程序。晚近採心理動力取向的心理治療雖不盡相同，但大致具有以下四點特徵 (Strupp, 1989)：

1. 對人格結構的新看法 心理動力心理治療取向，雖然原則上仍然採取早期弗洛伊德人格結構中本我、自我、超我的理念，但卻不再像弗洛伊德那樣，將本我中的潛意識衝動視為主要行為內在動力的看法。他們認為，介於本我和超我之間的自我，才是控制支配個體行為的內在動力。本我是以**快樂原則**為基礎的，自我是以**現實原則**為基礎的。因此，在心理治療時必須考慮到從患者現實生活去幫助他。

2. 不再囿於精神決定論理念 弗洛伊德的精神分析，在基本理念上持**精神決定論**的看法（見第十一章第一節），認為個體的行為一方面決定於幼年經驗，另方面決定於他原始性本我潛意識的衝動。晚近心理動力取向的心理治療，不再墨守弗洛伊德的傳統，他們認為幼年經驗和潛意識衝動不能視為決定個體行為的主要原因，個體現實生活經驗和此時此地影響個體的環境，都是構成患者之所以心理異常的原因。

3. 重視社會文化因素 弗洛伊德的精神分析，實施時焦點集中在個人，而多半以個體的性衝動和潛意識壓抑作主要考慮。晚近心理動力取向的心理治療，則將探討的範圍擴大，在治療時一方面分析了解患者社會環境和人際關係，從而發現形成心理異常的社會因素，另方面協助患者改善人際關係，增進社會適應能力，從而達到治療的目的。

4. 治療目的在強化自我功能 在弗洛伊德的精神分析人格理論中，**自我功能** (ego function) 指介於本我與超我之間自我所發揮的調合功能。亦即在本我的潛意識衝動不為超我所接受而發生心理衝突時，自我才發揮調合功能。晚近心理動力取向的心理治療者，則強調"自我是支配行為的內在動力"，認為個體之所以心理異常，主要是由於自我功能過份軟弱所致。因此在心理治療時，分析了解患者的生活經驗，從而發現患者在思想與行為上（包括滿足生理需求和心理需求的一切活動以及社會道德和價值觀），所表現的自我優點和缺點，然後協助他如何去強化優點，減少缺點，從而達到良好適應的目的。此種心理治療過程，稱為**自我分析** (ego analysis)。

二、人本主義取向的心理治療

採人本主義取向的心理治療稱為**人本治療** (humanistic therapy)。人本治療是以人本主義心理學的人格理論為基礎的。第十一章介紹過兩位人本主義心理學家的人格理論：一是馬斯洛（圖 1-6）的**需求層次論**，另一是羅杰斯（圖 11-10）的**自我論**。雖兩人的人格理論都主張人性本善與天賦**自我實現**的潛力，但馬斯洛的理念偏重於正常人的人格發展，而羅杰斯的理念則重在解釋環境不良因素阻礙個人自我實現進而導致心理異常的原因。因此，兩人相比，羅杰斯在心理治療上有更大的貢獻。在人性解釋上，人本主義的論點雖與精神分析論不同，但在心理治療的基本理念上，卻同樣將領悟視為治療的主要目的。在人本主義取向的心理治療這個主題之下，我們附帶介紹皮爾斯的完形治療法。原因是完形治療法也採用了以領悟做為治療目的的理念。

（一） 羅杰斯的當事人中心治療法

羅杰斯在他的人格理論中，提出兩點重要理念；其一是自我為人格的核心；其二是自我實現有賴**無條件積極關注**。這兩點理念同時說明了影響個人心理正常與否的主觀意識與客觀環境兩大因素。按羅杰斯的說法，**自我概念**中**真實自我**與**理想自我**二者落差過大所導致的心理衝突，是形成心理異常的主觀因素。他同時指出，個體在人格成長中固然需要別人的積極關注，但別人所施予的有條件積極關注,卻反而形成個體自我實現的客觀障礙。以下的討論仍以此兩點為基礎,簡要介紹羅杰斯當事人中心治療法。

1. **當事人中心治療法的基本理念** 羅杰斯以人本主義為理論基礎的心理治療方法,創始於 20 世紀 40 年代。此後 30 多年間,他所使用的治療法名稱曾數度改變。最初,在 1942 年他採用的名稱叫**非指導性諮商** (non-directive counseling),意在改進精神分析治療傳統所使用的指導與治療觀念。到 1951 年改稱**案主中心治療法** (client-centered therapy),到 1977 年又改稱**當事人中心治療法** (person-centered therapy)。名稱雖然數度更改,而其基本理念與治療實施的程序大致未變;其基本要義一直是秉持人本主義的觀點,以接受治療者當事人為中心,重視他的人格尊嚴,將心理治療的過程,視為心理師為當事人設置的一種自我成長的教育機會。心理師並非主導者,也不把當事人當做病人看待 (故而不用"患者"而以"案主"或"當事人"稱之),而是以同等地位對待當事人,確認當事人具有自我領悟和自我成長的能力;只要提供他自然的、和諧的、自由的良好環境氣氛,當事人自然就會擺脫自我概念中不真實的外衣,顯露其人格的真實面,終而能夠自我振作,循自主導向之路重建自我概念,以臻於自我實現的理想人生佳境。

2. **當事人中心治療法的必要條件** 羅杰斯的當事人中心治療法,在實施時為期達到"以當事人為中心"的原則,特別重視兩個必要條件:第一個條件是營造良好的氣氛,使當事人感覺到溫馨、自由、沒有壓迫感,因而可以毫無顧忌地陳述自己內心中隱藏的痛苦及所困擾的問題。因為當事人中心治療不採用詰問的對話方式,也不強調對當事人的偏差思想或行為加以糾正或指導,只希望當事人在被接納的氣氛下自我表達其問題時得到領悟。第二個條件是心理師本人在專業上必須具備三種素養 (Rogers, 1957):(1) **真摯** (congruence):指心理師必須以誠懇的態度對待當事人,使當事人感到他言談真摯,表情自然。(2) **同理心** (或**感情移入**) (empathy):指心理師在聆聽當事人陳述後在言行上所表現的既同情又理解的一種親善態度。羅杰斯治療中所指的同理心與弗洛伊德精神分析治療中所指的**移情**不同。移情是指患者將隱藏在內心的感情不自知地轉移到心理師身上。羅杰斯所指的同理心,則是指心理師對待當事人的態度。此一態度中既有感情，又有理性；既是"感人之所感"(感情)，又是"知人之所感"(理性)。(3) **無條件積極關注**：據羅杰斯在自我論中曾指出，個體成長時固然需要成人的積極關注，但對個體健康人格成長而言，成人所給予的**有條件積極關注**，對個體自我實現而言，不是成長助力，反而是成長阻力。因此，在當事人中心治療過程，羅杰斯特別強調必須以無條件積極關注的態度對待當事人。使當事人感受到他在心理師面前不但受到積極關注，而且是無條件積極關注。在此種完全被接納與完全被尊重的情境之下，當事人自然會毫無保留地傾訴他內心的衷情。

3. 當事人中心治療法的必要步驟　就羅杰斯的自我論看他的當事人中心治療法，治療的極終目的端在幫助當事人經由對自身困擾的領悟，達到自我實現的理想人生境界。惟在達到自我實現之前，必先在心理師設置的和諧氣氛下，完成以下四個步驟 (Rogers, 1961)：

(1) **掌握真實的經驗**：聆聽過當事人自我陳述之後，心理師就可以鼓勵當事人，在他的現實自我的基礎上，以開放的和不受別人影響的獨立態度，去重新體認以前的經驗。此外，對不確定的或不甚了然的曖昧的問題情境，也鼓勵當事人在不依賴別人的情形下，嘗試獨自去耐心地尋求答案。如此這般地重溫舊經驗與吸收新經驗，當事人才會學習到如何掌握真實的經驗。

(2) **找回失去的信心**：凡是失去真實自我的人，為了取悅別人獲得別人的讚許，常會失去對事自主導向的信心。因此，在心理治療之初，當事人在陳述過自己的問題之後，總希望心理師直接告訴他問題的答案，或直接幫助他解決困難。羅杰斯的當事人中心治療的特點是，心理師此時必須遵守"非指導"的原則，只鼓勵當事人自己去思考嘗試解決問題的方向和辦法，絕不可越俎代庖。因為，只有當事人經自行嘗試獲得成功經驗後，才會找回他失去的信心。

(3) **走出自己的天地**：找回失去的信心之後，心理師應更進一步鼓勵當事人，由外求取悅於人，轉而內省自行檢討；對事理的是非善惡判斷，不再一味仰人鼻息，聽別人裁決。而是從親身體驗中學到價值感（自己覺得是好的或是對的），藉由親身體驗形成自己的價值觀（自己認為怎樣做才是好的或是對的），最後根據價值觀建立自己的價值標準做價值判斷。能對事理做獨立價值判斷者，就是人格獨立的具體表現。惟有人格獨立的人，才會有他自己的生活天地。

(4) **培養成長的能力**：在以當事人為中心的心理治療過程中，心理師除鼓勵當事人掌握真實經驗與學習獨立判斷之外，更應讓他知道，在適應環境隨時可遭遇困難的人生旅途上，絕無萬靈丹藥或錦囊妙計可用。善於適應生活困境的人，除事先能未雨綢繆與遇事能隨機應變之外，實無其他更好策略可用。因此，成功的當事人中心治療法，並非由心理師單方面負責"處方"以"治療"患者的"心病"，而是藉心理治療的過程，協助當事人澄清自己的觀念，修正前進方向，重訂生活目標，在繼續不斷的人生旅途上，從生活實踐中培養自我成長的能力。須知只有繼續不斷地自我成長的人，才有臻於自我實現人生境界的可能。

(二) 皮爾斯的完形治療法

採人本主義取向的心理治療，除前述羅杰斯的當事人中心治療法之外，另有皮爾斯在 20 世紀 40 年代創始的完形治療法。皮爾斯 (圖 14-1) 的思想原本屬於精神分析，他在德國接受過完整的精神分析訓練，1921 年獲醫

圖 14-1 皮爾斯
(Frederick S. Perls, 1893~1970)，是 20 世紀德國出生的美國心理學家，是完形治療法的創始人，也是心理治療中由一個極端 (精神分析) 轉向另一極端 (人本主義) 的少有特例。

學博士後，即從事精神分析治療工作。惟以在基本理念上因不同意弗洛伊德在性本能、潛意識以及幼年經驗決定作用的看法，不見容於歐洲精神分析學界。復以 1933 年為逃避德國納粹主義者的迫害，而移居荷蘭，繼之 1934 年移居南非，最後 1946 年移民美國，從此放棄精神分析治療的傳統，改採人本取向創立了自成一家的完形治療法。皮爾斯完形治療法的基本理念，載於其 1973 年出版的《完形取向治療的見證人》一書(Perls, 1973)。

顧名思義，以人本治療為取向的**完形治療法** (Gestalt therapy)，在性質上兼具人本主義與完形心理學兩方面的特徵。根據皮爾斯重要著作歸納所得以下四點，大致可以看出完形治療法的基本要義 (Perls, 1969; 1973)。

1. 人性本善且具自我成長潛力 皮爾斯採用人本主義心理學家所持人性本善且具自我成長潛力的理念，認為人性本來是完整的，如出生後的環境一切美好，人的身心就會得以自然發展，不會發生什麼心理異常的問題。人之所以心理異常，主要是由於人性發展受到阻礙所致。因此，心理治療的基本原則，不外協助當事人排除影響個體人格成長的阻力。

2. 心理異常源於內心矛盾衝突 根據完形心理學的理念，人所知覺到的世界，並非是一個客觀存在的物理世界，而是一個主觀感受到的心理世界。第三章中討論知覺歷程時，曾經提到知覺具有相對性、完整性等各種特徵。此種知覺特徵，可用於解釋對物體的知覺，也可用於解釋對心理事件的知覺。以知覺相對性中**形象與背景**（見圖 3-19）為例，形象之所以存在，乃是由於背景的相對作用。同理，一種心理事件的形成也是如此。以參加一項重要考試為例，如參加者 100 個考生中只錄取 10 人，落第者如單從考試的重要性著想，自然覺得落第是失敗的，不幸的。但如從參與考試者整體 100 人去著想，就可以相對地顯出沒有考取的人占絕大多數；未考取是"正常"，考取才是"例外"。如此想法，心理上的痛苦就會減低。按完形治療法的說法，在這個考試失敗的例子中，個人之所以痛苦，乃是由於當事人心理上矛盾衝突；一方面認定該項考試的重要性，在考試前抱著志在必得的心願；另方面又抱怨自己考前準備未能竭盡全力而導致失敗。只要此種矛盾衝突存在，他的痛苦就不會消失。如果考完後反省檢討事件的正反兩面，他可能對自己的失敗就會感到較為心安。

3. 治療方法重在解決當前問題　完形治療法雖然也將心理衝突視為心理異常的原因，但並不像精神分析治療那樣追究衝突的潛意識根源。完形治療法重視當事人當前的問題；即使問題發生在過去，治療時也要求當事人將問題拉到此時此地來討論。解決當事人當前心理矛盾與衝突，是此方法的重點。在實施時有多種技術，其中最具代表性的是空椅技術。所謂**空椅技術** (empty chair technique)，是使當事人面對一把空座椅講話，從而發抒其內心的鬱悶與感情。空椅技術是一種想像情境，實施時可採兩種方式進行：一種是設想椅上坐著對話的某人；此某人所指者可能是他的父母，也可能是他的配偶，端視患者內心中存在的問題而定。另一種方式是設想椅上坐著的是當事人自我的一部分；該部分所指者可能是自己的理想，也可能是自己的憂慮。無論採用何種方式，目的同樣是藉空椅技術讓當事人將內心的矛盾衝突儘情發洩出來。空椅技術也可採用交換座位的方法，讓當事人坐在空椅上充當原來當事人談話的對象，從而設身處地回答當事人所提到的問題。

4. 治療目的在求發展完整自我　顯然，完形治療法的實施有消極與積極兩層目的。在消極目的方面，完形治療旨在幫助當事人擴大知覺，從各方面去自我反省，發現並消除自我中存在的矛盾，從而找回分離的自我。在積極方面，完形治療旨在設置良好的環境，使個體人格的善良本質，得有機會多方面均衡發展，從而達到自我實現的理想境界。

(三)　弗蘭克的意義治療法

奧地利出生的美籍精神病學家弗蘭克 (圖 14-2)，在第二次世界大戰期間 (1939～1945) 被德國納粹關在死亡集中營內受了三年苦刑。在此期間，弗蘭克親眼目睹自己的父母、兄弟、妻子因不堪集中營內的虐待而死亡，他自己則靠堅強的意志與**存在主義** (註 11-5) 的人生觀，戰勝了死亡。大戰結束出獄後，根據他在集中營內的痛苦經驗及面對死亡心理掙扎的經驗，在1959 年出版《從死亡集中營到存在主義》一書 (Frankl, 1959)，三年後修訂改以《生命意義的追尋：意義治療法芻議》為書名出版 (Frankl, 1962)，成為當時的最暢銷書之一。意義治療法的主要思想即載於此書之中。

圖 14-2 弗蘭克
(Victor Frankl, 1905～1997) 是 20 世紀在奧地利出生的美國心理學家，是意義治療法的創始人，是親身經歷納粹死亡集中營苦難而劫後餘生的著名精神病學家。在心理治療上他所強調的認識生活目的與生命意義的看法，對迷失的世道人心深具啟發作用。

意義治療法(或言語療法) (logotherapy) 是藉由協助當事人從領悟生活目的與生命意義，到改變其人生觀，從而自行健康成長的一種心理治療法。由此定義看，可知意義治療法乃是以人本主義為取向的領悟治療。接下去簡單說明弗蘭克意義治療法的兩點要義：

1. 生活目的在求精神需求之滿足 弗蘭克在 1995 年出版的《醫師與靈魂》一書中，指出人類之異於禽獸者在於其生活目的除現實目的之外，還有超現實的生活目的 (Frankl, 1955)。按弗蘭克的說法，人類的生活目的表現在三個需求層次的滿足：(1) 生理需求，諸如飢思食、渴思飲與為延續生命而求偶等均屬之。生理需求的滿足將使人類獲得生存。(2) 心理需求，諸如求安全、求保障、求別人關懷、求團體接納等均屬之。心理需求的滿足能使人感到快樂。(3) 精神需求，諸如精神寄託、宗教信仰以及人生理想的追求等均屬之。精神需求的滿足能使人感到幸福，從而體驗到人生的價值和意義。顯然，弗蘭克的思想與人本主義宗師馬斯洛 (見圖 1-6) 解釋人格的**需求層次論**頗為相似，而與弗洛伊德的**精神決定論**則大不相同。此即一般將其所倡意義治療法歸屬人本主義取向的原因。

2. 心理治療旨在助人領悟生命意義　弗蘭克思想中所指的人類生活的三層目的，生理需求與心理需求二者均屬現實性的生活目的，而居於第三層的精神需求，則屬於超現實的生活目的。生活中現實目的的滿足，多半受環境限制，無法完全操之在己。只有超現實的精神需求，才能擺脫環境的限制，做到完全操之在己；也只有在精神需求的追尋上，才能做到人本主義所強調的意志自由。根據弗蘭克的說法，心理異常者所感到的痛苦，完全是精神性的（因身體疾病所導致的痛苦不在心理異常之列），而精神痛苦的主要原因，則是由於在生活目的上不能擺脫現實需求難以滿足的壓力有以致之。自古以來求名、求利、求長生不老者比比皆是，但到頭來達到目的者能有幾人！因此，弗蘭克將協助心理異常患者認識超現實生活目的的重要性，以及領悟人生的價值與意義，視為治療的目的。精神需求的滿足使人有價值感，有價值感才能體驗到生命的意義。在精神需求層次下，人可以在生活中尋求到三種價值：(1) 創造性價值，此種價值感可由求新求變精益求精的日常工作中體驗得到；(2) 經驗性價值，此種價值感可由日常生活中對美的欣賞與愛的授受中體驗得到；(3) 態度性價值，此種價值感可由對人世間悲歡離合一切無常變化所形成的人生態度（即人生觀）中體驗得到。意義治療法的目的，就是要協助當事人從調整自己生活中獲得以上三種價值感。只要當事人覺得自己的生活有價值，他就會領悟到人生的意義。職是之故，意義治療法的實施特別強調兩點；其一是自由，讓當事人領悟人生意義後自行選擇自己理想的生活方式。其二是責任，讓當事人了解到對自己的選擇應負實踐的責任。能做到這兩點的人，就是健康快樂的人。

第二節　行動治療

　　前節所討論的領悟治療，在理論與方法上均著重在讓當事人領悟其心理異常的原因後，自行改變其異於常人的思想與行為。由此可見，領悟治療所採的治療取向有如中醫內科治病,是疏通調理由內而外的。本節將要討論的**行動治療** (action therapy),則是企圖針對外顯症狀,直接對患者的偏差行為或錯誤思想予以治療的另一種取向。此種心理治療取向有如西醫的外科治病,是企圖以手術切除腐生新的方式進行治療。代表行動治療的有行為治療與認知治療兩類方法;前者旨在直接矯正患者的偏差行為,後者旨在改變患者的不當思想,從而達到消除症狀恢復心理健康的目的。

一、行為主義取向的心理治療

採行為主義取向的心理治療,稱為**行為治療** (behavior therapy)。行為治療包括多種方法,其共同理念是,認為所謂心理異常,事實上就是**行為異常** (behavior disorder);而行為之所以異常,並非何種內在的複雜原因,只不過是個體在日常生活中學到的一些不良習慣而已。革除不良習慣,使患者在同一刺激情境下不再出現不良反應,就是行為治療的目的。行為治療的基本看法是,任何習慣均係經由刺激-反應聯結學習歷程而獲得,而刺激-反應聯結歷程的建立,又分為**經典條件作用**與**操作條件作用**兩種方式。以下簡要介紹由此二種條件作用為基礎發展而成的各種心理治療方法。

(一) 基於經典條件作用原理的治療法

按巴甫洛夫經典條件作用學習原理,學習的產生 (此處指不良習慣的養成),乃是原本不能引起固定反應的**條件刺激**,經由與本已引起固定反應的**無條件刺激**相伴出現數次後,前者即逐漸取代後者的作用,引起後者原本引起的反應。此一取代性的反應,稱為**條件反應** (見第五章第二節)。基於此義,所謂行為異常,事實上也就是個體在某種情境下學習到一種不當的條件反應。關於此點,在第十三章討論各種心理異常形成原因時,已在多處提到行為論的解釋,根據經典條件作用原理發展而成的心理治療方法有多種,以下兩種是其中最常用的:

1. 系統脫敏法 所謂**系統脫敏法** (systematic desensitization),是指

經由系統的安排引起不當敏感反應的情境,使患者不再對某種刺激表現敏感反應的一種治療方法。系統脫敏法多用於治療**恐懼症**。在實施時,系統脫敏法主要包括兩個要點 (Wolpe, 1958):(1) 確定焦慮產生情境:在開始治療之前先確定患者在什麼情境下對何種刺激產生反常的恐懼,然後將刺激情境由輕而重安排成層級,先由最輕微的刺激情境開始,等習慣之後再逐步加重刺激情境;直至患者習慣不再表現敏感反應為止。以患者不敢獨自一人搭乘電梯的**懼幽閉症**為例,可先由一人陪伴搭電梯開始,習慣後再讓他獨自搭乘至一樓或二樓,然後再逐漸提升到三、四、五樓。如此逐漸對本不可怕的情境習慣之後,早期學到的不當敏感反應,自然就會在不知覺中消除。(2) 學習肌肉放鬆訓練:確定焦慮產生情境之後,由心理師指導患者練習注意力集中於身體肌肉活動並保持心境平靜的**放鬆訓練** (relaxation training)。放鬆訓練的目的是讓患者學到在引起焦慮的情境中隨時拿來應用;將注意力集中於身心放鬆,以轉移對情境的注意力,從而避免焦慮反應的產生。

2. 厭惡治療法 所謂**厭惡治療法** (aversive therapy),是指採用**經典條件作用**原理,在引起不良習慣反應的刺激出現之同時,對患者施以引起他痛苦反應的刺激,使後一刺激的厭惡感取代前一刺激的吸引力,從而達到消除不良習慣的目的的一種治療方法。厭惡治療法的基本理念是,認為一般不良習慣的養成,乃是當事人把本來不具吸引力的刺激,卻表現出特別愛好的反應。最常見的酗酒現象就是如此。在酗酒習慣養成之前,酒原本是一種中性而不具吸引力的**條件刺激**,等酗酒習慣養成之後,酒就變得具有強烈的吸引力,能夠引起嗜酒者的**條件反應**。厭惡治療法的構想是,不良習慣既可經由經典條件作用學習歷程而養成,也可經由同樣歷程使之消失。基於此種構想,即可按照以下程序對酗酒不良習慣進行矯治:(1) 在酗酒者飲酒之前先服用致使酒後嘔吐的藥物 (藥物本身不致引起嘔吐,服藥後飲酒才會嘔吐)。此一設計是在條件刺激 (酒) 之後伴隨出現另一**無條件刺激** (嘔吐劑)。(2) 幾次練習之後,本來具有條件刺激性質的酒味,對酗酒者就會變得由愛好而厭惡,甚至聞到酒味就會噁心嘔吐。到此地步酗酒的不良習慣就可能革除。不過,採用厭惡治療法時必得符合一個先決條件,即此法之採用必須徵得當事人同意。

(二) 基於操作條件作用原理的治療法

第五章第三節曾詳細討論過，美國心理學家斯金納 (見圖 5-4) 根據動物實驗所建構的**操作條件作用**學習理論。操作條件作用學習理論有兩點基本要義；其一，學習是刺激-反應聯結的歷程，而某一特定反應之所以與某一刺激情境發生聯結，乃是決定於該反應之後所生的**後效強化**作用。其二，在較為複雜的情境中從事學習時，可運用**漸進條件作用**的方法，使個體學到一種新的行為，從而達到**行為塑造**的目的。根據操作條件作用原理發展出來的心理治療方法，在基本構想上就是將心理治療視為重新學習；讓患者在設計的刺激情境下學到良好習慣，用以取代原來在同樣情境下表現的不良舊習慣。因此，以操作條件作用原理為基礎的行為治療方法，一般稱為**行為矯治** (behavior modification)。行為矯治的方法不只一種，本文以篇幅所限，僅以使用較多的代幣法做為代表性的說明。

所謂**代幣法** (或**標記獎勵法**) (token economy)，係以具有交換價值的象徵物，代替金錢的獎勵作用，做為患者適當行為出現後的**強化物**，藉由操作條件作用中後效強化原理，達到養成良好習慣的治療目的。因為此一治療方法係以象徵物代替金錢的獎勵作用，故而稱為"代幣"法；"代幣"為象徵物，其所以能夠發生**強化**作用者，也是經由學習歷程。因此，代幣法所運用的操作制約學習的強化原則，不是**原級強化**作用，而是**次級強化**作用。此即有些學者將代幣法譯為"標記獎勵法"的原因。

根據操作條件作用原理發展出來的代幣法，一般用於精神病院中長期住院的患者。在精神病院中，經常會遇見一些情緒冷漠的病人，此等病人有的對任何事物都不感興趣，有的對自己生活習慣毫不在意，有的對周圍的人毫不尊重，有的對任何勸告都聽不進去。以此等病人為心理治療的對象時，要想採用本書第一節所介紹的領悟治療方法，很難達到目的。然而，此等患者仍然有生理上和心理上的需求；需求較多的自由 (如室外活動)，需求較好的食物，需求較多的娛樂 (如看電視)，需求某方面的滿足 (如吸煙)。治療人員即可針對患者的需求，使他們學到從積蓄象徵性代幣獲取滿足需求的手段，從而提升其生活情趣，藉以達到心理治療的目的。試以只對電視有興趣而生活髒亂的個案為例，說明代幣法的使用步驟：

1. 認定行為治療的目標 由治療人員與患者共同認定患者的行為問題；並明確訂定如何改變生活習慣，以達到消除行為問題的目的。例如，以下事項即可列為改變生活髒亂習慣的治療目標：(1) 按時作息；(2) 每早洗臉刷牙；(3) 飯前便後洗手；(4) 整理床舖；(5) 清洗衣物；(6) 打掃環境；(7) 穿著整齊等。認定治療目標後，循序漸進，逐步實施改進。

2. 約定代幣使用的方式 認定治療目標之後，由治療人員與患者以契約方式約定：(1) 採用的象徵性代幣 (如印有星號的卡片)；(2) 代幣的給予標準 (如做到一項者可得一個代幣，連續做到三項者，可得五個代幣，已做到而又退步者扣發代幣)；(3) 代幣交換辦法 (如累積五個代幣者可看半小時電視)。

3. 由誘因變為自我控制 像代幣法採用外在**誘因** (見第九章第一節) 控制個體行為的辦法，其效果可能是暫時的；外在誘因 (代幣) 一旦停止，學得良好習慣也可能會隨之消失。但如從另一觀點看，習慣成為自然之後，也可能會繼續保持。尤其是良好習慣建立之後，除代幣的直接獎勵之外，其他社會性的精神鼓勵 (別人的讚許) 以及自尊心的提升，可能由外誘作用轉變為當事人的自我控制，從此不再重犯以前的錯誤。因此，當代幣法治療行之有效以後，心理師宜繼續讚許並鼓勵患者保持良好習慣，使他在社會支持的情況下革除不良習慣。

二、認知心理取向的心理治療

前文介紹的行為主義取向的兩種心理治療方法，其特點是針對患者在某些情境下所表現的不當行為反應，經由條件作用的學習歷程，施予再學習性質的行為矯治。接下來要介紹的是認知心理取向的心理治療方法，其特點是針對患者對某些生活事件的錯誤思想，經由認知或**訊息處理**的歷程，協助患者面對導致其心理困擾的問題，放棄原來主觀的情緒的思維方式，改採新的客觀理性的思維方式，去重新面對問題，從而達到心理治療的目的。採認知心理取向的心理治療方法,稱為**認知治療法** (cognitive therapy)。在實際使用時,認知治療雖有多種不同的方法,但其間有兩點共同之處:其一,心理異常的主要症狀是情緒痛苦,而其痛苦情緒源於其思想觀念錯誤。因此協助患者改變其既有的思維方式,乃是心理治療的適當途徑。其二,認知治療重視患者此時此地的心理問題,不探究其已往生活經驗及長期病因。在諸多認知心理治療方法中,以下兩種方法是最主要的。

(一) 艾利斯的理性情緒治療法

美國心理學家艾利斯(圖 14-3)在 20 世紀 60 年代創始了一種認知治療法,稱為**理性情緒治療法**(簡稱**理情治療法**)(rational-emotive therapy,簡稱 RET)。顧名思義,理性情緒治療法是靠著幫助患者將原來的情緒困擾理性化,從而達到治療目的的一種心理治療方法。在 1958 年艾利斯首次宣佈他的治療方法時,原本稱為**理性心理治療法** (rational psychotherapy)。後來他發現心理異常者多表現出情緒上的痛苦,故而在 1962 年所出版的代表他心理治療思想的《理性與情緒的心理治療》一書中,改而使用現在的名稱 (Ellis, 1962)。在美國的心理治療專業中,理性情緒治療法是使用最多的

圖 14-3 艾利斯
(Albert Ellis, 1913~) 是 20 世紀美國心理學家,是心理治療專業中影響力最大的心理學家之一;他所創始的理性情緒治療法,其影響力被評為僅次於羅杰斯的當事人中心治療法。

方法之一。在心理學家 20 世紀 90 年代初期的調查中，理性情緒治療法的影響力，被評為僅次於羅杰斯的**當事人中心治療法** (Smith, 1982)。接下去以下列四點說明艾利斯理性情緒治療法的要義。

1. 非理性思維是人性的弱點　艾利斯的理性情緒治療法，在理論上乃是基於他對人性的看法。雖然人類經常自誇"人類是理性動物"，但在艾利斯看來，人性的弱點就是在於處理自身問題時缺少理性。他指出以下四點足以表示人的思維缺少理性 (Ellis, 1962)：(1) 人具有庸人自擾的本性，又常為自己的情緒所困，而情緒困擾的原因，多半是自取的，很少是外因造成的，故人非理性動物。(2) 人有思維能力，但思維用於自身問題時，則多表現出損己害己的傾向；對攸關自身之事的過多無謂思考，是困擾自己的主要原因。(3) 不需有事實根據，單憑想像即可形成信念，這是人異於禽獸的獨有特徵。惟以過多的無中生有的想像力，常將個人自己帶入愈想愈苦惱的困境。(4) 人有自毀傾向，卻也有自救能力；如何協助患者化前者為後者，正是理性情緒治療法的目的。

2. 痛苦情緒源於非理性信念　基於以上對人性的看法，艾利斯採用以下圖解中 A-B-C 三者間的關係，用以做為心理異常者一切痛苦情緒均係源於非理性信念的理論架構 (Ellis, 1979)。

按圖 14-4 所示，A 代表發生的與己有關的事件。此一事件可能是既成的客觀事實 (如房子失火)，可能是別人的態度或行為 (如別人與自己意見衝突)，可能是人際關係的改變 (如離婚)，也可能是自己行為的後果 (如考試失敗)；無論所指者為何，總歸是發生了一件與己有關的事件。C 代表

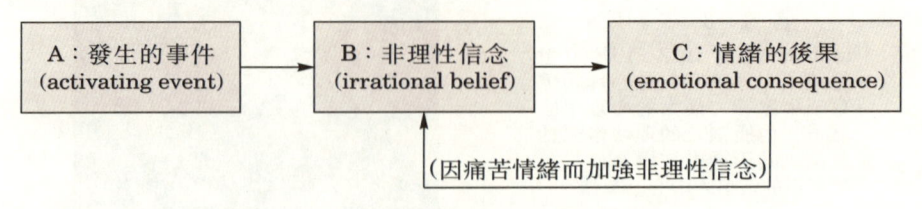

```
┌─────────────────┐    ┌─────────────────┐    ┌─────────────────────┐
│  A：發生的事件   │───▶│  B：非理性信念   │───▶│    C：情緒的後果    │
│ (activating event)│    │(irrational belief)│    │(emotional consequence)│
└─────────────────┘    └─────────────────┘    └─────────────────────┘
                              ▲
                              │
                    (因痛苦情緒而加強非理性信念)
```

圖 14-4　艾利斯理情治療法的 A-B-C
(採自 Ellis, 1979)

個人對事件的情緒反應後果；個人對事件的情緒反應，可能是正面的（如喜愛），可能是負面的（如哀懼），可能是適當的（如當喜則喜），也可能是不適當的（如不當哀者而哀）。按圖中箭頭方向所指，無論個人情緒反應後果為何，均非直接由事件本身所引起，而是間接由個人對該事件所產生的信念 B 所導致。如果對事件的信念是理性的，情緒的後果就未必一定是負面的；如果對事件的信念是非理性的，情緒的後果就一定是負面的。換言之，事件本身所形成的刺激情境，並非直接引起情緒反應的原因；個人對刺激情境的認知解釋，才是導致情緒反應的原因。準此而論，心理異常者的痛苦情緒，主要是對事件所持非理性信念所導致。圖下的迴鉤表示情緒的後果將加強非理性信念；痛苦的情緒後果，將使個人覺得他的想法是對的。常有人說"越想越氣，越氣就越想！"正是此種情形。

設有一離婚婦人罹患了**抑鬱症**（見第十三章第二節），離婚是一樁事件，抑鬱症可能是當事人情緒反應的後果。根據艾利斯的解釋，離婚一事與抑鬱症之間，並不能直接構成因果關係；當事人對離婚一事所懷有的信念，或當事人對自己婚姻破裂一事的認知解釋，才是使她情緒抑鬱而導致心理異常的真正原因。當事人在離婚後，可能將婚姻的破裂歸咎於自己的錯誤，把離婚視為自己追求幸福的重大失敗，把因離婚而失去丈夫的愛，視為自己有缺點才遭對方遺棄。果如是，她可能就會有自怨自艾的痛苦情緒。如果當事人對離婚一事持另一種信念；將婚姻失敗解釋為遇人不淑，把造成婚姻破裂的責任完全歸咎於對方。果如是，當事人可能就會產生痛恨的情緒。因此，艾利斯認為一個人之所以因情緒困擾而導致心理異常者，主要原因不在於外在世界，而在於他自己面對外在世界時的非理性思維所引起不當情緒使然。

3. 非理性信念的成因及形式 非理性信念是如何形成的？人在一般生活中經常懷有那些非理性信念？按艾利斯的說法，人自幼生長在傳統文化社會裏，在其所受的家庭與學校教育中，無時無刻不在接受"做好人，做好事"教條的影響。長期教條化影響的結果，個人在從事任何活動時，就不自覺地形成了一些對自己過分要求的觀念。即使此等觀念可能是不實際的，非理性的，甚至是錯誤的，可是它卻一直支配人不得不如是思想，終於形成了一些錯誤信念；結果是個人被自己的非理性信念所擊敗，而做了他自己錯誤信念的犧牲者。按艾利斯的解釋，人的非理性信念主要表現於以下各種形式 (Ellis, 1967)：(1) 與人交往必須獲得別人的愛戴和支持；(2) 個人的自我價值唯有建立在能力超群和事業成功的基礎上；(3) 做壞事的人必須受到嚴厲懲罰；(4) 個人所企盼的事不能如願以償時即感絕望；(5) 個人遭遇不幸時總是怨天尤人；(6) 責任能免則免總比勇於負責合算；(7) 對潛藏而未必發生的危險總是杞人憂天；(8) 個人的成功必須依賴有力人士提拔；(9) 一切決定於過去，故而成敗無法操之在己；(10) 個人應為那些處境困難的人而煩憂；(11) 凡事皆需有正確答案，遇到無肯定答案時即無法容忍。艾利斯認為，在日常生活中每個人或多或少都會有上列非理性弱點，如弱點累積過多，就會產生情緒困擾終而形成心理異常。

4. 治療目的在重建理性信念　基於以上討論，可知理性情緒治療法的實施，主要是經由對患者教導的方式，協助他跳出"當局者迷"的困境。在對患者給予教育性指導過後，即可按以下的治療程序進行 (Ellis, 1979)：(1) 讓患者自行反省檢討，目前生活中有那些非理性的信念，時時縈繞於心，揮之不去，造成他情緒上的痛苦；(2) 鼓勵患者自行分析驗證，此等信念是否合情合理；(3) 根據患者所陳述事實經過原委，明確指出其不合理之處，並說明此等不合理的信念，正是造成他情緒困擾的原因；(4) 建議患者，嘗試以合理的思考去取代原來由非理性思考所形成的錯誤信念；(5) 讓患者學習以後遇有類似經驗時，如何改採合於科學的思考方法去處理問題，以免重陷非理性信念而導致情緒困擾的覆轍。

(二)　貝克的認知治療法

與前述艾利斯理性情緒治療法理念相近但方法不同的另外一種心理治療法，是美國精神病學家貝克 (圖 14-5) 在 20 世紀 60 年代所創立的**認知治療法** (cognitive therapy)。在基本理念上，認知治療法採取與艾利斯同樣的觀點，認為患者之所以情緒異常，乃是個人對自己、對世事以及對未來認知或思想錯誤的結果 (即艾利斯所指的非理性信念)。貝克認為，情緒異常者對自己、對世事或對未來的很多想法，多半是一些沒有事實根據的錯誤假設。根據貝克觀察發現 (Beck, 1976)，凡是因情緒異常而導致**抑鬱症**的患者，

圖 14-5 貝 克
(Aaron Temkin Beck, 1921～) 是 20 世紀美國心理學家，是認知-行為治療法的創始人，是美國著名精神病學家，也是對抑鬱症的病理研究最有貢獻的人。

在心理上一般懷有以下失敗主義傾向：(1) 稍不如意即全盤否定自己；(2) 將成功的經驗歸因為意外，將失敗經驗歸因於自己；(3) 選擇性認知，只看到世界黑暗面，忽略世界光明面；(4) 對不確定的情況過份悲觀；(5) 對事理判斷時持兩極化態度。此等心理傾向，本屬假設性質，但如個人對自己的錯誤假設深信不疑，久而久之他就會把假設當成肯定的結論。一旦如此，他的錯誤假設就會支配他的行為；在對自己對世事或對未來的一切活動上，表現出不合理的異常反應。

在治療方法方面，貝克不像艾利斯那樣強調糾正患者的錯誤思想，而是將心理師與患者之間視為協同解決問題的合作者，共同面對患者因錯誤思想所導致心理困擾的原因，並進一步共同研擬解決問題的可行方法。

在實際進行治療時，認知治療法採以下三階段進行：(1) 確定造成患者精神痛苦的原因。心理師採面對面談話的方式與患者討論如下的問題：在生活中究竟是什麼事件造成患者痛苦？患者本人對該事件之所以造成他痛苦的原因如何解釋？除了患者所持理由之外，能否從另一個角度看同一問題？經過此一對話階段後，希望患者以認知代替情緒去重新面對生活事件。(2) 鼓勵患者重新面對現實去體驗生活。鼓勵患者改變過去退縮逃避的做法，積極參與社會活動；鼓勵他打起精神努力工作，希望藉由實際生活體驗，讓患者有機會發現自己生活的意義和價值。(3) 定期完成家庭作業，提供患者心理健康方面的書籍，並要求他每天寫日記，記下閱讀心得及對生活事件的看法和想法。如此設計的目的是讓患者離開心理師後，可藉閱讀與寫日記以加強他對自己生活事件的認知。經過以上三階段之後，心理醫師再與患者面對面討論進步的情形，從而確定進一步治療。由於貝克的認知治療法在實施時強調"知而後行"，讓患者在生活實踐中改變自己，故而此法也稱**認知-行為治療法** (cognitive-behavior therapy)。

第三節　團體治療

前面幾節介紹的各種心理治療方法都是由一位心理師面對一位患者進行的治療方式。像此種一對一的治療方式，稱為**個別治療** (individual therapy)。個別治療的優點是心理師對患者病因病情的變化較為深入，而且患者對其個人事關隱私的問題也較少顧忌。但缺點是一方面心理師經常太忙，無法深入研究個別病情，另方面是心理疾病需長期治療，醫療費用負擔太重。惟其如此，以數人合成的小團體治療方法即應運而生。接下去即簡要說明團體治療的特徵及主要類型。

一、團體治療的特徵

團體治療 (group therapy) 亦稱**團體心理治療** (group psychotherapy)，是指以兩個以上 (通常以 4～8 人為宜) 心理異常者為治療對象的心理治療方法。團體治療只是一個籠統的名稱，在實施時不僅包括多種類型，而且各類型的團體治療，在理論與方法上也不像以前各節所述個人治療那樣有所區分；精神分析治療、人本治療、行為治療、認知治療等方法，均可運用在團體治療之中。唯一的限制是團體治療只能適用於病情較輕的情緒異常或社會異常的患者，不適合用於精神異常之類的嚴重心理疾病。此外，對性格過份膽怯內向的患者，在團體中可能感到情緒壓力，不敢或不願表露自己內心的痛苦。因此，團體治療不宜採強迫方式，只能在自願參與的原則下進行。綜合各家意見，團體治療具有以下幾項優點或特徵 (Yalom, 1985；Alonso & Swiller, 1993)：

1. 團體治療方式合於經濟效益　一般心理異常或心理疾病都是由於長時間的生活不良適應累積的結果，因此在經由再教育或再學習的原則下接受心理治療時，不容易收到立竿見影的時效。對心理異常患者的診斷，缺乏像生理疾病診斷那樣精密儀器，只能靠深入晤談的方式來了解患者的病因與病情。在此種情形下，心理治療時所花費的時間與費用，自然是一個很大的問題。如將病情相近的患者聚集在一起，以團體討論的方式進行，自然可以節省時間金錢而合於經濟效益。

2. 在社會互動中增加自我認識　各類心理異常者在心理上有一共同特徵，那就是自我迷失；自我迷失使他心理失常，自我迷失使他病情加重。自我迷失的人，非但對社會的人情世事不能觀察分析，而且傾向將自己封閉在孤獨的世界裏，對自己的一切喪失了自覺自省的能力。因此，凡心理異常者，在人際關係上不是過份狂妄，就是過份自卑；在日常生活上缺乏自我方向，對自己所作所為無從感受自我價值。團體治療的特徵之一是社會互動，在心理師引導之下，讓團體中每個成員坦誠地表露自己隱藏在內心中的痛苦感受，而且鼓勵大家分析討論並容忍彼此間善意的批評。像這樣刻意設計的社會互動情境，對一般心理異常者而言是不容易遇到的。心理異常者在社會甚至在家庭中所表現的奇特思想或怪異行為，通常被人以異樣眼光看待；此種缺乏善意的氣氛可能使他們的病情加重。在接納、寬容、鼓勵的團體治療情境中，心理異常者得有機會與別人溝通討論並聆聽心理師的解析，每個人對自己心理困擾，不但多一層了解，而且更重要的是可由之發現，世界上陷入悲苦人生者，並非只有他一人；有些人的遭遇較之自己的情形更為痛苦。

在此種情形下，心理異常者不僅可藉由社會互動而增加自我認識，而且也可能產生像古人所說的"同病相憐，同憂相救"的效果。

3. 社會支持下可自由發抒情緒　一般心理異常多因長期情緒適應不良所導致。第十三章第二節中曾經提到，情緒異常到較嚴重地步就會形成**情感症**。由於情感症患者的思想與行為異於常人，所以在一般社會情境中與人接觸時，難免遭人白眼，得不到別人的同情與支持。個人情緒得不到發抒機會，長期抑鬱的結果，就可能走向**自殺**之途。不愉快的情緒積壓在心中是一種痛苦，心中有苦而無處傾訴時，原來的痛苦將更會加劇。團體治療的基本構想之一，就是在和諧的團體氣氛之下，鼓勵患者無拘無束地發抒自己平常被壓抑的情緒。痛苦的情緒一旦傾訴出來，當事者心理上的壓力自然就會減輕。情緒發抒之後再加上別人的安慰和心理師的解析指點，團體治療的效果自然就會產生。

4. 一人進步可激揚其他人希望　心理異常者通常都無法與別人維持和樂的社會關係；長期與人疏離的結果，自然使自己的生活陷入孤獨、寂寞和失望的困境。即使有心改善向心理師求助，也很難在短期內幫助他解除心理上的痛苦。在團體治療時，因團體成員間有病情輕重之分，病情輕微者經治療後所表現進步的喜悅，將激揚起其他人的希望。心理師也可藉治療後進步者做為示範，如此可增進其他人對心理治療的信心。

5. 在觀察中學到因應困境能力　團體治療最特殊之處是在社會互動中彼此觀察學習。根據第五章介紹過的班杜拉**觀察學習**原理，在社會情境中單憑觀察別人的行為表現，即可產生新的學習。在基本構想上，心理治療是一種再學習的歷程。所謂"再學習"乃是指學習到新的適切行為以取代不適切的舊行為。因為團體治療是在心理師引導下採社會互動方式進行，在社會互動過程中，團體成員在自由表達其生活經驗時，除了陳述個人失敗經驗之外，也可能說明自己也曾經有過成功的經驗。在一般人的生活中，有很多境遇是類似的。單憑觀察別人應付類似事件的成敗經驗，即可學到自己如何應付困境的新經驗。此即班杜拉觀察學習理論中所指的**替代學習** (見第五章第四節)。

二、團體治療的主要類型

團體治療只是一個籠統的概念,在實際進行時尚有多種不同的方法。接下去要介紹的會心團體、心理劇和家庭治療,是團體治療時最常用的方法。

(一) 會心團體

在團體治療中,會心團體是特別針對輕微情緒異常者所設計一種團體治療法。所謂**會心團體** (encounter group),是指在心理師引導下,經由團體成員面對面誠摯會談的過程,使參與者的痛苦情緒得以自由發抒,並坦然接受別人的批評與建議,從而達到自我覺察與個人成長目的的一種心理治療方法。所謂**自我覺察**(或**自覺**) (self-awareness),是指個人對自己思想行為上優點或缺點的領悟。個人如能經由自我覺察而修正自己的思想與行為,即使不經別人教導,在人格上也會朝向健康的方向成長。因此,會心團體有時也被稱為**個人成長團體** (personal-growth group)。由此可知,在基本理念上會心團體是採取了人本主義所強調之自我實現的精義。在實施時,會心團體按以下三個階段進行:

1. 彼此信任階段 會心團體開始之初,先在心理醫師指導下讓團體成員彼此信任。無論團體成員間彼此熟悉或素不相識,在面對面交談時總是人與人之間存在一些自我防禦性的距離。會心團體的基本原則就是以"摘掉每個人的面具"方式,徹底消除人際間的藩籬,使會心團體形成一個無恐懼、無疑慮、無顧忌且無話不談的社會情境。只有在此種坦誠相見的氣氛之下,參與者才會道出內心深處隱藏的情緒與動機。

2. 相互批評階段 彼此信任的團體氣氛形成後,團體成員們即可針對每個人所表達的一切提出批評。因為除了心理師之外參加的成員都是心理異常的人,所以在任憑自己表達其個人問題,其言語與表情自然與正常人有所不同;哭、笑、怒、罵的各種表情,可能都會出現。此種情況出現時,心理師必須善於處理,務求大家彼此容忍,以接納的態度,讓情緒激動的成員坦述其私人問題。惟其如此,所以會心團體不適於患嚴重心理異常(如精神分裂症)者參加。在相互批評階段,團體成員間針對每個人表述的問題,提出質疑,並要求對方面對大家加以說明,然後提出他的建議。此種過程稱為**面質**(confrontation)。團體成員間彼此面質時,難免發生爭執。心理師必須善於控制,以免面質發生負面效應。

3. 團體支持階段 經過相互批評面質之後,對表達過心理困擾者,除善意接納之外,對他經過自我覺察之後自行提出如何改善自己生活的建議,團體成員應給予衷心的支持。當事人經過情緒發抒之後,自己的想法如能獲得其他人的接納與支持,個人的自尊與自信就會因而提升;自尊自信提升之後,自然有助於以後的人格成長。

(二) 心理劇

心理劇(psychodrama)也稱**戲劇治療法**(drama therapy),是運用在舞台上戲劇表演的方式,讓心理異常者在扮演某種角色時的言行活動中,發抒其積壓的情緒,宣洩其內心深處隱藏的問題,從而減緩其痛苦,並使心理師由此獲悉進一步治療的一種方法。基於此義,可知心理劇的構想,在理論上顯然是源於弗洛伊德精神分析治療中的**自由聯想**。理由是心理劇雖名為演戲,但在表演時並無劇本;由表演者自由發揮,他想說什麼,就說什麼。惟從當事者內心問題表達的作用看,心理劇的作用較之自由聯想更大。因為心理劇一方面比自由聯想多了一層劇情設計,另方面心理劇不像自由聯想只是個人獨白,而是角色與角色間彼此對話。因此,在任憑心理異常者在心理劇中自由發揮時,其在言行上表露出來的內心問題,自然會比自由聯想更多。

心理劇係由奧裔美籍心理學家莫瑞諾(Jacob L. Moreno, 1889～1974)在 20 世紀 20 年代創始於維也納,30 年代移民美國後,即在美國推行。在實際進行時,心理師擔任導演任務,由心理異常者擔任主角,另外由受過訓練的助理人員擔任配角。心理劇的劇情可按心理異常者問題的性質而定;劇情概況可以是夫妻間的感情問題,也可以是親子間的衝突;原則上都是代表社會情境中人際間不和諧的問題(人際問題是形成心理異常的主因)。以夫妻間感情問題而導致妻子心理異常為例,妻子即可扮演劇中女主角,另一助理人員可扮演她的丈夫，心理師即可讓妻子從四個方面去扮演她的角色：(1) 描述夫妻相處時妻子的感受、想法與做法；(2) 描述夫妻相處時丈夫在感情與言行上如何對待妻子；(3) 希望丈夫如何改變以符合妻子的期望；(4) 希望妻子如何改變以扮演一個理想的妻子角色。由於心理劇沒有劇本限制，擔任劇中女主角的心理異常者，在按以上四方面自由發揮時，自然會不自覺地將個人的問題投入劇情之中。果如是，當事人即可因角色扮演而對自己的問題做了客觀的分析，其結果即可達到前文所指**領悟治療**的目的。

(三) 家庭治療

在前章討論心理異常形成的原因時，曾多次提到家庭中的人際關係是主要原因之一。因家庭人際關係不良而導致心理異常者，自然不限夫妻關係，親子關係不良更是形成心理異常的重要原因。家庭是一個永久性的團體，家庭成員間的和睦相處，遠較其他社會團體重要。親子關係維持數十年之久，夫妻間關係彼此相依直到老死；如果家庭人際關係經常衝突，對當事人的影響是可以想見的。近年來心理異常之所以日益增多，社會急遽變遷，傳統家庭功能式微，對兒童與青少年的成長、對成年人夫妻的親密關係、對老年人晚年生活的照顧等，在在產生不良影響。惟其如此，家庭治療在心理治療上變得特別重要。

所謂**家庭治療** (family therapy)，是指以家庭整體做為治療對象的一種心理治療方法。前述兩種團體治療的共同特徵是，藉團體活動的方式治療團體成員中個人的心理異常問題；而家庭治療則是名副其實地治療家庭這個團體。即使家庭成員中罹患心理異常者只有一人，心理醫師在實施家庭治療時仍然以全家人視為治療對象。理由是，心理異常的形成，家庭環境是主要原因之一。個人的心理異常可視為代罪羔羊，家庭中人際環境異常才是個人心理異常真正的病因。基於此義，多年來流行的各種家庭治療，在實施程序上雖不相同，而原則上都是企圖改變家庭中人際關係為主要目的。其中最廣為採用者是以下兩種家庭治療：

1. 結構家庭治療法　　所謂**結構家庭治療法** (structure family therapy)，是指從改變心理異常者家庭中人際關係的不良結構，藉以達到治療目的的一種方法 (Minuchin, 1974)。家庭結構所指的是家庭成員間相對的角色關係及感情關係。如果家庭中父母感情不和，而且母親角色過份強悍，父親角色過份懦弱，在此種家庭環境下成長的子女，在性格上就難免會形成**性別認同障礙** (見第十三章第三節)。在此種情形下，改變其家庭結構，協助父母調整各自的角色，反而比治療心理異常者本人更為有效。

2. 聯合家庭治療法 所謂**聯合家庭治療法** (conjoint family therapy) 是指將家庭成員間衝突對立的不和諧氣氛，經由心理師參與家人團體討論和彼此溝通後，使家庭中人際關係在態度上趨於聯合一致，從而達到治療目的的一種方法 (Satir, 1976)。家庭成員間衝突對立，對家庭中任何人都會構成傷害；父母對子女管教態度不一致，對子女人格成長尤有不良影響。家庭人際關係不和，成員間缺乏溝通是主要原因。心理師以專家的身份，將全家人聯合在一起，家庭成員間彼此溝通的管道，可能就由此打通。

第四節　心理治療的評價

基於前幾章各種心理治療方法的探討，可知心理治療的基本構想，乃是改變醫學上靠藥物治療的傳統，企圖改採"幫助病人自行改變"的取向，從而達到不藥而癒的目的。針對此一構想，讀者自然會產生如下的問題：單憑人的幫助 (即不用藥物) 是否真的能夠治療心理疾病？換言之，心理治療究竟有多大的效果？此一問題看似簡單，事實上卻很難回答。傳統上一般人對良醫治病的正面評價是"對症下藥"與"藥到病除"。心理師對心理異常患者治療時，既不使用藥物，自然也就談不到"對症下藥"。治療時不使用藥物，治療之後又如何判定治療的成效？對此一問題，一般是根據心理師的病例記錄與病人憑感覺所作的回答來評估。在理論上講，這兩種資料都不夠科學，原因是這兩種資料均非根據客觀測量工具得到的結果。以下的討論，試從早期與晚近不同的研究，簡要說明對此類問題的看法。

一、對心理治療效果的早期研究

多年來，臨床心理學家曾對心理治療的效果從事過多項研究，其間最著名但也引起最多爭議的是英國心理學家艾森克 (見圖 11-8)。在 20 世紀 60 年代，艾森克曾經對 24 項心理治療專案研究報告從事分析研究 (Eysenck, 1952)，結果發現，有三分之二的患者病情有顯著改善。這顯示心理治療確有效果。然而，艾森克就登記求診而尚未接受心理治療的 72 人的情形加以分析，結果發現，在同段時間內幾乎同樣有三分之二的人自覺病情有了改善。此一現象無異說明了接受與未接受治療兩組人的病情改變並沒有差異。換言之，心理治療的效果是值得懷疑的。

艾森克的研究報告發表後，引起了臨床心理學界極大的爭議。有人批評他的分析方法不夠客觀，有人採用自然復元的概念來解釋，所謂**自然復元** (spontaneous remission)，是指身體功能會自然克制疾病的現象。平常所謂"傷風服藥七天會痊癒，不服藥一週也會過去"的說法，即屬此意。甚至也有人認為登記而未接受治療者，可能在未正式接受心理治療之前他們在生活中所遭遇到的困難已經解決。生活上的問題解決心理上的問題自然會隨之消失。

二、對心理治療效果的晚近研究

繼艾森克的研究之後，另有很多研究企圖以較客觀的方法評鑑心理治療的效果。茲舉史密斯等人 1980 年對包括數千名患者病歷中的 475 項心理治療報告分析結果為例，做為近年來一般對心理治療效果評價的代表性看法 (Smith, et al., 1980)。根據該項研究報告顯示，就接受心理治療與未接受心理治療兩組比較分析，得到兩組病情變化的情形。如圖 14-6 所示，經過治療的心理異常患者，顯然較未經治療的患者有顯著進步。再就接受治

組的平均人數 (M_2) 看，在同一標準上相當於未治療組總人數的 80% 的位置。這現象表明了接受治療與否，在病情好轉的同一標準上，兩組之間平均人數有 30% 的差異。換言之，就整體而言心理治療是有相當正面效果的。惟進一步分析時即可發現，在同一評鑑標準之下，未經治療的病人中達到治療組平均人數 (M_2) 以上者，也有 20%。這顯示的確有些心理異常者不經治療也會有自然復元的可能。

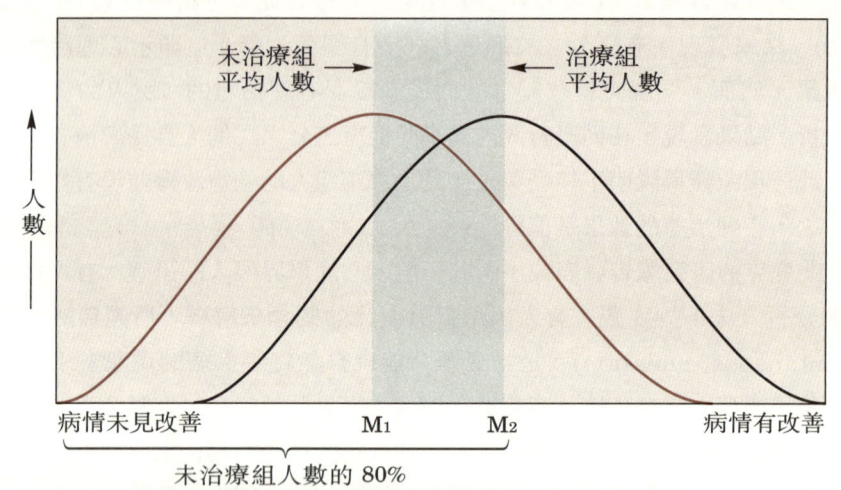

圖 14-6　接受與未接受心理治療兩組病情比較
咖啡色曲線代表未接受治療組，黑色曲線代表接受治療組。M_1 與 M_2 代表兩組平均人數。
(採自 Smith et al., 1980)

三、有效心理治療的共同要件

在前述史密斯等人的研究中，除了研究結果發現心理治療具有相當效果之外，他們也對各種治療方法進行分析比較，企圖了解那種心理治療方法最具成效。結果發現，在最常採用的精神分析治療、人本治療、行為治療及認知治療四大類治療的效果上，並無顯著差異。每種治療方法實施後在效果上都會有理想與不理想的現象 (Smith, et al., 1980)。對此結果的解釋，一般認為，心理治療的效果，並非單純決定於治療方法的本身，而是決定於心理師的素養與患者的條件。如心理師素養良好，且能針對患者病象、病情、病因及需要等條件進行治療，任何治療方法可能都會有效。反之，如心理師素養不足，在未能配合患者條件的情況下逕行採用自以為是的心理治療方法，任何方法也難以奏效。惟其如此，曾有心理學家對心理治療後著有成效的案例進行分析研究，結果發現，無分心理治療類別，凡是治療後效果良好者，心理師的素養中均各具備以下四項要件 (Frank, 1982)：

1. 鼓舞患者恢復生活信心　心理異常者的共同心態是對自己的生活消極悲觀，而消極悲觀的原因是由於自己對環境適應失敗，對自己的生活喪失了信心。因此，心理師在與患者第一次見面時，宜將鼓舞患者恢復生活信心列為首要目標。達到此一目標應有的做法是：(1) 以和藹包容的態度聆聽患者陳述自己的痛苦及困難問題；(2) 聆聽後對患者的陳述表示接納，不予以批評，藉以穩定患者的情緒；(3) 建議患者換一個角度看自己的問題，看看周圍有多少比他的困難更多的人，仍然在努力不懈追求生命的意義，藉以鼓勵他建立信心，相信自己有克服困難的能力。

2. 協助患者重新認識自己　心理異常主要起於情緒困擾。情緒陷入困擾之後，個人就難免失去自我反省的能力，對不如意的事，不是自怨自艾，就是怨天尤人。心理師如能針對此點，讓患者坐下來心平氣和地從他的家庭生活、工作環境以及人際關係等各方面從事自我分析，然後鼓勵他坦白道出內心中自己的理想和他追求的人生方向。如此做法，旨在讓患者從自我反省中重新認識自己；認識自己的優點和缺點之後，鼓勵他在現實生活中重新出發去追求自己的理想。

3. 讓患者感到關懷與支持　心理異常者的心境都是孤獨寂寞的；而孤獨寂寞心境的形成主要是他對別人心存疑慮，對自己無信心，因而在社會關係上退縮逃避所致。心理師宜針對此點，從治療開始即以誠摯關懷的態度接納患者，使他感到心理師是了解他的，是支持他的。只有在此種情境之下，心理師才會與患者之間建立良好的合作關係。兩者間合作關係建立之後，患

補充討論 14-1
心理異常的生理醫藥治療

　　心理異常原則上不被視為生理性的疾病，故而在治療上一般不採用生理性疾病的醫療方法。惟因心理治療通常需要較長時間，且效果不易顯現，故而臨床心理醫師為求短時間內減緩患者精神痛苦起見，有時也採用以下幾種類似生理疾病的醫療方法：

　　1. 精神藥物治療　精神藥物治療 (psychoactive drug therapy) 是指藉助影響精神狀態之藥物 (見第四章第四節) 以減緩患者痛苦，從而達到治療效果的一種方法。目前在這方面使用最多的藥物計有四大類：(1) **抗焦慮劑** (antianxiety drug)：抗焦慮劑這一類藥物的主要效果是服用後幫助患者減低緊張、不安、恐懼的不當情緒。(2) **抗抑鬱劑** (antidepressant drug)：抗抑鬱劑這一類藥物的主要效果是服用後刺激大腦的**神經傳導素** (neurotransmitter)，改變患者的低落情緒狀態，對生活感到鼓舞與樂趣。(3) **抗狂躁劑** (antimania drug)：抗狂躁劑這一類藥物的主要效果是服用後可減緩兩極性躁鬱症的症狀。(4) **抗精神劑** (antipsychotic drug)：抗精神劑這一類藥物的主要效果是服用後減緩精神分裂症的重要症狀。在心理治療中，精神藥物治療只是暫時緩和患者精神痛苦之用，不能視為主要的治療方法。因為精神藥物長期服用之後難免造成藥物依賴 (見第四章第四節) 的不良後果。

　　2. 電痙攣治療　電痙攣治療 (或電抽搐治療) (electroconvulsive therapy，簡稱 ECT) 是採用電流打擊使患者暫時陷入休克狀態，藉以緩和病情的一種物理治療方法。因此，電痙攣治療也稱**休克治療** (shock therapy)。電痙攣治療主要用於深度抑鬱症。實施時將電極置於患者頭部一側，電流強度在 70～130 伏特之間，每次通電時間不超過一分鐘，每週治療三次，連續實施 2～3 週。根據精神病學的研究報告，電痙攣治療法確實對嚴重抑鬱症患者具有療效，特別是對隨時有自殺可能的抑鬱症病人而言，此種方法更具有立即效果 (Martin et al., 1985)。電痙攣治療法雖證明有效，但由於無法免除兩種缺點，故而在精神病院較少應用；第一種缺點是腦部遭受電擊後難免會有影響記憶的後遺症，第二種缺點是，即使在麻醉狀態下實施，也仍然難免使病人因驚恐形成其他心理上不良影響。

　　3. 精神外科治療　所謂精神外科治療 (psychosurgery therapy)，簡稱**精神外科** (psychosurgery)，是採外科手術的方式，將腦部的神經組織切除一部分，從而達到治療心理疾病的目的。精神外科係由葡萄牙神經病學家蒙尼茲 (Egas Moniz, 1874～1955) 在 1935 年所首創。當時蒙尼茲採用的方法稱為**額葉切除術** (frontal lobotomy)，將大腦額葉 (見圖 2-9) 與其他部位相連接的神經切斷，從而減低精神分裂症與抑鬱症的病情。因此種手術為醫學界空前創舉，因而蒙尼茲獲得 1949 年諾貝爾醫學獎的榮譽。前葉切除術的理論根據是，前葉的主要功能是增強其他神經中樞輸入訊息後的情緒反應，切斷中間連接後，就可以緩和患者的情緒。因此當時曾有"救心不妨傷腦"的說法。惟以後臨床證明此種手術後果不如理想，故目前已少採用。

者才會遵照心理師的建議去改變自己。

4. **展現可信賴的專業形象**　擔任心理師者在基本上都受過專業訓練，且獲有心理師執照。惟這些只能算是構成優良心理師的必要條件，而不能視為充分條件。真正具有優良素養的心理師，除了這些必要條件之外，最重要的是能在患者心目中建立起可信賴的專業形象。心理師足以讓患者信賴的專業形象，是在治療過程中由心理師的態度及言談舉止等多方面綜合展現的。患者對心理醫師建立起可信賴的專業形象之後，他就會相信心理師有足夠的條件幫助他解決問題，而且也會遵照心理師的建議去改變自己。在一般內科疾病治療上早已證明，只要病人信賴醫師，即使不具療效的藥物，也會發生治療效果。像此種不是藥物（如維他命片）而能產生治療效果的現象，稱為**安慰劑效應** (placebo effect)。安慰劑效應既然能在具有生理症狀（如頭痛氣喘等）情形之下產生療效，對本無生理症狀的心理異常現象而言，自然更會產生治療作用。

　　本章以上各節所討論者，只限於純心理治療的各種取向與方法。實際上在對心理異常者進行治療時，除採用純心理治療之外，有時配合患者病情也採用生理藥物治療，此點讀者可參閱補充討論 14-1。

本 章 摘 要

1. **心理治療**是根據心理學對人性可以改變的原理，在不使用藥物的原則之下，對心理異常者施予治療，以助其恢復正常的歷程。
2. 心理治療的方法眾多，理論紛歧，本書將心理治療概略分為三大類來介紹：(1) **領悟治療**；(2) **行動治療**；(3) **團體治療**。
3. 領悟治療旨在經由治療過程，讓患者領悟到自己心理異常的原因，從而改變其不當的思想與行為。
4. 屬於領悟治療取向之下，可分為精神分析取向的心理治療與人本主義取向的心理治療兩大類。
5. 在精神分析取向的心理治療之下，又有弗洛伊德的**精神分析治療**與**心理動力心理治療**兩類。弗洛伊德的精神分析治療採用的方法主要有：(1) **自由聯想**；(2) **夢的解析**；(3) **移情分析**；(4) **闡釋**。
6. 心理動力心理治療，指繼承弗洛伊德思想但在治療方法上有所改變的治療取向。
7. **人本治療**取向者有：(1) 羅杰斯的**當事人中心治療法**；(2) 皮爾斯的**完形治療法**；(3) 弗蘭克的**意義治療法**。
8. **行動治療**是企圖針對當事人的症狀，直接對其思想行為的偏差，提出糾正或改進建議的方法。行動治療的基本理念是，如果協助當事人知道自己錯誤，而且能改正錯誤，他的心理問題就會自然解決。
9. 行動治療所依據的理論是行與知，故在方法上也分兩類：(1) 以**條件作用**為理論基礎的行動治療；(2) 以**認知心理學**為理論基礎的行動治療。
10. 以條件作用為理論基礎的行動治療分為兩種；一種將**經典條作用**原理用於治療；另一種將**操作條件作用**原理用於治療。前者有**系統脫敏法**及**厭惡治療法**；後者可以**代幣法**做代表。
11. 以認知心理學為理論基礎的行動治療，主要有兩種，一為艾利斯的**理性情緒治療法**，另一為貝克的**認知治療法**。
12. **團體治療**是多種心理治療方法的一種共同取向，而非指某種單一方法；團體治療的目的是，藉由當事人參與有計畫的團體活動，讓他有機會了解自己，認識別人，從而學習到如何改變自己。
13. 團體治療的主要類型有：(1) **會心團體**；(2) **心理劇**；(3) **家庭治療**。
14. 從現代人心理問題日益增多的現象看，心理治療是極為需要的。但如從心理治療行之多年的實效看，其成效遠遜於傳統醫學採用藥物或手術對生理疾病的治療。這現象並非代表心理治療失敗，而是說明人性過於複雜，不易採簡單方法來處理。
15. 心理治療成效高低的關鍵，不完全繫於採用的治療方法，而主要在於心理師所具備的素養與患者條件之能否配合。一般咸認有效的心理治療，端賴心理師的素養中應具備四項重要的條件：(1) 鼓舞患者恢復生活信心；(2) 協助患者重新認識自己；(3) 讓患者感到關懷與支持；(4) 展現可信賴的專業形象。

建議參考資料

1. 林宗義 (1990)：精神醫學之路。台北市：稻香出版社。
2. 林　憲 (1983)：臨床精神醫學。台北市：茂昌圖書有限公司。
3. 柯永河 (1993)：心理治療與衛生──我在晤談椅上四十年 (上下冊)。台北市：張老師出版社。
4. 葉英堃、文榮光、胡海國 (1985)：臨床心身醫學。台北市：大林出版社。
5. American Psychiatric Association (1994). *Diagnostic and statistical manual of mental disorders* (4th ed., revised). Washington DC: American Psychiatric Association.
6. Brems, C. (1999). *Psychotherapy: Process and techniques.* Boston: Allyn & Bacon.
7. Gilliland, B. E., & James, R. K. (1990). *Theories and strategies in counseling and psychotherapy* (4th ed.). Boston: Allyn & Bacon.
8. Martin, G., & Pear, J. (1996). *Behavior modification: What it is and how to do it* (5th ed.). Englewood Cliffs, NJ: Prentice-Hall.
9. Mitchell, S. A., & Black, M. J. (1995). *Freud and beyond: A history of modern psychoanalytic thought.* New York: Basic Books.
10. Sarason, I. G., & Sarason, B. R. (1989). *Abnormal psychology: The problem of maladaptive behavior* (6th ed.). Englewood Cliffs, NJ: Prentice Hall.
11. Sharf, R. S. (2000). *Theories of psychotherapy & counseling: Concepts and cases* (2nd ed.). Singapore: Brooks/Cole.
12. Stone, M. H. (1997). *Healing the mind: A history of psychiatry from antiquity to the present.* New York: Norton.

參 考 文 獻

危正芬 (譯，1999)：心理測驗。台北市：雙葉書廊。

江光榮 (2000)：人性的迷失與復歸——羅杰斯的人本心理學。武漢市：湖北教育出版社。

江漢聲 (1985)：性與你。台北市：健康世界雜誌社。

朱智賢、林崇德 (1986)：思惟發展心理學。北京市：北京師範大學出版社。

朱　瀅 (主編)(2000)：實驗心理學。北京市：北京大學出版社。

李中鐘 (譯，1988)：錯覺心理學。台北市：大將書局。

李明濱 (譯，1976)：催眠研究。台北市：杏文出版社。

李明濱 (1986)：精神官能症之行為治療。台北市：健康世界雜誌社。

李　維 (2001)：學習心理學。成都市：四川人民出版社。

車文博 (1996)：西方心理學史。台北市：東華書局 (繁體字版)。杭州市：浙江教育出版社 (簡體字版)。

車文博 (2001)：人本主義心理學。台北市：東華書局 (繁體字版)。杭州市：浙江教育出版社 (簡體字版)。

林奇榮 (譯，1990)：從吃改變人生。台北市：健康世界雜誌社。

林宗義 (1990)：精神醫學之路。台北市：稻香出版社。

林清山 (1992)：心理與教育統計學。台北市：東華書局。

林　憲 (1983)：臨床精神醫學。台北市：茂昌圖書有限公司。

林　憲 (1988)：現代人與心病。台北市：健康世界雜誌社。

林　憲 (1990)：心路與心病。台北市：健康世界雜誌社。

林崇德 (2000)：發展心理學。台北市：東華書局 (繁體字版)。杭州市：浙江教育出版社 (簡體字版)。

周先樂 (2000)：人體生理學 (上下冊)。台北市：藝軒圖書出版社。

洪祖培、林克明 (1979)：睡眠及其障礙。台北市：水牛出版社。

洪敏之等 (2000)：當代生理學 (修訂版)。台北市：華杏出版有限公司。

俞筱鈞 (1982)：人類智慧探索者——皮亞傑。台北市：允晨文化事業有限公司。

柯永河 (1982)：人性好園丁——羅杰斯。台北市：允晨文化事業有限公司。

柯永河（1993）：心理治療與衛生——我在晤談椅上四十年（上下冊）。台北市：張老師出版社。

奚明遠（譯，1982）：第六感。台北市：黎明文化事業公司。

高玉祥（1989）：個性心理學。北京市：北京師範大學出版社。

時蓉華（1996）：社會心理學。台北市：東華書局（繁體字版）。杭州市：浙江教育出版社（簡體字版）。

張日升（1993）：青年心理學。北京市：北京師範大學出版社。

張必隱（2003）：學習心理學。台北市：東華書局（繁體字版）。杭州市：浙江教育出版社（簡體字版）。

張春興（1979）：同性戀的是是非非。載於張春興（1979），青年的煩惱與出路。台北市：東華書局（繁體字版），229～255 頁。北京市：世界圖書公司（簡體字版）159～178 頁

張春興（編）(1982)：怎樣突破讀書的困境。台北市：東華書局（繁體字版）。北京市：世界圖書公司（簡體字版）。

張春興（1994）：教育心理學。台北市：東華書局（繁體字版）。杭州市：浙江教育出版社（簡體字版）。

張春興（1991）：現代心理學。台北市：東華書局（繁體字版）。上海市：上海人民出版社（簡體字版）。

張春興（2002a）：心理學思想的流變——心理學名人傳（修訂版）。台北市：東華書局（繁體字版）。上海市：上海出版集團教育出版社（簡體字版）。

張春興（2002b）：論心理學發展的困境與出路。心理科學。25 卷，5 期，591～596。

張春興（1983）：成長中自我的探索。台北市：東華書局（繁體字版）。北京市：世界圖書公司（簡體字版）。

張厚粲（1999）：行為主義心理學。台北市：東華書局（繁體字版）。杭州市：浙江教育出版社（簡體字版）。

張厚粲、龔耀先（2003）：心理測量學。台北市：東華書局（繁體字版）。杭州市：浙江教育出版社（簡體字版）。

麥麗敏（2000）：新編生理學（修訂版）。台北市：永大書局。

郭生玉（1985）：心理與教育測驗。台北市：精華書局。

許淑蓮等（1987）：老年心理學。北京市：科學出版社。

陸祖昆（1988）：創造心理學。台北市：五洲出版社。

黃正仁（1988）：甜蜜的睡眠：失眠自療法。台北市：大洋出版社。

黃世賢（譯，1983）：圖解臨床腦波檢查法。台北市：合記圖書出版社。

黃希庭（1998）：人格心理學。台北市：東華書局（繁體字版）。杭州市：浙江教

育出版社 (簡體字版)。

程　群 (譯，1975)：超覺冥思：消除壓力，發揮潛能。台北市：芊芊出版社。

曾文星、徐　靜 (1999)：現代精神醫學。台北市：水牛出版社。

彭聃齡、張必隱 (2000)：認知心理學。台北市：東華書局 (繁體字版)。杭洲市：浙江教育出版社 (簡體字版)。

楊治良 (1997)：實驗心理學。台北市：東華書局 (繁體字版)。杭州市：浙江教育出版社 (簡體字版)。

楊庸一 (1982)：心理分析之父——弗洛伊德。台北市：允晨文化事業有限公司。

葉英堃、文榮光、胡海國 (1985)：臨床心身醫學。台北市：大林出版社。

漆書青、戴海崎、丁樹良 (1998)：現代教育心理測量學原理。南昌市：江西教育出版社 (簡體字版)。心理測量學原理：台北市：師大書苑 (繁體字版)。

詹益宏 (1985)：性醫學：正確的性知識。台北市：牛頓出版社。

詹益宏、鄭泰安 (1986)：性與婚姻生活。台北市：水牛出版社。

董　奇、申繼亮 (2003)：心理與教育研究法。台北市：東華書局 (繁體字版)。杭州市：浙江教育出版社 (簡體字版)。

聖嚴法師 (2000)：歡喜看生死。台北市：天下生活出版股份有限公司。

廖克玲 (1982)：社會學習論巨匠——班度拉。台北市：允晨文化事業有限公司。

廖元輝 (譯，1988)：思維心理學。台北市：五洲出版社。

鄭昭明 (1993)：認知心理學——理論與實踐。台北市：桂冠圖書公司。

鄭　雪 (2001)：人格心理學。廣州市：暨南大學出版社。

賴亮金等 (譯，2000)：蓋統生理學：生理及疾病機轉。台北市：華杏出版股份有限公司。

盧家楣、魏慶安、李其維 (編)(1998)：心理學——基礎理論及其應用。上海市：上海人民出版社。

應平書 (1987)：現身說法減肥成功。台北市：文經出版社。

謝瀛華 (1987)：兩性新話題。台北市：濃濃出版社。

瞿海源 (1989)：社會心理學新論。台北市：巨流圖書公司。

羅大華、何為民 (1999)：犯罪心理學。台北市：東華書局 (繁體字版)。杭州市：浙江教育出版社 (簡體字版)。

羅德望 (譯，1987)：視覺心理學。台北市：五洲出版社。

Abramowitz, S. I. (1986). Psychological outcomes of sexual reassignment surgery. *Journal of Counseling and Clinical Psychology*, 54, 183~189.

AcKerman, D. (1990). *A natural history of senses.* New York：Random House.

Allen, M. G. (1976). Twin studies of affective illness. *Archives of General Psychiatry*, 35, 1476~1478.

Allport, F. H., & Allport, G. W. (1921). Personality traits: Their Classification and measurement. *Journal of Abnormal and Social Psychology.* 16, 6~40.

Allport, G. W. (1937). *Personality：A psychological interpretation.* New York: Holt.

Alonso, A., & Swiller, H. I. (1993). *Group therapy in clinical practice.* Washington, DC: American Psychiatric Press.

Altrocchi, J. (1980). *Abnormal behavior.* New York：Harcourt Brace.

American Psychiatric Association (APA, 1994). *Diagnostic and statistical manual of mental disorders* (4th ed.). Washington, DC: American Psychiatric Association.

Anastasi, A. (1958). Heredity, environment, and the question "how"? *Psychological Review*, 65, 197~208.

Anastasi, A. (1967). Psychology, psychologists, and psychological testing. *American Psychologist*, 22, 297~307.

Anastasi, A. (1981). Sex differences：Historical perspectives and methodological implications. *Developmental Review*, 1, 187~206.

Arvey, R. D., Bouchard, T. J., Segal, N. L., & Abraham, L. M. (1989). Job satisfaction: Genetic and environmental components. *Journal of Applied Psychology*, 74, 187~192.

Asch, S. E. (1951). Effects of group pressure upon the modification and distortion of judgment. In H. Guetzkow (Ed.), *Group, leadership, and men.* Pittsburgh, PA: Carnegie.

Asch, S. E. (1952). *Social psychology.* New York: Prentice-Hall.

Asch, S.E. (1955). Opinions and social pressure. *Scientific American*, 193, 31~35.

Atkinson, J. W. (1964). *An introduction to motivation.* New York: Van Nostrand.

Atkinson, R. C., & Shiffrin, R. M. (1968). Human memory：A proposed system and its control processes. In K. W. Spence, & J. T. Spence (Eds.), *The psychology of learning and motivation*, Vol. 1, pp.89~195. New York: Academic Press.

Atkinson, R. L., Atkinson, R. C., Smith, E. E., & Bem, D. J. (1993). *Introduction to psychology (11th ed.). New York: Harcourt Brace.

Atkinson, R. L., Atkinson, R. C., Smith, E. E., & Bem, D. J. (1996). Introduction to psychology (12th ed). New York: Harcourt Bace.

Bales, R. F. (1970). *Personality and interpersonal behavior.* New York: Holt, Rinehart & Winston.

Bandura, A. (1965). Vicarious processes: A case of no-trial learning. In L. Berkowitz (Ed.), *Handbook of socialization theory and research.* Chicago: Rand-McNally.

Bandura, A. (1969). *Principles of behavior modification.* New Yrok: Holt, Rinehart & Winston.

Bandura, A. (1977a). *Social learning theory.* Englewood Cliffs, NJ: Prentice-Hall.

Bandura, A. (1977b). Self-efficacy: Toward a unifying theory of behavioral change. *Psychological Review*, 84, 191~215.

Bandura, A. (1978). The self-system in reciprocal determinism. *American Psychologist*, 33, 344~358.

Bandura, A. (1986). *Social foundations of thought and action: A social cognitive theory.* Englewood Cliffs, NJ: Prentice-Hall.

Bandura, A. (1988). Self-efficacy conception of anxiety. *Anxiety Research*, 1(2), 77~98.

Banks, M. (1983). Infant visual perception. In P. Mussen (Ed.), *Handbook of child psychology*, Vol. 2. New York: Wiley.

Barnes, G. E., & Prosen, J. D. (1985). Parental death and depression. *Journal of Abnormal Psychology*, 94, 64~69.

Baron, R. A., & Byrne, D. (1994). *Social psychology : Understanding human interaction* (7th ed.). Boston: Allyn and Bacon.

Basseches, M. (1984). *Dialectical thinking and adult development.* Norwood, NJ: Ablex.

Bayley, N. (1969). *Bayley scale of infant development.* New York: The Psychological Corporation.

Beck, A. T. (1976). *Cognitive therapy and the emotional disorders.* New York: International University Press.

Beck, A. T. (1978). Cognitive therapy of depression and suicide. *American Journal of Psychotherapy*, 32, 252~269.

Becvar, D. S., & Becvar, R. J. (1996). *Family therapy: A systemic integration.* Boston: Allyn & Bacon.

Bellak, L. (1994). The schizophrenic syndrome and attention deficit disorder. *American Psychologist, 49*, 25~29.

Belloc, N. B., & Breslow, L. (1972). Relationship of physical health status and family practice. *Preventive Medicine,* 1, 409~421.

Benson, H. (1975). *The relation response.* New York : Morrow.

Best, C. T., & Queen, H. F. (1989). Baby, it's in your smile: Right hemiface bias in infant emotional expressions. *Developmental Psychology,* 25, 264~276.

Binet, A., & Simon, T. (1915). *A method of measuring the development of intelligence of young children.* Chicago: Medical Books.

Bootzin, R. R., Acocella, J. R., & Alloy, L. B. (1993). *Abnormal Psychology: Current perspectives* (6th ed.). New York: McGraw-Hill.

Bouchard, T. J. (1996). Behavior genetic studies of intelligence, yesterday and today. *Journal of Biosocial Science,* 28, 527~555.

Bourne, L. E. Jr. (1970). Knowing and using concepts. *Psychological Review,* 77, 546~556.

Bower, G. H. (1970). Organizational factors in memory. *Cognitive Psychology,* 1, 18~46.

Bundy, R. S. (1980). Discrimination of sound localization cause in young infant. *Child Development,* 51, 292~294.

Burke, P. J. (1971). Task and social-emotional leadership role performance. *Sociometry,* 34, 22~40.

Burnstein, E. (1983). Persuasion as argument processing. In M. Brandstatter, & J. H. Davis (Eds), *Group decision process.* London: Academic Press.

Campbell, S. S., & Tobler, I. (1984). Animal sleep : A review of sleep duration across phylogeny. *Neuroscience and Biobehavioral Review,* 8, 268~300.

Cannon, W. B. (1927). The Jame-Lange theory of emotion: Critical examination and an alternative theory. *American Journal of Psychology,* 39, 106~124.

Cartwright, D., & Zander, A. (Ed.)(1968). *Group dynamics: Research and theory* (3rd ed.). New York: Harper & Row.

Cattel, R. B. (1963). Theory of fluid and crystallized intelligence: A critical experiment. *Journal of Educational Psychology,* 54, 1~22.

Cattel, R. B. (1965). *The scientific analysis of personality.* Baltimore, Md: Penguin.

Cattel, R. B. (1950). *Personality: A systematic theoretical and factual study.* New York: McGraw-Hill.

Cheng, P. W., & Holyook, K. J. (1985). Pragmatic reasoning schemas. *Cognitive Psychology,* 17, 391~416.

Chomsky, N. (1957). *Syntactic structure.* The Hague: Mouton.

Chomsky, N (1964). *Current issues in linguistic theory.* The Hague: Mouton.

Clarke-Stewart, A., & Friedman, S. (1987). *Child development.* New York: John-Wiley & Sons.

Cleckley, H. (1976). *The mask of sanity* (5th ed.). St Louis, MO: Mosby.

Collins, A. M., & Loftus, E. F. (1975). A spreading activation of theory of semantic processing. *Psychological Review,* 82, 240~248.

Conrad, R. (1964). Associative confusions in immediate memory. *British Journal of Psychology,* 55, 75~84.

Craik, F. I. M., & Lockhart, R. S. (1972). Levels of processing: A framework for memory search. *Journal of Verbal Learning and Verbal Behavior,* 11, 671~684.

Crook, C. (1978). Taste perception in the new born infant. *Infant Behavior and Development,* 1, 52~69.

Czeisler, C. A., Moore-Ede, M. C., & Coleman, R. M. (1982). Rotating shift work schedules that disrupt sleep are improved by applying circadian principles. *Science,* 217, 284~290.

Dallenbach, R. M. (1951). A puzzle picture with a new principle of concealment. *American Journal of Psychology,* 64, 431~433.

Darley, C. F., Tinklenberg, J. R., Roth. W. T., Hollister, L. E., & Atkinson, R. C. (1973). Influence of marijuana on storage and retrieval processes in memory. *Memory and Cognition,* 1, 196~200.

Darley, J. M., & Latance, B. (1968). Bystander intervention in emergencies: Diffusion of responsibility. *Journal of Personality and Social Psychology,* 8, 377~383.

Darley, J. M., Glucksberg, S., & Kinchla, R. A. (1991). *Psychology* (5th ed.). Englewood Cliffs, NJ: Prentice-Hall.

Davis, S., Thomas, R. L., & Weaver, M. S. (1982). Psychology's contemporary and all-time notables: Students, faculty and chairperson viewpoint. *Bulletin of the Psychonomic Society,* 20, 3~6.

Davison, G. C., & Neale, J. M. (1982). *Abnormal psychology* (3rd ed.). New York: Wiley.

DeCasper, A. J., & Fifer, W. D. (1980). Of human bonding: Newborns prefer their mother's voices. *Science, 208*, 1174~1178.

Delmonte, M. M. (1985). Biochemical indices associated with meditation practice : A literature review. *Neuroscience and Biobehavioral Reviews, 9*, 557~562.

Dement, W. C. (1972). *Some must watch while some must sleep*. Stanford, CA: Stanford Alumni Assoeiation.

Diener, E. (1980). Deindividuation: The absence of self-awareness and self-regulation in group members. In P. B. Paulus (Ed.), *Psychology of group influence*. Hillside, NJ: Erlbaum.

Duggan, J. P., & Booth, D. A. (1986). Obesity, Overeating, and rapid gastric emptying in rats with ventromedial hypothalamic lesions. *Science, 231*, 609~611.

Duncker, K. (1945). On problem solving. *Psychological Monographs, 58* (Whole No. 270).

Dunn, P. K., & Ondercin, P. (1981). Personality variables related to compulsive eating in college women. *Journal of Counselling and Clinical Psychology, 37*, 43~49.

Eagle, A. H., & Chaiken, S. (1984). Cognitive theory of persuation. In L. Berkowitz (Ed.), *Advances in experimental social psychology*, Vol. 17, pp. 268~359. New York: Academic Press.

Ebbinghaus, H. (1908). *A summary of psychology*. Leipzig: Veit.

Eisenberg, N., Cialdini, R. B., McCreath, H., & Shell, R. (1987). Consistency-based compliance. *Journal of Personality and Social Psychology, 52*, 1174~1181.

Ekman, P., & Friesen, W. V. (1971). Constants across cultures in the face and emotion. *Journal of Personality and Social Psychology, 17*, 124~129.

Ekman, P., & Friesen, W. V. (1975). *Unmasking the face*. Englewood Cliffs, NJ: Prentice-Hall.

Ellis, A. (1958). Rational psychotherapy. *Journal of Social Psychology, 59*, 35~49.

Ellis, A. (1962). *Reason and emotion in psychotherapy*. New York: Lyle Stuart.

Ellis, A. (1967). Rational-emotive therapy. In D. Arbuckle (Ed.), *Counseling and psychotherapy*. New York: McGraw-Hill.

Ellis, A. (1979). *The intelligent woman's guide to dating and mating*. Secaucus, NJ: Stuart.

Ellis, A. (1983). *Rational-emotive therapy and cognitive behavior therapy.* New York: Springer.

Ellis, A. (1993). Changing rational-emotive therapy (RET) to rational-emotive-behavior therapy (REBT). *The Behavior Therapist*, 16, 257~258.

Erikson, E. H. (1963). *Children and society* (2nd. ed.). New York: Norton.

Erikson, E. H. (1968). *Identity*: *Youth and* crisis. New York: Norton.

Erikson, E. H. (1975). *Life history and the historical moment.* New York: Norton.

Erikson, E. H. (1980). *Identity and the life cycle.* New York: International University Press.

Eysenck, H. J. (1947). Types of personality. *Journal of Mental Sciences*, 90, 851~861.

Eysenck, H. J. (1952). The effects of psychotherapy: An evaluation. *Journal of Counselling Psychology*, 16, 319~324.

Eysenck, H. J. (1970). *The structure of human personality.* London: Methuen.

Festinger L. A. (1957). *A theory of cognitive dissonance.* New York: Row, Peterson.

Festinger L. A., & Carlsmith, L. M. (1959). Cognitive consequences of forced compliance. *Journal of Abnormal and Social Psychology*, 58, 203~210.

Fiedler, F. E. (1978). Recent development in research on the contingency model. In L. Berkowitz (Ed.), *Group process,* pp. 209~225. New York: Academic Press.

Fiedler, F. E. (1981). Leadership effectiveness. *American Behavioral Scientist*, 24 (5), 619~632.

Foster, R. G. (1993). Photoreceptors and circadian systems. *Current Direction in Psychological Science, 2,* 34~39.

Frank, J. D. (1982). Therapeutic components shared by all psychotherapies. In J. H. Harvey, & M. M. Parks (Eds.), *The Master Lecture Series: Psychological research and behavior change*, Vol. 1. Washington, DC: American Psychological Association.

Frankle, V. E. (1966). Self-transcendence as human phenomenon. *Journal of Humanistic Psychology*, Fall, 97~106.

Frankle, V. E. (1955). *The doctor and the soul*: *From Psychotherapy to logotherapy.* New York: Knopf.

Frankle, V. E. (1959). *From deathcamp to existentialism*. Boston: Bacon Press.

Frankle, V. E. (1962). *Man's search for meaning*: An introduction to logotherapy. New York: Simon & Schuster.

Freud, S. (1908). Creative writers and daydreams. In J. Stratchey (Ed. and Trans.), *The standard edition of the complete psychological works of Sigmund Freud*, Vol. 9. London: Hogarth Press.

Freud, S. (1935). *General introduction to psychoanalysis*. New York: Washington Square Press.

Freud, S. (1946). *The ego and mechanism of defense*. New York: International University Press.

Freud, S. (1955). *The interpretation of dreams*. New York: Basic Books.

Galanter, E. (1962). Contemporary psychophysics. In R. Brown, E. Galanter, E. G. Hess, & G. Mandler (Eds.), *New directions in psychology*. New York: Holt, Rinehart & Winston.

Galeman, D. (1995). *Emotional intelligence*. New York: Bantam Books.

Gardner, H. (1983). *Frames of mind*: The theory of multiple intelligence. New York: Basic Books.

Gardner, H. (1993). *Multiple intelligence*: The theory in practice. New York: Basic Books.

Gibson, J. T., & Walk, R. D. (1960). The "visual cliff". *Scientific American*, 202, 64~71.

Gick, M. L., & Holyoak, K. (1980). Analogical problem solving. *Cognitive Psychology*, 15, 1~38.

Gilbert, E., & Deblassie, R. (1984). Anorexia nervosa : Adolescent starvation by choice. *Adolescence*, 19, 840~846.

Glassman, W. E. (2000). *Approaches to psychology* (3rd ed.). Buckingham, UK: Open University Press.

Goddard, H. H. (1917). Mental tests and immigrants. *Journal of Delinquency*, 2, 243~277.

Goldstein, E. B. (1994). *Psychology*. Pacific Grove, CA: Brooks/Cole.

Gottesman, I. I., & Shields, J. (1972). *Schizophrenia and genetics* : A twin study vantage point. New York: Academic Press.

Gottesman, I. I., & Shields, J. (1982). *Schizophrenia*: The epigenetic puzzle. Cambridge. England: Cambridge University Press.

Gray, P. (1999). *Psychology* (3rd. ed.). New York: Worth Publishers.

Greene, J. (1987). *Memory, thinking, and language: Topics in cognitive psychology*. London: Methuen.

Guilford J. P. (1956). The structure of intelligence. *Psychological Bulletin*, 53, 267~293.

Guilford, J. P. (1967). *The nature of human intelligence*. New York: McGraw-Hill.

Guilford, J. P. (1985). The structure-of-intellect model. In B. B. Wolman (Ed.), *Handbook of intelligence: Theoris, measurement, and applications* (pp. 225~266). New York: Wiley.

Guilford, J. P. (1988). Some changes in the structure-of-intellect model. *Educational and Psychological Measurment*, 48, 1~4.

Harlow, H. F., Harlow, M. K., & Mayer, D. R. (1950). Learning motivated by a manipulative drive. *Journal of Experimental Psychology*, 40, 228~234.

Haygood, R. C., & Bourne, L. E. JR. (1965). Attribute and rule learning aspects of conceptual behavior. *Psychological Review*, 72, 175~195.

Heider, F. (1944). Social perception in phenomenal causality. *Psychological Review*, 51, 358~374.

Heider, F. (1958). *The psychology of interpersonal relations*. New York: Wiley.

Heinrichs, R. W. (1993). Schizophrenia and the brain: Conditions for neuropsychology of madness. *American Psychologist*, 48, 221~233.

Hellige, J. B. (1990). Hemispheric asymmetry. *Annual Review of Psychology*, 41, 55~80.

Hetherington, A. W., & Ranson, S. W. (1940). The spontaneous activity and food intake of rats with hypothalamic lesions. *American Journal of Physiology*, 136, 609~617.

Hetherington, A. W., & Ranson, S. W. (1942). The relation of various hypothalamic lesions to adiposity in the rat. *Journal of comparative Neurology*, 76, 475~499.

Hetherington, A. W., & Ranson, S. W. (1940). Hypothalamic lesions and adiposity in rat. *Anatomical Record*, 75, 149~172.

Hilgard, E. R. (1965). *Hypnotic susceptibility*. New York: Harcourt, Brace & Wored.

Hilgard, E. R. (1977). *Divided consciousness: Multiple controls in human thought and action*. New York: Wiley.

Hilgard, E. R. (1979). Divided consciousness in hypnosis: Implications of the hidden observer. In E. Fromm, & R. E. Shor (Eds.), *Hypnosis:*

Development in research and new perspectives (2nd ed.). Chicago: Aldine.

Hobson, J. A., & McCarley, R. W. (1977). The brain as a dream state generator：An activation-synthesis hypothesis of the dream process. *American Journal of Psychiatry*, 134, 1335～1348.

Holmes, D. S. (1984). Meditation and some somatic arousal reduction: A review of experimental evidence. *American Psychologist*, 39, 1～12.

Horney, K. (1937). *The neurotic personality of our time*. New York: Norton.

Horney, K. (1939). *New ways in psychoanalysis*. New York: Norton.

Horney, K. (1945). *Our inner conflicts*: *A constructive theory of neurosis*. New York: Norton.

Horney, K. (1950). *Neurosis and human growth*: *The struggle toward self-realization*. New York: Norton.

Hoveland. C. I., & Janis, I. (1959). *Personality and persuasibility*. New Haven, Conn: Yale University Press.

Hull, C. L. (1943). *Principles of behavior*: *An introduction to behavior theory*. New York: Appleton-Century-Crofts.

Hull, C. L. (1952). *A behavior system*. New Haven, CT: Yale University Press.

Intons-Peterson, M. J., & Roskos-Ewoldsen, B. B. (1989). Sensory-perceptual qualities of images. *Journal of Experimental psychology: Learning, Memory, & Cognition*, 15(2), 188～199.

Izard, C. E. (1977). *Human emotion*. New York: Pelnum Press.

Izard, C. E. (1994). Innate and universal facial expressions: Evidence developmental and cross-cultural research. *Psychological Bulletin*, 115, 288～299.

Jackson, C. M. (1928). Some aspects of form and growth. In Robbins, W. J., and others, *Growth*. New Haven, Conn: Yale University Press.

Janis, I. L. (1982). *Groupthink: Psychological studies of policy decisions and fiascoes*. (2nd ed). Boston: Houghton Mifflin.

Jens, K., & Evans, H. (1983). *The diagnosis and treatment of multiple personality clients*. Smowbird, UT: Rocky Mountain Psychological Association.

Jenson, A. R. (1969). How much can we boost IQ and scholastic achievement? *Havard Educational Review*, 39, 1～123.

Jenson, A. R. (1981). *Straight talk about mental test*. New York: Free Press.

Johnson-Laird, P. N., & Wason, P. C. (1977). A theoretical analysis of insight in a reasoning task. In P. N. Johnson-Laird, & P. C. Wason (Eds.), *Thinking: Readings in cognitive science*. Cambridge: Cambridge University Press.

Kahneman, D., & Tversky, A. (1972). Subjective probability: A judgment of representativeness. *Cognitive Psychology*, 3, 430~454.

Kahneman, D., & Tversky, A. (1973). On the psychology of prediction. *Psychological Review*, 80, 237~251.

Kahneman, D., & Tversky, A. (1982). The simulation heuristics. In D. Kahneman, P. Slovic, & A. Tversky (Eds.), *Judgment under uncertainty: Heuristics and biases*. Cambridge: Cambridge University Press.

Kalat, J. W. (1988). *Biological psychology* (3rd ed.). Belmont, CA: Wadsworth.

Kaufman, L., & Rock, I. (1962). The moon illusion. *Scientific America*, 207, 120~132.

Kaufman, L. (1974). *Sight and mind: An introduction to visual perception*. New York: Oxford University Press.

Keating, D. (1980). Thinking processes in adolescence. In J. Adelson (Ed.), *Handbook of adolescent psychology*. New York: Wiley.

Keesey, R. E. (1980). A set point analysis of the regulation of body weight. In A. J. Stunkard (Ed.), *Obesity*. Philadelphia: W. B. Sannder.

Keesey, R. E., & Corbett, S. W. (1983). Metabolic defense of the body weight set-point. In A. J. Stunkard, & E. Stellar (Eds.), *Eating and its disorders*. New York: Raven Press.

Keller, L. M., Bouchard, T. J., Arvey, R. D., Segal, N. L., & Dawis, R. V. (1992). Work value: Genetic and environmental influces. *Journal of Applied Psychology*, 77, 79~88.

Kelley, H. H. (1973). The process of causal attribution. *American Psychologist*, 28, 107~128.

Kety, S. S., Rosenthal, D., Wender, P. H, Schulsinger F., & Jacobson, B. (1978). The biological and adoptive families of adopted individuals who became schizophrenic. In L. C. Wynne, R. L. Cromwell, & S. Matthysse (Eds.), *The nature of schizophrenia*. New York: Wiley.

Kety, S. S. (1988). Schizophrenic illness in the families of schizophrenic adoptees: Findings from the Danish national sample. *Schizophrenia Bulletin*, 14, 217~222.

Kihlstrom, J. F. (1984). Conscious, subconscious, unconscious: A cognitive review. In K. S. Bowers, & Deichenbaum (Eds.), *The unconscious: Reconsidered*. New York: Wiley.

Kinnunen, T., Zamansky, T., & Block, M. (1994). Is the hypnotized subject lying? *Journal of Abnormal Psychology*, 103, 184~191.

Kleinke, C. I. (1986). Gaze and eye contact: A research review. *Psychological Bulletin*, 100, 78~100.

Klerman, G. L., & Weissman, M. M. (1986). The interpersonal approach to understanding depression. In T. Millon, & G. L. Klerman (Eds.), *Contemporary directions in psychotherapy: Toward the DSM-IV*. New York: Guilford Press.

Klerman, G. L., & Wissman, M. M. (1989). Increasing rates of depressions. *Journal of the American Medical Association*, 261, 2229~2235.

Kohlberg, L. (1966). A cognitive development analysis of children's sex-role concepts and attitudes. In E. E. Maccoby (Ed.), *The development of sex differences*. Stanford, CA: Stanford University Press.

Kohlberg, L. (1969). *Stages in development of moral thought and action*. New York: Holt, Rinehart & Winston.

Kohlberg, L. (1978). Revision in the theory and practice of moral development. *New Directions for Child Development*, 2, 83~88.

Kohlberg, L. (1981). *The philosophy of moral development*. San Francisco: Harper & Row.

Köhler, W. (1927). *The mentality of apes*. New York: Harcourt Brace.

Kuhn, T. S. (1962). *The structure of scientific revolution*. Chicago: University of Chicago Press.

L'Abat, L. (Ed.)(1998). *Family psychopathology: The related roots of dysfunctional behavior*. New York: The Guilford Press.

Labouvice-vief, G. (1980). Beyond formal operations: Uses and limits of pure logic in life-span development. *Human Development*, 23, 141~161.

Latané, B., & Darley, J. M. (1970). *The unresponsive bystander: Why doesn't be help?* Englewood Cliffs, NJ: Prentice-Hall.

Latané, B., William, K., & Harkins, S. (1979). Many hands make light the work: The cause and consequence of social loafing. *Journal of Personality and Social Psychology*, 37, 822~832.

Lazarus, R. S. (1991). *Emotion and adaptation*. New York: Oxford University Press.

Lee, J. A. (1977). A typology of styles of loving. *Personality and Social*

Psychology Bulletin, 3, 173~182.

Lefton, L. A. (1991). *Psychology* (4th ed.). Boston: Allyn & Bacon.

Lepper, M. R., Greene, D., & Nisbett. R. E. (1973). Undermining children's intrinsic interest with extrinsic reward: A test of overjustification hypothesis. *Journal of Personality and Social Psychology.* 28, 129~137.

Levinger, G., & Snoek, J. G. (1972). *Attraction in relationship: A new look at interpersonal attraction.* Morristown, NJ: General Learning Press.

Levy, R. I., & Moskowitz, J. (1982). Cardovascular research: Decades of progress, a decade of promise. *Science,* 217, 121~128.

Lewortin, R. (1976). Race and intelligence. In N. J. Block, & G. Dworkin (Eds.), *The IQ controversy: Critical reading.* New York: Pantheon.

Lichtenberg, J., Bornstein, M., & Silver, D. (Eds.)(1984). *Empathy* (2 Vols.). Hillsdale, NJ: Lawrence Erilbaum Associates.

Lieferty, R. M., Ponlos, R. W., & Strauss, G. D. (1974). *Development Psychology.* Englewood Cliffs, NJ: Prentice-Hall.

Lindzey, G., Thompson, R. F., & Spring, B. (1988). *Psychology* (3rd ed.). New York: Worth Publishers.

Lochlin, J. C., Lindzey, G., & Spuhler, J. N. (1975). *Race difference in intelligence.* San Francisco: Freeman.

Luchins, A. S. (1942). Mechanization in problem solving. *Psychological Monographs,* 54 (Whol No, 248.).

Lynn, M., & Oldenquist, A. (1986). Egoistic and nonegoistic motives in social dilemmas. *American Psychologist,* 41, 529~534.

Lynn, R. (1982). IQ is Japan and the United States shows a growing disparity. *Nature,* 297, 222~223.

Lynn, S. J., & Rhue, J. W. (1986). The fantasy-prone person: Hypnosis, imagination, and creativity. *Journal of Personality and Social Psychology*, 51, 404~408.

Lynn, S. J., & Rhue, J. W. (1988). Fantasy proneness: Hypnosis, developmental antecedent, and psychopathology. *American Psychologist,* 43, 35~44.

Maier, N. R. F. (1931). Reasoning in humans. *Journal of Comparative Psychology,* 12, 181~194.

Mandler, G. (1984). *Mind and body: Psychology of emotion and Stress.* New York: Norton.

Marcia, J. E. (1967). Ego identity status: Relationship to change in self-esteem, general maladjustment, and authoritarianism. *Journal of Personality,* 1, 118〜134.

Marcia, J. E. (1980). Indentity in adolescence. In J. Adelson (Ed.), *Handbook of adolescent psychology.* New York: John Wiley & Sons.

Martin, R. L., Cloninger, R., Guze, S. B., & Clayton, P. J. (1985). Mortality in a follow-up of 500 psychiatric outpatients: Total Mortality. *Archives of Genetic Psychiatry,* 42, 47〜54.

Maslow, A. H. (1954). *Motivation and personality.* New York: Harper & Row.

Maslow, A. H. (1966). *The psychology of science: A reconnaissance.* New York: Harper & Row.

Maslow, A. H. (1967). A theory of metamotivation: The biological rooting of the value-life. *Journal of Humanistic Psychology,* Fall, 93〜127.

Maslow, A. H. (1968). *Toward a psychology of being* (2nd ed.). New York: Van Nostrand.

Maslow, A. H. (1970). *Motivation and personality* (2nd. ed.). New York: Harper & Row.

Maslow, A. H. (1973). Self-actualizing people. In R. L. Lowry (Ed.), *Dominance self-esteem, self-actualization.* CA: Brooks/Cole.

Maslow, A. H. (1976). *Religious, values, and peak experiences.* New York: Penguin Books.

Mayer, J. (1955). Regulation of energy intake and the body weight: The glucostatic theory and the lipostatic hypothesis. *Annual New York Academy of Science,* 63, 15〜43.

McCarley, R. W., & Hobson, J. A. (1981). Sleep dreams and the activation-synthesis hypothesis. *American Journal of Psychiatry,* 18(2). 165〜192.

McGraw, K. O. (1987). *Developmental psychology.* New York: Harcourt Brace.

Mcleod, R. B. (1975). *The persistent problems of psychology.* Pittsburgh, PA: Duquesne University Press.

McNall, R. J. (1990). Psychological approaches to panic disorder: A review. *Psychological Bulletin,* 108, 413〜419.

Mednick, S. A. (1962). The associate basis of creativity. *Psychological Review,* 69, 220〜232.

Melzack, R. (1973). *The puzzle pain.* New York: Basic Books.

Miller, G. A. (1956). The magical number seven, plus or minus two: Some limits on our capacity for processing information. *Psychological Review*, 63, 81～97.

Minuehin, S. (1974). *Family and family therapy*. Cambridge, Mass: Havard University Press.

Mita, T. H., Dermer, M., & Knight, J. (1977). Reversed facial images and the mere-exposure hypothesis. *Journal of Personality and Social Psychology*, 35, 579～601.

Morgan, C. D., & Murray, H. A. (1935). A method for investigation fantasies: The Thematic Apperception Test. *Archives of Neurology and Psychiatry*, 34, 289～306.

Murphy, G. E. (1983). The problem in studying suicide. *Psychiatric Development*, 4, 339～350.

Murray, H. A. (1943). *Thematic Apperception Test*. Cambridge, Mss: Havard University Press.

Myers, D. G., & Lamm, H. (1976). The group polarization phenomenon. *Psychological Bulletin*, 83, 602～627.

Neisser, U. (1967). *Cognitive psychology*. New York: Appleton-Century-Crofts.

Neugarten, B. (1976). Adaptation and life cycle. *The Counseling Psychologist*, 6, 16～20.

Nickerson, R. S., & Adams, M. J. (1979). Long-term memory for a common object. *Cognitive Psychology*, 11, 287～307.

Nolen-Hoeksema, S. (1990). *Sex differences in depression*. Stanford, CA: Stanford University Press.

Osborn, A. F. (1963). *Applied imagination* (3rd. ed.). New York: Scribners.

Parlee, M. B. (1979). The friendship bond. *Psychology Today*, October, 43～54.

Pendleton, M. G., & Batson, C. D. (1979). Self-presentation and the door-in-the-face technique for inducing compliance. *Personality and Social Psychology Bulletin*, 5, 77～81.

Perls, F. S. (1969). *Gestalt therapy verbatim*. Lafayette, CA: Real People Press.

Perls, F. S. (1973). *The Gestalt approach*. Palo Alto: Science and Behavior.

Phares, E. J. (1984). *Introduction to personality*. Columbus, OH: Merrill.

Piaget. J. (1929). *The child's conception of the world*. New York: Littlefield, Adamis.

Piaget, J. (1932). *The moral judgment of the child.* New York: Harcourt, Brace.

Piaget, J. (1950). *The psychology of intelligence.* Paterson, NJ: Littlefield, Adoms.

Piaget, J. (1952). *The origins of intelligence in children.* New York: International University Press.

Piaget, J., & Inhelder, B. (1968). *The psychology of the child.* New York: Basic Books.

Piaget, J., & Inhelder, B. (1967). *The child's conception of space.* New York: Norton.

Piaget, J. (1970). *Genetic epistemology.* New York: Columbia University Press.

Raphael, B. (1976). *The thinking computer.* New York: Freeman.

Raskin, D. C. (1982). Physiological responses to lie detector test. *Science,* June, 24~27.

Reed, T. J., & Jensen, A. R. (1992). Conduction velocity in brain nerve pathway of normal adults corrlates with intelligence level. *Intelligence,* 16, 259~272.

Restle, F. (1970). Moon illusion explained on the basis of relative size. *Science,* 167, 1092~1096.

Rhine, J. B. (1934). *Extrasensory perception* (rev. ed.). Boston: Humphries.

Rhine, J. B. (1953). *New World of the mind.* New York: Morrow.

Rice, F. P. (2001). *Human development: A life-span approach.* Upper Saddle River, NJ: Prentice-Hall.

Roffwarg, H. P. et al. (1966). Ontogenetic development of the human sleep-dream cycle. *Science,* 152, 601~619.

Rogers, C. R. (1957). Necessary and sufficient conditions for therapeutic personality change. *Journal of Counseling Psychology,* 21, 95~103.

Rogers, C. R. (1961). *One becoming a person.* Boston: Houghton Mifflin.

Rogers, C. R. (1970). *Client-centered therapy* (2nd ed.). Boston: Houghton Mifflin.

Rorschach, H. (1921). *Psychodiagnostics.* New York: Grune & Stratton.

Rosch, E. (1975). Cognitive representations of semantic categories. *Journal of Experimental Psychology: General,* 3, 192~233.

Rosch, E., & Mervis, C. B. (1975). Family resemblances: Studies in the internal structure of categories. *Cognitive Psychology,* 7, 573~605.

Rose, L. (1977). The intuitive psychologist and its shortcomings: Distortions in the attribution process. *Advance in Experiment Social Psychology*, 10, 173~220.

Rotter, J. B. (1954). *Social learning and clinical psychology*. New York: Johnson Reprint.

Rotter, J. B. (1966). Generalized expectance for internal versus external control of reinforcement. *Psychological Monographs*, 80, 1~28.

Rumelhart, D. E. (1989). The architecture of mind: A connectionist approach. In M. I. Posner (Ed.), *Foundations of cognitive science*, pp. 133~159. Cambridge, MA: Bradford Books.

Rutter, M., Macdonal., Le Courteur, A., Harrington R., Bolton, P., & Bailey, A. (1990). Genetic factors-II: Empirical findings. *Journal of Child Psychology and Psychiatry*, 31, 39~83.

Sahler, O. J, & McAnamey, E. R. (1981). *The child between 3~18*. St. Louis: Mosby.

Satir, V. (1976). *Conjoint family therapy*. Palo Alto, CA: Science and Behavior Books.

Scarr, S., & Weinberg, R. A. (1976). IQ test performance of black children adopted by white families. *American Psychologist*, 31, 726~739.

Schachter, S. (1959). *The psychology of affiliation*. Stanford, CA: Stanford University Press.

Schachter, S., & Singer, J. E. (1962). Cognitive, social, and physiological determinants of emotional state. *Psychological Review*, 69, 379~399.

Schaefer, C. (Ed.)(1999). *Innovative Psychotherapy techniques in child and adolescent therapy*. New York: John Wiley & Sons.

Schaie, K. W., & Strother, C. R. (1968). A Cross-sequential study of age change in cognitive behavior. *Psychological Bulletin*, 70, 671~680.

Schneider, D. J. (1973). Implicit personality theory. *Psychological Bulletin*, 79, 294~309.

Schultz, D. P., & Schultz, S. E. (1996). *A history of modern psychology* (6th ed.). New York: Harcourt Brace.

Schwartz, G. E., Weinberger, D. A. (1980). Pattern of emotional responses of affective situations: Relation among happiness, sadness, anger, fear, depression and anxiety. *Motivation and Emotion*, 4, 175~191.

Sdorow, L. (1990). *Psychology*. Dubuque, IO: Win. C. Brown Publishers.

Seifert, C. M., Robertson, S. P., & Black, J. B. (1986). The role of thematic knowledge structures in reminding. In J. A. Galambos, R. P. Abelson, & J. B. Black (Eds.), *Knowledge structure*, pp. 185～210. Hillside, NJ: Eribaum.

Seligman, M. E. P. (1975). *Helplessness: On depression, development, and death*. San Francisco: Freeman.

Sharf, R. S. (2000). *Theories of psychotherapy & counseling: Concepts and cases* (2nd ed.). Pacific Grove, CA: Brooks/Cole.

Sheingold, K., & Tenney, Y. J. (1982). Memory for salient childhood events. In U. Neisser (Ed.), *Memory observed: Remembering in natural context*. San Francisco: Freeman.

Shepard, R. N., & Metzler, J. (1971). Mental rotation of three-dimensional objects. *Science*, 171, 701～703.

Simth, M. L., Glass, G. V., & Miller, T. I. (1980). *The benefits of psychotherapy*. Baltimore, Md: John Hopkins University Press.

Singer, J. L. (1978). Experimental studies of dreaming and the stream of thought. In K. S. Pope, & J. L. Singer (Eds.), *The stream of consciousness*, pp. 187～223. New York: Plenum.

Smith, D. (1982). Trends in counseling and psychotherapy. *American Psychologist*, 37, 802～809.

Smith, M. C. (1983). Hypnotic memory enhancement of witnesses: Does it work? *Psychological Bulletin*, 97, 387～407.

Solso, R. L. (1988). *Cognitive psychology* (2nd ed.). Boston: Allyn & Bacon.

Spanos, N. P. (1991). A sociocognitive approach to hypnosis. In S. J. Lynn, & J. R. Rhue (Eds.), *Hypnosis theories: Current models and perspectives*, pp. 324～361. New York: Guilford Press.

Sperling, G. (1960). The information available in brief visual presentations. *Psychological Monographs*, 74 (Whole No: 498).

Steiner, J. E. (1979). Human facial expressions in response to taste and smell stimulation. In H. W. Reese, & Lipsitt (Eds.), *Advance in child development and behavior*, Vol. 13. Orlando, PL: Academic Press.

Sternberg, R. J. (1985). *Beyond IQ: A triarchic theory of human intelligence*. New York: Cambridge University Press.

Sternberg, R. J. (1986a). *Intelligence applied: Understanding and increasing your intellectual skills*. San Diego, CA: Harcourt Brace.

Sternberg, R. J. (1986b). A triangular theory of love. *Psychological Review*, 93, 119～135.

Sternberg, R. J. (1988). Triangulating love. In R. J. Sternberg, & M. L. Barnes (Eds), *The psychology of love*, pp. 119～133. New Haven, CT:

Yale University Press.

Sternberg, R. J. (2001). *In search of the human mind* (3rd ed.). New York: Harcourt Brace.

Stoner, J. A. (1961). *A comparison of individual and group decisions involving risk.* Unpublished masters thesis, School of Industrial Management, MIT, Cambridge, MA.

Strupp. H. H. (1989). Psychotherapy. *American Psychologist,* 44, 417~424.

Sullivan, H. S. (1940). *Conceptions of modern psychiatry.* New York: Norton.

Sullivan, H. S. (1953). *The interpersonal theory of psychiatry.* New York: Norton.

Tanner, J. M. (1973). Trends toward earlier menarche in London, Oslo, Copenhagen, the Netherlands, and Hungary. *Nature,* 243, 95~96.

Tanner, J. M., Whitehous, R. H., & Takaishi, M. (1966). Standards from birth to maturity for height, weight, height-velocity, and weight velocity; British children 1965. *Archives of Diseases in Childhood,* 41, 454~471.

Taylor, D. W., Berry, P. C., & Block, C. H. (1958). Does group participation when using brainstorming facilitate or inhibit creative thinking? *Administrative Science Quarterly,* 2, 23~47.

Teghtsoonian, R. (1971). On the exponent in Steven's Law and the constant in the Ekman's Law. *Psychological Review,* 78, 71~80.

Terman, L. M. (1916). *The measurement of intelligence.* Boston: Houghton Mifflin.

Thorndike, E. L. (1898). Animal intelligence: An experimental study of the associative processes in animals. *Psychological Review,* 5, 68~72.

Thorndike, E. L. (1921). Measurement in education. *Teachers College Record,* 22, 371~379.

Thurstone, L. L. (1938). Primary mental abilities. *Psychometric Monographs,* No. 1. Chicago: University of Chicago Press.

Togersen, S. (1983). Genetic factors in anxiety disorders. *Archives of General Psychiatry,* 40, 1085~1089.

Tolman, E. C., & Honzik, C. H. (1930). Introduction and removal of reward, and maze performance in rats. *University of California Publications in Psychology,* 4, 257~275.

Tolman, E. C. (1948). Cognitive maps in rats and maze. *Psychological Re-

view, 55, 189～208.

Torgerson, S. (1986). Genetic faotor in moderately severe and mild affective disorders. *Archives of General Psychiatry*, 43, 222～226.

Torrance, E. P. (1974). *The Torrance tests of creative thinking*: *Technical-norms manual.* Bensenville, IL: Scholastic Testing Services.

Torrance, E. P. (1984). *Torrance tests of creative thinking*: *Streamlined manual* (revised). Bensenville, IL: Scholastic Testing Services.

Tulving, E., & Thomson, D. M. (1973). Encoding specificity and retrieval processes in episodic memory. *Psychological Review*, 80, 352～373.

Tulving, E. (1986). What kind of a hypothesis in the distinction between episodic and semantic memory? *Journal of Experimental Psychology*, 12, 307～311.

Turner, J. S., & Helms, D. B. (1991). *Life-span development* (3rd ed.). New York: Holt Rinehart & Winston.

Tversky, A., & Kahneman, D. (1973). Availability: A heuristic for judging frequency and probability. *Cognitive Psychology*, 5, 207～232.

Tversky, A., & Kahneman, D. (1974). Judgment under uncertainty: Heuristic and biases. *Science*, 185, 1124～1131.

Vygotsky, L. S. (1962). *Thought and language*. Cambridge, MA: MIT Press.

Vygotsky, L. S. (1978). *Mind in society*: *The development of higher psychological processes.* Cambridge, MA: Harvard University Press.

Walk, R. D., Homan, C. P. (1984). Emotion and dance in dynamic light display. *Bulletin of the Psychonomic Society*, 22, 437～440.

Wallace, R. K., & Benson, H. (1972). The physiology of meditation. *Scientific American*, February, 81～90.

Wallace, R. K., & Fisher, L. E. (1987). *Consciousness and behavior* (2nd ed.). Boston: Allyn & Bacon.

Wallas, G. (1926). *The act of thought*. New York: Harcourt Brace.

Watson, J. B. (1913). Psychology as the behaviorist view it. *Psychological Review*, 20, 158～171.

Watson, J. B., & Rayner, R. (1920). Conditioned emotional reactions. *Journal of Experimental Psychology*, 3, 1～14.

Webb, W. B. (1975). *Sleep the gentle tyrant*. Englewood Cliffs, NJ: Prentice-Hall.

Wechsler, D. (1958). *The measurement and appraisal of adult intelligence.*

Baltimore: Williams.

Wertheimer, M. (1945). *Productive thinking.* Chicago: University of Chicago Press.

Wertheimer, M. (1958). Principles of perceptual organization. In D. C. Beardslee, & M. Wertheimer (Eds.), *Readings in perception.* Princeton, NJ: Van Nostrand Reinhold.

Winick, M. (Ed.)(1976). *Malnutrition and brain development.* New York: Oxford University Press.

Wolpe, J. (1958). *Psychotherapy by reciprocal inhibition.* Stanford, CA: Stanford University Press.

Worchel, S. (1995). Cooperation and the reduction of intergroup conflict: Some determining factors. In S. Worchel, & W. Austin (Eds.), *Psychology of intergroup relation.* Chicago: Nelson-Hall.

Worchel, S., & Shebilske, W. (1995). *Psychology: Principles and application* (3rd ed.). Englewood, Cliffs, NJ: Prentice-Hall.

Yalom, I. D. (1985). *The theory and practice of group psychotherapy* (3rd ed.). New York: Basic Books.

Yerkes, R. M. (Ed.)(1921). Psychological examining in the United States Army. *Memoirs of the National Academy of Science.* Vol. 15.

Zajonc, R. B. (1965). Social facilitation. *Science,* 149, 268~274.

Zangwill, O. L. (1987). Experimental hypnosis. In R. L. Fregory (Ed.), *The Oxford companion to the Mind,* pp. 328~333. Oxford: Oxford University Press.

Zepelin, H., & Rechtschaffen, P. (1974). Mammalian sleep, longevity, and energy metabolism. *Brain, Behavior and Evolution,* 10, 425~470.

索　引

> 說明：1. 索引中包括名詞與人名。
> 2. 名詞後之數字為該名詞在本書內出現並附解釋處之頁碼。
> 3. 人名前註有 * 號者為內文中附照片及簡介之心理學家。
> 4. 以外文字母起頭的中文名詞一律排在漢英對照之最後。
> 5. 同一英文名詞而海峽兩岸譯文不同者，除在正文內附加括號予以註明外，索引中亦予同時編列。

一、漢英對照

一　畫

一元論　monism　11
一般因素　general factor　398
一般能力　general ability　381
一貫論　consistency theory　483

二　畫

二元論　dualism　11
二因論　two-factor theory　398
二級特質　secondary trait　440
二級循環反應　secondary circular reactions　314
二階段色覺論　two-stage color theory　96
人工智能　artificial intelligence　216
人工概念　artificial concept　254
人本心理學　humanistic psychology　26
人本主義　humanism　26
人本治療　humanistic therapy　557
人本論取向　humanistic approach　26
人知覺　person perception　468
人格　personality　420
人格心理學　personality psychology　32
人格因素論　factorial theory of personality　440
人格特質　personality trait　437
人格特質論　personality-trait theory　438
人格異常　personality disorder　537
人格測驗　personality test　456
人格精神分析論　psychoanalytic theory of personality　22
人格類型　personality type　437
人格類型論　personality-type theory　441
人際吸引　interpersonal attraction　493
人際理論　interpersonal theory　436
人際關係論　interpersonal theory　436
力比多　libido　422
十六種人格因素問卷　Sixteen Personality Factor Questionnaire　441

三　畫

三段論法　syllogism　258
三段論法演繹推理　syllogistic-deductive reasoning　258
下丘腦　hypothalamus　55

下視丘　hypothalamus　55
下意識　subconscious　129
口唇性格　oral character　424
口唇期　oral stage　424
口慾期　oral stage　424
大小常性　size constancy　110
大小線索　size cue　111
大前提　major premise　259
大氣透視　atmospheric perspective　111
大麻　marijuana　161
大腦　cerebrum　61
大腦半球　cerebral hemisphere　61
大腦皮質　cerebral cortex　53
子宮　uterus　305
小前提　minor premise　259
小集團意識　groupthink　502
小腦　cerebellum　53
工作分析　job analysis　384
工作記憶　working memory　224
工作動機　work motivation　361
工程心理學　engineering psychology　32
工業心理學　industrial psychology　32
干擾論　interference theory　239

四　畫

不可能圖形　impossible figure　117
中介作用　mediation　199
中介變項　intervening variable　34
中心化　centration　320
中心特質　central trait　439
中央凹　fovea　84
中央裂　central fissure　61
中年危機　midlife crisis　336
中年期　middle adulthood　331
中耳　middle ear　96
中間神經元　interneuron　59
中腦　midbrain　53
中樞神經系統　central nervous system　53
元素論　elementarism　21
內分泌系統　endocrine system　67
內分泌腺　endocrine gland　67
內化作用　internalization　529
內向　introversion　432
內在動機　intrinsic motivation　356
內在歸因　internal attribution　473
內耳　inner ear　96
內制控信念型　internal locus of control　456
內省　introspection　17
內容效度　content validity　384
內傾　introversion　432
內團體　ingroup　502
內驅力　drive　345
內驅力降低說　drive-reduction theory　359
分貝　decibel　98
分析心理學　analytical psychology　430
分科成就測驗　specific achievement test　381
分組　classification　320
分散練習　distributed practice　210
分裂型人格異常　schizotypal personality disorder　538
分離　dissociation　524
分離型人格異常　schizoid personality disorder　538
分類　classification　320
升胰島素　glucagon　69
友誼　friendship　495
友誼式愛情　friendship love　497
反向作用　reaction formation　427
反社會人格　antisocial personality　537
反社會人格異常　antisocial personality disorder　537
反社會行為　antisocial behavior　489

反社會型人格異常 antisocial personality disorder 538
反射 reflex 55
反射性活動期 reflexive activity stage 314
反應 response 20
反應性條件作用 respondent conditioning 182
反應時 reaction time 212
反應時 response time 212
反應時間 reaction time 212
反應時間 response time 212
反應時間法 reaction-time method 212
反饋 feedback 186
天性與教養問題 nature-nurture controversy 11
天賦理性主義 nativistic rationalism 216
天賦觀念 innate idea 13
少能勝多效應 less-leads-to-more effect 485
*巴甫洛夫 Ivan Petrovich Pavlov 170
巴德 Philip Bard 372
幻視 visual hallucination 542
幻想 fantasy 130
幻覺 hallucination 148,542
幻聽 auditory hallucination 542
心 mind 3
心向 mental set 270
心因性失憶症 psychogenic amnesia 524
心因性異常 psychogenic disorder 522
心因性障礙 psychogenic disorder 522
心因性遺忘 psychogenic amnesia 524
心身平行論 psychophysical parallelism 11
心身交感論 psychophysical interactionism 11
心身關係問題 mind-body problem 11
心情異常 mood disorder 526
心理玄學 parapsychology 120
心理生物學取向 psychobiological approach 27
心理年齡 mental age 390
心理依賴 psychological dependence 157
心理性動機 psychological motives 347
心理治療 psychotherapy 512,553
心理物理學 psychophysics 16
心理社會期發展論 psychosocial stage theory of development 299
心理表象 mental representation 219
心理能力 mental ability 380
心理動力心理治療 pyschodynamic psychotherapy 556
心理旋轉 mental rotation 256
心理異常 mental disorder 513
心理異常 psychological disorder 513
心理異常診斷統計手冊 Diagnostic and Statistical Manual of Mental Disorders 515
心理測量學 psychometrics 32
心理測驗 mental test 381
心理測驗 psychological test 381
心理劇 psychodrama 578
心理學 psychology 3
心理學派 schools of psychology 16
心智不足 mental retardation 410
心象 mental image 255
心電感應 telepathy 120
心靈致動 psychokinesis 121
心靈現象 psi phenomena 120

心靈學　parapsychology　120
戈達德　Henry Herbert Goddard
　410
手段-目的分析　means-end analysis
　267
支配妄想　delusion of influence
　542
文化公平測驗　culture-fair test　415
文字智力測驗　verbal intelligence
　test　393
文飾作用　rationalization　426
方位學習　place learning　194
月亮錯覺　moon illusion　118
比西量表　Binet-Simon Intelli-
　gence Scale　390
*比奈　Alfred Binet　389
比奈-西蒙智力量表　Binet-Simon
　Intelligence Scale　390
比率智商　ratio IQ　390
比較心理學　comparative psychol-
　ogy　32
比較刺激　comparison stimulus
　80
毛狀細胞　hair cell　98
水狀液　aqueous humor　83
水晶體　lens　83

五　畫

丘腦　thalamus　54
主性徵　primary sex character-
　istics　325
主要特質　cardinal trait　439
主動性對內疚　initiative vs. guilt
　322
主動對愧疚　initiative vs. guilt
　322
主視覺區　primary visual area　63
主腺　master gland　68
主運動區　primary motor area　62
主題統覺測驗　Thematic Appercep-
　tion Test　460

主聽覺區　primary auditory area　65
主體覺區　primary somatosensory
　area　63
主觀預期價值　subjective expected
　value　279
主觀輪廓　subjective contour　109
以退為進法　door-in-the-face tech-
　nique　488
他律道德期　heteronomous moral-
　ity stage　301
代表性推斷　representativeness
　heuristic　278
代幣法　token economy　567
代碼　code　219
加工水平說　levels of processing
　theory　231
加色混合　additive color mixture
　91
加德納　Howard Gardner　405
功能主義　functionalism　18
功能刺激　functional stimulus　199
功能固著　functional fixedness　272
半規管　semicircular canal　97
半意識　subconscious　129
*卡特爾　Raymond Bernard Cattell
　440
占有式愛情　possessive love　496
去個人化　deindividuation　489
可卡因　cocaine　160
可見光譜　visible spectrum　87
可待因　codeine　159
可逆性　reversibility　321
可逆圖形　reversible figure　117
司法心理學　forensic psychology
　365
古典行為主義　classical behavior-
　ism　180
古典制約作用　classical condition-
　ing　170
古柯鹼　cocaine　160
四色論　tetrachromatic theory　95

外向　extroversion　433
外在動機　extrinsic motivation　356
外在歸因　external attribution　473
外耳　outer ear　96
外制控信念型　external locus of control　456
外周神經系統　peripheral nervous system　56
外傾　extroversion　433
外團體　outgroup　502
外擾變項　extraneous variable　41
失律性失眠　arrhythmic insomnia　137
失眠　insomnia　137
失落反應　reaction to loss　528
失憶症　amnesia　524
孕育期　incubation　285
尼塞　Ulric Neisser　214
巨人症　gigantism　68
布萊德　James Braid　145
布羅卡　Pierre Paul Broca　66
布羅卡區　Broca's area　65
平行分布處理　parallel distributed processing　217
平行遊戲　parallel play　319
平均數　mean　386
平衡狀態　homeostasis　343
平衡感　sense of equilibrium　97
平衡覺　equilibratory sense　105
幼年經驗失憶症　infantile amnesia　234
*弗洛伊德　Sigmund Freud　23
弗羅姆　Erich Fromm　433
*弗蘭克　Victor Frankl　563
弗蘭克林　Benjamin Franklin　145
本我　id　423
本能　instinct　344
未定型統合　identity moratorium　330

正幻覺　positive hallucination　148
正後象　positive afterimage　92
正相關　positive correlation　37, 386
正常　normality　514
正強化　positive reinforcement　183
正強化物　positive reinforcer　183
正移情　positive transference　555
正統精神分析　orthodox psychoanalysis　421
正態分布　normal distribution　392
正誘因　positive incentive　346
母體　population　38
民主式領袖　democratic leader　505
永久記憶　permanent memory　228
生之本能　life instinct　422
生命全程發展　life-span development　292
生物反饋　biofeedback　143
生物性動機　biological motives　347
生物統計法　biometric method　388
生長激素　growth hormone　68
生活風格　style of life　430
生活格調　style of life　430
生理心理學　physiological psychology　32
生理回饋　biofeedback　143
生理依賴　physical dependence　157
生理性動機　physiological motives　347
生理需求　physiological need　362
生殖期　genital stage　425
甲狀腺　thyroid gland　68
甲狀腺激素　thyroid hormone　68
白日夢　daydreaming　129
*皮亞杰　Jean Piaget　296
*皮爾斯　Frederick S. Perls　560

立即強化 immediate reinforcement 183

六　畫

年齡常模 age norm 292
交互作用論 interactionism 294
交互作用論 transactional theory 505
交互決定論 reciprocal determinism 451
交感神經系統 sympathetic nervous system 56
休克治療 shock therapy 584
全有全無律 all-or-none law 60
全色盲 achromatism 93
全相關 perfect correlation 386
全部報告法 whole-report method 223
共同特質 common trait 439
共鳴論 resonance theory 99
共變論 covariation theory 474
再測法 test-retest method 383
再測信度 test-retest reliability 383
再認法 recognition method 210
再學習法 relearning method 211
印象形成 impression formation 469
*吉爾福德 Joy Paul Guilford 399
同一性對角色混亂 identity vs. role confusion 329
同化 assimilation 296
同卵孿生子 identical twins 51, 407
同性戀 homosexuality 353
同時效度 concurrent validity 385
同理心 empathy 558
同儕-連續研究 cohort-sequential study 305
名義刺激 nominal stimulus 199
名義領袖 nominal leader 504

合取概念 conjunctive concept 251
合理化 rationalization 426
因果法則 law of causality 6
因素分析 factor analysis 397
因變量 dependent variable 34
回憶法 recall method 209
回饋 feedback 186
地點說 place theory 99
多重人格 multiple personality 525
多重歷程處理 multiprocess processing 217
多項記錄器 polygraph 365
妄想 delusion 542
妄想型人格異常 paranoid personality disorder 538
好孩子定向 good boy-nice girl orientation 323
存在主義 existentialism 444
守恆 conservation 320
安全需求 safety need 362
安非他命 amphetamine 159
安慰劑效應 placebo effect 585
成年期 adulthood 331
成長需求 growth needs 363
成就 achievement 380
成就動機 achievement motive 355
成就測驗 achievement test 381
成就需求 need for achievement 355
*托爾曼 Edward Chase Tolman 194
托蘭斯 Ellis Paul Torrance 286
托蘭斯創造思維測驗 Torrance Test of Creative Thinking 286
早閉型統合 identity foreclosure 330
有條件積極關注 conditional positive regard 449
有效論證 valid argument 259
次目標分析 subgoal analysis 267
次性徵 secondary sex character-

istics　325
次要特質　secondary trait　440
次級制約作用　second-order conditioning　174
次級強化　secondary reinforcement　175
次級強化物　secondary reinforcer　175
次級條件作用　second-order conditioning　174
死之本能　death instinct　422
老化　aging　332
老年期　later adulthood　331
耳　ear　96
耳石　otolith　105
耳咽管　Eustachian tube　97
耳鼓膜　eardrum membrane　96
耳蝸　cochlea　97
自主性對羞怯疑慮　autonomy vs. shame and doubt　316
自主神經系統　autonomic nervous system　56
自主道德階段　autonomous morality stage　302
自主獨立對羞怯懷疑　autonomy vs. shame and doubt　316
自由意志　free will　12,346
自由意志與決定論問題　free will versus determinism　12
自由聯想　free association　554
自我　ego　423
自我中心　egocentrism　319
自我中心主義　egocentrism　319
自我分析　ego analysis　557
自我功能　ego function　557
自我同一性　self identity　330
自我系統　self-system　437
自我防衛　ego defense　426
自我表露　self-disclosure　495
自我效能　self-efficacy　453
自我動力　self-dynamism　436

自我動能　self-dynamism　436
自我專注　self-absorption　543
自我強化　self-reinforcement　453
自我理想　ego-ideal　423
自我統合　self identity　330
自我統合對角色混亂　identity vs. role confusion　329
自我陶醉型人格障礙　narcissistic personality disorder　538
自我意象　self-image　435,488
自我概念　self-concept　448
自我實現　self-actualization　445
自我實現需求　self-actualization need　362
自我論　self theory　447
自我覺察　self-awareness　577
自我體系　self-system　437
自我觀念　self-concept　448
自卑情結　inferiority complex　429
自卑感　inferiority feeling　429
自知智力　intrapersonal intelligence　405
自律　self-regulation　453
自律道德期　autonomous morality stage　302
自是型人格異常　narcissistic personality disorder　538
自動化加工　automatic processing　232
自動處理　automatic processing　232
自殺　suicide　528
自陳法　self-report method　367
自陳量表　self-report inventory　457
自尊需求　self-esteem need　362
自然恢復　spontaneous recovery　174
自然復元　spontaneous remission　581
自然智力　naturalist intelligence

405
自然概念　natural concept　254
自然觀察法　naturalistic-observation method　35
自傳式記憶　autobiographical memory　232
自毀性行為　self-defeating behavior　539
自覺　self-awareness　577
自變量　independent variable　34
自變項　independent variable　34
至善原則　perfection principle　423
舌尖現象　tip-of-the-tongue phenomenon　209
色盲　color blindness　93
色調　hue　88
色環　color circle　91
色覺相對歷程論　opponent-process theory of color vision　95
色覺缺陷　color deficiency　93
色覺理論　theory of color vision　94
*艾利斯　Albert Ellis　569
*艾里克森　Erik Homburger Erikson　300
*艾森克　Hans Jurgen Eysenck　442
艾森克人格量表　Eysenck Personality Inventory　441
艾賓浩斯　Hermann Ebbinghaus　10
血酒濃度　blood alcohol concentration　158
行為　behavior　20,167
行為主義　behaviorism　19
行為成分　behavioral component　476
行為治療　behavior therapy　565
行為革命　behavioral revolution　20
行為異常　behavior disorder　565
行為連鎖　behavioral chaining

185
行為塑造　shaping of behavior　184
行為論取向　behavioral approach　25
行為遺傳學　behavioral genetics　47
行為矯治　behavior modification　567
行動治療　action therapy　565
西蒙　Théodore Simon　390
西賽羅　Marcus Tullius Cicero　368

七　畫

位置學習　place learning　194
伴侶式愛情　companionate love　497
似動　apparent motion　114
似動知覺　apparent motion perception　114
作業法　performance method　390
作夢　dreaming　140
低能　feeble-mindedness　410
免文化影響測驗　culture-free test　415
冷覺　sense of cold　103
判斷　judgement　276
利他行為　altruistic behavior　490
助人行為　helping behavior　490
卵子　ovum　49
卵巢　ovary　70
卵圓窗　oval window　98
否定妄想　delusion of negation　542
否定法則　negative rule　251
否認　denial　426
坎巴二氏情緒說　Cannon-Bard theory of emotion　372
坎農　Walter Bradford Cannon　372
坎農-巴德情緒論　Cannon-Bard the-

ory of emotion 372
坐忘 meditation 151
壯年期 young adulthood 331
完形心理學 Gestalt psychology 21
完形主義 Gestaltism 22
完形治療法 Gestalt therapy 561
完形組織法則 Gestalt laws of organization 106
完美原則 perfection principle 423
完美感對沮喪絕望 integrity vs. despair 336
希爾加德 Ernest Ropiequet Hilgard 150
序列 seriation 321
序位效應 serial position effect 209
形式運思期 formal operational stage 328
形式運算階段 formal operational stage 328
形成組塊 chunking 226
形狀常性 shape constancy 110
形象記憶 iconic memory 221
形象與背景 figure-ground 109
形碼 iconic code 222
快速眼動睡眠 rapid eye movement sleep 138
快樂原則 pleasure principle 423
戒斷症候群 withdrawal syndrome 157
戒斷綜合症 withdrawal syndrome 157
抗抑鬱劑 antidepressant drug 584
抗狂躁劑 antimania drug 584
抗焦慮劑 antianxiety drug 584
抗精神劑 antipsychotic drug 584
抗藥性 drug tolerance 157
折半法 split-half method 383
折半信度 split-half reliability 383

折衷主義 eclecticism 4
扮異性症 transvestism 535
投射 projection 426
投射技術 projective technique 459
投射測驗 projective test 459
抑制劑 depressant 158
抑鬱症 depression 526
攻擊性格 aggressive character 435
更年期 climacteric 337
杏仁體 amygdala 54
沙克特-辛格情緒論 Schachter-Singer theory of emotion 373
*沙利文 Harry Stack Sullivan 436
決定論 determinism 12
決策 decision making 276
狂飆期 storm-and-stress period 324
系列位置效應 serial position effect 209
系統性 systematization 5
系統脫敏法 systematic desensitization 565
肛門性格 anal character 424
肛門期 anal stage 424
良心 conscience 423
良性失眠 benign insomnia 137
角回 angular gyrus 66
角色混淆 role confusion 330
角色混亂 role confusion 330
角膜 cornea 83
言語療法 logotherapy 563
*貝克 Aaron Temkin Beck 573
身體時鐘 body clock 133
防衛機制 defense mechanism 426
防禦機制 defense mechanism 426

八 畫

依附行為 attachment behavior 316
依從 compliance 488
依從性格 compliant character

435
依賴型人格異常 dependent personality disorder 538
依戀行為 attachment behavior 316
依變項 dependent variable 34
侏儒症 dwarfism 68
兒童中期 middle childhood 317
兒童早期 early childhood 317
兒童後期 later childhood 317
兒童期 childhood 316
兩性期 genital stage 425
兩極性異常 bipolar disorder 527
具體運思期 concrete operational stage 320
具體運算階段 concrete operational stage 320
刻板印象 stereotype 477
刺激 stimulus 20
刺激-反應心理學 stimulus-response psychology 20
刺激泛化 stimulus generalization 174
刺激辨別 stimulus discrimination 174
刺激類化 stimulus generalization 174
制約反應 conditioned response 172
制約刺激 conditioned stimulus 172
制控信念 locus of control 456
取代論 displacement theory 227
取向 approach 24
受孕 fertilization 49
受虐狂 masochism 535
受精 fertilization 49
受精卵 zygote 49
味蕾 taste bud 102
味覺 taste 102
咒語 mantra 152

和諧 congruence 448
命題 proposition 258
固定智力 crystallized intelligence 335
固著 fixation 425
夜視覺 scotopic vision 85
奉獻式愛情 altruistic love 497
奈克爾立方體 Necker cube 117
定向型統合 identity achievement 330
定值論 set-point theory 350
定程法 algorithm 265
官僚式領袖 bureaucratic leader 505
延宕強化 delayed reinforcement 183
延後享樂 delay of gratification 540
延腦 medulla 53
延遲強化 delayed reinforcement 183
性心理異常 psychosexual disorder 532
性心理期發展論 psychosexual stage theory of development 424
性向 aptitude 380
性向測驗 aptitude test 381
性行為 sexual behavior 352
性別角色 sex role 323
性別角色刻板印象 sex-role stereotype 324
性別角色規範 sex-role norm 324
性別認同 sexual identity 323
性別認同障礙 gender identity disorder 532
性染色體 sex chromosome 47
性虐待狂 sadomasochism 535
性格 personality 420
性格異常 personality disorder 537
性格歸因 dispositional attribution

473
性動機　sexual motive　352
性感區　erogenous zone　424
性腺　gonad　70
性腺激素　sex gland stimulating hormone　68
性器期　phallic stage　424
性驅力　sexual drive　352
性變態　paraphilia　534
承諾成分　commitment component　497
拉塞福　William Rutheford　100
抽象思維　abstract thinking　328
抽象模仿　abstract modeling　200
抽樣　sampling　38
抽樣偏向　sampling bias　39
抽樣偏差　sampling bias　39
抽樣調查　sampling survey　38
放鬆訓練　relaxation training　566
易性癖　transsexualism　533
明度　brightness　88
明度常性　brightness constancy　110
明朗期　illumination　285
明視距離　visual distance　310
明視覺　photopic vision　85
明適應　light adaptation　89
昇華作用　sublimation　427
服從　obedience　489
枕葉　occipital lobe　62
松奈錯覺　Zöllner illusion　116
析取概念　disjunctive concept　251
歧視　discrimination　478
注意　attention　222
泌乳激素　lactogenic hormone　68
河內塔問題　Tower of Hanoi problem　267
泛化　generalization　174
泛性論　pansexualism　425
泛焦慮症　generalized anxiety disorder　516

物知覺　object perception　467
物質決定論　physical determinism　12
物體恆存性　object permanence　315
狀態依賴記憶　state-dependent memory　238
盲從　contagion　489
盲點　blind spot　84
直接模仿　direct modeling　199
直線透視　linear perspective　111
直觀推斷法　heuristic　267
知的需求　need to know　362
知識　knowledge　167
知識來源問題　origins of knowledge　13
知識論　epistemology　13
知覺　perception　75
知覺常性　perceptual constancy　110
社交恐懼症　social phobia　517
社交智力　interpersonal intelligence　405
社會互動　social interaction　485
社會化　socialization　449
社會化權力動機　socialized power motive　358
社會心理學　social psychology　32
社會文化歷史認知發展論　socio-cultural-historical theory of cognitive development　297
社會交換論　social-exchange theory　14
社會行為　social behavior　467
社會助長　social facilitation　499
社會抑制　social inhibition　499
社會角色　social role　330
社會角色論　social role theory　151
社會依附　social attachment　316
社會取向領袖　social-oriented leader　504

社會性動機　social motives　347
社會法制取向　social-contract orientation　331
社會知覺　social perception　468
社會浪費　social loafing　500
社會基模　social schema　471
社會情境　social situation　200
社會控制　social control　14
社會異常　social disorder　532
社會惰化作用　social loafing　500
社會認知　social cognition　467
社會認知論　social cognitive theory　196
社會需求　social need　492
社會影響　social influence　486
社會學習論　social learning theory　196,198,451
社會願望　social desirability　461
空巢症候羣　empty nest syndrome　337
空巢綜合症　empty nest syndrome　337
空椅技術　empty chair technique　562
空間智力　spatial intelligence　405
肯定法則　affirmative rule　251
肢體語言　body language　371
初始效應　primary effect　209
初級循環反應　primary circular reactions　314
表面差距假說　apparent distance hypothesis　119
表面特質　surface trait　440
表象　representation　219
表徵期的開始　beginning of representation　315
近因效應　recency effect　209
近事失憶症　anterograde amnesia　524
金森　Arthur R. Jensen　411
長期記憶　long-term memory　228

*阿德勒　Alfred Adler　428
青年期　adolescence　325
青春期　puberty　325
青春期生長陡增　puberty growth spurt　326
青春期的快速生長　puberty growth spurt　326
非文字智力測驗　nonverbal intelligence test　394
非快速眼動睡眠　nonrapid eye movement sleep　138
非決定論　indeterminism　12
非制約反應　unconditioned response　172
非制約刺激　unconditioned stimulus　172
非指導性諮商　nondirective counseling　558
非參與觀察　non-participant observation　36
非意識　nonconscious　129
非語言行為　nonverbal behavior　368

九　畫

信任對不信任　trust vs. mistrust　315
信度　reliability　383
信度係數　reliability coefficient　383
信息加工　information processing　213
信息加工論　information-processing theory　213
保持　retention　207
保持復習　maintenance rehearsal　228
促甲狀腺激素　thyroid-stimulating hormone　68
促腎上腺激素　adrenocorticotropic hormone　68

前庭器官　vestibular apparatus 97
前庭覺　vestibular sense　105
前庭囊　vestibular sac　97
前習俗道德水平　preconventional level of morality　323
前習俗道德期　preconventional level of morality　323
前項　antecedent　260
前意識　preconscious　131
前意識記憶　preconscious memory 132
前腦　forebrain　53
前運思期　preoperational stage 319
前運算階段　preoperational stage 319
前聯合區　frontal association area 65
前攝抑制　proactive inhibition 239
垂體腺　pituitary gland　67
客體永存性　object permanence 315
客觀性　objectivity　5
客觀預期價值　objective expected value　279
後天免疫缺乏症候羣　acquired immune deficiency syndrome　354
後形式思維　postformal thinking　329
後效強化　contingent reinforcement　183
後習俗道德期　postconventional level of morality　330
後象　afterimage　92
後項　consequent　260
後腦　hindbrain　53
後聯合區　posterior association area　65
後覺　aftersensation　221
恆常與變異問題　stability versus change problem　15
思維　thinking　249
施虐狂　sadism　535
染色體　chromosome　47
柯利克　Francis Crick　283
*柯勒　Wolfgang Köhler　192
柯蒂氏器　organ of Corti　98
*柯爾伯格　Lawrence Kohlberg 302
柏拉圖　Plato　140
柏拉圖式的愛情　Platonic love　496
柏格　Hans Beger　138
流動智力　fluid intelligence　335
流暢性　fluency　286
流體智力　fluid intelligence　335
洛克　John Locke　13
玻璃狀液　vitreous humor　83
相倚強化　contingent reinforcement　183
相對功利取向　instrumental-relativist orientation　323
相對體積假說　relative size hypothesis　119
相關　correlation　386
相關係數　correlation coefficient 37,386
相關研究　correlational research 37
研究生入學測驗　Graduate Record Examination　396
突觸　synapse　59
美的需求　aesthetic need　362
美國大學入學測驗　American College Test　396
美國精神病學會　American Psychiatric Association　515
耐藥力　drug tolerance　157
胖肥症　obesity　349
胚胎　embryo　305
胚胎期　embryonic period　305
胎兒　fetus　305

胎兒酒精症候羣　fetal alcohol syndrome　308
胎兒酒精綜合症　fetal alcohol syndrome　308
胎兒期　fetal period　305
胎盤　placenta　307
致幻劑　hallucinogen　160
苯丙胺　amphetamine　159
虹膜　iris　83
衍生動機　secondary motives　347
計算機輔助教學　computer-assisted instruction　186
負幻覺　negative hallucination　148
負後象　negative afterimage　92
負相關　negative correlation　37, 386
負強化　negative reinforcement　183
負強化物　negative reinforcer　183
負移情　negative transference　555
負誘因　negative incentive　346
迫害妄想　delusion of persecution　542
郎格　Carl Georg Lange　372
重測法　test-retest method　383
重測信度　test-retest reliability　383
重量錯覺　weight illusion　115
重疊　interposition　111
面部表情　facial expression　368
面質　confrontation　578
韋氏成人智力量表　Wechsler Adult Intelligence Scale　394
韋氏兒童智力量表　Wechsler Intelligence Sacle for Children　394
韋氏學前智力量表　Wechsler Preschool and Primary Scale of Intelligence　394
韋尼克　Carl Wernicke　66
韋尼克區　Wernicke's area　66
韋佛　Ernest G. Wever　100
*韋伯　Ernst Heinrich Weber　80
韋伯定律　Weber's law　81
韋伯常數　Weber's constant　81
*韋克斯勒　David Wechsler　392
*韋特海默　Max Wertheimer　21
音色　timbre　99
音高　pitch　98
音強　loudness　98
音樂智力　musical intelligence　405
音調　pitch　98
音質　timbre　99
飛行時差　jet lag　133
首因效應　primary effect　209

十　畫

倒退　regression　545
倒攝抑制　retroactive inhibition　239
個人化權力動機　personalized power motive　358
個人成長團體　personal-growth group　577
個人特質　personal trait　439
個人與團體問題　individual and group problem　13
個人潛意識　personal unconscious　431
個別化教學　individualized instruction　185
個別治療　individual therapy　574
個別差異　individual difference　378
個別智力測驗　individual intelligence test　395
個性　personality　420
個案史法　case history method　36
個案研究　case study　36
個體心理學　individual psychology　428
原始分數　raw score　386

索　引 **627**

原始性動機　primmary motives　347
原始意象　primordial image　432
原始驅力　primary drive　345
原型　prototype　254
原型　archetype　432
原級強化　primary reinforcement　175
哥白尼　Nicolaus Copernicus　2
家庭治療　family therapy　579
差別閾限　difference threshold　80
差異心理學　differential psychology　32
庫恩　Thomas Samuel Kuhn　29
恐怖症　phobia　517
恐慌症　panic disorder　517
恐懼失敗　fear of failure　356
恐懼症　phobia　517
振幅　amplitude　98
挫折容忍力　frustration tolerance　540
效果律　law of effect　180
效度　validity　384
效度係數　validity coefficient　385
效度標準　validity criterion　385
效標　validity criterion　385
效標關聯效度　criterion-related validity　385
效應器　effector　59
旁觀者效應　bystander effect　490
時代精神　Zeitgeist　187
時代論　times theory　505
時辰節律　circadian rhythm　133
時近效應　recency effect　209
時間抽樣　time sampling　36
核心特質　central trait　439
案主中心治療法　client-centered therapy　558
根源特質　source trait　440
桑代克　Edward Lee Thorndike　179

格式塔心理學　Gestalt psychology　21
浪漫主義　romanticism　13
浪漫式愛情　romantic love　496
消弱　extinction　174
消退　extinction　174
消退說　decay theory　227
消費者心理學　consumer psychology　32
海林　Ewald Hering　95
海洛英　heroin　159
海馬　hippocampus　54
*海德　Fritz Heider　473
特殊因素　specific factor　398
特殊性向　specific aptitude　380
特殊性向測驗　special aptitude test　382
特質　trait　437
特質論　trait theory　438
*班杜拉　Albert Bandura　197
疾風怒濤時期　storm-and-stress period　324
真動知覺　real motion perception　113
真實自我　real self　435,448
真摯　congruence　558
砧骨　incus　97
神經元　neuron　58
神經系統　nervous system　51
神經性貪食症　bulimia nervosa　351
神經性厭食症　anorexia nervosa　351
神經通路　neural pathway　64
神經傳導素　neurotransmitter　584
神經節細胞　ganglion cell　85
神經衝動　nerve impulse　59
神經質需求　neurotic need　435
神經纖維　nerve fiber　58
神遊狀態　fugue state　525
缺失性需要　deficiency needs　363

胰島素　insulin　69
胰腺　pancreas　69
能力　ability　380
能力測驗　ability test　381
脊髓　spinal cord　55
胼胝體　corpus callosum　55
衰退論　decay theory　227
記憶　memory　207
記憶收錄　memory recording　400
記憶保存　memory retention　400
記憶痕跡　memory trace　227
記憶增強　hypermnesia　149
記憶廣度　memory span　225
訊息處理　information processing　213
訊息處理心理學　information-processing psychology　214
訊息處理論　information-processing theory　213
逆行性遺忘　retrograde amnesia　525
迷幻藥　lysergic acid diethylamide　161
迷失型統合　identity diffusion　330
迷遊狀態　fugue state　525
迷遊症　fugue　525
迷箱　puzzle box　179
迴避型人格異常　avoidant personality disorder　538
迴避學習　avoidance learning　185
逃避型人格障礙　avoidant personality disorder　538
逃避學習　escape learning　185
追求卓越　striving for superiority　429
酒精　alcohol　158
酒精中毒症　alcoholism　158
配對組設計　matched-group design　41
飢餓動機　hunger motive　347
飢餓驅力　hunger drive　347

*馬斯洛　Abraham Harold Maslow　26
高度線索　height cue　111
高峯經驗　peak experience　446
高峯體驗　peak experience　446
高斯　Karl Friedrich Gauss　265
高爾頓　Francis Galton　388

十一　畫

停經期　menopause　332
假定遊戲　make-believe play　320
假設　hypothesis　33
假設演繹推理　hypothetico-deductive reasoning　259,328
假設驗證　hypothesis-testing　328
偉人論　great-man theory　505
側裂　lateral fissure　61
偏見　prejudice　478
偏執型人格障礙　paranoid personality disorder　538
副甲狀腺　parathyroid gland　68
副甲狀腺素　parathyroid hormone　69
副交感神經系統　parasympathetic nervous system　56
動作發展　motor development　309
動景現象　stroboscope phenomenon　114
動景器　stroboscope　22
動機　motivation　343
動機性行為　motivated behavior　365
動機性遺忘　motivated forgetting　239
動機理論　theory of motivation　359
動覺　kinesthetic sense　104
參與觀察　participant observation　36
問卷法　questionnaire method　38

索引 **629**

問卷調查 questionnaire survey 38
問題索解 problem solving 265
問題解決 problem solving 265
唯心論 idealism 11
唯物論 materialism 11
基本心能測驗 Primary Mental Abilities Test 399
基本心理能力 primary mental ability 398
基本特質 cardinal trait 439
基本焦慮 basic anxiety 434
基本焦慮論 basic anxiety theory 434
基本需求 basic needs 363
基本歸因誤差 fundamental attribution error 473
基本驅力 primary drive 345
基因 gene 47
基底膜 basilar membrane 98
基模 schema 296
婚姻 marrige 496
常例直觀推斷法 representativeness heuristic 278
常染色體 autosome 47
常態分布 normal distribution 392
常模 norm 383
康德 Immanuel Kant 8
強化 reinforcement 173
強化刺激 reinforcing stimulus 173
強化物 reinforcer 173
強化值 reinforcement value 455
強化程式 schedule of reinforcement 183
強化程序 schedule of reinforcement 183
強迫行為 compulsive behavior 518
強迫型人格異常 obsessive-compulsive personality disorder 538
強迫思想 obsessive thought 518
強迫症 obsessive-compulsive disorder 518
強迫觀念 obsessive idea 518
得寸進尺法 foot-in-the-door technique 488
從眾 conformity 486
情結 complex 431
情感 affect 526
情感成分 affective component 476
情感症 affective disorder 526
情節性失憶症 episodic amnesia 525
情節記憶 episodic memory 232
情境因應智力 contextual intelligence 403
情境依賴記憶 context-dependent memory 238
情境性失眠 situational insomnia 137
情境歸因 situational attribution 473
情緒 emotion 363
情緒二因論 two-factor theory of emotion 373
情緒生理論 physiological theory of emotion 374
情緒性行為 emotional behavior 365
情緒表現 emotional expression 364
情緒表達 emotional expression 364
情緒理論 theory of emotion 371
情緒異常 emotional disorder 516
情緒智力 emotional intelligence 404
情緒智商 emotional quotient 404
情緒經驗 emotional experience 366

情緒認知論 cognitive theory of emotion 374
情緒體驗 emotional experience 366
控制 control 6
控制組 control group 41
控制點 locus of control 456
接近法則 law of proximity 106
探索法 heuristics 267
*推孟 Lewis Madison Terman 391
推理 reasoning 257
排發原理 volley theory 100
教育心理學 educational psychology 32
教學機 teaching machine 186
啟智計畫 Head Start Project 411
敏感性 sensitivity 78
族羣相似性 family resemblance 255
晝夜節律 circadian rhythm 133
桿細胞 rod cell 83
條件反射 conditioned reflex 172
條件反應 conditioned response 172
條件作用 conditioning 170
條件法則 conditional rule 251
條件刺激 conditioned stimulus 172
條件推理 conditional reasoning 260
深度知覺 depth perception 110
理性心理治療法 rational psychotherapy 569
理性主義 rationalism 13
理性情緒治療法 rational-emotive therapy 569
理情治療法 rational-emotive therapy 569
理想化自我 idealized self 435
理想自我 ideal self 448
現象自我 phenomenal self 448
現象場 phenomenal field 448

現實式愛情 pragmatic love 497
現實自我 actual self 435
現實原則 reality principle 423
畢生發展 life-span development 292
異卵孿生子 fraternal twins 51, 407
異性裝扮癖 transvestism 535
衆言可證性 intersubjective testability 140
眼睛 eye 82
移情 transference 555
移情分析 analysis of transference 555
移置 displacement 427
窒息性失眠 sleep apnea 137
笛卡爾 René Descartes 13
第一印象 first impression 469
第一性徵 primary sex characteristics 325
第一循環反應 primary circular reactions 314
第二性徵 secondary sex characteristics 325
第二基模結合 combination of secondary schemes 314
第二循環反應 secondary circular reactions 314
第三循環反應 tertiary circular reactions 315
第三勢力 third force 26
符號功能 symbolic functioning 320
統合狀態 identity status 329
細胞體 cell body 58
組合智力 componential intelligence 403
組塊 chunk 225
組織 organization 27, 295
終紐 terminal button 59
習俗 conventionality 302

習俗道德水平 conventional level of morality 323
習俗道德期 conventional level of morality 323
習得 acquisition 174
習得性自棄 learned helplessness 191
習得驅力 acquired drive 345
脫氧核糖核酸 deoxyribonucleic acid 47
莫洛反射 Moro reflex 312
處理層次論 levels of processing theory 231
訪問法 interview method 38
訪問調查 interview survey 38
責任分散 diffusion of responsibility 491
通訊理論 communication theory 215
連言法則 conjunctive rule 251
連言概念 conjunctive concept 251
連鎖反應 chained responses 185
連鎖作用 chaining 184
連續法則 law of continuity 107
連續強化 continuous reinforcement 184
速示器 tachistoscope 223
部分強化 partial reinforcement 184
部分報告法 partial-report method 223
部位論 place theory 99
閉合法則 law of closure 107
陳述性知識 declarative knowledge 232
陳述性記憶 declarative memory 232
頂葉 parietal lobe 62
麥可利蘭 David C. McClelland 355

麥角酸二乙醯胺 lysergic acid diethylamide 161
麥斯默 Franz Anton Mesmer 145
麻醉劑 narcotic 159
猝發性睡眠症 narcolepsy 137

十二 畫

最小可覺差 just noticeable difference 80
最近發展區 zone of proximal development 299
凱利 Harold Kelley 474
凱庫爾 Friedrich Kekul 130
創造 creativity 282
創造思維 creative thinking 283
單一型恐懼症 simple phobia 517
單耳線索 monoaural cue 101
單面溝通 one-sided communication 482
單純恐怖症 simple phobia 517
單眼線索 monocular cue 111
單組設計 single group design 40
喬姆斯基 Noam Chomsky 216
場合依賴記憶 context-dependent memory 238
尋求認可取向 good boy-nice girl orientation 323
復述 rehearsal 228
復習 rehearsal 228
描述 description 6
描述研究 descriptive research 35
揚 Thomas Young 94
揚-赫爾姆霍茨三色論 Young-Helmholtz trichromatic theory 95
斯比量表 Stanford-Binet Intelligence Scale 390
斯皮爾曼 Charles Edward Spearman 398
斯坦福-比奈智力量表 Stanford-Binet Intelligence Scale 390
斯坦福催眠感受性量表 Stanford

Hypnotic Susceptibility Scale 147
*斯金納 Burrhus Frederick Skinner 181
斯金納箱 Skinner box 182
斯特恩 William Stern 390
*斯騰伯格 Robert J. Sternberg 402
普通成就測驗 general achievement test 381
普通性向 general aptitude 380
普通性向測驗 general aptitude test 381
普通能力 general ability 381
普遍倫理取向 universal-ethical orientation 331
晶體智力 crystallized intelligence 335
智力 intelligence 379
智力二因論 two-factor theory of intelligence 398
智力三元論 triarchic theory of intelligence 402
智力多元論 theory of multiple intelligences 405
智力年齡 mental age 390
智力商數 intelligence quotient 390
智力理論 theory of intelligence 397
智力測驗 intelligence test 382
智力結構論 structure-of-intellect theory 399
智商 intelligence quotient 390
替代性嘗試錯誤 vicarious trial-and-error 195
替代學習 vicarious learning 198
期望理論 expectancy theory 360
期望論 expectancy theory 360
游離性焦慮 free-floating anxiety 517
減色混合 subtractive color mixture 92
測謊器 lie detector 365
測驗法 test method 39
焦慮 anxiety 516
焦慮症 anxiety disorder 516
無條件反射 unconditioned reflex 172
無條件反應 unconditioned response 172
無條件刺激 unconditioned stimulus 172
無條件積極關注 unconditional positive regard 450
無意識 nonconscious 129
無意識 unconscious 131
無管腺 ductless gland 67
無關變項 extraneous variable 41
痛覺 pain 103
痛覺閘門控制論 gate control theory of pain 103
發生知識論 genetic epistemology 295
發展 development 293
發展心理學 developmental psychology 32
發展危機 developmental crisis 300
發散思維 divergent thinking 401
短時記憶 short-term memory 223
短期記憶 short-term memory 223
程序性知識 procedural knowledge 232
程序性記憶 procedural memory 232
程序教學 programmed instruction 186
童年經驗失憶症 childhood amnesia 234
結構主義 structuralism 17
結構家庭治療法 structure family therapy 579

結構級差　texture gradient　111
結論　conclusion　259
絕經期　menopause　332
絕對閾限　absolute threshold　79
腎上腺　adrenal gland　69
腎上腺皮質　adrenal cortex　69
腎上腺素　adrenalin　69
腎上腺髓質　adrenal medulla　69
*華生　John Broadus Watson　20
華生　James Watson　283
華萊士　Graham Wallas　284
萊茵　Joseph Banks Rhine　121
菲恩曼　Richard Feynman　288
虛無假設　null hypothesis　34
虛構遊戲　make-believe play　320
視幻覺　visual hallucination　542
視丘　thalamus　54
視交叉　optic chiasma　64
視知覺　visual perception　82
視神經　visual nervous　86
視崖　visual cliff　313
視敏度　visual acuity　310
視野　visual field　64
視紫質　rhodopsin　89
視感覺　visual sensation　82
視網膜　retina　83
視盤　optic disk　84
視覺　vision　82
視覺系統　visual system　63
視覺記憶　visual memory　221
視覺區　visual area　63
視覺適應　visual adaptation　89
評價　evaluation　401
象徵作用　symbolic functioning　320
象徵性失落　symbolic loss　529
象徵模仿　symbolic modeling　199
費氏定律　Fechner's law　81
費希納　Gustav Theodor Fechner　81

費希納定律　Fechner's law　81
*費斯廷格　Leon Festinger　484
超文化測驗　culture-free test　415
超我　superego　423
超常記憶　hypermnesia　149
超感知覺　extrasensory perception　120
超感視覺　clairvoyance　120
超覺靜坐　transcendental meditation　152
軸突　axon　58
週三晚間學會　Wednesday Evening Society　427
進食中樞　feeding center　348
進食異常　eating disorder　350
階層組織論　hierarchical organization theory　235
雄性激素　androgen　70
集中練習　massed practice　210
集體思維　groupthink　502
集體潛意識　collective unconscious　431
集體獨白　collective monologue　319
順行性遺忘　anterograde amnesia　524
順延輪班制　later-shift of work　133
順應　accommodation　296
順攝抑制　proactive inhibition　239
*馮特　Wilhelm Maximilian Wundt　17

十三　畫

傳心術　telepathy　120
傳播　communication　481
催眠　hypnosis　145
催眠後暗示　posthypnotic suggestion　149
催眠後遺忘　posthypnotic amnesia　149
催眠術　hypnotism　145
催眠感受性　hypnotic susceptibili-

ty 147
催眠暗示性 hypnotic suggestibili-
 ty 147
催眠誘導 hypnotic induction 146
勤奮對自卑 industry vs. inferiority
 322
嗎啡 morphine 159
嗜眠症 narcolepsy 137
嗅球 olfactory bulb 102
嗅覺 smell 102
嗅覺皮膜 olfactory epithelium
 102
嗅覺鎖鑰論 lock and key theory
 of smell 102
塑造 shaping 184
奧爾比遜錯覺 Orbison illusion
 116
*奧爾伯特 Gordon Willard Allport
 438
嫉妒妄想 delusion of jealousy
 542
意元 chunk 225
意元集組 chunking 226
意志 will 346
意象 image 17,255
意義治療法 logotherapy 563
意識 consciousness 17,127
意識流 stream of consciousness 18
感光色素 photopigment 85
感光細胞 photoreceptor cell 83
感受器 receptor 59
感知運動階段 sensorimotor stage
 314
感情 feeling 17
感情移入 empathy 558
感覺 sensation 17,75
感覺神經元 sensory neuron 59
感覺記憶 sensory memory 221
感覺動作期 sensorimotor stage 314
感覺登記 sensory register 221
感覺適應 sensory adaptation 78

感覺閾限 sensory threshold 79
感覺儲存 sensory storage 221
愛心關懷對頹廢遲滯 generativity
 vs. stagnation 336
愛因斯坦 Albert Einstein 33
愛情 love 496
愛情三因論 triangular theory of
 love 497
愛滋症 acquired immune deficiency
 syndrome 354
新弗洛伊德主義 neo-Freudian 433
新生兒 neonate 308
新皮亞杰主義 neo-Piagetian 329
新行為主義 neo-behaviorism 180
新精神分析 neo-psychoanalysis
 433
新離解論 neodissociation theory
 150
暗示 suggestion 146
暗適應 dark adaptation 89
會心團體 encounter group 577
概念 concept 249
概念形成 concept formation 253
概念識別 concept identification
 251
楷模 model 198
業務取向領袖 task-oriented leader
 504
歇斯底里 hysteria 23,523
溝通 communication 481
溝通理論 communication theory
 215
溫度錯覺 temperature illusion 115
溫度覺 temperature sense 103
準備律 law of readiness 180
準備期 preparation 284
瑟斯頓 Louis Leon Thurstone
 398
瑞文漸進推理測驗 Raven's Pro-
 gressive Matrices 416
當事人中心治療法 person-centered

索　引　**635**

therapy　558
睫狀肌　ciliary muscle　83
睪丸　testis　70
節省法　saving method　211
經典條件作用　classical conditioning　170
經驗　experience　167
經驗主義　empiricism　13
經驗直觀推斷法　availability heuristic　277
經驗智力　experiential intelligence　403
義碼　semantic code　229
羣因論　group-factor theory　398
羣體因素論　group-factor theory　398
羣體極化　group polarization　501
腦　brain　53
腦力激盪　brainstorming　500
腦下腺　pituitary gland　67
腦波　brain wave　138
腦波圖　electroencephalogram　138
腦波儀　electroencephalograph　138
腦幹　brain stem　53
腦電波　brain wave　138
腦電圖　electroencephalogram　138
腦橋　pons　53
補色　complementary color　92
補償　compensation　427
解碼　decoding　219
解離　dissociation　524
解離症　dissociative disorder　524
解釋　explanation　6
誇大妄想　delusion of grandeur　542
詭熱覺　paradoxical heat　104
*詹姆斯　William James　18

詹姆斯-郎格情緒論　James-Lange theory of emotion　372
詹郎二氏情緒說　James-Lange theory of emotion　372
資優兒童　gifted child　415
運作記憶　working memory　224
運動心理學　sport psychology　32
運動知覺　motion perception　113
運動神經元　motor neuron　59
運動區　motor area　62
運動視差　motion parallax　111
遊戲式愛情　game-playing love　496
道德　morality　300
道德相對主義　moral relativism　301
道德現實主義　moral realism　301
道德發展階段論　stage theory of moral development　302
道德實在論　moral realism　301
達爾文　Charles Robert Darwin　19
過度補償　overcompensation　429
電抽搐治療　electroconvulsive therapy　584
電痙攣治療　electroconvulsive therapy　584
電腦科學　computer science　216
電腦輔助教學　computer-assisted instruction　186
電話論　telephone theory　100
零相關　zero correlation　386
預知　precognition　120
預測　prediction　6
預測效度　predictive validity　385
預期價值　expected value　278
頓悟　insight　192
頓悟學習　insight learning　192
飽中樞　satiety center　348
飽和度　saturation　88
飽食中樞　satiety center　348

十四畫

匱乏性需求 deficiency needs 363
厭惡治療法 aversive therapy 566
嘗試錯誤學習 trial-and-error learning 180
團體內差異 within-group difference 412
團體心理治療 group psychotherapy 574
團體行為 group behavior 498
團體決策 group decision 500
團體治療 group therapy 574
團體差異 group difference 412
團體智力測驗 group intelligence test 395
團體間差異 between-group difference 412
團體極化 group polarization 501
團體極化效應 group polarization effect 501
團體凝聚力 group cohesion 502
圖式 schema 296
圖象記憶 iconic memory 221
夢 dream 140
夢的解析 dream analysis 554
夢程 dream work 141
夢境 dream content 141
實足年齡 chronological age 390
實際領袖 actual leader 504
實驗心理學 experimental psychology 32
實驗法 experimental method 40
實驗研究 experimental research 40
實驗控制 experimental control 41
實驗設計 experimental design 40
實驗組 experimental group 41
實體鏡 stereoscope 112
態度 attitude 476
榜樣 model 198

*榮格 Carl Gustav Jung 431
構念效度 construct validity 385
構造主義 structuralism 18
演繹 deduction 258
演繹推理 deductive reasoning 258
漸進條件作用 approximation conditioning 184
遠距聯想測驗 Remote Associates Test 287
疑病症 hypochondriasis 522
睡眠 sleep 134
睡眠失常 sleep disorder 136
睡眠過多 hypersomnia 137
睡眠過度 hypersomnia 137
睡眠障礙 sleep disorder 136
管理心理學 managerial psychology 32
算則法 algorithm 265
算術平均數 arithmetic mean 386
精子 sperm 49
精心復習 elaborative rehearsal 229
精神分析 psychoanalysis 22
精神分析取向 psychoanalytic approach 25
精神分析治療 psychoanalytic therapy 22
精神分析論 psychoanalysis 22
精神分裂症 schizophrenia 541
精神外科 psychosurgery 584
精神外科治療 psychosurgery therapy 584
精神決定論 psychical determinism 12
精神病 psychosis 541
精神病理學 psychopathology 512
精神能量 psychic energy 422
精神異常 psychotic disorder 541
精神藥物 psychoactive drug 156
精神藥物治療 psychoactive drug therapy 584
精密性 elaboration 287

索引 **637**

綜合模仿 synthesized modeling 199
緊張型精神分裂症 catatonic schizophrenia 543
網狀結構 reticular formation 53
維也納學派 Vienna school 427
*維果茨基 Lev Semenovich Vygotsky 298
維持性復誦 maintenance rehearsal 228
聚合思維 convergent thinking 401
蒙尼茲 Egas Moniz 584
語文智力 linguistic intelligence 405
語言區 speech area 65
語言獲得裝置 language-acquisition device 216
語義記憶 semantic memory 233
語義網絡 semantic network 236
語義碼 semantic code 229
認同 identification 425
認知 cognition 27, 401
認知心理學 cognitive psychology 27, 213
認知主義 cognitivism 27
認知失調論 cognitive dissonance theory 483
認知成分 cognitive component 476
認知-行為治療法 cognitive-behavior therapy 574
認知治療法 cognitive therapy 569, 572
認知革命 cognitive revolution 27
認知發展 cognitive development 295
認知發展階段論 stage theory of cognitive development 295
認知結構 cognitive structure 296
認知圖 cognitive map 195

認知論取向 cognitive approach 27
認知學習 cognitive learning 169
認識論 epistemology 13
說服 persuasion 481
說服性溝通 persuasive communication 481
說服理由假設 persuasive argument hypothesis 501
誘因 incentive 346
誘動知覺 induced motion perception 114
赫 Hz 98
赫爾 Clark Leonard Hull 359
赫爾姆霍茨 Hermann von Helmholtz 15
輔導 guidance 553
需求 need 345
需求層次論 need hierarchy theory 361
需要 need 345
雌性激素 estrogen 70
領悟治療 insight therapy 553
領袖 leader 503
領袖功能 function of leader 504
領導 leadership 504
領導行為 leadership behavior 504
領導權變論 contingency theory of leadership 506

十五　畫

僵直型精神分裂症 catatonic schizophrenia 543
價值 value 346
劇化型人格異常 histrionic personality disorder 538
影響妄想 delusion of influence 542
慮病症 hypochondriasis 522
憂鬱症 depression 526
慾力 libido 422
數理智力 logical-mathematical in-

telligence 405
暴民 mob 489
暴露症 exhibitionism 535
樣本 sample 38
標記獎勵法 token economy 567
標準分數 standard score 386
標準化 standardization 382
標準化樣本 standardization sample 383
標準年齡分數 standard age score 394
標準刺激 standard stimulus 80
標準差 standard deviation 386
模仿 modeling 198
歐氏管 Eustachian tube 97
潛伏期 latency stage 425
潛在學習 latent learning 193
潛性夢境 latent content 141
潛能 potentiality 380
潛意識 unconscious 131
潛意識動機 unconscious motivation 422
潘卡銳 Jules Henri Poincaré 285
熱情成分 passion component 497
熱覺 sense of heat 103
範式 paradigm 29
練習律 law of exercise 180
編序 programing 186
編序教學 programmed instruction 186
編碼 encoding 219
編碼特定原則 encoding specificity principle 238
線索依賴論 cue-dependence theory 239
膝反射 knee-jerk reflex 55
膚覺 skin sense 103
複雜度 complexity 98
調查法 survey method 38
調節 accommodation 112
調適 accommodation 296

論證 argument 259
豎琴論 harp theory 99
賭徒謬誤 gambler's fallacy 278
適應 adaptation 296
震顫譫妄 delirium tremens 158
鴉片制劑 opiate 159
鴉片劑 opiate 159

十六　畫

學校心理學 school psychology 32
學校恐怖症 school phobia 517
學得無助感 learned helplessness 191
學得驅力 acquired drive 345
學習 learning 167
學習三元論 triadic theory of learning 198
學習心理學 psychology of learning 32
學術性向測驗 scholastic aptitude test 381, 396
學業成就測驗 academic achievement test 381
學業能力傾向測驗 Scholastic Aptitude Test 396
操作制約作用 operant conditioning 181
操作條件作用 operant conditioning 181, 182
整體法則 law of Prägnanz 108
整體論 holism 21
橫向研究 cross-sectional study 304
橫豎錯覺 horizontal-vertical illusion 115
橫斷研究 cross-sectional study 304
橫斷-縱貫法 cross-sectional longitudinal method 305
樹狀突 dendrite 58
機能主義 functionalism 18

索　引　**639**

激活-綜合假說　activation-synthesis hypothesis　142
激活擴散論　spreading activation theory　236
激素　hormone　67
獨創性　originality　287
獨裁式領袖　authoritarian leader　505
盧梭　Jean Jacques Rousseau　13
積極關注需求　need for positive regard　449
興奮劑　stimulant　159
親和動機　affiliative motive　354
親社會行為　prosocial behavior　490
親密成分　intimacy component　497
親密對孤獨　intimacy vs. isolation　335
諮商　counseling　553
諮商心理學　counseling psychology　32
諮詢　counseling　553
賴希　Wilhem Reich　433
輻合思維　convergent thinking　401
輸入　input　219
輸出　output　219
辨別　discrimination　174
辨認法　recognition method　210
遵守法規取向　law-and-order orientation　330
選言法則　disjunctive rule　251
選言概念　disjunctive concept　251
遺忘　forgetting　208
遺傳　heredity　47
遺傳學　genetics　47
錯覺　illusion　115
鋼琴論　piano theory　99
錐細胞　cone cell　84
隨機分派　random assignment　41
隨機抽樣　random sampling　38

霍布斯　Thomas Hobbes　14
*霍妮　Karen Horney　434
霍姆斯　Oliver Wendell Holmes　113
霍爾　Granville Stanley Hall　324
靜坐　meditation　151
頻率　frequency　98
頻率論　frequency theory　100
默瑞　Henry Alexander Murray　460
閾限　threshold　79
閹割情結　castration complex　425

十七畫

儲存　storage　219
壓抑　repression　426
壓覺　sense of pressure　103
嬰兒　infant　305
嬰兒期　infancy　305
嬰兒期遺忘　infantile amnesia　234
應用　application　6
戲劇治療法　drama therapy　578
曖昧筒　ambiguous tube　117
曖昧圖形　ambiguous figure　116
檢索　retrieval　219
檢索線索　retrieval cue　237
獲得　acquisition　174
環境決定論　environmental determinism　12
瞳孔　pupil　83
繆勒-萊爾錯覺　Müller-Lyer illusion　115
總體　population　38
縱火狂　pyromania　518
縱向研究　longitudinal study　304
縱貫研究　longitudinal study　304
縱裂　longitudinal fissure　61
聲象記憶　echoic memory　221
聲源定向　sound localization　100
聲碼　echoic code　222
臨床心理學　clinical psychology　32

聯合家庭治療法 conjoint family therapy 580
聯合區 association area 65
聯結主義 connectionism 180
聯結神經元 connect neuron 59
聯結學習 associative learning 168
聯想主義 associationism 166
聯想學習 associative learning 168
豁朗期 illumination 285
避罰服從取向 punishment-obedience orientation 323
隱密觀察者 hidden observer 150
隱聯性格論 implicit personality theory 472
醞釀期 incubation 285
隸屬與愛的需求 belongingness and love need 362

雙耳線索 binaural cue 101
雙面溝通 two-sided communication 482
雙挫衝突 double-bind conflict 546
雙條件法則 biconditional rule 251
雙眼視象融合 binocular fusion 112
雙眼像差 binocular disparity 112
雙眼線索 binocular cue 112
雙極細胞 bipolar cell 85
額葉 frontal lobe 62
額葉切除術 frontal lobotomy 584
顏色常性 color constancy 110
顏色混合 color mixture 90
顏色適應 chromatic adaptation 90
顏色錐體 color pyramid 88
顏色屬性 color attribute 88
題型效應 framing effect 280

十八 畫

癔症 hysteria 23,523
歸因論 attribution theory 472
歸納 induction 263
歸納推理 inductive reasoning 263
職業成就測驗 vocational achievement test 381
職業性向測驗 vocational aptitude test 381
臍帶 umbilical cord 307
舊事失憶症 retrograde amnesia 524
謬誤 fallacy 260
軀體神經系統 somatic nervous system 56
轉化症 conversion disorder 523
轉移 displacement 427
轉換推理 transductive reasoning 321
鎮靜劑 depressant 158
鎚骨 malleus 97
離差智商 deviation IQ 392
離羣性格 detached character 435

十九 畫

穩態 homeostasis 343
*羅杰斯 Carl Ransom Rogers 447
羅夏 Hermann Rorschach 459
羅夏墨漬測驗 Rorschach Inkblot Test 459
*羅特 Julian Rotter 454
藥物成癮 drug addiction 157
藥物依賴 drug dependence 157
邊緣系統 limbic system 53
邊緣型人格異常 borderline personality disorder 538
關係妄想 delusion of reference 542
關聯妄想 delusion of reference 542
類化 generalization 174
類比法 analogy 268
類包含 class inclusion 321
類似法則 law of similarity 107
類推法 analogy 268
類推論證 argument by analogy 264

願望滿足　wish fulfillment　142

二十畫

蘇格拉底　Socrates　10
蘇黎世學派　Zürich school　430
觸覺　sense of touch　103
譯碼　coding　219
躁狂症　mania　527
躁鬱性精神病　manic-depressive psychosis　527
躁鬱症　manic-depressive illness　527
釋義　interpretation　555
闡釋　interpretation　555
鐙骨　stapes　97
屬性　attribute　250
懼血症　hematophobia　517
懼空曠症　agoraphobia　518
懼幽閉症　claustrophobia　517
懼書症　bibliophobia　517
懼高症　acrophobia　517
懼學校症　school phobia　517
懼擁擠症　demophobia　517
攝食中樞　feeding center　348

二十一畫

辯證思維　dialectical thinking　329
鐵欽納　Edward Bradford Titchener　17
露陰癖　exhibitionism　535
響度　loudness　98
驅力　drive　345
驅力減降論　drive-reduction theory　359

二十二畫

孿生子　twins　51
孿生子研究　twin study　407
權力動機　power motive　358
權力意志　will to power　429
權變論　contingency theory　506
聽幻覺　auditory hallucination　542

聽神經　auditory nerve　96
聽敏度　auditory acuity　312
聽道　auditory canal　96
聽錯覺　auditory illusion　115
聽覺　audition　96
聽覺系統　auditory system　96
聽覺定向　auditory localization　100
聽覺記憶　auditory memory　221
聽覺區　auditory area　65

二十三畫

戀父情結　Electra complex　424
戀母情結　Oedipus complex　424
戀物症　fetishism　535
戀物癖　fetishism　535
戀童症　pedophilia　535
戀童癖　pedophilia　535
變性手術　sex-change surgery　533
變性症　transsexualism　533
變通性　flexibility　287
變量　variable　34
變項　variable　34
變態心理學　abnormal psychology　32
變態行為　abnormal behavior　513
邏輯推理　logical reasoning　258
邏輯概念　logical concept　253
顯性夢境　manifest content　141
驗證性　verification　5
驗證期　verification　285
髓鞘　myelin sheath　59
體化症　somatization disorder　522
體表症　somatoform disorder　522
體能智力　bodily-kinesthetic intelligence　405
體態語言　body language　371
體覺　body sense　104
體覺區　body-sense area　63
靈覺　clairvoyance　120

二十四畫～二十七畫

鷹架　scaffolding　299

觀念聯想　association of ideas　166
觀察法　observational method　35
觀察學習　observational learning　196
觀察學習論　observational learning theory　196
觀點　perspective　24
顳葉　temporal lobe　62

外文字母起頭名詞

G因素　G-factor　398
S-R心理學　S-R psychology　20
S因素　S-factor　398
φ現象　phi phenomenon　114

二、英漢對照

A

ability　能力　380
ability test　能力測驗　381
abnormal behavior　變態行為　513
abnormal psychology　變態心理學　32
absolute threshold　絕對閾限　79
abstract modeling　抽象模仿　200
abstract thinking　抽象思維　328
academic achievement test　學業成就測驗　381
accommodation　調節,調適,順應　112, 296
achievement　成就　380
achievement motive　成就動機　355
achievement test　成就測驗　381
achromatism　全色盲　93
acquired drive　學得驅力,習得驅力　345
acquired immune deficiency syndrome　後天免疫缺乏症候羣,愛滋症　354
acquisition　習得,獲得　174
acrophobia　懼高症　517
ACT=American College Test
action therapy　行動治療　565
activation-synthesis hypothesis　激活-綜合假說　142
actual leader　實際領袖　504
actual self　現實自我　435
adaptation　適應　296
additive color mixture　加色混合　91
*Adler, Alfred　阿德勒　428
adolescence　青年期　325
adrenal cortex　腎上腺皮質　69
adrenal gland　腎上腺　69
adrenal medulla　腎上腺髓質　69
adrenalin　腎上腺素　69
adrenocorticotropic hormone　促腎上腺激素　68
adulthood　成年期　331
aesthetic need　美的需求　362
affect　情感　526
affective component　情感成分　476
affective disorder　情感症　526
affiliative motive　親和動機　354
affirmative rule　肯定法則　251
afterimage　後象　92
aftersensation　後覺　221
age norm　年齡常模　292
aggressive character　攻擊性格　435
aging　老化　332
agoraphobia　懼空曠症　518

AI＝artificial intelligence
AIDS＝acquired immune deficiency syndrome
alcohol　酒精　158
alcoholism　酒精中毒症　158
algorithm　定程法,算則法　265
all-or-none law　全有全無律　60
*Allport, Gordon Willard　奧爾伯特　438
altruistic behavior　利他行為　490
altruistic love　奉獻式愛情　497
AM＝arithmetic mean
ambiguous figure　曖昧圖形　116
ambiguous tube　曖昧筒　117
American College Test　美國大學入學測驗　396
American Psychiatric Association　美國精神病學會　515
amnesia　失憶症　524
amphetamine　安非他命,苯丙胺　159
amplitude　振幅　98
amygdala　杏仁體　54
anal character　肛門性格　424
anal stage　肛門期　424
analogy　類推法,類比法　268
analysis of transference　移情分析　555
analytical psychology　分析心理學　430
androgen　雄性激素　70
angular gyrus　角回　66
anorexia nervosa　神經性厭食症　351
antecedent　前項　260
anterograde amnesia　近事失憶症,順行性遺忘　524
antianxiety drug　抗焦慮劑　584
antidepressant drug　抗抑鬱劑　584
antimania drug　抗狂躁劑　584

antipsychotic drug　抗精神劑　584
antisocial behavior　反社會行為　489
antisocial personality　反社會人格　537
antisocial personality disorder　反社會人格異常,反社會型人格異常　538
anxiety　焦慮　516
anxiety disorder　焦慮症　516
APA＝American Psychiatric Association
apparent distance hypothesis　表面差距假說　119
apparent motion　似動　114
apparent motion perception　似動知覺　114
application　應用　6
approach　取向　24
approximation conditioning　漸進條件作用　184
aptitude　性向　380
aptitude test　性向測驗　381
aqueous humor　水狀液　83
archetype　原型　432
argument　論證　259
argument by analogy　類推論證　264
arithmetic mean　算術平均數　386
arrhythmic insomnia　失律性失眠　137
artificial concept　人工概念　254
artificial intelligence　人工智能　216
assimilation　同化　296
association area　聯合區　65
association of ideas　觀念聯想　166
associationism　聯想主義　166
associative learning　聯想學習,聯

結學習 168
atmospheric perspective 大氣透視 111
attachment behavior 依附行為,依戀行為 316
attention 注意 222
attitude 態度 476
attribute 屬性 250
attribution theory 歸因論 472
audition 聽覺 96
auditory acuity 聽敏度 312
auditory area 聽覺區 65
auditory canal 聽道 96
auditory hallucination 聽幻覺,幻聽 542
auditory illusion 聽錯覺 115
auditory localization 聽覺定向 100
auditory memory 聽覺記憶 221
auditory nerve 聽神經 96
auditory system 聽覺系統 96
authoritarian leader 獨裁式領袖 505
autobiographical memory 自傳式記憶 232
automatic processing 自動處理,自動化加工 232
autonomic nervous system 自主神經系統 56
autonomous morality stage 自律道德期,自主道德階段 302
autonomy vs. shame and doubt 自主獨立對羞懷疑,自主性對羞怯疑慮 316
autosome 常染色體 47
availability heuristic 經驗直觀推斷法 277
aversive therapy 厭惡治療法 566
avoidance learning 迴避學習 185
avoidant personality disorder 迴避型人格異常,逃避型人格障礙 538
axon 軸突 58

B

BAC＝blood alcohol concentration
*Bandura, Albert 班杜拉 197
Bard, Philip 巴德 372
basic anxiety 基本焦慮 434
basic anxiety theory 基本焦慮論 434
basic needs 基本需求 363
basilar membrane 基底膜 98
*Beck, Aaron Temkin 貝克 573
Beger, Hans 柏格 138
beginning of representation 表徵期的開始 315
behavior 行為 20,167
behavior disorder 行為異常 565
behavior modification 行為矯治 567
behavior therapy 行為治療 565
behavioral approach 行為論取向 25
behavioral chaining 行為連鎖 185
behavioral component 行為成分 476
behavioral genetics 行為遺傳學 47
behavioral revolution 行為革命 20
behaviorism 行為主義 19
belongingness and love need 隸屬與愛的需求 362
benign insomnia 良性失眠 137
between-group difference 團體間差異 412
bibliophobia 懼書症 517
biconditional rule 雙條件法則

索　引　**645**

251
binaural cue　雙耳線索　101
*Binet, Alfred　比奈　389
Binet-Simon Intelligence Scale　比奈-西蒙智力量表, 比西量表　390
binocular cue　雙眼線索　112
binocular disparity　雙眼像差　112
binocular fusion　雙眼視象融合　112
biofeedback　生理回饋, 生物反饋　143
biological motives　生物性動機　347
biometric method　生物統計法　388
bipolar cell　雙極細胞　85
bipolar disorder　兩極性異常　527
blind spot　盲點　84
blood alcohol concentration　血酒濃度　158
bodily-kinesthetic intelligence　體能智力　405
body clock　身體時鐘　133
body language　肢體語言, 體態語言　371
body sense　體覺　104
body-sense area　體覺區　63
borderline personality disorder　邊緣型人格異常　538
Braid, James　布萊德　145
brain　腦　53
brain stem　腦幹　53
brain wave　腦波, 腦電波　138
brainstorming　腦力激盪　500
brightness　明度　88
brightness constancy　明度常性　110
Broca, Pierre Paul　布羅卡　66
Broca's area　布羅卡區　65
bulimia nervosa　神經性貪食症

351
bureaucratic leader　官僚式領袖　505
bystander effect　旁觀者效應　490

C

CA = chronological age
CAI = computer-assisted instruction
Cannon, Walter Bradford　坎農　372
Cannon-Bard theory of emotion　坎農-巴德情緒論, 坎巴二氏情緒說　372
cardinal trait　主要特質, 基本特質　439
case history method　個案史法　36
case study　個案研究　36
castration complex　閹割情結　425
catatonic schizophrenia　僵直型精神分裂症, 緊張型精神分裂症　543
*Cattell, Raymond Bernard　卡特爾　440
cell body　細胞體　58
central fissure　中央裂　61
central nervous system　中樞神經系統　53
central trait　中心特質, 核心特質　439
centration　中心化　320
cerebellum　小腦　53
cerebral cortex　大腦皮質　53
cerebral hemisphere　大腦半球　61
cerebrum　大腦　61
CG = control group
chained responses　連鎖反應　185
chaining　連鎖作用　184
childhood　兒童期　316

childhood amnesia　童年經驗失憶症　234
Chomsky, Noam　喬姆斯基　216
chromatic adaptation　顏色適應　90
chromosome　染色體　47
chronological age　實足年齡　390
chunk　意元,組塊　225
chunking　意元集組,形成組塊　226
Cicero, Marcus Tullius　西賽羅　368
ciliary muscle　睫狀肌　83
circadian rhythm　時辰節律,晝夜節律　133
clairvoyance　超感視覺,靈覺　120
class inclusion　類包含　321
classical behaviorism　古典行為主義　180
classical conditioning　經典條件作用,古典制約作用　170
classification　分組,分類　320
claustrophobia　懼幽閉症　517
client-centered therapy　案主中心治療法　558
climacteric　更年期　337
clinical psychology　臨床心理學　32
CNS=central nervous system
cocaine　可卡因,古柯鹼　160
cochlea　耳蝸　97
code　代碼　219
codeine　可待因　159
coding　譯碼　219
cognition　認知　27, 401
cognitive approach　認知論取向　27
cognitive component　認知成分　476
cognitive development　認知發展　295

cognitive dissonance theory　認知失調論　483
cognitive learning　認知學習　169
cognitive map　認知圖　195
cognitive psychology　認知心理學　27, 213
cognitive revolution　認知革命　27
cognitive structure　認知結構　296
cognitive theory of emotion　情緒認知論　374
cognitive therapy　認知治療法　569, 572
cognitive-behavior therapy　認知-行為治療法　574
cognitivism　認知主義　27
cohort-sequential study　同儕-連續研究　305
collective monologue　集體獨白　319
collective unconscious　集體潛意識　431
color attribute　顏色屬性　88
color blindness　色盲　93
color circle　色環　91
color constancy　顏色常性　110
color deficiency　色覺缺陷　93
color mixture　顏色混合　90
color pyramid　顏色錐體　88
combination of secondary schemes　第二基模結合　314
commitment component　承諾成分　497
common trait　共同特質　439
communication　溝通,傳播　481
communication theory　通訊理論,溝通理論　215
companionate love　伴侶式愛情　497
comparative psychology　比較心理學　32

索 引 **647**

comparison stimulus　比較刺激　80
compensation　補償　427
complementary color　補色　92
complex　情結　431
complexity　複雜度　98
compliance　依從　488
compliant character　依從性格　435
componential intelligence　組合智力　403
compulsive behavior　強迫行為　518
computer science　電腦科學　216
computer-assisted instruction　電腦輔助教學,計算機輔助教學　186
concept　概念　249
concept formation　概念形成　253
concept identification　概念識別　251
conclusion　結論　259
concrete operational stage　具體運思期,具體運算階段　320
concurrent validity　同時效度　385
conditional positive regard　有條件積極關注　449
conditional reasoning　條件推理　260
conditional rule　條件法則　251
conditioned reflex　條件反射　172
conditioned response　條件反應,制約反應　172
conditioned stimulus　條件刺激,制約刺激　172
conditioning　條件作用　170
cone cell　錐細胞　84
conformity　從衆　486
confrontation　面質　578
congruence　和諧,真摯　448,558
conjoint family therapy　聯合家庭治療法　580

conjunctive concept　連言概念,合取概念　251
conjunctive rule　連言法則　251
connect neuron　聯結神經元　59
connectionism　聯結主義　180
conscience　良心　423
consciousness　意識　17,127
consequent　後項　260
conservation　守恆　320
consistency theory　一貫論　483
construct validity　構念效度　385
consumer psychology　消費者心理學　32
contagion　盲從　489
content validity　內容效度　384
context-dependent memory　情境依賴記憶,場合依賴記憶　238
contextual intelligence　情境因應智力　403
contingency theory　權變論　506
contingency theory of leadership　領導權變論　506
contingent reinforcement　後效強化,相倚強化　183
continuous reinforcement　連續強化　184
control　控制　6
control group　控制組　41
conventional level of morality　習俗道德期,習俗道德水平　323
conventionality　習俗　302
convergent thinking　聚合思維,輻合思維　401
conversion disorder　轉化症　523
Copernicus, Nicolaus　哥白尼　2
cornea　角膜　83
corpus callosum　胼胝體　55
correlation　相關　386
correlation coefficient　相關係數　37,386
correlational research　相關研究

37
counseling 諮商,諮詢 553
counseling psychology 諮商心理學 32
covariation theory 共變論 474
CR＝conditioned response
creative thinking 創造思維 283
creativity 創造 282
Crick, Francis 柯利克 283
criterion-related validity 效標關聯效度 385
cross-sectional longitudinal method 橫斷-縱貫法 305
cross-sectional study 橫斷研究,橫向研究 304
crystallized intelligence 固定智力,晶體智力 335
CS＝conditioned stimulus
cue-dependence theory 線索依賴論 239
culture-fair test 文化公平測驗 415
culture-free test 免文化影響測驗,超文化測驗 415

D

dark adaptation 暗適應 89
Darwin, Charles Robert 達爾文 19
daydreaming 白日夢 129
dB＝decibel
death instinct 死之本能 422
decay theory 衰退論,消退說 227
decibel 分貝 98
decision making 決策 276
declarative knowledge 陳述性知識 232
declarative memory 陳述性記憶 232
decoding 解碼 219
deduction 演繹 258

deductive reasoning 演繹推理 258
defense mechanism 防衛機制,防禦機制 426
deficiency needs 匱乏性需求,缺失性需要 363
deindividuation 去個人化 489
delay of gratification 延後享樂 540
delayed reinforcement 延宕強化,延遲強化 183
delirium tremens 震顫譫妄 158
delusion 妄想 542
delusion of grandeur 誇大妄想 542
delusion of influence 支配妄想,影響妄想 542
delusion of jealousy 嫉妒妄想 542
delusion of negation 否定妄想 542
delusion of persecution 迫害妄想 542
delusion of reference 關聯妄想,關係妄想 542
democratic leader 民主式領袖 505
demophobia 懼擁擠症 517
dendrite 樹狀突 58
denial 否認 426
deoxyribonucleic acid 脫氧核糖核酸 47
dependent personality disorder 依賴型人格異常 538
dependent variable 依變項,因變量 34
depressant 抑制劑,鎮靜劑 158
depression 抑鬱症,憂鬱症 526
depth perception 深度知覺 110
Descartes, René 笛卡爾 13
description 描述 6

索　引　**649**

descriptive research　描述研究　35
detached character　離羣性格　435
determinism　決定論　12
development　發展　293
developmental crisis　發展危機　300
developmental psychology　發展心理學　32
deviation IQ　離差智商　392
Diagnostic and Statistical Manual of Mental Disorders　心理異常診斷統計手冊　51
dialectical thinking　辯證思維　329
difference threshold　差別閾限　80
differential psychology　差異心理學　32
diffusion of responsibility　責任分散　491
direct modeling　直接模仿　199
discrimination　歧視,辨別　174, 478
disjunctive concept　選言概念,析取概念　251
disjunctive rule　選言法則　251
displacement　轉移,移置　427
displacement theory　取代論　227
dispositional attribution　性格歸因　473
dissociation　解離,分離　524
dissociative disorder　解離症　524
distributed practice　分散練習　210
divergent thinking　發散思維　401
DNA＝deoxyribonucleic acid
door-in-the-face technique　以退為進法　488
double-bind conflict　雙挫衝突　546
drama therapy　戲劇治療法　578
dream　夢　140

dream analysis　夢的解析　554
dream content　夢境　141
dream work　夢程　141
dreaming　作夢　140
drive　驅力,內驅力　345
drive-reduction theory　驅力減降論,內驅力降低說　359
drug addiction　藥物成癮　157
drug dependence　藥物依賴　157
drug tolerance　耐藥力,抗藥性　157
DSM＝Diagnostic and Statistical Manual of Mental Disorders
dualism　二元論　11
ductless gland　無管腺　67
dwarfism　侏儒症　68

E

ear　耳　96
eardrum membrane　耳鼓膜　96
early childhood　兒童早期　317
eating disorder　進食異常　350
Ebbinghaus, Hermann　艾賓浩斯　10
echoic code　聲碼　222
echoic memory　聲象記憶　221
eclecticism　折衷主義　4
ECT＝electroconvulsive therapy
educational psychology　教育心理學　32
EEG＝electroencephalogram
effector　效應器　59
EG＝experimental group
ego　自我　423
ego analysis　自我分析　557
ego defense　自我防衛　426
ego function　自我功能　557
ego-ideal　自我理想　423
egocentrism　自我中心　319
Einstein, Albert　愛因斯坦　33
elaboration　精密性　287

elaborative rehearsal　精心復習　229
Electra complex　戀父情結　424
electroconvulsive therapy　電痙攣治療,電抽搐治療　584
electroencephalogram　腦波圖,腦電圖　138
electroencephalograph　腦波儀　138
elementarism　元素論　21
*Ellis, Albert　艾利斯　569
embryo　胚胎　305
embryonic period　胚胎期　305
emotion　情緒　363
emotional behavior　情緒性行為　365
emotional disorder　情緒異常　516
emotional experience　情緒體驗,情緒經驗　366
emotional expression　情緒表達,情緒表現　364
emotional intelligence　情緒智力　404
emotional quotient　情緒智商　404
empathy　同理心,感情移入　558
empiricism　經驗主義　13
empty chair technique　空椅技術　562
empty nest syndrome　空巢症候群,空巢綜合症　337
encoding　編碼　219
encoding specificity principle　編碼特定原則　238
encounter group　會心團體　577
endocrine gland　內分泌腺　67
endocrine system　內分泌系統　67
engineering psychology　工程心理學　32
environmental determinism　環境決定論　12
episodic amnesia　情節性失憶症　525

episodic memory　情節記憶　232
epistemology　知識論,認識論　13
EQ=emotional quotient
equilibratory sense　平衡覺　105
*Erikson, Erik Homburger　艾里克森　300
erogenous zone　性感區　424
escape learning　逃避學習　185
ESP=extrasensory perception
estrogen　雌性激素　70
Eustachian tube　歐氏管,耳咽管　97
evaluation　評價　401
exhibitionism　暴露症,露陰癖　535
existentialism　存在主義　444
expectancy theory　期望論,期望理論　360
expected value　預期價值　278
experience　經驗　167
experiential intelligence　經驗智力　403
experimental control　實驗控制　41
experimental design　實驗設計　40
experimental group　實驗組　41
experimental method　實驗法　40
experimental psychology　實驗心理學　32
experimental research　實驗研究　40
explanation　解釋　6
external attribution　外在歸因　473
external locus of control　外制控信念型　456
extinction　消弱,消退　174
extraneous variable　外擾變項,無關變項　41
extrasensory perception　超感知覺　120

extrinsic motivation　外在動機　356
extroversion　外向,外傾　433
eye　眼睛　82
*Eysenck, Hans Jurgen　艾森克　442
Eysenck Personality Inventory　艾森克人格量表　441

F

facial expression　面部表情　368
factor analysis　因素分析　397
factorial theory of personality　人格因素論　440
fallacy　謬誤　260
family resemblance　族羣相似性　255
family therapy　家庭治療　579
fantasy　幻想　130
FAS＝fetal alcohol syndrome
fear of failure　恐懼失敗　356
Fechner, Gustav Theodor　費希納　81
Fechner's law　費希納定律,費氏定律　81
feeble-mindedness　低能　410
feedback　反饋,回饋　186
feeding center　進食中樞,攝食中樞　348
feeling　感情　17
fertilization　受孕,受精　49
*Festinger, Leon　費斯廷格　484
fetal alcohol syndrome　胎兒酒精症候羣,胎兒酒精綜合症　308
fetal period　胎兒期　305
fetishism　戀物症,戀物癖　535
fetus　胎兒　305
Feynman, Richard　菲恩曼　288
figure-ground　形象與背景　109
first impression　第一印象　469
fixation　固著　425

flexibility　變通性　287
fluency　流暢性　286
fluid intelligence　流動智力,流體智力　335
foot-in-the-door technique　得寸進尺法　488
forebrain　前腦　53
forensic psychology　司法心理學　365
forgetting　遺忘　208
formal operational stage　形式運思期,形式運算階段　328
fovea　中央凹　84
framing effect　題型效應　280
*Frankl, Victor　弗蘭克　563
Franklin, Benjamin　弗蘭克林　145
fraternal twins　異卵孿生子　51, 407
free association　自由聯想　554
free will　自由意志　12,346
free will versus determinism　自由意志與決定論問題　12
free-floating anxiety　游離性焦慮　517
frequency　頻率　98
frequency theory　頻率論　100
*Freud, Sigmund　弗洛伊德　23
friendship　友誼　495
friendship love　友誼式愛情　497
Fromm, Erich　弗羅姆　433
frontal association area　前聯合區　65
frontal lobe　額葉　62
frontal lobotomy　額葉切除術　584
frustration tolerance　挫折容忍力　540
fugue　迷遊症　525
fugue state　迷遊狀態,神遊狀態　525

function of leader 領袖功能 504
functional fixedness 功能固著 272
functional stimulus 功能刺激 199
functionalism 功能主義,機能主義 18
fundamental attribution error 基本歸因誤差 473

G

G-factor G因素 398
Galton, Francis 高爾頓 388
gambler's fallacy 賭徒謬誤 278
game-playing love 遊戲式愛情 496
ganglion cell 神經節細胞 85
Gardner, Howard 加德納 405
gate control theory of pain 痛覺閘門控制論 103
Gauss, Karl Friedrick 高斯 265
gender identity disorder 性別認同障礙 532
gene 基因 47
general ability 普通能力,一般能力 381
general achievement test 普通成就測驗 381
general aptitude 普通性向 380
general aptitude test 普通性向測驗 381
general factor 一般因素 398
generalization 泛化,類化 174
generalized anxiety disorder 泛焦慮症 516
generativity vs. stagnation 愛心關懷對頹廢遲滯 336
genetic epistemology 發生知識論 295
genetics 遺傳學 47
genital stage 兩性期,生殖期 425

Gestalt laws of organization 完形組織法則 106
Gestalt psychology 完形心理學,格式塔心理學 21
Gestalt therapy 完形治療法 561
Gestaltism 完形主義 22
gifted child 資優兒童 415
gigantism 巨人症 68
glucagon 升胰島素 69
Goddard, Henry Herbert 戈達德 410
gonad 性腺 70
good boy-nice girl orientation 尋求認可取向,好孩子定向 323
Graduate Record Examination 研究生入學測驗 396
GRE＝Graduate Record Examination
great-man theory 偉人論 505
group behavior 團體行為 498
group cohesion 團體凝聚力 502
group decision 團體決策 500
group difference 團體差異 412
group intelligence test 團體智力測驗 395
group polarization 團體極化,羣體極化 501
group polarization effect 團體極化效應 501
group psychotherapy 團體心理治療 574
group therapy 團體治療 574
group-factor theory 羣因論,羣體因素論 398
groupthink 集體思維,小集團意識 502
growth hormone 生長激素 68
growth needs 成長需求 363
guidance 輔導 553
*Guilford, Joy Paul 吉爾福德 399

索引 **653**

H

hair cell 毛狀細胞 98
Hall, Granville Stanley 霍爾 324
hallucination 幻覺 148,542
hallucinogen 致幻劑 160
harp theory 豎琴論 99
Head Start Project 啟智計畫 411
*Heider, Fritz 海德 473
height cue 高度線索 111
Helmholtz, Hermann von 赫爾姆霍茨 15
helping behavior 助人行為 490
hematophobia 懼血症 517
heredity 遺傳 47
Hering, Ewald 海林 95
heroin 海洛英 159
heteronomous morality stage 他律道德期 301
heuristic 直觀推斷法,探索法 267
hidden observer 隱密觀察者 150
hierarchical organization theory 階層組織論 235
Hilgard, Ernest Ropiequet 希爾加德 150
hindbrain 後腦 53
hippocampus 海馬 54
histrionic personality disorder 劇化型人格異常 538
Hobbes, Thomas 霍布斯 14
holism 整體論 21
Holmes, Oliver Wendell 霍姆斯 113
homeostasis 平衡狀態,穩態 343
homosexuality 同性戀 353
horizontal-vertical illusion 橫豎錯覺 115
hormone 激素 67

*Horney, Karen 霍妮 434
hue 色調 88
Hull, Clark Leonard 赫爾 359
humanism 人本主義 26
humanistic approach 人本論取向 26
humanistic psychology 人本心理學 26
humanistic therapy 人本治療 557
hunger drive 飢餓驅力 347
hunger motive 飢餓動機 347
hypermnesia 記憶增強,超常記憶 149
hypersomnia 睡眠過度,睡眠過多 137
hypnosis 催眠 145
hypnotic induction 催眠誘導 146
hypnotic suggestibility 催眠暗示性,催眠感受性 147
hypnotism 催眠術 145
hypochondriasis 慮病症,疑病症 522
hypothalamus 下丘腦,下視丘 55
hypothesis 假設 33
hypothesis-testing 假設驗證 328
hypothetico-deductive reasoning 假設演繹推理 259,328
hysteria 癔症,歇斯底里 23,523
Hz 赫 98

I

iconic code 形碼 222
iconic memory 形象記憶,圖象記憶 221
id 本我 423
ideal self 理想自我 448
idealism 唯心論 11
idealized self 理想化自我 435
identical twins 同卵孿生子 51,

407
identification 認同 425
identity achievement 定向型統合 330
identity diffusion 迷失型統合 330
identity foreclosure 早閉型統合 330
identity moratorium 未定型統合 330
identity status 統合狀態 329
identity vs. role confusion 自我統合對角色混亂,同一性對角色混亂 329
illumination 豁朗期,明朗期 285
illusion 錯覺 115
image 意象 17, 255
immediate reinforcement 立即強化 183
implicit personality theory 隱聯性格論 472
impossible figure 不可能圖形 117
impression formation 印象形成 469
incentive 誘因 346
incubation 醞釀期,孕育期 285
incus 砧骨 97
independent variable 自變項,自變量 34
indeterminism 非決定論 12
individual and group problem 個人與團體問題 13
individual difference 個別差異 378
individual intelligence test 個別智力測驗 395
individual psychology 個體心理學 428
individual therapy 個別治療 574
individualized instruction 個別化教學 185
induced motion perception 誘動知覺 114
induction 歸納 263
inductive reasoning 歸納推理 263
industrial psychology 工業心理學 32
industry vs. inferiority 勤奮對自卑 322
infancy 嬰兒期 305
infant 嬰兒 305
infantile amnesia 嬰兒期遺忘,幼年經驗失憶 234
inferiority complex 自卑情結 429
inferiority feeling 自卑感 429
information processing 訊息處理,信息加工 213
information-processing psychology 訊息處理心理學 214
information-processing theory 訊息處理論,信息加工論 213
ingroup 內團體 502
initiative vs. guilt 主動對愧疚,主動性對內疚 322
innate idea 天賦觀念 13
inner ear 內耳 96
input 輸入 219
insight 頓悟 192
insight learning 頓悟學習 192
insight therapy 領悟治療 553
insomnia 失眠 137
instinct 本能 344
instrumental-relativist orientation 相對功利取向 323
insulin 胰島素 69
integrity vs. despair 完美感對沮喪絕望 336
intelligence 智力 379
intelligence quotient 智力商數,

智商　390
intelligence test　智力測驗　382
interactionism　交互作用論　294
interference theory　干擾論　239
internal attribution　內在歸因　473
internal locus of control　內制控信念型　456
internalization　內化作用　529
interneuron　中間神經元　59
interpersonal attraction　人際吸引　493
interpersonal intelligence　社交智力　405
interpersonal theory　人際關係論，人際理論　436
interposition　重疊　111
interpretation　闡釋,釋義　555
intersubjective testability　眾言可證性　140
intervening variable　中介變項　34
interview method　訪問法　38
interview survey　訪問調查　38
intimacy component　親密成分　497
intimacy vs. isolation　親密對孤獨　335
intrapersonal intelligence　自知智力　405
intrinsic motivation　內在動機　356
introspection　內省　17
introversion　內向,內傾　432
IQ＝intelligence quotient
iris　虹膜　83

J

*James, William　詹姆斯　18
James-Lange theory of emotion　詹姆斯-郎格情緒論,詹郎二氏情緒說　372
Jensen, Arthur R.　金森　411

jet lag　飛行時差　133
j.n.d.＝just noticeable difference
job analysis　工作分析　384
judgement　判斷　276
*Jung, Carl Gustav　榮格　431
just noticeable difference　最小可覺差　80

K

Kant, Immanuel　康德　8
Kekul, Friedrich　凱庫爾　130
Kelley, Harold　凱利　474
kinesthetic sense　動覺　104
knee-jerk reflex　膝反射　55
knowledge　知識　167
*Kohlberg, Lawrence　柯爾伯格　302
*Köhler, Wolfgang　柯勒　192
Kuhn, Thomas Samuel　庫恩　29

L

lactogenic hormone　泌乳激素　68
LAD＝language-acquisition device
Lange, Carl Georg　郎格　372
language-acquisition device　語言獲得裝置　216
latency stage　潛伏期　425
latent content　潛性夢境　141
latent learning　潛在學習　193
later adulthood　老年期　331
later childhood　兒童後期　317
later-shift of work　順延輪班制　133
lateral fissure　側裂　61
law of causality　因果法則　6
law of closure　閉合法則　107
law of continuity　連續法則　107
law of effect　效果律　180
law of exercise　練習律　180
law of Prägnanz　整體法則　108
law of proximity　接近法則　106
law of readiness　準備律　180

law of similarity 類似法則 107
law-and-order orientation 遵守法規取向 330
leader 領袖 503
leadership 領導 504
leadership behavior 領導行為 504
learned helplessness 學得無助感,習得性自棄 191
learning 學習 167
lens 水晶體 83
less-leads-to-more effect 少能勝多效應 485
levels of processing theory 處理層次論,加工水平說 231
libido 慾力,力比多 422
lie detector 測謊器 365
life instinct 生之本能 422
life-span development 生命全程發展,畢生發展 292
light adaptation 明適應 89
limbic system 邊緣系統 53
linear perspective 直線透視 111
linguistic intelligence 語文智力 405
lock and key theory of smell 嗅覺鎖鑰論 102
Locke, John 洛克 13
locus of control 制控信念,控制點 456
logical concept 邏輯概念 253
logical reasoning 邏輯推理 258
logical-mathematical intelligence 數理智力 405
logotherapy 意義治療法,言語療法 563
longitudinal fissure 縱裂 61
longitudinal study 縱貫研究,縱向研究 304
long-term memory 長期記憶 228
loudness 音強,響度 98
love 愛情 496

LSD＝lysergic acid diethylamide
LTM＝long-term memory
lysergic acid diethylamide 迷幻藥,麥角酸二乙酰胺 161

M

M＝mean
MA＝mental age
maintenance rehearsal 保持復習,維持性復誦 228
major premise 大前提 259
make-believe play 虛構遊戲,假定遊戲 320
malleus 鎚骨 97
managerial psychology 管理心理學 32
mania 躁狂症 527
manic-depressive illness 躁鬱症 527
manic-depressive psychosis 躁鬱性精神病 527
manifest content 顯性夢境 141
mantra 咒語 152
marijuana 大麻 161
marrige 婚姻 496
*Maslow, Abraham Harold 馬斯洛 26
masochism 受虐狂 535
massed practice 集中練習 210
master gland 主腺 68
matched-group design 配對組設計 41
materialism 唯物論 11
McClelland, David C. 麥可利蘭 355
mean 平均數 386
means-end analysis 手段-目的分析 267
mediation 中介作用 199
meditation 靜坐,坐忘 151
medulla 延腦 53
memory 記憶 207
memory recording 記憶收錄 400

memory retention 記憶保存 400
memory span 記憶廣度 225
memory trace 記憶痕跡 227
menopause 停經期,絕經期 332
mental ability 心理能力 380
mental age 心理年齡,智力年齡 390
mental disorder 心理異常 513
mental image 心象 255
mental representation 心理表象 219
mental retardation 心智不足 410
mental rotation 心理旋轉 256
mental set 心向 270
mental test 心理測驗 381
Mesmer, Franz Anton 麥斯默 145
midbrain 中腦 53
middle adulthood 中年期 331
middle childhood 兒童中期 317
middle ear 中耳 96
midlife crisis 中年危機 336
mind 心 3
mind-body problem 心身關係問題 11
minor premise 小前提 259
mob 暴民 489
model 楷模,榜樣 198
modeling 模仿 198
monism 一元論 11
Moniz, Egas 蒙尼茲 584
monoaural cue 單耳線索 101
monocular cue 單眼線索 111
mood disorder 心情異常 526
moon illusion 月亮錯覺 118
Moro reflex 莫洛反射 312
moral realism 道德現實主義,道德實在論 301
moral relativism 道德相對主義 301
morality 道德 300
morphine 嗎啡 159
motion parallax 運動視差 111
motion perception 運動知覺 113
motivated behavior 動機性行為 365
motivated forgetting 動機性遺忘 239
motivation 動機 343
motor area 運動區 62
motor development 動作發展 309
motor neuron 運動神經元 59
Müller-Lyer illusion 繆勒-萊爾錯覺 115
multiple personality 多重人格 525
multiprocess processing 多重歷程處理 217
Murray, Henry Alexander 默瑞 460
musical intelligence 音樂智力 405
myelin sheath 髓鞘 59

N

narcissistic personality disorder 自是型人格異常,自我陶醉型人格障礙 538
narcolepsy 猝發性睡眠症,嗜眠症 137
narcotic 麻醉劑 159
nativistic rationalism 天賦理性主義 216
natural concept 自然概念 254
naturalist intelligence 自然智力 405
naturalistic-observation method 自然觀察法 35
nature-nurture controversy 天性與教養問題 11

Necker cube 奈克爾立方體 117
need 需求,需要 345
need for achievement 成就需求 355
need for positive regard 積極關注需求 449
need hierarchy theory 需求層次論 361
need to know 知的需求 362
negative afterimage 負後象 92
negative correlation 負相關 37, 386
negative hallucination 負幻覺 148
negative incentive 負誘因 346
negative reinforcement 負強化 183
negative reinforcer 負強化物 183
negative rule 否定法則 251
negative transference 負移情 555
Neisser, Ulric 尼塞 214
neo-behaviorism 新行為主義 180
neo-Freudian 新弗洛伊德主義 433
neo-psychoanalysis 新精神分析 433
neodissociation theory 新離解論 150
neonate 新生兒 308
nerve fiber 神經纖維 58
nerve impulse 神經衝動 59
nervous system 神經系統 51
neural pathway 神經通路 64
neuron 神經元 58
neurotic need 神經質需求 435
neurotransmitter 神經傳導素 584
nominal leader 名義領袖 504
nominal stimulus 名義刺激 199

non-participant observation 非參與觀察 36
non-REM sleep＝nonrapid eye movement sleep
nonconscious 無意識,非意識 129
nondirective counseling 非指導性諮商 558
nonrapid eye movement sleep 非快速眼動睡眠 138
nonverbal behavior 非語言行為 368
nonverbal intelligence test 非文字智力測驗 394
norm 常模 383
normal distribution 常態分布,正態分布 392
normality 正常 514
null hypothesis 虛無假設 34

O

obedience 服從 489
obesity 胖肥症 349
object perception 物知覺 467
object permanence 物體恆存性,客體永存性 315
objective expected value 客觀預期價值 279
objectivity 客觀性 5
observational method 觀察法 35
observational learning 觀察學習 196
observational learning theory 觀察學習論 196
obsessive idea 強迫觀念 518
obsessive thought 強迫思想 518
obsessive-compulsive disorder 強迫症 518
obsessive-compulsive personality disorder 強迫型人格異常 538
occipital lobe 枕葉 62

索引 **659**

Oedipus complex 戀母情結 424
olfactory bulb 嗅球 102
olfactory epithelium 嗅覺皮膜 102
one-sided communication 單面溝通 482
operant conditioning 操作條件作用, 操作制約作用 181, 182
opiate 鴉片劑, 鴉片制劑 159
opponent-process theory of color vision 色覺相對歷程論 95
optic chiasma 視交叉 64
optic disk 視盤 84
oral character 口唇性格 424
oral stage 口唇期, 口慾期 424
Orbison illusion 奧爾比遜錯覺 116
organ of Corti 柯蒂氏器 98
organization 組織 27, 295
originality 獨創性 287
origins of knowledge 知識來源問題 13
orthodox psychoanalysis 正統精神分析 421
otolith 耳石 105
outer ear 外耳 96
outgroup 外團體 502
output 輸出 219
oval window 卵圓窗 98
ovary 卵巢 70
overcompensation 過度補償 429
ovum 卵子 49

P

pain 痛覺 103
pancreas 胰腺 69
panic disorder 恐慌症 517
pansexualism 泛性論 425
paradigm 範式 29
paradoxical heat 詭熱覺 104
parallel distributed processing 平行分布處理 217
parallel play 平行遊戲 319
paranoid personality disorder 妄想型人格異常, 偏執型人格障礙 538
paraphilia 性變態 534
parapsychology 心靈學, 心理玄學 120
parasympathetic nervous system 副交感神經系統 56
parathyroid gland 副甲狀腺 68
parathyroid hormone 副甲狀腺素 69
parietal lobe 頂葉 62
partial reinforcement 部分強化 184
partial-report method 部分報告法 223
participant observation 參與觀察 36
passion component 熱情成分 497
*Pavlov, Ivan Petrovich 巴甫洛夫 170
peak experience 高峯經驗, 高峯體驗 446
pedophilia 戀童症, 戀童癖 535
perception 知覺 75
perceptual constancy 知覺常性 110
perfect correlation 全相關 386
perfection principle 完美原則, 至善原則 423
performance method 作業法 390
peripheral nervous system 外周神經系統 56
*Perls, Frederick S. 皮爾斯 560
permanent memory 永久記憶 228
person perception 人知覺 468
person-centered therapy 當事人中心治療法 558
personal trait 個人特質 439

personal unconscious　個人潛意識　431
personal-growth group　個人成長團體　577
personality　人格, 性格, 個性　420
personality disorder　人格異常, 性格異常　537
personality psychology　人格心理學　32
personality test　人格測驗　456
personality trait　人格特質　437
personality-trait theory　人格特質論　438
personality type　人格類型　437
personality-type theory　人格類型論　441
personalized power motive　個人化權力動機　358
perspective　觀點　24
persuasion　說服　481
persuasive argument hypothesis　說服理由假設　501
persuasive communication　說服性溝通　481
phallic stage　性器期　424
phenomenal field　現象場　448
phenomenal self　現象自我　448
phi phenomenon　φ現象　114
phobia　恐怖症, 恐懼症　517
photopic vision　明視覺　85
photopigment　感光色素　85
photoreceptor cell　感光細胞　83
physical dependence　生理依賴　157
physical determinism　物質決定論　12
physiological motives　生理性動機　347
physiological need　生理需求　362
physiological psychology　生理心理學　32

physiological theory of emotion　情緒生理論　374
*Piaget, Jean　皮亞杰　296
piano theory　鋼琴論　99
pitch　音高, 音調　98
pituitary gland　腦下腺, 垂體腺　55, 67
PK＝psychokinesis
place learning　方位學習, 位置學習　194
place theory　部位論, 地點說　99
placebo effect　安慰劑效應　585
placenta　胎盤　307
Plato　柏拉圖　140
Platonic love　柏拉圖式的愛情　496
pleasure principle　快樂原則　423
PMAT＝Primary Mental Abilities Test
PNS＝peripheral nervous system
Poincaré, Jules Henri　潘卡銳　285
polygraph　多項記錄器　365
pons　腦橋　53
population　總體, 母體　38
positive afterimage　正後象　92
positive correlation　正相關　37
positive hallucination　正幻覺　148
positive incentive　正誘因　346
positive reinforcement　正強化　183
positive reinforcer　正強化物　183
positive transference　正移情　555
possessive love　占有式愛情　496
postconventional level of morality　後習俗道德期　330
posterior association area　後聯合區　65
postfornal thinking　後形式思維　329

posthypnotic amnesia　催眠後遺忘　149
posthypnotic suggestion　催眠後暗示　149
potentiality　潛能　380
power motive　權力動機　358
pragmatic love　現實式愛情　497
precognition　預知　120
preconscious　前意識　131
preconscious memory　前意識記憶　132
preconventional level of morality　前習俗道德期,前習俗道德水平　323
prediction　預測　6
predictive validity　預測效度　385
prejudice　偏見　478
preoperational stage　前運思期,前運算階段　319
preparation　準備期　284
primary auditory area　主聽覺區　65
primary circular reactions　第一循環反應,初級循環反應　314
primary drive　原始驅力,基本驅力　345
primary effect　初始效應,首因效應　209
Primary Mental Abilities Test　基本心能測驗　399
primary mental ability　基本心理能力　398
primary motor area　主運動區　62
primary reinforcement　原級強化　175
primary sex characteristics　主性徵,第一性徵　325
primary somatosensory area　主體覺區　63
primary visual area　主視覺區　63
primmary motives　原始性動機　347
primordial image　原始意象　432
proactive inhibition　順攝抑制,前攝抑制　239
problem solving　問題索解,問題解決　265
procedural knowledge　程序性知識　232
procedural memory　程序性記憶　232
programing　編序　186
programmed instruction　編序教學,程序教學　186
projection　投射　426
projective technique　投射技術　459
projective test　投射測驗　459
proposition　命題　258
prosocial behavior　親社會行為　490
prototype　原型　254
psi phenomena　心靈現象　120
psychic energy　精神能量　422
psychical determinism　精神決定論　12
psychoactive drug　精神藥物　156
psychoactive drug therapy　精神藥物治療　584
psychoanalysis　精神分析,精神分析論　22
psychoanalytic approach　精神分析取向　25
psychoanalytic theory of personality　人格精神分析論　22
psychoanalytic therapy　精神分析治療　22
psychobiological approach　心理生物學取向　27
psychodrama　心理劇　578
psychogenic amnesia　心因性失憶症,心因性遺忘　524

psychogenic disorder 心因性異常,心因性障礙 522
psychokinesis 心靈致動 121
psychological dependence 心理依賴 157
psychological disorder 心理異常 513
psychological motives 心理性動機 347
psychological test 心理測驗 381
psychology 心理學 3
psychology of learning 學習心理學 32
psychometrics 心理測量學 32
psychopathology 精神病理學 512
psychophysical interactionism 心身交感論 11
psychophysical parallelism 心身平行論 11
psychophysics 心理物理學 16
psychosexual disorder 性心理異常 532
psychosexual stage theory of development 性心理期發展論 424
psychosis 精神病 541
psychosocial stage theory of development 心理社會期發展論 299
psychosurgery 精神外科 584
psychosurgery therapy 精神外科治療 584
psychotherapy 心理治療 512,553
psychotic disorder 精神異常 541
puberty 青春期 325
puberty growth spurt 青春期生長陡增,青春期的快速生長 326
punishment-obedience orientation 避罰服從取向 323

pupil 瞳孔 83
puzzle box 迷箱 179
pyromania 縱火狂 518
pyschodynamic psychotherapy 心理動力心理治療 556

Q

questionnaire method 問卷法 38
questionnaire survey 問卷調查 38

R

random assignment 隨機分派 41
random sampling 隨機抽樣 38
rapid eye movement sleep 快速眼動睡眠 138
RAT＝Remote Associates Test
ratio IQ 比率智商 390
rational psychotherapy 理性心理治療法 569
rational-emotive therapy 理性情緒治療法,理情治療法 569
rationalism 理性主義 13
rationalization 合理化,文飾作用 426
Raven's Progressive Matrices 瑞文漸進推理測驗 416
raw score 原始分數 386
reaction formation 反向作用 427
reaction time 反應時間,反應時 212
reaction to loss 失落反應 528
reaction-time method 反應時間法 212
real motion perception 真動知覺 113
real self 真實自我 435,448
reality principle 現實原則 423
reasoning 推理 257
recall method 回憶法 209

索引 **663**

recency effect 時近效應,近因效應 209
receptor 感受器 59
reciprocal determinism 交互決定論 451
recognition method 再認法,辨認法 210
reflex 反射 55
reflexive activity stage 反射性活動期 314
regression 倒退 545
rehearsal 復述,復習 228
Reich, Wilhem 賴希 433
reinforcement 強化 173
reinforcement value 強化值 455
reinforcer 強化物 173
reinforcing stimulus 強化刺激 173
relative size hypothesis 相對體積假說 119
relaxation training 放鬆訓練 566
relearning method 再學習法 211
reliability 信度 383
reliability coefficient 信度係數 383
REM sleep = rapid eye movement sleep
Remote Associates Test 遠距聯想測驗 287
representation 表象 219
representativeness heuristic 常例直觀推斷法,代表性推斷 278
repression 壓抑 426
resonance theory 共鳴論 99
respondent conditioning 反應性條件作用 182
response 反應 20
response time 反應時間,反應時 212
RET = rational-emotive therapy

retention 保持 207
reticular formation 網狀結構 53
retina 視網膜 83
retrieval 檢索 219
retrieval cue 檢索線索 237
retroactive inhibition 倒攝抑制 239
retrograde amnesia 舊事失憶症,逆行性遺忘 524
reversibility 可逆性 321
reversible figure 可逆圖形 117
Rhine, Joseph Banks 萊茵 121
rhodopsin 視紫質 89
rod cell 桿細胞 83
*Rogers, Carl Ransom 羅杰斯 447
role confusion 角色混淆,角色混亂 330
romantic love 浪漫式愛情 496
romanticism 浪漫主義 13
Rorschach, Hermann 羅夏 459
Rorschach Inkblot Test 羅夏墨漬測驗 459
*Rotter, Julian 羅特 454
Rousseau, Jean Jacques 盧梭 13
Rutheford, William 拉塞福 100
RV = reinforcement value

S

S-factor S因素 398
S-R psychology S-R心理學 20
sadism 施虐狂 535
sadomasochism 性虐待狂 535
safety need 安全需求 362
sample 樣本 38
sampling 抽樣 38
sampling bias 抽樣偏差,抽樣偏向 39
sampling survey 抽樣調查 38
SAS = standard age score
SAT = Scholastic Aptitude Test

satiety center　飽食中樞,飽中樞　348
saturation　飽和度　88
saving method　節省法　211
scaffolding　鷹架　299
Schachter-Singer theory of emotion　沙克特-辛格情緒論　373
schedule of reinforcement　強化程式,強化程序　183
schema　基模,圖式　296
schizoid personality disorder　分離型人格異常　538
schizophrenia　精神分裂症　541
schizotypal personality disorder　分裂型人格異常　538
scholastic aptitude test　學術性向測驗　381
Scholastic Aptitude Test　學業能力傾向測驗,學術性向測驗　396
school phobia　懼學校症,學校恐怖症　517
school psychology　學校心理學　32
schools of psychology　心理學派　16
scotopic vision　夜視覺　85
SD＝standard deviation
second-order conditioning　次級條件作用,次級制約作用　174
secondary circular reactions　第二循環反應,二級循環反應　314
secondary motives　衍生動機　347
secondary reinforcement　次級強化　175
secondary reinforcer　次級強化物　175
secondary sex characteristics　次性徵,第二性徵　325
secondary trait　次要特質,二級特質　440
self identity　自我統合,自我同一性　330

self theory　自我論　447
self-absorption　自我專注　543
self-actualization　自我實現　445
self-actualization need　自我實現需求　362
self-awareness　自我覺察,自覺　577
self-concept　自我概念,自我觀念　448
self-defeating behavior　自毀性行為　539
self-disclosure　自我表露　495
self-dynamism　自我動力,自我動能　436
self-efficacy　自我效能　453
self-esteem need　自尊需求　362
self-image　自我意象　435,488
self-regulation　自律　453
self-reinforcement　自我強化　453
self-report inventory　自陳量表　457
self-report method　自陳法　367
self-system　自我體系,自我系統　437
semantic code　義碼,語義碼　229
semantic memory　語義記憶　233
semantic network　語義網絡　236
semicircular canal　半規管　97
sensation　感覺　17,75
sense of cold　冷覺　103
sense of equilibrium　平衡感　97
sense of heat　熱覺　103
sense of pressure　壓覺　103
sense of touch　觸覺　103
sensitivity　敏感性　78
sensorimotor stage　感覺動作期,感知運動階段　314
sensory adaptation　感覺適應　78
sensory memory　感覺記憶　221
sensory neuron　感覺神經元　59
sensory register　感覺登記　221

sensory storage　感覺儲存　221
sensory threshold　感覺閾限　79
serial position effect　序位效應, 系列位置效應　209
seriation　序列　321
set-point theory　定值論　350
sex chromosome　性染色體　47
sex gland stimulating hormone　性腺激素　68
sex role　性別角色　323
sex-change surgery　變性手術　533
sex-role norm　性別角色規範　324
sex-role stereotype　性別角色刻板印象　324
sexual behavior　性行為　352
sexual drive　性驅力　352
sexual identity　性別認同　323
sexual motive　性動機　352
shape constancy　形狀常性　110
shaping　塑造　184
shaping of behavior　行為塑造　184
shock therapy　休克治療　584
short-term memory　短期記憶, 短時記憶　223
Simon, Théodore　西蒙　390
simple phobia　單一型恐懼症, 單純恐怖症　517
single group design　單組設計　40
situational attribution　情境歸因　473
situational insomnia　情境性失眠　137
Sixteen Personality Factor Questionnaire　十六種人格因素問卷　441
size constancy　大小常性　110
size cue　大小線索　111
skin sense　膚覺　103
Skinner box　斯金納箱　182

*Skinner, Burrhus Frederick　斯金納　181
sleep　睡眠　134
sleep apnea　窒息性失眠　137
sleep disorder　睡眠失常, 睡眠障礙　136
smell　嗅覺　102
social attachment　社會依附　316
social behavior　社會行為　467
social cognition　社會認知　467
social cognitive theory　社會認知論　196
social control　社會控制　14
social desirability　社會願望　461
social disorder　社會異常　532
social facilitation　社會助長　499
social influence　社會影響　486
social inhibition　社會抑制　499
social interaction　社會互動　485
social learning theory　社會學習論　196, 198, 451
social loafing　社會浪費, 社會惰化作用　500
social motives　社會性動機　347
social need　社會需求　492
social perception　社會知覺　468
social phobia　社交恐懼症　517
social psychology　社會心理學　32
social role　社會角色　330
social role theory　社會角色論　151
social schema　社會基模　471
social situation　社會情境　200
social-contract orientation　社會法制取向　331
social-cultural-historical theory of cognitive development　社會文化歷史認知發展論　297
social-exchange theory　社會交換論　14
social-oriented leader　社會取向領

袖 504
socialization 社會化 449
socialized power motive 社會化權力動機 358
Socrates 蘇格拉底 10
somatic nervous system 軀體神經系統 56
somatization disorder 體化症 522
somatoform disorder 體表症 522
sound localization 聲源定向 100
source trait 根源特質 440
spatial intelligence 空間智力 405
Spearman, Charles Edward 斯皮爾曼 398
special aptitude test 特殊性向測驗 382
specific achievement test 分科成就測驗 381
specific aptitude 特殊性向 380
specific factor 特殊因素 398
speech area 語言區 65
sperm 精子 49
spinal cord 脊髓 55
split-half method 折半法 383
split-half reliability 折半信度 383
spontaneous recovery 自然恢復 174
spontaneous remission 自然復元 581
sport psychology 運動心理學 32
spreading activation theory 激活擴散論 236
stability versus change problem 恆常與變異問題 15
stage theory of cognitive development 認知發展階段論 295
stage theory of moral development 道德發展階段論 302
standard age score 標準年齡分數 394
standard deviation 標準差 386
standard score 標準分數 386
standard stimulus 標準刺激 80
standardization 標準化 382
standardization sample 標準化樣本 383
Stanford Hypnotic Susceptibility Scale 斯坦福催眠感受性量表 147
Stanford-Binet Intelligence Scale 斯坦福-比奈智力量表,斯比量表 390
stapes 鐙骨 97
state-dependent memory 狀態依賴記憶 238
stereoscope 實體鏡 112
stereotype 刻板印象 477
Stern, William 斯特恩 390
*Sternberg, Robert J. 斯騰伯格 402
stimulant 興奮劑 159
stimulus 刺激 20
stimulus discrimination 刺激辨別 174
stimulus generalization 刺激類化,刺激泛化 174
stimulus-response psychology 刺激-反應心理學 20
STM = short-term memory
storage 儲存 219
storm-and-stress period 狂飆期,疾風怒濤時期 324
stream of consciousness 意識流 18
striving for superiority 追求卓越 429
stroboscope 動景器 22
stroboscope phenomenon 動景現象 114
structuralism 結構主義,構造主義

索引 **667**

18
structure family therapy　結構家庭治療法　579
structure-of-intellect theory　智力結構論　399
style of life　生活格調,生活風格　430
subconscious　下意識,半意識　129
subgoal analysis　次目標分析　267
subjective contour　主觀輪廓　109
subjective expected value　主觀預期價值　279
sublimation　昇華作用　427
subtractive color mixture　減色混合　92
suggestion　暗示　146
suicide　自殺　528
*Sullivan, Harry Stack　沙利文　436
superego　超我　423
surface trait　表面特質　440
survey method　調查法　38
syllogism　三段論法　258
syllogistic-deductive reasoning　三段論法演繹推理　258
symbolic functioning　象徵作用,符號功能　320
symbolic loss　象徵性失落　529
symbolic modeling　象徵模仿　199
sympathetic nervous system　交感神經系統　56
synapse　突觸　59
synthesized modeling　綜合模仿　199
systematic desensitization　系統脫敏法　565
systematization　系統性　5

T

tachistoscope　速示器　223
task-oriented leader　業務取向領袖　504
taste　味覺　102
taste bud　味蕾　102
TAT＝Thematic Apperception Test
teaching machine　教學機　186
telepathy　心電感應,傳心術　120
telephone theory　電話論　100
temperature illusion　溫度錯覺　115
temperature sense　溫度覺　103
temporal lobe　顳葉　62
*Terman, Lewis Madison　推孟　391
terminal button　終紐　59
tertiary circular reactions　第三循環反應　315
test method　測驗法　39
test-retest method　重測法,再測法　383
test-retest reliability　重測信度,再測信度　383
testis　睪丸　70
tetrachromatic theory　四色論　95
texture gradient　結構級差　111
thalamus　丘腦,視丘　54
Thematic Apperception Test　主題統覺測驗　460
theory of color vision　色覺理論　94
theory of emotion　情緒理論　371
theory of intelligence　智力理論　397
theory of motivation　動機理論　359
theory of multiple intelligences　智力多元論　405
thinking　思維　249
third force　第三勢力　26
Thorndike, Edward Lee　桑代克　179

threshold 閾限 79
Thurstone, Louis Leon 瑟斯頓 398
thyroid gland 甲狀腺 68
thyroid hormone 甲狀腺激素 68
thyroid-stimulating hormone 促甲狀腺激素 68
timbre 音色,音質 99
time sampling 時間抽樣 36
times theory 時代論 505
tip-of-the-tongue phenomenon 舌尖現象 209
Titchener, Edward Bradford 鐵欽納 17
TM＝transcendental meditation
token economy 代幣法,標記獎勵法 567
*Tolman, Edward Chase 托爾曼 194
Torrance, Ellis Paul 托蘭斯 286
Torrance Test of Creative Thinking 托蘭斯創造思維測驗 286
Tower of Hanoi problem 河內塔問題 267
trait 特質 437
trait theory 特質論 438
transactional theory 交互作用論 505
transcendental meditation 超覺靜坐 152
transductive reasoning 轉換推理 321
transference 移情 555
transsexualism 變性症,易性癖 533
transvestism 扮異性症,異性裝扮癖 535
triadic theory of learning 學習三元論 198
trial-and-error learning 嘗試錯誤學習 180

triangular theory of love 愛情三因論 497
triarchic theory of intelligence 智力三元論 402
trust vs. mistrust 信任對不信任 315
TTCT＝Torrance Test of Creative Thinking
twin study 孿生子研究 407
twins 孿生子 51
two-factor theory 二因論 398
two-factor theory of emotion 情緒二因論 373
two-factor theory of intelligence 智力二因論 398
two-sided communication 雙面溝通 482
two-stage color theory 二階段色覺論 96

U

UCR＝unconditioned response
UCS＝unconditioned stimulus
umbilical cord 臍帶 307
unconditional positive regard 無條件積極關注 450
unconditioned reflex 無條件反射 172
unconditioned response 無條件反應,非制約反應 172
unconditioned stimulus 無條件刺激,非制約刺激 172
unconscious 潛意識,無意識 131
unconscious motivation 潛意識動機 422
universal-ethical orientation 普遍倫理取向 331
uterus 子宮 305

V

valid argument 有效論證 259

validity 效度 384
validity coefficient 效度係數 385
validity criterion 效度標準,效標 385
value 價值 346
variable 變項,變量 34
verbal intelligence test 文字智力測驗 393
verification 驗證性,驗證期 5, 285
vestibular apparatus 前庭器官 97
vestibular sac 前庭囊 97
vestibular sense 前庭覺 105
vicarious learning 替代學習 198
vicarious trial-and-error 替代性嘗試錯誤 195
Vienna school 維也納學派 427
visible spectrum 可見光譜 87
vision 視覺 82
visual acuity 視敏度 310
visual adaptation 視覺適應 89
visual area 視覺區 63
visual cliff 視崖 313
visual distance 明視距離 310
visual field 視野 64
visual hallucination 視幻覺,幻視 542
visual memory 視覺記憶 221
visual nervous 視神經 86
visual perception 視知覺 82
visual sensation 視感覺 82
visual system 視覺系統 63
vitreous humor 玻璃狀液 83
vocational achievement test 職業成就測驗 381
vocational aptitude test 職業性向測驗 381
volley theory 排發原理 100
VTE = vicarious trial-and-error

*Vygotsky, Lev Semenovich 維果茨基 298

W

WAIS = Wechsler Adult Intelligence Scale
Wallas, Graham 華萊士 284
Watson, James 華生 283
*Watson, John Broadus 華生 20
*Weber, Ernst Heinrich 韋伯 80
Weber's constant 韋伯常數 81
Weber's law 韋伯定律 81
Wechsler Adult Intelligence Scale 韋氏成人智力量表 394
*Wechsler, David 韋克斯勒 392
Wechsler Intelligence Sacle for Children 韋氏兒童智力量表 394
Wechsler Preschool and Primary Scale of Intelligence 韋氏學前智力量表 394
Wednesday Evening Society 週三晚間學會 427
weight illusion 重量錯覺 115
Wernicke, Carl 韋尼克 66
Wernicke's area 韋尼克區 66
*Wertheimer, Max 韋特海默 21
Wever, Ernest G. 韋佛 100
whole-report method 全部報告法 223
will 意志 346
will to power 權力意志 429
WISC = Wechsler Intelligence Scale for Children
wish fulfillment 願望滿足 142
withdrawal syndrome 戒斷症候羣,戒斷綜合症 157
within-group difference 團體內差異 412
WM = working memory

work motivation 工作動機 361
working memory 運作記憶,工作記憶 224
WPPSI＝Wechsler Preschool and Primary Scale of Intelligence
*Wundt, Wilhelm Maximilian 馮特 17

Y

young adulthood 壯年期 331
Young, Thomas 揚 94
Young-Helmholtz trichromatic theory 揚-赫爾姆霍茨三色論 95

Z

Zeitgeist 時代精神 187
zero correlation 零相關 386
Zöllner illusion 松奈錯覺 116
zone of proximal development 最近發展區 299
Zürich school 蘇黎世學派 430
zygote 受精卵 49

16PF＝Sixteen Personality Factor Questionnaire

```
心理學原理 / 張春興著. --第一版. -- 臺北市：
臺灣東華書局, 2002
    面；  公分. -- (世紀心理學叢書之 1)
    參考書目：  面
    含索引
    ISBN-13 978-957-483-171-5 (精裝)
    ISBN-10 957-483-171-X (精裝)

  1. 心理學

170                                      91019781
```

張 春 興 主 編
世紀心理學叢書 1

心 理 學 原 理

著　者　張　春　興
發 行 人　卓劉慶弟
責任編輯　徐萬善　徐憶　李森奕
法律顧問　蕭雄淋　律師
出　　版　臺灣東華書局股份有限公司
　　　　　臺北市重慶南路一段一四七號三樓
　　發 行 部：臺北市峨眉街一〇五號
　　電　　話：(02)23114027
　　傳　　真：(02)23116615
　　郵　　撥：00064813
　　網　　址：http://www.bookcake.com.tw
　　電子信箱：service@bookcake.com.tw
　　編 審 部：臺北市重慶南路一段一四七號七樓
　　電　　話：(02)23890906　(02)23890915
　　傳　　真：(02)23890869
電腦排版　玉山電腦排版事業有限公司
印　　刷　瑞明印刷廠
出版日期　2003 年 3 月初版
　　　　　2006 年 10 月初版第二次印刷
行政院新聞局　局版臺業字第 0725 號

定價　新臺幣 780 元整（運費在外）